신구약통째로
먹기

읽기만해도 성경이 이해되는

신구약 통째로 먹기

제1권 구약편

이 동 준 지음

그리심

이동준의 신구약 통째로 먹기

eating the Bible as a whole

신구약 통째로 먹기 – 제1권 구약편

2010년 5월 20일 초 판 1쇄 인쇄
2010년 5월 25일 초 판 1쇄 발행

저 자 • 이 동 준
발행인 • 조 경 혜
발행처 • 도서출판 그리심
156-763 서울시 동작구 사당5동 196 인정 B동(B01)

등록번호 • 제 7-258호(1998. 4. 23)
출 판 사 • 전화 523-7589 팩스 523-7590
홈페이지 • http://grisim.biz
전자우편 • grisimcho@hanmail.net

값: 표지 뒷면에

ISBN 978-89-5799-258-6 93230

책을 내면서…

하나님의 마음을 알고 싶었습니다. 하나님의 시각으로 성경을 보고 싶었습니다. 하나님이 성경의 원 저자이시고 그 분이 온 우주를 창조하시며 인간의 생사화복을 주관하시는 분이라면 성경을 기록하실 때 인류 역사 전반에 대한 안목을 가지고 일관성 있게 기록하셨을 것이라는 확신이 있기 때문입니다. 신구약 성경을 기록한 인간 저자가 40여명이나 되고 창세기부터 요한계시록까지 거의 1600여년(주전 1445~주후 96년 사이에 성경이 기록됨)이라는 역사적 갭이 있다 할지라도 성경이 통일성과 일관성을 가지고 있다는 말입니다.

3년 전 쯤에 어느 목회자와 대화 중에 제가 성경 전체에 대한 큰 그림을 그리고 있다고 했더니 자신도 지금까지 성경을 공부해 왔었지만 그것은 불가능하다고 하면서 말도 안 되는 소리 하지 말라고 저에게 버럭 화를 낸 적이 있습니다. 서울의 한 대형 교회의 교육 목사로 있었다는 자부심도 엿볼 수 있었습니다. 하지만 저는 마음이 너무나 아팠습니다. 과연 그 목회자의 말대로 성경을 전체로 보는 것은 불가능할까요?

성경을 전체로 본다고 했을 때 오해하지 말아야 할 것은 성경 각 권의 내용이나 구조를 일목요연하게 분석하는 것도 아니고 연대기적으로 성경의 배경이나 독자들의 생활을 재구성하는 것도 아닙니다. 성경을 전체로 본다는 말의 핵심은 하나님의 시각으로 성경을 처음부터 끝까지 본다는 것이고 하나님의 마음으로 성경 전체를 읽는다는 것입니다. 그래서 하나님의 역사에 대한 통찰력과 그 분 자신에 대한 깨달음과 이해가 성경을 읽는 가장 중요한 목적이 되어야 합니다.

"성경은 일차적으로 인간에게 무엇을 하기를 원하지 않습니다. 하나님께서 무엇을 행하셨는지를 보여주는 책입니다. 그것을 통해서 하나님은 어떤 분이시며 무슨 사역을 하고 계시며 인류의 역사를 어떻게 움직여 가고 계시는지를 보라는 것이 성경이 주어진 가장 중요한 이유입니다."(본문의 서론에서 인용) 성경을 읽는 목적은 첫째도 둘째도 하나님을 아는 것입니다. 우리는 성경을 하나님의 계시로 믿습니다. 계시란 하나님이 스스로 자신을 인간에게 드러내 보여주셨다는 말씀입니다. 성경을 하나님의 말씀이라고 하는 것도 하나님이 그 말씀의 주인공이라는 의미입니다.

그렇다면 우리가 성경을 볼 때에 당연히 하나님의 시각을 가지고 그 분이 온 우주에 대한 역사를 어떻게 시작하셨고 운행하시며 그 역사를 마감하시는지를 보는 것이 가장 중요한 내용이 되어야 합니다. 창세기 1:1절에 "태초에 하나님이 천지를 창조하시니라"고 말씀하십니다. 성경의 첫 마디가 거대한 천지창조로 시작하고 있습니다. 그렇다면 성경의 마지막은 어떤 내용일까요? 성경의 마지막 책인 요한계시록 21:1절은 "또 내가 새 하늘과 새 땅을 보니 처음 하늘과 처음 땅이 없어졌더라"라고 말씀하고 있습니다. 우주적인 새 천지창조를 말하고 있습니다. 이렇게 성경의 시작과 끝은 거대한 우주의 역사로 연결되어 있습니다.

하나님이 이런 거대한 인류의 역사를 부분 부분으로 끊어서 다루실까요? 아니면 처음부터 끝까지 계획을 세워서 일관성 있게 전체로 다루실까요? 두말하면 잔소리입니다. 후자가 정답입니다. 따라서 성경을 읽을 때 가장 먼저 하나님의 역사의 관점으로 성경을 보아야 하고 그 성경 속의 인간을 보아야 합니다. 그래야 하나님을 더 깊이 알게 되고 인간의 본질을 볼 수 있으며 전 인류 역사에 대한 통찰력뿐만 아니라 그 거대한 역사가 바로 나의 역사가 되는 경험을 하게 됩니다. 우리는 하나님을 아는 만큼 우리는 순종할 수 있고 감사할 수 있고 즐거워 할 수 있고 나의 존재에 대한 가치의 중요성을 깨달을 수 있고 온 우주에 대한 큰 그림을 그릴 수 있습니다.

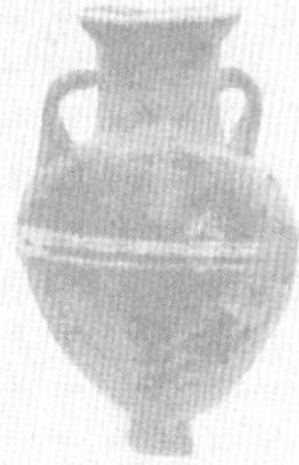

아브라함을 통해서 하나님을 보려고 하지 마십시오. 하나님이 아브라함을 어떻게 다루셨는지를 보십시오. 그러면 하나님도 보이고 아브라함도 보입니다. 하지만 아브라함을 통해서 하나님을 보려고 하면 아브라함 수준만 됩니다. 모든 성경의 인물들이 그렇습니다. 그들은 하나님의 거대한 역사에 안개와 같이 짧은 인생 가운데서 신들의 역할을 감당하다 하나님의 품에 안긴 사람들입니다.

이 책은 여러분에게 이 거대한 하나님의 시각으로 성경을 보고 인류 역사를 보며 인간을 보는데 도움이 되도록 기획이 되었습니다. 그래서 이 책을 읽을 때는 여러분 자신이 하나님의 심정이 되어 보아야 합니다. 하나님이 온 우주와 인간을 왜 창조하셨는지, 선악과는 무슨 목적으로 주셨는지, 가인과 아벨의 제사는 무엇을 기준으로 받고 받지 않으셨는지, 홍수 심판을 내리시는 심정과 바벨탑 사건이 인류 역사에서 어떤 위치와 중요성을 가지고 있는지, 아브라함의 부르심은 아브라함 개인을 위한 것인지 더 큰 그림을 그리시면서 부르셨는지, 요셉과 야곱의 식구가 애굽에 내려간 이유는 무엇이며 애굽에서는 무슨 일이 있었으며 출애굽은 이스라엘만을 위한 것인지, 광야의 삶은 무엇을 보여 주고자 하는지, 시내 산에서 율법을 주시는 목적은 무엇이고 성막과 제사는 무엇 때문에 아주 섬세한 부분까지 명령을 하셨고 그것들을 허락하셨는지... 중략.... 예수님의 오심과 사역은 무엇을 성취하시는 것인지, 그 분의 십자가와 부활은 단지 그 이후 역사와만 관련이 있는지 아니면 신구약의 모든 역사를 망라하는 것인지, 예수님이 외치신 하나님의 나라는 무슨 의미가 있으며, 하나님 나라와 교회는 어떤 관계가 있는지, 말세의 진정한 의미가 무엇이며, 새 하늘과 새 땅이 주어지는 이유가 무엇인지 등등 하나님이시라면 어떻게 생각하시고 실행에 옮기셨는지를 보아야 하는 것입니다.

성경을 볼 때 '어떻게 살 것인가'가 처음 질문이 되어서도 안 됩니다. '하나님이라면 어떻게 온 우주의 역사를 시작하셨고 운행하시고 마감을 하실 것인가'를 먼저 질문해 보아야 합니다. 신구약 성경을 큰 그림으로 보면 하나님께서 이 질문에 대한 명확한 답을 주시고 있음을 알게 될 것입니다. 이 책은 이 답을 추적해 가면서 독자와 함께 공통분모를 찾아가는 과정을 제공하기 위함입니다. 읽어가면서 고민해 보자는 것입니다.

이 책이 나오기까지 저를 아껴 주시고 기도해 주신 분들께 감사를 드리고 싶습니다. 언제나 부족한 아들을 위해 기도를 아끼지 않으시는 어머님과 아버님께 마음을 다하여 감사를 드립니다. 신앙생활을 시작하는 순간부터 지금까지 저의 입장에서 이해해 주시고 격려해 주셔서 너무나 큰 힘이 되었습니다. 철부지 같던 저에게 복음으로 예수를 알게 하시고 지금껏 기도해 주시는 큰 외숙모님과 외삼촌께 진심으로 감사를 드립니다. 그리고 장남이라는 이유와 목사라는 이유만으로 부모님의 관심을 더 받았음에도 불구하고 묵묵히 저를 이해해 주고 지켜보아 준 동생들에게도 고마운 마음을 전하고 싶습니다.

이 책의 편집을 기꺼이 담당해 주신 「백투더 바이블」의 저자이신 장종길 장로님과 이 책이 출판되도록 기회를 주신 도서출판 그리심의 대표이신 조경혜 권사님께도 감사드립니다. 표지를 디자인 해 주신 이상훈 형제와 아이디어를 제공해 준 김정신 자매와 12번이나 수정해 가면서 하나님 나라의 역사 도표를 그려 준 이용주 형제에게도 감사를 드립니다. 저에게 늘 큰(?) 목사가 되라고 응원해 주며 기도해 주는 친구 박광태 목사와 미국에서의 바쁜 목회 생활 중에도 잊지 않고 기도해 주는 친구 최재원 목사에게도 감사를 드리고 늘 관심을 가져 주시고 기도해 주시는 구문성경연구원 김강래 대표 간사님과 여러 간사님들께도 감사를 드립니다. 가장 힘들 때 힘이 되어 주시고 성경원어인 헬라어와 히브리어를 배우고 가르칠 수 있도록 장을 마련해 주셨던 페트라 성경원어연구원의 김선기 목사님께도 머리 숙여 감사를 드립니다.

귀한 딸을 허락해 주시고 기도해 주시는 장인어른과 장모님, 제 원고의 첫 번째 독자가 되어서 용기를 준 막내처남과 저의 미래를 위해 늘 기도해 주시는 처형들께도 감사를 드립니다. 그리고 사랑하는 아내 송선순에게 마음 깊이 감사의 마음을 전해 주고 싶습니다. 처음 만날 때부터 지금까지 저에 대한 변함없는 신뢰와 기도로 용기를 주고 어려울 때에도 웃음을 잃지 않는 당신은 하나님이 보내신 천사입니다. 늘 행복한 미래를 꿈꾸게 만들어 주고 삶의 엔돌핀이 되어주는 아들 요한이와 멀리 미국에 떨어져있는 보고 싶은 딸 소영이에게도 아빠로서 고맙다는 말을 전해 주고 싶습니다.

마지막으로 제 인생의 모든 것 되시는 하나님께 저의 심장으로 감사를 드립니다. 하나

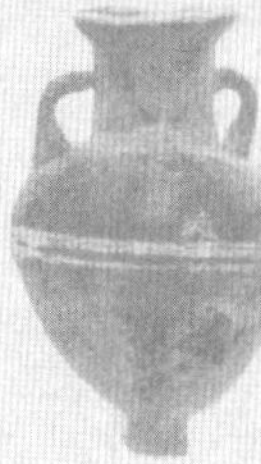

님 나라의 작은 부분이라도 맡겨 주시고, 제가 행한 일 때문이 아니라 이 세상에 존재하는 이유만으로도 마음껏 사랑해 주시고 보호해 주시고 격려해 주시고 보살펴 주신 것 눈물로 감사드립니다. 저는 압니다. 어떻게 그 분이 오랫동안 이 책을 준비해 오셨는지. 그리고 기대합니다. 얼마나 더 좋은 내용으로 이 책에다 덧붙여 써 내려 가실 것인지를. 지금까지 지나온 삶보다 앞으로의 삶에 대해서 더 기대하게 만들어 주시고 더 큰 꿈을 꾸게 해 주시는 하나님! 저는 작지만 사용하셔서 큰 영광 받아 주십시오.

주후 2010년 4월

목 차

제 1 권 구 약 편

Ⅰ. 타락 이전의 인류 공동체

(인류의 대표 아담과 하와 : 창 1:1-2:25)

II. 단일(sole) 민족 공동체

(타락한 이후부터 바벨탑 사건까지: 창 3:1-11:26)

II-1 첫 번째 단일민족 공동체

(타락한 이후부터 노아홍수 심판까지 : 창 3:1~8:19)

II-2 두 번째 단일 민족 공동체

(노아 홍수 심판 이후부터 바벨탑 사건까지 : 창 8:20-11:26)

III. 한(one) 민족 공동체

(이스라엘 : 창 11:27~세례요한)

제 2 권 신약편

아브라함과 다윗의 자손 – 첫 창조의 왕권을 회복해 주신 예수님
구약의 성전을 성취하신 예수님 – 영원한 임마누엘
하나님의 어린 양
복음서에 나타난 예수님의 생애 정리
두 번 오시는 예수님 (초림과 재림 – 말세의 기간)
새 창조의 하나님 나라가 임함
새 창조의 하나님 나라의 비유들
신구약의 하나님 나라와 교회와의 관계
가나 혼인잔치의 표적
– 유대교와는 비교할 수 없는 새로운 시대의 도래(요 2장)
성전청결사건 – 새로운 성전으로의 전환
유대인도 예외 없는 구원 – 성령으로 다시 나야 함(요 3장)
사마리아로 향하는 구원 (남 유다와 북 이스라엘을 믿음으로 통합하심
– 요 4장)
이방인을 향한 구원 – 왕의 신하의 아들을 살려 주심 (요 4장)
안식의 회복 – 38년 된 병자를 고치심 (요 5장)
12사도를 부르심 (눅 6장)
산상수훈 – 아버지와 자녀의 관계 (마 5장)
신령한 만나로 오신 예수님 – 구약의 만나를 성취하심 (요 6장)
영원한 생수를 주시는 예수님 – 성령 하나님을 보내심 (요 7장)
사탄의 자녀들 (요 8장)
선한 목자이신 예수님 (요 10장)
나사로를 살리심 – 메시아 사역의 본질 (요 11장)
예수님의 죽음을 준비하는 마리아 (요 12:1–11)
평화의 왕으로 오시는 예수님
새 창조의 하나님 나라의 삶의 기준 (요 13장)
새 이스라엘의 조상이신 예수님 (요 15장)
십자가를 지신 예수님 – 하나님이 준비하신 어린 양
장사지낸 바 되신 예수님 – 완전한 인간
부활하신 예수님 – 승리하신 예수님
베드로의 회복과 사명 – 새 창조 사역 안으로 인간을 부르심 (요 21장)

39. 성령 하나님의 구속의 역사
성령의 오심 – 오순절 성령 강림
성령의 사역 – 예루살렘과 온 유대와 사마리아와 땅 끝까지 이르는 사역

V. 완성된 새 창조의 하나님 나라

(예수님의 재림 이후부터 영원히)

신구약통째로 먹기

들어가는 말

성경은 일차적으로 인간에게 무엇을 하기를 원하지 않습니다.
하나님께서 무엇을 행하셨는지를 보여주는 책입니다.
그것을 통해서
하나님은 어떤 분이시며
무슨 사역을 하고 계시며
인류의 역사를 어떻게 움직여 가고 계시는지를 보라는 것입니다.
따라서 하나님의 시각으로 신구약을 통째로 보는 것이
가장 먼저 우리가 해야 할 일입니다.

들어가는 말

성경은 하나님의 말씀입니다. 생명이며 진리입니다. 그래서 그리스도인들은 성경을 우리 영혼을 위한 생명의 양식이요 삶의 기준으로 받아들입니다. 그렇다면 성경을 우리의 삶과 사역의 현장에서 다른 것과 비교해서 동등개념이나 하위 개념으로 놓을 수는 없습니다. 하지만 오늘날 많은 사람들은 말하기를 성경만 가지고는 안 된다고 합니다. 무엇이 안 된다는 것일까요? 교회 부흥을 두고서 하는 말입니다. 말씀만 가지고는 교회의 부흥이 안 되더라는 것입니다. 그래서 여러 가지 프로그램을 동원해야 하고 잘 짜인 조직으로 교회를 운용해야 한다고 생각합니다. 요즘은 소위 대박 나는 프로그램을 좇아서 사람들이 인산인해를 이루고 있습니다. 묻고 싶습니다. 성경이 교회의 부흥을 위한 무슨 부흥교과서라도 된다는 말입니까? 교회 부흥을 위한 수단정로로 밖에 말씀의 존재의 의미가 없다는 말입니까? 성경이 주어진 일차적 목적은 교회의 부흥을 위해서 주어진 것이 결코 아닙니다.

그리고 어떤 사람들은 하나님의 말씀으로 믿는다고 하면서도 성경을 도덕과 윤리 교과서 정도로 여기고 있지는 않습니까? 집안에 액자로 걸어 놓는 삶의 유익을 주는 경구나 잠언 정도로 대우하고 있지는 않습니까? 만일 그렇다면 성경만 고집할 필요 없습니다. 불경에도 코란에도 수많은 도덕과 철학의 교과서에도 잠언쯤은 널려 있으니까요. 마음이 평안하기 위해서는 무엇을 해야 하고, 욕심을 다스리기 위해서는 어떻게 해야 하고, 축복을 받기 위해서 무엇을 해야 하는지 등, 이런 정도의 소스를 얻기 위해서 성경을 본다면 그것은 성경의 진면목을 보지 못하는 것입니다. 성경은 일차적으로 인간에게 무엇을 하기를 원하지 않습니다. 하나님께서 무엇을 행하셨는지를 보여주는 책입니다. 그것을 통해서 하나님은 어떤 분이시며 무슨 사역을 하고 계시며 인류의 역사를 어떻게 움직여 가고 계시는지를 보라는 것이 성경이 주어진 가장 중요한 이유입니다. 성경을 하나님의 말씀이라고 하는 것 자체가 성경의 주인공은 하나님이라는 의미입니다. 그런데 성경을 읽어도 하나님이 보이지 않는다면 그것은 하나님의 말씀이 아니라 역사책이나 소설책과 무엇이 다르단 말입니까? 우리는 성경을 통해서 하나님을 알아야 하고 하나님을 만나야 합니다. 우리를 향해 쏟아 부으시는 그 분의 사랑과 열심의 숨결을 생생하게 느낄 수 있어야 합니다. 그 분에 대한 앎 (지식적인 앎과 경험적 앎)이 커져 가면 갈수록 우리의 시야가 넓어지고 마음이 커져갑니다. 세상에 대한 담대한 능력과 미래에 대한 진정한 소망으로 말미암아 아무리 큰 세상의 장애물이라도 넉넉히 승리하며 살아갈 수 있습니다. 역사에 대한 통찰력을 가질 수 있기 때문에 사건 하나 하나에 일희일비 하지 않습니다.

성경은 어느 날 하늘에서 갑자기 뚝 떨어진 신비한 책이 아닙니다. 성령 하나님께서 40여 명의 인간 저자들을 사용하시되 그들의 성품, 배경, 문화, 언어 등을 고려하셔서 하나님께서 주도하시되 인간을 사용해서 만들어 낸 작품입니다. 그런데 이 성경을 기록하실 때 아무 계획 없이 막무가내로 쓰셨을까요? 사람들도 자신의 사상을 글로써 표현하기 위해서 수많은 준비와 계획을 세워서 책을 쓰는데 하나님은 말할 필요도 없습니다. 하나님은 인류 역사의 시작과 끝이며 처음과 나중입니다. 모든 역사가 그 분의 손 안에 달려 있습니다. 성경은 이 모든 역사를 기록한 책입니다. 이 모든 역사의 주관자로서 시작과 끝에 대한 분명한 하나님의 계획과 섭리가 들어 있습니다. 그래서 성경은 66권으로서 각 권이 독립성을 가지고 있지만 그와 더불어 창세기부터 요한계시록까지 흐르는 일관성이 있습니다. 각권의 독립성을 성경의 다양성이라고 말한다면 일관성은 성경의 통일성이라고 말할 수 있습니다. 성경은 주전 15세기에 기록되기 시작해서 주후 1세기경에 완성된 말하자면 1600년에 걸쳐 쓰인 것입니다.

따라서 다양한 배경과 문학의 장르가 들어 있습니다. 하지만 이 모든 역사적 상황과 인간 저자들의 배경을 사용하시면서도 하나님이 처음부터 계획하셨던 하나님의 역사를 기록해 가십니다. 따라서 성경의 역사를 다른 말로 표현하자면 '신학적 역사'라고 할 수 있습니다. 하나님의 의도가 들어 있기 때문입니다. 그렇다면 우리는 성경 각권의 독립성을 인정하면서도 하나님께서 성경 전체를 엮어 주는 주제를 이해하는 그래서 부분적인 나무들과 전체적인 숲을 함께 볼 수 있는 성경적 안목을 키우는 것이 무엇보다도 중요합니다. 개인적으로 성경의 통일성에 대한 안목을 먼저 키울 것을 강력히 추천합니다. 숲을 보지 않고 나무만 붙잡고 있으면서 전체 숲에 대한 평가를 내리는 것은 결코 좋은 방법이 아닙니다. 성경의 부분은 잘 이해할 수 있을지는 몰라도 전체 구조 속에서 그 부분이 어떤 위치를 차지하는지를 아는 것은 쉽지 않기 때문입니다.

하나님 외에는 신이 없고 그 하나님께서 하늘과 땅을 창조하셨다면 온 우주가 하나님의 나라로 불리어지는 것은 당연합니다. 물론 지구라는 이 세상도 하나님의 나라가 될 것입니다. 따라서 하나님의 나라는 첫 창조부터 시작됩니다. 그런데 첫 창조 시에 아담과 하와가 어떤 위치에 있었습니까? 하나님의 피조물로서 선악과 명령을 받았습니다. 그 명령에는 이들이 불순종하면 죽을 수도 있다는 명령이 들어 있었는데 이것은 아직 아담과 하와가 하나님께서 계획하신 완성된 모습이 아니라는 것을 알 수 있습니다. 더구나 그 동산에는 사탄이 인간을 노리고 있었다는 것을 생각할 때 하나님께서 인간에게 허락하실 최종목적지로 에덴동산을 염두에 두신 것은 아닌 것입니다. 그런데 마 25:34절에 보면 예수님께서 창세로부터 예비된 나라, 즉 예비된 하나님의 나라를 상속받으라는 말씀이 있습니다.

이 말씀은 예수님께서 다시 오실 때, 즉 재림 때에 이루어질 일을 말씀 하시는 가운데 주시는 것입니다. 그렇다면 하나님께서 처음부터 예비하신 하나님 나라의 최종 목적지는 어디일까요? 그것은 요한계시록 21장 이하에 등장하는 새 하늘과 새 땅이 분명합니다. 그렇다면 첫 창조에서 새 하늘과 새 땅까지의 모든 기간은 이 하나님 나라를 완성하기 위한 과정임을 알 수 있습니다. 그래서 이 기간을 '하나님 나라의 역사(歷史)라고 부를 수 있습니다. 이 주제를 가지고 앞으로 이야기를 전개해 나갈 것입니다. 성경에 대한 전체적인 안목이란 하나님 나라의 시작과 완성을 염두에 두고 인간과 이 세상에 대한 하나님의 계획이 무엇이었으며 어떻게 그 계획을 이루어 가시며 그리고 그 계획을 최종적으로 어떻게 완성시키시는지를 보는 것입니다. 성경은 이에 대한 일관성을 가지고 있습니다. 그러므로 성경을 읽는 사람은 창세기 1-2장에서 요한계시록 21장 이후까지의 역사를 바라보며 읽어야 합니다. 성경의 통일성이란 바로 이런 것입니다. 하나님께서 첫 창조 때부터 목표하는 지점, 즉 완성지점이 있었다는 것이고 이 완성을 성취하기 위해서 일관성 있게 하나님은 역사(歷史)를 운행해 가십니다. 바로 그 하나님의 역사가 무엇인지를 말씀해 주시는 것이 창세기부터 요한계시록까지의 성경입니다. 성경은 하나님께서 원 저자로서 분명한 의도를 가지고 기록하신 것이므로 우리는 이 하나님의 의도를 깨달아서 창세기부터 요한계시록까지의 과정을 통해서 성경에 대한 전체적인 안목을 가질 수 있습니다. 성경을 전체적으로 이해한다는 것은 성경에 대한 세계 지도를 갖고 있는 것과 같은 것입니다. 혹시 '레소토'라는 나라를 알고 계시는지 모르겠습니다. 그 나라에 가기 위해서 가장 먼저 무엇이 필요하겠습니까? 아마도 세계지도일 것입니다. 그 나라가 어디에 위치해 있는지, 어떻게 가야 하는지, 다른 나라와 비교해서 어느 정도의 나라인지에 대한 대강의 그림을 그릴 수 있기 때문입니다. 그런데 레소토 국내용 지도만 갖고 있다면 그것은 그 나라 자체를 아는 데는 도움은 되겠지만 그 나라를 전 세계적인 입장에서 이해한다는 것은 불가능할 것입니다. (참고로 레소토는 남아프리카 공화국으로 사방이 둘러싸인 조그만 나라입니다.) 성경을 통전적으로 본다는 것은 마치 세계지도를 갖는 것과 같습니다. 성경에 대한 전체적인 안목을 가지고 있을 때 성경 구석 구석을 다니면서 성경에 대한 올바른 탐구를 할 수 있을 것입니다. 그렇다면 성경을 전체적으로 잘 이해하기 위해서 첫 창조에서 완성된 하나님의 나라로 주어질 새 하늘과 새 땅까지의 성경적 역사를 어떻게 구분 하면 좋을까요?

성경의 구분

성경 전체를 잘 이해하기 위해서 크게 다섯 시기로 나눌 수 있습니다. 다섯 시기로 나누는 이유는 하나님께서 하나님 나라의 역사를 진행해 가심에 있어서 결정적 분수령들이 있기 때문에 편의상 나누는 것이지 하나님의 구원 방법이나 섭리의 내용이 달라지기 때문이 아닙니다. 각 시기에 대한 특징과 내용은 성경의 내용을 따라가면서 자세히 말씀드리도록 하겠습니다. 창조 후부터 타락하기 이전의 시기는 '타락 이전의 인류공동체' 라고 부를 수 있습니다. 아담과 하와가 인류의 대표로 하나님 앞에 서 있기 때문입니다. 그리

하나님 나라의 역사(歷史)

도표 1- 하나님 나라 역사의 전체 개관

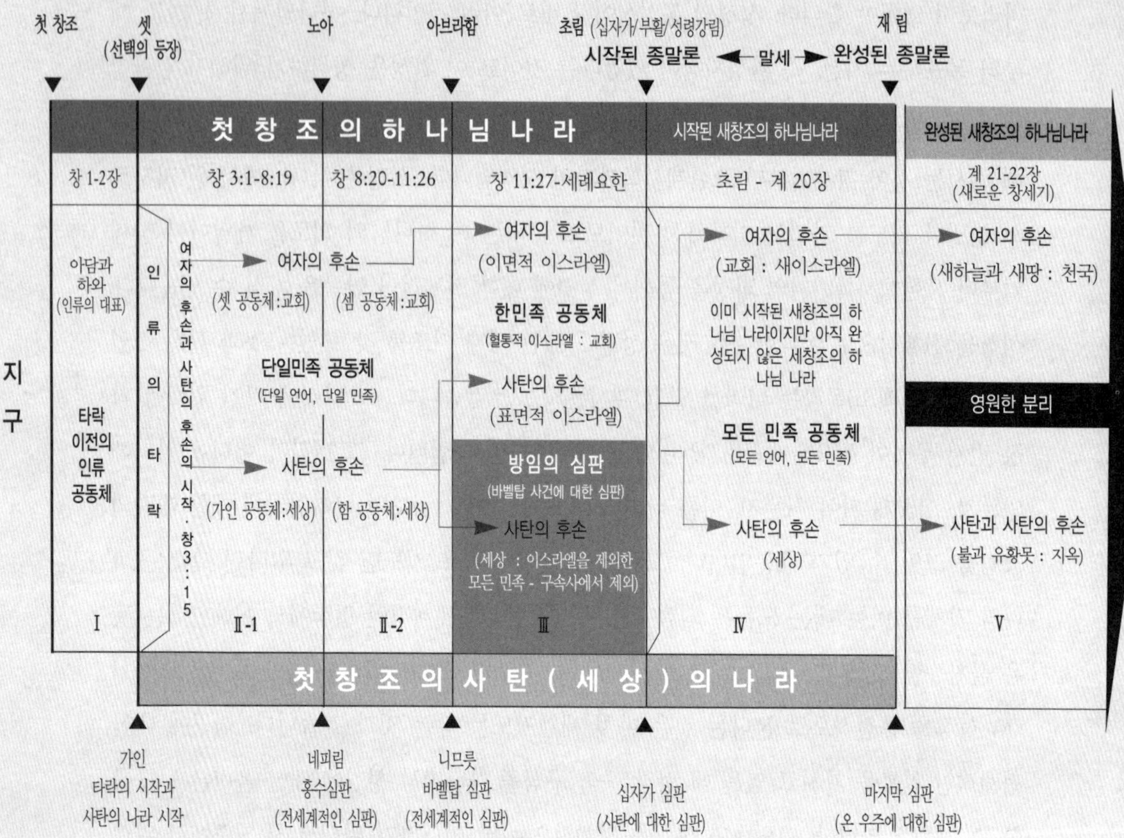

고 인간이 타락한 이후부터 바벨탑 사건까지는 두 번째 시기인 단일 민족 공동체 시기입니다. 온 인류가 단일 언어와 단일 민족으로 구성되어 있기 때문입니다. 그러나 이 공동체는 성격이 다른 두 공동체로 나누어지게 되는데 하나는 하나님을 섬기며 예배했던 셋 공동체요 다른 하나는 하나님을 대적하며 인본주의적 문화를 세워갔던 가인 공동체입니다. 앞으로 인류 역사는 이 두 공동체의 특징으로 나뉘어 흘러 갈 것입니다.

그런데 바벨탑 사건 때문에 하나님께서 인류를 심판하심으로 단일 언어를 사용했던 단일 민족이 각기 다른 언어를 사용하는 수많은 민족으로 나누이게 됩니다. 이 바벨탑 사건에 대한 하나님의 심판은 노아홍수 심판에 비견될 만한 강력한 심판이었는데 행 14:16과

17:30을 근거로 '방임의 심판' 으로 부를 것입니다. 그런데 이 '방임의 심판' 으로부터 오직 한 사람, 아브라함만이 하나님의 부르심을 받는데 이때부터는 아브라함과 그의 후손인 이스라엘만이 하나님의 구속사의 중심에 서게 됩니다. 창세기 12장 이후부터 구약 시대 내내 이스라엘을 중심으로만 구속사가 펼쳐지게 되는 이유가 여기에 있습니다. 이때는 세 번째 시기인 '한(one) 민족 공동체(혈통적 이스라엘)' 시기입니다. 그러나 하나님은 때가 되면 모든 민족에게도 복음의 문호를 개방하시려는 계획을 가지고 계셨습니다. 이스라엘의 조상인 아브라함을 부르시면서 모든 민족이 복을 받게 하시겠다고 하신 것은 바로 그 이유 때문입니다.

예수님의 오심은 바로 그 때가 되었음을 알리는 신호탄이었습니다. 그래서 이제는 언어와 민족을 뛰어 넘어서 모든 민족으로부터 하나님의 자녀를 부르시는 놀라운 시대가 되었습니다. 헬라인이나 유대인이나 남자나 여자나 종이나 자유자나 차별이 없는 시대가 된 것입니다. 그래서 이때는 네 번째 시기인 '모든 민족 공동체' 의 시기라고 부를 수 있습니다. 물론 이 부르심을 거부하는 수많은 민족들이 계속해서 이방 민족으로 남는 것도 여전한 시대임은 두말할 필요가 없습니다. 그러나 인류의 역사는 시작이 있듯이 마지막이 있습니다. 예수님께서 재림하시면 이 인류의 역사를 마감하시고 이제는 완전히 새로운 하나님의 나라를 우리에게 허락하실 것입니다. 이 시대가 바로 '새 하늘과 새 땅의 시대'입니다. 첫 창조는 바로 이 시대를 목표로 쉼 없이 달려 온 것입니다. 하나님은 사탄과 그 사탄을 따르는 인간들의 반대에도 불구하고 결국에는 이 계획을 완성하시는 것입니다.

Ⅰ. 타락 이전의 인류 공동체

(인류의 대표 아담과 하와 : 창 1:1-2:25)

도표 2에 대한 설명

에덴동산의 상태를 하나님의 나라라 하지 않고 '타락 이전의 인류 공동체'라고 표현함은 아담과 하와에게 완벽한 하나님의 나라가 완성되어 주어진 것이 아닐 뿐만 아니라 그들의 신분도 확정된 것이 아니기 때문입니다. 물론 인간이 거주하기에는 더할 나위 없이 훌륭한 곳이었지만 에덴동산은 완성된 곳이 아니라 최종적으로 지향하는 목적지가 있었습니다. 하나님께서 아담과 그 후손들에게 생육하고 번성하고 충만하고 정복하고 다스리라고 하신 말씀 속에는 에덴은 종착지가 아니라 출발지임을 알 수 있습니다. 그래서 게할더스 보스는 이 시기를 확정되지 않은 상태라고 말하면서 확정된 선과 축복으로의 진보를 이루어야 한다고 주장합니다. 보스가 말한 확정된 상태라고 하는 것은 "선과 축복 등을 더 이상 잃을 가능성이 없는 상태, 더 이상 범죄할 가능성이 없는 상태, 그래서 더 이상 죄의 결과에 종속될 필요가 없는 상태"[1])를 말합니다.

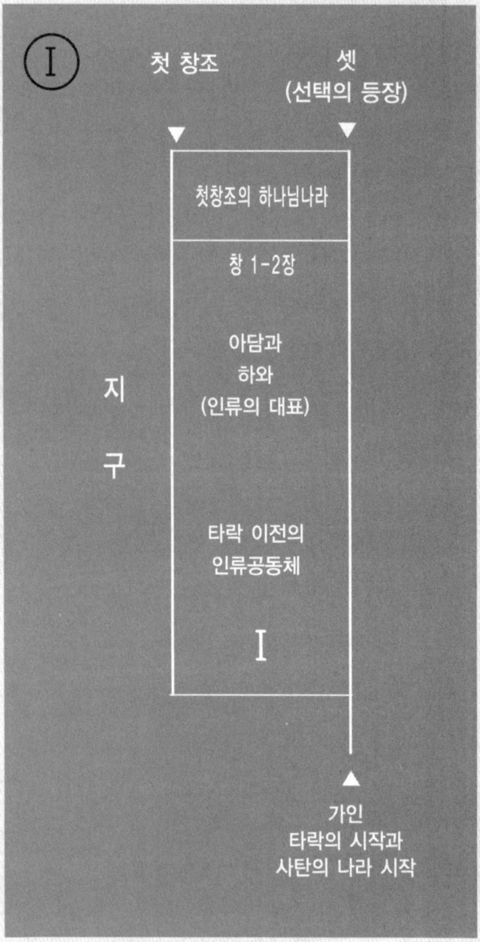

그래서 인간은 하나님께서 처음에 주셨던 환경을 하나님 형상의 능력을 동원해서 더욱 발전시킴으로써 하나님이 원하시는 목적지를 향해서 나아가야 하는 것입니다. 그러나 우리가 선악과 사건에서 알 수 있듯이 악의 우두머리인 사탄이 인간이 타락하기 이전에 이미 존재하고 있었다는 것입니다. 따라서 인간이 사탄이라는 외부세력에 의해서 유혹을 받을 수도 있는 그런 위치에 있었기 때문에 에덴동산에서의 아담은 죄와 완전히 분리되어 있었다고 말할 수 없습니다. 인간은 자유의지를 동원하여 하나님의 말씀을 순종하든가 아니면 사탄의 유혹에 넘어갈 수도 있는 그런 상황에 있었던 것입니다. 예수님 재림 이후에 완성될 새 하늘과 새 땅이 완벽한 하나님의 나라가 되는 이유가 무엇입니까? 그것은 사탄이 더 이상 인간을 유혹할 수 없기 때문입니다. 그래서 죄의 세력과 완전히 구별되어 있는 상태가 되기 때문에 하나님의 자녀들이 모여 있는 그 곳이 새 하늘과 새 땅이 되는 것입니다. 그러므로 타락하기 이전의 창세기 1-2장의 목적지이며 예수님이 말씀하신 창세로부터 예비하신 나라가 바로 새 하늘과 새 땅임을 분명히 알 수 있습니다. 에덴동산은 이제 출발입니다. 그래서 첫 출발인 에덴동산과 마지막 종착지인 새 하늘과 새 땅은 공통점이 상당히 많이 있습니다. 서로 연결이 되기 때문입니다. 이것은 신약을 다룰 때 성경적 구원관에서

하나님 나라의 역사(歷史)

도표 2- 타락 이전의 인류 공동체

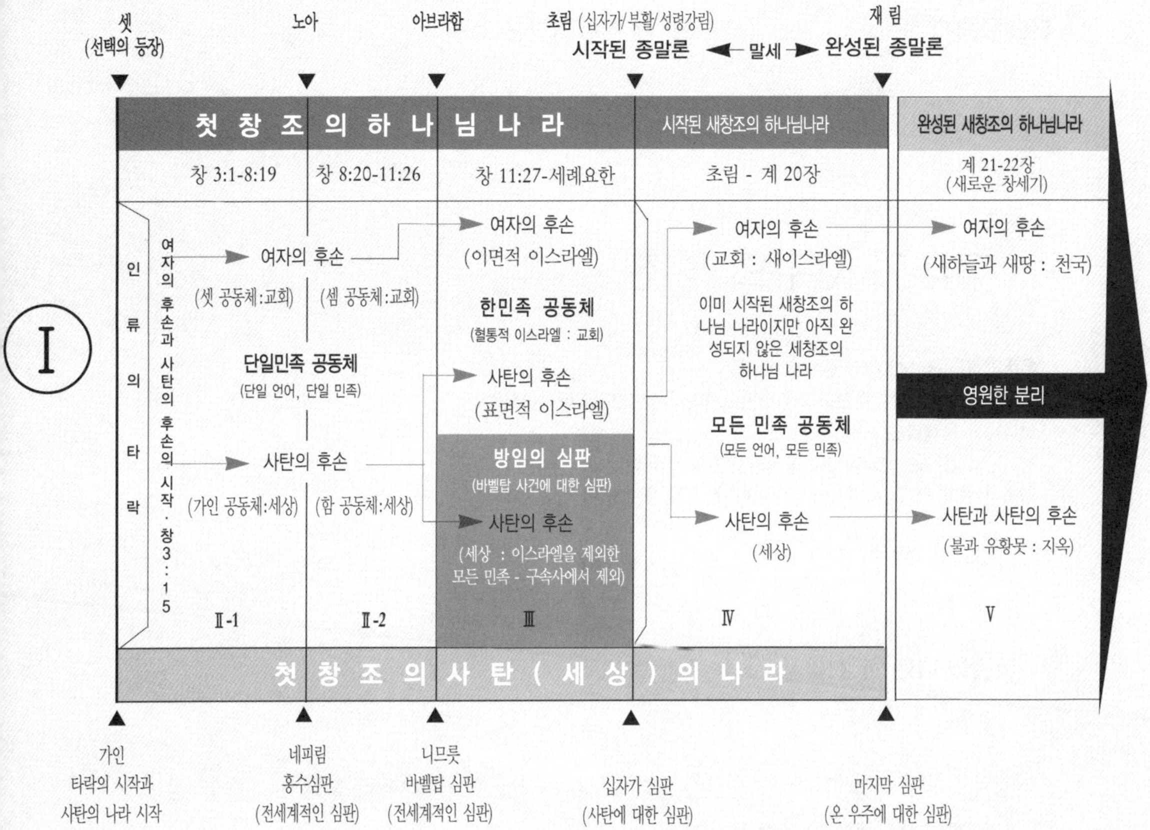

자세히 설명 드리겠습니다.

사 48:12, 계 1:17, 21:6을 근거로 할 때 하나님은 인류 역사의 시작과 끝이요 처음과 나중이며 알파와 오메가이십니다. 그런데 첫 창조 때에 시간도 함께 창조되었습니다. 그렇다면 시간을 초월해 계시는 하나님께 이 시간이라는 한계는 반드시 없어져야 할 것입니다. 왜냐하면 영원한 하나님께 시간이란 무의미하기 때문입니다. 그런데 첫 창조의 세계를 시간의 지배를 받는 공간으로 시작하셨고 그 속에 존재하는 인간도 시간을 초월해서 사는 존재는 아니었습니다. 인간이 영원한 하나님과 함께 하는 존재가 되기 위해서는 언젠가는 이 시간의 마침이 있어야 한다는 것은 성경전체 시각으로 볼 때 너무도 당연한 것입니다. 그런 의미에서 시간을 시작하신 하나님께서 그 시간의 마침도 이루실 것입니다. 이것으로 미루어 볼 때 첫 창조의 아담과 하와는 시간의 마침이 되는 그 시간을 향해서 출발하는 인류의 대표자로 서 있었음이 분명하며 하나님께서 처음과 나중에 대한 모든 계획을 세우시고 이 역사를 운행해 가실 것은 너무도 자명한 것입니다. 따라서 하나님은 모든 시간의 역사를 주관하시는 분이시며 이것은 우리가 성경을 전체적인 시각으로 보아야 함이 마땅합니다.

1. 우주와 지구의 창조

우주와 지구를 창조하신 중요한 목적은
자신의 형상을 닮은 인간이 거주하기에 불편함이 없도록 배려하시는
하나님의 은혜였습니다.
하나님의 은혜는 신약에서나 등장하는 것이 아닙니다.
창조 자체가 하나님의 은혜의 시작이라는 사실을 놓치면 안 됩니다.

인간을 위한 환경 설정[2)]

창세기 1장 1절, 이 말씀 한 마디만으로도 하나님은 단지 어느 특정한 민족을 상대하시기 위해서 이 세상을 창조하신 것이 아님을 알 수 있습니다. 그래서 구약을 이스라엘의 역사쯤으로 알고 있다면 성경을 제대로 이해하는 것이 아닙니다. 이스라엘 민족은 온 우주에 대한 하나님의 섭리에 있어서 일정기간 동안 하나님의 도구로 쓰인 민족일 뿐입니다. 하나님은 결코 이스라엘 민족의 하나님이 되시기 위해서 천지를 창조하시거나 성경을 기록하신 것이 아닙니다. 그 분은 온 우주와 모든 인류를 상대하시려고 우주와 지구를 창조하셨습니다. 하나님은 처음부터 원대한 계획을 가지고 온 우주의 하나님으로서 출발하신다는 사실을 반드시 기억하시기 바랍니다.

그런데 이 크신 하나님께서 우주와 지구를 누구를 위해서 창조하셨을까요? 말할 필요도 없이 하나님 자신의 영광을 위함이 첫 번째 대답이 될 것입니다. 하지만 하나님은 우주와 지구를 창조하실 때 염두에 둔 피조물이 있었습니다. 바로 인간입니다. 우주와 지구를 창조하시는 중요한 목적 중의 하나가 자신의 형상을 닮은 인간이 거주 하도록 하시기 위함입니다. 6일 동안 우주와 지구를 창조하시는 것은 인간이 거주하기에 불편함이 없도

록 배려하시는 하나님의 은혜였습니다. 말하자면 인간을 위한 환경설정이 되는 셈입니다. 하나님께서 인간을 배려하시는 창조를 어떻게 행하셨는지를 6일 동안의 창조의 과정을 통해서 알아보도록 하겠습니다.

"태초에 하나님이 천지를 창조하시니라." 여기서 천지란 모든 피조 세계를 포괄하는 말입니다. 하지만 이 천지란 단어를 2절과 연결해서 볼 때 우주와 지구로 구분해서 보아야 1장의 내용이 정확히 구조가 맞는다는 사실입니다. 왜냐하면 2절에서 말하는 내용은 1절에서 창조된 지, 즉 땅을 받아서 그 땅의 상태, 곧 지구의 상태를 말하는 것이 분명하기 때문입니다. 히브리어의 일반적 어순은 동사 +주어+목적어 순으로 되어 있습니다. 그런데 2절은 '그 땅'(하아레츠 : הָאָרֶץ)이라는 명사, 즉 주어가 먼저 나와서 땅을 강조하는 도치 문장입니다. 따라서 필자의 1절과 2절에 대한 번역은 이렇습니다. **"하나님께서 우주(하늘)와 지구(땅)를 창조하셨습니다. 그런데 그 지구(땅)는 혼돈하고 공허하며 흑암이 깊음 위에 있었으며 하나님의 영은 그 물의 수면 위로 운행하고 계셨습니다."** 결론적으로 1절에서의 '천'은 지구를 제외한 온 우주를 말하는 것이고 '지'는 지구를 말하고 있습니다.

따라서 **첫째 날** 창조된 하나님의 첫 번째 작품은 빛이 아니라 우주와 지구가 됩니다.[3] 유재원 교수도 1절과 2절을 첫째 날의 창조 사역에서 제외할 수 없다고 말하고 있고[4] 유태화 교수도 창 1:1의 '천'(הַשָּׁמַיִם: 핫솨마임) '지'(הָאָרֶץ : 하아레츠)를 우주와 지구를 구별하는 단서로 보며 2절이 '지', 즉 '하아레츠'로 시작됨으로서 지구를 강조하고 있으며 이것은 창세기 저자의 관심이 지구에 반영되어 있다는 사실을 확연히 드러낸다고 말하고 있습니다.[5]

만일 그렇다면 1절의 천(하늘)과 지(땅)는 완성된 것이 아니라 앞으로 6일 동안의 창조를 통해 더 채워 가야 될 미완성의 작품이라는 것을 알 수 있습니다.[6] 2절에서 지구에 대해서 초점을 맞추고 그 지구가 처음에 어떤 상태에 있었는가를 묘사하고 있는 이유가 여기에 있습니다. 또한 첫째 날에 지구가 존재해야 시간의 측정이 가능해 집니다. 현재 우리가 인식하고 있는 시간은 지구의 자전과 공전에 의해서 생기는 것이지 다른 무엇 때문에 생기는 것이 아닙니다. 따라서 하나님은 첫째 날, 시간의 지배를 받는 우주와 지구라는 공간의 구조를 세우십니다. 말하자면 1절의 하늘, 즉 우주라는 공간은 넷째 날의 해와 달과 별들을 놓아 둘 자리로 미리 확보해 두시는 것이고 인간이 거주할 지구도 2절에서 보는 바와 같이 인간이 거주하기에는 아직 채워 넣어야 할 것들을 기다리고 있는 그런 상태로 창조된 것입니다.

1절에서 우주와 지구를 만드시고 2절에서 곧 바로 지구의 상태를 언급하시는 것은 우주 창조의 중심을 인간이 거주할 지구로 삼고 계심을 알 수 있습니다. 넷째 날 해와 달과 별들이 만들어지는 기준이 무엇입니까? 지구입니다. 왜냐하면 해와 달과 별들을 지구의 시각으로 보고 있기 때문이고 특히 해와 달은 지구가 소속되어 있는 공간의 행성들이기 때문입니다. 따라서 하나님은 인간이 거주할 지구를 중심으로 우주의 창조를 완성해 가시는 것이고 바로 그 지구에 거주하는 핵심적인 존재로 인간을 염두에 두신 것입니다. 그러므로 인간은 모든 창조의 핵심이며 으뜸이 됩니다.

창 1:2에 보면 처음 창조되었을 때의 지구의 상태가 묘사되어 있는데 혼돈하고 공허하다고 했습니다. 혼돈이라는 단어는 "정해진 꼴을 갖지 못했다"[7]는 의미로서 지구가 아직 인간이 살아가는데 적합한 구조 , 즉 조직적으로 틀이 짜여 지지 않은 상태에 있었다는 것을 의미합니다. 또한 '공허' 라는 단어는 "비어 있다"[8]는 의미로서 지구가 인간이 살아가는데 필요한 내용물로 아직 채워지지 않았다는 것을 말하는 것입니다. 정확한 비유일지 모르겠지만 이것은 아무 것도 없는 공터 위에 마치 집 구조물을 세우고 그것이 완성이 되면 살림도구를 집어넣는 것과 같은 것입니다. 그렇게 집과 살림살이가 모두 갖추어지면 마지막으로 사람이 들어가서 사는 것과 같은 이치라고 말할 수 있습니다. 2절은 집터만 있고 모든 것이 비어 있는 상태를 의미하는 것이고 3절 이하의 창조의 행위는 그 집터 위에 집 구조를 세우고 살림살이를 집어넣는 것과 같은 것입니다. 이 모든 창조의 마지막에 인간이 창조되었습니다. 한 사람 아담을 위해서 하나님은 자신이 만족할 정도로 선하고 아름다운 피조세계를 창조하신 것입니다.

다시 한 번 정리하겠습니다. 첫째 날에 우주라는 공간(천)과 지구라는 공간(지)을 만드시고 아직 흑암으로 덮여 있는 지구 위에 빛을 창조하시고 빛과 어두움을 나누사 빛을 낮이라 어두움을 밤이라 칭하셨습니다. 여기서 반드시 알아야 할 것은 시간도 하나님의 창조물이라는 사실입니다. 그래서 첫째 날의 창조물이 빛뿐이라면 낮과 밤은 시간의 개념과 아무런 상관이 없게 되어 버립니다. 빛과 어두움을 나누어 낮과 밤이라 칭한 것만으로는 시간이 성립 될 수는 없기 때문입니다. 지구라는 천체가 1절에서 만들어져서 실제로 존재하고 있었기 때문에 지구의 자전을 통해서 낮과 밤이라는 하루의 시간 개념이 생겨난 것이 분명합니다. 또하나 첫째 날 물도 함께 창조되었다는 사실입니다.

창 1:2절의 "혼돈(토후 : תֹהוּ)과 공허(보후 : בֹהוּ)가 채워지는 과정			
첫째 날 ~ 셋째 날 : 구조가 짜여짐		넷째 날 ~ 여섯째 날 : 내용이 채워짐	
1일	우주와 지구, 빛, 낮과 밤이라는 시간, 그리고 물이 창조됨	4일	우주와 지구의 골격에 맞추어 빛의 구체적인 내용물을 지구를 중심으로 채워 넣으시고 그것들로 하여금 낮과 밤, 일시연월의 작동원리를 부여하심 - 해, 달, 별
2일	하늘(대기권)과 물 (궁창 위의 물과 궁창 아래의 물)	5일	하늘과 물(바다)에 사는 생물들 (바다는 셋째 날에 등장하지만 둘째 날 만들어진 궁창 아래의 물이 한 곳으로 모여 바다가 되었으므로 둘째 날의 물을 바다의 근원으로 보는 것이다.)
3일	(바다와) 땅과 씨 맺는 채소와 씨가진 열매	6일	땅위에 사는 생물들과 인간

둘째 날에 물과 물 사이를 나누어서 궁창 위의 물과 궁창 아래의 물로 나누셨습니다. 여기서의 물은 2절에서 이미 존재하고 있는 물이 분명한데 2절의 물은 1절에서 지구라는 공간이 만들어질 때 함께 창조된 것임을 알 수 있습니다. 6절에서 존재하지 않았던 물을 가지고 궁창 위의 물과 궁창 아래의 물로 나누는 것이 아닙니다. 이미 존재하고 있는 물 가운데가 나뉘어져서 그렇게 되라고 명령을 하시는 것입니다. 궁창 위의 물은 창조과학자들이 말하기를 지구를 둘러 싼 거대한 수증기 층으로 보고 노아 홍수 때 하늘의 창이 열렸다는 말씀과 연결시키고 있습니다. 궁창 아래의 물은 9절에 나오는 천하의 물과 동일한 것으로 바다의 근원이 되는 물입니다. 하나님은 궁창 위의 물과 궁창 아래의 물 사이로 생긴 공간을 하늘[9]로 부르셨는데 이것은 오늘 우리가 눈으로 확인하고 있는 대기권의 하늘을 의미합니다.

셋째 날에 하나님은 천하의 물, 즉 7절에 나오는 궁창 아래의 물을 한 곳으로 모으시고 뭍이 드러나도록 만드셨습니다. 이것은 처음에 물이 온 지구를 덮고 있었다는 2절의 말씀을 확증해 주고 있습니다. 한 곳으로 모인 물을 바다라 칭하셨고 드러난 뭍을 땅[10]이라 부르셨습니다. 처음에 세계는 한 대륙으로 있었다는 것을 알 수 있는데 이것은 과학자들의 공통된 의견입니다. 창조과학자들이나 성도들은 전 지구적인 노아의 홍수에 의해서 여러 대륙으로 나뉘었다는 것이고 진화론을 믿는 과학자들도 하나의 대륙에서 현재의 모습으로 대륙이 이동했다는 설을 주장합니다. 그리고 풀과 씨 맺는 채소와 씨가진 열매 맺는 나무를 만드셨습니다. 풀은 여섯째 날 만들어진 모든 짐승과 하늘의 모든 새와 기는 모든 것에게 식물로 허락하셨고 인간에게는 씨가진 채소와 씨가진 열매 맺는 나무의 열매를 먹을 음식으로 허락하셨습니다. (육식은 노아 홍수 이후에 허락하심)

넷째 날은 하늘의 궁창, 즉 우주라는 공간에 해와 달과 별들을 만드시고 그것들을 통해서 낮과 밤을 주관하게 하시고 징조와 계절과 날과 해(年)를 이루게 하셨습니다. 14절에 나오는 '하늘의 궁창' 에서의 하늘은 1절의 천, 즉 하늘과 동일한 의미이지만 8절의 하늘과는 다른 의미입니다. 1절의 하늘은 정관사가 붙어 있으면서 우주를 나타내지만 8절에서는 정관사를 붙이지 않고 1절과 구별되는 하늘, 즉 대기권이 있는 하늘임을 말합니다. 20절에서도 하늘의 궁창이라는 단어가 나오는데 동격 의미인 땅 위라는 어구를 한 번 더 기록함으로서 14, 15, 17절에 나오는 하늘의 궁창과 구별해 주고 있습니다. 그래서 20절의 땅 위의 하늘의 궁창은 대기권이 있는 하늘, 즉 8절의 하늘과 동일한 의미입니다. 그러므로 14, 15, 17절의 하늘의 궁창에서의 하늘은 우주를 말하는 것으로 하늘의 궁창을 번역한다면 '우주의 공간' 이라고 번역할 수 있습니다.

1절에서 우주의 공간이 이미 만들어져 있기 때문에 넷째 날에 그 곳에 내용물을 채워 넣으시는 것입니다. 해와 달과 별들이 넷째 날에 가서야 만들어진 것은 이것들이 지구를 중심으로 관계가 설정된 것임을 알 수 있고 또 하나는 이것들이 결코 인간의 생사화복을 주장하는 섬김의 대상이 될 수 없다는 것을 말해 주고 있습니다. 창세기가 주어지던 당시의 애굽이나 바벨론이나 가나안 등지에서 얼마나 많은 태양과 달과 별들을 숭상하는 종교와 미신이 성행했습니까? 첫 번째 독자인 출애굽한 이스라엘 백성들에게는 이 말씀이 놀라운 말씀이었음이 분명합니다. 애굽에서 나고 자라서 천체와 관련된 종교와 문화에 익숙한 그들에게 하나님은 해와 달과 별들이 없어도 시간을 시작하실 수 있으며 하나님이 창조하신 빛으로 씨 맺는 채소와 열매를 충분히 기르실 수 있다는 것을 보여 주심으로 모든 시간의 역사, 즉 인생의 역사와 자연의 역사는 하나님께서 주관하고 계심을 선포하시는 것이며 해와 달과 별들은 지구에 거주하는 인간을 위해 존재하는 것이지 그것들을 위해 인간이 존재하지 않는다는 것을 분명히 보여주고 계시는 것입니다.

다섯째 날에는 어족으로 물을 채우시고 새들로 하늘을 채우십니다.

여섯째 날에 하나님은 먼저 땅의 짐승과 가축과 기는 모든 생물을 만드시고 마지막으로 인간을 만드십니다. 지금까지 모든 만물들은 하나님의 말씀의 능력으로 존재하게 하셨습니다. 하지만 인간을 창조하실 때에는 다른 피조물의 창조와 전혀 다른 방법을 취하십니다. 창 1:26에 보면 "하나님께서 이르시되 우리의 형상을 따라 우리의 모양대로 우리가 사람을 만들자"라고 말씀하십니다. 여기서 우리라는 복수 대명사와 만들자라는 복수 동사가 등장을 하고 우리라는 대명사는 세 번 연속해서 쓰이고 있습니다. 성경을 관찰할 때 한 구절에서 똑같은 단어가 두 번만 등장해도 그 단어가 강조되었다고 보는 것은 성경 관찰의 기초 중의 기초입니다. 그런데 우리가 세 번이나 등장을 함에도 우리라는 단어에 포커스를 맞추지 않는다는 것은 이상한 것입니다. 논란이 있기는 하지만 여기서 우리라는 복수는 삼위일체 하나님을 의미하는 것이 타당하다고 생각합니다. '우리'가 등장하는 것은 삼위 하나님의 어전회의의 모습으로서 인간 창조에 대한 삼위 하나님의 일치된 마음을 보여주는 것으로서 다른 피조물에게는 전혀 해당되지 않는 상황이 인간 창조에 등장하게 됨을 보여 주시는 것입니다.

혹자는 삼신론이나 다신론의 위험성 때문에 1차 독자들에게 삼위일체로 비쳐지는 것이 부적합하다고 합니다. 정당한 주장입니다. 이스라엘 백성들에게 삼위일체를 완전히 드러내기에는 그들의 영적 지식과 주변 환경 때문에 어려움이 있는 것이 사실이고 하나님 나라 역사의 관점에서 보면 삼위일체 하나님을 정확히 드러내는 시점이 반드시 오기 때문에 그 때를 기다리고 계시는 것이 분명합니다. 하지만 1:26에 삼위일체 하나님을 드러내신 것 자체를 거부할 수는 없습니다. 1:1절에 하나님(성부 하나님)이 등장하시고 1:2에 곧 바로 하나님의 영이신 성령 하나님이 등장하시기 때문입니다. 또한 요 1:1-3을 근거로 할 때 제 2위이신 예수님께서 천지창조 시에 주도권을 가지고 참여 하셨음을 요한이 말하고 있기 때문입니다. 이것은 창조 행위가 삼위일체 하나님의 사역이었음을 성경 자신이 증명하고 있는 것으로 보이며 따라서 우리라는 복수를 삼위일체 하나님으로 보는 것은 지극히 타당한 것입니다. 처음부터 이스라엘 백성들이 삼위일체를 알기를 원하셔서 말씀하신 것이라기보다 성경에 삼위일체 하나님의 사역의 증거를 남기시는 것으로 보는 것입니다.

또한 삼위일체의 등장은 인간 창조에 대해서 하나님께서 얼마나 중요하게 생각했는지와 인간을 향한 하나님의 관심과 사랑이 얼마나 지대했는지를 말해 주는 것입니다. 흙으로 지음 받은 것은 동물과 같고 창조 받았다는 것은 다른 피조물과 같은 피조물의 수준이었지만 하나님은 결코 사람을 동물이나 다른 피조물과 같이 대우하지 않으실 것을 보여 주고 계십니다. 이것을 실제로 행동으로 옮기시는데 인간을 하나님의 형상으로 지으신다는 것이 그 첫 번째 증거가 되고 두 번째 증거는 28절 말씀처럼 하나님의 형상으로 지음을 받은 인간에게 놀라운 다스림의 특권을 허락하시는 것입니다. 그리고 세 번째 증거는 선악과를 통해서 자유의지와 궁극적으로 인간에게 허락하실 엄청난 복을 허락하신다는 것입니다. (하나님의 형상과 다스리는 특권과 선악과의 은혜에 대해서는 뒤에서 상세하게 다룰 것임)

일곱째 날의 안식

하나님께서 쉬셨기 때문에 안식이 있었다는 의미가 아닙니다. 안식하셨다는 것은 하나님이 행하신 모든 창조에 일치와 조화가 있어서 참 평화와 질서가 있었다는 것을 반증하는 것입니다. 분열과 나누임과 상처가 전혀 없고 모든 관계가 완벽한 조화 속에 있었다는 것입니다. 여기에는 어떤 무질서나 불일치도 있지 않고 하나님과 인간과의 관계, 인간과 인간 사이의 관계, 인간과 만물 사이의 관계에 어떤 부정적인 요소도 없이 행복하고 즐거운 관계로 맺어져 있었음을 말해 주고 있는 것입니다. 그러나 이 안식도 출발선상에 있는 안식입니다. 완성된 안식은 아닙니다. 왜냐하면 인간이 불순종한다면 깨어질 수 있는 안식이기 때문입니다. 실제로 인간의 타락은 이 안식을 깨트려 버렸습니다. 모든 관계를 헝클어 버렸고 긴장관계로 만들어 버렸습니다. 그래서 영원한 안식은 요한계시록 21장 이후에 등장합니다. 이때의 안식을 사도 요한은 이렇게 표현하고 있습니다. "모든 눈물을 그 눈에서 닦아 주시니 다시는 사망이 없고 애통하는 것이나 곡하는 것이나 아픈 것이 다시 있지 아니하리니"(계 21:4) 22:3에서도 다시는 저주가 없다고 말하고 있습니다.

이렇게 될 수 있는 근본적인 이유가 무엇입니까? 계 20:10입니다. "그들을 미혹하는 마귀가 불과 유황 못에 던져지니 거기는 그 짐승과 거짓 선지자도 있어 세세토록 밤낮 괴로움을 받으리라" 이어서 21:8절입니다. "두려워하는 자들과 믿지 아니하는 자들과 흉악한 자들과 살인자들과 음행하는 자들과 점술가들과 우상숭배자들과 거짓말하는 모든 자들은 불과 유황으로 타는 못에 던져지리니 이것이 둘째 사망이라" 예수님의 재림으로 말미암아 주어지는 안식이 영원한 안식이 되는 것은 사탄과 그의 후손들이 완전히 하나님의 자녀들과 분리되어 영원한 사망 가운데 있어서 하나님이 주신 영원한 안식을 깨트릴 수 없기 때문입니다. 완성된 하나님의 나라에는 분리와 나누임이 없고 상처와 고통이 없습니다. 모든 관계가 행복한 관계이기 때문에 그곳이 바로 진정한 천국이 되는 것이고 진정한 안식을 누리는 곳이 되는 것입니다.

에덴동산의 창설

모든 지구가 에덴동산은 아니었습니다. 동방의 에덴이라고 하는 한정된 공간을 성경이 언급하고 있기 때문입니다. 그런데 왜 에덴동산부터 시작을 하게 하실까요? 땅에 충만하고 땅을 정복하고 다스리라는 하나님의 명령에 비추어 볼 때 에덴동산은 인간의 다스림의 능력을 발휘할 일종의 모델 하우스와 같은 역할을 한 것으로 보입니다. 에덴동산이 다른 땅보다는 거주하기에 더 나은 곳이었지만 앞으로 태어날 모든 사람들이 평생 그곳에서만 살 수 없는 것이 자명합니다. 인구가 팽창하면 에덴동산의 범위 밖으로 나가야 할 것입니다. 그래서 에덴동산을 아담에게 먼저 주신 이유는 다른 모든 땅을 에덴 이상으로 경작하고 가꾸라는 샘플로 주신 것이 분명합니다.

따라서 1:28절에서 인간에게 허락하신 땅에 대한 다스림을 구체적으로 실현해 나가는 출발지가 에덴이라고 말할 수 있습니다. 아담을 창조하자마자 하나님은 허허 벌판에 홀로 두시지 않았습니다. 어떻게 해야 될지 모르는 막연한 상태로 버려두시지 않으시고 어떻게 시작해야 할지 어떻게 하나님의 명령을 자신의 삶 속에 적용해야 될지에 대해서 에덴동산에서부터 안정적으로 출발할 수 있도록 샘플을 허락해 주신 것입니다. 그리고 중요한 것은 이곳에서 하나님은 아담을 인류의 대표자로 세우시고 언약을 맺는 다는 것입니다. 인간은 다른 피조물들이 누릴 수 없는 엄청난 하나님의 은혜를 누리고 있습니다.

2. 인간 창조

인간이 하나님의 형상대로 지음을 받았다는 것은
하나님과 닮았다는 말입니다.
하나님 닮게 창조함 받은 인간이 고작 하나님의 일꾼(청지기) 정도로
여김을 받는 것이 정당할까요?
하나님은 처음부터 인간을 자녀로 부르시기 위해서 창조 하셨습니다.

하나님의 형상

인간이 하나님의 형상대로 지음을 받았다는 것은 하나님과 닮았다는 말입니다. 에드워드 J. 영도 "인간은 하나님의 형상이며 그러한 의미에서 그는 하나님과 닮았다"[11]라고 주장합니다. 그런데 구체적으로 하나님의 형상이 무엇인가라는 질문에 대해서는 사람들마다 다양한 답을 제시합니다. 필자는 하나님의 형상이란 오직 하나의 의미만 있는 것이 아니라 성경 전체에 흐르는 인간에 대한 시각으로 볼 때 복합적인 의미가 있다고 생각합니다. 그리고 하나님의 형상이란 의미를 좀 더 확실하게 이해하기 위해서 가장 좋은 방법은 인간 이외의 모든 피조물과 인간을 비교해 보는 것입니다. 그래서 다른 피조물들이 갖지 못한 특징이 있다면 그것이 하나님의 형상의 의미가 될 가능성(반드시 그런 것은 아닐지라도)이 높은 것입니다.

또 한 가지 중요한 것은 하나님의 형상을 이해할 때 창세기 1-2장의 문맥에서 보려고 노력해야 한다는 것입니다. 창세기 3장 이후의 인간은 타락으로 인해서 처음 창조된 인간의 모습과 달라져 있기 때문입니다. 그리고 창세기 1-2장과 요한계시록 21-22장을 연결하여 최종적으로 완성될 인간의 모습을 생각해 보아야 하나님의 인간창조에 대한 궁극적 목적을 제대로 이해할 수 있습니다. 또 하나는 아담은 항상 인류의 대표자로 서 있다는 것입니다. 이런 대표성의 원리를 밑바탕에 두고서 창세기 1~2장을 본다면 인간에 대한 훨씬 더 많은 이해를 할 수 있습니다.

① 하나님의 형상으로 지으셨다는 말씀은 인간을 영적 속성을 가진 존재로 만드셨다는 의미입니다. 하나님은 영으로서 영적 속성을 가지고 계십니다. 인간이 하나님과 닮은 존재라고 할 때 하나님의 영적 속성을 가진 영적인 존재로 여기는 것은 상식이 될 것입니다. 영적 속성의 가장 기본적인 의미는 영이란 멸절되지 않는다는 것입니다. 그래서 하나님의 생기를 받아 영적 존재가 된 인간은 결코 없어지지 않을 존재가 된 것입니다. 하나님은 인간에게 영혼을 부여하여 영적 존재가 되게 하심으로써 일시적 존재가 아닌 영원한 생명을 가진 존재로 창조하신 것입니다. 그래서 성경이 말하는 영생의 의미는 영원히 사는 것을 의미하지 않습니다. 이 개념을 확실히 할 때 기독교의 구원관이 제대로 정립이 될 수 있습니다. (나중에 더 자세히 설명할 예정임)

② 인격을 주셨다는 의미입니다. 말하고 생각하고 계획하고 행동하고 감정을 드러내고 자신의 존재의 가치를 창의적으로 나타내고 표현할 수 있는 능력을 주셨다는 것입니다. 인격을 가졌다는 말은 기계적으로 획일적인 존재가 아니라 자신의 독특한 특징을 드러내며 자신에게 고유하게 주신 은사와 능력을 발휘하며 살아가는 존재로 만드셨다는 것입니다. 그래서 오늘보다는 내일이 내일보다는 모레가 더 나은 삶을 향유할 수 있도록 자신을 계발하고 발전시키고 성숙시키는 능력을 주셨다는 것입니다. 그러나 동물을 보십시오. 그들은 정해진 규칙에 따라 주어진 본능에 의해서 살아가는 존재에 불과합니다. 그래서 그들에게는 생육하고 번성하고 충만하라는 명령은 주시지만 땅을 정복하고 다스리라는 말씀은 주시지 않습니다. 오직 인격적으로 반응하여 능동적이고 행동할 수 있는 인간에게만 허락하시는 것입니다.

③ 모든 만물을 지배할 수 있는 왕권을 인간에게 주셨다는 의미입니다. 창 1:28은 하나님께서 인간에게 왕권을 허락하시는 내용입니다. 고대 근동에서는 통치하는 왕을 신의 형상이나 신의 아들로 간주하였습니다. 그런데 왕을 신의 형상이나 아들로 간주하는 주된 목적은 왕의 통치의 기능을 염두에 둔 것이라기보다는 신과의 관계를 더 중요하게 드러

내기 위함입니다. 왕은 신의 형상이요 신의 아들이기 때문에 당연히 신의 왕권을 가지고 나라를 통치한다는 정당성이 부여되는 것이고 모든 백성은 그 신과 그 왕을 숭배해야 하는 것이며 왕권에 대한 도전은 곧 신에 대한 도전으로 간주되어 함부로 그 왕권을 흔들지 못하도록 하는 것입니다. 또 하나 생각해 볼 것은 고대에 왕권을 이어받는 사람이 누구입니까? 왕의 자녀들만이 가능합니다. 자녀가 있음에도 불구하고 왕권을 신하들에게 물려주는 왕은 결코 없습니다. 이것을 종합해 볼 때 하나님께서 피조물인 인간에게 하나님의 형상과 왕권을 주셨다는 성경의 표현은 무엇을 의미하겠습니까? 가장 중요한 것은 하나님은 인간과 관계를 맺고 싶으심을 나타내신 것입니다.

무슨 관계를 염두에 두셨을까요? 인간을 단순히 일꾼 삼으시려고 그러시겠습니까? 흔히 말하는 대리인으로 세워서 수렴청정을 하기 위해서 그러셨겠습니까? 하나님은 인간을 꼭두각시로 부르기 위해서 이 놀라운 은혜와 권능을 주신 것이 아닙니다. 하나님께서는 처음부터 인간을 당신의 자녀 반열로 삼으시고 생육하고 번성함을 통해서 거대한 하나님의 가족 공동체를 이루시기를 바라셔서 인간을 창조하신 것입니다. 결국 하나님의 형상으로 만드시고 왕권을 인간에게 허락하심으로써 인간을 삼위일체 하나님의 교제 안으로 부르고 계시는 것입니다.

그래서 삼위 하나님 사이에 이루어졌던 인격적 교제와 나눔이 인간들에게까지 확장되는 것을 원하시는 것입니다. 이것은 인간에게 신의 반열로 부르신다는 것을 의미하는 것입니다. 송영찬 목사도 인간을 창조하신 궁극적 목적이 하나님과 같은 영적인 실체로 승화시켜서 인간이 하나님과 같이 신적인 존재가 되는 것으로 보는 것입니다.[12] 그래서 로마서에서 말씀하시는 바와 같이 우리에게 양자의 신분을 허락하시는 것입니다. 우리는 원래 피조물에 불과한 존재들입니다. 도저히 하나님의 자녀의 반열에 오를 수 없는 것입니다. 그렇기 때문에 우리에게 양자의 신분을 허락하셔서 그 은혜에 동참하도록 부르시는 것입니다.

④ 자유의지를 주셨다는 의미입니다. 흔히 선악과 대한 시험으로 인해서 자유의지가 주어진 것처럼 이해하고 있으나 실은 하나님의 형상으로 지음을 받았다는 자체가 인간에게는 자유의지가 주어졌다는 것을 인식해야 합니다. 선악과 명령에서 그 자유의지가 온전히 드러났을 뿐입니다.

⑤ 인간의 존재의 형태가 삼위일체 하나님의 존재 형태와 닮았다는 것을 의미합니다.

여기서 삼위일체 하나님에 대해서 잠깐 언급을 하고자 합니다. 삼위 하나님은 성부 하나님, 성자 예수님, 성령 하나님이십니다. 이 세 분은 각기 독립된 존재로서 동등하게 권위가 있으시며 영광스러우시며 영원하시고 전능하시고 사랑이시고 거룩하신 분들입니다. 다시 말하면 동등하게 경배의 대상이시고 찬송의 대상이십니다. 하지만 동등할지라도 거기에 불일치가 있거나 불협화음이 있지 않습니다. 언제나 일치와 조화와 연합과 만족과 기쁨이 충만합니다. 따라서 하나님이 한 분이라는 말은 숫자적인 의미에서가 아니라 본질이 동등하다는 의미에서 한 분이라는 말입니다.[13] 그래서 하나님의 존재 형태는 복수이시면서도 마치 한 분과 같이 완벽한 일치를 이루고 있기 때문에 삼위일체 하나님이라고 표현하는 것입니다.

따라서 인간을 창조하시고 생육하고 번성하고 충만케 하신 것은 하나님이 복수적 성격(하나님이 세 분이시라는 측면)이 반영된 거대한 공동체를 이루기 위함이고 더불어서 거대한 공동체임에도 불구하고 거기에 삼위 하나님이 누리시는 일치와 조화(하나님은 유일하신 분이시라는 측면)를 누리도록 우리를 하나님의 가족으로 부르시는 것입니다. 그렇게 하심으로써 삼위일체 하나님의 교제와 나눔과 일치와 조화와 하나 됨의 속성을 인간들도 누리게 하시기 위함입니다. 세 분의 하나님이 누리셨던 삼위 안에서의 행복과 즐거움과 충족하심과 만족하심과 기뻐하심과 진정한 교제의 의미와 사랑하심과 은혜로우심의 역사 속으로 초청하시는 것입니다.

장차 완성될 하나님의 나라는 지금까지 이 인류의 역사를 거쳐 간 헤아릴 수 없는 다양한 하나님의 자녀들이 모일 것입니다. 그러나 거기에는 참된 평화와 질서가 있을 것이고 아름다운 교제와 나눔이 있을 것입니다. 온전한 하나됨이 있을 것입니다. 신약에서 교회와 예수 그리스도를 한 몸으로 비유하고 더 나아가서 삼위 하나님과의 연합을 말하고 있는 것도 이것을 반영하는 것입니다. 예수님께서 이 땅에 계실 때 식탁의 교제로 사람들을 부르시는 이유가 무엇입니까? 그것은 한 밥상 공동체, 즉 한 가족으로의 부름을 상징하는 것입니다. 그래서 최종적으로 완성될 하나님의 나라인 새 하늘과 새 땅에서는 고린도전서 13장에서와 같이 아버지와 자녀의 관계로서 얼굴과 얼굴을 맞대면서 하나님과 그런 친밀한 교제를 나누며 살아가게 될 것입니다.

그런데 삼위 하나님 사이나 하나님과 그 분이 부르신 사람들 사이에 가장 중요한 포인트는 관계 안에 있다는 것입니다. 삼위일체라는 말 속에 관계의 중요성이 이미 들어 있습니다. 기독교의 신관은 이 세상 어느 종교에도 없는 유일한 것입니다. 그래서 단순히 유일 신론이 아니라 삼위 일체적 유일 신론이 정답입니다. 결론적으로 하나님의 형상으로 지음 받은 인간은 피조물이지만 피조물로 대우받지 않습니다. 하나님은 인간을 하나님을 닮은 자, 즉 자녀로 다루십니다. 이 부분에 대해서는 선악과에서 다시 설명하도록 하겠습니다.

동물의 이름을 지어주는 아담

아담을 창조하신 하나님께서 아담이 독처하는 것이 좋지 아니하니 그를 위하여 돕는 배필을 주시겠다고 말씀하십니다. 그렇다면 2:18절은 20절 하반 절, 즉 "아담이 돕는 배필이 없으므로"와 연결됨이 타당할 것입니다. 그런데 아담을 위한 돕는 배필, 즉 하와를 창조하시는 중간에 아담이 동물의 이름을 지어 주는 말씀 (19-20절 상반절)이 삽입이 되어 있다는 것입니다. 문맥상 빠진다 해도 돕는 배필의 이야기에 전혀 해가 되지 않는 말씀을 왜 기록해 놓으셨을까요?

① 첫째로 아담이 동물의 이름을 짓는 것은 하나님의 형상을 닮은 인간의 능력을 나타내 보이는 것입니다. 아담이 동물의 이름을 지어 주었다는 것은 동물의 본질을 꿰뚫어보는 능력이 있었다는 것을 증명합니다. 타락하기 전에 하나님의 형상으로서 인간의 능력은 우리의 상상을 초월했을지 모릅니다. 천재라고 불리는 아인쉬타인도 자신의 뇌의 5%정도 밖에 활용하지 못했다고 합니다. 타락으로 말미암아 상처가 난 하나님의 형상으로도 엄청난 문명의 발전을 이룩했다면 타락 이전의 인간이나 혹은 인간이 온전히 회복이 되었을 때를 상상해 보시기 바랍니다. 영화나 만화나 글로 표현되는 인간의 상상력을 보십시오. 현실적으로는 제약이 있으나 상상 속에서는 무궁무진한 능력을 발휘하는 것이 인간입니다.

어떤 철학자가 말하기를 인간은 존재하지 않는 것을 상상해 낼 수가 없다고 했습니다. 무슨 말이냐면 우리가 상상하는 모든 것이 그대로 존재한다는 것이 아니라 인간의 상상 속에 들어오는 내용이라면 온전한 하나님의 형상을 가진 인간이 펼칠 내용에 대해서 생각해 보자는 것입니다. 시간과 공간의 지배를 받지 않는 신령한 몸으로 변화되어서 영원히 죽지 않는 인생을 살아가야 될 우리가 펼쳐 보일 수 있는 능력이 감히 이 세상에서의 삶과 비교조차 되겠습니까? 우리가 믿는 하나님의 위대함을 알고 있다면 그 분의 자녀로서 누릴 놀라운 특권을 생각한다면 우리의 상상력으로도 도저히 감당할 수 없는 새로운 것들을 경험하게 될 것입니다.

② 만물에 대한 인간의 통치권을 확증해 주는 행위입니다. 고대 근동에서 이름을 짓는 행위는 통치권 행사와 방불한 것입니다. 하나님께서 인간으로 하여금 동물의 이름을 짓게 하신 것은 인간이 지금까지 존재하게 된 모든 생명체들의 통치자임을 확인하도록 배려하신 것임을 알 수 있습니다.[14)]

③ 자신의 짝을 찾도록 배려하신 것을 알 수 있습니다. 창 2:18이하를 보면 하나님께서 아담에게 동물의 이름을 지어보도록 유도하시는 장면은 위에서 말씀드렸지만 아담이 독처하는 것이 좋지 못하여 돕는 배필을 지으시겠다는 문맥에서 등장합니다. 그러므로 하나님께서 아담에게 동물의 이름을 짓도록 하신 것은 그럴만한 이유가 있는 것입니다. 창 2:20에 보면 아담이 모든 가축과 공중의 새와 들짐승에게 이름을 주었는데 그 결과 자신에게만 돕는 배필이 없다는 것을 깨닫게 됩니다. 20절 하반 절을 번역하면 이렇습니다. "그러나 아담을 위해서 그는 자신과 상응하는 짝을 발견하지 못했다."

동물들에게 이름을 짓는 마지막에 가서 결국 깨달은 게 무엇이냐면 자신에게만 동등한 존재가 없었다는 것을 알게 되었다는 것입니다. 아담은 그 과정을 통해서 각종 짐승들이 자신과 본질이 다르며 뿐만 아니라 동등한 존재가 아니라 1:28절의 다스림의 대상이 됨을 알게 되는 것입니다. 하나님은 동물의 이름을 짓는 과정을 통해서 아담이 자신과 동등한 존재에 대한 갈망을 갖게 하시고 아담의 갈비뼈로 하와를 만드심으로서 남자와 여자를 동등한 존재로 만드신 것임을 확인시켜 주십니다. 하와의 존재가 자신과 동등한 존재요 함께 할 존재임을 강렬하게 받아들이게 함으로서 둘의 존재가 어떤 삶을 살아가야 할지를 보여주는 하나님의 작전이었습니다.

남자와 여자의 창조

창 2:18에서 아담이 독처하는 것이 좋지 못하다고 말씀하셨는데 좋지 못하다는 기준이 무엇일까요? 동물들은 쌍으로 지음을 받았는데 인간만 그러지 못했다는 아쉬움에서의 고백이실까요? 아니라고 생각합니다. 처음부터 인간을 피조물과 다른 차원에서 창조하신 하나님께서 고작 동물과의 비교를 통해서 아쉬움을 표현하셨을까요? 이것은 삼위일체 하나님의 형상을 따라 지으신 인간을 향한 하나님의 본질적인 고백임을 알아야 합니다. 삼위일체 하나님의 복수성을 아담 혼자서 나타낼 수 있을까요? 그럴 순 없는 것입니다. 생육하고 번성하고 충만하라는 인간에 대한 하나님의 소망으로 볼 때 남자의 돕는 배필로서의 여자의 창조는 필연적인 것입니다. 여기서 돕는 배필이란 '그에게 어울리는' 또는 '그와 적합한' 또는 '그와 동등한 조력자'란 의미를 갖고 있습니다. 따라서 "돕는 배필이란 단순히 내조자나 보조자라는 의미가 아니고 그(남자)와 상응하는 돕는 자"15)라는 의미가 됩니다. 여기에는 여자가 남자보다 열등하다는 사상은 발을 붙일 수가 없습니다.

2:23절에 보면 아담이 하와를 여자라 칭하는 것을 볼 수 있습니다. 여자는 히브리어 단어로 이솨(אִשָּׁה)입니다. 그런데 아담을 남자로 부를 때 쓰는 단어가 무엇이냐면 이쉬(אִישׁ)입니다. 남자 '이쉬'라는 단어에 히브리어 '아' 라는 모음이 첨가되었을 뿐 어근이 같은 단어입니다. 이름을 짓는다는 것은 그 상대방의 본질을 이해했다는 것을 의미하는데 아담이 하와를 이쉬가 아닌 이솨, 즉 여자라고 부름으로써 자신과 본질이 동등한 존재임을 알아보면서 동시에 다른 점이 있다는 것도 직관적으로 통찰한 것입니다. 만일 아담이 하와를 자신과 똑같은 존재로만 보았다면 이쉬 그래야 될 것 아니겠습니까? 남자는 여자에게서 자기와 다름이 있지만 본질이 같고 동등한 가장 잘 어울리는 자를 발견한 것입니다. 하나님은 이렇게 중요한 존재인 여자를 창조하기 전에 이 여자의 존재에 대한 아담의 극도의 관심을 이끌어 내기 위해서 동물의 이름을 짓게 하신 것입니다. 아담 자신의 유일성이 결코 하나님의 목적이 아니라는 사실을 발견하게 하신 것입니다.

하나님은 아담을 잠들게 하시고 그의 갈빗대로 여자를 만드신다음 그녀를 아담에게로 이끌어 오십니다. 아담은 자신과 같은 존재를 발견하고 "이는 내 뼈 중의 뼈요 살 중의 살"이라고 환희에 찬 고백을 하게 됩니다. 23절에서 '이는 내 뼈 중의 뼈요' 라는 어구 앞에 한글 성경에 빠져 있는 부분이 있는데 문맥상 중요한 부분이기 때문에 번역을 해야 한다고 생각합니다. 빠져있는 부분과 함께 23절을 김영철 교수는 이렇게 번역을 하고 있습니다. "이번에야말로 이(this)는 내 뼈들 중의 뼈이며 내 살 중의 살이다. 이(this)는 여자라 불리우리라. 왜냐하면 남자로부터 이(this)가 취해졌기 때문이다. (직역)"16) 유재원 교수도 빠져 있는 부분을 번역하기를 "이 사람이 드디어 나타났나니"17)라고 합니다. 두 번역의 차이점은 없습니다. 다만 직역과 의역의 차이 일뿐 중요한 것은 동물들 사이에서는 발견하지 못했는데 드디어 자신과 동등한 존재인 사람을 발견하게 된 아담이 감격에 찬 고백을 한다는 것입니다.

"내 뼈 중의 뼈요 내 살 중의 살"이라는 아담의 고백은 전통적인 히브리 사람들의 친족 공식으로서 보통 우리는 형제를 가리켜 피를 나눴다고 말하지만 히브리 사람들은 뼈와 살을 나눴다."[18]고 말을 합니다. 이것은 남자와 여자의 연합이 가장 친밀하고 가까운 관계가 되었음을 의미하는 것으로 아담의 고백은 사실 결혼을 선포하는 행위입니다. 아담과 하와 사이에 인류 최초의 결혼식이 열린 것입니다. 그래서 하나님은 2:24절에서 말씀하시기를 "남자가 부모를 떠나 그의 아내와 합하여 둘이 한 몸을 이루"라고 결혼을 승인하는 것입니다. 따라서 2:25절을 번역할 때 아담과 그의 아내로 번역을 하면서 부부로 인정하고 있습니다.

남자와 여자가 한 몸을 이루라고 하시는 것은 단지 결혼 제도를 위한 말씀만은 아닙니다. 이것은 삼위일체 하나님의 복수성과 더불어 하나님의 단수성, 즉 완전한 연합과 일치의 하나 됨을 남자와 여자의 결혼을 통해서 나타내라는 것이며 그런 의미에서 남녀의 결혼은 삼위일체 하나님의 존재의 형태를 반영하는 것이라고 말씀드릴 수 있습니다. 남자와 여자가 각각 독립된 존재로서 복수를 의미하지만 그러나 둘은 마치 하나의 존재처럼 서로 간에 일치와 조화로운 삶을 살아가야 합니다. 그래서 "결혼은 1+1=2가 아니고 1+1=1이라는 공식이 성립이 됩니다. 각인이 가진 50%+ 50%= 100%가 아니고 각인이 가진 100%와 100%의 능력을 발휘하여 새롭고 진혀 다른 100%의 가정공동체를 형성해야 합니다."[19]

여기서 우리는 성경적 인간관을 정립할 수가 있는데 "인간인 나의 존재는 나 됨에 있다기보다 우리 됨에 있으며 여기에 삼위일체 하나님의 연합의 신비가 반영되어 있습니다. 삼위 하나님의 복수성과 유일성, 즉 하나 됨이 하나님의 존재하심의 가장 중요한 것과 같이 인간존재는 근본적으로 복수성을 가지며 그런 인간이 다시 하나 됨을 이룬다는 선언인 셈입니다."[20] 그러므로 처음 창조 때부터 인류에 대한 하나님의 꿈은 한 사람 한 사람이 다양한 인격을 가진 독립된 개체들로서 하나님의 자녀의 신분을 누리면서도 그 다양함이 무질서와 부조화가 아니라 하나님의 가족으로서 온전한 연합을 이루어서 질서와 조화와 평화와 사랑을 경험하며 영원히 사는 것입니다.

결혼 제도

① 결혼은 하나님의 형상의 대물림을 위해서 허락하신 것입니다.

창세기 5장 1-3절을 보면 "아담 자손의 계보가 이러하니라 하나님이 사람을 창조하실 때에 하나님의 형상대로 지으시되 남자와 여자를 창조하셨고 그들이 창조되던 날에 하나님이 그들에게 복을 주시고 그들의 이름을 사람이라 일컬으셨더라 아담이 일백삼십 세에 자기 모양 곧 자기 형상과 같은 아들을 낳아 이름을 셋이라 하였고"라고 말씀하고 있습니다. 여기서 중요한 것은 하나님이 사람을 창조하신 행위와 아담이 자기 모양 곧 자기 형상과 같은 아들을 낳은 행위를 동일하게 보고 있다는 것입니다.

하나님의 형상을 닮은 남자와 여자를 하나님이 최초로 만드신 다음에는 그 하나님의 형상을 닮은 존재를 하나님이 계속해서 직접 만드시는 것이 아니라 남자와 여자의 결혼이라는 제도를 통해서 그 일을 하십니다. 그래서 결혼의 가장 중요한 목적은 하나님의 형상을 대물림 하는 것입니다. 창 1:28절에서 생육하고 번성하고 땅에 충만하라고 말씀하신 복을 하나님께서 제정하신 결혼이라는 제도를 통해서 대대로 이어지게 하신 것입니다. 아담과 하와가 타락하지 않고 하나님의 말씀에 순종했다면 모든 인간은 태어나는 순간부터 하나님의 자녀가 됩니다. 하나님이 세워놓으신 숫자가 찰 때까지 생육하고 번성하고 충만하게 하셨을 것입니다.

그런데 인간이 타락한 후에도 하나님은 이 일을 중단하시지 않으십니다. 타락한 인간을 다 쓸어버리시고 새로운 인류를 다시 창조하시면 될 것 같은데 그렇게 하지 않으십니다. 그것은 하나님의 자존심과 명예와 관련이 있기 때문입니다. 하나님이 전능하시다는 의미는 한 번 계획하신 것은 반드시 이루신다는 것도 포함하는데 사탄의 방해와 인간의 반역 때문에 중단하신다면 전능하신 하나님이 외부의 압력에 굴복하신 것이 되므로 하나님의 전능하심의 속성이 상처를 입게 됩니다. 따라서 타락한 인간과 환경을 그대로 두시고 하나님의 형상의 대물림의 역사를 계속해서 이어가시는 것입니다.

아담이 하나님의 말씀에 순종했다면 한 부류의 사람들, 즉 온전한 하나님의 자녀들만 있게 될 예정이었지만 아담이 타락함으로 그의 후손은 두 부류의 사람들로 갈라지게 됩니다. 가인계열과 셋 계열이 그것입니다. 태어날 때 무슨 가시적인 표시가 있어서 나누어지는 것이 아니라 하나님을 인정하고 그 분을 예배하는 삶을 사는 공동체에 속하느냐 아니면 하나님을 불순종하고 부인하는 삶을 사는 공동체에 속하느냐에 따라서 갈라집니다. 결혼이라는 제도가 인간의 죄로 말미암아 상처를 입어서 온전한 하나님의 자녀만 생산해 내지를 못하게 된 것입니다. 인간의 비극은 바로 여기에 있습니다.

② 결혼은 한시적 제도라는 사실입니다.

이것은 예수님이 명확하게 결론을 내리신 부분입니다. 세 복음서 모두 이 사실을 기록하고 있는데 눅 20:34-35을 보면, "예수께서 이르시되 이 세상의 자녀들은 장가도 가고 시집도 가되 저 세상과 및 죽은 자 가운데서 부활함을 얻기에 합당히 여김을 받은 자들은 장가가고 시집가는 일이 없으며 그들은 다시 죽을 수도 없나니 이는 천사와 동등이요 부활의 자녀로서 하나님의 자녀임이라."고 말씀하십니다. 이 본문은 사두개인들이 예수님을 함정에 빠트리려고 율법이 말하는(신 25:5~6) 수혼법을 들어 질문을 할 때 거기에 대한 답변으로 주신 말씀입니다. 수혼법이란 한 가정의 장자가 결혼했는데 아들이 없이 죽었다면 그 장자의 아내는 아직 결혼하지 않은 시동생이 있을 경우 그 시동생과 결혼하여 장자의 유업을 이어가도록 하는 제도를 말합니다.

이것의 목적은 한 가정의 대가 끊기지 않도록 하는데 있습니다. 사두개인들의 질문의 요지는 뭐냐면 어떤 가정의 칠형제 중의 장자가 결혼해서 자식이 없어 죽으므로 수혼 법에 따라서 장자의 아내가 그 다음 시동생과 결혼했는데 역시 자식이 없어 죽었다는 것입니다. 결국 일곱 번째 시동생과도 결혼했지만 그도 자식이 없이 죽었고 그 여자도 죽었다면 마지막 때에 부활이 있은 다음에 과연 이 여자는 누구의 아내로 살아야 하는지를 묻는 것입니다.

여기에 대해서 예수님이 답변하시기를 저 세상(영원한 세상)과 및 죽은 자 가운데서 부활함을 얻기에 합당히 여김을 받은 자들은 시집도 장가도 가지 않는다는 것입니다. 왜 그럴까요? 하나님이 인류의 역사를 마감하실 때에는 하나님이 원하시는 하나님의 자녀의 수가 다 차서 결혼의 의미, 즉 생육하고 번성하고 땅에 충만하라고 명령하신 그 의미가 하나님의 뜻 안에서 성취되었기 때문입니다. 더 중요한 것은 이제 완성된 하나님의 나라에서는 모두가 하나님의 자녀로 살아가게 될 것입니다. 따라서 모두가 하나님의 자녀들인데 그 가족 공동체 안에 시집가고 장가가는 것이 없는 것은 너무나 당연한 것입니다. 신약성경에서 예수님을 맏아들이라고 부르며 우리를 그 예수님의 형제라 부르는 이유가 거기에 있습니다.

③ 삼위일체 하나님의 독특한 존재 스타일을 드러내 보이도록 결혼이라는 제도를 허락하신 것입니다. 남편과 아내는 각각 독립된 인격체로서 복수이지만 일치와 조화로서 하나 됨을 이루어야 합니다. 이와 관련해서는 남자와 여자의 창조 부분을 다시 참조해 주시기 바랍니다.

노동의 의미

우리가 타락 이전의 노동을 생각할 때에 현재 시대의 화이트 칼라에 비해서 천대시 받는 노동으로서의 개념이나 노동조합원들의 투쟁의 대상으로서의 노동의 개념을 버리고 순수하게 해석하려는 노력이 필요합니다. 왜냐하면 지금의 노동의 개념과는 많이 다르기 때문입니다. 타락하기 이전의 아담에게는 노동이 무슨 의미가 있을까요? 그것은 창 1:28에서 하나님께서 허락하신 만물에 대한 왕권을 가지고 다스리는 행위, 즉 창조적 노동을 한 것이라고 말할 수 있습니다.

하나님의 형상의 능력을 힘입어서 동물의 본질을 꿰뚫어 보며 그가 부르는 것이 그 동물의 이름이 되었던 것처럼 하나님의 형상의 능력을 충분히 발휘하며 자발적으로 기쁨으로 그 일을 감당했을 것입니다. 다스림의 대상인 자연과 만물이 인간과 창조의 목적대로 질서와 조화를 누리고 있었기 때문입니다. 아담에게 노동은 짐이 아니었을 것입니다. 하나님의 자녀로서의 특권으로서 그것을 마음껏 향유하며 온 세계에 대한 통치권을 행사했을 것입니다. 그러나 타락한 인간은 생존하기 위해서 노동하고 생존하기 위해서 땀을 흘려야 합니다.

인간 창조의 목적 - 일꾼(청지기)이 아니라 자녀

하나님께서 인간을 하나님의 형상대로 지으신 목적이 무엇일까요? 앞에서 조금씩 설명을 했지만 종합해서 다시 정리하려고 합니다. 이것을 이해하기 위해서는 창세기 1장에 나타난 첫 창조의 목적지가 요한계시록 21장 이하에 등장하는 새 하늘과 새 땅임을 인식하고 이 두 부분을 연결할 수 있어야 한다고 말씀드렸습니다. 기독교의 역사관은 직선적입니다. 시작이 있고 끝이 있습니다. 첫 창조는 반드시 마지막, 즉 완성을 향하여 가도록 계획되어 있었습니다. 더구나 시간이라는 것도 영원한 존재인 우리에게는 불필요한 것이 될 것이기 때문에 첫 창조 때 만들어진 시간이 때가 되면 사라져야 하는 것은 당연합니다. 따라서 직선적 역사관으로 볼 때 창세기 1-2장은 언젠가는 요한계시록 21장 1절로 연결되었을 것입니다.

그 증거로 창세기 1-2장과 요한계시록 21-22장에는 공통점이 있습니다. ① 에덴에서 발원한 강(창세기) / 생명수의 강(요한계시록), ② 생명나무(창) / 생명나무(계), ③ 정금, 베델리엄, 호마노(창) / 정금, 벽옥, 남보석, 녹보석 등(계)입니다. 비슷한 이미지가 왜 성경의 처음과 나중에 등장할까요? 그것은 창세기와 요한 계시록 사이에 연속성이 있기 때문입니다. 연속성이 있다는 것은 첫 창조에서의 하나님의 계획 속에는 새 하늘과 새 땅에서 완성되는 그 나라를 염두에 두셨다는 것을 반증하는 것입니다. 예수님께서 마태복음 25장 34절에서 "내 아버지께 복 받을 자들이여 나아와 창세로부터 너희를 위하여 예비된 나라를 상속받으라"고 말씀하시는 이유입니다.

새 하늘과 새 땅은 첫 창조 때부터 하나님의 계획 속에 들어 있었던 것이 확실합니다. 인격적이고 전지하신 하나님께서 인류의 역사에 대한 전체적인 마스터플랜 없이 막무가내로 인도하시지 않는다는 것은 삼척동자도 알 것입니다. 계획이라는 말에 알러지 반응을 일으키는 사람이 있습니다. 하지만 하나님이 계획하신다는 말은 인간을 로봇처럼 기계적으로 다루신다는 말이 아닙니다. 여러 말을 할 필요 없이 현재의 우리의 삶을 보십시오. 하나부터 열까지 하나님의 지시에 의해서 사는 사람이 어디 있습니까? 선택을 할 때마다 하나님이 나타나셔서 이거 해라 저거 해라 그렇게 인도하신 적이 있습니까? 우리는 우리 마음대로 산다는 것이 정답입니다. 다만 하나님의 뜻대로 살려고 노력할 뿐입니다. 노력도 하지 않을 때 하나님은 아버지로서 징계하실 뿐입니다. 우리가 우리의 자유의지대로 삶을 사는 존재이기 때문에 우리는 항상 하나님의 뜻을 아는 것을 얼마나 간절히 원합니까? 그래서 기도하는 것이고 성경을 통해서 하나님의 마음과 성품을 이해하려고 노력하는 것입니다.

물론 처음과 마지막 사이에는 불연속성도 있습니다. 이 두 세계는 질적으로 다른 세계이기 때문입니다. 이 세상에서의 인간은 시간과 공간의 지배를 받습니다. 하지만 새 하늘과 새 땅에서는 시간과 공간을 초월하는 신령한 몸을 갖게 될 것입니다. 또한 그곳에는 약하고 병들고 죽는 것도 없고 고통도 없습니다. 더욱 중요한 것은 사탄의 유혹이 더 이상 없을 것이라는 것입니다. 죄의 세력과 완전히 분리되어서 더 이상 첫 사람 아담이 당했던 마귀의 유혹을 당하지 않을 것입니다. 천국과 지옥으로 완전히 구별이 되기 때문입니다. 그런데 인간은 이 두 세계 다시 말하면 이 세상과 새 하늘과 새 땅을 경험하든지 아니면 이 세상과 지옥을 경험하든지 이 세상과 저 세상을 시차를 두고 반드시 경험하게 될 것입니다. 하나님의 자녀들에 관한한 이 세상에서 살았던 나라는 존재의 본질은 없어지지 아니하고 새 하늘과 새 땅에서도 지속될 것입니다. 여기서의 나는 그곳에서도 여전히 나인 것입니다. 이것만 보더라도 첫 창조의 목적지가 새 하늘과 새 땅이었음을 알 수 있습니다.그럼 인류 역사의 마지막 목적지인 새 하늘과 새 땅에서 최종적으로 완성되는 인간의 신분은 무엇일까요? 하나님의 자녀입니다. 하나님을 믿는 모든 사람들은 하나님의 자녀로서 삼위일체 하나님과 한 가족이 될 것입니다. 여기에 인간 창조의 핵심이 있습니다. 그래서 하나님은 처음부터 인간을 하나님의 자녀로 만드실 것을 계획하시고 하나님의 형상대로 창조하신 것입니다. 하나님의 자녀라는 신분 외에 인간을 향하여 덧붙여진 모든 신분은 임시적이고 그 시대의 상황에 맞게 부르는 별명(신부, 아내, 청지기, 종 등)과 같은 것이며 또한 사역적인 측면에서 이해하기 쉽도록 하기 위해서 임시로 부르는 것임을 잊지 말아야 합니다. 하지만 아버지와 아들이라는 관계는 영원한 것입니다. 창조되기 전부터 삼위일체 하나님 안에 존재했던 관계가 무엇입니까? 성부 하나님과 성자 예수님 사이의 아버지와 아들이라는 관계입니다. 이것은 예수님이 성부 하나님보다 열등하다는 개념이 아니라 아버지와 아들의 관계 안에서 뗄레야 뗄 수 없는 완전한 연합을 이루고 있다는 것을 말씀하시는 것입니다. 하나님께서 우리를 그 영원한 관계, 즉 아버지와 아들의 관계 안으로 부르신 것입니다. 참으로 놀라운 것입니다.

한 번 생각해 보십시오. 하나님의 아들 예수 그리스도께서 하나님과 동등 됨을 포기하고 이 죄악된 세상 가운데 오셔서 자신이 만든 인간들에게 온갖 수난과 핍박과 조롱을 받으며 완성하신 구속의 역사가 고작 우리로 하여금 청지기 정도의 신분을 허락하시기 위함이라고 생각하십니까? 온 세상에 대한 통치권과 자유의지는 오직 자녀에게나 어울리는 것이지 청지기나 종에게 어울리는 것이 아닙니다. 그래서 엡 1:4-5을 보면 창세전에 그리스도 안에서 성도들을 예정하신 것은 아들들이 되게 하심이었다고 말씀하고 있습니다. 그리고 이 아들의 신분이 새 하늘과 새 땅에서 완성이 되었음을 뒷받침해 주는 구절이 있습니다. 계 21:7입니다. "이기는 자는 이것들을 상속으로 받으리라 나는 그의 하나님이 되고 그는 내 아들이 되리라." 요한계시록 21장은 새 하늘과 새 땅을 말하는 장인데 새 하늘과 새 땅을 상속받은 이긴 자, 즉 모든 환란과 핍박과 역경을 믿음으로 이겨낸 성도들에게 약속하시기를 나는 그들의 하나님이 되고 그들은 나의 아들이 되리라는 것입니다. 이들이 누구입니까? 창세전에 아들들로 부르신 신구약의 모든 성도들입니다. 이것이 신구약 전체의 근간임을 믿고 성경을 보셔야 합니다.

3. 선악과

선악과는 행위언약이 아닙니다. 인간을 하나님의 자녀로 부르셨다는 증거입니다.
십자가로 구원받은 우리에게 영원히 주어진 신분이 무엇입니까? 하나님의 자녀입니다.
그런데 십자가는 아담이 선악과 명령에 불순종하여
이 세상에 죄와 사망이 들어왔기 때문에 지신 것이므로
십자가는 선악과의 순종을 통해서 피조물에 불과한 인간에게
자녀의 신분을 주시려고 했다는 것을 충분히 드러내고 있습니다.

선악과를 생각할 때마다 반드시 명심해야 할 것은 아담이 선악과 명령을 받았을 때 그는 한 개인이 아니라 인류의 대표자였다는 사실입니다. 창세기 1~3장에 등장하는 아담과 하와에게 하나님께서 허락하신 축복이나 명령은 모두 이 시각으로 보아야 합니다. 그래야 아담이 오실 자, 즉 예수 그리스도의 표상이 된다는 말씀을 이해할 수 있으며 예수님이 제 2의 아담이 되신다는 의미를 깨달을 수 있습니다. 또한 십자가와 부활이 어떻게 나의 것이 되는지를 받아들일 수 있는 것입니다.

인간을 자녀로 부르신 증거

하나님은 전지전능 하셔서 인간이 선악과를 따 먹을 줄 알면서도 왜 선악과를 동산 중앙에 놔두셨을까? 하나님은 왜 아담과 하와가 선악과를 따먹는 것을 막지 않으셨을까? 선악과에 대한 여러 가지 질문이 있습니다. 한 번 생각해 보십시다. 아담과 하와는 창조된 존재들로서 신분에 있어서 기껏해야 창조주와 피조물의 관계를 넘어설 수가 없습니다. 이 관계는 창조주 하나님과 피조물인 동물이나 식물의 관계나 별 차이가 없습니다. 동물과 식물은 어떻게 살아갑니까? 주어진 법칙 안에서 본능으로 살아갑니다. 본능을 넘어서

창조적 행위를 할 수가 없습니다. 한 마디로 말하면 기계와 같은 존재들입니다. 계절의 변화와 그 변화에 따르는 동물이나 식물의 대응은 항상 일정한 법칙대로 움직이는 것을 보게 됩니다. 모든 만물은 자연 법칙이라고 하는 하나님의 다스리심의 프로그램에 의해서 움직여 나가고 있습니다. 이들에게 인격적 반응을 요구하는 명령을 내리는 것은 있을 수 없습니다.

그럼 인간은 어떨까요? 하나님께서 과연 인간을 창조하실 때 이 정도의 피조물의 수준으로 만드셨을까요? 창세기 1장 26절에서 우리가 우리의 형상을 따라 우리의 모양대로 우리가 사람을 만들자고 했는데 이 말씀의 의미가 고작 우리 인간이 본능에만 충실한 동물과 식물과 다를 바 없는 그런 수준으로 만들겠다는 의미와 같을까요? 사람들은 1:28절에서 인간에게 하나님의 대리자로서의 역할을 원하셨기 때문에 왕권을 주셨다고 말합니다. 하지만 대리자와 본능으로 살아가는 다른 피조물과의 신분의 차이는 거의 없습니다. 대리자란 말은 결국 하나님의 심부름꾼이라는 말인데 이것은 다른 피조물보다 좀 더 자유가 있는 일꾼에 불과한 것이지 하나님과의 관계에 있어서는 피조물의 수준을 넘어설 수는 없는 것입니다.

만일 하나님께서 다른 피조물들과 같은 수준으로 인간 창조를 염두에 두셨다면 굳이 선악과를 두실 필요가 없습니다. 하나님이 인간을 만드시는 순간부터 하나님과 인간은 명령과 기계적인 순종의 관계가 자연스럽게 형성이 되기 때문입니다. 하지만 하나님은 인간을 생각하고 말하고 계획하고 행동하고 느끼고 말하자면 스스로 창조적인 일을 생산해 낼 수 있는 그래서 스스로 하나님의 형상을 제대로 반영할 수 있는 자유의지를 가진 하나님의 자녀로 부르시기로 계획하셨습니다.

그렇다면 인간을 피조물에서 하나님의 자녀의 신분으로 질적 변화를 정당화시키기 위해서는 하나님은 창조주요 인간은 피조물이라는 단순한 기계적 관계에서 벗어나게 하실 필요가 있습니다. 이를 위해서 동산 중앙에 선악과를 두시는 것입니다. 동산에 있는 각종 나무의 실과와 생명나무는 그들 마음대로 먹게 하시면서 동시에 선악과를 먹으면 죽는다는 금령을 내리십니다. 하나님은 다른 어떤 피조물에게도 이런 명령을 내리신 적이 없습니다. 여기서 다시 한 번 상기해야 될 것은 지금까지 모든 창조가 인간을 위해서 진행되었다는 것과 그 받은 복이 엄청나다는 사실입니다. 이것을 놓치면 안 됩니다. 2:16절에서 강조된 문구가 있는데 바로 '임의로 먹되' 입니다. 이 말을 풀어 보면 '자유자재로 네 마음대로 먹으라'는 것입니다. 하나님께서 이 말을 강조하시면서 동시에 강조하는 것이 17

절에 있습니다. '정녕 죽으리라' 는 말이 강조되어 있습니다. 반드시 죽는다는 말입니다.

그렇다면 하나님께서 아담에게 명령을 내리신 것은 하나님과 아담에게 무슨 의미가 있을까요? 호세아 6장 7절입니다. "저희는 아담처럼 언약을 어기고 거기서 내게 패역을 행하였느니라." 이 말은 이스라엘이 아담처럼 언약을 어겼다는 말인데 그러면 아담이 무슨 언약을 어겼다는 것입니까? 그것은 선악과를 따 먹고 불순종한 것을 말합니다. 그러니까 창세기 2장 16-17절을 통해서 하나님께서 아담과 언약을 맺고 있는 것입니다. 이 언약이 무슨 종류의 언약이냐를 따질 필요 없습니다. 중요한 것은 이 언약이 하나님께서 주권적으로 주도하시는 무조건적인 은혜의 언약이라는 것은 분명하다는 사실입니다. 로마서 5장 19절이나 고린도전서 15장 21-22절의 말씀을 보면 아담이 인류의 대표자로 하나님과 언약을 맺은 사람임을 분명합니다. 피조물인 아담이 하나님과 언약을 맺었다는 것은 너무도 파격적인 것입니다. 이것은 창조 당시의 상황으로 볼 때 만물이 창조된 사건만큼이나 쇼킹한 장면입니다.

이사야 64장 8절입니다. "여호와여 주는 우리 아버지시니이다 우리는 진흙이요 주는 토기장이시니 우리는 다 주의 손으로 지으신 것이라." 인간이 원래 어디서 왔습니까? 흙에서 왔습니다. 하나님은 분명히 우리를 만드신 토기장이십니다. 하나님의 손에 잡힌 흙에 불과한 우리이기에 토기장이와 도저히 비교할 수 없는 신분의 차이가 있는데도 불구하고 하나님이 인간과 언약을 맺는 것입니다. 언약을 맺는 것은 인간을 동물이나 식물처럼 피조물과 같은 동급으로 보시는 것이 아니라 피조물을 뛰어 넘어서 하나님과 동등한 인격으로 보시겠다는 것입니다. 그 내용도 파격적입니다. 하나님은 아담에게 혜택을 주는 것 없이 일방적으로 요구만 하실 수도 있습니다. '무조건 내가 하라는 대로 순종 해' 이 말씀이면 족합니다. 인간은 피조물이기 때문입니다. 그런데 하나님께서 아담에게 모든 만물을 다스리는 왕권을 허락하시고 동산에 있는 생명나무를 포함해서 각종 나무의 실과를 마음껏 자유자재로 네 마음대로 먹으라고 하십니다. 하나님 눈치 보지 말고 스스로 결정해서 행동하라는 것입니다.

그러면서 한 가지 금지 명령을 내리십니다. 선악을 알게 하는 나무의 실과는 먹지 말라는 것입니다. 만일 먹으면 반드시 죽는다는 것입니다. 그런데 선악과를 먹느냐 먹지 않느냐 하는 결정도 생명나무나 다른 모든 실과를 네 마음대로 결정해서 먹는 것처럼 네가 스스로 알아서 결정하라는 것입니다. 이것이야말로 아담에게 진짜 자유의지가 주어졌다는 확실한 증거입니다. 생명과 사망을 결정짓는 이런 엄중한 자유가 과연 일꾼이나 청지기에 어울리는 자유일까요? 자유는 자녀에게나 어울리는 것입니다. 이제 이 명령을 지키느냐 안 지키느냐는 누구에게 달려 있습니까? 아담과 하와입니다. 하나님은 개입하지 않으실 것입니다. 이 선악과의 명령은 거짓말을 하지 말라는 것과는 완전히 다른 명령이기 때문입니다.

성도에게 거짓말을 하지 말라는 것은 이미 하나님의 자녀이기 때문에 하나님의 자녀답게 살라는 의미이고 거짓말을 하느냐 안 하느냐는 하나님의 자녀라는 신분이 없어지는 그런 문제가 아니라 못 지키면 하나님께 매를 맞을 뿐입니다. 그런데 선악과 명령은 이제 막 창조함을 받은 피조물인 인간이 그 명령을 자발적으로 순종하느냐에 따라서 하나님의 자녀가 되느냐 피조물의 수준으로 남아 있느냐 하는 갈림길에 서는 문제이기 때문에 너무도 중요한 문제입니다. 말하자면 선악과의 명령은 인간의 신분을 피조물에서 하나님의 자녀가 되느냐를 결정하는 아주 중요한 명령인 것입니다.

그런데 선악과를 먹는 순간에 하나님이 나서서 먹지 못하게 막아 버리신다면 인간은 여전히 동물의 수준, 즉 하나님과의 기계적 관계인 피조물의 수준에서 그들을 관리하시겠다는 것밖에 되지 않습니다. 이제 아담은 하나님의 명령에 대해서 하나님이 허락하신 자유의지를 가지고 자발적으로 인격적인 반응을 보여야 합니다. 선악과를 제외한 모든 것을 마음대로 먹고 누리게 되었다면 선악과를 먹지 않는 것도 그들의 자유 의지대로 자연스럽게 먹지 않을 수 있습니다. 이런 점에서 볼 때 선악과는 결코 아담에게 짐이나 속박이 아니었다는 것을 알 수 있습니다. 죄를 짓기 전의 아담은 동물의 이름을 짓는 데서도 알 수 있듯이 타락한 이후의 인간들 수준보다 훨씬 더 이 명령을 잘 지킬 수 있는 능력이 있었습니다.

그러나 아담은 이런 엄청난 기회를 사탄의 꾐에 빠져 하나님의 말씀을 거역하고 선악과를 따 먹고 맙니다. 왜 그랬을까요? 사탄의 유혹처럼 인간도 하나님과 같이 될 수 있는 길이 있는데 먹지 못하게 강제로 막고 계시는 것이 아닌가? 이것이 자신들을 속박하고 자신들의 자유에 해가 되는 것이 아닌가? 라는 유혹을 받았기 때문입니다. 그들은 하나님이 무엇인가 감추어 놓고 자신들에게 손해를 끼치고 있는 분으로 생각했습니다.

혹자들은 말하기를 선악과 명령을 지키면 영원히 살고 불순종하면 영원히 죽는 그래서 죽고 사는 문제가 선악과 명령에 달려 있기 때문에 행위언약이라고 합니다. 먼저 말씀드릴 것은 영원히 사는 문제는 인간이 하나님의 형상으로 창조되는 순간 해결이 된 문제입니다. 영혼은 멸절되지 않습니다. 믿는 사람이든 믿지 않는 사람이든 인간은 영원한 존재입니다. 천국과 지옥이 왜 존재합니까? 천국에 살든 지옥에 살든 사람은 영원한 존재이기 때문에 천국과 지옥이 있는 것입니다.

선악과 명령은 하나님의 은혜입니다. 피조물에 불과한 인간을 하나님의 자녀로 부르시는 지점이기 때문입니다. 흙으로 창조함을 받은 인간은 하나님으로부터 이런 대접을 받아야 할 아무런 이유가 없습니다. 하지만 하나님은 인간을 이 은혜의 자리로 부르고 계십니다. 그리고 선악과가 하나님의 은혜의 자리가 분명한 것은 인간이 선악과 명령에 실패한다 해도 그 실패를 회복시키시는 은혜를 하나님이 스스로 준비하셨기 때문입니다. 그것이 바로 십자가입니다. 그런데 아담과 하와는 이 은혜의 명령을 하나님의 말씀에 의지하지 않고 하나님의 말씀을 왜곡하고 하나님을 거짓말쟁이로 만들어 버린 사탄의 말을 듣고 거역해 버린다는 것입니다. 하나님의 자리에 사탄을 올려놓은 것입니다. 이것이 너무나 큰 죄입니다.

또한 먹으면 정녕 죽으리라는 말씀은 조건이 아니라는 것입니다. 먹으면 어떻게 된다는 사실을 말해 줬을 뿐입니다. 왜냐하면 인간이 먹든지 안 먹든지 인간을 향한 하나님의 계획이 변치 않을 것이기 때문입니다. 영원 전부터 가지셨던 인간에 대한 목표, 즉 그들을 자녀 삼으시고 거대한 하나님의 가족 공동체를 만드시겠다는 계획에는 전혀 흔들림이 없습니다. 선악과를 먹지 않고 순종으로 말미암아 하나님의 뜻을 이루면 정말 좋을 것입니다. 그러나 먹는다 할지라도 하나님이 희생하셔서 그 일을 이루시고야 말 것입니다. 이것이야말로 하나님의 은혜입니다. 선악과를 먹으면 결과적으로 죄와 사망이 들어 올 것입니다. 거기에 대해서는 인간이 책임을 져야 합니다.

하지만 하나님이 그들을 사랑하고 그들을 가족으로 부르시는 것에는 변함이 없습니다. 하나님이 힘들어 지실 것입니다. 하나님을 거역하는 죄의 세력과 완악한 인간의 대적이 있을 것이기 때문입니다. 그것까지라도 감당하시겠다는 것입니다. 십자가는 가장 처절하고 비참한 저주의 자리입니다. 그럼에도 십자가를 지심으로 그 문제를 해결해 내겠다는 것입니다.

로마서 5장 19절입니다. "한 사람이 순종하지 아니함으로 많은 사람이 죄인된 것 같이 한 사람이 순종하심으로 많은 사람이 의인이 되리라." 이 말씀을 근거로 볼 때 하나님께서 아담의 실패에 대한 회복의 길을 이미 마련하셨다는 것은 확실한 것입니다. 하나님은 아담의 불순종으로 말미암아 죄인이 되어 사망의 저주를 받은 자들을 위해서 예수 그리스도를 그 죄의 대한 대가로 내어주시고 그들을 그 죄와 사망의 법에서 해방시켜 주셨습니다. 이것이 은혜가 아니고 무엇입니까? 단지 피조물에 불과한 인간을 하나님의 자녀로 부르시는 은혜의 자리가 비난 받아야 합니까? 그리고 자신이 잘못한 것이 없고 책임이 없는데도 불구하고 인간을 위해서 스스로 희생을 통해서 그 불순종의 문제까지 해결해 주시는 것이 하나님 잘못입니까? 인간이 저질러 놓은 문제를 하나님이 직접 오셔서 목숨을 희생 하시면서 까지 수습하셔서 기어이 하나님은 우리의 아버지가 되시고 우리는 그의 자녀가 되는 놀라운 은혜를 누리게 하시는 것이 하나님의 책임입니까?

선악과는 조건없이 피조물인 인간을 하나님의 자녀 삼으시려는 하나님의 은혜의 현장이요 실패하더라도 자신의 독생자를 희생시켜서 처음에 목표했던 인간을 자녀 삼아서 거대한 하나님의 가족을 이루시려는 그 계획을 완성하시고 말겠다는 하나님의 의지의 표현인 것입니다. 창세기 3장 15절에서 여자의 후손을 주시겠다고 약속하시는 것을 보십시오. 이 약속을 주시는 자리는 심판의 자리, 저주의 자리입니다. 그런데 하나님은 여자의 후손을 약속해 주십니다. 사탄의 후손과 대비되는 사람들입니다. 다시 언급하겠지만 여자의 후손에 대한 언급은 심판 중에 하나님의 은혜가 선포되는 순간입니다. 하나님은 인간이 불순종하자마자 심판을 말씀하시면서도 은혜를 동시에 선포하시는 것입니다. 하나님의 의중에는 인간의 실패에 이미 대비하고 계셨음을 충분히 짐작할 수 있습니다.

선악과에 대한 결론입니다. 선악과는 피조물에 불과한 인간을 하나님의 자녀로 부르시는 하나님의 은혜이며 하나님께서 주도적으로 인간과 일방적으로 맺으신 은혜의 언약입니다. 이 하나님의 은혜가 신구약을 관통하고 있습니다. 타락한 이후의 성경의 역사는 구약이나 신약 모두 이 은혜를 회복해주시는 하나님의 구원역사입니다. 여기에 인간이 도움을 준 것이 없고 지혜를 덧붙인 것이 없습니다. 선악과는 '너는 동물이 아니야 너는 일꾼이 아니야, 너는 내 자녀로 부름을 받은 사람이야'라고 하시는 하나님의 말씀입니다. 예수님의 십자가가 인간에게 하나님의 자녀라는 신분이 주어진 결정적 사건이라면 이것은 선악과 명령에 대한 실패를 회복해 주신 것이 분명합니다. 따라서 선악과 명령 속에 하나님께서 인간을 자녀로 삼으시겠다는 계획이 들어 있었다는 것을 충분히 짐작하고도 남음이 있습니다.

여기서 우리가 하나 더 생각해 볼 것은 타락한 천사들에 관한 것입니다. 천사들이 먼저 타락했다는 것을 알 수 있는 것은 타락한 천사인 사탄이 아담과 하와를 유혹했기 때문입니다. 그런데 하나님의 피조 세계에서 유이한 인격적 존재들이 인간과 천사입니다. 인격적이라는 말은 동물과 식물과 다르다는 말입니다. 그런데 왜 타락한 인간은 구원의 대상이 되는데 천사는 구원의 대상이 되지 못할까요?

성경 어디에도 타락한 천사인 사탄과 그의 졸개들인 악한 영들에게 예수님의 십자가의 은혜가 임한다는 말씀이 없습니다. 여기에는 오직 한 가지 이유만히 해답이 될 수 있습니다. 그들은 자녀가 아니라 부리는 영으로 지음 받은 존재들이기 때문입니다. 천사들에게는 결코 하나님의 자녀라는 신분을 허락하신 적이 없습니다. 그들은 하나님의 사역에 필요한 도구인 청지기들입니다. 요한계시록을 보십시오. 모든 역사의 주권자이신 하나님의 권위와 명령 아래서만 그들이 움직입니다. 그들은 하나님의 자녀들을 지켜 주는 수호천사들이며 하나님의 명령을 실행에 옮기는 도구에 불과합니다. 그러므로 그들은 선악과 명령을 받지 않습니다. 그러나 인간은 하나님의 자녀로 부르실 것을 예정하셨기 때문에 선악과 명령을 주시는 것입니다.

선악과 명령에서 죽음을 언급하시는 이유 - 사탄의 존재

선악과에 대해서 한 가지 더 생각해 볼 것은 왜 선악과 명령을 하실 때 반드시 죽는다고 하셨을까 하는 것입니다. 인간을 포함한 온 우주 만물이 보시기에 심히 아름다운 창조임을 기뻐하셨던 하나님께서 어떻게 죽음이라는 저주를 내리실 수 있는가 하는 점입니다. 그것은 인간에게 선악과를 명령하시는 순간에 사망의 세력을 잡은 자 사탄이 존재하고 있었기 때문입니다. 만일 사탄이 존재하지 않았다면 하나님께서 죽음의 저주를 내리지 않으셨을 것입니다. 물론 유혹자인 사탄이 존재하지 않았다면 인간이 타락하지 않았다는 것도 쉽게 상상해 볼 수 있을 것입니다. 그러나 사탄은 아담이 하나님의 선악과 명령을 받을 때에 이미 존재하고 있었습니다. 히브리서 2장 14절을 보겠습니다. "자녀들은 혈과 육에 속하였으매 그도 또한 같은 모양으로 혈과 육을 함께 지니심은 죽음을 통하여 죽음의 세력을 잡은 자 곧 마귀를 멸하시며." 사탄을 죽음의 세력을 잡은 자로 묘사하고 있습니다. 이것은 사탄이 하나님처럼 사람의 생사를 주관할 수 있다는 말이 아니라 죽음의 본질이 하나님과의 관계의 단절이라는 측면에서 볼 때 사탄은 인간을 하나님에게서 떼어 놓는 하나님 반대편에 있는 자라는 의미로 표현하는 것입니다.

그래서 사탄은 하와를 유혹할 때 하나님의 말씀을 교묘히 이용해서 마치 하나님이 인간을 속이는 거짓말쟁이처럼 만들어서 그들을 하나님으로부터 분리되도록 만든 것입니다. 사탄이 하나님의 말씀을 가지고 인간을 유혹했다는 것은 이미 그 내막(하나님께서 아담에게 선악과 명령을 내렸다는 사실)을 잘 알고 있었다는 증거입니다. 성경에서의 생명과 죽음의 의미를 잘 이해하고 있어야 합니다. 하나님과 올바른 관계 안에 있는 것이 곧 생명이고 하나님과의 단절된 상태에 있는 것이 곧 죽음입니다. 그래서 아담과 하와에게 먹으면 죽는다는 의미는 하나님과의 친밀한 관계를 거부하고 하나님을 거역하는 자리에 서 있는 사탄의 편에 가담하는 것을 의미하게 되는 것이므로 거기에 대해서 하나님이 진노하시는 것입니다.

하나님이 심판하실 때 가장 먼저 저주받은 대상이 누구입니까? 뱀입니다. 뱀을 이용한 배후 세력 사탄이 저주받은 것입니다. 창 3:15에서 말씀하시는 바와 같이 여자의 후손을 통해서 머리가 깨질 정도로(שׁוּף : grind - 찧다, 빻다, 잘게 부수다 등) 처절한 심판과 죽음을 맛보게 될 것을 선고하십니다. 여기서 알 수 있는 것은 죽음의 최종적인 대상이 사탄이었음에 틀림없습니다. 요한계시록에 보면 가장 먼저 불과 유황 못, 즉 둘째 사망에 이른 자들이 누구입니까? 성도들을 미혹한 사탄과 짐승(적그리스도)과 거짓 선지자입니다. 이들은 하나님의 삼위일체를 흉내 내어 거짓 삼위일체로 인간을 속이고 미혹한 사탄과 그 세력들을 의미합니다. 성경적으로 볼 때 하나님의 첫 번째 원수는 인간이 아니라 사탄입니다. 그래서 하나님은 심판하시는 자리에서 사탄에 대한 심판을 강조해서 말씀하시는 것입니다.

뱀을 통해서 유혹하는 사탄의 행위를 보면 사탄은 작정하고 인간을 유혹한 것을 알 수 있습니다. 따라서 하나님은 인간에게 선악과 명령을 내리시면서 일차적으로 사탄에게 "너! 인간을 건들지 마"라는 경고를 보내신 것입니다. 그러나 사탄은 그 하나님의 말씀을 거역하고 인간을 자신의 편으로 끌어 들여서 하나님을 거역케 만들어 버립니다. 말하자면 인간을 선동해서 하나님께 대항하는 정치적 쿠데타를 일으킨 것입니다. 물론 인간의 책임도 사탄의 책임만큼 중대합니다. 왜냐하면 피조물에 불과한 그에게 하나님의 자녀가 될 수 있는 상상할 수 없을 정도의 엄청난 복과 기회가 주어졌었기 때문입니다. 하지만 사탄의 꾐에 넘어간 인간은 결국 하나님의 자녀가 될 수 있는 기회를 놓침으로서 다시 피조물의 수준, 그리고 그 보다 더 못한 수준으로 떨어져 버리고 말았습니다. 너는 흙이니 흙으로 돌아갈 것이니라는 말씀은 육체적 죽음을 의미하기도 하지만 인간의 뿌리인 피조물의 상태로 그냥 머물러 있으라는 하나님의 저주인 것입니다.

설상가상인 것은 이제는 하나님의 자녀가 되는 것은 고사하고 사탄의 후손이 되어 버렸습니다. 사탄을 하나님의 자리에 올려놓았기 때문입니다. 예수님이 요한복음 8장에서 사탄이 너희 아비다라고 말씀하신 것은 바로 이것을 두고 하신 말씀입니다. 인간이 하나님을 거역하고 사탄을 아비 삼은 것이 곧 타락입니다. 하나님은 이 지점에서 창세기 4장 이후의 역사를 포기하셔도 상관없습니다. 왜냐하면 타락의 책임이 사탄과 인간에게 있기 때문에 그들을 멸하고 새로운 인류를 창조하셔서 다시 새로운 역사를 쓰시면 되는 것입니다. 그런데 하나님이 누구십니까? 전능하신 분 아닙니까? 사탄의 방해 때문에 원래 가지셨던 계획을 포기하시는 그런 분은 아닙니다.

그래서 타락의 역사를 그대로 두시고 그 사망의 현장에서 하나님의 자녀들을 만들어 내시고야 말겠다는 것입니다. 사탄과 그 사탄의 꾐을 받은 인간들이 준동하는 그 죄악의 자리에서 하나님을 섬기는 자녀들을 낳으시겠다는 것입니다. 그들이 바로 여인의 후손입니다. 사탄도 예상치 못한 사람들일 것입니다. 사탄은 아담과 하와를 무너뜨리면 그것으로 자신의 목적을 다 이룬 것이라고 생각했을 것입니다. 하지만 하나님은 사탄의 후손들이 판을 치는 이 세상에서 여인의 후손들을 부르실 것입니다. 그래서 하나님이 원래 꿈꾸셨던 하나님의 자녀들을 부르심으로 거대한 하나님의 가족 공동체를 만드실 것입니다.

영생의 성경적 의미

여기서 성경적 영생의 의미를 알고 넘어가는 것이 앞에서 다뤘던 부분들을 더 잘 이해하고 넘어갈 수 있을 것 같고 앞으로 전개될 내용에 대한 이해도 더 깊어질 것 같습니다. 영생이란 무엇일까요? 문자 그대로 영원히 사는 것입니까? 하지만 성경에 의하면 예수를 믿는 사람이나 믿지 않는 사람 가릴 것 없이 동일하게 영원히 사는 존재들임을 말씀하고 있습니다. 아담도 아벨도 가인도 가인의 후손인 라멕도 네피림도 아브라함도 요셉도 사울도 다윗도 천국이든 지옥이든 그들은 지금 모두 살아 있습니다. 그래서 우리는 영생에 대한 정확한 개념을 알아야 합니다.

영생에 대한 정확한 답이 요 17:3에 나와 있습니다. "영생은 곧 유일하신 참 하나님과 그가 보내신 자 예수 그리스도를 아는 것이니이다." 요한복음 17장은 예수님이 하나님 아버지께 기도하시는 장면인데 이때 영생에 대한 정의를 내려 주시고 있습니다. 여기서 안다는 동사는 헬라어로 기노스코(γινώσκω)라는 단어인데 "경험적으로 친밀하게 속속들이 아는 것"을 의미합니다. 히브리어 야다(יָדָה)와 같은 의미를 가지고 있는데 창 4:1에서 아담이 하와와 동침했다고 했을 때 동침하다는 단어가 야다입니다. 따라서 이 단어들의 의미는 마치 부부가 이 세상에서 제일 가까운 사이로서 둘 사이에는 어떤 행동도 흉허물이 없는 것처럼 그렇게 친밀하고 가까운 관계를 유지하는 것을 안다라고 표현하는 것입니다. 그래서 하나님을 안다고 했을 때는 그 분을 가장 친밀한 관계로 알고 있다는 의미입니다.

성경에서 말하는 생명과 죽음의 본질은 하나님과의 관계에 의해서 결정되는 것이지 착하냐, 악하냐, 영원히 사냐 아니냐로 결정되는 것이 아닙니다. 기독교의 구원은 하나님과의 원수관계(사탄의 후손이었으니까) 즉 사망의 관계를 청산하고 더 이상 떼려야 뗄 수 없는 친밀한 관계, 즉 아버지와 자녀의 관계로 복귀하는 것입니다. 예수님이 화목제물이 되신 것은 바로 이 관계의 회복을 위함입니다. 우리의 죄로 말미암아 하나님과 원수된 관계를 자신이 직접 저주를 받으시고 죽으심으로, 즉 화목제물이 되심으로 그 원수의 관계를 청산해 주신 것입니다. 그래서 에덴동산에서 아담이 잃어버렸던 그 자녀의 신분을 다시 회복시켜 주시는 것이 구원이요 영생인 것입니다. 영생은 하나님을 아는 자들, 즉 하나님과 아버지와 자녀의 관계 안에 있는 자들게게만 주어지는 것입니다.

Ⅱ. 단일(sole) 민족 공동체

(타락한 이후부터 바벨탑 사건까지 : 창 3:1–11:26)

단일 민족 공동체의 시기는 창 3:1-11:26까지,
즉 아담과 하와가 타락한 이후부터
아브라함이 부름을 받기 전까지의 시기를 의미합니다.
인간이 타락하지 않은 창세기 1-2장과 구분되는 시기이고
모든 인류를 상대하시던 하나님께서 언어가 나누이고
수많은 민족으로 갈라진 다음에
오직 한 사람 아브라함을 부르셔서
그의 후손인 이스라엘이라고 하는 한 민족에게 초점이 맞추어져 있는
창세기 12장 이후의 역사와는 성격이 다르기 때문에
이렇게 분류를 하는 것입니다.

Ⅱ-1 첫 번째 단일 민족 공동체

(타락한 이후부터 노아홍수 심판까지 : 창 3:1-8:19)

4. 인간의 타락

**인간의 타락은 단순히 선악과를 따 먹은 행동 하나를 범한 죄 정도가 아닙니다.
자신에게 우주와 지구와 에덴동산을 주시고,
하나님의 형상을 주시고, 자신을 닮게 하시며
선악과의 순종을 통해서 하나님의 자녀라는 신분을 주시고자 하셨던
하나님의 엄청난 은혜를 모두 거부하고 하나님의 자리에 사탄을 올려놓고
사탄을 주인 삼은 천인공노할 죄입니다.**

다시 한 번 상기 시켜 드리는 것은 창세기 1~3장까지는 첫 사람 아담과 하와가 인류의 대표로 또한 결혼한 부부의 대표로 하나님 앞에 서 있다는 사실입니다. 그래서 하나님이 주신 모든 말씀은 자신들에게만 해당되는 것이 아니라 그들의 후손들에게도 동일하게 적용이 된다는 것입니다. 따라서 타락을 아담과 하와 그리고 사탄으로 대표되는 죄의 세력으로 접근해야 오늘 우리에게 주어지는 타락의 영향력을 제대로 이해할 수 있게 됩니다. 이것은 사도 바울이 로마서에서 말씀해 주고 있는 내용입니다. 한 사람으로 말미암아 죄와 사망이 들어 와서 모든 인류가 이 죄의 영향력 아래 있다는 사실을 말하고 있지 않습니까?

뱀의 유혹

모든 창조의 세계는 하나님께서 보시기에 심히 좋을 정도로 인간이 거주하기에 완벽했습니다. 모든 것이 아름답고 조화가 있고 질서가 있고 그래서 안식이 있는 참 평화롭고 부족함이 없는 창조였습니다. 그런데 3장에 들어오면 이 평화로운 창조의 질서를 무너뜨리려는 시도를 만나게 됩니다. 1절입니다. "여호와 하나님의 지으신 들짐승 중에 뱀이 가장 간교하더라 뱀이 여자에게 물어 가로되 하나님이 참으로 너희더러 동산 모든 나무의 실과를 먹지 말라 하시더냐." 많은 사람들은 뱀이 말을 한다는 것만으로 이것은 실제 역사가 아니라 신화쯤으로 여기려고 합니다. 만일 창세기 저자가 자신의 독자들에게 신앙을 고취시키려고 꾸며낸 이야기라면 우리의 신앙은 근본부터 흔들릴 수밖에 없습니다. 그런데 성경에 우리의 이성을 뛰어 넘는 이야기가 얼마나 많이 있습니까? 우리의 과학과 수학의 잣대로 모든 것이 해부되는 하나님의 말씀이라면 그 말씀을 주신 하나님은 인간과 동등한 수준의 신으로 전락하고 말 것입니다.

3장 1절에서 우리가 먼저 염두에 두어야 할 것은 이때는 인간이 타락하기 전의 상태라는 것입니다. 아담이 동물의 본질을 꿰뚫어 보고 부르는 것이 그들의 이름이 되었다고 하는 것이 얼마나 큰 능력인가를 짐작조차 할 수 없지만 최소한 현재의 사람들보다는 훨씬 뛰어난 능력을 소유한 사람이라는 것만은 분명한 것 같습니다. 또한 아담과 동물들 사이에 어떤 적대적 관계도 형성되지 않고 죄의 영향력을 받지 않은 순수한 상태라는 것을 염두에 두어야 합니다. 타락으로 많은 상처를 입은 현 시대와 똑같이 생각할 수는 없기 때문입니다. 그리고 나중에 살펴 볼 것이지만 뱀은 단독으로 아담과 하와를 유혹하지 않았다는 것입니다. 아담과 하와보다 더 능력이 많은 존재가 배후에 있는 것이 분명하다면 충분히 뱀이 말을 할 수 있다는 것을 받아들일 수 있습니다.

'간교한' 으로 번역된 히브리어 단어 아룸(עָרוּם)에 대해서는 유재원 교수의 설명으로 대신하고자 합니다.

"아룸은 벌거벗은, 간교한, 지혜로운 등 세 가지 의미를 가진다. 이 중 가장 타당한 의미는 지혜로운 으로서 그 이유는 다음과 같다. 1) 선하신 하나님께서 피조물을 간교하게 지으실 수 없다. 만일 그렇다면 하나님 자신이 간교한 자연 본성의 원인이 된다. 2) 뱀은 간교한 본성 자체로 인간을 타락시킨 것이 아니고 단지 사탄의 도구로서 용역된 것에 불과하다. 이 해석을 뒷받침 해주는 근거는 칠십인 역의 프로니모스(φρονιμος - 아룸을 번

• 성경 전체를 잘 이해하기 위해서 크게 다섯 시기로 나눌 수 있습니다. 다섯 시기로 나누는 이유는 하나님께서 하나님 나라의 역사를 진행해 가심에 있어서 결정적 분수령들이 있기 때문에 편의상 나누는 것이지 하나님의 구원 방법이나 섭리의 내용이 달라지기 때문이 아닙니다.

• 창조 후부터 타락하기 이전의 시기는 '타락 이전의 인류공동체'라고 부를 수 있습니다. 아담과 하와가 인류의 대표로 하나님 앞에 서 있기 때문입니다. 그리고 인간이 타락한 이후부터 바벨탑 사건까지는 두 번째 시기인 단일 민족 공동체 시기입니다. 온 인류가 단일 언어와 단일 민족으로 구성되어 있기 때문입니다. 그러나 이 공동체는 성격이 다른 두 공동체로 나누어지게 되는데 하나는 하나님을 섬기며 예배했던 셋 공동체요 다른 하나는 하나님을 반대하며 인본주의적 문화를 세워갔던 가인 공동체입니다

<들어가는 말에서>

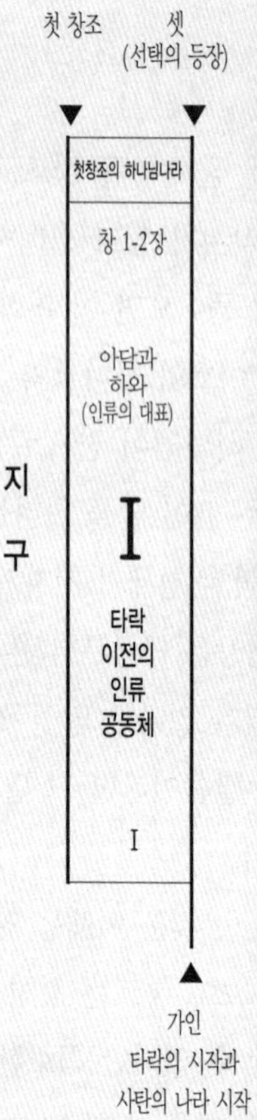

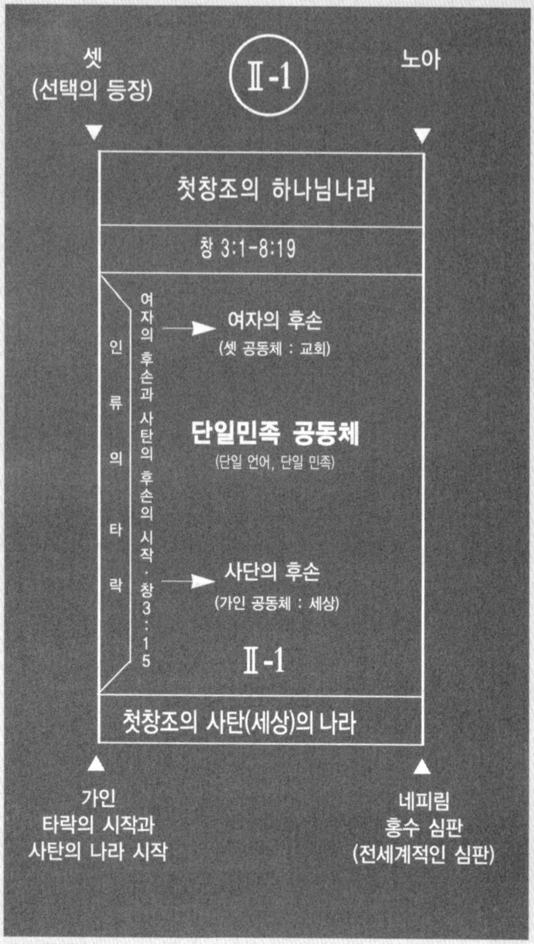

[도표 3과 도표 4에 대한 설명]

단일 민족 공동체의 시기는 창 3:1부터 11:26까지, 즉 아담과 하와가 타락한 이후부터 아브라함이 부름을 받기 전까지의 시기를 의미합니다. 인간이 타락하지 않은 창세기 1-2장과 구분 되는 시기이고 모든 인류를 상대하시던 하나님께서 언어가 나누이고 수많은 민족으로 갈라진 다음에 오직 한 사람 아브라함을 부르셔서 그의 후손인 이스라엘이라고 하는 한 민족에게 초점이 맞추어져 있는 창 12장 이후의 역사와는 성격이 다르기 때문에 이렇게 분류를 하는 것입니다. 이 시기를 단일 민족 공동체라고 하는 이유는 언어와 민족이 나누이지 않고 전 인류가 한 언어와 한 민족으로 살고 있었기 때문입니다. 다만 하나님을 경외하는 교회 공동체냐 아니면 하나님을 경외하지 않는 인간 중심의 세상 공동체냐로 나누입니다. 타락 이후부터 노아 홍수 이전까지는 가인의 공동체와 셋 공동체로 구분되어지고 노아 홍수 이후에는 노아의 후손을 중심으로 셈의 후손(야벳의 후손)과 함의 후손으로 나누어지게 됩니다.

하나님 나라의 역사(歷史)

도표 3 - 첫 번째 단일 민족 공동체

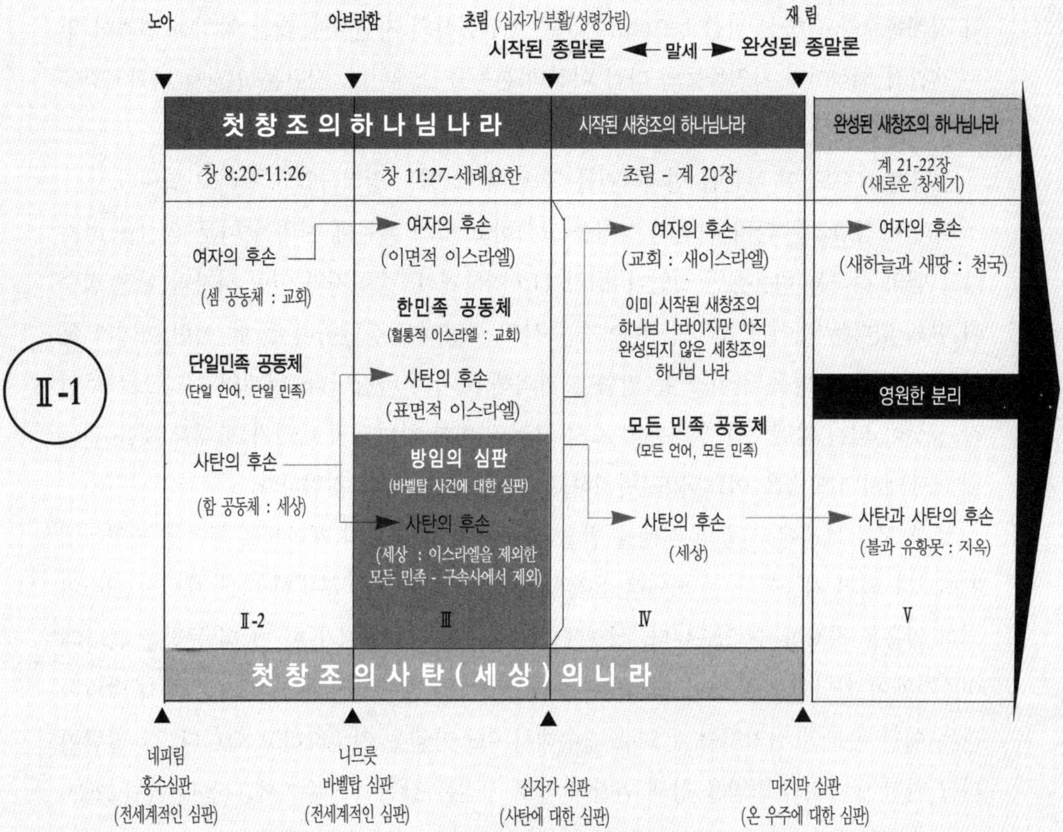

그런데 이 시기의 하나님 중심의 공동체(셋, 에녹, 노아, 셈으로 이어지는)가 인간이 중심이 되는 인본주의 공동체에게 동화 흡수되어 교회 공동체(가인, 라멕, 네피림, 니므릇으로 이어지는)로서의 정체성을 잃어버린다는 것입니다. 하나님께서는 심판으로 이들을 징계하시는데 노아 홍수 심판과 바벨탑 사건에 대한 심판이 바로 그것입니다. 그런데 이 시기가 비슷한 양상으로 흐르고 있는데 굳이 Ⅱ-1과 Ⅱ-2로 나눈 가장 큰 목적은 홍수심판과 바벨탑 심판이 동일한 세계적인 심판임을 드러내기 위함입니다. 많은 사람들은 흔히 홍수심판은 전 세계적인 하나님의 심판으로 알고 있으면서도 바벨탑 사건에 대한 심판이 홍수 심판과 방불한 전 세계적인 심판이라는 시각으로 보지 않고 한 사건으로만 기억하고 있는 경우가 대부분입니다. 그런데 아브라함 이후의 역사를 잘 알기 위해서는 바벨탑 사건에 대한 심판의 성격을 정확히 이해해야 합니다. 여기에 대한 설명은 나중에 다시 언급하기로 하고 이 시기에(창 3:1~11:26) 있어서 잊어버리지 말아야 할 것은 전 인류가 한 언어, 한 민족이었기 때문에 어느 특정한 민족이나 나라가 하나님의 구속의 대상이 아니라 전 인류가 하나님의 구속의 대상이 된다는 것입니다.

역한 헬라어 단어 : 필자 주)를 지혜로웠다로 번역했다는 것과 마 10:16에서 예수님이 뱀같이 지혜롭고라고 하신 말씀 등이다. 본문은 에덴동산의 자연물에 대한 악의적 편견이 없는 객관적 해석이며 자연물들의 타락 이전의 본능을 소개한다. 사탄은 인간을 타락시킴에 있어서 들짐승 중 가장 지혜로운 존재를 선택한 것이다."[1]

김영철 교수도 이 부분을 번역하기를 "그런데 그 뱀은 영리하였다."[2]라고 합니다.

따라서 창 3:1은 타락 이전의 상황을 묘사하고 있기 때문에 하와가 아무 의심을 하지 않고 뱀의 접근을 허용했던 것입니다. 사 11:6이하에서 "송아지와 어린 사자와 살진 짐승이 함께 있다는 것이나 젖 먹는 아이가 독사의 구멍에서 장난하며 젖 뗀 어린 아이가 독사의 굴에 손을 넣을 것이라"는 말씀을 기억해 보시기 바랍니다. 현재의 시각으로 보면 잘 상상이 되진 않겠지만 우리는 반드시 그런 완벽한 하나님의 나라가 도래할 것을 믿는데 에덴에서의 모습을 어느 정도 반영하고 있다고 보아야 할 것입니다.

또한 모든 짐승은 사람의 지배를 받을 수밖에 없는 하위의 개념으로 창조를 받았는데 자신보다 훨씬 지능이 높은 하와를 유혹할 수 있었다는 것은 분명히 다른 세력과 연관이 되어 있음을 짐작할 수 있습니다. 성경에 짐승이 말을 하는 예가 한 번 더 등장을 합니다. 이스라엘이 가나안으로 들어가려고 했을 때 모압 왕 발락이 방해를 하기 위해서 발람이라는 이방 종교의 선지자를 돈으로 매수해서 이스라엘을 저주하라고 합니다. 그 발람이 타고 가던 당나귀가 발람을 향해 인간의 말로 꾸짖는 장면이 민수기에 나옵니다(민 22:23-30). 여기서 나귀가 말을 하는 것은 하나님의 능력으로 그렇게 된 것입니다.

그런데 창세기 3장에서 뱀이 말을 한 것은 사탄이 그 배후에 있었다는 것을 성경이 증거하고 있습니다. 요한계시록 12장 9절에 보면 "큰 용이 쫓기니 옛 뱀, 곧 마귀라고도 하고 사단이라고도 하는 온 천하를 꾀는 자라 땅으로 내 쫓기니"라고 말씀합니다. 그리고 요 8:44을 보면 마귀는 처음부터(창조 때부터) 거짓말쟁이요(하와를 유혹할 때 거짓말을 함) 거짓의 아비라고 소개를 함으로써 사탄이 뱀의 배후에 있는 본질적인 세력임을 분명히 하고 있습니다.

사탄은 영적인 존재로서 인간보다 더 뛰어난 능력을 소유한 존재이며 요한 계시록에 보면 하나님의 능력과 비교가 되진 않지만 하나님을 모방하여 사람들을 유혹하는데 능력을 발휘하는 것을 보게 됩니다. 사탄은 광명의 천사로도 변신이 가능하고 사람의 마음속에 들어가기도 하고 심지어는 마태복음 8장에 보면 귀신들이 예수님께 돼지 떼에 들어가기를 허락하자 그대로 되는 것을 보기도 하는 것입니다. 그리고 사탄은 눈에 보이지 않으면서 뱀을 말할 수 있도록 조정하며 자신의 뜻을 관철시켰다는 것은 사탄은 성경 전체의 사상에도 부합하듯이 어느 정도의 초자연적인 능력을 소유했으며 감히 하나님을 반역할 것을 시도할 만큼 사악한 존재임이 분명하므로 뱀을 통하여 말을 했을 가능성이 충분한 것입니다.

뱀이 여자를 유혹할 때 던진 질문이 무엇입니까? "하나님이 참으로 너희더러 동산 모든 나무의 실과를 먹지 말라 하시더냐?" 입니다. 여자로 하여금 뭔가 대답하지 않을 수 없도록 만드는 유도심문입니다. 뱀은 여기서 하나님을 언급함으로서 자신도 하나님이 말씀하신 내용에 대해서 알 것은 다 알고 있다는 식으로 접근을 하고 있습니다. 그러면서 '참으로'(정말로)라는 단어를 사용해서 하나님이 원래 하신 말씀에 대해서 의구심을 불러일으키면서 하나님의 말씀에 무슨 부당한 내용이라도 들어 있는 것처럼 놀란 체 하고 있습니다. 마치 자신도 믿을 수 없다는 듯이 은근히 여자로 하여금 불쾌한 감정을 불러일으키게 만들고 있습니다. 원래 하나님은 동산에 있는 모든 나무의 실과는 아담과 하와 마음대로 먹고 싶은 대로 먹게 하셨습니다. 사실 무제한 허용입니다. 그러면서 단 한 그루의 실과만 먹지 말도록 하셨습니다. 그런데 뱀은 하와에게 동산 모든 나무의 실과는 정말로 먹지 말라고 하시더냐 라고 하면서 마치 동산 모든 나무의 실과를 먹지 말라고 하신 것처럼 초점을 맞추면서 슬그머니 하나님의 의도를 왜곡시키는 것을 보게 됩니다.

그래서 아담과 하와가 하나님으로부터 부당한 제재를 받고 있고 그들에게 불리한 무슨 비밀을 하나님이 숨기고 있는 것처럼 유혹하고 있는 것입니다. 사탄의 계략 1호가 무엇입니까? 하나님과 성도 사이에 불신의 장벽을 만드는 것입니다. 그것만큼 우리를 하나님으로부터 떼어 놓을 수 있는 좋은 방법이 없기 때문입니다. 그래서 어느 순간엔가 우리의 마음속에 불평이 자리 잡게 되고 결국 하나님을 멀리하고 세상 것을 붙잡도록 만드는 것입니다. 하나님을 온전히 의지하지 않아도 될 것 같은 착각에 빠지게 만들어서 하나님과 세상이 별로 차이가 나 보이지 않도록 하는 것입니다. 사실 사탄은 모든 내용을 거짓으로 말하고 있는 것이 아닙니다. 하나님의 말씀에다 교묘하게 거짓을 섞어서 말하고 있을 뿐입니다.

사탄의 그럴듯한 말에 이미 여자는 마음의 중심을 잃고 맙니다. 상대방을 신뢰하고 있었는데 그것이 무너지면 제일 먼저 찾아오는 것이 무엇입니까? 배신감과 허탈감입니다. 하와의 이런 감정은 곧 하나님의 말씀에 대해서 확신이 없도록 만들어 버렸습니다. 그래서 여자는 하나님께 무엇인가 속았다는 느낌을 받자 원래 하나님의 말씀도 자신 마음대로 해석을 해버리는 것입니다. 3:2절을 보면 하와는 하나님이 원래 하셨던 말씀 중에서 모든 이라는 말과 임의로, 즉 마음껏 자유자재로 라는 중요한 말들을 빼버리고 동시에 반드시 죽는다는 확고한 하나님의 의지를 죽을까 하노라 애매모호하게 만들어 버리는 것입니다. 그 말씀에 대한 확신이 없어져 버려서 하나님의 말씀을 부당하게 가감하고 변조하는 것입니다.

하나님의 말씀에 대한 확신 있는 답변을 하지 못하는 여자의 대답을 들은 사탄이 그 틈을 놓칠 리가 없습니다. 창세기 3장 5절에서 사탄이 말하는 핵심 내용이 무엇입니까? 선악과를 먹으면 너희가 하나님처럼 될 것을 하나님이 아신다는 것입니다. 여기서 중요한 문구는 하나님이 아신다는 말입니다. 사탄(뱀)은 다시 한 번 하와에게 하나님께서 모든 진실을 말씀하지 않으셨고 뭔가 숨기고 있는 것처럼 믿게 하려하고 있습니다. 그래서 이제 하와에게 한 가지 확신이 들기 시작했습니다. 하나님은 이기적인 하나님이시고 믿을만한 분이 못 된다는 것입니다. 더구나 하나님과 같이 될 수 있다는 욕심이 마음속에 자리 잡게 되니까 평상시에는 아무렇지도 않게 보이던 선악과가 사탄의 말처럼 정말 무슨 비밀을 간직한 나무처럼 보이는 것입니다. 그래서 자신의 욕심을 채워 줄만한 특별한 과실로 보이고 하나님과 동등하게 만들어 주는 어떤 마술적인 요소가 담긴 신비한 나무로 착각해 버린 것입니다.

창세기 3장 6절은 이렇게 말하고 있습니다. "여자가 그 나무를 본즉 먹음직도 하고 보암직도 하고 지혜롭게 할 만큼 탐스럽기도 한 나무인지라" 탐욕이 마음속에 자리 잡게 되자 하와는 자연스럽게 선악과 과실을 따 먹게 되었습니다. 그리고 자기와 함께 한 그 남편에게도 주어 먹게 만들었습니다. 아담은 하나님께 직접 그 명령을 들었기 때문에 여자를 나무랄 수도 있었지만 아마도 하와가 선악과를 따먹은 후에 곧 바로 죽지 않았기 때문에 안심하고 먹지 않았는가 하는 생각이 듭니다. 그 결과 두 사람은 사탄의 말대로 눈이 밝아지긴 했습니다. 문제는 눈이 밝아져서 하나님과 동등한 수준으로의 격상이 이루어지기를 기대했겠지만 그들의 밝아진 눈은 그들의 수치와 부끄러움을 보는 것 외에는 그들에게 아무런 도움이 되지 못했다는 것입니다. 사탄이 눈이 밝아진다고 했을 때는 선악과만 먹으면 하나님의 비밀한 세계도 꿰뚫어 볼 수 있는 그래서 하나님처럼 될 줄 알았는데 고작 보여 지는 것은 그들의 비참함뿐이었습니다. 이것은 사탄의 말이 새빨간 거짓말이었음이 드러난 것입니다. 따라서 인간은 뱀의 유혹에 넘어가기 전까지는 선에 대해서만 반응하는 존재였는데 이제는 악의 소리에 더 잘 반응하는 그런 존재로 전락하고 만 것입니다.

타락의 결과

사탄의 유혹에 넘어간 인간의 타락의 결과는 모든 것을 변화시키고 말았습니다. 창세기 3장 7절에 보면 죄를 범한 후에 아담과 하와가 가장 먼저 취한 행동이 무엇입니까? '무화과나무 잎을 엮어 치마로 삼았다' 는 것입니다. 2:25절에서 벌거벗었으나 부끄러워하지 아니했다는 말씀에 비추어 볼 때 그들 사이에 부끄러움과 수치심이 생겼다는 것을 알 수 있습니다. 남녀의 결혼 제도를 통해서 둘이면서 하나인 하나님의 삼위일체의 존재 스타일이 드러나는 관계로 부름을 받았지만 이제는 그 조화와 일치가 깨어지고 두 사람사이에 소원한 관계가 자리 잡게 된 것입니다. '내 뼈 중의 뼈요 내 살 중의 살'이라는 부부로서의 참 사랑의 관계가 삐뚤어져 버린 것입니다. 그 증거가 하나님께서 그들의 죄에 대해서 추궁을 하실 때 순순히 자신의 잘못을 인정하지 않고 다른 사람에게로 화살을 돌리는 책임전가에서도 분명히 드러나고 있습니다.

또 하나는 인간과 다른 피조물, 즉 자연과의 관계가 왜곡되어 버렸습니다. 하나님은 아담을 심판하실 때 땅이 가시와 엉겅퀴를 낼 것이라고 말씀하십니다. 아담의 타락으로 인해서 자연도 역시 고통을 당할 것이며 뿐만 아니라 인간과 자연 사이에 갈등이 존재할 것을 말씀하십니다. 타락하기 전에는 동물들에게 이름을 지어주는 등 자연과 참 평화의 관계를 누리고 있었는데 이제는 그 관계가 깨어지고 자연이 인간에게 고통을 줄 것이며 인간도 그 자연을 제어하기 위해서 힘을 사용할 수밖에 없는 그런 관계가 되어 버린 것입니다.

마지막으로 아담과 하와의 불순종은 하나님과의 관계의 단절을 가져왔다는 것입니다. 이것이 죄의 가장 핵심적이고 비참한 결과입니다. 창 3:8을 보면 "여호와 하나님의 소리를 듣고 아담과 그의 아내가 여호와 하나님의 낯을 피하여 동산나무 사이에 숨었다"고 말씀하고 있습니다. 하나님의 소리를 듣고 하나님이 자신들에게 오시는 것을 알았다는 것은 평소에는 이것이 자연스러운 현상이었음을 알 수 있는데 이것은 하나님과 그들 사이에 참된 교제와 나눔이 있었다는 것을 짐작할 수 있습니다.

그런데 이번에는 하나님의 오심을 알고도 하나님의 얼굴을 피하여 숨어버립니다. 하나님께서 네가 어디 있느냐 하시면서 아담을 부르실 때 아담이 이렇게 대답을 합니다. "하나님의 소리를 듣고 내가 벗었으므로 두려워하여 숨었나이다." 누구를 두려워한다는 말입니까? 문맥상으로 볼 때 아담은 하나님을 두려워하고 있는 것이 분명합니다. 그의 마음속에 하나님과의 만남을 어색하고 거북하게 여기는 감정이 생겨난 것입니다. 하나님의 찾아오심이 그들에게 즐거움이 아니라 이제는 짐이 되어 버린 것입니다.

그리고 하나님께서 왜 선악과 열매를 먹었느냐고 질문하실 때 아담은 하나님이 주셔서 나와 함께 하신 그 여자 때문이라고 책임을 하나님께로 돌리는 것을 보게 됩니다. 이것은 아담이 하나님께 반항하는 것이며 대적하는 것입니다. 하나님이 여자만 주시지 않았다면 이런 일이 일어나지 않았을 텐데 이게 뭡니까? 하는 것입니다. "내 뼈 중의 뼈요 내 살 중의 살이라"며 하와를 향해서 환희의 찬 고백을 한 것이 엊그제 같은데 자신의 행동을 전혀 기억하지 못하는 사람처럼 행동하고 있습니다. 이것이 죄의 무서움입니다. 모든 선한 관계를 악한 관계로 만들어 버리고 모든 정상적인 관계를 삐뚤어진 관계로 만들어 버린다는 것입니다.

치명적인 문제는 하나님과의 친밀한 관계가 단절됨으로써 로마서 표현대로 말하자면 하나님과 원수된 관계로 전락해 버렸다는 것입니다. 성경이 말하는 죽음이란 바로 이것입니다. 성경은 결코 육체적 죽음을 죽음의 본질로 생각하지 않습니다. 하나님으로부터 분리되는 것이야말로 영원한 죽음이며 죽음의 본질인 것입니다.

이동준의 신구약 통째로 먹기

eating the Bible as a whole

5. 하나님의 심판

하나부터 열까지 모든 것을 은혜로 주신 하나님을 거부하고 사탄을 하나님의 자리에 올려놓은 인간에 대한 하나님의 심판은 정당한 것입니다.

다시 강조합니다. 하나님의 심판을 받는 대상인 뱀과 여자와 남자는 단지 개인으로 묘사되지 않고, 각각 대표로 나타난다는 것을 이해해야 합니다. 창세기 1장 28절과 2장 17절에서 그들은 개인으로 하나님 앞에 선 것이 아닌 것처럼 사탄은 하나님을 대적하는 모든 세력의 대표로, 뱀은 동물계 전체를 대표[3]하는 것으로 하와는 아내의 대표로, 아담은 남편의 대표이자 인류의 대표자로 하나님 앞에 서 있는 것입니다. 하와를 아내의 대표로 아담을 남편의 대표로 부르는 것을 생각해 보십시오.

아담과 하와는 두 사람이 아무 상관이 없는 사람으로 서 있는 것이 아니라 창 2:23이후로는 한 가정을 이룬 남편과 아내의 관계를 맺은 사람들이고 부부라는 관계 안에서 죄를 저질렀고 부부의 신분으로 하나님의 심판을 받는다는 것을 잊어서는 안 됩니다. 그러므로 아담이 인류의 댜표라는 점에서 그들에 대한 하나님의 형벌은 인류 역사의 진행과 함께 계속해서 나타나는 인류를 향한 보편적인 문제가 될 것이며 또한 부부의 대표라는 점에서 모든 부부에 대한 말씀임을 알아야 합니다.

뱀에 대한 심판

창세기 3장 11절과 13절을 보면 아담과 하와에게는 왜 그런 행동을 했는지에 대해서 질문을 하시지만 뱀에게는 질문조차 하지 않으시고 가차 없이 곧 바로 심판을 선고 하십니다. 3:14~15을 보면 뱀 자신에게 내려진 형벌과 뱀의 배후에 있는 사탄에게 내려진 형벌을 모두 포함하고 있습니다. 하나님께서 뱀에게 말씀하시기를 "네가 모든 가축과 들의 짐승보다 더욱 저주를 받아 배로 다니고 살아 있는 동안 흙을 먹을 것이다."라고 하십니다. 네가 모든 가축과 들의 짐승보다 더욱 저주를 받았다는 말씀은 죄에 대한 대가로 "뱀이 다른 동물들보다 더 많은 저주를 받았음을 보여 주는 것"[4] 입니다.

그런데 배로 다닌다는 것과 흙을 먹을 것이라는 표현은 비유적 의미로서 일차 독자들이 살았던 고대 근동의 자료에 비추어 볼 때 동일한 의미로서 패배당하여 수치스럽고 굴욕적인 상태에 놓인 것을 나타내는 표현입니다.[5] 미 7:17에 "그들이 뱀처럼 티끌을 핥으며(뱀처럼 흙을 먹으며 - 필자 주)"라고 말씀하고 있습니다. 여기서 그들은 이스라엘을 쳐들어 와서 괴롭히고 약탈을 하는 이방 나라의 왕들을 말합니다. 그런데 이들이 뱀처럼 티끌(흙)을 핥는다고 합니다. 이 말은 '뱀처럼 배를 깔고 땅바닥에 엎드려서 흙을 핥는 모습을 묘사하는 것으로 굴욕당하다 패배당하다'라는 의미로서 하나님께서 그들을 심판하시므로 이스라엘이 보는 앞에서 수치와 창피를 당하게 될 것을 의미합니다.

따라서 이 말씀은 뱀에게 내리신 저주와 더불어 뱀의 배후에서 뱀을 조종한 사탄에게 주는 저주에도 해당된다고 보아야 합니다. 그러므로 배로 다니며 흙을 핥는다는 것은 사탄이 철저하게 패배를 당하고 수치를 당할 것을 말하고 있는 것입니다. 15절에 보면 이 사탄의 패배가 어떻게 구체적으로 임하는지를 보여주고 있습니다. (15절은 중요한 부분이기 때문에 6번 복음의 시작에서 다루도록 하겠습니다.) 그렇다면 뱀에게 해당되는 저주는 무엇인가 하는 것입니다. 뱀에게 저주가 임했다는 것을 알 수 있는 어구가 바로 "네가 사는 모든 날 동안"[6]이라는 말입니다. 이것은 뱀이 사는 날이 정해져 있다는 것으로 죽음을 의미합니다. 물론 죽음이라는 것이 동물계 전체에게 임한 것이 사실입니다만 뱀은 더욱 저주를 받아서 죽을 때까지 수치와 굴욕의 상태에 처하게 되는 저주가 더 추가됨으로써 동물계에서 가장 큰 저주를 받은 것으로 이해할 수 있습니다.

레위기 11장과 신명기 14장에서 뱀은 부정한 동물들 중 그 원형으로 여겨지고 있습니다. 몸을 비틀면서 굴러가는 모습은 정결한 동물의 모습으로부터 가장 멀리 떨어져 있습니다. 따라서 구약의 동물 상징 법에 따르면 뱀은 가장 비정상적이며, 하나님에 대해 적대적인 세력으로 사용되기에는 가장 적합한 존재였습니다. 더 나아가서 14절의 저주는 아담과 하와를 속이는데 성공한 것을 자축하고 있을 사탄에게 절대로 하나님의 계획과 섭리가 중단되거나 포기되지 않을 것임을 말씀하시면서 결국에는 사탄이 패배에 직면하게 될 것을 말씀하고 있으며 15절은 사탄의 패배와 굴욕과 수치가 어떻게 구체적으로 역사 속에서 나타나게 되는지를 보여 줄 것입니다.

아내인 여자에 대한 심판

창 3:16입니다. "또 여자에게 이르시되 내가 네게 잉태하는 고통을 크게 더하리니 네가 수고하고 자식을 낳을 것이며 너는 남편을 사모하고 남편(이쉐크 : 너의 남편 - 필자 주)은 너를 다스릴 것이니라." 이것은 모든 여자에 대한 저주보다는 가정을 가진 모든 아내의 대표로 하와에게 내려진 저주라고 보아야 할 것입니다. 왜냐하면 이것을 일반적으로 적용을 해서 모든 여자는 태어나는 순간부터 남자의 종속물로 보는 경향이 있는데 성경은 그렇게 말하고 있지 않기 때문입니다. 또한 잉태하는 고통 자체가 남편과의 관계에서 파생된 문제이고 너는 남편을 사모하고 남편은 너를 다스린다는 말씀에서는 아예 아담을 남편으로 해석을 해서 가정에서의 문제로 한정을 시키고 있기 때문입니다. 따라서 16절의 내용은 아내로서의 여자에게 해산의 고통을 주시고 또한 남편과의 관계가 어떻게 될 것인가를 말씀 하신 것으로 보아야 합니다.

그런데 여기서 중요한 것은 창 1:28에서 인간에게 주신 생육하고 번성하여 충만하며 땅을 정복하고 다스리라는 복을 거두어들이지 않으신다는 것입니다. 죄를 지어 하나님의 징계를 받는 신세가 되었지만 아내인 하와에게 자녀의 출산을 허락하심으로써 인간에게 주신 복이 여전히 유효함을 보여 주십니다. 잉태의 고통은 주시지만 출산을 통해서 인류의 역사가 마감되는 것이 아니라 하나님의 계획은 흔들림 없이 진행될 것임을 보여주시는 것입니다.

그렇다면 잉태의 고통이란 무엇을 의미하는 것일까요? 과연 이 고통은 10개월의 고통과 낳을 때의 고통만을 의미할까요? 자식을 해산의 고통으로 낳으면 그 다음은 만사 오케이가 되는 것일까요? 잉태와 출산은 자녀의 출발선입니다. 이제 시작입니다. 잉태의 고통이라는 것은 출산뿐만 아니라 출산한 이후에 자식과의 관계에서도 평생 동안 고통이 뒤따를 것임을 암시하고 있습니다. 실제로 아이를 키울 때의 고통은 낳을 때의 고통보다 절대로 못하지 않습니다. 그래서 자식을 낳아서 기르는 이 모든 과정이 고통이 될 것임을 암시해 주는 것입니다. 왜냐하면 부모와 자식의 관계도 인간의 죄로 말미암아 삐뚤어져 버렸기 때문입니다.

다음으로는 남편과 아내의 관계의 문제입니다. 하나님께서 처음에 인간을 창조하셨을 때 남편과 아내 사이에 기능적인 차이는 두셨지만 성의 (인격적) 차별은 두지 않으셨습니다. 남편과 아내는 동등한 하나님의 형상으로서 한 사람만으로는 도저히 하나님의 뜻을 구현할 수가 없고 남자와 여자가 함께 있어야 온전한 하나를 이룰 수 있는 독특한 삶의 조건을 허락하셨습니다. 그런데 16절 하반 절에 보면 "너는 남편을 원하고 남편은 너를 다스릴 것이니라"고 말씀하고 있습니다. 유재원 교수는 남편을 원한다는 말을 "남편을 지배하려는 소욕"[7]으로 번역하고 있습니다. 아내로서 하와는 선악과를 따먹는 일에 있어서 주도적인 역할을 한 이래로 "남편과 상응하는 돕는 자로서의 자신의 위치를 벗어나 남편을 자신 아래의 위치에 두는 새로운 수직적 관계를 만들어 보려는 욕망이 생겨난 것으로 보입니다. 하나님과 같아지려는 그녀의 욕망이 실패하자 이 욕망은 이제 남편을 향하여 그 물꼬를 트려 하는 것입니다."[8] 16절 하반 절을 풀어서 해석하면 "그녀가 남편을 다스리려고 소원하지만 그 결과는 오히려 그녀의 소원과는 정반대로 남편이 그녀를 다스리게 된다는 것입니다."[9]

그러나 여기서 남편이 다스리게 된다는 것을 긍정적인 측면에서 보아서는 안 될 것입니다. 왜냐하면 그 다스림을 하나님이 선물처럼 남편에게 주신 것으로 보이지 않기 때문입니다. 동일하게 하나님의 심판을 받아야 될 사람들인데 아내에게는 저주를 내리면서 남편에게는 은혜를 내리는 것으로 해석하기에는 무리가 있습니다. 남편의 다스림은 아내의 다스리려는 소원과 동일한 욕망으로 보아야 할 것입니다. "따라서 이 구절을 남편과 아내 간에 서로 지배자가 되려는 싸움이 있게 되며 이 싸움에서 남편이 우위에 서게 될 것을 예고한 것입니다."[10] 이것은 남편이 우위에 서게 되는 것이 하나님이 남편에게 특권으로 주신 것이 아니라 두 사람의 주도권 다툼의 결론이 기능적으로 힘이 더 센 남편의 우위로 끝나게 되는 불합리한 현실을 말씀하시는 것입니다.

타락하기 전에는 남편과 아내 사이에 다른 기능을 가졌음에도 균형과 조화와 일치가 있었지만 타락한 후에는 이 균형과 조화와 질서가 깨져서 한쪽으로 치우치게 되는 결과를 낳고마는 것입니다. 죄를 지은 후에 남편과 아내의 관계가 서로에게 수치심을 불러일으키는 대상이 되어 버리고 서로 책임을 떠넘기려는 행동으로 유추해 보았을 때 충분히 가능성이 있는 것입니다. 타락한 이후에도 남편과 아내는 인격적으로 동등하다는 사실은 변함이 없습니다. 하지만 인간들이 스스로 죄의 본성을 따라서 서로를 주종의 관계로 만들어 버리려고 하는 것입니다.

남편인 남자에 대한 심판

아담에게 내려진 형벌은 남편에게만 국한된 것이 아니고 모든 인류와 모든 피조물에게도 영향을 미칩니다. 왜냐하면 아담은 단지 남편으로서만 하나님의 복과 저주를 받은 것이 아니라 인류의 대표로서 하나님과 언약을 맺었기 때문입니다. 바울은 로마서 5장에서 아담과 그리스도를 비교할 때 아담이 인류를 대표한 자로 서술하면서 아담은 오실 자, 즉 예수 그리스도의 모형이라고 말하는 것입니다. 아내인 하와에게는 한 구절의 말씀으로 끝을 내지만 아담에게는 세 구절을 동원하시는 것을 보면 그의 잘못이 인류의 대표로서 그만큼 책임을 묻고 있음을 볼 수 있습니다.

아담은 하와가 창조되기 전에 하나님과 일대일로 모든 에덴동산의 과실을 마음대로 먹을 수 있는 자유를 허락받았으며 그와 동시에 선악과를 먹지 말라는 금지 명령을 직접 받았던 사람입니다. (2장에서 선악과 명령 다음에 하와가 창조되는 순서를 보시기 바랍니다.) 그런데도 그는 하나님의 말씀을 듣는 것보다 하와의 말에 더 귀를 기울였습니다. 아내가 아무 말도 없이 선악과를 주었을까요? 아담에게 주면서 분명히 먹음직도 하고 보암직도 하고 지혜롭게 할 만큼 탐스럽기도 하다고 설명하면서 뱀의 말이 사실일 것이라는 확신을 주면서 먹으라고 했을 것입니다. 하와의 말을 들은 아담은 선악과를 먹는 자는 반드시 죽는다는 하나님의 말씀을 직접 들었으니까 하와의 행동이 잘못된 것임을 알았을 것이므로 반드시 하나님께 그 상황을 솔직히 말씀드려야 했었습니다.

하지만 아담은 그렇게 하지 않았습니다. 그것은 이미 그의 마음도 하와와 다를 바가 없었음을 보여줍니다. 하나님의 말보다 아내의 말을 더 우선한 것이고 그것은 곧 사탄의 말을 우선한 것입니다. 이것이 아담의 죄의 근본입니다. 아담도 역시 하나님에 대한 확실한 신뢰보다는 하와와 사탄의 말이 더 달콤해 보였던 것입니다. 타락한 인간의 특징이 무엇일까요? 인간의 말을 듣는 데에는 아주 재빠르지만 하나님의 말씀을 듣는 것에는 너무도 둔하다는 것입니다.

아담은 온 인류를 대표하며 모든 만물을 다스리는 자로서 다른 모든 피조물에게 죄의 저주의 영향력을 미치고 맙니다. 그래서 땅이 저주를 받아 가시덤불과 엉겅퀴를 내는 저주 아래 있게 됩니다. 질서와 조화와 평화가 가득했던 이 땅이 가시덤불과 엉겅퀴로 인해

신음아래 놓이게 되는 것입니다. 이 엉겅퀴와 가시덤불을 낸다는 말은 땅과 자연의 문제만이 아니라 인간과 자연의 관계가 적대적 관계로 변할 것임을 말합니다. 만물이 인간의 순종의 대상이었는데 이제 이 둘 사이에 불협화음이 생겨나는 것입니다. 그래서 인간은 평생 동안 생존을 위한 고통을 겪을 수밖에 없게 된 것입니다. 이 고통은 잠시 있는 것도 아니고 특정한 사람에게만 주어지는 것이 아니라 이 세상의 모든 사람들에게 동일하게 주어지는 고통입니다. 이 고통은 단지 먹고 살기 위한 그런 육체적 고통만 의미하는 것이 아니라 살아가는 모든 정신적, 심리적 고통까지도 다 포함하는 것입니다. 인간의 삶 자체가 고통의 연속이 될 것입니다.

19절에서 하나님께서 말씀하시기를 너는 흙이니 흙으로 돌아갈 것이다고 말씀하십니다. 왜 아담에게 저주를 내리시면서 그의 출생의 본질인 흙을 언급하시는 것일까요? 흔히 우리는 이것을 육체의 죽음으로 봅니다. 맞는 말입니다. 그러나 이미 말씀드린대로 흙으로 다시 돌아간다는 말은 인간이 여전히 피조물의 수준으로 그냥 머물러 있게 되었다는 의미입니다. 선악과를 먹지 않고 하나님의 말씀에 순종했다면 피조물에서 하나님의 자녀로의 놀라운 신분이 주어졌을 것인데 말입니다.

6. 여자의 후손과 사탄의 후손의 시작

죄와 사망에 대한 책임은 전적으로 인간에게 있습니다.
이제 혈통적으로 태어나는 모든 인간은 사탄의 후손이 될 것입니다.
사탄을 주인 삼기로 스스로 결정했으니까요!
하지만 은혜로우시고 자비로우신 하나님은 이 세상에 대한 주권자로서
이 땅에 사탄의 후손만 있게 내버려 두지 않으시고
하나님의 자녀들인 여자의 후손들을 부르시겠다고 약속하십니다.
단수로서의 여자의 후손은 예수 그리스도를 가리키는데
그 분은 사탄의 머리에 치명상을 입히는 결정적 승리를 거두시기도 하지만
발꿈치가 상하게 되는 고난을 당하실 것입니다. 예수님의 고난은 이미 약속이 된 것입니다.
또한 여자의 후손인 예수님을 통해서 복수로서의 여자의 후손,
즉 예수님과 연합된 하나님의 자녀들을 부르실 것입니다.

타락으로 말미암아 인간은 순종했으면 맛보지 않았을 육체적 죽음을 경험하게 될 것이고 하나님과 단절되는 영원한 죽음을 피할 수가 없게 되었습니다. 아담은 피조물의 수준을 벗어날 수 없게 된 것 뿐만 아니라 처음의 피조된 상태보다 더 후퇴해 버립니다. 인류의 대표였던 아담의 죄의 결과는 그대로 모든 인류에게 유전되었습니다. 어느 누구도 육체적 죽음과 영적 죽음을 피할 수가 없게 되었고 수고와 슬픔뿐인 인생을 벗어날 수가 없게 되어 버렸습니다.

창세기 3장 15절

이 구절은 14절과 한 묶음으로 뱀에 대한 하나님의 심판을 말하는 중에 주시는 말씀입니다. 하지만 14절의 내용은 단순히 뱀에 대한 저주만 의미하는 것이 아니라 뱀을 조정한

배후 세력인 사탄에 대해서도 하나님께서 심판을 내리셨다는 것을 이미 말씀드렸습니다. 하지만 15절은 뱀에게는 해당되지 않고 오직 사탄에게만 해당되는 내용입니다. 14절에서 뱀과 더불어 사탄이 패배를 당하여 수치와 굴욕을 당할 것을 말씀하셨는데 어떻게 그 일이 이루어질 것인가를 나타내는 내용이 15절입니다.

만일 15절의 뱀과 그 뱀의 후손을 기어 다니는 뱀 자체로만 본다면 15절은 아주 우스운 내용이 되고 말 것입니다. 여자와 여자의 후손은 분명히 사람을 가리키는데 뱀과 사람을 원수의 관계로 만든 것이고 그 둘 사이에 머리를 상하게 하고 발뒤꿈치를 상하게 하는 전쟁 같은 묘사를 하고 있기 때문입니다. 그래서 15절의 뱀과 뱀의 후손은 사탄과 사탄의 후손들을 의미하는 것이 분명합니다. 그렇다면 뱀과 대조되는 사람인 여자는 하와를 가리키고 여자의 후손은 혈통적으로 태어나는 인류를 의미한다는 것을 알 수 있습니다.

여기서 사탄의 후손과 여자의 후손을 올바로 정의하고 넘어갈 필요가 있습니다. 먼저 사탄의 후손입니다. 후손이라는 개념을 생각할 때 족보와 관련된 것이 분명하고 여자의 후손과 대응하는 관계로서 본다면 사람들을 가리키는 것이 마땅합니다. 이 추론이 합당한 것은 성경이 이것을 증명하고 있기 때문입니다. 성경에서 말하는 사탄은 타락한 천사로 보는데 천사는 결혼과 상관없는 집단입니다. 눅 20:34-36에 보면 완성된 새 하늘과 새 땅에서는 시집가고 장가가는 일이 없는데 그 이유를 부활한 우리가 천사와 동등이기 때문이라고 말씀하십니다. 천사가 시집도 장가도 가지 아니함을 정확히 알 수 있습니다. 따라서 사탄은 혈통적 방법으로 자신의 후손으로 만들 수 없습니다.

그럼 사탄의 후손이란 누구를 가리키는 것일까요? 요한복음 8장에 보면 이들이 누구인지를 알 수 있는데 예수님은 아브라함의 자손이라 우기는 유대인들을 향해서 너희는 마귀에게 났으니 마귀가 너희 아비라고 말씀하고 있습니다. 이것은 그들이 마귀, 즉 사탄의 후손이라는 뜻입니다. 그런데 이 마귀를 정의하기를 처음부터 살인자요 거짓의 아비라고 소개를 하고 있습니다. 처음부터 살인자라는 말은 사탄이 첫 사람 아담과 하와를 유혹해서 하나님과 단절되게 함으로써 영원한 죽음(사망)에 이르도록 만들었기 때문입니다. 그리고 가인은 아벨을 죽임으로 인간을 죽음으로 몰아간 사탄적 속성을 드러냄으로써 하나님을 거역하는 사람들의 첫 조상으로 소개되고 있습니다.

그리고 거짓의 아비라는 것은 거짓의 원조라는 말인데 그것은 마귀가 에덴동산에서 거짓으로 속여서 하와를 유혹한 것을 두고 하는 말입니다. 마귀의 속성은 살인과 거짓입니다. 이 속성을 가지고 사람들을 하나님으로부터 멀어지도록 유혹하고 넘어뜨리고 하나님께 가지 못하게 막는 것입니다. 따라서 이런 마귀의 속성에 동참하여 하나님을 거역하게 만들고 하나님께로 나아가는 것을 끝까지 막는 모든 사람들은 마귀의 후손으로 정의를 내릴 수 있습니다.

예수님께서 이것을 확증해 주는 말씀을 해 주신 적이 있습니다. 마태복음 12장 22절 이하입니다. 예수님께서 귀신(귀신은 사탄의 휘하에 있는 영들을 의미함) 들려 눈멀고 말을 못 하는 사람을 고쳐 주셨습니다. 그랬더니 바리새인들이 예수님을 걸고넘어지기를 귀신의 왕 바알세불을 힘입지 않고는 귀신을 쫓아내지 못한다고 하면서 예수님의 사역을 귀신의 사역으로 몰아갔습니다.

분노한 예수님께서 만일 귀신이 스스로 쫓아낸 것이라면 자중지란에 빠지는 것인데 그것이 가능하겠느냐 만일 너희의 아들들이 귀신을 쫓아낸다면 그들도 귀신의 힘을 빌어서 하는 것이냐 반문하시면서 성령을 힘입어 귀신을 쫓아내는 것을 방해하는 것은 성령을 거역하는 죄로 절대로 용서받을 수 없다고 말씀하셨습니다. 그들의 행위를 성령을 거스른 일로 보신 것입니다. 그러면서 34절에 그들을 향하여 외치시기를 독사의 자식들아 라고 말씀하십니다. 이 말은 사탄의 후손들아라는 말인데 여기서 한 가지 분명한 사실은 예수님의 귀신축출을 방해하는 것은 성령을 방해하고 거스르는 죄로서 이런 것들이 사탄의 후손의 특징임을 보여주셨습니다.

이렇게 예수님의 사역을 방해하고 성령의 역사를 거부하는 것이 어떤 결과를 가져오는지를 정확히 말씀해 놓으신 것이 마태복음 23장 13절입니다. "화 있을진저 외식하는 서기관들과 바리새인들이여 너희는 천국 문을 사람들 앞에서 닫고 너희도 들어가지 않고 들어가려 하는 자도 들어가지 못하게 하는도다" 서기관과 바리새인들은 자신들도 예수님을 거역하며 믿지 않았지만 예수를 믿는 일반 유대인들에게 회당에서 출교하겠다고 협박하면서 믿지 못하게 만들었습니다. 예수님은 이런 모습들이 틀림없는 사탄의 후손의 특징이라는 것을 지적하고 있습니다.

마태복음 23장 33절에도 예수님이 '독사의 새끼들아' 라고 하시는 것을 볼 수가 있는데 마태복음 12장 34절과 동일한 단어입니다. 그런데 이렇게 책망을 듣는 서기관들과 바리새인들의 행위가 무엇입니까? 예수님께서 말씀하시기를 하나님이 선지자들과 지혜있는 자들을 보내셨는데 그들의 조상인 이스라엘 백성들이 하나님이 보내신 자들을 죽이고 핍박했다고 하십니다. 그랬더니 듣고 있던 서기관들과 바리새인들이 하는 말이 우리가 조상들의 시대에 살았다면 그런 짓은 하지 않았을 것이다 라고 하면서 자신들이 그들의 후손이라는 것을 인정하자 예수님께서 말씀하시기를 너희가 너희 조상의 분량을 채우라고 하시면서 독사의 새끼들아 라고 하는 것입니다.

예수님의 사역을 방해하는 그들이야말로 죄로 망한 그들의 조상들의 하는 짓을 그대로 이어 받고 있으니 너희들이야말로 사탄의 후손들이라는 것입니다. 따라서 사탄의 후손이란 사탄의 속성을 따라서 하나님의 진리를 전하는 사람들을 방해하고 죽이고 또한 예수님의 사역을 끝까지 방해하며 거절하는 모든 사람들을 의미하는 것입니다.

그러나 우리가 이 지점에서 조심해야 될 것이 있습니다. 지금 당장 교회를 핍박하고 하나님을 믿지 않는다고 해서 사탄의 후손이라고 무조건 낙인찍으면 안 된다는 것입니다. 인간이 사람들을 향하여 이렇게 정죄하는 것을 하나님은 허락하신 적이 없습니다. 바울과 같이 하나님의 은혜로 돌아올 자들이 분명히 있을 것입니다. 우리는 누가 사탄의 후손인지 여인의 후손인지 알곡과 가라지를 구별해 낼 수 있는 정확한 안목이 없습니다. 물론 성경과 완전히 다른 주장을 하는 사람들을 성경에 비추어서 그들이 이단이라는 결론을 내릴 수는 있지만 인간의 영혼을 향해서 함부로 너는 구제 불능이야 라고 말할 수는 없는 것입니다. 우리도 믿기 전에는 구제불능처럼 보였던 사람들 아닙니까?

이 사탄의 후손들과 대응관계에 있는 사람들이 후손들이 될 것입니다. 이들의 특징은 쉽게 말하면 사탄의 후손의 특징을 따라가지 않는 사람들로서 하나님을 믿으며 그 분과 친밀한 관계를 누리는 모든 하나님의 자녀들로 규정할 수가 있을 것입니다. 그런데 이 두 부류의 사람들, 즉 사탄의 후손과 여자의 후손 사이에는 적대감이 있을 것입니다. 여기서 우리가 오해하지 말아야 할 것은 여인의 후손과 사탄의 후손이 대비되어 나타난다고 해서 사탄을 하나님과 맞대응할 수 있는 상대로 여겨서는 절대로 안 된다는 것입니다. 사탄은 천사가 타락하여 생긴 존재입니다. 말하자면 사탄도 본질은 피조물에 불과한 것입니다. 우리가 욥기를 통해서도 알 수 있듯이 사탄도 하나님의 영향력 아래 있습니다. 여인의 후손과 사탄의 후손 사이의 적대감은 이 두 그룹 사이에 영적 긴장상태가 지속될 것임을 말하는 것입니다.

그래서 아담과 하와가 사탄의 말을 듣고 하나님을 거역하고 불순종하였는데 사탄의 후손과 하나님의 자녀들인 여자의 후손들 사이에 적대감을 둠으로써 더 이상 사탄과 동조하는 일이 없도록 하시겠다는 것입니다. 사탄의 후손들이 가지고 있는 삶의 정신과 가치관에 동화되지 않도록 하시려는 하나님의 고육지책입니다. 에덴동산과 같이 완벽한 곳에서도 인간이 사탄에게 넘어졌다면 타락한 이후에는 불을 보듯 뻔한 것입니다. 따라서 하나님은 적대감으로 울타리를 치시므로 자신의 자녀들을 보호하시려는 것입니다. 또한 사탄의 후손과 여자의 후손 사이에 적대감을 주시겠다는 것은 하나님께서 주도권을 가지고 타락한 인간과의 관계를 다시 회복하시겠다는 명백한 의지를 보여 주신 것입니다. 하나님은 사탄의 방해에도 불구하고 하나님의 자녀들을 포기하지 않으실 것이기 때문입니다.

그런데 15절 하반 절에 "여자의 후손은 네 머리를 상하게 할 것이요 너는 그의 발꿈치를 상하게 할 것이다"라고 말씀하십니다. 우리는 위에서 15절 상반 절의 네 후손과 여자의 후손을 집합적으로 보았습니다. 히브리어 원문에 여자의 후손은 '그녀의 후손'으로 되어 있습니다. 여기서 그녀란 하와를 가리킵니다. 당연히 하와는 타락한 이후에 자녀들을 낳을 것입니다. 그렇다면 사탄의 후손은 누구입니까? 사탄의 후손을 낳는 여자가 따로 있다는 말입니까? 그렇지 않습니다. 이 세상에서 육체적 혈통을 타고 태어나는 모든 사람들은 아담과 하와로부터 시작합니다. 말하자면 하와는 혈통적으로 모든 인류의 어머니라고 할 수 있습니다.

그런데 하와가 육체적으로 낳은 인류는 두 부류로 나누어질 것인데 한 부류는 사탄의 후손이고 다른 한 부류는 여자의 후손이 될 것입니다. 따라서 우리는 여자의 후손을 단순히 육체적 혈통을 따라 태어난 하와의 후손들이라고 정의를 내릴 수 없습니다. 여자의 후손은 사탄의 후손과는 완전히 다른 하나님께 속한 사람들이기 때문입니다.

그런데 15절 하반 절에서는 여자의 후손이 복수가 아니라 단수로 취급되고 있습니다. 왜냐하면 하반 절에서 너라는 인칭 대명사는 사탄을 지칭하는 단수이기 때문에 사탄을 가리키는 너와 대칭이 되는 여자의 후손도 단수로 보는 것이 자연스럽기 때문입니다. 또한 여자의 후손과 연관이 있는 그의 발꿈치가 문법적으로도 단수이지만 상징적으로도 다수의 사람들의 발꿈치를 나타낼 가능성이 전혀 없기 때문입니다. 그래서 히브리어 원문에는 여자의 후손 대신에 '그 (הוא)'라는 3인칭 단수 대명사로 받고 있습니다.

그럼 여기서의 여자의 후손인 '그'는 누구일까요? 우리는 먼저 사탄의 후손과 대비되는 여자의 후손의 의미를 하나님의 자녀들이라는 의미로 특별하게 규정하였습니다. 따라서 여기서 등장하는 '그' 역시 사탄과 대조되는 인물이므로 특별한 사람으로 받아들이는 것은 하등 이상할 것이 없습니다. 그래서 '그'를 여자의 후손이라고 번역한 것은 상반 절에서 여자의 후손들, 즉 하나님의 자녀들과의 연속성을 위해서 아주 적절한 것이며 성경에서 후손과 관련해서는 족보와 연관되어 있음을 생각할 때 여자의 후손은 탁월한 선택이라고 생각합니다.

구약 성경에 나오는 족보는 남성 중심으로 되어 있습니다. 성경에서 족보에 여자가 등장한다 할지라도 반드시 남편의 이름이 나오고 그 남편이 여자에게서 누구를 낳았다거나 여자가 남편에게 누구를 낳았다는 표현을 쓰고 있습니다(참고. 대상 2:4, 마 1:3, 5, 6). 여자는 족보에서 주도권을 가질 수 없습니다. 그런데 창 3:15에서 말하고 있는 여자의 후손(원문에는 여자의 씨)이라는 단어 자체가 이미 여자가 그 후손의 족보의 주인공이 되어 있음을 말하고 있습니다.

과연 성경에 이런 족보가 있을까요? 이 족보에 딱 들어맞는 족보가 한 군데 있습니다. 마 1:16입니다. "야곱은 마리아의 남편 요셉을 낳았으니 마리아에게서 그리스도라 칭하는 예수가 나시니라." 마 1:3, 5, 6에서 여자들이 족보에 등장하기는 하지만 남편이 그 여자들에게서 누구를 낳았다라고 표현함으로써 남편에게 족보의 주도권이 있음을 분명히 하고 있습니다. 그 여자들은 조연에 불과합니다.

하지만 16절은 다릅니다. 요셉이 마리아의 남편으로 소개는 되어 있지만 예수님이 태어난 것은 마리아의 단독행위로 표현되고 있습니다. 필자의 번역입니다. "야곱이 마리아의 남편 요셉을 낳았는데 마리아로부터 그리스도라 칭함을 받는 예수께서 태어나셨다." 요셉은 예수님의 태어나심에 직접적인 연관이 없음을 말하고 있습니다. 예수님은 남자가 주도한 족보의 후손이 아니라 여자가 유일하게 주도한 족보의 후손으로 오신 것이 분명합니다.

갈라디아 4장 4절에서 바울은 이렇게 말합니다. "때가 차매 하나님이 그 아들을 보내사 여자에게서 나게 하시고" '여자에게서 나셨다'는 것은 예수님의 성육신을 의미하며 여자는 마리아를 가리킵니다. 따라서 여자의 후손이라는 어구를 취하신 가장 큰 이유는 남자의 힘을 빌지 않고 오직 하나님의 능력으로 오시게 되었다는 사실을 강조하는 것이며 하나님이 주도적으로 이 일을 처음부터 간섭하셨음을 말해 줍니다. 왜냐하면 구약에서 족보의 구성상 여자의 후손(씨앗)이라는 단어 자체가 파격적일 뿐 아니라 더욱 중요한 것은 마리아가 잉태한 것은 성령의 능력으로 가능했기 때문입니다.

또한 예수님의 동정녀 탄생은 이사야 7장 14절에서 이미 예언된 내용입니다. "보라 처녀가 잉태하여 아들을 낳을 것이요 그의 이름을 임마누엘이라 하더라" 하나님은 역사의 진행 과정 중 이사야 시대에 여자의 후손의 정체를 구체적으로 드러내셨습니다.

예수님은 여자의 후손으로서 남자와 상관없이 여자의 몸을 빌어서 성령으로 잉태되어 이 땅에 오셨습니다. 죄와 사망의 법 아래에 있는 남자의 족보를 따라 오신 것이 아니라 하나님의 영이신 성령의 능력으로 오신 것이므로 그 분의 구원 사역은 우리를 죄에서 구원하실 수 있는 흠 없는 사역이 되는 것입니다. 그래서 창 3:15은 복음의 시작입니다. 죄로 말미암아 저주를 선포하시는 바로 그 시간에 하나님은 자신을 거역한 인간을 위해서 앞으로 진행될 구속의 역사를 준비하고 계신 것입니다. 하나님의 전적인 은혜요 사랑입니다.

여기서 반드시 기억해야 될 것은 복음이 이미 시작이 됐다는 사실입니다. 하나님의 약속은 미래적 요소가 들어 있긴 하지만 말씀하시는 그 순간에 이미 완료된 것으로 보아야 합니다. 선지자들이 하나님의 예언을 말할 때에는 히브리어 적으로 이미 동작이 완료된 것으로 표현하는 경우가 많이 있는데 여자의 후손도 하나님의 약속이므로 우리는 이미 이루어진 것으로 받아들여야 합니다. 왜냐하면 하나님은 반드시 여자의 후손을 이 땅에 보내실 것이기 때문입니다. 또 하나 중요한 것은 창세기 3장 15절 이하의 역사는 여자의 후손과 사탄의 후손 이 두 족보의 싸움이 될 것을 보여주고 있다는 것입니다.

단수로서의 여자의 후손이 예수님이심이 밝혀졌다면 뱀의 후손과 대비되는 복수로서의 여자의 후손들이란 예수님 안에서 하나님의 자녀가 된 사람들입니다. 요한복음 8장에서 뱀의 후손의 아비는 사탄이고 뱀의 후손은 그 사탄의 정신을 따라가는 자들이라는 것이 밝혀졌듯이 이와 대비되는 여자의 후손의 아버지는 하나님이심이 분명합니다.

그래서 롬 8:29에 보면 "하나님이 미리 아신 자들을 또한 그 아들의 형상을 본받게 하기 위하여 미리 정하셨으니 이는 그로 많은 형제 중에서 맏아들이 되게 하려 하심이니라"고 말씀하고 있습니다. 예수님이 많은 형제 곧 많은 믿는 자들 중에서 성부 하나님과의 관계에 있어서 맏아들이심을 말씀하고 있습니다. 히 2:11은 "거룩하게 하시는 이와 거룩하게 함을 입은 자들이 다 한 근원에서 난지라 그러므로 형제라 부르시기를 부끄러워하지 아니하시고"라고 말씀하고 있습니다.

여기서 거룩하게 하시는 이는 예수님을 의미하고 거룩하게 함을 입은 자들은 그리스도인들을 의미합니다. 예수님과 그리스도인들은 한 근원에서 났다는 것은 한 아버지가 있다는 의미입니다. 그래서 예수님은 성도들을 형제라 부르기를 주저하지 않으십니다. 요 20:17에서는 "예수께서 이르시되 나를 붙들지 말라 내가 아직 아버지께로 올라가지 아니하였노라 너는 내 형제들에게 가서 이르되 내가 내 아버지 곧 너희 아버지, 내 하나님 곧 너희 하나님께로 올라간다 하라"고 말씀하십니다. 예수님께서 성부 하나님을 자신의 아버지이자 성도들의 아버지로 말씀하고 있습니다. 이것들을 종합해 볼 때 성경은 분명히 예수님과 우리 믿는 자들이 성부 하나님을 한 아버지로 여김이 마땅함을 입증하고 있는 것입니다.

우리는 이제 3:15절에서 여자의 후손이 네 머리를 상하게 한다는 것과 너는 그의 발꿈치를 상하게 한다는 것이 무슨 의미인지를 알아 볼 차례가 되었습니다. 이 말씀은 반드시 예수님의 성육신과 관련이 있을 수밖에 없습니다. 예수님이 상하게 된다는 것은 실제로 육신을 입은 경우 외에는 상정해 볼 수 없기 때문입니다. 동시에 이 성육신의 시기에 예수님이 사탄의 머리를 상하게 하고 사탄에 대한 승리의 내용도 포함된다는 것도 기억해야 합니다. 그렇다면 이 상처 입으심과 승리하심은 예수님의 십자가와 부활의 사역을 의미합니다. 예수님이 사탄의 머리를 상하게 했다는 것은 사탄에 대해서 결정적인 승리를 거두었다는 말이고 사탄이 예수님의 발꿈치를 상하게 했다는 것은 치명적 결과를 주지는 못했지만 고통은 안겨주었다는 말입니다. 어떤 의미에서 사탄은 예수님께 고통을 안겨주었을까요?

예수님을 배반한 제자 가룟 유다를 아실 것입니다. 바리새인과 서기관들을 포함한 종교지도자들은 예수님을 죽이려고 여러 번 시도를 했지만 번번이 실패합니다. 그러나 결정적으로 기회를 잡은 때가 있었는데 그것이 바로 가룟 유다의 배반입니다. 우리가 아는 바와 같이 그의 배반의 행위는 가룟 유다의 단독 작품이 아니었습니다. 요 13:2에는 "마귀가 벌써 시몬의 아들 가룟 유다의 마음에 예수를 팔려는 생각을 넣었더니"라고 말씀하고 있습니다. 마귀(사탄)는 유다를 동원하여 예수님을 죽이려고 했습니다. 그것이 그가 승리하는 길이라고 믿었습니다. 그래서 예수님과 가장 가까운 사람을 미혹해서 배반하게 만든 것입니다. 그의 뜻대로 예수님은 십자가를 지셨고 죽음에 이르게 되었습니다.

그러나 이 죽음이 인류의 죄를 대신 지는 죽음이 된다는 사실을 사탄은 몰랐습니다. 예수님의 죽음은 하나님의 구속의 역사의 핵심이 되어서 하나님이 기뻐 받으시는 희생제물이 되셨습니다. 더 나아가서 예수님은 3일 만에 부활하심으로 죄와 사망 권세를 깨뜨리시고 생명의 주이심을 증거해 보이셨습니다. 이것은 사망의 세력을 잡은 자, 곧 사탄에게 결정적 승리를 거두신 것을 의미합니다.

우리는 창 3:15에서 하나님의 놀라운 은혜를 경험하고 있습니다. 이 본문은 하나님의 심판이 진행되고 있는 상황에서 주어진 것입니다. 이 심판의 한 복판에서 하나님은 인간을 위한 구원의 길, 용서의 길을 제시하고 있습니다. 하나님이 처음부터 인간을 위한 계획을 가지셨다는 산 증거입니다. 선악과를 은혜로 보는 것도 하나님이 바로 이 십자가의 대안을 가지고 있었기 때문입니다.

다시 한 번 기억하십시오. 하나님께서 우리를 단지 대리자로 삼으시고 그들이 실패하자 그 대리자들의 실패를 회복하기 위해서 성육신하신 것이 아닙니다. 하나님께서 피조물에 불과한 대리자들을 위해서 과연 그런 희생을 치루는 것이 정당한 것일까요? 아닙니다. 하나님은 처음부터 우리를 자녀로 부르시기를 원하신 것입니다. 이 시각으로 전체 성경을 볼 수 있어야 하나님 나라의 역사와 하나님의 심정을 제대로 이해 할 수 있습니다.

선택의 등장

선택은 창조가 시작되는 순간부터 시작된 것이 아닙니다. 사탄의 후손과 여자의 후손이 나누어지는 선택의 문제는 인간이 타락한 이후의 일입니다. 하나님은 처음부터 사탄의 후손과 여자의 후손으로 나누실 생각이 없었습니다. 창조에 대해서 심히 좋았더라고 만족해하신 창조의 계획이 여자의 후손과 사탄의 후손으로 나누이는 시점보다 분명히 먼저입니다. 만일 아담이 순종했다면 아담과 그의 후손은 누구나 하나님의 자녀가 되었을 것입니다. 그러나 인간이 타락하고 맙니다. 인간의 타락과 더불어 등장하는 것이 여인의 후손과 사탄의 후손의 나누임입니다. 아무려면 하나님께서 심히 좋은 창조 속에 구원 받지 못할 사탄의 후손을 포함시키셨겠습니까?

롬 9:21입니다. "토기장이가 진흙 한 덩이로 하나는 귀히 쓸 그릇을 하나는 천히 쓸 그릇을 만들 권한이 없느냐." 이 말씀을 하나님의 창조의 시작부터 대입해서 생각하면 안 됩니다. 9장은 누구나 알 수 있듯이 타락한 이후의 상황입니다. 타락한 이후의 인간의 역사는 여인의 후손과 사탄의 후손이 함께 공존하는 역사입니다. 그래서 천히 쓸 그릇과 귀히 쓸 그릇이 대비되어 나타나는 것은 인간이 타락한 이후에 여인의 후손과 사탄의 후손으로 나누어진 실제 상황을 말씀하시는 것이지 하나님이 인간 창조를 계획하실 때부터 그렇게 하시겠다고 작정하셨다는 것을 말하는 것이 아닙니다.

여기서 우리가 생각해 볼 것은 인간이 타락했을지라도 온 우주만물과 보이지 않는 모든 영적세계가 다 하나님의 주권 아래에 있다는 것은 변함이 없습니다. 그렇다면 하나님께서 인간이 타락한 이후에 그가 하나님을 믿든 믿지 않든 인간을 창조하신 창조주로서 이 두 부류에 속한 사람들을 주권을 가지고 사용하실 수는 없는 것입니까? 애굽 왕 바로는 성경적 시각에서 볼 때 사탄의 후손의 전형입니다.

하나님은 누가 사탄의 후손인지 여인의 후손에 속하여 있는지를 정확히 알고 판단하시는 분이십니다. 사탄조차도 이것을 알고 있지 않습니까? 출애굽 때에 하나님이 바로를 재앙으로 징계하심으로 심판의 하나님이심을 드러내시고 이스라엘 백성들에게는 구원의 하나님이심을 드러내셨습니다. 그런데 이 과정에서 하나님께서 바로를 천히 쓸 물건으로 사용하신 것이 그렇게도 부당하다는 것입니까? 온 우주의 주권자인 하나님께서 사람에게 허락을 맡기라도 해야 한다는 말입니까?

그리고 롬 9:13에 보면 "내가 야곱은 사랑하고 에서는 미워하였다"는 말씀이 있습니다. 아담과 하와가 하나님을 버리고 사탄을 주인으로 삼았을 때 인간은 그때 이미 죽은 목숨입니다. 그런데 하나님께서 죽을 수밖에 없는 인간들 속에서 창세 전부터 마음속에 품어 놓았던 자신의 자녀들을 찾으시겠다는 것입니다. 그것을 야곱을 사랑했다는 말로 표현하시는 것입니다.

다시 정리합니다. 하나님께서 우리를 자녀로 부르시고 거대한 하나님의 가족 공동체를 만들고자 하셨을 때 타락하기 전의 순수한 공동체를 꿈꾸신 것이 먼저입니다. 그렇다면 하나님의 계획 속에는 하나님만이 아는 하나님의 가족의 숫자가 존재하고 있었을 것입니다. 그런데 인간이 사탄의 꾐에 빠져서 영적으로 모두 죽음에 빠져 버렸습니다. 그렇다면 이제는 하나님이 간섭하지 않는다면 아담 이후의 모든 인간은 사망(하나님과 영원히 분리되고 단절이 되는 것)에 이르게 될 것입니다. 단 한 사람도 예외가 없다는 것을 기억하십시오. 그런데 하나님이 인류의 역사를 다시 시작하지 않으시고 타락한 역사를 그대로 두고서 원래 목표하셨던 하나님의 자녀를 부르시겠다는 것입니다.

선택이란 인간이 스스로 죽음의 길을 택한 후에 그 환경 가운데서 하나님께서 원래 계획하셨던 자신의 자녀들을 부르시는 방법입니다. 사탄의 후손과 대비되는 사람들이기 때문에 사탄의 후손들과 구별하기 위해서 선택받았다는 표현을 쓸 수밖에 없는 것입니다. 선택하셨기 때문에 여인의 후손과 사탄의 후손으로 나누어진 것이 아닙니다. 처음부터 천히 쓸 물건과 귀히 쓸 물건으로 구분되어진 것이 아닙니다. 타락이 일어난 후에 거기에 대한 하나님의 대응이 바로 선택인 것입니다. 말씀드리고 싶은 것은 선택의 시점을 잘 기억하자는 것입니다.

생명나무로부터의 분리

창 3:22을 보면 "이 사람이 선악을 아는 일에 우리 중 하나 같이 되었다."고 말씀하십니다. 여기서 선악을 알게 되었다는 말은 하나님처럼 선악에 휘둘리지 않고 그것들을 초월하는 입장에서 선악을 판단하게 되었다는 어떤 높은 수준의 능력을 말하는 것이 아니고 타락한 인간이 하나님과 상관없이 선악의 결정을 스스로 하게 되었다는 것을 의미합니다. 타락한 인간의 수준을 하나님의 자리에 올려놓는 것입니다.

그래서 타락한 인간의 끊임없는 도전은 자신들을 하나님의 자리에 올려놓음으로써 하나님을 자신들의 삶에서 배제시키고 자기들 멋대로 살려고 하는 것입니다. 타락한 이후의 인간의 수준을 적나라하게 드러내는 것이 창 6:5에 잘 나와 있습니다. "여호와께서 사람의 죄악이 세상에 관영함과 그 마음의 생각의 모든 계획이 항상 악할 뿐임을 보시고." 맞습니다. 타락한 인간의 마음은 항상 악할 뿐입니다. 그래서 그들의 선악의 기준은 항상 하나님의 기준과 어긋나게 되어 있습니다.

이렇게 항상 악한 생각을 가진 인간이 에덴동산에 계속 머무는 것은 문제가 있습니다. 그 이유는 에덴동산에 생명나무도 있었기 때문입니다. 선악과 자체에 무슨 신비한 능력이 있었던 것이 아닌 것처럼 생명나무에도 역시 생명을 주는 능력이 있었던 것은 아닙니다. 그러나 하나님께서 그 나무를 생명나무로 지목하셨으므로 그 생명과를 먹으면 영생할 수 있다는 사실은 변함이 없습니다. 영생이란 영원히 산다는데 초점이 있는 것이 아니라 하나님과의 가장 친밀한 관계, 즉 자녀의 관계로 영원히 산다는 의미임을 누차 말씀드렸습니다. 그런데 아담과 하와가 선악과를 먹으면 반드시 죽는다는 하나님의 엄벌을 이미 경험했기 때문에 생명나무에 대한 하나님의 약속도 변치 않을 것임을 알고 자신들에게 하나님이 선언한 저주를 무효화시키기 위해서 생명나무의 과실을 따먹으려는 시도를 할 것은 불을 보듯 뻔한 것입니다. 선악과 열매를 왜 먹었느냐고 질문을 받았을 때 그들이 결국 책임을 하나님에게까지 전가하는 모습을 보십시오. 충분히 가능한 것입니다.

그러나 이것은 그들에게 전혀 도움이 되지 않습니다. 영생이 가치가 있기 위해서는 죄와 완전히 분리된 선(善)만이 작동할 때입니다. 예를 들어 보겠습니다. 예수님을 믿는 사람은 영원히 사나요? 맞습니다. 하나님의 나라에서 하나님과 함께 영원히 살 것입니다. 그래서 이것을 성경은 영생이라고 합니다. 그러면 예수님을 믿지 않는 사람은 영원히 살지 못하나요? 아닙니다. 그들도 영원히 삽니다. 지옥에는 지금 가인도 있고 네피림도 있고 아간도 있고 이집트의 왕들도 있습니다. 그런데 이것을 성경은 영생이라고 하지 않습니다. 영벌이라고 합니다. 영원한 사망이라고 하지 영생이라고는 하지 않습니다. 하나님과의 친밀한 관계 안에 있는 것이 아니라 하나님의 사랑과 은혜와 분리되어 있기 때문입니다.

그러면 아담이 죄를 지은 상태에서 생명나무 과실을 먹는다면 어떤 현상이 벌어질까요? 그것은 영벌이 되는 것이지 영생은 결코 아닙니다. 그래서 하나님은 이 불행한 사태를 금하시기 위해서 아담과 하와를 에덴에서 쫓아내십니다. 그리고 생명나무 주위를 그룹들과 두루 도는 화염검으로 지키게 하십니다. 그러면 하나님이 세우신 영원하신 계획, 다시 말하면 인간에게는 영생을 주시고 그들과 한 가족을 이루시려는 하나님의 계획은 폐기되어야 하는 것입니까? 그렇지 않습니다. 그렇지 않다는 힌트가 본문에 들어 있습니다.

만약 하나님께서 아담의 죄 때문에 원래 계획을 취소해 버리셨다는 것을 보여주시려면 무엇을 없애버려야 할까요? 바로 영생을 상징하는 생명나무를 없애 버리는 것입니다. 그런데 하나님은 인간이 그것을 먹고 영벌에 이르지 않도록 지킬 뿐이지 그것을 완전히 없애지는 않으십니다. 이것은 상징을 내포하고 있습니다. 에덴동산이 목표로 하고 있는 목적지에 반드시 도달하고야 말겠다는 하나님의 의지가 들어 있습니다. 그런데 이 생명나무가 새 하늘과 새 땅에서 다시 등장을 합니다. 앞에서도 말씀드렸지만 하나님의 변치 않는 일관성과 신실하심을 보여주는 것입니다. 요한계시록의 생명나무가 말하고자 하는 것은 하나님께서 처음 계획을 온전히 이루셨다는 것을 나타냅니다.

예수님이 십자가에 달리실 때 두 강도를 기억하십니까? 한 강도는 예수님을 비방하고 욕을 하면서 죽어갔으나 다른 강도는 그 강도를 꾸짖으면서 예수님께 이런 요청을 했습니다. "예수여 당신의 나라에 임하실 때에 나를 생각하소서!" 예수님의 대답이 무엇입니까? "내가 진실로 네게 이르노니 오늘 네가 나와 함께 낙원에 있으리라." 낙원을 언급하십니다. 가시는 곳을 굳이 낙원이라고 언급하시는 이유가 무엇입니까?

예수님의 십자가와 부활의 사역이 바로 처음의 낙원이었던 에덴동산의 회복에 있음을 암시하는 것이고 그것은 곧 인간에게 영생을 허락하시는 사건과 연결되어 있다는 것을 보여 주십니다. 물론 에덴의 회복은 처음과 똑같은 수준으로 되지 않을 것입니다. 그것과는 비교가 안될 정도로 회복될 것입니다. 새 하늘과 새 땅은 첫 번째 창조로 돌아가는 것이 결코 아닙니다. 첫 번째 에덴과 연속성이 있지만 그러나 비교할 수 없을 만큼의 완전히 다른 세상을 우리에게 허락하실 것입니다. 따라서 예수님은 강도에게 주신 말씀을 통해서 예수님의 십자가와 부활의 사역을 통해서 이 회복의 역사를 결정적으로 이루는 시작이 되고 있음을 세상에 선포하고 계시는 것입니다.

창세기 3장을 통해서 우리가 얻어야 가장 중요한 교훈이 있다면 무엇일까요? 인간의 영생과 행복은 하나님과 같이 되려는데 있지 않고 하나님과 함께 거하는데 있다는 것입니다. 하나님이 계시는 곳에 우리가 있고 우리가 있는 곳에 하나님이 계시는 이런 동고동락(성경은 이것을 하나님과 동행하는 것이라고 말한다.)의 관계 안에 거하는 것이야말로 우리에게 참된 삶의 기쁨과 평안을 가져다줍니다. 그러나 피조물인 인간이 하나님과 같이 되려는 순간 그것은 새로운 길이 열리는 것이 아니라 멸망에 이르는 길로 접어 들 뿐입니다. 아무리 에덴동산이라도 하나님과 멀어지면 기쁨의 동산이 될 수가 없고 축복의 동산이 될 수가 없는 것이고 재앙의 동산이 되어 버린다는 것을 우리가 보고 있습니다.

7. 가인과 아벨

**가인의 살인은 결코 아벨을 향한 분노가 아닙니다.
하나님을 향한 반역이고 반항입니다.
하나님의 형상으로 지음 받은 자신과 동등한 인격체를 아무렇지도 않게 죽이는
전형적인 사탄의 속성을 드러내는 것입니다.
가인은 타락한 인류가 앞으로 어느 방향으로 흘러갈지를 보여 주는 바로미터와 같습니다.**

아담과 하와가 에덴동산에서 추방된 후에 자녀를 낳습니다. 가인을 낳은 뒤에 하와가 고백하기를 "내가 여호와로 말미암아 득남하였다"고 말합니다. 사실은 남편과의 관계를 통해서 아들을 얻은 것이지만 하와는 굳이 여호와로 말미암아 득남하였다라고 합니다. 이것은 하와가 장자인 가인에 대해서 상당한 기대를 걸고 있음을 알 수 있습니다. 어떤 기대일까요? 창세기 3장 15절 하반 절에 표현된 여자의 후손, 즉 '그'라는 남자가 뱀의 머리를 상하게 할 것이라는 하나님의 약속에 대한 기대는 아닐까요?

하나님의 심판과 저주를 받았을 때 사탄 때문이라는 것을 알게 되었을 때 그들의 기분은 어땠을까요? 아마도 치를 떨었을 것입니다. 그래서 아들이 태어났다는 것은 사탄을 박살내는 일이 순조롭게 진행되고 있다는 것을 보여주는 것이라고 생각했을 것입니다. 사탄은 눈에 보이지 않는 영적 존재인데 어떻게 그런 생각을 할 수 있느냐고 반문할 수도 있습니다. 하지만 하와가 유혹을 받을 때 뱀을 통해서 유혹을 받았다는 것을 잊지 마십시오. 또한 하나님께서 뱀을 향해서 저주를 내리시는 것을 들으면서 아담과 하와는 뱀을 조종한 존재인 사탄을 어떤 실체로든 분명히 이해하였을 것입니다.

그래서 여호와로 말미암아 득남했다고 하는 고백은 "하와의 소망과 믿음으로 가득차 있으며"[11] 하나님께서 가인을 통해서 무엇을 이루실 것이라는 기대가 들어 있습니다. 더

구나 구약적 시각으로 볼 때 가인은 장자가 아닙니까? 가인이라는 이름의 의미는 "창(삼하 21:16)을 뜻하기도 하며 만드는 자, 창조자"[12]를 뜻하기도 합니다. 그래서 "가인은 장자로서 하와의 창도 되며 창조자로서 미래를 개척하고 창조하는 자"[13]로서 하와의 기대를 한 몸에 받고 있음을 알 수 있습니다. 이것은 가인의 동생 아벨의 경우와 대비되어 더욱 도드라지게 드러나고 있습니다. 아벨의 이름은 "허무, 하찮음, 무의미, 한숨"[14] 등의 의미가 있습니다. 고대근동 지방에서 "이름은 어떤 운명과 미래를 시사하는데 하와는 아벨에게서 전혀 희망을 걸지 않으며 마치 그를 타고난 낙오자(born-looser)처럼 여기고 있다."[15]는 것을 느낄 수 있습니다.

문제가 무엇입니까? 한 어머니에게서 두 형제가 태어났는데 이름을 통해서 알 수 있듯이 첫 아들은 무한한 가능성을 가지고 가정의 대들보로 하와의 사랑과 기대를 받지만 둘째 아들은 하와의 관심을 덜 받은 채 처음부터 그림자 같은 존재로 취급받고 있습니다. 이것은 외적인 조건, 즉 장자라는 조건을 가지고 쉽게 판단해 버리는 하와의 인간적인 모습을 보게 됩니다. 언뜻 보면 부모의 전폭적인 지원과 사랑을 받는 가인과 그렇지 못한 아벨의 삶은 이미 결정된 것이나 다름없었습니다. 그러나 조건을 따진 하와의 선택이 옳았는지에 대한 테스트를 받는 날이 다가오고 맙니다. 두 아들이 하나님께 제사를 드리는데 가인은 직업이 농부였기 때문에 땅의 소산으로 제물을 삼아 드리고 아벨은 목축업 자답게 양의 첫 새끼와 그 기름으로 드립니다. 그런데 하나님은 가인과 그 제물은 받지 않으시고 아벨과 그 제물은 받으셨습니다. 무슨 이유 때문일까요?

두 가지 이유가 있습니다. 하나는 하나님과의 관계의 차이를 들 수 있습니다. 흔히 가인은 피의 제사를 드리지 않았고 아벨은 피의 제사를 드렸기 때문이라고 하지만 그런 것 같지는 않습니다. 하지만 드리는 제물에 대한 두 사람의 기본적인 인식은 판이하게 다르게 나타납니다. 제물에 대한 인식은 단지 제물을 향한 시각만을 의미하지 않습니다. 그 제사를 흠향하시는 분, 곧 하나님과 어떤 관계로 자신을 인식하고 드리는지를 나타낸다는 것은 중요한 것입니다. 가인은 자신의 직업대로 땅의 소산을 드렸습니다. 이것을 나무랄 수는 없습니다. 그런데 제물에 대한 '첫 번째' 라든지 '최고' 라는 수식어가 없습니다.

하지만 아벨의 제물에는 새끼라는 명사에 '첫' 이라는 수식어가 붙어 있고 '그 기름' 으로 드렸다고 말씀합니다. 양을 준비할 때 첫 번째 것을 드렸다는 것은 자신의 모든 가축이 하나님의 것임을 전제하고 드리는 것으로 보아야 합니다. 이것은 아벨이 그 제사를 통해서 하나님을 의식했다는 것을 알 수 있습니다. 또한 "구약에서 기름은 최고의 것과 동의어로 사용됩니다(창 45:18, 시 81:16)."[16] 왜냐하면 기름진 동물은 잘 먹고 건강한 온전한 동물들을 의미하기 때문입니다. 따라서 하나님께 제물의 최상의 부위를 드린다는 것, 다시 말하면 양들 중에서 최고로 기름진 것(메헬베헨, מֵחֶלְבֵהֶן)을 드렸다는 것을 첨가함으로써 최고의 것, 최선의 것을 드리는 모습을 보게 됩니다. 말하자면 가인은 하나님께 드린다는 특별한 의미를 두지 않고 대충 제사를 드렸다고 볼 수 있고 아벨은 자신이 드리는 제사에 상당한 의미를 두고 있다는 것을 비교해 볼 수 있습니다.

그런데 이것은 상당히 의외입니다. 하와는 가인이 성장해 갈 때에 여호와로 말미암아 득남하였다는 고백을 왜 하게 되었는지 그래서 가인에게 어떤 기대를 가지고 있는지를 들려주었을 것입니다. 그렇다면 오히려 하나님께 제사를 드릴 때 아벨보다는 가인이 더 특별한 의미를 부여하며 드려야 되지 않을까요? 그러나 가인이 아니라 동생 아벨이 하나님을 향한 특별한 종교적 의미를 부여하면서 제사를 드립니다. 종교적 의미란 제사의 형식도 중요하지만 더불어 하나님과 자신의 관계를 무엇보다 소중하게 생각하고 제사를 드렸다는 것을 의미합니다. 결국 아벨은 하나님께 제물뿐만 아니라 자신의 마음과 뜻과 정성을 다 바치고 있지만 가인은 단지 시간을 때우는 것쯤으로 만족하고 있음을 알 수 있습니다.

그래서 히브리서 11장 4절을 보면 아벨의 제사를 이렇게 평가하고 있습니다. "믿음으로 아벨은 가인보다 더 나은 제사를 하나님께 드림으로 의로운 자라 하시는 증거를 얻었으니 하나님이 그 예물에 대하여 증거 하심이라 저가 죽었으나 그 믿음으로써 오히려 말하느니라" 아벨은 믿음으로 제사를 드렸습니다. 성경에서 말하는 믿음이란 하나님을 무한히 신뢰하는 것입니다. 그 분과의 올바른 관계가 형성되어 있지 않고는 생겨날 수 없는 마음입니다. 그래서 하나님을 하나님답게 인정해 드리면서 그 분과의 관계를 소중하게 생각하고 드리는 제사야 말로 믿음으로 드리는 제사인 것입니다.

두 번째는 삶의 차이를 들 수가 있습니다. 4:4-5절에 보면 아벨과 그 제물은 열납하셨으나 가인과 그 제물은 열납하지 않으셨습니다. 아벨과 그 제물 그리고 가인과 그 제물에서 강조되어야 할 단어가 무엇입니까? 아벨과 가인입니다. 제사를 드리는 자가 열납된 것을 강조해야지 제물을 강조하는 것은 본문의 의도를 벗어나는 것입니다. 만일 제물의 차이 때문에 하나님께서 제사를 받고 안 받고를 결정하셨다면 돈 있고 빽 있는 사람들이 훨씬 더 예배를 폼 나게 드릴 것입니다.

이것은 성경의 가르침에 전혀 위배되는 것입니다. 본문에는 아벨과 그 제물을 받으셨다고 기록하고 있는데 원래 받으셨다는 히브리어는 "쳐다보다, 세심히 보다라는 뜻으로서 호의를 가지고 가납하다"[17]는 뜻입니다. 이것은 하나님께서 제물만 보지 않으시고 더 중요하게 보신 것은 아벨과 가인, 즉 제사를 드리는 자라는 사실입니다. 본문에서 제물보다 사람이 먼저 언급되고 사람과 제물이 함께 받으심의 대상이 되었다는 것이 확실한 증거입니다.

하나님은 분명히 제물보다도 그 제물을 드리는 사람에게 더 관심을 가지셨습니다. 그러므로 하나님께서는 평소에 아벨의 삶과 가인의 삶을 유심히 감찰해 오셨음을 알 수 있습니다. 아벨은 평소에 삶을 통해서 하나님께 예배하는 삶을 살고 있었습니다. 삶과 예배가 분리되지 않은 삶을 살았습니다. 그러나 가인은 이미 삶 속에서 하나님과 동떨어진 삶을 살고 있었음을 짐작할 수 있습니다. 단 한 번의 제사로 사람을 평가하시는 하나님이 아니시기 때문입니다.

그래서 가인의 모든 삶의 내용을 아시는 하나님은 가인과 그 제물을 받으실 수가 없었습니다. 이사야 1장 10-17절을 보십시요. 하나님은 이스라엘 백성이 드리는 제사가 피곤하고 제물을 가져오고 성회로 모이는 것과 찬송을 드리는 것도 귀찮고 싫다고 말씀하십니다. 왜냐하면 죄를 짓고 그 피 묻은 손으로 제물을 드리고 제사를 드리기 때문입니다. 악을 버리지 않은 채 거짓되고 속이는 제사를 드리기 때문입니다.

예레미야 시대에도 성전 마당만 밟을 뿐이라고 성전에 제사를 드리러 오는 자들을 신랄하게 비판하시는 것을 보게 됩니다. 삶속에서 여러 가지 죄를 지으면서도 성전에서 제사 한 번 드리는 것으로 떼우려 하는 불성실한 그들의 삶을 책망하시는 것입니다. 하나님은 제사보다 순종을 더 원하시는 분입니다. 삶속에서 하나님의 말씀대로 사는 것을 더 중요하게 생각하시는 분이십니다. 인간은 사람들을 속일 수 있습니다. 그러나 하나님은 속일 수 없습니다. 제사는 형식과 외적인 조건 속에 들어 있는 것이 아니라 제사를 드리는 자의 마음 중심에 있는 것이며 그들의 삶 속에 있는 것입니다. 하나님은 제사를 드리는 자의 중심과 삶이 빠져 있는 제사는 받지 않으십니다. 이것은 무엇을 말합니까? 평소에 하나님과의 관계를 중요하게 생각하고 그 분의 뜻대로 사는가 그렇지 않는가 하는 것이 중요한 것입니다. 본문에서도 제사가 받아들여졌느냐 아니냐는 제사의 형식이나 내용보다 사람에게 달려 있음을 말해 주고 있습니다.

제사가 받아들여지지 않자 가인의 반응이 무엇입니까? 심히 분하여 안색이 변하였다고 기록하고 있습니다. 분을 낸다는 것은 자신은 잘못이 없는데 하나님이 뭔가 잘못했다는 것을 전제하고 있습니다. 이런 가인의 태도는 평소에 하나님에 대한 그의 태도를 보여줍니다. 7절의 “선을 행하면 어찌 낯을 들지 못하겠느냐”는 말씀은 “선을 행하면 어찌 열납되지 않겠느냐로 해석해야 바른 것입니다.”[18] 가인의 제사를 받지 않으심이 가인의 죄악 때문임을 분명히 하십니다. 가인은 동생을 죽이기도 전에 이미 악을 행하고 죄악으로 살았습니다. 하나님과 상관없는 삶을 살았습니다. 만일 가인이 평소에 믿음의 삶을 살았고 하나님을 의식하는 삶을 살았다면 자신의 제사가 거절되었을 때 어떤 반응을 보여야 하겠습니까?

자신의 잘못을 인정해야 하는 것입니다. 한 번의 거절이 영원한 거절은 아니지 않습니까? 그리고 7절 하반 절에서 하나님께서 가인에게 경고하시기를 “선을 행하지 아니하면 죄가 문에 엎드려있느니라 죄가 너를 원하나 너는 죄를 다스릴지니라”고 말씀하십니다. “죄는 문 앞에 있다가 자신의 분노로 인해 악의 영향력에 빠진 가인을 덮칠 준비를 하고 있는 짐승”[19]으로 비유되고 있습니다. 항상 문 앞에서 대기하고 있는 죄의 모습을 보게 됩니다. 그래서 하나님은 가인으로 하여금 더 이상 죄악의 욕망으로 살지 말고 선을 행하며 죄의 욕망을 다스려야 한다고 권고하시는 것입니다. 죄를 다스리라고 하신 것은 하나님께서 가인에게 죄를 멀리하고 악을 행하지 않으면 다시 제사를 받으시겠다는 의미입니다.

하지만 가인은 하나님의 경고도 무시한 채 결국 아벨을 죽이고 맙니다. 아담과 하와가 장자라는 이유만으로 아벨보다 가인에게 더 많은 관심을 두면서 하나님의 사람인 것처럼 선택을 했지만 그들의 선택이 잘못된 선택이었음이 드러났습니다. 타락한 후의 인간은 결코 외적인 조건을 가지고 하나님의 사람이 될 수는 없습니다. 그 마음속에 하나님을 인정하고 신뢰하는 마음이 있어야 합니다. 나중에 자세히 살펴보겠지만 가인은 성경에서 하나님을 반역하는 공동체의 수장으로 여기는데 그것은 곧 사탄의 후손과 연결이 됩니다. 그가 사탄의 후손과 연결된다는 것을 아벨을 죽임으로써 스스로 증명하고 있습니다. 가인은 하나님께서 아벨의 제사를 받으신 것을 다 알고 있습니다. 아벨이 하나님을 진심으로 섬기는 사람이요 믿음의 사람임을 알고 있습니다. 그런데 그 하나님의 사람을 자신의 분노 때문에 죽이는 것입니다.

가인의 살인은 결코 아벨을 향한 분노가 아닙니다. 하나님을 향한 반역이고 반항입니다. 전형적인 마귀의 속성입니다. 예수님께서 마귀를 처음부터 살인자였다고 하신 말씀을 기억하기 바랍니다. 가인과 그의 후손의 삶을 보면 그들은 결국 하나님을 대적하는 사람들로 나타나는 것을 보게 됩니다. 그들의 삶에는 하나님이 없습니다. 하나님을 무시합니다. 여기서 중요한 것은 하나님의 사람은 외모에 따른 사람들의 선택이나 결정에 달려 있는 것이 아니라 히 11:4이 말씀하시는 바와 같이 오직 믿음으로 하나님과의 관계를 소유한 자들만이 하나님의 사람들이 될 것임을 창세기를 시작하는 서두에서 분명히 확인하고 간다는 것입니다.

8. 가인의 단일 민족 공동체와 셋의 단일 민족 공동체

**가인이 아벨을 죽이는 사건을 통해서
앞으로 인류공동체가 두 부류의 사람으로 나누어 질 것을 보게 됩니다.
하나는 가인의 라인을 따라 가는 사람들이고
다른 하나는 아벨, 곧 셋 (아벨 대신 주셨으므로) 라인을 따라 가는 사람들로 구분이 될 것입니다.
전자는 세상 공동체요 후자는 교회 공동체입니다.**

가인이 아벨을 죽이는 사건을 통해서 앞으로 인류공동체가 두 부류의 사람으로 나누어 질 것을 보게 됩니다. 하나는 가인의 라인을 따라 가는 사람들이고 다른 하나는 아벨, 곧 셋(아벨 대신 주셨으므로) 라인을 따라 가는 사람들로 구분이 된다는 것입니다. 3:15절의 말씀대로 하면 여자의 후손과 사탄의 후손입니다. 신약에 등장하는 알곡과 가라지의 비유도 여자의 후손과 사탄의 후손을 말합니다. 하나님의 최종 심판에 등장하는 사람들도 알곡과 가라지 두 부류의 사람들만 있을 것입니다. 성경의 일관된 사상입니다.

가인과 셋의 단일 민족 공동체

하나님의 사람이었던 아벨을 죽인 가인은 결국 여호와 앞을 떠나게 됩니다. 여호와 앞을 떠났다는 표현은 가인이 하나님의 사람이 아니라는 또 하나의 증거가 됩니다. 그래서 5장에서 아담의 족보를 말할 때 가인은 들어가지 않고 셋으로 이어지게 됩니다. 셋의 후손들이야말로 창세기 3장 15절에서 뱀의 후손들과 대비되어 나타나는 여자의 후손들입니다.

하나님과의 관계를 부정하고 에덴 동편 놋 땅에 거주한 가인은 아들의 이름을 따서 성의 이름을 짓고 최초로 인간 공동체를 만들어서 그 공동체의 우두머리가 됩니다. 그런데 주목할 것은 성의 이름을 아들의 이름, 다시 말하면 인간의 이름을 따서 지었다는 것입니다. 가인은 그의 후손들에게 하나님의 이름이 아니라 인간의 이름을 남겨주기를 원한 것입니다. 앞으로 인간의 이름을 남기려는 것이 인간 사회의 특징적인 삶의 형태가 될 것입니다. 바벨탑 사건에서 인간의 이름을 높이려다가 하나님의 심판을 받았던 부분과 연결해서 보시기 바랍니다.

그러나 창세기 4장 26절에서 셋의 후손은 여호와의 이름을 부르기 시작합니다. 아주 대조적입니다. 따라서 셋 공동체는 하나님과의 관계로 그들의 삶을 정의했고 가인의 후손은 인본주의적 삶으로 그들의 정체성을 정의한 것입니다. 앞으로 인류의 역사는 인본주의 대 신본주의의 대결의 장이 될 것이며 이것은 하나님을 거부하는 사탄의 후손과 하나님을 믿고 그를 경배하는 여자의 후손들 사이에 적대감이 있을 것이라는 하나님의 말씀이 그대로 적용되어 흘러가게 될 것입니다.

가인의 단일 민족 공동체(세상 공동체)

정착된 공동체 생활을 하게 되면서부터 가인의 후손들, 특히 아담의 7대 손인 라멕과 그의 아들들을 통해서 다양한 문화가 꽃피우게 됩니다. 농사와 목축업은 야발을 통해서, 음악과 예술은 유발을 통해서, 기계와 여러 가지 기구는 두발가인을 통해서 발전해 갑니다. 가인의 후손들을 통해서 문화가 꽃피우고 삶의 질이 높아지고 있습니다. 긍정적인 측면에서 본다면 이들은 인간의 보이지 않는 잠재력을 실제적인 삶으로 이끌어 내는 통찰과 능력을 가진 자들이었습니다. 타락 하지 않았다면 하나님께서 그들에게 주신 지혜와 만물을 다스릴 수 있는 권능으로 이것보다 훨씬 더 엄청난 문화와 삶을 꽃 피웠을 것임을 충분히 짐작할 수 있을 정도로 이들은 인간의 능력을 발휘하고 있는 것입니다.

그러나 이들의 진보된 문화가 아담과 하와의 원죄와 가인의 죄를 극복할 수 있는 구원의 힘과 능력을 제공할 수 있을까요? 죄로 타락한 인간을 다시 하나님의 품으로 되돌릴 수 있는 능력이 있을까요? 그렇지 못하다는 데에 심각한 문제가 있습니다. 하나님을 거부하고 반항하는 가인의 후손이 만들어 내는 문화의 발전은 그들에게 긍정적인 영향을 끼치기 보다는 이제는 걷잡을 수 없는 흉기가 되어서 그들에게 돌아오게 되는 것을 보기 때문입니다. 그래서 이 문화는 근본적으로 그 창시자인 가인이 "여호와의 앞을 떠나" 세운 것이므로(창 4:16), 생명과 인간의 존엄에 대한 가치를 생각지 않으며 하나님이 차지할 자리가 없다는 것이 특징이 됩니다. (물론 죄 짓는 것과 상관 없는 문화는 가치중립적이기 때문에 가인 공동체의 문화 자체를 폄하할 필요는 없습니다.)

이런 특징은 가인의 후손인 라멕의 삶에서 극명하게 드러나고 있습니다. 라멕에게서 절정에 다다른 가인 공동체의 문제점은 무엇보다도 라멕이 두 아내를 취하였다는 데에서부터 시작됩니다. 그래서 라멕은 성경에서 일부일처제를 가장 먼저 깨뜨린 사람으로 나옵니다. 하나님께서는 한 남자가 한 여자와 연합하여 한 몸을 이루실 것을 원하셨습니다. 이것이 창조의 질서인데 라멕은 그 질서를 무너뜨리는 것입니다.

또 다른 죄악은 극도의 인간 중심의 인본주의적 사고방식을 가지고 있는데 가인의 죄보다 더 포악한 죄의 깊이와 넓이를 가지고 있습니다. 창 4:23을 보면 라멕이 사람을 죽였음을 알 수 있습니다. 그러나 라멕은 사람을 죽인 것을 두려워하지 않습니다. 오히려 사람을 죽인 것을 자랑삼아 노래를 불렀습니다. 더 나아가 라멕은 자신에 대한 어떤 도전과 복수도 용인하지 않겠다는 만용을 가인의 예를 들어 뽐내고 있습니다. 4:24절입니다. "가인을 위하여는 벌이 칠 배 일진대 라멕을 위하여는 벌이 칠십 칠 배이리로다." 가인을 해치려는 자들에게 내리는 형벌보다 자신을 해치려는 자들에게 내려지는 형벌이 훨씬 더 크고 강력함을 나타냅니다. 가인을 위하여는 벌이 칠 배라는 말은 하나님께서 가인에게 주신 약속이었습니다. 하나님을 완전히 무시하는 교만과 안하무인의 극치를 보여주고 있습니다.

그러면 라멕이 사람을 죽인 이유는 무엇입니까? 그가 상해를 받았기 때문입니다. 라멕의 말로 미루어보건대 아마도 어떤 소년이 라멕에게 상처를 입힌 것 같습니다. 소년에게서 상처를 입었다는 것을 고려할 때 라멕의 상해는 죽을 정도로 심각한 것이 아님을 알 수 있습니다. 그러나 라멕은 이 소년의 행위를 용서하지 않고 죽여 버리는 것입니다. 살벌한 공포의 분위기를 느낄 수 있고 가인의 후손다운 행동을 드러내고 있습니다. 라멕은 가인을 본 받아서 힘과 포악함으로 가인공동체의 리더가 됩니다. 앞으로 흘러갈 인류 역사의 흐름을 보게 되는데 가인 공동체와 하나님과의 관계가 점점 더 멀어져 가고 있음을 알 수 있습니다. 인간의 생활은 시간이 흐를수록 풍요로워지고 쾌락적이고 편리해져 갔습니다. 그러나 타락한 문화의 핵심적인 문제는 하나님을 위한 자리는 전혀 없다는 것입니다. 라멕의 후손들이 이룩한 문화에는 인간을 위해서는 모든 것이 준비되어 있었으나 하나님을 위해서는 아무 것도 준비된 것이 없었습니다.

그래서 라멕의 고백을 들여다보면 가인의 공동체에는 억제되지 않은 살인 충동이 분출

하며, 끝이 없는 복수전이 이루어지고 있는 것을 보게 됩니다. 사람들은 서로에게 소외되며 인간성은 파괴되고 이 세상은 무서운 파국으로 치닫고 있는 느낌을 받게 됩니다. 그러면 하나님께서 창 3:15에서 하신 약속은 이루어질 수 없는 단순한 희망으로 끝나 버리는 것일까요? 그렇지 않다는 것이 성경의 대답입니다. 창 4:25-26을 보면 소망을 말씀을 전해 주고 있습니다.

아담이 다시 아들을 낳았습니다. 그의 이름이 셋입니다. 그런데 아담이 셋을 낳고 고백하기를 이는 하나님이 내게 가인이 죽인 아벨 대신에 다른 씨를 주셨다 라고 고백하고 있습니다. 셋이라는 의미는 '택함을 입은 자'라는 뜻입니다. 아담과 하와는 처음에는 가인을 하나님이 주신 씨로 생각했는데 가인과 그의 후손들의 삶을 볼 때 그들은 아니라는 확실한 결론을 얻었고 하나님이 받으신 아벨이 참 씨였음을 알게 되었는데 그가 죽자 셋을 대신 주신 것임을 깨닫게 된 것입니다.

셋의 단일 민족 공동체 - 교회 공동체

아담과 하와가 아벨 대신에 주신 씨라는 예측대로 셋의 후손에게서 드디어 여호와의 이름을 부르기 시작합니다. 셋의 계열에 속한 사람들은 가인의 후손과 비교해 볼 때 특출한 문화는 없지만 하나님의 이름을 부르기 시작하였습니다. 하나님을 경배하고 예배하므로 그 분과의 관계에 중심을 두었던 아벨의 발자취를 따르는 일에 관심을 두었다는 것입니다.

가인의 후손들을 통하여 찬란한 문화가 꽃 피우고 세상의 삶의 질이 높아지는 것 같아도 거기에는 하나님을 예배하는 문화가 없었지만 셋과 그 후손들을 통해서 비로소 하나님을 예배하는 문화가 일어나게 된 것입니다. 이들의 공동체를 교회라 부를 수 있을 것입니다. 교회를 자꾸 예수님 이후로만 생각하려는 경향이 있습니다. 교회의 의미가 무엇입니까? 세상으로부터 부름을 받은 하나님의 자녀들을 의미합니다. 그렇다면 인간이 타락한 이후에 세상 공동체와 구별이 되는 하나님을 믿는 자들이 모여서 공동체를 형성할 수 있었다는 것은 삼척동자도 알 수 있는 것입니다. 이들을 교회라 부르지 않으면 무엇이라 불러야 할까요? 스데반은 사도행전에서 구약의 이스라엘도 교회라고 부르고 있습니다. ('교회'에 대한 더 깊은 의미는 신약에서 자세히 다룰 예정입니다.)

가인으로 대표되는 세상 공동체가 인간의 가치관을 따라서 인본주의적 삶을 산 것과는 대조적으로 셋 공동체는 하나님이 주시는 신앙의 가치관을 따라 살아 간 것입니다. 이들은 함께 모여서 제사를 드리고 하나님을 찬양하였을 것입니다. 오늘날의 교회 모습과 똑같은 모습은 아닐지라도 본질에 있어서는 동일한 내용을 가지고 하나님께 나아갔을 것입니다. 이들에게 진정으로 중요한 것은 얼마나 찬란한 문화를 건설하느냐가 아니라 얼마나 거룩하게 하나님의 영광을 드러내느냐 하는 것이 될 것입니다. 따라서 인간 문화의 과업보다 하나님 영광의 실현이 셋의 후손의 정체성이 되어야 하는 것입니다. 앞으로 인류는 가인공동체의 성격을 갖는 세상 공동체와 셋 공동체의 성격을 갖는 교회 공동체로 구별이 될 것입니다.

9. 가인의 단일 민족 공동체와 셋의 단일 민족 공동체의 혼합

**셋 공동체는 교회 공동체로서의 정체성을 유지하며
이 세상을 향해 하나님을 드러내는 제사장적인 삶을 살아야 했습니다.
하지만 그들은 세상 공동체의 문화와 삶의 방식에 압도되어 그들과 섞이고 맙니다.**

가인 공동체의 족보와 셋 공동체의 족보

창 4:16-24에 보면 가인의 족보가 등장을 합니다. 가인부터 라멕의 아들들인 야발과 유발과 두발가인까지입니다. 이 족보는 노아 홍수로 망하기 전까지 가인의 족보의 전부일 것입니다. 그런데 이 족보가 이상한 것은 가인의 족보의 시작을 가인의 아버지인 아담으로부터 시작하지 않는다는 것입니다. 반대로 5장에 등장하는 족보에는 아담이 들어가 있으면서도 그 족보의 라인에는 아담의 장자인 가인과 그의 후손이 들어가 있지 않습니다.

그리고 창세기 5장의 아담의 족보에서는 하나님으로부터 그 족보가 시작됩니다. 아담이 자손을 낳는 행위를 하나님이 인간을 창조하시는 행위와 방불한 모습으로 말하고 있는 것도 중요합니다. 그래서 셋은 에노스의 아버지이고 아담은 셋의 아버지이듯이 하나님은 아담의 아버지가 되신다는 것입니다. 세일 해머도 주장하기를 "아담이 셋의 아버지이고 셋은 에노스의 아버지일 뿐만 아니라 하나님께서 이들 모두의 아버지가 되신다."[20]라고 합니다.

이 족보의 의미를 그대로 표현하는 족보가 신약에 등장하는데 누가복음 3장에 나오는 족보입니다. 우리 말 성경에는 '그 위' 라고 표현되어 있는 헬라어는 '관계의 소유격' 으로서 '~의 아들'로 번역을 하는 것이 원래의 의미를 살려 줄 수 있습니다. 그래서 38절을 번역해 보면, "하나님의 아들은 아담이요 아담의 아들은 셋이요 셋의 아들은 에노스요"라고 할 수 있는데 이 족보의 흐름이 예수 그리스도까지 연결 되는 것입니다. 이 족보야 말로 여인의 후손의 족보입니다. 그러나 가인의 족보에는 하나님과 아담이 들어가지 않습니다. 그들의 아비가 하나님이 아니고 따로 있기 때문입니다. 결국 가인의 족보는 여인의 후손의 족보와 구별되는 사탄이 그들의 아비가 되는 사탄의 후손의 족보라는 것이 드러난 것입니다. 가인은 하나님의 형상을 파괴하며 하나님을 떠나서 자신들만의 세상을 구축하는 모든 인간의 대표가 되는 사람입니다.

그런데 여기서 질문이 하나 생기는 것은 혈통적으로 나누어진 이 족보는 숙명적일까라는 것입니다. 가인의 족보에 들어가면 무조건 구원을 못 받는 것이고 셋의 족보에 들어가면 무조건 구원을 받는 것일까요? 성경은 결코 그렇게 말하지 않습니다. 그래서 성경에 등장하는 족보에는 두 가지 특징이 있다는 것을 알아야 합니다. 하나는 실제적인 의미로서 예수님께서 셋의 족보를 타고 오실 것입니다. 그런 의미에서 육체적 혈통도 중요한 의미가 있습니다. 그러나 혈통적 족보는 숙명적으로 확정된 것이 아니고 실제의 역사를 말하면서도 상징도 들어 있다는 것을 알아야 합니다. 그래서 셋의 족보에 속한다고 해서 100% 하나님의 자녀가 되는 것도 아니고 가인의 족보에 속한다고 해서 100% 사탄의 자녀가 되는 것도 아닙니다. 만일 그렇다면 그것은 성경과 모순되는 것입니다. 구약이나 신약 모두 하나님께서는 혈통적 조건을 따져서 구원하시지 않습니다.

쉽게 예를 들어 봅시다. 노아 홍수로부터 노아식구만 구원을 받았습니다. 만일 혈통적으로 경건한 후손의 족보에 속하는 것이 구원을 보장하는 것이라면 노아의 후손은 무조건 하나님을 잘 믿어야 할 것입니다. 하지만 시간이 흐르자 노아의 후손 중에 믿는 자들도 있었지만 하나님을 믿지 않는 자들도 더 많이 존재했습니다. 결국 하나님을 믿는 자들이 믿지 않는 자들에게 동화되어서 온 인류가 바벨탑 사건으로 심판을 받습니다. 그리고 선택받은 이스라엘 민족은 다 구원을 받았을까요? 쉽게 이해할 수 있도록 하기 위해서 이스라엘이 남 유다와 북 이스라엘로 갈라진 시대 이후부터 봅시다. 외적으로는 모두 하나님의 백성들입니다.

그런데 북 이스라엘의 역사를 보면 여로보암부터 20명의 왕이 다스렸지만 왕조가 일곱 번이나 바뀔 정도로 피비린내 나는 피의 역사였고 단 한 명의 왕도 하나님 앞에 선한 왕이 없었습니다. 하나님을 제대로 섬기지 않은 그런 왕들의 다스림을 받는 백성들은 하나님을 잘 섬겼을까요? 아닙니다. 우상과 죄악에 찌든 삶을 살았습니다. 물론 그곳에도 하나님은 선지자들(엘리야, 엘리사, 호세아, 아모스 등)을 보내서 하나님의 말씀을 선포했고 엘리야 시대에는 비록 소수에 불과했지만 바알에게 무릎을 꿇지 않은 7,000명의 하나님의 자녀들(왕상 19:18 참조)도 있었습니다. 하지만 하나님을 배반하고 우상을 섬긴 사람들이 훨씬 더 많았습니다.

남 유다는 어떨까요? 19명의 왕이 거쳐 가면서 다윗 왕조로만 이어졌지만 선한 왕은 8명에 불과했습니다. 이 8명도 마지막에 가서는 한결같이 하나님의 말씀에 불순종하여 징계를 받은 사람들입니다. 아브라함과 다윗의 족보에 들어가는 이 남 유다의 왕들도 하나님을 섬기지 않은 사람들이 많이 있었다는 것을 기억해야 합니다.

대표적으로 히스기야의 아들 므낫세를 보십시오. 선한 왕에 속하는 히스기야 아들로서 왕 위에 올랐지만 그의 삶은 완전히 그의 아버지와 반대로 살았고 하나님을 분노케 하는 삶을 살았습니다. 바알의 제단을 쌓고 아세라 목상을 만들며 일월성신을 경배하며 섬겼습니다. 심지어는 성전에 아세라 목상을 세워 놓기까지 했고 이방 종교의 풍습을 따라 자신의 아들을 불에 태워 희생 제물로 우상에게 바치는 것도 서슴지 않았고 점을 치며 신접한 자를 신임하였고 백성들도 므낫세의 꾐에 빠져 악을 행했는데 이방민족보다 더 심하게 하나님 앞에서 죄를 지었다고 열왕기하 21장은 말씀하고 있습니다.

남 유다 말기의 왕들을 보십시오. 그들은 참 선지자들의 말씀을 외면하고 거짓 선지자들의 메시지에 놀아나서 하나님을 섬기기보다는 강대국의 힘과 우상을 더 의지했습니다. 결국 북 이스라엘과 남 유다는 멸망을 당하고 맙니다. 그들이 멸망했다는 것 자체가 혈통적인 조건이 하나님의 자녀가 되는 조건이 될 수 없음을 증명하는 것입니다. 다시 한 번 말씀드리지만 혈통적으로 이스라엘이라는 이유만으로 구원을 받는 것이 하나님의 뜻이었다면 애굽에서 탈출한 모든 이스라엘 백성들은 다 구원을 받아야 하며 그들은 모두 다 하나님의 말씀에 순종하는 사람들로 살아가야 하는 것이 마땅합니다. 하지만 성경 어디에도 그런 모습은 찾을 수가 없습니다. 오히려 하나님을 거역하고 반항하는 그들의 모습이 대부분이었습니다.

그렇다면 가인의 족보는 희망이 없는 것일까요? 그렇지 않습니다. 구약 성경에서도 가인의 족보에 들었던 사람들, 즉 이방인들이 이 셋의 족보, 즉 선택받은 이스라엘의 족보에 들어가는 것을 보게 됩니다. 그들이 누구입니까? 바로 라합과 다말과 룻과 우리아의 아내 밧세바입니다. 라합과 다말은 가나안의 기생 출신들이고 룻은 모압 여자 출신이며 밧세바는 헷 족속 출신인 우리아의 아내였기 때문에 헷 족속 출신일 가능성이 아주 많습니다. 이들은 모두 이방인들인데도 아브라함과 다윗의 자손 예수 그리스도의 족보에 들어가는 것입니다.

또한 요나 시대에 니느웨 백성들이 회개하는 것을 보십시오. 물론 그것이 구원을 받았느냐 아니냐는 논란의 여지가 있지만 선택한 백성이라고 자부하는 요나에 의해서도 거부되는 사역이었는데 하나님은 끝까지 그들을 회개시키는 것을 볼 수 있습니다. 그리고 신약시대에 와서 복음이 이방지역까지 편만하게 증거되므로 가인의 족보에 들었던 모든 이방인들에게 하나님의 구원의 은혜가 임하게 된 것을 보게 됩니다. 그래서 바울은 유대인이나 헬라인이나 종이나 자유자나 남자나 여자나 모두 그리스도 예수 안에서 하나가 되었다고 선포하는 것입니다.

혈통적으로 가인의 후손과 셋의 후손을 나눌 수는 있지만 보이는 것이 전부가 아니라 하나님만이 아시는 사탄의 후손과 여자의 후손이 있다는 것입니다. 인간은 이 두 공동체를 정확히 구별할 수 없습니다. 신약의 예를 통해서 이것을 설명해 보겠습니다. 마 13:24 이하에 보면 천국에 대한 비유에서 좋은 씨를 제 밭에 뿌린 사람의 비유(일명 가라지 비유)가 나옵니다. 어떤 사람이 좋은 씨를 부렸는데 원수가 와서 가라지를 덧뿌리고 갑니다. 그래서 나중에 보니까 알곡과 가라지가 함께 자라게 됩니다. 예수님께서 이 가라지 비유를 해설해 주시면서 말씀하시기를 좋은 씨를 뿌리는 사람은 예수님이시고 밭은 세상이며 좋은 씨는 천국의 아들들이고 가라지는 악한 자의 아들들이고 가라지를 뿌린 원수는 마귀요 추수 때는 세상 끝이요 추수 꾼은 천사들이라고 설명을 해 주십니다.

여기서 중요한 것은 세상에는 두 부류의 사람들이 있는데 한 부류는 알곡, 즉 천국의 아들들이고 다른 한 부류는 가라지, 악한 자의 아들들이 있다는 것입니다. 그런데 천국의 아들들은 예수님이 뿌린 씨앗이므로 하나님께서 그 사람들의 근원이 되신다고 합니다. 하나님께서 낳은 아들들이라고 말할 수 있습니다. 그럼 악한 자의 아들들은 누구입니까? 여기서 악한 자란 원수 마귀를 가리킵니다. 마귀의 아들들입니다. 성경의 일관성을 보십시오. 아담의 후손으로서 여호와의 이름을 부르는 경건한 후손인 셋의 후손들과 하나님을 떠나 하나님을 무시하고 거역하는 그래서 하나님과 아담에게서 분리되어 사탄의 후손으로 판명이 된 불경건한 후손인 가인의 후손들로 구분이 된다는 것을 창세기서부터 말씀하고 있는데 신약시대에도 여전히 그 사상, 즉 알곡과 가라지로 구분이 되고 있습니다.

그런데 즉 천사들이 가라지를 뽑기를 원했지만 예수님은 그들에게 가라지를 뽑다가 알곡까지 뽑을까 염려해서 추수 때까지 그대로 놔 둘 것을 명령하십니다. 하나님의 아들들이냐 마귀의 아들들이냐 이 구분은 오직 하나님만 정확히 하실 수 있습니다. 초자연적 존재인 천사들도 안 됩니다. 그들도 이 두 부류를 구분할 권한이 없을 뿐만 아니라 그대로 두라는 명령으로 볼 때 그럴만한 완벽한 능력도 없다는 것을 알 수 있습니다.

하나님의 자녀는 오직 하나님만이 아십니다. 가인의 후손이냐 셋의 후손이냐 이스라엘의 후손이냐 이방인의 후손이냐 그리스도인이냐 비그리스도인이냐 하는 것은 인간이 외적인 기준과 열매를 가지고 어느 정도 짐작은 할 수 있습니다. 구약시대에 혈통적으로 이스라엘에 속해 있으면 선택받은 백성이고 그 외의 모든 백성들은 일단 하나님의 구원에서 제외 되는 것이 외형적으로 어느 정도 맞습니다. 하지만 위에서도 말씀드렸지만 이스라엘의 역사를 아무리 뒤져 보아도 모두 다 구원을 받은 것은 아닙니다. 성경에 나타난 이스라엘의 전 역사를 자세히 추적해 보면 구원을 받은 사람들이 극히 소수라는 사실을 깨닫게 될 것입니다.

그리고 도저히 하나님의 구원받을 사람들이 아니지만 예수 그리스도의 족보에 오르는 사람들이 있는 것을 보게 되면 하나님은 처음부터 외적인 조건으로 구원에 이르게 하신 것이 아니라 조건과 상관없이 하나님의 은혜로 구원하시는 것임을 분명히 알 수 있습니다. 따라서 문자적으로 가인의 후손이냐 셋의 후손이냐 이스라엘의 후손이냐 이스라엘의 후손이 아니냐 성도냐 성도가 아니냐 이런 구분은 우리의 권한도 아니고 알 수도 없는 것입니다.

따라서 성경의 내용을 진전시켜 나갈 때 이 족보는 편의상 나누는 것임을 알면서 동시에 성경에 등장하는 혈통적 족보에는 항상 위에서 언급한 의미가 있다는 것을 알고 가야 합니다.

셋 공동체의 정체성 상실 - 가인 공동체와 섞여짐

세상이 아무리 화려해 보인다 해도 셋 공동체는 하나님의 자녀들이라는 그들의 정체성을 유지하면서 세상, 즉 가인 공동체를 향해서 하나님이 누구신지를 드러내는 삶을 살아야 했습니다. 하지만 오히려 가인 공동체의 사람들과의 결혼을 통해서 그들의 삶에 동화되어 버립니다. 창 6:2의 하나님의 아들들이란 셋 공동체의 경건한 하나님의 자녀들을 의미하고 사람의 딸들이란 가인 공동체의 하나님을 믿지 않는 사람들을 의미합니다.

그런데 셋 공동체의 사람들이 가인 공동체의 사람들과 결혼하는 기준이 무엇입니까? 6:2절입니다. "하나님의 아들들이 사람의 딸들의 아름다움을 보고 자기들의 좋아하는 모든 자로 아내를 삼았다"고 합니다. 2절에서 '좋아하는' 이라는 단어의 의미는 원래 '선택하다' 입니다. 그러니까 하나님의 아들들이 사람의 딸들의 아름다움을 보고 자신들이 선택한 대로 아내를 삼았다는 것입니다. 사람의 딸들이 가지고 있는 아름다움이란 단순히 얼굴의 예쁨만을 의미하진 않을 것입니다. 상대적으로 높은 그들의 문화적 삶을 포함한다고 보는 것이 더 타당할 것입니다.

가인이 성을 쌓았다는 것은 공동체 문화가 시작이 됐다는 것이고 라멕의 아들들이 여러 가지 문화를 발전시킨 것으로 볼 때 가인공동체 사람들의 세련됨에 넋이 나가서 하나님의 아들들인 셋 공동체 사람들이 그들의 삶을 동경했을 가능성이 아주 높은 것입니다. 이스라엘 백성들이 가나안에 들어가서 가장 강하게 부딪힌 문제가 바로 이것입니다. 자신들은 지금까지 삭막한 광야에서만 수십 년 동안을 살았는데 가나안 민족들은 자신들보다 훨씬 수준이 높은 농경문화와 철기문화를 가지고 있었고 거기다가 성(性)을 통한 쾌락적인 종교 문화(바알 종교의 특징)의 요소들을 보면서 그런 모습들이 그들에게는 아주 자극적이고 멋있어 보였던 것이 사실입니다. 그래서 쉽게 그들의 문화에 동화되어 그들의 삶의 형태를 따라 가 버리고 만 것입니다. 이와 비슷한 상황이 셋 공동체에게 일어난 것입니다.

또 하나 살펴 볼 것은 셋의 후손 라멕(가인의 후손의 라멕과 동명이인)이 노아를 낳고 이름을 노아(안식, 쉼)라 지으며 고백하기를 "여호와께서 땅을 저주하시므로 수고롭게 일하는 우리를 이 아들이 안위하리라"라고 말합니다. 그런데 라멕의 고백에서 이상한 점은 당시의 사회적 분위기와 맞지 않다는 점입니다. 사람들이 번성하면서 라멕과 라멕의 아들들에게서 보듯이 사람들의 삶의 수준이 상당히 진보했다는 것을 알 수 있습니다. 그래서 하나님의 아들들이 사람의 딸들의 아름다움, 즉 문화적인 세련됨을 보고 혼합결혼을 할 정도로 사회적으로 상당히 들떠 있는 분위기 인 것만은 분명합니다. 또한 예수님께서 노아시대를 "먹고 마시고 장가가고 시집가고 있으면서 홍수가 나서 그들을 다 멸하기까지 깨닫지 못하였다"라고 규정하시는 것을 보면 그들이 그런 사회적 분위기에 젖어서 영적인 일에 대해서 전혀 관심이 없었다는 것도 짐작할 수 있습니다. 그런데 라멕은 자신들의 수고와 일이 고됨을 표현하며 노아가 자신들을 안위해 줄자로 소망하는 것입니다.

노아 홍수 심판에서 8명만 구원받은 것을 볼 때 혼합 결혼으로 인해서 믿는 자들이 소수만 남았음을 알 수 있고 그들은 신앙을 지키기 위해서 저들과 구별된 삶을 살기 위해서 궁핍한 삶을 선택한 것으로 보입니다. 그래서 라멕은 그런 죄악이 넘쳐나는 시대로부터 자신들을 구원해 줄 자로 믿었던 것입니다. 히 11:7에 믿음으로 노아가 아직 보지 못하는 일에 경고하심을 받았지만 방주를 예비하였다는 것과 벧후 2:5에 '오직 의를 전파하는 노아'라는 표현을 고려해 볼 때 노아가 방주를 짓도록 하나님의 명령을 받은 후에 소수로 남은 하나님의 자녀로서 세상을 향해서 경고를 한 것을 분명히 알 수 있습니다.

네피림 중심의 사회 – 가인과 라멕의 정신을 이어 받음

하나님의 아들들이 사람의 딸들과 혼합결혼을 한 것이 잘못된 선택이었다는 것을 보여주는 증거가 있습니다. 6장 4절에 보면 하나님의 아들들이 사람의 딸들과 결혼해서 낳은 사람 중에 '네피림'이라는 사람들이 등장합니다. 본문에서 네피림을 소개하는데 용사요 유명한 사람들이라고 합니다. 유명한 사람들이란 히브리어로 '이름의 사람들' 이라는 의미입니다. 셋 공동체가 여호와의 이름을 불렀다는 말씀과 묘한 대조가 보입니다. 그들은 하나님의 이름이 아니라 그들의 이름을 내려고 한 것을 보게 됩니다. 네피림은 당시의 지도자 역할을 한 사람들로서 사람들을 뭉치게 만든 구심점으로 등장하고 있습니다. 하나님과 상관이 없는 인본주의 문화를 이룩하는데 네피림을 중심으로 그들이 하나가 된 것입니다.

셋의 공동체가 인본주의 문화에 동화되어서 하나님의 자리에 네피림을 세우고 그들을 숭배하고 그 힘에 굴복하며 죄를 양산해 내는 최악의 상태로 가 버리는 것입니다. 교회가 세상에 굴복하여 무너져 내리는 모습을 보게 됩니다.

하나님의 아들들, 즉 여호와의 이름을 부르는 교회 공동체가 사람의 딸들, 즉 세상 공동체와 섞어진 결과가 무엇입니까? 6:5절에 보면, 사람의 죄악이 세상에 관영하였다고 말씀하십니다. 관영이라는 말은 온 세상을 뒤덮을 정도로 죄악의 기세가 대단했다는 말입니다. 그래서 하나님이 사람을 지으셨음을 한탄하실 정도가 되어 버렸습니다.

이 말씀은 하나님이 인간을 창조하신 것을 후회하셨다는 것이 아니라 인간의 죄악이 온 세상에 가득하고 그 죄에 빠져 허우적거리는 모습을 보면서 안타까워하시는 심정을 인간의 감정으로 표현하신 것입니다. 6절에 근심하셨다는 말씀도 인간의 죄악된 행위와 혼탁한 세상을 보시고 하나님의 아픔과 슬픔이 말로 할 수 없을 정도였다는 것을 말하는 것입니다.

이렇게 세상은 죄악이 가득하였고 마음으로 생각하는 모든 계획이 악할 뿐 아니라 부패하였고 또한 폭력이 만연하였습니다. 그래서 부패라는 단어와 포악이라는 단어가 6:11-13절 사이에서 무려 다섯 번이나 반복되고 있습니다. 12절에 "하나님이 보신즉 땅이 부패하였으니"라는 말씀은 하나님이 보시니 땅이 썩을 대로 썩었다는 의미입니다. 하나님 보시기에 더 이상 방치할 수 없는 수준까지 와 버린 것입니다.

원래 하나님이 보시기에 참으로 좋았던 세상은 이제 전적으로 썩었으며 하나님께서 이 세상을 자신의 형상대로 지으신 사람들과 그가 손수 만드신 짐승들로 가득 차길 원했지만 오히려 폭력과 쾌락이 가득차고 하나님이 없는 불신앙이 가득찬 사회가 되어 버렸습니다. 모든 만물을 주면서까지 하나님의 형상의 능력을 발휘하며 하나님과 영원한 관계를 맺으며 살아가기를 원했던 인간이 모든 피조물보다 더 악랄하게 죄악을 통해서 하나님을 대적하고 있습니다. 그래서 하나님은 이 악한 세상을 더 이상 방치하실 수가 없어서 사람을 지면에서 쓸어버리시기로 작정하십니다.

10. 에녹과 므두셀라 - 하나님의 경고

에녹과 므두셀라는 셋 공동체가 가인 공동체와 섞여져서 하나님을 버리고
인본주의 문화에 도취되어 버린 삶에서 돌이킬 것에 대한 하나님의 경고입니다.
에녹은 선지자와 같이 하나님의 심판을 외쳤고
므두셀라는 자신의 이름을 통해서 하나님의 심판을 계시하였습니다.

에녹 - 최초의 선지자(죽음을 맛보지 않은 사람)

창세기 5장에 등장하는 아담의 족보의 특징이 무엇일까요? 인간은 900세 이상을 살아도 결국에는 죽는다는 것입니다. 가인의 족보는 말할 것도 없습니다. 죽는다는 것은 창세기의 문맥에서 볼 때 아담의 죄로부터 시작된 것이 분명합니다. 그래서 이 족보는 타락한 인간을 향한 하나님의 진노는 누구에게나 임한다는 것을 보여줍니다. 그들이 셋의 후손이든 가인의 후손이든 하나님의 공의로운 심판을 벗어날 수는 없습니다.

여기서 중요한 성경적 원칙을 확인하고 넘어가야 하는데 구원받는 것이 상대적으로 다른 사람들보다 낫기 때문이라는 사상은 성경에 전혀 없다는 것입니다. 가인의 후손이나 셋의 후손이나 모두 하나님의 심판을 받아 마땅한 사람들이라는 사실을 한시도 잊어서는 안 됩니다. 이것은 신구약 전체에 흐르고 있는 일관성입니다. 이 일관된 성경적 시각을 놓쳐 버리기 때문에 이스라엘 백성들처럼 다른 사람들보다 나아서 구원을 받은 것으로 확신하는 헛된 우월감에 빠지게 되는 것입니다.

우리의 구원은 저주에서 건짐을 받은 것입니다. 그 저주의 한 복판에서 하나님이 하나님의 자녀들을 부르는 것입니다. 그런데 이 죽음의 족보에 예외적인 한 사람이 등장합니다. 모든 사람들이 죽음을 경험하지만 에녹에 대한 소개에서는 “하나님께서 그를 데려 가

시므로 세상에 있지 아니하였다”(창 5:24)는 아주 특이한 말씀이 나타나고 있습니다. ‘데려가셨다’라는 동사는 열왕기하 2장에 하나님께서 엘리야 선지자를 하늘로 데리고 가셨다고 했을 때 사용한 단어와 동일합니다. 또 히브리서 11장 5절에서 에녹이 죽음을 맛보지 않고 이 세상에서 하늘로 옮기어져 갔다고 말씀하시는 것으로 보아 에녹은 엘리야처럼 죽음을 경험하지 않고 하늘로 승천한 것임을 알 수 있습니다. 에녹의 예외는 각 사람의 죽음과 대조되어 더욱 빛을 발하고 있습니다. 또한 창세기 저자는 4:22과 24절에서 에녹이 “하나님과 동행하였다”는 말을 두 번이나 반복하여 강조함으로써 에녹의 예외가 하나님과 동행함에 있음을 보여주고 있습니다. 동행하다는 단어는 히브리어로 히트할레크(יִתְהַלֵּךְ)인데 할라크(הלך) 동사의 강조 재귀형으로 되어 있습니다.

이 동사의 의미는 “자기 자신을 완전히 하나님의 뜻에 맞추어 그 뒤를 따라 걷게 만들다, 생활하게 하다의 뜻입니다. 곧 하나님의 뜻이 에녹의 뜻이 되었고 하나님이 싫어하시는 것이 그가 싫어하는 것이 되었고 하나님이 좋아 하시는 것이 그의 좋아하는 것이 되었다.”[21]는 의미입니다. 이것은 인간이 이 세상에서 누릴 수 있는 하나님과의 최고의 친밀한 관계를 나타냅니다. 그러므로 하나님과 동행한다는 것은 아담의 죄로 말미암아 하나님과의 관계가 깨어지고 죽음의 질병에 걸려 있는 인간이지만 하나님과 동행하는 관계가 회복되었을 때 이 죽음의 저주에서 살아남을 수 있는 유일한 길이 된다는 것을 보여주고 있습니다. 에녹은 하나님과의 이 관계 속에 머물러 있었기 때문에 “죽음의 저주 속에서 생명을 찾은 자요 아담의 운명을 벗어난 자의 예증”[22]이 된 것입니다.

에녹이 하나님과 300년을 동행을 했다고 했는데 믿음이 있으니까 그럴 수 있겠다고 생각하면 큰 오산입니다. 당시의 영적 현실, 즉 신앙을 지킨다는 것은 우리가 생각하는 것보다 훨씬 어려운 상황이었습니다. 창세기 4장과 5장을 볼 때 에녹과 동시대의 사람이 누구입니까? 바로 가인의 후손 라멕입니다. 셋의 후손 에녹과 가인의 후손 라멕은 똑같이 아담의 7대손입니다. 그런데 가인의 후손 라멕이 어떤 사람입니까? 하나님께 반항적인 인본주의 문화와 문명을 꽃피운 사람이 아닙니까? 일부다처주의를 처음으로 만든 사람으로서 성도덕의 타락을 가져왔고 자신에게 조금이라도 해를 끼친 사람이라면 소년이라도 서슴없이 죽여 버리는 포악함을 가진 사람이었습니다. 이 라멕의 삶의 성격이 그 당시의 전반적인 삶의 정황이었습니다.

그래서 창세기 6장 5절에서 말씀하시는 것처럼 하나님이 사람 지으셨음을 한탄하실 정도로 완악하고 죄악이 난무한 그런 사회였습니다. 더구나 라멕의 아들들은 당시로 보아서는 상당한 정도의 문화를 꽃피운 사람들로서 하나님의 아들들이 바로 이 사람들의 유혹을 받아 동화되어 버렸는데 노아 홍수 전까지 가인의 후손의 족보는 라멕의 아들들로 마감이 됩니다. 따라서 창 6장에서 나오는 세상에 죄악이 가득하고 생각하는 모든 것이 항상 악할 뿐인 시대정신은 이들이 주도했다는 것을 짐작할 수 있으며 홍수 심판의 진노가 바로 이들에게 임한 것이 분명합니다.

므두셀라 - 하나님의 경고장

그런데 이런 상황에서 에녹이 어떻게 하나님과 300년을 동행하며 버틸 수 있었을까 궁금해지지 않습니까? 분명히 에녹에게 무슨 전환점이 있었을 것입니다. 에녹이 하나님과 동행한 년 수는 300년인데 그가 하늘로 승천한 나이는 365세입니다. 그렇다면 65세까지는 그가 하나님과 동행하지 않았었음을 알 수 있습니다. 처음부터 그가 하나님과 동행했다면 하나님과 동행한 연수를 300년이라고 굳이 밝힐 필요가 없기 때문입니다. 그렇다면 65세에 에녹에게 특별한 삶의 전환점이 있었음을 짐작할 수 있습니다. 에녹이 65세가 되던 해에 무슨 일이 일어납니까? 에녹의 아들 므두셀라가 태어납니다. 그 때부터 에녹은 하나님과 동행한 것입니다.

그렇다면 므두셀라를 낳은 것이 에녹에게 무슨 영향을 미쳤을까요? 이 영향의 단서를 위해서 므두셀라라는 이름을 분석해 보아야 합니다. 므두셀라(מְתוּשֶׁלַח)는 히브리어 발음으로 하면 므투쉘라흐인데 므투와 쉘라흐 이렇게 두 부분으로 이루어져 있고 의미는 흔히 '창의 사람(man of the spear)' 이라고 번역을 합니다. 그런데 *Refuting Compromise*의 저자 죠나단 사르파티(Jonathan Sarfati)는 유대인 기독교 신학자인 아놀드 후르흐텐바움(Dr. Arnold Fruchtenbaum)의 견해를 인용하여 다른 해석을 제시하고 있습니다. 창으로 번역된 쉘라흐는 동사 샬라흐(שלח)에서 파생된 것으로 그 의미는 '보내다'입니다. 따라서 '창'은 파생어로서 이차적 의미에 해당되므로 보내다는 기본적인 의미를 먼저 적용시키는 것이 우선이라고 주장합니다. 그래서 므두셀라를 다시 번역하면 보내진 사람(a man-sent)이 될 것입니다. 또한 그는 사람으로 번역된 '므투'는 어근이 죽다라는 단어에서 온 것으로 보아도 가능하다고 말합니다. 따라서 아놀드 후르흐텐바움(Dr. Arnold Fruchtenbaum)은 므두셀라의 의미를 해석하기를 'when he dies it shall be sent' 라고 주장합니다. '그가 죽으면 그것이 보내어질 것이다' 라는 의미입니다.[23)]

그렇다면 므두셀라가 죽으면 보내어질 것이 무엇이겠습니까? 므두셀라가 죽을 때에 정확히 홍수 심판이 임한 것으로 볼 때 이것은 노아의 홍수심판을 의미하는 것이 분명합니다. 김선기 목사도 "히브리어로 므두셀라는 므두(죽다)와 셀라(보내다)입니다. 곧 이 아이가 죽을 때에 홍수를 보내겠다는 뜻입니다."[24] 라고 말하고 있습니다. 국제 창조 과학회 회장인 존 모리스도 말하기를 "에녹은 아들의 이름을 '그가 죽을 때 심판이 온다' 라는 의미를 가진 '므두셀라' 로 지었다"[25] 라고 주장함으로써 므두셀라의 의미를 노아의 홍수심판과 연관 짓고 있음을 알 수 있습니다. 에녹이 므두셀라를 낳고 인생이 바뀌어 하나님과 동행하는 삶을 살게 된 것이나 므두셀라가 죽은 해에 홍수 심판이 정확히 임한 것으로 볼 때 위의 해석을 뒷받침해 주고 있음을 충분히 짐작할 수 있습니다.

에녹이 므두셀라의 이름을 지어 주었을 때를 생각해 보시기 바랍니다. 세상에 어떤 부모가 자식에게 이런 이름을 지어 주겠습니까? 아마도 에녹이 므두셀라를 낳을 때 하나님으로부터 그 이름에 대한 분명한 계시를 받았을 것입니다. 이 시기는 위에서 말씀드린 바와 같이 하나님께서 인간을 지으셨음을 한탄할 정도로 죄악의 포악함이 극에 달하던 시대입니다. 그래서 하나님께서 세상을 심판하시기로 작정하신 것을 에녹에게 미리 말씀해 주신 것을 알 수 있습니다.[26]

자신의 아들을 통해서 계시를 받은 에녹의 생애는 완전히 달라졌습니다. 그는 이때부터 가인의 후손, 특히 노아시대의 타락의 주역이었던 라멕과 라멕의 아들들과는 완전히 다른 삶을 사는 하나님과 동행하는 사람이 되었습니다. 그리고 에녹은 하나님의 심판을 외쳤습니다. 하나님이 한탄할 정도로 상황이 악화된 인간 세계의 죄악상을 보면서 하나님께서 때가 되면 반드시 저들을 심판하실 것을 외친 것입니다. 하나님이 자신의 아들에게 주신 므두셀라라는 이름으로 볼 때 자신의 아들이 죽으면 그 심판이 임할 가능성이 아주 농후한데 언제나 죽음의 형벌 앞에 노출 되어 있는 인간의 수명 앞에서 만고 땡으로 살 수는 없는 것입니다.

신약성경 유다서 14-15절입니다. "아담의 칠세 손 에녹이 이 사람들에 대하여도 예언하여 이르되 보라 주께서 그 수만의 거룩한 자와 함께 임하셨나니 이는 뭇사람을 심판하사 모든 경건치 않은 자의 경건치 않게 행한 모든 경건치 않은 일과 또 경건치 않은 죄인의 주께 거스려 한 모든 강퍅한 말을 인하여 저희를 정죄하려 하심이라 하였느니라." 유다는 에녹을 선지자로 인정하고 있음을 보게 됩니다. (학자들은 선지자의 시초를 에녹부터 시작하는 경우가 많습니다.) 하나님을 거역하고 부패와 포악함이 넘쳐나는 그 시대를 향해서 에녹은 이스라엘의 선지자들이 하나님의 말씀을 받아 외친 것처럼 그렇게 외쳤습니다. 암 3:7은 이렇게 말씀합니다. "주 여호와께서는 자기의 비밀을 그 종 선지자들에게 보이지 아니하시고는 결코 행하심이 없느니라."

성경을 기록한 선지자들이 등장하는 첫 번째 중요한 특징이 무엇입니까? 그것은 사람들에게 죄에 대한 심판을 외치기 위해서입니다. 따라서 하나님은 선지자들을 통해서 그 심판의 비밀을 미리 알려 주시고 경고하도록 하십니다. 하나님의 심판이 비밀스럽게 갑자기 들이닥친다면 과연 누가 그 심판을 견뎌낼 수 있겠습니까? 그래서 하나님은 심판이 올 것을 미리 경고함으로써 그들에게 돌아올 기회를 주십니다. 선지자들은 심판을 외치는 무서운 사람들이기 이전에 사람들에게 하나님께 돌아오도록 외친 경고등과 같은 사람들입니다. "에녹은 그 시대의 선각자로서 장차 하나님께서 죄악으로 가득한 이 세상을 심판하실 것을 선포하고 그 심판이 성취될 것에 대한 믿음을 지키고 나아"[27]간 하나님의 사람이었습니다. 에녹이 죽음을 맛보지 않고 승천했다는 것은 에녹의 이런 삶을 하나님께 인정을 받았다는 것을 의미합니다.

11. 노아

**노아는 하나님이 사람을 지으셨음을 한탄하실 정도로 죄악이 관영할 때
하나님의 은혜로 남겨진 남은 자입니다.
노아를 남겨 놓으심으로 하나님은 심판 하는 중에도
구원의 은혜를 베풀어 주시는 사랑의 하나님이십니다.**

여호와께 은혜를 입은 노아

선지 사역을 통해서 그들에게 하나님의 심판의 경고를 외쳤던 에녹의 삶도 당시의 사람들에게 소귀에 경읽기가 되어 버린 것 같습니다. 이사야나 예레미야 선지자의 말씀을 거역하는 이스라엘 백성들과 하나도 다를 게 없었습니다. 라멕과 그의 자녀들이 만들어가는 인본주의 문화에 하나님의 사람들마저 넋을 잃고 그들에게 점점 더 동화되어 가고 있을 때 하나님은 이제 노아를 통해서 그들에게 최후의 경고를 보내십니다.

그러나 잊지 말 것은 노아도 그들보다 더 낫기 때문에 그 중대한 일을 감당하는 것은 아닙니다. 창 6:8입니다. "그러나 노아는 여호와께 은혜를 입었더라" 모든 것을 쓸어버리시겠다는 엄중한 하나님의 심판 경고 앞에 아무런 희망이 보이지 않을 때 노아는 하나님의 은혜로 에녹처럼 하나님과 동행하는 자로 소개됨으로 한 줄기 빛을 제공하고 있습니다. 그런 의미에서 노아는 그의 아버지 라멕이 바라던 인류에게 위로를 주는 자가 맞습니다. 또한 전 지구적인 죽음의 심판을 앞두고 하나님의 의를 세상에 전파하는 자가 바로 노아였습니다(참조, 벧후 2:5).

노아가 전한 의가 무엇일까요? 에녹의 선지자적인 삶과 노아 당시에 므두셀라의 존재를 통해서 유추해 볼 때 분명히 하나님의 심판을 외쳤을 것입니다. 노아가 이런 삶을 살 수 있는 것은 위에서 언급한 바와 같이 그가 하나님과 동행한 자였기 때문입니다. 그러나

동행한다 했을 때 언제나 주도권은 하나님께 있다는 것을 잊지 말아야 합니다. 노아는 여호와께 은혜를 입었더라는 말은 원래 노아는 여호와의 눈에서 은혜를 발견했다라는 의미입니다. 노아가 스스로 죄악을 이기고 더 의로울 수 있었던 것이 아니고 여호와께서 심판으로 치닫고 있는 인간의 처지를 보시고 노아를 긍휼히 보시고 그를 남겨 놓으신 것입니다. 이 시대는 평균 수명이 900살이 넘는 시대입니다.

그렇다면 경건한 후손들이라고 하는 셋의 족보에 들어 있는 사람들은 어디 있는 것입니까? 그들은 처음으로 여호와의 이름을 부르며 하나님을 섬긴 믿음의 사람들 아닙니까? 그들의 자녀나 손자들이 노아 시대에도 살아 있었을 것입니다. 또한 에녹과 므두셀라의 자손들은 어떻습니까? 에녹은 죽음을 맛보지 않고 하늘로 승천한 사람입니다. 그 아버지의 기적을 본 자녀들이라면 어떻게 살아야 하겠습니까? 또한 므두셀라는 죽으면 심판이 올 것이라는 계시를 받은 사람입니다. 하지만 그 자녀들은 어떻습니까? 그리고 라멕은 노아 외에 다른 자녀들을 낳지 않았을까요? 노아를 통해서 저주의 땅으로부터 자신들의 수고와 일로부터 구원을 받기를 소망했다면 다른 자녀들에게 분명히 신앙을 가르쳤을 것입니다. 그런데 최종적으로 남은 사람들은 노아의 여덟 식구뿐입니다.

하나님의 아들들이 사람의 딸들과 결혼해서 세상 사람들에게 동화되어 버린 것이 얼마나 큰 사건이며 얼마나 타락한 사건인지를 보여줍니다. 셋의 후손들은 노아와 그 식구들을 제외하고는 신앙에 관심이 없고 먹고 마시고 시집가고 장가가는 일에 올인하여 살아간 것입니다. 이런 분위기에서 신앙인으로 살아남는다는 것은 기적입니다. 오직 하나님께서 불쌍히 여기실 때만 그 사람이 은혜로 신앙을 지킬 수 있습니다. 은혜는 결코 사람이 만들어 낼 수 있는 것이 아닙니다. 그러나 하나님은 노아 한 개인을 불쌍히 여기심이 아닙니다. 노아를 통하여 마땅히 멸망 받을 수밖에 없는 세상이지만 하나님은 그 인류의 역사의 숨통을 아예 끊어버리시지는 않는 것입니다. 여전히 세상을 향한 사랑과 인내하시는 하나님을 보게 됩니다. 노아의 남겨짐은 노아 개인뿐만 아니라 이 세상을 향한 하나님의 사랑의 발로였음을 알아야 합니다.

창 6:3입니다. "그들의 날은 백 이십년이 되리라" 혹자는 이 '백 이십년' 이 홍수 이후의 사람들의 수명을 한정한 연수로 봅니다. 하지만 창세기 11장에 나타난 셈의 족보를 보면 모두가 120세 이상을 살았음을 보여 주고 있고 반대로 시간이 흐를수록 인간의 수명은 훨씬 짧아져서 100세를 넘기기가 힘들었다는 사실을 역사적 증거를 통해서 알 수 있습니다. 현대에 이르러서도 인간의 수명은 아무리 많이 잡아야 70-80년입니다. 따라서 이

120년은 노아가 하나님께로부터 방주 건립을 명령 받은 이후부터 홍수까지의 기간을 의미한다고 보는 것이 더 좋을 것 같습니다.

벧전 3:20에서도 노아가 방주를 예비하는 동안을 하나님이 오래 참으시는 기간으로 말씀하고 있습니다. 죽으면 심판이 오는 므두셀라가 성경에서 가장 수명이 긴 사람이라는 것도 하나님께서 심판을 최대한 늦추고 사람들에게 기회를 주려 하셨다는 것을 짐작할 수 있습니다. 혹자는 6:9절이하에 구체적으로 방주와 홍수에 대해서 하나님께서 노아가 아들을 낳은 후, 즉 500살이 넘은 후에 주신 명령 때문에 600년에 있은 홍수 때까지 120년이 되지 못하므로 120년은 심판의 유예기간이 아니라고 주장하기도 하는데 하나님이 꼭 한 번만 방주에 대한 말씀을 주셨다고 생각할 필요는 없습니다. 갈대아 우르에서 아브라함에게 말씀하신 하나님(행 7:2-3)이 수년이 지난 후에 동일한 말씀을 하란에서 주신 것(창 12:1-3)과 마찬가지입니다.

노아의 순종

그런데 방주를 만들라는 명령은 노아에게는 자기의 이성으로는 도저히 상상할 수 없는 것이었습니다. 이때는 아직 홍수전이므로 900세 이상을 살 정도로 좋은 환경을 가지고 있었습니다. 또한 창 1:7에 나오는 궁창 위의 물, 즉 "지구 전체에 걸쳐 물로 이루어진 층으로서 구름과 수층을 포함"[28]한 물이 둘러싸고 있어서 온 세계가 오늘날처럼 기온의 변화와 온도차가 심하지 않은 아열대 기후를 형성하고 있었기 때문에 홍수와 같은 자연 재해가 있지도 않았고 창 2:5-6에는 땅에 비가 내리지 않았고 안개가 올라와서 땅에 충분한 수분을 공급했다고 말하고 있습니다.

또한 대륙이 오늘날과 같이 나뉘어 있는 것이 아니라 한 대륙으로 있었기 때문에(참조, 창 1:10) 아직은 배를 사용할 가능성도 거의 없습니다. 이와 같이 비라는 개념을 알지 못했으니 홍수라는 의미도 모르고 배를 운행해 보았던 경험도 없는데 하나님께서 홍수로 심판 할테니 방주를 지으라는 것입니다. 그럼에도 불구하고 노아는 하나님의 명령을 따라 하나님이 보여주신 설계대로 방주를 지었습니다. 그래서 히 11:7은 노아가 아직까지 보지 못한 것들에 관하여 경고하심을 받았음에도 믿음으로 순종하였다고 말씀하고 있습니다.

이제 방주에 들어갈 차례입니다. 그런데 하나님은 방주에 들어갈 동물들을 가리키면서 종류대로란 말을 계속해서(6:20, 7:14, 8:19) 강조하시고 또한 9:1절에서 방주에서 나온 노아에게 주시는 약속이 창 1:28에서 주신 약속, "생육하고 번성하여 땅에 충만하라"는 말씀을 그대로 주시는 것을 볼 수 있습니다. 이것은 홍수의 목적이 인간과 피조물의 멸절에 있는 것이 아니라 갱신의 의미가 있음을 보여줍니다. 극도로 타락한 인류의 역사를 마감하고 남겨진 노아를 새로운 인류의 조상으로 삼고 새로운 역사를 시작하시려는 하나님의 배려라고 볼 수 있습니다. 하나님의 배려라는 말에 거부감을 가질 수도 있지만 하나님의 아들들이 사람의 딸들의 아름다움을 보고 노아의 식구만 남겨 놓은 채 모두가 가인의 길로 간 것을 기억하십시오. 포악과 강포가 난무하고 가인의 후손 라멕이 그랬던 것처럼 사람을 죽여도 죄책감이 없고 하나님의 말씀조차 농담으로 여기던 그런 시대였습니다. 하나님의 심판은 정당한 것이었습니다.

사실 노아도 아담의 원죄를 타고난 사람이라 하나님의 심판을 피할 수 있는 사람이 아닙니다. 그러나 하나님은 새로운 시작을 위하여 노아를 남겨 두셨습니다. 정말 속을 썩이는 인간들이지만 그래도 인류의 역사를 계속 진행시켜 나가시겠다는 것이 노아를 보호하신 이유고 새와 가축과 기는 것들을 한 쌍씩 방주 안에 들여보낸 이유입니다.

사 1:19에 이런 말씀이 있습니다. "만군의 여호와께서 우리를 위하여 조금 남겨 두지 아니하셨더면 우리가 소돔 같고 고모라 같았었으리로다"(개역한글) 발바닥에서 머리끝까지 성한 곳이 없을 정도로 범죄한 나라요, 허물 진 백성이요, 행악의 종자요, 행위가 부패한 자식이 되어버린 유다와 예루살렘을 향한 하나님의 안타까운 절규입니다. 하나님께 대한 그들의 반역적인 삶을 보면 소돔과 고모라와 같이 불과 유황으로 하나님의 진노의 심판을 받아 모두 멸망을 받아도 당연한 것이지만 그래도 하나님은 그 속에 하나님께서 남겨 놓은 사람들이 있을 것이라는 것입니다. 남은 자 사상입니다.

성경에서 가장 확실하게 하나님의 은혜로 남은 자의 전형이 된 사람이 누구일까요? 바로 노아입니다. 노아야 말로 하나님의 진정한 남은 자입니다. 하나님이 인류를 불쌍히 여기시고 원래 품으셨던 하나님의 계획을 완성하시려고 하나님께서 은혜로 남겨 놓은 사람입니다. "그러나 노아는 여호와께 은혜를 입었더라" 노아가 다른 사람보다 뛰어나서 그러신 것 아닙니다. 홍수 후에 술에 취하여 실수하는 노아의 모습을 보십시오. 그도 우리와 성정이 똑같은 죄인에 불과한 사람입니다. 제발 부탁이니 성경에 등장한 사람들을 맹목적으로 우리와 다른 사람, 무슨 특별한 믿음을 가진 사람으로 보지 마시기 바랍니다. 성경에 하나님의 사람들로 등장하는 모든 사람은 다 죽어 마땅한 존재들이요 실수와 허물이 많은 사람들이었는데 하나님의 긍휼로 성경에 등장할 수 있는 은혜를 입었다는 사실을 잊지 마시기 바랍니다.

12. 노아홍수

**노아홍수는 타락한 인류에 대한 하나님의 공의로운 심판이며
역사적 사건입니다.
하나님은 식언치 않으시고 만홀히 여김을 당할 분이 아닙니다.
노아홍수는 마지막 심판을 예표하고 있음을 알고 우리도 근신해야 합니다.**

노아의 홍수는 신화가 아닙니다. 신앙공동체의 신앙심을 고취시키기 위해 만들어 낸 비유도 아닙니다. 역사적 사실입니다. 그래서 홍수에는 역사적 사실에 대한 증거들이 세계 곳곳에 남겨져 있고 과학적 사실도 많이 드러나는 것입니다. (역사적 증거와 과학적 사실에 대한 자료는 여러 도서들과 창조과학회 홈피를 이용하시면 도움이 될 것입니다.)

노아의 방주

창 6:15에는 방주의 규격에 대해서 길이는 삼백 규빗, 너비는 오십 규빗, 높이는 삼십 규빗이라고 말하고 있습니다. 규빗은 사람의 가운데 손가락 끝으로부터 팔꿈치까지의 길이인데 대략 45cm 정도되므로 "가로 135m, 세로 22.5m, 높이 13.5m"29) 가량 되고 3층 구조로 되어 있습니다. 길이는 축구장 길이보다 길고 면적은 농구장 면적의 20배 정도가 됩니다. 그리고 방주의 가로와 세로의 6대 1 비율과 가로와 높이의 10대 1 비율은 이 세상에서 배를 가장 안정적으로 해 주는 비율로서 "40m의 격랑에도 안전하다는 사실이 국내(1992년 해사기술 연구소에서 방주를 50분의 1로 축소하여 실험 - 필자 주)에서 실험적으로 확인된 바 있습니다."30) 또한 이 방주의 특징은 지붕으로 덮혀 있어서 사람이 항해를 위해 운전을 할 수 없다는 것이다. 전적으로 항해를 물의 흐름에 맡겨졌는데 이것은 오직 하나

님의 은혜로만 그들이 살 수 있음을 증명하는 것입니다.

방주의 재료는 고페르 나무(잣나무로 번역이 되기도 함)로 만들어졌고 배 안팎으로 역청을 칠해서 물이 스며들지 않도록 했습니다. 창 6:20에 보면 방주에 들어갈 동물들이 나오는데 새와 가축과 땅에 기는 것이 모두 종류대로 암수 한 쌍씩 들어가도록 하나님께서 말씀하셨습니다. 오늘날 지구상에 살아있는 동물중 이 범주에 해당되는 것은 포유류, 조류, 그리고 파충류와 양서류인데 "포유류는 3,500종, 조류는 8,600종, 파충류와 양서류는 17,600종이 됩니다. 각 쌍으로 계산하면 방주 안에 35,200마리의 동물"[31]을 실은 것입니다. 그러나 실제로 방주는 이것보다 훨씬 더 컸는데 방주에 들어간 동물들의 크기를 평균하면 거의 양의 크기만 한데 이 양들을 방주에 가득 채우면 125,280마리를 실을 수 있으니까 노아가 실었던 동물에다 두 배를 더 수용할 수 있었던 것입니다.

노아 홍수의 진행 과정

만일 120년이란 기간을 심판의 유예의 기간으로 본다면 하나님께서도 노아가 480세 때 홍수에 대한 경고를 직접 주셨을 것입니다. 그리고 경고하신대로 노아가 600세 되던 해요 므두셀라에게 계시하신 대로 그가 죽던 해에 홍수가 시작 됩니다. 노아가 600세 되던 그 해 2월 10일에 노아와 그의 식구들과 모든 동물들이 방주로 들어가서 7일 동안 방주에서 지내게 됩니다. 하나님께서 노아와 모든 동물들에게 방주 안에서의 새로운 환경에 대해서 적응 기간을 주신 것 같습니다. 그런 다음 2월 17일이 되었습니다. 창세기 7장 11은 그 날을 이렇게 표현하고 있습니다. "그 날에 큰 깊음의 샘들이 터지며 하늘의 창문들이 열려" 이 구절은 노아의 홍수가 전 지구적인 격변적 현상이었음을 증명해 주는 말씀입니다.

먼저 '하늘의 창' 이 열렸다고 말씀하십니다. 하나님께서는 창세기 1장 7절에서 '궁창 위의 물' 을 창조하셨습니다. 그런데 지구를 둘러싸고 있는 "이런 물 층(water vapor canopy)의 존재는 천문학에서는 그리 이상한 것이 아닙니다. 원래 행성의 둘레에는 가스나 기타 여러 가지 덮개 층들이 있을 수 있으며 지금도 금성, 화성, 토성 등의 태양계 행성들은 덮개 층들을 가지고 있습니다."[32] 홍수 이전의 지구는 궁창 위의 물 층의 존재로 인해서 남극과 북극을 포함한 전 지구가 골고루 따뜻하였을 것입니다. 시베리아와 같은 추운 지방에서 아열대 동물인 맘모스 화석들과 코뿔소 화석들이 엄청나게 발견되었고 따뜻한 물에서만 살 수 있는 산호초의 화석들이 발견된 것은 이 사실을 증명하는 것입니다.

또한 심한 바람이나 폭풍우의 형성을 차단하여 항상 쾌적한 날씨를 유지시켰습니다. 그리고 우주로부터 날아오는 유해한 방사선을 완벽하게 차단하여 유전자와 돌연변이를 최소화함으로서 건강과 장수의 최적의 조건을 제공하여 900살 이상을 살 수 있는 환경을 만들어 준 것입니다.

그런데 이렇게 중요한 역할을 하던 궁창 위의 물이 마치 하늘이 뚫린 것처럼 엄청난 양의 물을 쏟아 부은 것입니다. 당대의 사람들은 전혀 경험해 보지 못했던 공포의 순간들을 맛보았을 것입니다. 지구의 온실 효과는 사라지고 지역별로 계절의 변화가 뚜렷해지고 심한 온도 차이로 인해서 태풍과 폭풍우가 몰아치게 되었고 비가 온 후에는 무지개가 나타나게 된 것입니다.[33] 창세기 8장 22절에서 '땅이 있을 동안에는 심음과 거둠과 추위와 더위와 여름과 겨울과 낮과 밤이 쉬지 아니하리라' 라고 말씀하시는 이유입니다.

두 번째로 '큰 깊음의 샘' (창 7:11)이 터졌다고 말씀합니다. 히브리어로 깊음은 테홈이라는 단어인데 노아홍수 이외에 다른 곳에서는 대양이나 육지 밑에 있는 물의 근원을 말합니다. 그러므로 큰 깊음의 샘들이 터졌다는 것은 대양이나 땅 밑의 지하수가 터진 것을 의미한다고 할 수 있습니다. 터졌다고 하는 것은 지표에 많은 균열을 일으키며 물을 뿜어댔을 것이고 이것은 곧 모든 대양과 육지가 깨어지고 터진 격변적 사건이 일어났음을 말해 줍니다. 이것은 필연적으로 큰 깊음의 샘들이 터졌을 경우 지구 전체에 영향을 주는 강한 지진이 동반되었음을 짐작할 수 있고 더욱이 화석이 존재하는 많은 퇴적암들 사이에 용암이 굳어서 된 화산암들이 관찰되는 것으로 보아 화산활동도 수반되었다는 것을 보여줍니다.

일반적으로 큰 지진은 토양을 들뜨게 하여 순간적으로 흙들을 액체처럼 행동하게 하는데 큰 지진의 경우 많은 건물들이 무너져 수많은 사상자를 내는 이유는 땅이 흔들리는 것과 함께 바로 이러한 토양액화 현상 때문입니다. 그러므로 모든 깊음의 샘들이 터지는 사건은 지구 전체에 수많은 큰 지진을 일으켰을 것이며 산사태가 일어나고 그 흙더미를 액체처럼 움직였으며 한편 바다에서는 큰 해일이 일어나며 육지의 흙들은 그 해일에 의해서 빠르게 이동되고 급기야 많은 생물들은 그 흙과 함께 매몰되었을 것입니다. 노아홍수 기록은 정말로 지하의 샘들이 터지고 땅이 침몰되는 모습을 보여주는 것입니다.

하늘에서는 엄청난 양의 물이 쏟아지고 땅에서는 여러 자연 현상과 더불어 솟구쳐 올라온 물들이 150일 동안 땅을 완전히 뒤덮여 버렸는데 성경은 천하의 높은 산이 다 잠겼다라고 말씀하고 있습니다. 우리가 이해해야 할 것은 홍수전에는 대륙이 하나였고 산들은

"아마도 1200m 이상의 높이를 가진 산들이 없었을 것이라는 것입니다. 왜냐하면 현재의 가장 높은 산맥들(안데스, 알프스, 히말라야)은 화석을 가지고 있는 퇴적암으로 형성되어 있기 때문입니다."[34] 홍수로 말미암아 이렇게 높은 산맥들이 솟아오름으로서 홍수의 물이 깊은 해양분지에 저장되도록 하셨을 것입니다. 모든 산을 덮을 정도의 홍수로 말미암아 땅 위에 움직이는 생물, 즉 새와 가축과 들짐승과 땅에 기는 모든 것과 사람들이 모두 죽게 됩니다. 땅 위의 움직이는 생물들이 버텨 낼 재간이 없는 것입니다.

하나님께서 바람을 땅 위에 불게 하셔서 물이 줄어들기 시작하면서 그해 7월 17일에 방주가 아라랏 산에 도착하게 됩니다. 10월 1일에는 산들의 봉우리가 보이기 시작했고 다시 40일이 지나자 까마귀와 비둘기를 내놓았지만 물이 마르지 않은 것을 확인했을 뿐이고 7일이 지나자 다시 비둘기를 내 보냈고 그 비둘기가 감람나무 새 잎사귀를 물고 오게 됩니다. 다시 7일 후에 비둘기를 내놓았는데 다시는 그에게로 돌아오지 않습니다. 601년 1월 1일에 노아가 방주 뚜껑을 열고 지면에서 물이 걷힌 것을 확인하게 됩니다. 2월 27일에 완전히 땅이 마르게 되자 하나님께서 노아에게 방주에서 나가도록 말씀을 하시는 것입니다. 노아와 그의 가족들과 짐승들은 방주 안에서 1년 하고도 11일을 보낸 셈입니다.

노아홍수의 영적 의미

노아를 제외한 모든 인류가 홍수로 심판을 받은 가장 큰 이유가 무엇입니까? 하나님의 아들들이 사람의 딸들의 아름다움을 보고 섞였기 때문입니다. 하나님의 이름을 불렀던 셋 공동체가 그들의 정체성을 잃어버리고 사탄의 후손인 가인 계열의 하나님을 반역하는 삶의 스타일에 동화되어 그들도 역시 하나님 없는 삶을 살았기 때문입니다. 이 사실은 창세기의 일차 독자들인 광야의 이스라엘 백성들에게도 아주 중요한 장면이었을 것입니다. 혈통적 족보가 하나님의 심판을 결코 간과시킬 수 없다는 것입니다. 자신들이 이스라엘 민족이라는 이유만으로 하나님 없는 삶을 사는데도 불구하고 그들의 죄가 가리워지는 것은 아니며 하나님의 심판을 결코 피할 수 없다는 사실을 알아야 합니다.

그래서 하나님께서 가나안 정복을 앞두고 그들에게 부탁한 것 중에서 가장 중요한 하나가 바로 가나안 민족과 섞이지 말라는 것이었습니다. 이 말씀은 그들과 상종하지도 말라는 의미는 아닙니다. 제사장 나라로서 그들에게 하나님의 선택된 자녀들임을 보여주는 것은 그들과의 관계를 끊어버리고서는 불가능한 것입니다. 하지만 그들의 세속적이고 인본주의 적인 삶의 가치관을 받아들이면 안 되는 것입니다. 왜냐하면 거기에는 하나님을 사랑하는 마음이 전혀 없기 때문입니다. 하나님은 그것을 양보하지 말라는 것입니다.

방주에서 나올 때 하나님께서 노아에게 가장 먼저 하신 말씀이 무엇입니까? 창 1:28에서 하신 약속의 말씀입니다. 생육하고 번성하고 땅에 충만하라는 것입니다. 이것을 이루려 할 때 하나님의 소원은 하나님과의 올바른 관계에 바탕을 둔 하나님의 사람들로서 땅에 충만하라는 의미가 있지 않겠습니까? 하지만 하나님의 자녀들이 하나님을 반역하는 무리들에게 압도당해서 하나님이 없는 사람들처럼 살며 온 세상이 부패하고 포악한 삶으로 뒤덮일 때 하나님은 손을 쓰지 않을 수 없었던 것입니다. 앞으로 모든 하나님의 공동체들은 이 노아의 때를 기억해야 할 것입니다.

노아의 홍수는 인류 역사에 대한 마지막 심판의 그림자입니다. 노아홍수가 끝난 뒤에 하나님께서 다시는 사람 때문에 땅을 저주하지 않으시겠다고 하시면서 그 이유를 드시기를 사람의 마음이 계획하는 바가 어려서부터 악하기 때문이라고 합니다. 이 말씀은 언젠가는 항상 마음의 계획하는 바가 악한 것 때문에 홍수심판은 아니지만 다른 방법으로의 심판에 이르게 될 것임을 암시하고 있습니다. 이 암시가 무엇인지 신약에서 베드로는 정확히 드러내고 있습니다.

베드로후서 3장 6-7절입니다. "그 때에 세상은 물이 넘침으로 멸망하였으되 이제 하늘과 땅은 그 동일한 말씀으로 불사르기 위하여 보호하신바 되어 경건하지 아니한 사람들의 심판과 멸망의 날까지 보존하여 두신 것이니라" 노아 홍수를 마지막 심판의 본보기로 말하면서 이제는 물이 아닌 불로 심판하실 거라는 겁니다. 말세를 살아가는 사람들이 하나님 없이 자신들의 정욕을 따라 마음대로 죄를 지으며 살아가면서도 만물이 처음 창조할 때와 같이 그냥 있는데 주의 강림이 무슨 말이냐며 주의 다시 오심을 조롱하고 있습니다.

그러나 홍수로 온 세상을 심판하신 하나님께서 새 하늘과 새 땅을 시작하시기에 앞서 마지막으로 이 세상을 완전히 심판하실 것입니다. 영원한 하나님의 나라가 시작되기 위해서는 반드시 타락한 첫 창조, 즉 이 세상의 질서를 새 창조의 질서로 바꾸시는 작업을 하셔야 하기 때문입니다. 따라서 노아 홍수는 첫 창조의 역사 속에 새 창조를 위한 마지막 심판 예표요 그림자로 남겨 놓으신 것입니다.

그래서 마 24:37-43에서 재림의 때에는 노아의 때와 같은 전 지구적인 심판이 있을 것임을 말해 주고 있습니다. 우리는 주님의 오심이 더디다고 불평을 하거나 마음을 놓고 살아가서는 안 되는 이유가 여기에 있습니다. 비가 내리기 전까지 먹고 마시며 시집가고 장가가며 하나님의 심판에 대해서 전혀 무감각했던 그들의 상황을 고려한다면 깨어 근신하여 주님의 오심을 기다리는 것이 하나님의 자녀들로서의 마땅한 자세인 것입니다.

그러나 노아의 홍수는 심판만이 초점이 아닙니다. 아담과 하와가 사탄의 유혹에 넘어가서 하나님의 조건없는 은혜와 선의를 배반했을 때 인간은 죽은 목숨이었다는 사실을 절대로 놓치지 마십시오. 더구나 처음에는 하나님을 섬기는 사람들이 있었지만 홍수 직전에 가서는 셋 공동체나 가인 공동체가 한 통속이 되어서 그들의 삶 가운데서 하나님을 제거해 버리고 부패와 포악한 삶을 살아가는 모습은 인간은 그 누구도 하나님의 말씀에 순종하며 그 분과 함께 동행하는 것을 원치 않는다는 것을 증명하고 있습니다. 그러나 하나님과 동행한다는 것이 기적과도 같은 이 열악한 죄악의 현장에서 하나님이 노아와 그 식구들을 구원하심으로 여전히 인류를 향해 사랑으로 품으시는 하나님을 보여주고 있습니다.

우리가 멸망으로 치달아 가고 있는 현실에서도 소망을 가질 수 있는 것은 온 우주적인 심판이 달려 와도 그 분의 자녀들에게 구원을 베푸시는 하나님의 은혜를 보기 때문입니다. 하나님의 은혜가 아니면 도저히 이어질 수 없는 인간의 처참한 죄의 현장을 먼저 보셔야 합니다. 창조의 시작부터 결코 심판이 먼저 인적이 없습니다. 무조건적인 은혜가 먼저였습니다. 노아의 구원은 마지막 심판과 더불어 영원한 구원에 대한 예표이기도 합니다. 지구가 멸망하고 온 우주가 사라진다 해도 하나님의 구원의 역사는 쉬지 않을 것이며 그 분의 자녀들은 어떤 환경에서도 반드시 구원받을 것입니다. 이것이 노아 홍수 심판이 주는 진정한 메시지입니다.

Ⅱ-2 두 번째 단일 민족 공동체

(노아 홍수 심판 이후부터 바벨탑 사건까지 : 창 8:20-11:26)

13. 노아의 언약과 그의 후손들

하나님의 은혜로 노아는 새로운 인류의 조상으로 남겨진 자이므로
그와 그의 후손들은 하나님만 바라는 공동체를 이루며 살아가야 합니다.
하지만 그들은 여전히 죄를 짓고 본성으로 인하여
홍수 이전과 같이 하나님을 믿는 자들과 믿지 않는 자들로 나누어지는 것을 보게 됩니다.
세상 공동체인 함 공동체와 교회 공동체인 셈 공동체가 그것입니다.

노아 언약 - 보존의 언약

방주에서 나온 노아는 가장 먼저 하나님께 제단을 쌓습니다. 어느 누가 이 거대한 심판 앞에서 하나님의 엄위로우심을 그냥 지나칠 수 있겠습니까? 홍수로 말미암아 쑥대밭이 되어 버린 그 현장을 목격하면서 일 년 전의 상황과 너무도 다른 현실 앞에서 자신이 구원받았다는 기쁨보다는 하나님에 대한 두려움이 앞섰을 것은 너무도 자명한 사실입니다. 그러므로 노아는 하나님의 크심 앞에 한없이 작은 자신을 보며 그 분께 진정한 경외와 경배를 드렸을 것입니다. 그런데 9:1절에 보면 하나님께서 방주에서 나온 노아와 그 식구들에게 '생육하고 번성하여 땅에 충만하라' 고 명령하십니다.

하나님 나라의 역사(歷史)

- 성경 전체를 잘 이해하기 위해서 크게 다섯 시기로 나눌 수 있습니다. 다섯 시기로 나누는 이유는 하나님께서 하나님 나라의 역사를 진행해 가심에 있어서 결정적 분수령들이 있기 때문에 편의상 나누는 것이지 하나님의 구원 방법이나 섭리의 내용이 달라지기 때문이 아닙니다.

- 창조 후부터 타락하기 이전의 시기는 '타락 이전의 인류공동체' 라고 부를 수 있습니다. 아담과 하와가 인류의 대표로 하나님 앞에 서 있기 때문입니다. 그리고 인간이 타락한 이후부터 바벨탑 사건까지는 두 번째 시기인 단일 민족 공동체 시기입니다. 온 인류가 단일 언어와 단일 민족으로 구성되어 있기 때문입니다. 그러나 이 공동체는 성격이 다른 두 공동체로 나누어지게 되는데 하나는 하나님을 섬기며 예배했던 셋 공동체요 다른 하나는 하나님을 반대하며 인본주의적 문화를 세워갔던 가인 공동체입니다

<들어가는 말에서>

도표 4 - 두 번째 단일 민족 공동체

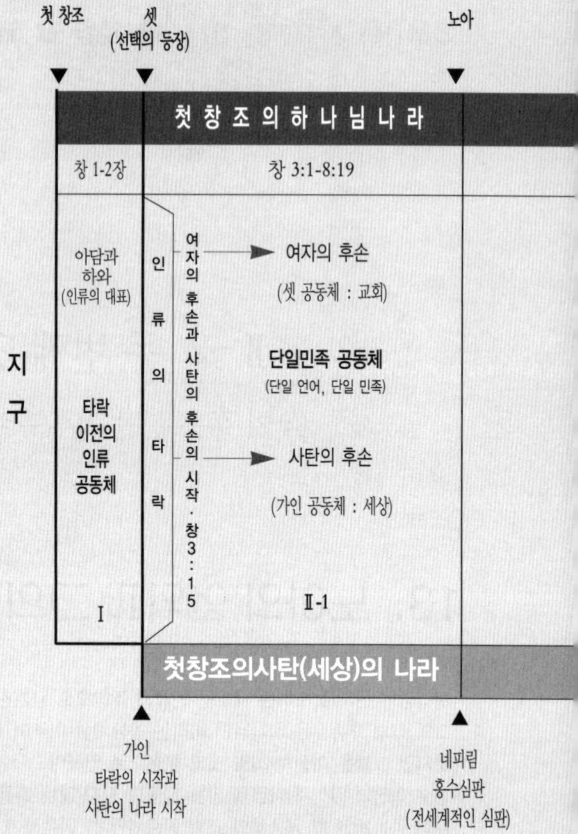

[도표 4에 대한 설명]

단일 민족 공동체의 시기는 창 3:1부터 11:26까지, 즉 아담과 하와가 타락한 이후부터 아브라함이 부름을 받기 전까지의 시기를 의미합니다. 인간이 타락하지 않은 창세기 1-2장과 구분 되는 시기이고 모든 인류를 상대하시던 하나님께서 언어가 나누이고 수많은 민족으로 갈라진 다음에 오직 한 사람 아브라함을 부르셔서 그의 후손인 이스라엘이라고 하는 한 민족에게 초점이 맞추어져 있는 창 12장 이후의 역사와는 성격이 다르기 때문에 이렇게 분류를 하는 것입니다. 이 시기를 단일 민족 공동체라고 하는 이유는 언어와 민족이 나누이지 않고 전 인류가 한 언어와 한 민족으로 살고 있었기 때문입니다. 다만 하나님을 경외하는 교회 공동체냐 아니면 하나님을 경외하지 않는 인간 중심의 세상 공동체냐로 나누입니다. 타락 이후부터 노아 홍수 이전까지는 가인의 공동체와 셋 공동체로 구분되어지고 노아 홍수 이후에는 노아의 후손을 중심으로 셈의 후손(야벳의 후손)과 함의 후손으로 나누어지게 됩니다.

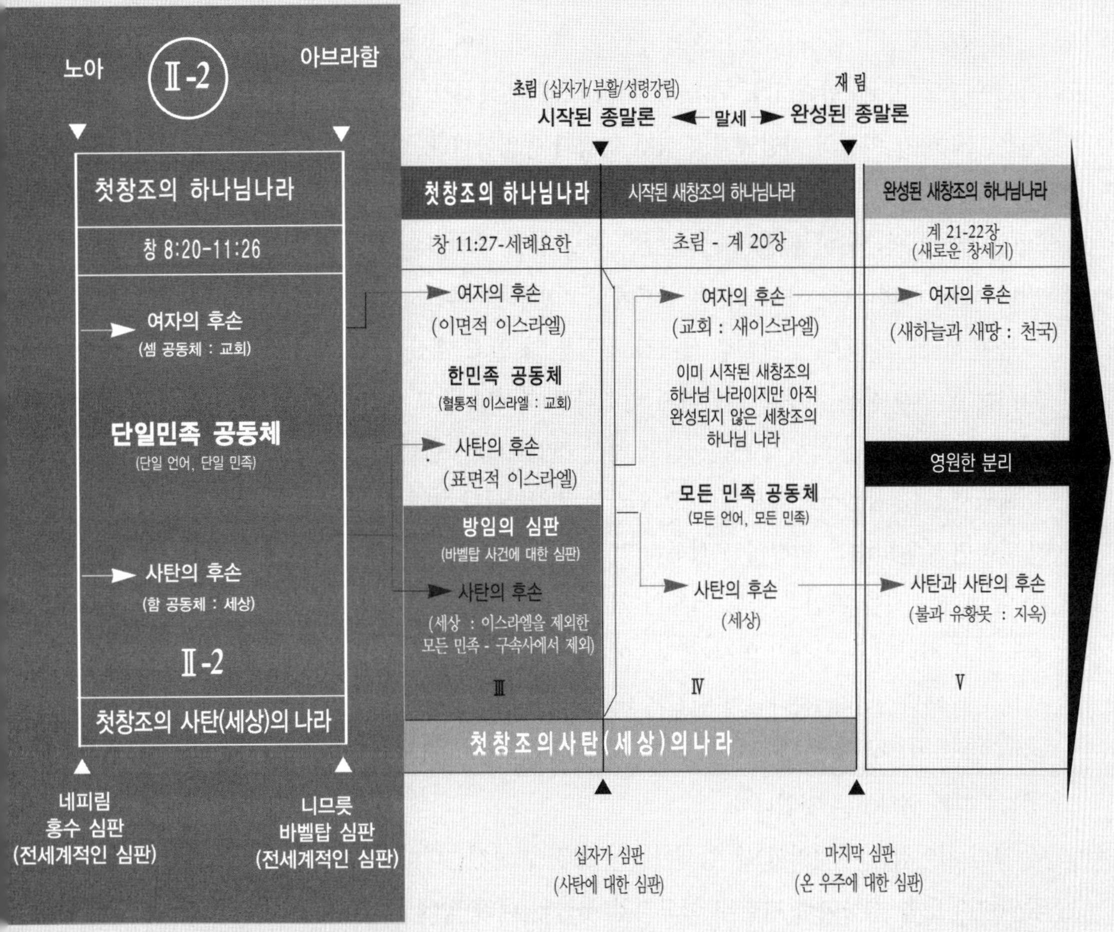

그런데 이 시기의 하나님 중심의 공동체(셋, 에녹, 노아, 셈으로 이어지는)가 인간이 중심이 되는 인본주의 공동체에게 동화 흡수되어 교회 공동체(가인, 라멕, 네피림, 니므릇으로 이어지는)로서의 정체성을 잃어버린다는 것입니다. 하나님께서는 심판으로 이들을 징계하시는데 노아 홍수 심판과 바벨탑 사건에 대한 심판이 바로 그것입니다. 그런데 이 시기가 비슷한 양상으로 흐르고 있는데 굳이 Ⅱ-1과 Ⅱ-2로 나눈 가장 큰 목적은 홍수심판과 바벨탑 심판이 동일한 세계적인 심판임을 드러내기 위함입니다. 많은 사람들은 흔히 홍수심판은 전 세계적인 하나님의 심판으로 알고 있으면서도 바벨탑 사건에 대한 심판이 홍수 심판과 방불한 전 세계적인 심판이라는 시각으로 보지 않고 한 사건으로만 기억하고 있는 경우가 대부분입니다. 그런데 아브라함 이후의 역사를 잘 알기 위해서는 바벨탑 사건에 대한 심판의 성격을 정확히 이해해야 합니다. 여기에 대한 설명은 나중에 다시 언급하기로 하고 이 시기에(창 3:1-11:26) 있어서 잊어버리지 말아야 할 것은 전 인류가 한 언어, 한 민족이었기 때문에 어느 특정한 민족이나 나라가 하나님의 구속의 대상이 아니라 전 인류가 하나님의 구속의 대상이 된다는 것입니다.

이 명령의 원래 출처인 창 1:28의 명령과 비교해 보면 공통점과 차이점이 동시에 존재하고 있음을 알 수 있습니다. 먼저 공통점입니다. 생육하고 번성하여 땅에 충만하라는 명령은 타락하기 이전의 아담에게 주셨던 명령과 동일합니다. 이것은 첫 창조의 질서를 지속시켜 가시겠다는 하나님의 마음을 알 수 있습니다. 그렇다고 이 말씀은 노아로 인해서 죄악이 없고 하나님만을 잘 섬기는 그런 세상이 될 것이라는 희망 때문에 주신 것은 아닙니다. 이미 하나님은 노아 홍수 이후에도 사람들이 여전히 죄 가운데 살 것을 아셨고 그들이 하나님과 적대적 관계로 살아갈 것임을 다 알고 계셨습니다. 그래서 창 8:21에서 다시는 홍수와 같은 저주로 심판하지 않겠다고 하시면서 그 이유를 사람들의 마음의 계획이 태어날 때부터 악하기 때문이라고 하신 것입니다. 사람들이 늘어나면 날수록 그것과 비례해서 늘어나는 것이 무엇입니까? 인간의 죄악입니다. 세월이 흘러가면 갈수록 문명이 발달하면 발달할수록 인간이 고상해지고 죄가 세력을 잃는 것이 아니라 오히려 더 기승을 부린다는 것을 가인과 아벨 이후의 역사를 통해서 충분히 살펴보았습니다. 그럼에도 불구하고 하나님은 인간의 역사가 지속이 되기를 바라고 이 땅에 생육하고 번성하고 충만하기를 바라십니다. 하나님의 진심은 비록 인간이 죄인이 되었다 할지라도 하나님의 말씀에 귀를 기울여 죄를 극복하고 하나님이 원래 주시고자 하셨던 축복에 모든 사람들이 동참하기를 원하시는 것입니다.

그럼 차이점은 무엇일까요? 창세기 1장 28절을 보겠습니다. "생육하고 번성하여 땅에 충만하라 땅을 정복하라 바다의 물고기와 하늘의 새와 땅에 움직이는 모든 생물을 다스리라" 그런데 9:1절에서는 땅을 정복하라. 바다의 고기와 공중의 새와 땅에 움직이는 모든 생물을 다스리라는 명령이 빠져 있습니다. 창세기 1장 28절에서는 인간의 만물에 대한 지배권이 거의 무제한적입니다. 선악과를 따 먹지 말라는 말씀 외에는 금지하는 법이 없었습니다. 그런데 9장에서는 땅을 정복하라 바다의 고기와 공중의 새와 땅에 움직이는 모든 생물을 다스리라는 말씀 대신에 다른 말씀이 주어집니다. 그것이 9:2절 말씀입니다. "땅의 모든 짐승과 공중의 모든 새와 땅에 기는 모든 것과 바다의 모든 물고기가 너희를 두려워하며 너희를 무서워하리니 이것들은 너희의 손에 붙였음이니라."

아담의 범죄후로 사람은 하나님과 상관없이 자존하는 질서에 서게 되었고 그래서 하나님의 통치 질서에서 떠나 버렸기 때문에 세상의 모든 질서도 역시 만물의 지배자인 인간의 손을 벗어나 자존하는 질서로 변해버렸고 결국 모든 피조물은 서로 적대관계에 서게 되어 버립니다. 사람끼리도 그렇거니와 짐승들에게 있어서도 마찬가지이고 사람과 짐승들 사이에도 마찬가지입니다. 그런데 육체적 조건만 따진다면 인간이 짐승을 이길 수가 없습니다. 더구나 총이나 마취 총 같은 첨단 무기가 없었던 당시에는 더욱 더 인간이 불리한 것이 사실입니다. 그래서 이런 짐승의 사람에 대한 위협(맹수들의 습격, 메뚜기 떼의 습격, 모기 떼의 공격 등)은 시간이 지나면서 사람들이 짐승들을 섬기고 우상으로 받들며 수호신으로 삼는 비참한 지경에까지 이르게 되는 것을 역사를 통해서 알 수 있습니다. 따라서 하나님께서 짐승들에게 인간을 두려워하는 본능을 주어서 억제시키지 않았다면 당시에 사람들은 이 짐승들에 의해 멸망을 당했을지도 모르는 것입니다.

그런데 이런 억제의 본능을 주시는 시점이 왜 노아 홍수 다음인가 하는 것입니다. 홍수 이전의 자연환경은 궁창 위의 물의 존재로 인해서 사람들이 900년 이상을 살 수 있을 정도로 아직은 안락한 환경이었습니다. 사람보다 수명이 짧을 거라고 예상이 되는 짐승들에게 충분한 음식이 있었고 살기 좋은 환경이 조성이 되었을 것입니다. 아직은 서로에게 적대적 환경이 아니었다는 것입니다. 그런데 홍수 심판을 겪은 지구는 이전과는 완전히 다른 환경이 조성되었을 것입니다. 노아가 내 보낸 비둘기가 감람 새 잎사귀를 물고 온 것으로 볼 때 새싹들이 나기 시작하였겠지만 산과 들판은 예전의 모습이 아니라 완전히 황폐한 모습을 보여 주었을 것입니다.

죽은 사람들의 주검과 짐승들의 시체와 이리저리 뒹굴고 있는 나무의 잔해들이 널려 있고 온통 뒤죽박죽인 그런 상태였을 것이고 노아에게는 전혀 익숙하지 않은 지형으로 바뀌어 있었을 것입니다. 따라서 9:2절 말씀은 홍수 심판으로 인해서 이제 인간에게는 만물에 대한 지배권이 홍수 이전보다 더욱 더 상실되었다는 것을 말하는 것이고 사람과 짐승 사이에 적대적 관계가 점증할 것을 말하고 있습니다. 그래서 인간이 짐승들의 힘에 굴복할 수도 있게 되었다는 것입니다. 그러므로 하나님은 인간을 보호하는 차원에서 짐승들에게 인간을 두려워하는 본능으로 억제시키시는 것입니다.

또한 홍수의 황폐함으로 인해 빈약해진 인간의 음식을 대체하기 위해서 식물 음식과 더불어 짐승들도 인간의 음식으로 주십니다. 짐승을 살육하게 될 텐데 이 과정에서 짐승들을 어떻게 다루어야 할지를 9:4절에서 말씀해 주십니다. "그러나 고기를 그 생명 되는 피째 먹지 말 것이니라" 이것은 함부로 생명의 존엄성이 무시되어서는 안 된다는 것입니다. 육식은 짐승을 죽이는 행위를 전제하기 때문에 생명을 소홀히 할 가능성이 높아집니다. 자연에 대한 무자비한 인간의 폭력과 무질서가 생길 수 있습니다. 그러므로 하나님은 피채 먹지 말라고 규정하시고, 육식에 대한 허용과 생명의 존엄성 유지를 균형 있게 시행하도록 하시는 것입니다. 따라서 노아는 이 하나님의 명령을 통해서 여전히 이 세상 모든 것의 생명의 근원자는 인간이 아니라 하나님이심을 잊어서는 안 될 것입니다.

노아에게 생육하고 번성하여 땅에 충만하라는 명령을 주신 하나님께서 9:8절 이하에서 노아와 언약을 세우십니다. 이 언약은 노아 한 개인을 위한 것이 아닙니다. 왜냐하면 노아는 이제 새로운 아담의 역할을 해야 하기 때문입니다. 따라서 하나님께서 주권적으로 노아에게 세우시는 이 언약은 그의 가족 뿐 아니라(9절) 온 인류와 모든 피조물을 포함합니다(10절). 이 언약은 인간과 다른 피조물의 생명을 보존하는 하나님의 약속과 헌신을 담고 있기에 흔히 '보존의 언약'이라고 합니다.

9:11절입니다. "내가 너희와 언약을 세우리니 다시는 모든 생물을 홍수로 멸하지 아니할 것이라 땅을 멸할 홍수가 다시 있지 아니하리라" 하나님께서 이 세상을 보전하시는 이유는 인간이 도덕적으로나 윤리적으로 성숙해서가 아닙니다. 하나님께서 스스로 결심하시는 것입니다. 그리고 사람들이 시간이 지남에 따라 그 언약에 대해 의심하거나 홍수에 대한 두려움을 가질 것을 아시고 무지개를 언약의 증표로 주셨습니다. 이 증표로 말미암아 노아와 그 가족들은 홍수에 대한 두려움에서 벗어나서 새로운 희망을 갖게 되었을 것입니다.

다시 언약을 주시는 하나님! 참 하나님은 무던하시다는 생각이 들기도 합니다. 왜냐하면 언약을 주신다 해도 인간은 여전히 죄악 가운데 있을 것이며 하나님 앞에서 패역한 삶을 살아갈 것이기 때문입니다. 그럼에도 불구하고 하나님은 노아와의 언약을 통해서 인류 역사를 보존하시기로 하십니다. 하나님의 속을 썩일 것이 너무 뻔한데도 최후의 심판이 있을 때까지 이 세상을 간수하신다는 것입니다.

무엇을 하시기 위함입니까? 진흙탕 같은 죄의 현장에서 하나님의 구원의 꽃을 피우시기 위함입니다. 사탄은 인간을 유혹해서 무너뜨리면 인간을 자녀 삼아서 영원히 함께 하시는 하나님의 나라를 세우시려는 하나님의 계획을 좌절시킬 수 있고 하나님이 포기하실 수 있다고 생각했을지 모르지만 하나님은 사탄의 악랄한 방해에도 불구하고 원래의 목적을 이룩하시기 위해서 절대로 포기하시거나 중단하시는 일은 없을 것입니다. 사탄은 하나님을 너무나 경홀히 여겼습니다.

여기서 분명히 할 것은 성경에 나오는 모든 언약은 하나님이 주도권을 가지고 있다는 것입니다. 인간이 필요해서 하나님께 요청한 것이 아니라 하나님이 먼저 인간을 향하여 손을 내미는 것입니다. 에덴동산과 같은 완벽한 환경에서도 하나님을 거역했던 인간이 그것과는 비교할 수 조차 없는 죄된 환경과 또한 타락으로 말미암아 하나님의 형상이 상처받은 것으로 판단할 때 그들 스스로 하나님을 찾고 하나님께 돌아올 가능성은 제로라고 보는 것이 맞을 것입니다. 더구나 하나님께 나아가는 것을 방해하는 사탄의 존재를 생각한다면 더욱 그렇습니다. 이것은 인간이 죄와 사망의 법에서 헤어 나올 수 없어서 망할 수밖에 없는 존재가 되어 버렸다는 것을 의미합니다.

그래서 하나님이 먼저 인간을 찾아오실 수밖에 없습니다. 하나님이 찾아오시지 않으면 인간은 결코 하나님을 찾을 수 없기 때문입니다. 따라서 성경의 언약이란 하나님께서 스스로 언약대로 하시겠다는 다짐이십니다. 인간은 성경에 나타난 어떤 언약에도 그 언약을 지키는데 도움을 준 적이 없습니다. 노아에게 주신 언약은 마지막 심판 때까지는 하나님께서 아무리 배알이 뒤틀려도 온 땅을 쓸어버리는 심판은 안하시겠다는 스스로의 다짐인 것입니다.

노아의 실수와 그의 후손들 - 인간의 여전함

엄청난 홍수의 위력 앞에 두렵고 떨었던 노아에게는 무지개야 말로 희망의 메시지였습니다. 그는 더 이상 홍수와 같은 하나님의 심판에 대한 염려 때문에 고민할 필요가 없었습니다. 그리고 세월이 흘러가면서 생활에 적응을 하기 시작했고 포도원을 경작하여 만들었습니다. 이제 평온이 찾아 왔습니다. 사는데 별로 지장이 없었습니다. 이럴 때 사람은 방심을 하게 되어 있습니다. 우리는 본문에 나타난 노아의 행동을 통해서 인간은 홍수 이전이나 이후에도 변함이 없다는 것을 알 수 있습니다.

어떤 점에서 그렇습니까? 6장 4절에서 말씀한 바와 같이 마음과 생각이 항상 악하다는 의미에서 그렇습니다. 그래서 홍수 이전 시절인 6장 9절에서 노아가 의인이요 당세에 완전한 자요 하나님과 동행했다는 말은 노아가 세상 사람들과는 완전히 다른 특별한 종자였음을 말하는 것이 아니라 다만 하나님이 그를 불쌍히 여기시고 은혜로 붙잡아 주셨다는 것을 더욱 깊이 깨달을 수 있습니다. 노아는 하나님의 은혜로 오늘의 자신이 있음에도 불구하고 어느 정도 생활이 안정이 되니까 그도 별수 없이 죄 앞에서 무능한 존재임을 드러내고 맙니다. 포도원을 경영했으니까 분명히 포도주를 맛볼 기회가 많이 있었을 것입니다.

그런데 어느 날 마셔도 너무 많이 마셔버렸습니다. 21절에 취했다는 말은 만취해서 인

사불성이 되었다는 말입니다. 그래서 필름이 끊기다 보니까 옷을 훌러덩 벗고 완전히 벌거벗은 채로 누워서 잠을 자게 되었습니다. 이것은 하나님의 은혜로 살아남은 경건하고 의로운 아버지의 행동으로서는 맞지 않는 행동이었습니다. 타락한 인간에게 심판은 새 출발이 될 수가 없다는 것이 노아의 실수와 그 후손들의 죄악된 삶을 통해서 드러납니다.

노아가 완전히 술에 떡이 되어서 그것도 옷도 하나도 걸치지 않고 벌러덩 누워서 잔다고 해 보십시오. 사실 그거 하나만으로도 쇼킹한 일입니다. 노아가 분명히 큰 실수를 한 것이 맞습니다. 그런데 아무도 보지 않았으면 좋았을 것인데 노아의 아들 함이 그것을 보고 말았습니다. 함은 아버지의 하체를 보고 밖으로 나가서 그의 두 형제에게 알리고 맙니다.

여기서 '하체'라는 단어는 에르바(עֶרְוָה)인데 원래는 성기를 가리킵니다. 또한 함이 하체를 보았다고 했는데 보았다는 의미는 그저 보았다는 말이 아니라 '그가 주목해서 보았다, 또는 그가 흥미 있게 응시했다' 그런 뜻입니다. 관음증이라는 말을 아실 것입니다. 다른 사람의 성기나 성교 장면을 몰래 반복적으로 보면서 성적인 만족을 느끼는 성도착증을 의미합니다. 함이 주목해서 보고 흥미 있게 응시했다는 말은 이런 의미가 있습니다. 아버지에게는 상상할 수 없을 정도로 큰 수치가 되는 현장에서 함은 아버지의 하체를 보고 성적인 상상력을 즐기고 있었던 것입니다. 함은 그것만으로는 만족하지 않았는지 밖으로 나가서 형제들, 즉 셈과 야벳에게 그것을 고했습니다.

그런데 여기서 고하다는 말은 단순히 말했다는 말이 아니라 즐겁게 말했다는 뜻입니다. 무슨 의미입니까? 그는 처음부터 아버지의 수치를 즐겼다는 것이 증명되는 것이고 그것을 형제들에게 떠벌린 것입니다. 이처럼 아버지의 부끄러운 것을 다른 사람들에게 알리는 것은 아버지의 권위를 우습게 여기고 조롱한 것입니다. 그래서 노아의 명예를 치명적으로 손상시킨 것입니다.

당시의 아버지의 위치가 어느 정도였을까요? 그때의 아버지의 역할은 오늘날의 아버지의 역할과는 하늘과 땅 차이만큼이나 차이가 있습니다. 당시의 아버지는 왕 같은 존재입니다. 가족의 생사여탈권을 가진 사람이고(아브라함이 이삭을 죽이려고 할 수 있었던 것도 당시의 배경에서 나온 것이다.) 제사를 집행하는 제사장 역할을 감당하고 있어서 축복과 저주를 선포할 수 있는 권한이 있었습니다. 그리고 하나님의 말씀을 선포하고 가르치고 그것을 지킬 것을 명령할 수 있는 선지자적 권한도 있었습니다. 야곱이 자기 형 에서를 제쳐놓고 아버지 이삭에게 기를 쓰고 축복을 받으려고 하는 이유가 무엇입니까? 이삭의 권위를 인정하기 때문이 아닙니까? 그러기 때문에 나중에 에서는 속은 것을 알고 얼마나 분해했고 아버지에게 다시 축복해 달라고 울며불며 매달리지 않았습니까? 당시는 아버지가 모든 권력의 핵심입니다. 이런 아버지의 권위에 도전하고 먹칠을 한 것입니다.

함의 말을 들은 셈과 야벳은 너무도 놀라서 옷을 자기들의 어깨에 메고 뒷걸음쳐 들어가서 노아의 하체를 가려 주고 끝까지 아버지의 하체를 보지 않고 나왔습니다. 이들의 행동이 바로 그 당시에 아버지에 대한 아들들의 태도였습니다. 그러니까 셈과 야벳이 그런 당황스러운 상황 하에서도 뒷걸음쳐 들어가서 아버지의 하체를 덮어주었고 이제는 보이지 않았음에도 끝까지 얼굴을 돌려서 보지 않은 것은 당시의 문화를 대변하는 것입니다. 그래서 그들은 아버지의 수치를 가려서 부끄러움을 덮어 주었습니다. 그들은 아버지의 실수는 인정했지만 아버지로서의 권위와 명예는 훼손하지 않았습니다.

노아가 술에서 깨어난 후에 그 작은 아들 함이 자신에게 행한 일을 알게 되었을 때 노아는 세 아들에 대해서 이런 예언을 하게 됩니다. 우선 9:25절만 보겠습니다. "이에 가로되 가나안은 저주를 받아 그 형제의 종들의 종이 되기를 원하노라." 그런데 이상한 것은 노아가 실제로 잘못을 범한 함을 저주한 것이 아니라 그의 아들 가나안을 저주하고 있다는 것입니다. 이것은 무엇을 말하느냐 하면 노아가 단지 감정의 차원에서 화가 나서 한 말이 아니라 원래 하나님이 주시고자 했던 예언의 말씀을 하고 있다는 것을 알 수 있습니다. 감정대로 했다면 함을 저주해야 맞습니다.

어떤 사람에게 부정적인 예언(심판의 예언)을 하는 것은 1차적으로 그 사람이 돌아서기를 원하는 목적이 있습니다. 그래서 예언이란 너희가 뉘우치지 않고 계속 이런 식으로 나가면 앞으로 틀림없이 이러저러하게 될 테니까 지금부터 너희 삶을 고치라는 경고요 훈계입니다. 노아가 함을 저주하지 않았습니다. 그 대신 함의 아들 가나안을 저주했습니다. 이것은 예언입니다. 노아는 함이 한 짓이 옳지 못하다는 것을 알았습니다.

그러나 노아가 더 우려한 것은 함의 아들 가나안에게서 나타나고 있는 이상한 성적 기질이었습니다. 부전자전이었다는 것입니다. 죄악의 성향이 대대로 이어져 가는 것을 노아가 보고 너무도 걱정이 되는 것입니다. 이것은 지금 함 자신에게 다시 올 수 없는 기회를 준 것입니다. 무슨 기회입니까? 돌이킬 수 있는 기회요 자녀를 건강하게 키울 수 있는 기회입니다. 함은 아버지로서의 충분한 권위를 사용해서 자신뿐만 아니라 자신의 아들인 가나안을 죄에 탐닉하는 존재가 되지 말도록 지도하고 가르쳐야 하는 것입니다. 잘못은 자기가 했는데 저주가 아들에게 임한다고 했다면 더욱 경각심을 가져야 하는 것입니다. 그들이 돌아서면 용서를 받게 되겠지만 그러나 돌아서지 않으면 실제로 저주가 임할 것입니다.

그러나 함과 가나안은 이런 노아를 통한 하나님의 경고를 듣지 않았습니다. 마치 홍수 전에 홍수 심판을 외치는 노아의 말을 듣지 않은 것처럼 말입니다. 노아의 이 예언은 역사적으로 그대로 실현이 되었습니다. 지금 이 창세기를 읽고 있는 이스라엘 백성들이 애굽을 떠나서 어디로 가고 있습니까? 바로 함의 막내 아들 가나안의 후손들이 살고 있는 가나안 땅을 향해 가고 있습니다. 창 10:15-18입니다. "가나안은 장자 시돈과 헷을 낳고 또 여부스 족속과 아모리 족속과 기르가스 족속과 히위족속과 알가 족속과 신 족속과 아르왓 족속과 스말 족속과 하맛 족속의 조상을 낳았더니 이후로 가나안 자손의 족속이 흩어져 처하였더라."

당시에 가나안 사람들은 이스라엘보다 더 힘이 세고 여러 가지 발달된 문명을 가지고 있었고 종교 또한 다양했습니다. 그러면서 그들은 유달리 성적으로 부패한 생활을 하고 있었습니다. 특히 종교와 관련된 매춘이 너무도 성행하는 곳이었습니다. 가나안 종교의 중요한 특징 중의 하나가 바로 성적(Sex)활동을 강조하며 자극하는 데에 있습니다. 바알이 주는 풍요와 다산의 혜택을 얻기 위하여 몸과 정조를 서슴없이 그 신에게 바침으로 그 신을 만족시켰던 것입니다. 신전에는 성창이 있어서 희생제물을 바치러 오는 제사자와 신전에서 섬기는 여자나 남자들과 성적인 관계를 의식삼아서 행하는 것이었습니다. 당시는 종교가 곧 삶이라는 특징을 생각한다면 그들의 성적 타락은 일반 사회에 만연해 있음을 알 수 있습니다. 그래서 레위기 18장에 보면 하나님께서는 약속의 땅에 들어가려는 이스라엘 백성들에게 가나안 민족의 가증한 성적인 관계를 여러 예를 들어서 그렇게 하지 말라고 경고하시는 것입니다. 하나님께서 가나안을 진멸하라고 하신 이유는 바로 그들의 죄악에 대한 심판이 가장 큰 이유입니다. 하나님은 여호수아와 이스라엘 백성들을 통해서 그들을 심판하시는 것입니다. 노아의 홍수를 통해서 세상을 심판하듯이 하나님이 이스라엘 백성을 통해서 가나안 땅을 싹 쓸어버리고 이스라엘을 죄로부터 보호하시려고 하신 것인데 이스라엘은 하나님의 말씀에 순종하지 않습니다. 그래서 이스라엘 역사 동안 얼마나 많은 우상숭배와 문란한 생활 때문에 하나님의 진노를 받았습니까?

노아의 가나안에 대한 예언은 가나안의 바로 이 성적인 부분에서 지나치게 탐닉하며 문란한 모습을 고치지 않고 그대로 나가게 된다면 가장 비참한 마지막을 맞이할 수밖에 없음을 미리 경고하는 것입니다. 가나안에 대한 저주의 핵심이 무엇입니까? 그들이 돌이키지 않으면 이 세상의 종이 되어 살아 갈 수밖에 없는 족속이 된다는 것입니다. 실제로 그들이 돌이키지 않으므로 출애굽 당시의 가나안 자손들은 함의 시대로부터 많은 시간이 흘렀음에도 그들의 정욕과 성욕의 노예들이 되어 살아간 것입니다. 이것이야말로 가장 큰 형벌이고 비극이 아닙니까? 뿐만 아니라 그들은 역사적으로도 강대국들의 종으로 살아가다가 끝내는 역사 속에서 살아지고 마는 것입니다.

셈 공동체(교회 공동체)

반면에 셈에게는 하나님의 축복이 임하게 됩니다. 26절에 "셈의 하나님 여호와를 찬송하리로다. 가나안은 셈의 종이 되고"라고 말씀합니다. 가나안이 셈의 종이 된다는 말은 셈은 이스라엘 백성의 후손이 될 것이며 그들이 가나안을 정복할 것을 말하고 있습니다. 하나님께서 노아를 홍수 심판 속에서도 살려 주신 이유가 무엇입니까? 하나님께서 창 3:15에서 약속하신 바와 같이 인류의 구원의 희망이 되시는 여인의 후손을 이 땅에 보내시기 위함입니다.

하나님은 또 다시 한 족보에 관심을 기울이시는데 바로 셈족입니다. 하나님은 셈을 하나님의 구속의 역사에 동참하는 민족으로 삼으십니다. 그래서 아브라함이 이 셈족의 혈통을 타고 오고 다윗도 요셉도 이 민족의 혈통을 타고 오는 것입니다. 27절에 보면 "야벳을 창대케 하사 셈의 장막에 거하게 하시고"라는 말씀도 있습니다. 야벳을 창대케 하신다는 것은 문자적으로 그들에게 넓은 공간을 주신다는 의미이고 셈의 상막에 거한다는 것은 야벳이 셈의 종교적 축복에 동참하게 된다는 의미입니다.

14. 바벨탑 사건과 방임의 심판

**바벨탑 사건은 교회공동체인 셈 공동체가
세상 공동체인 함 공동체와 섞여서 하나님을 대적한 사건입니다.
노아 홍수 직전의 삶과 하나도 다를 바가 없습니다.
그래서 하나님은 그들을 방임의 심판으로 다스리십니다.
방임의 심판은 노아 홍수 심판과 동일한 전 세계적인 심판임을 반드시 인식해야 합니다.**

니므롯이 세운 공동체
(세상 공동체의 특징 : 가인과 라멕과 네피림의 정신의 상속)

상식적으로 생각한다면 노아와 그의 후손들은 하나님의 구원을 받은 자들이므로 모두가 하나님을 잘 섬기는 공동체가 되어야 할 것입니다. 하지만 인간은 시간이 지나면서 하나님을 믿는 자와 믿지 않는 자가 또다시 나누어지는 것을 보게 됩니다. 성경에서 말하는 하나님의 자녀는 결코 혈통적 관계로 정의를 내리는 것이 아님을 다시 한번 확인할 수 있습니다.

노아의 세 아들인 셈과 함과 야벳의 후손들을 통해서 한 언어를 사용하며 단일 민족의 형태를 유지하면서 새로운 인류가 번성해 가고 있었습니다. 그런데 결정적으로 이들이 분리되는 사건이 일어납니다. 이것은 성경에서 아주 중요한 지점입니다. 이 부분을 잘 이해해야 아브라함과 이스라엘 민족에 대한 하나님의 부르심의 역사가 어떤 의미가 있는지 신약의 교회에서 일어나는 사건들은 어떻게 이 부분과 연결이 되는지 폭넓게 깨달을 수가 있기 때문입니다. 그럼 어떻게 한 언어와 한 민족으로서의 단일한 민족이 여러 민족과 여러 언어로 나누어졌는지 알아보겠습니다.

먼저 이 시대의 중심인물이 누구인가를 살펴볼 필요가 있습니다. 창 11:2에 보면 그 사람이 누구인가를 알 수 있는 단서가 하나 나옵니다. "이에 그들이 동방으로 옮기다가 시날 평지를 만나 거기 거하고" 노아의 방주가 어디에 머물렀습니까? 아라랏 산입니다. 시날 평지 쪽에서 보면 한참 북쪽 지방에 있습니다. 그리고 거기는 산악지형입니다. 처음에는 사람들이 그 주위에 머물러 살다가 인구가 늘어나고 땅이 비좁아 지니까 더 넓고 살기 편한 장소로 옮겨 갔는데 도착한 곳이 바로 시날 평지입니다. 그런데 이 시날 평지에 이르렀을 때 유명한 사람이 등장을 합니다.

우선 여기서 이해해야 할 것은 11장은 10:5절과 20절, 그리고 31절에서 이미 말씀하는 바와 같이 인류가 여러 민족으로 나누어졌는데 그 이유가 무엇인지를 따로 떼어내서 구체적으로 설명하는 것으로 보아야 한다는 것입니다. 마치 창세기 1장에서 인간창조에 대해서 말씀하고 있지만 2장에서 인간창조만을 따로 떼어서 더 상세하게 말씀하고 있는 것과 같습니다. 시날 땅에 정착한 노아의 후손들은 아직은 한 언어를 사용하였고 한 민족으로 살았습니다. 그런데 이 시기에 니므롯이라는 영웅, 즉 통치자가 나타납니다. 10:8-10절입니다. "구스가 또 니므롯을 낳았으니 그는 세상에 처음 영걸이라 그가 여호와 앞에서 특이한 사냥군이 되었으므로 속담에 이르기를 아무는 여호와 앞에 니므롯 같은 특이한 사냥군이로다 하더라 그의 나라는 시날 땅의 바벨과 에렉과 악갓과 갈레에서 시작되었으며"(개역한글) 10절에 그의 나라, 즉 니므롯의 나라에서 '나라'라는 의미는 10:5절과 20절과 31절의 나라의 의미와 다릅니다. 5절과 20절과 31절은 '고이'라는 단어이고 10절은 '맘라카'라는 단어인데 '맘라카'는 통치, 지배라는 개념이 '고이'보다는 훨씬 더 강합니다. 니므롯이 지배자로서 대단한 힘을 가지고 있음을 알 수 있습니다. 그래서 니므롯이 최초로 바벨이라는 나라의 통치자가 되었고 홍수 이후에 그를 첫 용사라고 부르는 이유가 여기 있습니다. 그에게는 다른 사람들을 압도하는 힘과 능력이 있었습니다. 힘과 능력이 있는 곳에 무엇이 생깁니까? 권력이 생깁니다. 그래서 이 권력에 사람들이 쏠리게 되고 그래서 그를 구심점으로 나라가 세워지는데 이것이 10:10절에 나오는 바벨입니다. 바로 시날 평지(10:10의 시날 땅과 11:2의 시날 평지는 똑같은 단어로서 동일한 장소를 의미합니다.) 위에 자신의 나라를 세운 것입니다. 그래서 그는 탁월한 지도력을 구사하는 능력과 권위를 가진 자로서 아마 세계 최초의 제국을 건설한 자로 여겨지는 것 같습니다.

또한 10:9절을 보면 "그는 '여호와 앞에 특이한 사냥꾼(한글개역)'으로 소개되고 있습니다. 여기에서 '여호와 앞에'란 최상급을 가리키므로 '당대 최고의 사냥꾼'이었다는 뜻으로 이해할 수 있습니다. 그리고 그의 이름이 '우리는 반역하리라' 는 뜻을 가지고 있기 때문에 뭔가 어두운 그림자를 깔고 있는 느낌을 줍니다."[35] 자신이 최고의 용사요 힘과 권세를 가진 자인데 누구를 반역한다는 것일까요?

이 반역은 사람을 향한 반역이 아니라 자신의 천부적인 힘과 통치권을 가지고 사람들로 하여금 하나님에 대해 반역하며 오만하게 모욕하도록 자극하였음을 짐작할 수 있습니다. 그래서 9절에 나오는 속담의 의미는 그는 하나님 앞에서 중대한 범죄(반역함으로써)를 행하는 자였으므로 '니므롯처럼, 하나님 앞에 범죄하는데 대단한 사람이다' 라고 말하는 것입니다. 이처럼 그는 사냥에 있어서 강하고 힘센 자였으며, 하나님 앞에 범죄 하는데 대단한 자였습니다. 바로 이 이유 때문에, '용사 니므롯과 같다' 는 말이 나온 것입니다.

결론적으로 그는 사람들을 사냥하는 데 용사였으며 주 앞에 범죄하는데 용사였던 것입니다. 마치 라멕이 사람을 죽이고서도 양심의 가책을 느끼지 않고 큰소리 뻥뻥 치는 것과 같은 것입니다. 니므롯이 하나님을 대적하는 정신을 가지고 통치자로서 힘을 발휘할 때는 아직 언어가 나누어지지 않았다는 사실을 기억해야 합니다. 따라서 니므롯의 정신은 주변의 다른 나라에 손쉽게 전달되었을 것이며 이런 이유 때문에 11장에서 바벨탑을 세우는데 주도적 역할을 했다고 볼 수 있는 것입니다. 만일 순수하게 니므롯의 나라의 백성들만 관계가 되어 있다면 굳이 하나님께서 언어와 민족을 나누실 필요가 없을 것이기 때문입니다. 본격적으로 민족이 나누이는 때는 11장의 말씀으로 비추어 볼 때 분명히 바벨탑 사건이 있은 다음부터입니다. 그 이후부터 이제 완전히 다른 이질적인 민족이 되어 버리는 것입니다.

바벨탑 사건의 죄

니므롯을 중심으로 하나가 된 이들이 하나님을 대적하는 내용이 구체적으로 무엇일까요? 11:3-4절을 보겠습니다. "서로 말하되 자 벽돌을 만들어 견고히 굽자 하고 이에 벽돌로 돌을 대신하며 역청으로 진흙을 대신하고 또 말하되 자 성읍과 탑을 건설하여 그 탑 꼭대기를 하늘에 닿게 하여 우리 이름을 내고 온 지면에 흩어짐을 면하자" 서로와 우리라는 대명사가 쓰이는 것을 보면 그들이 하나의 목적을 위해서 단단히 뭉쳐 있음을 보게 됩니다. 언어도 같고 민족도 같고 니므롯 같은 통치자도 있겠다 거칠 것이 없습니다. 그런데 그들의 하나 됨은 선한 목적이 아니었습니다. 응집된 세력으로 하나님을 대항하기 위한 것(니므롯의 이름과 속담이 말해 주듯이)이고 결국 거대한 세력을 꿈꾸는 인간의 욕망을 보여주기 위함이었습니다.

결국 바벨탑 사건은 홍수 이전에 하나님의 아들들과 사람들의 딸들이 섞여서 네피림을 중심으로 하나님 없는 인본주의 문화를 통해서 하나님을 대적한 것과 동일한 사건입니다. 교회공동체인 셈 공동체가 세상 공동체인 함 공동체와 섞여진 사건이 바벨탑 사건입니다. 교회가 세상과 섞어지는 것은 멸망의 길로 들어서는 것입니다.

4절을 다시 보면 성읍과 탑을 쌓아서 그 탑 꼭대기를 하늘에 닿게 하여 자신들의 이름을 내자고 합니다. 그런데 이들이 자신들의 이름을 내려는 목적이 무엇이냐 하면 온 지면에 흩어짐을 면하기 위해서입니다. 흩어짐을 면하는 방법으로 성읍을 건설하고 탑을 쌓아서 그 꼭대기가 하늘에 닿게 하는 것입니다. 왜 그들은 흩어지는 것을 면하기를 원했을까요? 이것은 분명히 노아의 홍수와 관련된 생각일 것입니다. 노아가 홍수 후에도 350년을 더 살았고 홍수를 경험한 셈은 홍수 후에 502년을 더 살았고 함과 야벳은 나이가 정확히 나오지는 않았지만 족보를 따져 볼 때 거의 비슷하게 살았다는 결론을 얻을 수 있습니다. 당시의 사람들은 분명히 노아와 그 아들들을 통해서 노아 홍수에 대한 이야기를 들었을 것입니다. 노아와 그의 아들들은 홍수전의 지구의 환경과 홍수 후의 지구의 환경의 차이점을 너무도 생생하게 알기 때문에 자연환경에 나타난 대 홍수의 엄청난 흔적들을 예로 들면서 그 홍수가 얼마나 대단했는가를 알려 주었을 것이 분명합니다.

그렇다면 노아와 그 아들들로부터 홍수 심판을 들은 후손들은 어떤 반응을 보여야 할까요? 하나님과의 올바른 관계에 대해서 진지하게 고민하며 신앙으로 살려고 노력해야 되지 않겠습니까? 그러나 그들이 내린 결론은 그것이 아니었습니다. 튼튼한 성을 건설하고 탑을 쌓는 것이었습니다. 그런데 그 꼭대기가 하늘까지 닿을 정도로 짓겠다고 하는 것입니다.

그들이 이렇게 결심한 속셈이 무엇이겠습니까? 앞으로 홍수와 같은 하나님의 심판이 있다하더라도 자신들의 힘으로 충분히 무력화시킬 수 있다는 것이고 그들의 삶은 그들 스스로의 힘으로 살겠다는 것입니다. 성과 탑을 쌓는 것이 노아홍수와 같은 심판을 염두에 두었다는 사실은 그들이 역청으로 진흙을 대신했다는 말에서 충분히 알 수 있습니다. 창세기 6장을 보면 하나님께서 노아에게 방주를 만들 것을 지시하실 때 방주 안팎을 역청으로 칠할 것을 명령하십니다. 물이 세지 않도록 하기 위함입니다. 이들이 역청을 바르는 것도 물에 대비하기 위함인 것입니다.

그리고 그들은 자신들의 이름을 내겠다고 말합니다. 타고난 힘과 권력을 가진 니므롯과 함께 뭉친다면 그들의 목적을 달성 할 수 있을 것이라고 결론을 내린 것입니다. 사실 하나님께서는 노아에게 다시는 물로 세상을 심판하지 않으실 것을 이미 약속하셨습니다. 그런데 그들은 이런 하나님의 약속을 믿지 않습니다. 오히려 하나님을 대적하고 거부하는 쪽으로 가 버리는 것입니다. 말하자면 하나님으로부터의 독립입니다. 이것이 죄의 본질입니다. 죄악의 행위들은 하나님께 용서받을 수 있는 기회가 있습니다. 하지만 하나님을 부정해 버리는 삶은 결코 용서받을 수 없습니다. 그런데 그 길이 죽는 길인데도 인간은 굳이 그 길을 가겠다고 애를 쓰는 것이 인류 역사의 현실인 것입니다. 홍수 심판을 통해서 노아와 그 후손들에게 다시 한 번 기회를 주셨는데 그들 역시 조상들의 삶을 그대로 따라 가는 것을 보게 됩니다.

그들이 지은 또 하나의 죄악은 노아에게 생육하고 번성하여 땅에 충만하라고 명령하셨는데 성을 지어 한 곳으로 모이고 하늘에 닿는 탑을 쌓으면서 고의적으로 하나님의 말씀을 대적하고 있습니다. 마치 라멕이 가인을 위하여는 벌이 칠 배일진대 라멕을 위하여는 벌이 칠십칠 배이리로다 하면서 하나님을 모욕한 것과 똑같은 것입니다. 땅에 충만하라는 것은 숫자만 늘리라는 말씀은 아닐 것입니다. 하나님을 아는 사람들이 가득한 그런 세상을 만들며 살라는 것입니다. 셋이 여호와의 이름을 부르고 하나님의 공동체를 이루었듯이 그런 하나님의 공동체가 세상을 압도할 수 있도록 해 달라는 하나님의 바람이었을 것입니다. 그런데 역시나 하나님의 명령을 거역하고 자신들의 세계를 구축하는데 온 힘을 쏟는 것입니다. 이것은 인간을 하나님의 위치에 올려놓는 것과 똑같은 것입니다. 하나님과 같아지려는 어리석은 짓을 또 다시 범하는 것입니다.

방임의 심판 (전 세계적인 심판)

하나님과 맞장을 뜨려는 이들의 기고만장한 교만에 대해서 하나님이 반응을 보이시는데 11:5절에 보면 하나님께서 강림하셨다, 즉 방문하셨다 라고 말씀하십니다. 무슨 뜻입니까? 하나님이 직접 육신을 입고 오셨다는 말이 아니라 하나님께서 그들에게 행동을 취하셨다는 것입니다. 하나님의 방문에는 다른 두 가지의 목적이 있습니다. 하나는 축복을 위한 방문이고 또 다른 하나는 심판을 위한 방문입니다. 바벨탑 사건에 대한 방문은 하나님을 대적하는 자들에 대한 방문이므로 당연히 심판의 방문임을 알 수 있습니다. 하나님은 오셔서 그들의 언어를 혼잡케 하시고 같은 민족인 그들을 여러 민족으로 갈라서게 만드셨습니다. 이것이 그들에 대한 심판이었습니다.

그렇다면 어느 시점에서 이런 분리와 나누임이 일어났을까요? (야벳의 후손 : 야벳 – 고멜 – 아스그나스 / 함의 후손 : 함 – 구스 – 니므롯 / 셈의 후손 : 셈 – 아르박삿 – 셀라 – 에벨) 10:21절을 보겠습니다. 이 족보는 셈의 족보로서 25절을 보면 에벨이라고 하는 사람이 있는데 그가 두 아들을 낳았습니다. 벨렉과 욕단입니다. 이들이 태어난 후에 세상이 나뉘었다고 말씀하고 있습니다. 여러 민족과 여러 방언과 여러 나라로 나뉘어졌다는 것입니다. 이때에 이런 나누임이 있었다는 것을 셈의 족보에 나타난 차이점을 보면 잘 알 수 있습니다. 셈의 족보는 두 개가 나타나는데 10:21절 이하가 하나고 다른 하나는 11:10절 이하에 있습니다. 그런데 이 두 족보를 보면 에벨까지는 조상이 같은데 에벨이 낳은 벨렉과 욕단 이후로는 전혀 상관없는 족보가 형성이 되고 있습니다. 그것은 여기서 언어와 민족이 나뉘지므로 완전히 다른 이질적인 집단이 되어 버렸기 때문입니다. 따라서 벨렉과 욕단의 시대에 니므롯을 중심한 바벨탑 사건과 심판이 일어난 것임을 알 수 있습니다.

한 가지 아쉬운 것은 성경을 읽는 독자들이 바벨탑 사건에 대한 심판, 즉 언어를 혼잡케 하시고 민족을 나누신 것을 심각하게 생각지 않는다는 것입니다. 그러나 바벨탑 사건에 대한 심판은 인류에게 노아 홍수만큼이나 아주 엄청난 심판임이 강조되어야 합니다. 왜냐하면 바벨탑 심판으로 나누어진 민족들을 더 이상 구속의 역사에 동참시키지 않겠다는 하나님의 심판이 들어 있기 때문입니다. 이제는 그들이 사생자와 같이 버림을 당하게 되었음을 의미하기 때문입니다. 아담의 시대부터 바벨탑 심판이 주어지기 이전까지는 하나님은 전 인류를 대상으로 구속의 역사를 펼쳐 가셨습니다. 고의로 배제되거나 하나님의 구원 사역이 미치지 않은 곳은 없었습니다. 왜냐하면 모든 인류가 한 언어, 한 민족인 단일 민족 공동체였고 하나님이 그 모두를 대상으로 역사하셨기 때문입니다.

하지만 바벨탑 심판으로 흩어진 모든 민족은 하나님의 버려짐의 대상이 되고 말았습니다. 로마서 1장 24절입니다. "그러므로 하나님께서 그들을 마음의 정욕대로 더러움에 내버려두사", 26절, "이 때문에 하나님께서 그들을 부끄러운 욕심에 내버려 두셨으니" 28절, "또한 그들이 마음에 하나님 두기를 싫어하매 하나님께서 그들을 그 상실한 마음대로 내버려 두사" 이 말씀에 가장 정확히 들어맞는 사람들이 누구입니까? 하나님을 싫어하는 마음 그대로 버림을 받은 사람들이 누구입니까? 바로 바벨탑 사건 때에 여러 민족으로 흩어졌던 사람들입니다. 방임의 심판에 대한 더 확실한 증거가 있습니다. 행 14:16을 보면 1차 전도 여행 중에 바울이 루스드라에서 이방인들에게 전했던 말씀이 나옵니다. "하나님이 지나간 세대에는 모든 민족으로 자기들의 길들을 가게 방임하셨으나" 여기서 지나간 세대는 어느 시기를 말하겠습니까? 원문에는 지나간 세대가 복수로 되어 있습니다. 특정한 한 시대를 의미하는 것이 아니라 바벨탑 사건부터 바울이 그들에게 복음을 전하기 전까지를 의미합니다. 이때는 이들에게 자기들의 길로 가도록 내버려 두셨습니다.

또한 사도행전 17장 30절에서도 "알지 못하던 시대에는 하나님이 간과 하셨거니와 이제는 어디든지 사람에게 다 명하사 회개하라 하셨으니"라고 말씀하고 있습니다. 알지 못하던 시대도 복수로 되어 있는데 사도행전 14장 16절의 지나간 세대와 동일한 세대를 가리킵니다. 그때는 하나님께서 구속의 역사에서 그들을 간과, 즉 내 버려두셨습니다.

홍수 이전에 네피림을 중심으로 하나님을 대항한 것이나 홍수 이후에 니므롯을 중심으로 하나님을 거역한 것은 모두 하나님의 심판을 받아 마땅한 죄였습니다. 그래서 하나님은 처음에는 전 세계적인 홍수로 그들을 심판하셨습니다. 두 번째도 홍수와 같은 심판으로 멸망당한다 해도 그들에게는 할 말이 없습니다. 그런데 하나님은 노아에게 다시는 홍수와 같은 물로는 심판하지 않으시고 세상을 있는 그대로 보존하시겠다고 약속을 하셨기 때문에 그런 방법을 동원하지 않으십니다. 그러나 죄에 대한 하나님의 공의는 신실하시므로 그것과 방불한 전 세계적인 심판을 행하십니다. 지금까지는 한 언어 한 민족의 단일 민족 공동체를 유지해 왔으나 이제는 수많은 언어와 수많은 민족으로 나누어 버리십니다. 이것 자체를 심판이라고 보기에는 어렵습니다. 왜냐하면 하나님은 인간이 땅에 충만하는 것을 원하셨기 때문입니다.

그런데 이렇게 수많은 민족으로 흩어지게 하심이 무서운 심판이 되는 것은 그들에게 일정한 기간까지 오직 한 사람을 제외하고는 구속사의 은혜를 베풀지 않으시고 복음의 문을 닫아 버리시기 때문입니다. 이것은 그들이 단번에 홍수로 망하는 것이나 다름이 없는 전 세계적인 심판을 당한 것입니다. 이 심판에서 유일하게 부름을 받은 사람이 누구입니까? 바로 아브라함입니다. 하나님은 앞으로 예수 그리스도가 오실 때까지 아브라함과 그의 후손인 이스라엘에게만 구속사를 적용하실 것입니다.

그래서 12장 이후부터는 아브라함과 이스라엘의 역사만 등장하는 것입니다. 노아 홍수를 통해서는 노아를 포함해서 여덟 명이 구원을 받았습니다. 하지만 바벨탑 심판으로 인한 방임의 심판에서는 오직 아브라함만 구원을 받습니다. 홍수 심판이나 바벨탑 심판은 공히 전 세계적인 엄청난 심판이었음을 보여 주고 있습니다. 그래서 이 시기를 "방임의 심판"으로 해석할 수 있어야 앞으로 이스라엘 역사를 이해하는데 큰 도움이 됩니다. 그러나 아브라함의 부르심을 통해서 심판하시나 구원하신다는 하나님의 은혜와 자비는 여전히 진행 중임을 알 수 있습니다.

여기서 우리가 생각해 볼 것은 바벨탑 심판 이후에 인간이 하나님을 향해 죄를 짓는 패턴이 달라진다는 것입니다. 바벨탑 심판까지는 가인, 라멕, 네피림, 니므롯 등 힘세고 정치력 있는 사람들이 등장하여 그들을 중심으로 하나님께 대항하고 죄를 지었다면 바벨탑 사건으로 수많은 민족이 나누인 다음에는 우상숭배가 하나님에 대한 가장 큰 죄로 등장하는 것을 알 수 있습니다. 이것은 언어가 복잡해지고 민족이 나누어지므로 나타나는 현상으로 보입니다. 언어가 하나인 단일 민족을 형성하고 있었을 때에는 어딜 가나 의사소통이 가능하므로 신관이 동일하였기 때문에 우상이 있긴 했지만 그렇게 득세하지 못했을 것입니다. 그러나 방임의 심판으로 인해서 서로 의사소통에 장애가 생기고 생각도 다르고 가치관도 다른 여러 민족으로 나누이다 보니까 민족 간의 경계가 생기고 그 경계를 지키거나 확장하는 과정에서 서로 간에 적대적 감정이 생겼을 것입니다.

그래서 힘과 규모면에서 열세인 민족을 중심으로 사람을 내세우기 보다는 자신의 민족이 다른 민족으로부터 보호를 받기위해서는 로마서에서 말씀하신 것처럼 사람과 짐승과 새와 기어 다니는 것들의 형상으로 신을 만들어 의지할 수밖에 없었을 것입니다. 왜냐하면 말이 통하지 않은 상태에서 서로에게는 미래의 적으로 살아갈 수밖에 없기 때문입니다. 물론 짐승에 대한 두려움이나 자연 재해에 대한 공포도 우상 숭배의 한 몫을 담당했을 것입니다.

따라서 우상을 숭배함으로서 민족과 개인의 안위와 보호를 의지하게 되었을 것입니다. 아브라함이 부름을 받았을 때를 보면 그의 집안뿐만 아니라 아브라함 자신도 우상을 숭배하는 사람이었음을 알 수 있습니다. 바벨탑 심판으로 흩어진 사람들 중에서 아브라함이 부름을 받았다는 점에서 아브라함은 성경에서 최초로 우상숭배 자로 등장하는 셈입니다.

기억해야 할 것은 바벨탑 사건에 대한 방임의 심판은 제 2의 노아 홍수 심판만큼이나 전 세계적이었다는 사실을 기억하시기 바랍니다.

Ⅲ. 한(one) 민족 공동체

(이스라엘 : 창 11:27-세례요한)

지금 인류는 모두 방임의 심판 아래에 있습니다.
그런데 이 엄중한 심판의 현장에서 부름을 받은 사람이 있습니다.
바로 아브라함입니다.
오직 한 사람 **아브라함을 부르셔서** 한 민족을 형성케 하시고
그 민족을 하나님의 소유로 삼으시고
하나님의 구속의 역사를 이루어 가십니다.
이스라엘의 선택은 하나님의 은혜 중의 은혜였습니다.
한 사람으로부터 시작된 이스라엘의 역사를 통해서
하나님은 큰 구원의 역사를 소망하셨는데
그것은 방임의 심판 아래 있는 모든 민족을 다시 부르시는 것이었습니다.

하나님 나라의 역사(歷史)

- 바벨탑 사건 때문에 하나님께서 인류를 심판하셨는데 단일 언어를 사용했던 단일 민족이 각기 다른 언어를 사용하는 수많은 민족으로 나누이게 됩니다. 이 바벨탑 사건에 대한 하나님의 심판은 노아홍수 심판에 비견될 만한 강력한 심판이었는데 사도행전 14:16절과 17:30절을 근거로 '방임의 심판'으로 부를 것입니다.

- 그런데 이 '방임의 심판'으로부터 오직 한 사람, 즉 아브라함만이 하나님의 부르심을 받는데 이때부터는 아브라함과 그의 후손인 이스라엘만이 하나님의 구속사의 중심에 서게 됩니다. 창 12장 이후부터 구약 시대 내내 이스라엘을 중심으로만 구속사가 펼쳐지게 되는 이유가 여기에 있습니다. 이때는 세 번째 시기인 '한(one) 민족 공동체(혈통적 이스라엘)' 시기입니다.

- 그러나 하나님은 때가 되면 모든 민족에게도 복음의 문호를 개방하시려는 계획을 가지고 계셨습니다. 이스라엘의 조상인 아브라함을 부르시면서 모든 민족이 복을 받게 하시겠다고 하신 것은 바로 그 이유 때문입니다.

- 예수님의 오심은 바로 그 때가 되었음을 알리는 신호탄이었습니다. 그래서 이제는 언어와 민족을 뛰어 넘어서 모든 민족으로부터 하나님의 자녀를 부르시는 놀라운 시대가 되었습니다. 헬라인이나 유대인이나 남자나 여자나 종이나 자유자나 차별이 없는 시대가 된 것입니다. 그래서 이때는 네 번째 시기인 '모든 민족 공동체'의 시기라고 부를 수 있습니다. <들어가는 말에서>

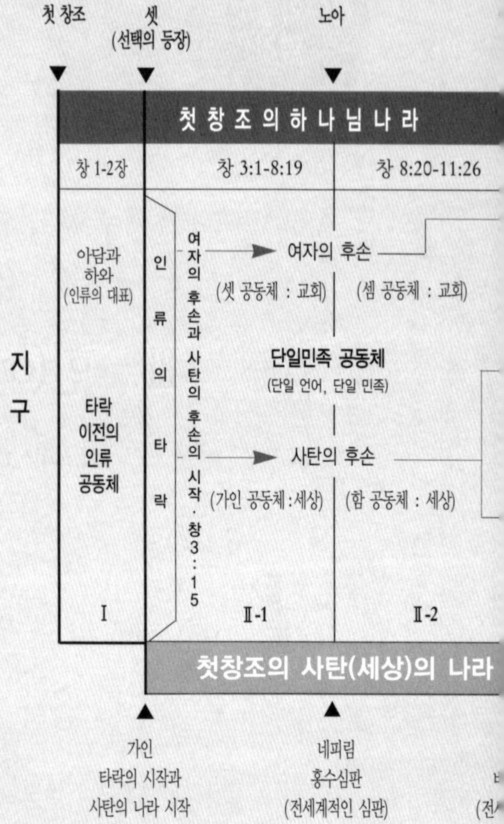

[도표 5에 대한 설명]

지금 인류는 모두 방임의 심판 아래에 있습니다. 그런데 이 엄중한 심판의 현장에서 부름을 받은 사람이 있습니다. 바로 아브라함입니다. 오직 한 사람 아브라함을 부르셔서 한 민족을 형성케 하시고 그 민족을 하나님의 소유로 삼으시고 하나님의 구속의 역사를 이루어 가시는 것입니다. 이스라엘의 선택은 하나님의 은혜 중의 은혜였습니다. 한 사람으로부터 시작된 이스라엘의 역사를 통해서 하나님은 큰 구원의 역사를 소망하셨는데 그것은 방임의 심판 아래 있는 모든 민족을 다시 부르시는 것이었습니다. 그래서 때가 되면 하나님의 심판으로 말미암아 갈기갈기 찢겨진 민족이 한 민족으로 부름을 받아 하나님의 공동체를 이루게 될 것입니다. 이 하나님의 공동체가 바로 신약의 교회입니다. 신구약은 일관성이 있는 하나님의 말씀이므로 스데반이 말한 것처럼(행 7:38) 이스라엘은 구약의 교회 공동체입니다. 이스라엘이 구약의 교회라는 말을 유의해서 들을 필요가 있습니다. 왜냐하면 이스라엘 민족은 선택받은 민족이기 때문에 무조건 구원은 따 놓은 당상으로 여기는 사람들이 많이 있기 때문입니다. 하지만 교회 공동체 안에 알곡과 가라지가 있는 것처럼 구약의 교회인 이스라엘 내에도 알곡과 가라지가 있는 것입니다. 사도 바울은 이것을 이면적 유대인

도표 5 - 한 민족 공동체(혈통적 이스라엘)

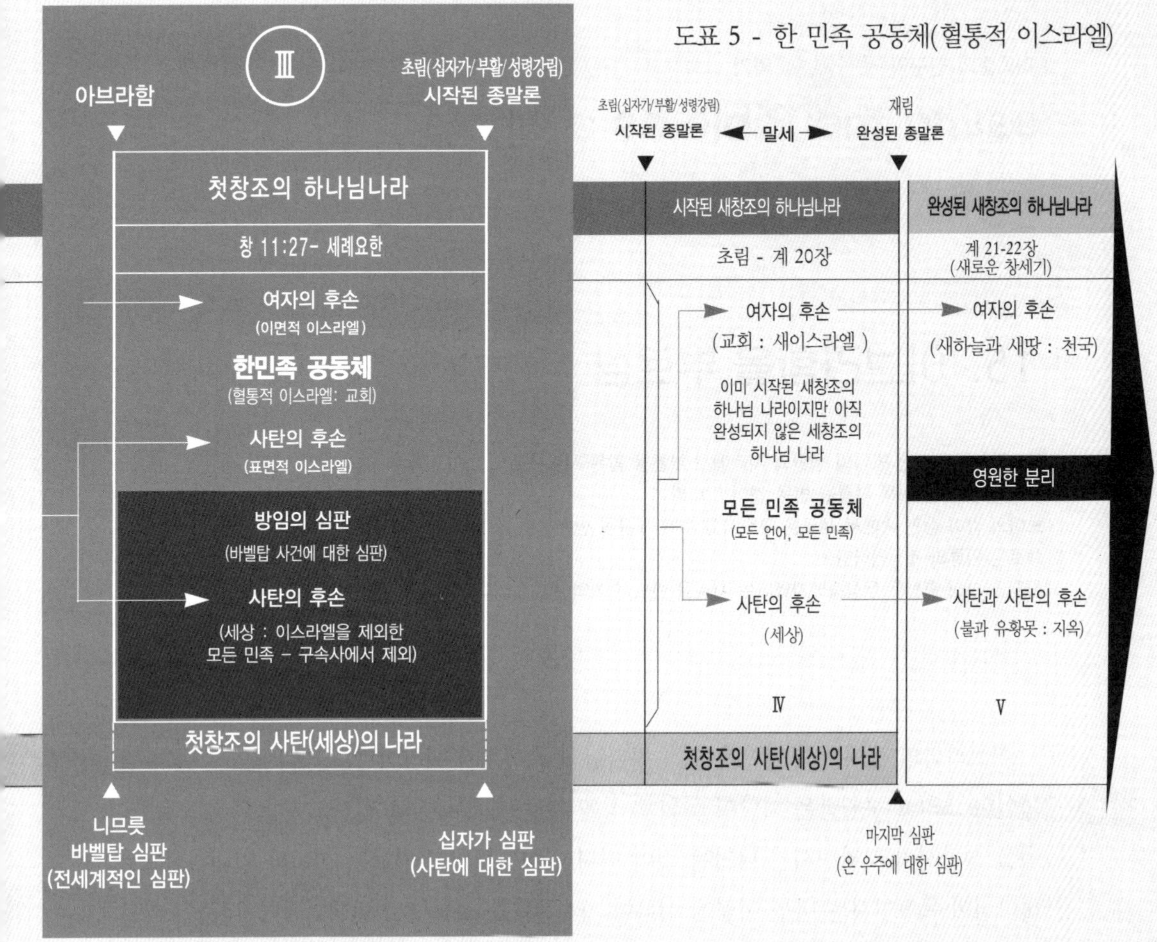

과 표면적 유대인으로 구분하고 있습니다. 예수님도 예수님의 사역을 방해하며 믿지 않는 바리새인과 서기관들을 포함한 종교지도자들과 정통 유대인들을 향해서 사탄의 후손들이라고 분명히 지적하고 있습니다(요 8장 참조).

혈통적 이스라엘은 하나님의 부르심의 본질이 아닙니다. 셋 공동체와 셈 공동체가 자동적으로 하나님의 구원을 받는 것이 아닌 것처럼 말입니다. 앞으로 이 문제에 대해서는 관련이 있는 부분에서 계속 반복해서 다룰 것입니다. 이스라엘은 여러 민족으로 나뉜 가운데 하나님께서 아브라함을 불러서 그로부터 새로 시작한 민족이며 신약의 교회의 속성과 똑같은 속성을 가지고 있기 때문에 한 민족 교회 공동체로 부르는 것이 적당할 것입니다. 또 한 가지는 전체 성경의 역사 가운데 이스라엘은 한 과정이고 하나의 도구 일 뿐이라는 사실을 기억해야 합니다. 창세기 1-11장을 제외한 구약의 모든 부분이 이스라엘의 역사와 관련이 있기 때문에 마치 구약을 이스라엘의 역사와 동일시 해 버리는데 이것은 성경을 읽는 좋은 태도가 아닙니다.

지금까지 설명을 드렸지만 창세기 1-11장까지의 역사가 결코 작은 역사가 아닙니다. 1-11장까지의 역사를 잘 이해하지 못한다면 이스라엘의 역사를 오해할 가능성이 많은 것입니다.

15. 아브라함을 부르심

아브라함은 처절한 방임의 심판의 자리에서 부름을 받은 사람으로
한 개인의 삶을 위해 부름을 받은 것이 아니라
노아와 같이 심판 속에서 새로운 구속사를 위해 부름을 받은
새로운 인류의 조상입니다.
하지만 그의 출발은 우상숭배자였다는 사실을 반드시 기억해야 합니다.

아브라함의 생애는 구원이란 오직 하나님의 은혜로만 이루어지는 하나님의 사랑의 결과이며 그리고 구원받은 사람이 삶의 과정을 지날 때에도 결코 인간의 단독의 힘으로 믿음을 성장시키고 완성시켜 나가는 것이 아니라 하나님의 끊임없는 설득과 인내하심으로 하나님이 목표하시는 바를 어떻게 이루어 가시는가를 보여주는 인생입니다. 더불어 아브라함은 개인으로 부름을 받는 것이 아닙니다. 방임의 심판으로 모든 민족이 죄와 사망의 권세 아래에 있습니다. 여기서 아브라함은 새로운 인류의 조상으로 부름을 받았습니다. 육체적으로는 이스라엘의 조상이지만 영적으로는 믿음으로 말미암아 구원을 받는 모든 하나님의 자녀들의 조상으로 부름을 받은 사람입니다. 따라서 그의 인생은 그의 것이 아닙니다.

아브라함에게 주신 약속은 이스라엘 민족뿐만 아니라 모든 민족을 향한 약속이 될 것입니다. 이런 아브라함의 특성 때문에 하나님은 아브라함의 인생 속에 앞으로 구속의 역사가 어떻게 전개가 될 것인지를 심어 놓으시고 그 약속대로 진행해 가시는 것을 보게 됩니다. 그런 의미에서 아브라함의 인생은 "하나님의 구속사역의 전시장" 같은 인생입니다. 아브라함의 인생을 제대로 이해하면 하나님께서 이룩하실 중요한 구속의 역사들을 미리 보게 되며 구약과 신약이 열리게 됩니다. 사도바울이 로마서에서 아담과 더불어 아브라함을 언급하는 이유가 여기에 있습니다. 아브라함은 영적으로 하나님의 자녀들의 대표적인 삶을 산 사람이기 때문입니다.

아브라함을 부르신 자리

창 11:31과 수 24:2, 14, 15, 느 9:7, 그리고 행 7:3-4을 보면 아브라함은 갈대아 우르에서 하나님의 부르심을 받았습니다. 그러면 아브라함은 부르심을 받은 갈대아 우르에서 무엇을 하며 살았을까요? 아브라함은 믿음의 조상이라고 불리는 사람이니까 하나님을 잘 섬기며 살았던 사람이었을까요? 아브라함의 갈대아 우르에서 삶을 알아보기 위해서 여호수아서 24장으로 가보겠습니다. 2-3절을 보면, "여호수아가 모든 백성에게 이르되 이스라엘의 하나님 여호와께서 이같이 말씀하시기를 옛적에 너희의 조상들 곧 아브라함의 아버지, 나홀의 아버지 데라가 강 저쪽에 거주하여 다른 신들을 섬겼으나 내가 너희 조상 아브라함을 강 저쪽에서 이끌어 내어"라고 말씀하고 있습니다.

2절에 강 저편에 거하여 다른 신들을 섬긴 사람이 데라 한 사람으로 말하고 있는 것처럼 보이는데 원뮤에는 너희 조상들이 거주하고 그들이 우상을 섬겼다로 되어 있어서 주어와 동사가 모두 복수로 되어 있기 때문에 단수로 해석할 여지가 없습니다. 허성갑 목사도 그의 히브리어 직역 구약성경에서, "옛날에 너희들의 조상들－아브라함의 아버지 나호르의 아버지 테라(삽입구로 보는 것 같음 - 필자 주)－은 살았다. 그리고 그들은 다른 신들을 섬겼다."[1])로 번역을 합니다.

그러므로 원문의 의미는 아버지인 데라를 포함해서 그의 아들들인 아브라함과 나홀도 모두 우상을 섬긴 것으로 보는 것이 정당합니다. 한 마디로 집안 전체가 우상숭배의 가정이었다는 것을 말하고 있는 것입니다. 그래서 여호수아는 24:14절에서 "너희의 조상들이 강 저쪽과 애굽에서 섬기던 신들을 치워 버리고" 라고 말하고 있고 15절에서도 역시 "너희 조상들이 강 저쪽에서 섬기던 신들이든지 또는 너희가 거주하는 땅에 있는 아모리 족속의 신들이든지"라고 계속해서 주장하는 것입니다. 강 저쪽은 갈대아 우르를 가리킴이 분명합니다. 바벨탑 사건에 대한 심판으로 제 각기 흩어진 민족들이 자신들의 우상을 섬기고 있을 때 그 우상숭배의 자리에서 하나님은 아브라함을 부르셨습니다. 아브라함은 셈의 10대손이요 바벨탑 사건이 일어나서 언어가 혼잡케 되고 민족이 갈라지기 시작한 에벨의 시대로부터는 6대가 지난 시점입니다. 수백 년이 흘러온 것입니다. 바벨탑 사건이 있었던 에벨의 시대부터 하나님은 인류를 향해 '방임의 심판' 을 내리셨습니다.

그러므로 아브라함의 부르심은 바벨탑 사건에 대한 하나님의 진노의 심판으로부터의 부르심입니다. 우상숭배에 찌들어서 하나님과 아무런 상관없이 살다가 죽어갈 운명에서 하나님의 조건 없는 은혜로 부르신 것입니다. 혹시 셈의 족보에 들어 있기 때문에 아브라함이 믿음의 사람이었을 것이라고 생각하지 마십시오. 그런 분은 앞에서 다룬 족보 부분을 다시 보시고 진행을 하시기 바랍니다. 아무튼 아브라함에게 있어서 하나님의 부르심은 복음 중의 복음이었습니다. 아브라함의 부르심을 통해서 알 수 있는 것은 타락 이후 인간은 예외 없이 심판의 자리, 곧 죽음의 자리에서 부름을 받는다는 사실입니다. 이것은 상식입니다. 성경의 인물이라도 그가 처음에 부름을 받을 때는 하나님에 대해서 믿음에 대해서 백짓장 수준에서 부름을 받는 것입니다.

아브라함에게 주신 약속

그런데 이렇게 엄숙한 심판의 현장에서 부름을 받은 아브라함에게 창 12:2-3에서 하나님은 조금은 현실과 맞지 않은 약속을 주시는 것 같습니다. 약속의 내용이 무엇입니까? 아브라함을 통해서 큰 민족을 이루고 땅의 모든 족속이 아브라함으로 말미암아 복을 얻게 될 것이라는 것입니다. 방임의 심판으로 언어가 혼잡케 되어 여러 민족으로 나누어져서 우상숭배에 빠져 있는 현실 속에서 한 사람이 모든 민족의 복이 된다는 것은 불가능한 상황입니다. 세월이 흘러가면 갈수록 민족과 언어가 더 늘어나면 더 늘어났지 줄어들지는 않을 것입니다.

그리고 더 무서운 것은 시간이 흘러가면서 하나님에 대한 왜곡 현상이 심각해져서 민족 별로 우상이 수도 없이 늘어날 것은 불을 보듯 뻔한 것입니다. 그런데 그렇게 종교가 다르고 언어가 다른 수많은 민족으로 쪼개져 있는 그들이 아브라함을 통해서 다시 복을 받게 될 것이라는 것입니다. 아브라함은 방임의 심판 중에 부름을 받았기 때문에 이 약속이 아브라함의 시대에는 일어날 가능성이 없으므로 이것은 먼 미래에 일어날 일임이 분명합니다. 따라서 아브라함의 부르심은 결코 아브라함을 조상으로 하는 한 민족, 즉 이스라엘만을 위한 부르심이 아님을 눈치 챌 수 있어야 합니다. 아브라함의 약속 안에는 아브라함과 아브라함의 후손인 이스라엘을 통해서 아브라함의 복에 대한 약속의 범위가 이 땅의 모든 민족에게까지 퍼질 것이기 때문입니다. 그래서 구속사에서 제외된 모든 민족이나 구속사의 은혜 아래에 있는 이스라엘이 아브라함의 복으로 하나가 되는 그 때가 반드시 올 것을 약속하시는 것입니다. 그래서 마태복음에서 예수님의 족보의 시작을 아브라함으로부터 시작하는 것입니다. 하나님은 이스라엘만을 위한 하나님이 아닙니다. 모든 민족을 위한 하나님이십니다. 하나님이 정하신 목적지가 이스라엘이 아님을 여기서부터 분명히 알고 넘어가시기를 바랍니다. 따라서 이스라엘은 하나님의 전체 구속의 역사 속에서 하나의 도구임을 분명히 확인할 수 있습니다.

그러므로 12:2의 큰 민족은 두 가지 의미가 들어 있습니다. 하나는 물리적 역사에 속하는 이스라엘 민족을 가리키는 것이고 다른 하나는 영적으로 하나님을 믿는 모든 사람들, 즉 구약이나 신약의 모든 신자들을 가리켜서 하는 말입니다. 구약의 교회 공동체인 이스라엘은 바벨탑 사건에 대한 심판의 영향 때문에 이방인들 중에서는 소수만이 포함될 수 있었지만 영적 이스라엘이며 새 이스라엘이라고 불리는 신약의 교회에 와서는 예수님의 십자가를 통해서 모든 민족에 대한 저주가 풀려서 민족과 혈통을 뛰어 넘어서 부름을 받은 사람들이 아브라함의 복으로 하나가 되는 것입니다.

그래서 창 17:4에 "보라 내 언약이 너와 함께 있으리니 너는 여러 민족의 아버지가 될 것이라"라고 말씀하시는 것입니다. 아브라함은 신분이 두 가지입니다. 육적으로는, 즉 표면적으로는 이스라엘의 조상이지만 영적으로는 모든 민족들 중에서 하나님의 부름을 받은 새 이스라엘의 조상이 되기도 하는 것입니다. 이런 이유 때문에 우리는 대한민국 소속이지만 영적으로는 아브라함의 후손이라고 말할 수 있습니다.

아브라함을 가나안으로 부르시는 이유

방임의 심판 아래 있는 인류를 다시 하나님의 품으로 부르시기 위한 이 거대한 구원의 프로젝트를 위해서 아브라함이 부름을 받고 있습니다. 하나님은 아브라함에게 가장 먼저 본토 친척 아비 집을 떠나서 하나님이 지시하시는 땅, 즉 가나안으로 가라고 명령하십니다. 그런데 왜 하필 가나안 땅일까요? 그 이유를 알아보기 위해서 출 19:6로 가보겠습니다. "너희가 내게 대하여 제사장 나라가 되며 거룩한 백성이 되리라 너는 이 말을 이스라엘 자손에게 고할찌니라." 제사장 나라란 무슨 의미입니까? 원래 제사장이란 하나님과 제사드리는 자 사이에서 중보자 역할을 하는 사람입니다. 그렇다면 이스라엘이 제사장 나라가 된다는 것은 하나님과 이 세상 모든 국가들 사이에서 이스라엘 나라가 제사장 역할을 감당해야 한다는 의미가 들어 있습니다.

이것은 모든 민족으로 하여금 이스라엘을 통해서 하나님을 보게 하고 이스라엘의 하나님의 자녀다운 행실을 통해서 하나님의 영광을 드러내며 하나님의 하시는 일들을 보게 만드는 것입니다. 아까 읽었던 6절에서 거룩한 백성이라고 했는데 거룩의 일차적인 뜻은 구별되었다는 의미입니다. 쉽게 말하면 제사장 나라의 역할을 하는 것은 다른 민족과 구별된 민족임을 보이는 것이 되어야 한다는 것입니다. 우상으로부터 구별된 민족이요, 죄로부터 구별된 민족이요, 썩어질 세상의 가치관으로부터 구별된 민족임을 보여야 합니다. 그래서 이 세상 사람들이 믿는 우상과 이스라엘이 믿는 하나님이 어떻게 근본적으로 다른지 삶으로 보여야 하는 것입니다. 이 사명을 받은 이스라엘은 하나님을 단지 자신들을 위한 하나님으로 여기면 안 되는 것입니다. 창세기 1장 1절에서 하나님은 이미 이스라엘만을 위한 신이 아니라 온 우주와 온 세계의 하나님이 되심을 분명히 선포하고 계십니다. 온 세상의 주가 되시는 하나님은 이스라엘을 통하여 방임의 심판의 저주를 회복하고 모든 민족 가운데서 혈통을 뛰어 넘어 거대한 하나님께 소속된 한 민족으로 부르시려는 은혜를 준비하고 계시는 것입니다. 하나님은 구약시대 때부터 모든 민족을 가슴에 품고 계셨습니다.

그렇다면 이 제사장의 역할을 감당하려 할 때 지리적으로 적당한 곳이 어느 곳이겠습니까? 당연히 사람들과 교류가 빈번하고 접촉이 쉬운 곳이 되지 않겠습니까? 그런 점에서 가나안 땅은 지리적으로 아주 적합한 곳이라고 말씀드릴 수 있습니다. 지도를 보시면 알겠지만 가나안은 세 대륙, 즉 아프리카와 아시아와 유럽이 만나는 접촉 지점입니다. 마치 도로의 교차로와 같은 곳입니다. 그리고 비옥한 초생달 지역으로 불릴 만큼 사람들의 문명이 끊임없이 활동하는 생동감있는 지역으로서 메소포타미아 문명과 이집트 문명이 바로 여기에 해당이 됩니다. 바로 이곳에서 제사장 역할을 감당하라는 것입니다.

베드로전서 2장 9절을 보겠습니다. "오직 너희는 택하신 족속이요 왕 같은 제사장들이요 거룩한 나라요 그의 소유된 백성이니 이는 너희를 어두운데서 불러내어 그의 기이한 빛에 들어가게 하신 자의 아름다운 덕을 선전하게 하려 하심이라" 우리가 거룩한 하나님의 제사장들이라고 합니다. 그러면서 어두운데서 불러내어 기이한 빛에 들어가게 하신 자 즉 예수 그리스도의 아름다운 덕을 선전하게 하려고 부름을 받았습니다. 우리는 이 세상이라고 하는 교차로에 서 있는 사람들과 같습니다. 누구나 볼 수 있는 네거리에 서서 하나님의 존재를 드러내어야 할 사람들인 것입니다.

그러니 우리는 세상을 등지거나 숨거나 세상으로부터 도피해야 될 사람들이 아니라 적극적으로 세상과 함께 부대끼면서 사람들로 하여금 우리를 제사장 삼으시고 그 자리에 세우신 하나님을 보게 만드는 것이 우리의 사명인 것입니다. 사람들이 하나님을 어떻게 평가하느냐는 우리가 어떻게 행동하느냐에 달려 있습니다. 그들의 입을 통해서 하나님의 사람이라는 평가를 받을 수만 있다면 그것이야말로 하나님의 기쁨이요 영광이 될 것입니다.

16. 아브라함의 불순종

아브라함은 처음부터 믿음의 사람이 아니었습니다.
그는 본토와 친척과 아비 집을 떠나지 않은 사람입니다.
아브라함은 우리보다 특별하다는 생각은 버려야 합니다.

우상을 숭배하던 아브라함이 처음부터 하나님의 말씀에 잘 순종한다는 것이 쉬운 이야기일까요? 물론 히 11:8-10을 보면 아브라함을 믿음의 사람이요 순종의 사람으로 말하고 있습니다. 그러나 히브리서에서는 아브라함의 생애를 부분적으로 보지 않고 전체적으로 보고 있다는 사실을 알아야 합니다. 다시 말하면 아브라함이 죽고 난 다음 먼 훗날의 아브라함의 전 인생에 대한 평가입니다. 하지만 아브라함의 생애를 그때 당시로 돌아가서 삶의 부분 부분을 낱낱이 살펴보자면 아브라함은 처음부터 우리가 생각하는 것처럼 믿음이 있고 순종을 이룬 사람이 아님을 알게 될 것입니다.

처음부터 이삭을 바친 아브라함으로 대입시키지 말고 출발하시기 바랍니다. 이 순종은 수십 년이 지난 시점입니다. 지금부터 아브라함이 어떤 불순종을 했는지 살펴보고자 합니다.

아비를 떠나지 않은 아브라함

창세기 12장 1절에, "여호와께서 아브람에게 이르시되 너는 너의 고향과 친척과 아버지의 집을 더나 내가 네게 보여 줄 땅으로 가라"고 하십니다. 11:27절 이하의 말씀과 연결해 볼 때 이 말씀은 하란에서 주신 말씀입니다. 그런데 아브라함은 원래 하란 출신이 아닙니다. 사도행전 7장 2-3절을 봅시다. "우리 조상 아브라함이 하란에 있기 전 메소보다미아에 있을 때에 영광의 하나님이 그에게 보여 이르시되 네 고향과 친척을 떠나 내가 네게 보일 땅으로 가라"고 말씀하셨습니다. 그러니까 하나님은 갈대아 우르에서 한 번, 하란에서 한 번, 두 번을 똑같은 말씀으로 아브라함에게 주신 것을 알 수 있습니다. 왜 두 번 반복해서 말씀하셨을까요? 한 번에 순종하지 않았기 때문입니다.

갈대아 우르에서 하나님께서 아브라함을 부르셨을 때 아브라함이 어떤 삶을 살고 있었습니까? 그는 아버지와 함께 우상을 숭배하고 있었습니다. 그런데 아브라함이 어떻게 갈대아 우르를 떠나게 될까요? 스데반은 아브라함에게 나타났던 하나님을 영광의 하나님이라고 부릅니다. 이 말은 우상숭배에 젖어 있던 아브라함이 맨 처음 하나님을 만났을 때 큰 충격으로 다가왔다는 것을 강조하는 어구입니다. 영광의 하나님이 구체적으로 무엇인지는 정확히 알 수는 없지만 마치 시내산에서 하나님께서 이스라엘 백성들에게 거룩하고 엄위롭게 나타나신 것처럼 분명 무언가 아브라함에게 충격적으로 하나님이 오신 것만은 분명합니다. 그 영광의 하나님이 "너는 네 본토 친척 아비 집을 떠나 내가 네게 지시할 땅으로 가라"고 명령하십니다.

"하나님께서 아브라함을 처음 부르셨을 때 그는 하나님이 누구신지 전혀 몰랐을 것입니다. 그런데 잠을 자는 중에 꿈속인지 생시인지 모를 비몽사몽간에 금빛 찬란한 광채 속에 어떤 분이 나타나셨습니다. 감히 형언할 수가 없고 뭐라 말할 수 없는 영광의 어떤 신이 나타나서, '아브라함아, 나는 여호와 하나님이라는 창조주요, 너를 지목한 신이다. 내가 너에게 복을 주려고 한다. 그러니 너는 본토 아비 집을 떠나서 내가 지시할 땅으로 가라.' 고 하시는 것입니다. 이 일이 있은 후 그는 잠에서 깨었습니다. 만일 아브라함이 믿음의 사람이고 여호와를 알고 있는 입장에서 그 환상을 보았다면, '네, 그렇게 하겠습니다.' 하고 창세기 22장에서 이삭을 바치는 사건처럼 순종하였겠지만 지금 아브라함은 생전 처음 이런 일을 당했기 때문에 그분이 누구신지 도무지 알지 못합니다.

이러한 상황에서 아브라함이 한 일은 무엇이었겠습니까? 그 일을 누군가에게 의논하는 것이 아니었겠습니까? 그의 아버지 데라가 첫 번째 대상이었을 것은 삼척동자도 알 수 있습니다. 아버지 데라가 가만히 보니까 그 말을 하는 아들이 식은땀을 흘리면서, 온몸에는 소름이 돋아나고 너무나 진지하게 그리고 두려워하며 이야기를 하는 것입니다. 데라가 무슨 생각을 가졌겠습니까? 아, 내 아들에게 간밤에 무슨 일이 생기긴 생겼구나. 아브라함이 무슨 이상한 환상을 보긴 보았구나하고 생각했을 것입니다. 그래서 그는 하나님이 누구신지 알진 못하지만 이방신을 섬기던 종교심은 있기 때문에 그렇게까지 나타난 신을 거부했다가는 어떤 일을 당할지 모르겠다고 생각하고 일단 그의 말을 듣고 떠나기로 하는 것입니다."[2)]

이 경우를 바로의 경우와 비교해 보시면 이해가 쉽게 될 것입니다. 요셉이 자신의 꿈을 정확히 해몽하자 바로가 요셉을 하나님의 영에 감동된 사람으로 인정하면서 요셉에게 지혜와 명철을 주신 분이 하나님이셨음을 인정합니다(참조 창 41:38-39). 그렇다면 바로가 자신이 믿는 우상을 버리고 하나님께 개종했을까요? 바로의 고백은 요셉의 하나님을 여러 신들 중의 뛰어난 한 분으로 우상을 섬기는 자들이 일반적으로 갖고 있는 종교심의 발로이지 진심에서 우러나온 개종이 아닌 것입니다. 데라의 경우도 마찬가지입니다.

만일 데라는 이방신을 섬겼고 아브라함은 하나님을 섬겼다면 아브라함이 가나안으로 떠나라는 명령을 받았을 때 데라와 아브라함 사이의 갈등은 크게 증폭되었을 것입니다. 두 사람이 종교가 달랐다면 평상시에도 갈등이 있었을 것은 너무도 당연한 사실이 아니겠습니까? 창세기 11장 31절로 가겠습니다. "데라가 그 아들 아브람과… 갈대아인의 우르를 떠나 가나안 땅으로 가고자 하더니" 이 말씀을 보면 여행의 주도권을 아버지인 데라가 잡고 있음을 알 수 있습니다.

히브리어 동사는 원래 주어가 포함되어 있습니다. 그런데 주어에 해당되는 명사나 대명사를 다시 한 번 써 주면 그때는 주어를 강조하기 위함입니다. 31절의 문장의 주어로 데라가 분명히 기록되어 있습니다. 데라가 아브라함을 데리고 나온 것입니다. 이 말씀을 보면 두 사람사이에 심각한 갈등이 있었다고 전혀 볼 수가 없습니다. 이 명령이 하나님을 믿지 않고 이방신을 섬기는 데라와 고향과 친척을 떠나는 싸움, 즉 그 집과의 혈연을 깨고서라도 믿음을 지켜야 하는 싸움을 일으키는 것이라면 아브라함은 일단 데라에게서 도망쳐야 할 것입니다.

그런데 그렇지 않고서 함께 갔다는 것은 그 두 사람이 한 통속이었기 때문에 가능한 것입니다. 갈등이 있는 것이 아니라 지금 이 두 사람은 같은 편인 것입니다. 만일 아브라함이 믿음으로 출발한 것이라면 결코 아버지와 같이 떠나지 말아야 합니다. 하나님께서 아버지 집을 떠나라고 명령하셨기 때문입니다. 아버지 집을 떠나라고 하신 것은 아버지의 모든 영향력으로부터 떠날 뿐만 아니라 아버지 자신에게서도 떠나야 합니다. 왜냐하면 아브라함은 이제 새로운 민족의 조상, 다시 말하면 새로운 족보의 조상으로 출발을 해야 하기 때문입니다. 그런데 아브라함은 아버지를 갈대아 우르에서부터 떠나지 못하고 아버지의 우상을 섬기던 종교심에 의해서 떠나게 된다는 것입니다. 그는 처음부터 순종하지 못하고 있습니다.

본토를 떠나지 않은 아브라함

창세기 12장 1절의 말씀은 갈대아 우르가 아니라 하란에서 주시는 것이라고 말씀드렸습니다. 하란은 갈대아 우르와 가나안의 중간지점 쯤 되는데 아브라함이 이곳에서 수년을 지체하게 됩니다. 왜 이런 일이 벌어졌을까요? 우르는 수메르인들이 세운 도시로 "수메르 문화가 집약된 곳으로서 달(月)신 난나(Nanna, 일명 Sin)를 섬기는 신전들이 많이 있었고"[3] 도시의 넓이가 165,000평으로 인구는 약 34,000명에 이를 정도로 당시로 봐서는 상당히 번성하던 도시였습니다. 그리고 하란 역시 "수메르의 가장 중요한 도시들 중의 하나"[4]로서 "다메섹, 두로, 애굽을 연결하는 교통과 무역의 중심지였고 거기다가 우르 문화의 마지막 울타리가 되는 국경지대였습니다. 이 국경을 넘는다는 것은 자기 조국을 등지는 것이었습니다."[5] 그 국경이 유프라테그 강인데 그 강을 넘지 못하고 있는 것입니다.

그래서 우르와 하란은 사용하는 언어가 같고 또 하란에서 숭배되었던 신은 우르에서 숭배되었던 신과 동일하였기 때문에 지역은 다르더라도 아브라함이 사는 데는 불편함을 느끼지 못하는 그런 지역이었습니다. 그 상황을 우리나라로 옮겨서 이야기하면 하나님께서 '너는 서울을 떠나 만주로 가라' 고 하셨는데 어디까지 갔느냐 하면 신의주까지 갔습니다. 신의주는 최 변방입니다. 그러나 거기서 차마 압록강을 건너지는 못하는 것입니다. 거기를 벗어나면 그들은 스스로 자신들을 방어해야 합니다. 왜냐하면 그 시대 사회에서는 자기를 방어하는 수단이 국가도, 법도 아닌 지기 자신 밖에 없었기 때문입니다.

데라와 아브라함은 최 변방까지는 왔지만 더 이상 나아 갈 자신은 없었습니다. 꿈에 본 그 정도의 환상을 가지고는 자기 문명권을 벗어나 목숨이 어떻게 될지 재산이 어떻게 될지도 모르고 미래가 어떻게 될지도 모르는 곳에 발을 내디딜 수는 없었습니다. 그럴 만큼의 믿음이 있는 사람들이 아니었습니다. 어쩌다가 꾼 꿈에 떠밀려서 거기까지 온 것입니다. 안 갔다가는 무슨 일을 당할지도 모른다는 그들이 알고 있는 최소한의 종교적인 겁을 먹은 것이 하란까지 온 이유일 뿐 믿음이 있어서 그런 것은 아닌 것입니다."[6]

하란까지 아브라함 일행을 인도한 아브라함의 아버지 "데라의 이름은 '지연시킨다' 는 뜻을 가지고 있습니다."[7] 이것은 참으로 적절한 이름입니다. 이 이름처럼 아브라함은 데라로 인해 처음에 그의 고향을 떠났을 때는 도움을 받았을지 모르지만 그 이후에는 가나안에 들어가는 데 방해가 되었으면 되었지 도움은 되지 않았을 것입니다. 12:5절에 "하란에서 모은 모든 소유와 얻은 사람들을 이끌고"라는 말씀으로 비추어 볼 때 재산을 모으기 위해서는 최소한 하란에서 몇 년 동안은 지체한 것 같습니다. 많은 재산과 사람들을 얻기까지 데라와 아브라함은 하란을 벗어나는 것을 포기하고 살았는지도 모릅니다.

하란에서 그것도 아버지와 함께 머무른 아브라함은 아비나 아비 집을 떠나지도 않았었고 본토도 떠나지 않은 것을 알 수 있습니다. 아브라함이 정말 믿음의 사람이었다면 아버지가 거기서 머물려고 했을 때에라도 가나안 땅으로 가야 했을 것입니다. 그러나 그도 역시 거기서 정착을 하고 맙니다. 아브라함도 시간이 지나면서 하나님의 명령에 대한 급박함이 없어져 버린 것입니다. 그래서 하란을 제 2고향 삼아서 눌러 앉아 버린 것입니다.

그런데 하란에서 데라가 죽습니다. 그 후, 다시 하나님이 아브라함에게 나타나신 것이 창세기 12장 1-3절 말씀입니다. 어쩌면 하나님은 이 시간을 얼마나 기다리셨는지도 모릅니다. 아버지의 영향력 아래서 어쩌지도 못하고 이제 그곳에 정착하여 사는 것을 당연하게 알아가고 있는 아브라함을 다시 한 번 설득하시기 위해서 두 번째 나타나신 것입니다. 하나님의 명령을 받은 아브라함이 드디어 가나안으로 들어갑니다. 아브라함의 이 이야기를 통해서 우리는 하나님이 하시고자 하는 말씀과 우리가 구태의연하게 갖고 있었던 성경의 인물들에 대한 편견을 비교해 보아야 합니다. 우리는 한 사람에게 주어진 구원과 축복의 결과에 대한 원인을 전적으로 그 사람 자신에게 돌리고 싶어 하는 본성을 지니고 있습니다. 그리고 우리 스스로도 내가 뭔가 했으니까, 십일조를 했으니까, 봉사를 했으니까하고 우리 자신에게 돌릴 때가 얼마나 많습니까?

우리는 너무도 쉽게 아브람이 아브라함이 된 것은 하나님의 은혜라기보다 아브라함이 그렇게 될 만한 자질을 갖춘 사람이어서 그랬을 것이라고 오해해 버립니다. 신앙생활을 할 때 우리에게 가장 큰 갈등이 되는 것도 바로 이런 인과율의 법칙에 따른 사고방식입니다. 원인이 있으니까 결과가 있다는 것입니다. 그래서 자주 드는 생각이 이렇게 변변찮게 신앙생활을 하면서 내가 하나님을 믿는다는 말을 감히 할 수 있겠는가? 내가 이 꼴인데도 하나님이 나에게 축복해 주실까? 내가 이 꼴로 믿으면서 예수 믿는다는 이야기를 남에게 해도 되겠는가하는 생각들입니다. 이 모든 의문 뒤에 숨어 있는 가장 큰 불신앙은 축복은 받을 만한 사람이 받는 법이다라는 인간적인 사고방식입니다. 모든 결과는 원인이 있어야 한다는 것은 번지르르한 말이지만 이것만큼 하나님께는 불신앙이 없습니다.

성경이 믿음이라는 단어를 쓰는 것은 하나님의 은혜와 긍휼과 자비가 아니었으면 우리에게 구원은 있을 수 없는 일이며 성장하는 과정에도 반드시 하나님의 은혜와 간섭이 필요한 존재들임을 말하고 싶은 것입니다. 우리의 구원과 신앙의 성숙이 여러분 스스로의 힘으로 만들어 진 것이 아닙니다. 우리가 말을 잘 듣고 겸손해서 여기까지 오게 된 것이 아닙니다. 구원도 그렇지만 그 이후의 삶도 우리는 우리의 뜻대로 산 사람들입니다. 하나님의 속을 무던히도 썩인 사람들입니다. 우리의 자녀가 우리의 마음을 아프게 한 것 이상으로 우리는 하나님에게 그렇게 살았습니다. 구원은 하나님의 전적인 그 분만의 작업입니다. 이것이 기독교가 세상의 종교와 비교되기를 거부하는 이유입니다.

창세기 12장 5절을 보면, "아브람이 그 아내 사래와 조카 롯과 하란에서 모은 모든 소유와 얻은 사람들을 이끌고 가나안 땅으로 가려고 떠나서 마침내 가나안 땅에 들어갔더라"고 이야기 하고 있습니다. 마침내 가나안에 들어갑니다. 이 '마침내'라는 단어는 하나님 쪽에서 써야 할 마침내입니까? 아브라함에게 쓰여야 될 단어입니까? 하나님께 필요한 마침내입니다. 만약 아브라함이 믿음으로 본토 친척집을 떠나 여행한 것이었다면 그가 여러 어려움에도 불구하고 신앙을 따라 하나님께서 가라고 하신 곳까지 내가 드디어 도착했구나는 의미가 될 것입니다. 그러나 아브라함이 좋은 믿음으로 출발한 것이 아니라면 마침내는 하나님이 쓰셔야 합니다. 아무리 가르쳐도 모르니까 설득하고 설득해서 드디어 내가 너를 이곳까지 데리고 왔구나 하는 의미입니다.

친척을 떠나지 않은 아브라함

아브라함의 불순종의 증거는 또 있습니다. 아브라함은 본토와 아비 집을 떠나지도 않았을 뿐만 아니라 친척을 떠나라는 명령을 받았음에도 불구하고 롯을 가나안까지 데리고 갑니다. 롯이 누구입니까? 아브라함의 형제인 하란의 아들입니다. 조카입니다. 아브라함은 친척을 떠나라는 말씀도 지키지 못했습니다. 결국에는 뒤에 가면 롯으로 인해서 문제가 발생하게 되는데 그 문제가 어디까지 확대되어 버리냐면 아브라함의 목숨이 위태롭게 되는 데까지 입니다. 네 왕의 연합군에게 롯이 잡혀 갔는데 아브라함이 사병을 끌고 가서 구해 오지 않았습니까? 사실 아브라함의 행위는 계란으로 바위를 치는 격이었습니다. 롯 때문에 아브라함은 죽었다가 살아난 것이나 마찬가지였습니다. 가나안 땅에서 이방인에 불과한 아브라함이 이미 정착하여 살고 있는 터줏대감들이자 군사력이 훨씬 강한 군대를 건드렸으니 말입니다.

또 하나는 이스라엘 민족을 두고 두고 힘들게 하는 그런 비극의 씨앗을 롯 때문에 잉태하게 된다는 것입니다. 롯이 모압과 암몬이라는 두 민족의 조상이 되는데 이 두 민족은 끊임없이 이스라엘을 괴롭히는 민족으로 등장하게 됩니다. 갈대아 우르에서 떨어뜨려 놓고 오지 못했다면 하란에서 롯을 고향으로 돌아가게 하거나 하란에 정착하도록 도와주어야 했을 것입니다. 그러나 아브라함은 그렇게 하지 않았습니다. 그래서 하나님께서는 아브라함이 하란에 마물러 있었던 것이 하나님이 하시려는 일에 대해 아브라함이 아직은 신앙으로 제대로 반응하지 못하고 있다는 사실을 다시 한 번 확인 시키신 것이 하란에서의 두 번째 나타나심의 목적이었습니다. 아브라함은 본토 친척 아비 집을 떠나라는 하나님의 말씀을 단 하나도 지키지 못한 연약한 사람이었습니다. 신앙에 있어서 이제 걸음마를 떼는 초보 신앙인인 것입니다.

구원이란 두 가지 중요한 측면이 있습니다. 하나는 신분의 변화이고 다른 하나는 수준의 변화입니다. 그런데 신분의 변화는 하나님의 부르심으로 말미암아 순간적으로 일어나는 일이지만 수준의 변화는 전 일생을 통해서 변해 가야 하는 과정입니다. 신분의 변화란 아브라함이 우상을 섬기는 사람이었지만 하나님의 부르심으로 하나님의 자녀가 되는 놀라운 은혜를 말합니다. 이 작업은 오직 하나님만이 하실 수 있습니다. 우상숭배 아래 있던 아브라함이 스스로 알아서 하나님을 찾는다는 것은 불가능한 것입니다.

기독교는 항상 하나님이 먼저 찾아오십니다. 그래서 계시종교라고 합니다. 하나님이 자신을 반역하고 사탄과 한 패가 되어버린 인간들을 찾아오셔서 먼저 은혜를 주시고 먼저 사랑하십니다. 성경에 등장하는 어떤 인물도 자신이 먼저 구원의 필요성을 절감하고 하나님을 찾은 적은 단 한 번도 없다는 것을 알아야 합니다. 사망의 권세 아래에 있어서 하나님에 대한 감각이 전혀 없고 오직 이 세상의 삶이 전부라고 생각하는 영적 죽음의 상태에서 하나님의 은혜로 살아나는 것입니다. 이것이 성령으로 말미암은 중생, 즉 다시 태어남입니다.

그런데 이렇게 영적으로 태어난 자가 이제 막 영적 걸음마를 시작했습니다. 실수투성이고 모자람뿐입니다. 이런 영적 수준을 가지고 하나님께 온전한 순종을 할 수 있을까요? 힘들 것입니다. 그래서 하나님의 자녀다운 수준은 날마다 성장해야 합니다. 아브라함이 갈대아 우르에서 부르심을 받았을 때 드디어 그는 영적 걸음마를 떼기 시작한 것입니다. 영적으로 출생했으니 이제는 하나님의 돌보심을 받으면서 하나님의 자녀답게 성장해 가야 합니다. 말하자면 하나님의 자녀로서의 수준이 시간이 흘러가면서 점점 더 달라져 가야 하는 것입니다. 책임감이 생겼다는 말입니다. 놀고 먹는 것은 있을 수 없습니다. 훈련받아야 합니다. 아브라함도 하나님의 인도하심을 경험하면서 하나 둘 씩 깨달아 가는 것입니다. 이것이 올바른 구원관입니다.

아브라함도 처음에는 믿음이라고 내어 놓을 것이 없었습니다. 하나님의 조건 없는 은혜로 부르심을 받고 가나안 땅까지 오는 것입니다. 하란에서 몇 년을 버틴 그에게 다시 나타나셔서 그의 등을 떠밀어서 드디어 가나안 땅까지 온 것입니다. 하나님의 열심이 여기까지 오게 한 것입니다. 7절에 보니까 가나안 땅에 도착하자마자 아브라함에게 나타나셔서 말씀하십니다. "내가 이 땅을 네 자손에게 주리라." 하나님께서 갈대아 우르에서부터 약속하신 바로 그 약속의 땅임을 확인시켜 주십니다. 거기에 대해서 아브라함이 반응을 보이는데 참 의미 있는 행동을 취합니다. 7절 하반 절에 그 곳에서 하나님을 위하여 단을 쌓았습니다. 즉 제사를 드린 것입니다. 드디어 아브라함이 조금씩 하나님의 존재에 대해서 인정하기 시작합니다.

이 땅이 바로 그 약속한 땅이다고 하나님께서 말씀하셨을 때 아브라함에게 어떤 마음이 먼저 들었겠습니까? 어? 이 분의 말씀이 장난이 아니네 나에게 약속했던 말들이 공수표가 아니네 정말 살아 역사하시는 분이시네 하나님이 어떤 분이신지에 대한 확인 작업을 하지 않았겠습니까? 그래서 제사를 드리는 것입니다. 이제야 비로소 과거에 자신이 섬겼던 우상을 밀어내고 하나님을 올려놓는 것입니다. 8절에서도 여호와의 이름을 불렀다고 그랬는데 그것도 단을 쌓았다는 말과 같은 의미입니다. 아브라함이 이제 하나님에 대한 올바른 반응을 보이기 시작하는 것입니다.

이제까지는 자신을 인도하시는 하나님이 어떤 분인가에 대한 정체성에 혼란한 마음을 가지고 있었는데 수 년 전 갈대아 우르에서 약속하신대로 가나안 땅을 지목하시는 것을 보고서 이 신이야 말로 참 신이시고 자신을 지금까지 인도해 오신 그때 나타나신 영광의 하나님이심을 깨닫게 되는 것입니다. 이제야 제대로 된 믿음의 출발을 하는 것입니다. 아직은 어린아이와 같은 믿음이지만 하란에서 아무 생각 없이 버티고 있는 것과 비교해서는 엄청 좋아진 것 입니다. 앞으로 하나님의 자녀들은 아브라함과 같이 부름을 받을 것입니다. 그들이 가지고 있는 실력, 재력, 능력에 의해서가 아니라 하나님의 무조건적이고 무한하신 사랑과 긍휼에 기초해서 부름을 받을 것입니다. 아브라함의 부르심은 하나님의 부르심이 무에서 유를 창조해 내시는 하나님의 구원의 역사임을 보여 주시고 있습니다.

타락한 인간이 하루아침에 변하는 것이 쉬운 것이 아닙니다. 마음먹은 대로 순 식간에 하나님이 원하시는 그런 온전한 사람들이 되는 것이 아닙니다. 우리에게는 고집이 있고 쉽게 버리지 못하는 이 세상 삶에 물들어 있는 그런 가치관들이 많이 있기 때문입니다.

마음의 생각이 항상 악한 존재들입니다. 아브라함도 별 수 없는 것입니다. 하란을 떠날 때가 75세였다고 했는데 70년 이상 이 세상의 사고와 가치에 매몰되어 있었고 더군다나 우상숭배를 하는 사람이었는데 그가 하나님의 부름을 받았으니 처음부터 믿음의 반응을 보인다는 것은 무리일 것입니다.

그러니 영광의 하나님으로 나타나셔서 겁을 주어서라도 그가 반응을 보이도록 할 수밖에 없으신 것입니다. 이렇게 하나님을 조금씩 조금씩 알아가는 것입니다. 그 우상숭배와 인간적 요소를 씻어 내고 하나님의 자녀로서 철이 들도록 성장시키기 위해서 우르에서 끄집어내시고 가나안으로 부르시며 여러 가지 우여곡절을 겪게 하시면서 창세기 22장의 자리, 순종의 자리까지 인도해 가시는 것입니다.

17. 아브라함의 영적 철들기
- 자녀답게 성장하기[8)]

아브라함도 믿음의 성숙을 위해 과정이 필요한 사람입니다.
하나님은 그의 실수를 통해서도
그를 단련하여 하나님의 부르심에 합당한 자로 세워가십니다.

아브라함을 가나안에 입성시킨 후에 가장 먼저 그 땅을 그의 후손에게 주시겠다고 약속을 하시자 드디어 아브라함이 여호와 하나님께 반응을 보이기 시작합니다. 하지만 가나안 땅에 기근이 들자 그 곳에서 버티지 못하고 애굽으로 내려가고 맙니다. 수년에 걸쳐서 마침내 들어 온 약속의 땅인데 그리고 하나님께서 직접 나타나셔서 그 땅을 주시겠다고 찜을 해 놓으셨는데 아브라함은 버티지 못하고 애굽으로 내려가는 것입니다.

아브라함의 행위가 믿음이 없는 모습임을 짐작할 수 있는 것은 그 때 가나안 땅에는 7족속이 살고 있었습니다. 그러나 기근이 들었다고 해서 그들이 가나안을 버릴 정도는 아닌 것 같습니다. 물론 이방인이기 때문에 곡식을 구하는 것이 쉽지는 않았을 것입니다. 하지만 가나안 민족이 버티고 있었다면 더군다나 하나님이 말씀해 주신 약속의 땅임을 확인받았다면 다른 사람은 다 떠나도 아브라함만은 버티고 있어야 했습니다. 하지만 아브라함은 그러지 못했습니다.

그런데 애굽에 내려가려다 생각해 보니까 마음에 걸리는 것이 사라였습니다. 자신이 보기에도 사라는 너무 아름다운 여인이었습니다. 그래서 애굽 사람들이 자신을 죽이고 사라를 빼앗아 갈까봐 두려운 마음이 들었습니다. 당시에 왕들은 수십 명에서 수백 명까지 후궁을 두었습니다. 그 이유는 왕의 위엄과 권세를 과시하기 위함이었고 또 다른 이유는 왕실과 어떻게든 줄을 대어 보려는 귀족들과 지방의 호족들의 정략적인 차원에서 왕에게 후궁을 바치므로 그 숫자는 점점 늘어나게 된 것입니다.

아브라함은 지금 아쉬워서 애굽으로 내려와 있습니다. 애굽 관리들에게 눈에 잘 띄어야 식량을 구할 수 있을 것입니다. 당시에는 문명이 최고로 발달한 나라요 나일강의 풍부한 유량 때문에 기근을 잘 견디어 낼 수 있는 조건을 가진 나라였고 그래서 칼자루는 그들이 가지고 있었습니다. 아브라함은 아주 초라한 나그네요 이방인에 불과한 사람이었습니다. 그런 상황에서 사라도 애굽의 귀족이나 지방의 호족의 눈에 띄어 왕께 드리는 진상품 차원에서 바로 왕의 후궁으로 가게 된 것입니다(참조. 창 12:14-15).

그런데 아브라함은 사라가 바로의 후궁으로 가게 되었는데도 그가 할 수 있는 것이 아무 것도 없었습니다. 그는 그들이 하는 대로 따라 할 수밖에 없었고 사라가 자신의 부인임을 떳떳하게 밝히지 못하였습니다. 16절에서 보는 바와 같이 아브라함은 자신의 아내 사라를 바로에게 내어 주고 양과 소와 노비와 암수 나귀와 약대를 받았습니다. 결론적으로 재물과 아내를 맞바꾼 셈이 되어 버렸습니다. 이것은 아브라함과 사라에게 너무도 큰 위험한 순간이었습니다. 이제는 부부로서의 인연이 여기서 끝날 수밖에 없는 절체절명의 순간에 선 것입니다. 거짓말을 했으니 그것을 다시 주워 담을 수도 없습니다. 만일 거짓말한 것이 드러나면 아브라함의 목숨은 없는 것입니다.

그러나 이것은 다른 위험에 비하면 세 발의 피에 불과합니다. 지금 아브라함과 사라 사이에는 자녀가 없습니다. 갈대아 우르와 하란에 있을 때에 하나님께 무엇을 약속 하셨습니까? 12:2절에 있는 바와 같이 아브라함으로 하여금 큰 민족을 이루시겠다고 약속하셨습니다. 큰 민족을 이루려면 전제가 아브라함에게 자손이 있어야 합니다. 그리고 12:7절에 보면 하나님께서 가나안 땅에 도착한 아브라함에게 가장 먼저 말씀하시기를 내가 이 땅을 네 자손에게 주리라고 하십니다. 누구에게 준다고요? 아브라함의 자손입니다.

그러면 아브라함과 사라 사이에 반드시 후손이 태어날 것이라는 하나님의 약속을 읽을 수 있습니다. 아브라함에게 믿음이 있었다면 이 약속을 붙잡고 가나안을 떠나지 말아야 했고 어떤 어려움이 있어도 사라가 아내라는 사실을 당당히 알리고 하나님께서 지켜 주실 것을 믿어야 했습니다. 하지만 아브라함에게는 자신의 목숨을 부지하는 것이 더 시급하였기 때문에 그것이 보이지 않았습니다. 아직 목숨을 걸고 그 하나님의 약속이 이루어지기를 기대하는 그런 믿음이 아직은 없었던 것입니다. 그러니 거짓말로 위기를 넘겨보려고 한 것입니다.

그러나 사라가 바로의 아내가 되는 것은 하나님께서 지금까지 아브라함에게 약속하셨던 모든 말씀이 공수표가 된다는 것을 말하므로 하나님의 구속의 역사가 풍전등화에 놓이게 되었다는 것을 의미합니다. 아브라함의 아내 사라는 단순한 한 여인이 아니었습니다. 하나님의 약속의 후손을 낳을 약속의 어머니였습니다. 그런데 아브라함은 이런 엄청난 위기의 순간에도 그는 여전히 침묵을 하고 있습니다. 두렵고 떨렸을 것입니다. 사라를 잃을 수 있다는 마음에 속이 타들어 갔을 것입니다. 그러나 그는 거짓말의 덫에 걸려 자신의 목숨을 보존하기 위해서 사라를 위해서는 아무 것도 할 수 없었습니다. 그래서 17절에 보면 이렇게 속수무책으로 당하고 있는 아브라함 대신에 하나님이 직접 나서는 것을 볼 수가 있습니다.

바로가 사라를 얻으려고 하자마자 17절에 보니까 바로와 그 집에 큰 재앙을 내리셨다고 말씀하고 있습니다. 큰 재앙이 구체적으로 무엇인지는 성경이 말하고 있지 않습니다. 그러나 그것이 바로에게 엄청난 충격을 준 것만은 틀림없는 사실입니다. 18절 이후에 보면 바로가 혼비백산해서 아브라함에게 따지는 것을 볼 수 있기 때문입니다. 사실 바로는 큰 잘못이 있는 게 아닙니다. 당시의 문화로 볼 때 아브라함이 누이라고 했기 때문에 정당한 값을 형제에게 지불하고 데려오는 것은 얼마든지 용인이 되는 상황이었습니다. 그런데 어쩌면 피해자일지도 모를 바로가 하나님께 엄청나게 터진 것입니다. 권투로 보자면 하나님께 일방적으로 얻어터져서 지금 정신이 하나도 없는 그런 상황인 것입니다.

바로 이 지점, 바로가 아브라함에게 화를 내는 이 장면에서 가장 놀란 사람은 누구겠습니까? 혹시 학교에서나 집에서 이런 경험이 없으십니까? 잘못은 내가 했는데 옆에 있던 친구나 형이 자신 때문에 괜히 혼나고 있을 때 정말 두렵고 떨리는 사람은 누구입니까? 맞는 사람입니까? 그 맞는 사람을 보고 있는 나입니까? 물어 보나 마나입니다. 보고 있는 사람이 훨씬 더 마음이 떨리고 두려운 것입니다. 바로가 하나님께 엄청나게 혼이 나는 그 순간에 가장 두렵고 떨린 사람은 애굽 왕 바로가 아니라 아브라함이었습니다. 진짜 잘못은 자기가 저질렀는데 혼나고 있는 사람은 바로인 것입니다.

그런데 12장 어디에도 아브라함이 하나님께 혼이 났다는 기록이 없습니다. 왜 그럴까요? 진짜 범인은 아브라함인데 왜 아브라함이 혼이 나지 않고 바로가 혼이 나겠습니까? 그것은 아브라함이 혼이 나서 깨달을 정도의 믿음이 아니기 때문입니다. 여기서는 하나님께서 당사자보다는 제 3자를 통해서 아브라함을 가르치시는 것이 훨씬 더 효과적이라는 것을 아시기 때문에 참으시는 것입니다. 따라서 바로가 혼나는 것을 통해서 아브라함은 하나님의 존재에 대한 엄청난 실물 교육을 받고 있고 또 자신이 얼마나 잘못했는지를 깨달은 것이 틀림없습니다. 식은땀이 나면서 두려운 마음으로 배운 것은 평생을 가도 잘 잊어버리지 않습니다. 하나님은 지금 아브라함의 눈높이에 맞는 교육을 하고 계시는 것입니다. 이런 과정을 통해서 아브라함은 하나님의 존재에 대한 엄청난 시각교정이 일어나게 되는 것입니다.

당시에 바로는 신처럼 숭배를 받던 사람이었습니다. 그리고 애굽의 문명과 군사력과 경제력은 이방인인 아브라함에게는 선망의 대상이었습니다. 그런데 그 권력의 최 정점에 있는 바로가 하나님께 얻어터지는 것입니다. 바로는 마른하늘에 날벼락이라고 하나님의 예기치 않은 징계에 엄청 혼이 났습니다. 이렇게 혼이 나지 않았다면 바로는 자신을 속인 아브라함을 분명히 죽였을 것입니다. 바로 앞에 아브라함은 새 발의 피와 같은 존재에 불과하기 때문입니다. 바로가 얼마나 혼이 났는지 사라 때문에 주었던 재물을 돌려받을 생각도 하지 않고 사라와 함께 모두 다 가지고 떠나라고 합니다.

그러면 하나님이라는 분은 도대체 어떤 분이라는 말입니까? 설명이 필요 없는 것입니다. 바로를 꼼짝 못하게 하실 분이라면 이 분이야말로 진정으로 살아계시며 엄청난 권위를 가지신 분이라는 깨달음이 아브라함에게 생겨나게 된 것입니다. 드디어 아브라함이 하나님에 대한 진면목을 보게 되므로 아 하나님은 이런 분이구나 하는 것을 알게 된 것입니다. 하나님에 대한 이해와 지식의 깊이가 더해져 가고 하나님에 대한 살아있는 경험이 생겨나게 된 것입니다. 이것은 아브라함의 입장에서 보면 놀라운 은혜가 아닐 수 없습니다.

자신을 갈대아 우르에서 끄집어내신 하나님은 지금까지 자신의 집안이 숭배해 왔던 그런 우상과는 전혀 다른 분이었습니다. 자신의 소원을 빌면서 마음의 위안이나 삼던 우상과는 달리 하나님은 능동적이고 적극적으로 자신에게 직접 나타나셔서 말씀하시고 간섭하시면서 동시에 자신의 존재의 진가를 유감없이 드러내시는 분이었습니다. 이론의 하나님이 아니라 살아계셔서 역사하시는 능력이 많으신 그런 분이셨습니다. 그리고 아브라함에게 주셨던 그 약속을 이루시기 위해서 아브라함의 잘못과 실수도 하나님의 뜻을 이루는데 사용하시는 자비와 긍휼의 하나님이심을 알게 된 것입니다.

아브라함은 애굽에서의 악몽을 뒤로 하고 이제 다시 하나님의 약속의 땅인 가나안으로 들어가게 됩니다. 그리고 가장 먼저 찾은 장소가 자신이 하란에서 와서 처음으로 단을 쌓고 하나님의 이름을 부르던 벧엘과 아이 사이의 한 장소였습니다. 애굽에서 올라오자마자 이 장소를 찾은 까닭은 하나님의 약속을 다시 한 번 되새김질하기 위해서였을 것입니다. 자신에게 자손을 주셔서 이 땅을 소유하게 하시겠다는 그 약속을 회상하면서 다시는 애굽에 내려가지 않을 것이라는 다짐도 했을 것입니다.

그러던 중에 아브라함과 롯 사이에 문제가 발생하게 됩니다. 이 두 사람은 목축업을 하는 사람들이었는데 기르는 가축의 숫자와 거느린 목자들이 늘어나다 보니까 목자들 간에 다툼도 생기고 함께 동거하기에는 너무 힘든 상황이 되었습니다. 그리고 이미 살고 있었던 가나안 사람과 브리스 사람들과도 충돌이 일어날 가능성이 많아졌습니다. 그래서 아브라함이 드디어 결단을 내리게 됩니다. 9절입니다. "네 앞에 온 땅이 있지 아니하냐 나를 떠나가라 네가 좌하면 나는 우하고 네가 우하면 나는 좌하리라." 여기서 가장 중요한 말은 나를 떠나라입니다. 그런데 히브리어 원문에 보면 이 명령에 제발(Please)[9]이라는 단어가 하나 더 있습니다. 제발 나를 떠나라는 것입니다. 이 말 속에는 아브라함의 간절함이 배어 있습니다.

왜 갑자기 아브라함이 이렇게 간절히 롯과 헤어질 것을 다짐할까요? 사실 롯은 갈대아 우르에서 이미 헤어졌어야 할 사람이었습니다. 그러나 아브라함은 롯을 하란까지 데리고 갔고 또한 하란에서 재차 친척을 떠나라는 하나님의 말씀을 들었음에도 불구하고 가나안까지 데려온 사람이었습니다. 어차피 가나안까지 왔다면 같이 있어야 서로에게 유익입니다. 당시에는 자신들 스스로가 목숨을 책임져야 했기 때문에 함께 모여 있는 것이 생명을 지키는데 훨씬 도움이 됩니다. 그런데 아브라함이 롯을 향하여 이제 나를 제발 떠나라 이렇게 말하는 것입니다. 단지 싸우는 문제라면 지금까지의 아브라함의 성향으로 보았을 때 충분히 자신의 목자들에게 좀 더 양보를 하더라도 싸우지 말라고 했을 것이고 자신의 목자와 롯의 목자들 사이의 간격을 더 멀리 띄어 놓으면 됩니다.

그런데 아브라함은 이제 롯이 자기와 함께 있는 것이 다른 차원의 문제라는 것을 알게 됩니다. 단순히 함께 잘 먹고 잘 살자 그런 차원이 아니라 갈대아 우르와 하란에서 자신에게 나타나셔서 언급하신 하나님의 말씀을 기억하게 된 것입니다. 아브라함에게 나타나신 하나님의 첫 번째 요구가 무엇이었습니까? 네 본토 친척 아비 집을 떠나라는 것입니다. 그런데 지금까지 아브라함은 이 말씀을 완전히 지키지 못하고 있는 자신을 보게 된 것입니다. 그래서 떠나라고 하는 것입니다. 이것은 아브라함이 하나님께 대해서 첫 번째로 보이는 능동적인 순종이며 아브라함의 성숙한 변화의 모습입니다.

그런데 이런 아브라함으로 만들어가는 결정적 계기는 우리가 이미 살펴보았던 것처럼 애굽에서의 하나님에 대한 경험 때문임이 분명합니다. 바로를 징계하시고 그 엄청난 권력 앞에서도 자신의 목숨과 아내를 보호해주실 수 있는 하나님이시라면 이제 롯이 떠난다

한들 자신의 목숨을 하나님이 지켜 주실 것이라는 믿음이 생겨난 것입니다. 이제는 하나님의 말씀에 순종하는 것이 자기에게 유익이 됨을 알게 된 것입니다. 기근이 있더라도 가나안에 머물러 있었다면 하나님은 다른 방법으로 얼마든지 자신을 먹이시고 입히실 수 있었다는 것을 아브라함은 이제 깨닫는 것입니다.

그리고 가장 중요한 것은 자신의 후손을 통해서 큰 민족을 이루게 하시겠다는 하나님의 약속의 말씀을 자신이 가지고 있다는 것입니다. 혹시 아브라함이 자녀가 없었기 때문에 여차하면 조카 롯을 자신의 후손을 대신할 사람으로 즉 보험용으로 생각하고 있었을 수도 있습니다. 이제는 이것까지도 내려놓게 됩니다. 이에 대한 깨달음 때문에 애굽에서 가나안에 오자마자 제일 먼저 찾은 곳이 자기가 하나님께 단을 쌓았던 곳입니다. 그러니 9절에 나오는 것처럼 "네가 좌하면 나는 우하고 네가 우하면 나는 좌하리라" 롯이 자기보다 더 좋은 쪽을 선택한다고 그것이 자신에게 하등의 문제가 되지 않습니다. 그래서 어느 쪽이든 상관이 없습니다. 롯에게 먼저 선택권을 줄 수 있는 영적인 자유함이 생겼고 여유가 생긴 것입니다.

18. 믿음의 조상 아브라함

아브라함은 믿음이 좋고 우리가 본받을 만한 해서 믿음의 조상이라 하지 않습니다.
믿음으로 말미암아, 다시 말하면 하나님의 은혜로 구원을 얻는 자의 시작이라는 의미에서
믿음의 조상이 되는 것입니다.
그래서 믿음으로 구원을 얻는 모든 구약과 신약의 성도들은
아브라함을 조상이라 말할 수 있습니다.

15:1절에 나오는 "이후"는 야간 기습을 통해서 네 왕의 연합군들에게서 롯을 구출하고 돌아 온 그 사건 이후를 말합니다. 그런데 아브라함이 전력의 열세에도 불구하고 과감히 롯을 구하러 간 것은 전적으로 하나님을 의지함 때문이었습니다. 어떻게 그것을 알 수 있습니까? 네 왕들을 쳐부수고 돌아 올 때에 살렘 왕 멜기세덱이 아브라함을 향하여 "너희 대적을 네 손에 붙이신 지극히 높으신 하나님을 찬송할지리"라고 선포하자 아브라함이 그에게 십일조를 바치는 것을 보게 됩니다. 아브라함이 십일조를 바친 것은 바로 그 일을 하나님이 하셨음을 인정하기 때문입니다. 그런데 야간기습 후에 하나님께서 아브람에게 나타나셔서 하신 첫 마디가 이것입니다. "아브람아 두려워하지 말라 나는 네 방패요 너의 지극히 큰 상급이니라"

왜 하나님이 아브라함을 향하여 두려워하지 말라고 하실까요? 그것은 하나님께서 아브라함의 마음을 읽고 있기 때문입니다. 아브라함은 그 야밤의 기습 작전 이후에 편한 시간을 보내지 못했을 것입니다. 왜냐하면 언제든지 네 왕의 역습을 받을 수 있는 처지에 있었기 때문입니다. 자신이 패퇴시켰던 네 왕이 다시 군대를 추슬러서 쳐들어온다면 정상적인 싸움으로는 도저히 이길 수 없는 사정임을 잘 알고 있기 때문입니다. 아브라함은 자신의 사병들에게 낮이나 밤이나 감시를 게을리 하지 않도록 당부를 했을 것입니다. 북쪽의 동태를 계속해서 살폈을 것입니다.

그때 하나님께서 이상 중에 나타나셔서 아브라함에게 두려워하지 말라고 말씀하시는 것입니다. 왜냐하면 하나님이 친히 아브라함의 상급이 되어 주시고 방패가 되어 주시기 때문이라고 말씀하십니다. 하나님이 상급이 되어 주시겠다는 말씀의 의미는 하나님만이 아브라함이 추구하고 바라보아야 될 인생의 유일한 목적과 유일한 가치가 되어 주시겠다는 말씀입니다. 그리고 방패가 되어 주시겠다는 말씀은 하나님께서 아브라함에게 약속하신 축복들(창 12:2-3)이 이루어져 갈 때 그 누구도 아브라함을 해하지 못하도록 모든 위험으로부터 아브라함을 지켜내시겠다는 하나님의 의지입니다.

그런데 놀라운 사실은 이 말씀을 들은 아브라함이 처음으로 하나님에게 대꾸를 하기 시작했다는 사실입니다. 감사합니다. 이렇게 가볍게 끝내 버리지 않고 하나님께 말을 걸어 질문을 한다는 것입니다. 아브라함이 하나님과 대화를 나누는 아주 진전된 자리에 이르게 된 것을 보고 있습니다. 아브라함에게 하나님은 더 이상 미지의 하나님이나 두려움의 하나님이 아니라 자신과 인격적 관계로 엮어진 친밀한 하나님이 되시는 것입니다.

아무튼 2절에 보면, "아브람이 가로되 주 여호와여 무엇을 내게 주시려나이까 나는 무자하오니 나의 상속자는 이 다메섹 엘리에셀이니이다 아브람이 또 가로되 주께서 내게 씨를 아니 주셨으니 내 집에서 길리운 자가 나의 후사가 될 것이니이다." 아브라함이 하나님께 말씀드리는 것은 이것입니다. 만약 하나님께서 저에게 약속하셨던 그 약속들(창 12:2-3)이 이루어지기까지 방패가 되어주시고 내 삶의 유일한 목적이 되어 주시겠다고 약속하신다면 내가 무엇을 보고 그 약속을 믿을 수 있겠습니까? 하나님의 약속이 이루어지려면 반드시 자녀가 있어야 하는데 지금 저에게는 자녀가 없지 않습니까? 그렇다면 우리 집에서 길리운 엘리에셀이라도 제 후계자로 삼게 해 주십시오라고 약간은 불만스런 투의 말로 하나님께 요구를 하고 있습니다.

그러나 하나님께서는 반드시 아브라함과 사라의 몸을 통해서 약속의 자녀를 주시겠다고 약속하시면서 아브라함의 후손이 하늘의 별과 같고 땅의 모래와 같을 것이라는 축복을 하십니다. 그랬더니 아브라함이 그렇게 말씀하시는 하나님을 믿었고 그 믿음을 하나님이 아브라함의 의로 여기셨다고 성경은 증거하고 있습니다. 우리가 11장 27절부터 12, 13, 14장을 살펴보지 않았다면 쉽게 아브라함의 믿음에 대해서 이야기 할 수 있습니다. "그렇습니다, 아브라함은 역시 우리의 기대를 저버리지 아니하고 하나님을 믿었습니다. 믿음의 사람답습니다." 그런데 그렇게 말하기 전에 반드시 해야 될 질문이 하나 있습니다. "아브라함이 가지고 있는 그 믿음이 누구에 의해 출발되었는가? 하는 것입니다.

지금까지 아브라함의 생에 대해서 자세히 알아본 이유가 뭐냐하면 아브라함이 이런 믿음의 반응을 보이기까지 어떤 일이 있었는가를 살펴 본 것입니다. 갈대아 우르에서부터 15:6절까지는 많은 우역곡절과 시간과 과정이 필요했다는 것을 이해해야 합니다. 그러므로 15장의 아브라함의 믿음은 하나님께서 지금까지 그를 설득하시고 납득시키신 끈질긴 작업의 결과물입니다. 그 믿음은 아브라함이 스스로 만들어서 하나님 앞에 꺼내놓은 믿음이 아닙니다. 처음부터 아브라함이 무엇을 깨닫고 하나님께 제대로 반응을 했었습니까? 아브라함을 부르심으로 우상 숭배자에서 하나님의 자녀로 신분을 변화시켜 주시고 하나님의 자녀가 된 이상 하나님의 간섭을 통해서 아브라함의 책임감을 요구하시며 수준의 변화를 이끌어 가시는 중에 아브라함이 조금씩 능동적으로 순종해 가는 것입니다.

이러한 우리의 시각이 틀리지 않았다는 증거가 로마서 4장에 나옵니다. 사도 바울은 먼저 로마서 4장에서 창세기 15장의 사건을 언급하면서 아브라함이 의롭다함을 얻게 한 그 믿음이 아브라함 자신의 것이 아님을 강조하고 있습니다. 2-5절입니다. "만일 아브라함이 행위로써 의롭다하심을 받았으면 자랑할 것이 있으려니와 하나님 앞에서는 없느니라 성경이 무엇을 말하느냐 아브라함이 하나님을 믿으매 그것이 저에게 의로 여기신바 되었느니라 일하는 자에게는 그 삯이 은혜로 여겨지지 아니하고 보수로 여겨지기니와 일을 아니할지라도 경건하지 아니한 자를 의롭다 하시는 이를 믿는 자에게는 그의 믿음을 의로 여기시나니" 삯을 은혜라고 말하지 않습니다. 삯은 대가이고 자기가 한일에 대하여 당연히 받아야 될 보수를 받는 것이기 때문입니다. 사도 바울은 삯과 은혜를 비교함으로써 아브라함이 의롭게 된 것은 낭연히 받아야 될 삯으로 받은 것이 아니라 하나님의 은혜로 받은 선물임을 강조하고 있습니다.

아브라함이 꺼내 놓은 믿음은 갈대아 우르에서부터 애굽의 사라의 사건과 롯을 구출하는 사건에 이르기까지의 전 과정을 통해서 하나님의 인도와 훈련을 통하여 만들어진 것임을 말하고 있는 것입니다. 그래서 사도 바울은 바로 그 원리가 이미 아브라함의 생애를 통해 나타났기 때문에 그 근거로 창세기 15장 1-7절에 나타난 상황을 예를 들어 로마서 4장 1절 이하에서 설명하고 있는 것입니다. 아브라함이 의롭다함을 받은 것은 아브라함의 공로로 된 것이 아닌 하나님의 은혜로 되었음을 말하면서 이 아브라함에게 적용된 법칙이 전 성경시대를 통하여 유대인이나 이방인 모두에게 그대로 적용되었음을 말하는 것입니다.

로마서 4장 10절부터 13절까지입니다, "그런즉 그것이 어떻게 여겨졌느냐 할례시냐 무할례 시냐 할례시가 아니요 무 할례시니라 그가 할례의 표를 받은 것은 무할례 시에 믿음으로 된 의를 인친 것이니 이는 무 할례자로서 믿는 모든 자의 조상이 되어 그들도 의로 여기심을 얻게 하려 하심이라 또한 할례자의 조상이 되었나니 곧 할례 받을 자에게 뿐 아니라 우리 조상 아브라함이 무 할례시에 가졌던 믿음의 자취를 따르는 자들에게도 그러하니라 아브라함이나 그 후손에게 세상의 상속자가 되리라고 하신 언약은 율법으로 말미암은 것이 아니요 오직 믿음의 의로 말미암은 것이니라."

왜 바울이 왜 여기서 할례를 등장 시킬까요? 할례를 받는다는 것은 인간이 구원을 얻는데 있어서 동원할 수 있는 대표적인 인간의 행위를 상징하기 때문입니다. 그런데 바울은 아브라함이 하나님께로부터 의롭다 여김을 받은 것은 할례받기전이라는 사실을 밝힘으로서 할례, 즉 인간의 행위는 우리의 구원과는 아무런 상관이 없다고 말하고 있습니다.

율법도 마찬가지입니다. 갈라디아서 3장 17절에서도 하나님께서 미리 정하신 언약을 사백삼십 년 후에 생긴 율법이 폐기하지 못한다고 바울은 분명히 못을 박고 있습니다. 율법은 아브라함이 듣도 보도 못한 것입니다. 따라서 신약의 말씀들이 강조하는 것은 아브라함의 어떤 행위도 자신이 구원을 받는데 도움을 주지 않았다는 것입니다. 아브라함은 갈대아 우르에서 이미 하나님의 선택과 구원을 받은 사람입니다. 15장은 그 하나님의 은혜를 확인하고 공식화하는 자리에 불과합니다. 그리고 창세기 15장 이후의 아브라함의 삶을 추적해 보면 아브라함은 아직은 믿음이 완성되어 있는 성숙한 사람이 아니라는 사실을 알 수 있습니다.

15장 6절의 믿음이 아브라함이 만들어 낸 아브라함 표 믿음이었다면 이후의 삶은 분명히 이전과 달라야 할 것입니다. 그러나 그는 이전에 행했던 잘못을 그대로 반복해서 하고 있습니다. 16장에 가면 아브라함은 자기 몸을 통해서 하나님이 후손을 주시겠다고 거듭 거듭 약속을 하셨음에도 불구하고 사라의 종용에 못 이겨서 여종 하갈을 통하여 약속의 자녀가 아닌 육신의 자녀인 이스마엘을 얻게 됩니다. 그리고 99세 때까지 하나님의 아들을 주시겠다는 약속을 믿지 못합니다. 다시 한 번 애굽에서와 같이 그랄 왕 아비멜렉에게 자기 아내를 누이라고 속이는 잘못을 범합니다. 많은 시간이 지났음에도 불구하고 여전히 그는 동일한 연약한 부분을 가지고 있었습니다.

그렇다면 로마서 4장 11-12절에서 바울이 아브라함을 향하여 믿는 모든 자의 조상이 되었다는 의미는 무엇일까요? 11절은 아브라함이 할례를 받지 않았을 때 믿음으로 말미암아 은혜로 구원을 받아서 무할례자들의 믿음의 조상이 되었다는 의미이고 12절은 할례를 받은 자라도 아브라함이 무할례시에 가졌던 믿음으로 말미암아 구원을 얻은 발자취를 따라 구원을 받은 자들에게도 아브라함이 믿음의 조상이 된다는 그런 말입니다. 아브라함은 믿음이 좋고 순종을 잘한 사람으로서 우리에게 본을 보여 주었기 때문에 우리가 따라야 될 모범으로서 믿음의 조상이라는 말이 아닙니다. 방임의 심판 아래에 있는 그를 불러내셔서 새로운 민족의 조상으로 삼으신 것은 인간의 공로와 전혀 상관없이 오직 하나님의 은혜로만 의롭다함을 받을 모든 사람들의 대표로 부름을 받았다는 의미에서 아브라함은 할례 받은 사람(유대인)이나 할례를 받지 않은 사람(이방인)들에 대한 믿음의 조상이 되는 것입니다.

창세기 12장 2-3절에서 약속하신 대로 한 민족, 즉 이스라엘의 조상으로 아브라함을 부르시고 그 아브라함을 통해서 이스라엘뿐만 아니라 결국에는 하나님의 심판 아래에 있는 세상의 모든 민족들이 아브라함이 믿음으로 말미암아 구원을 받은 것처럼 그렇게 믿음으로 하나님의 자녀들을 모으실 것을 아브라함을 통해서 보여주고 있습니다. 그래서 로마서 3장 29-30절에서 바울은 이렇게 고백하고 있습니다. “하나님은 홀로 유대인의 하나님뿐이시뇨 또 이방인의 하나님은 아니시뇨 진실로 이방인의 하나님도 되시느니라 할례자도 믿음으로 말미암아 또는 무할례자도 믿음으로 말미암아 의롭다 하실 하나님은 한분이시니라(개역한글).” 이 말씀은 신구약에 등장하는 모든 하나님의 자녀들은 동일하게 믿음으로, 즉 하나님의 은혜로 구원하신다는 사실을 말씀하고 있습니다. 따라서 아브라함은 이렇게 부름을 받은 자의 우두머리로서 믿음의 조상이라는 타이틀을 가지게 된 것입니다.

19. 목숨을 담보한 언약 - 십자가

하나님의 언약은 하나님이 지키십니다.
쪼개진 동물 사이로 하나님만 지나가신 것은 그것을 증명합니다.
자신이 목숨을 걸고 구속의 역사를 완성하시겠다는 것입니다.
이 하나님의 언약의 성취가 바로 십자가입니다.

우리에게 주어진 구원은 하나님의 전적인 은혜입니다. 그렇다면 무엇을 근거로 구원의 역사를 성취하십니까? 우리는 죄로 죽을 수밖에 없는 사람들로 평가를 내리시고는 무조건 은혜로 구원을 하신다는 것은 앞뒤가 맞지 않습니다. 하나님께서 인간을 저주하셨던 죄 문제를 먼저 해결하시고 그것을 바탕으로 은혜를 논할 때 그 은혜가 은혜다운 은혜가 될 것입니다. 말하자면 인간의 죄에 대한 하나님의 공의, 즉 하나님의 저주와 심판을 해결하시면서 죽을 수밖에 없는 인간을 향한 하나님의 사랑과 은혜의 베푸심이 있어야 그 은혜와 사랑이 정당하다는 것입니다. 거기에 대한 해답으로 제시된 것이 창 15:7이하에 나오는 말씀이 됩니다.

본문 7절에서 하나님은 "나는 이 땅을 네게 주어 업을 삼게 하려고 너를 갈대아 우르에서 이끌어 낸 여호와라"고 말씀하십니다. 갈대아 우르에서 불러내신 이유가 바로 이 땅을 주시기 위함임을 확인시켜 주십니다. 이 땅은 약속의 땅으로서 하나님의 구속의 역사가 진행될 땅입니다. 이 구속의 역사를 위해서 아브라함을 부르셨다면 그 구속의 역사의 진행을 위해서라도 반드시 후손을 주실 것입니다. 따라서 이 말씀은 아브라함에게 반드시 후손을 주시겠다는 말씀입니다. 아브라함이 하나님께 질문을 합니다. 8절입니다. "그가 가로되 주 여호와여 내가 이 땅으로 업을 삼을 줄을 무엇으로 알리이까" 도대체 무엇으로 하나님의 약속이 이루어질 수 있다는 것을 확신할 수 있습니까? 증거를 보여 달라는 것입니다.

이런 아브라함의 요구가 있자 하나님께서 아브라함에게 이렇게 지시하십니다. "나를 위하여 삼년 된 암소와 삼년 된 암염소와 삼년 된 수양과 산비둘기와 집비둘기 새끼를 취할 지니라." 하나님께서 명령을 하니까 10절에서 아브라함이 지체 없이 그 모든 짐승들을 반으로 쪼개고 그 쪼갠 것을 마주 보도록 놓았습니다. 어떻게 하라는 하나님의 구체적인 지시가 없었지만 아브라함이 재빨리 이와 같이 행한 것은 그 의식이 그때 당시에 상당히 알려져 있었던 것임을 알 수 있습니다. 아브라함이 보여준 언약 형식은 고대 근동 국가에서 언약이나 동맹을 체결한 후 이를 보증하기 위해 시행하던 보편적인 관습입니다. 언약을 맺는 양 당사자가 함께 서고 그 앞에다 똑같이 반반씩 쪼개 놓은 짐승들을 양편에 놓습니다. 그리고 계약을 맺는 당사자끼리 그 쪼갠 짐승들 사이로 지나갑니다. 그것은 계약을 맺는 둘 중에 아무라도 계약을 어길 경우에는 이 짐승들처럼 쪼개져 죽임을 당할 것이라는 죽음을 건 맹세입니다.

지금 아브라함은 하나님께서 자기와 언약을 맺고자 하심을 알아차렸습니다. 그런데 이 언약의 주도권이 누구에게 있냐면 다른 언약에서도 그렇듯이 하나님께 있습니다. 하나님이 먼저 아브라함에게 언약을 맺을 것을 제안을 하십니다. 그리고 언약의 내용도 말씀해 주십니다. 아브라함의 자손이 이방의 객이 되어 그들을 섬길 것이며 사백년 만에 그 이방 나라를 하나님이 징벌하시므로 이스라엘 백성들이 큰 재물을 가지고 나올 것이며 약속의 땅인 가나안으로 반드시 다시 돌아 올 것이라는 것입니다. 이 말씀의 핵심은 아브라함의 후손이 거대하게 성장할 것임을 말해 주는데 사 백년이라는 숫자가 그 증거입니다. 자녀가 한 명도 없는 아브라함에게는 엄청난 약속입니다. 이 말씀이 있은 다음에 연기 나는 풀무와 타는 횃불이 피비린내 나는 쪼갠 고기사이로 지나갔습니다. 구약성경에서 연기 나는 풀무와 타는 햇불은 하나님의 임재를 상징합니다. 하나님께서 그 쪼갠 고기 사이를 지나가신 것입니다.

그런데 이상한 것은 아브라함과 맺는 언약식이므로 그 쪼갠 고기 사이를 하나님과 아브라함이 함께 지나가야 함에도 불구하고 하나님 혼자서만 그 쪼갠 고기 사이로 지나가신다는 것입니다. 아브라함에게 주신 약속은 앞으로 어떻게 구속의 역사가 진행이 될 것인지를 말씀해 주신 것입니다. 그런데 구속의 역사의 진전에 있어서 인간이 과연 어떤 도움을 하나님께 드릴 수 있을까요? 로마서 11장 33-34절은 이렇게 말하고 있습니다. "깊도다 하나님의 지혜와 지식의 풍성함이여 그의 판단은 헤아리지 못할 것이며 그의 길은 찾지 못할 것이로다 누가 주의 마음을 알았느냐 누가 그의 모사가 되었느냐" 마음의 생각이 항상 악하며 유한한 존재인 인간이 하나님의 놀라운 계획과 섭리에 대해서 그 분의 마음을 헤아리며 이러쿵저러쿵 조언을 할 수가 있겠습니까?

15장에서 아브라함의 후손에 대한 하나님의 약속은 아브라함의 시대로부터 수백 년이 지난 다음의 일입니다. 실제로 이 약속을 위해서 아브라함이 자신의 노력과 능력으로 하나님을 도와드린 것은 아무 것도 없습니다. 이삭조차도 하나님의 은혜로 받은 것입니다. 이것이 하나님께서 아브라함과 언약을 맺으면서도 아브라함, 즉 인간을 배제시키는 이유입니다. 그런데 놀라운 것은 인간에게 이 약속의 성취를 위해서 아무 것도 요구하지 않으시면서도 하나님은 하나님 자신의 목숨을 이 약속을 위해 거신다는 사실입니다. 그래서 피비린내 나는 그 짐승 사이를 홀로 지나가시는 것입니다.

하나님께서 목숨을 거시는 이유가 단지 이스라엘 민족이 애굽에서 객이 되어 400년을 살다가 출애굽하는 것만을 보장하기 위해서 그러시는 것입니까? 아닙니다. 아브라함은 믿음으로 구원을 얻을 모든 자의 조상으로 서 있습니다. 그 믿음의 조상인 아브라함에게 약속하시는 것은 앞으로 성취되어져야 할 모든 하나님의 약속에 대한 보증이 함께 들어 있습니다. 하나님은 지금 아브라함의 하나님으로서가 아니라 모든 천지 만물을 창조하신 온 우주의 하나님으로서 아브라함과 언약을 맺고 있습니다. 15:5절에서 하늘의 뭇 별을 보여주시며 네 자손이 이와 같으리라 하신 것이 육적인 이스라엘 민족만을 위한 것이 결코 아닙니다. 하나님께서 아브라함에게 지시하신 그 별의 의미 속에는 오늘날의 저와 여러분까지도 아니 예수님이 다시 오시는 그 날까지 구원받을 모든 하나님의 자녀들이 모두 포함되어 있습니다. 그래서 하나님이 생명을 거시는 것은 첫 창조부터 새 창조에 이르기까지 하나님의 구원에 대한 보증이 되는 것입니다.

창세기 3장 15절에서 여자의 후손이 뱀의 머리를 상하게 하고 여자의 후손의 발꿈치가 뱀에게 상하게 되는 방법으로 하나님의 구속의 역사가 실행될 것을 말씀하셨는데 이제 아브라함 시대에 와서 조금 더 구체적으로 하나님의 계획을 보여주시고 있습니다. 그런데 정말로 하나님이 목숨을 희생하시면서 구속의 역사를 완성하실 때가 옵니다. 하나님께서 쪼개진 동물이 피를 흘리듯이 자신의 피를 아낌없이 쏟아 부으실 때가 옵니다. 저주받은 인간이 구원받을 수 있는 유일한 길이기 때문입니다. 그것이 바로 십자가입니다. 십자가는 아브라함과 성경에서 하셨던 모든 약속을 이루시는 하나님의 피 뿌림의 장소입니다. 원래는 인간이 거기에 서야 합니다. 하나님의 말씀에 불순종하므로 하나님의 심판의 대상이 되었기 때문입니다. 그러나 죄인은 자신을 구원할 수가 없습니다. 의인만이 죄인을 구원할 수 있습니다. 그래서 죄와 허물이 없고 흠없는 하나님의 제물이신 예수님이 이 땅에 오셔서 인간이 당할 죽음을 대신 죽으시므로 인간의 구원을 완성하시는 것입니다.

예수님은 하나님께서 죽음으로 약속을 지키시겠다는 언약에 대한 신실한 증거입니다. 만일 아브라함이 하나님과 함께 그 쪼갠 고기 사이를 지났다면 아브라함은 이삭을 얻기도 전에 하나님의 심판으로 그 쪼갠 고기들과 같은 운명에 처했을 것입니다. 그런데 하나님만이 그 쪼갠 고기 사이를 지나가시므로 인간이 죽음에서 건져 냄을 받을 수 있는 은혜를 주시고 자신의 목숨을 희생하심으로 실제로 구원의 역사가 성취된 것입니다. 성경의 언약이란 결코 하나님과 인간이 의논하며 맺는 것이 아닙니다. 하나님 자신과의 약속입니다. 어떤 일이 있어도 구속의 역사를 완성시키고야 말겠다는 하나님 스스로의 다짐이 언약입니다.

20. 새 이름과 할례

**아브람을 아브라함으로 개명하신 것은
그가 새로운 조상으로 부름을 받았음을 증명해 주는 것이고
할례는 아브라함이 육신적 방법으로 이삭을 낳지 않았음을 확인하는 도장입니다.**

15장에서 하나님의 목숨을 담보한 언약식이 있은 다음 16장에서 아브라함은 사라의 여종 하갈을 통해서 이스마엘을 낳습니다. 17장에서 하나님이 아브라함에게 나타나셔서 말씀하시는 것은 이스마엘을 얻은 지 13년이 지난 시점이 됩니다. 이렇게 16장과 17장 사이에 13년이라는 큰 구덩이를 만난 느낌을 받는데 이것은 하나님께서 아브라함에게 침묵하셨기 때문으로 보입니다. 이 하나님의 침묵은 아브라함이 이스마엘을 얻은 것에 대한 무언의 책망이셨습니다. 15장에서 하나님의 목숨을 건 언약까지 맺으면서 반드시 아브라함의 후손을 통해서 약속을 이루시겠다고 선언하셨는데 아브라함이 하나님을 신뢰하지 못하고 사라가 아닌 다른 여자를 통해서 상속자를 얻었기 때문입니다.

17:1절에서 하나님이 "나는 전능한 하나님이라"고 말씀하셨는데 이 말씀만으로도 아브라함은 할 말이 없습니다. 하나님이 하시고 싶으신 말씀은 이것입니다. "네 아내가 애를 못 낳게 되고 너는 나이가 들어가니까 초조해졌느냐? 여태껏 네가 네 인생을 통해서 보지 않았느냐? 네가 본토 친척 아비 집을 떠난 때부터 이 자리에 오기까지 내가 어떻게 너를 보호했는지 경험하지 않았느냐? 그런데도 나를 신뢰하지 못하고 있구나" 하나님의 호통이 들어 있는 것입니다. 3절에 아브라함이 엎드렸다고 했는데 왜 엎드렸겠습니까? 자기도 이 분위기를 아는 것입니다. 13년 동안 이스마엘이 자라나는 것을 보면서 얘가 하나님이 약속한 후사가 아닌가 하면서 타성에 젖어가고 있을 때 하나님께서 그것이 잘못됐다는 것을 일깨워 주시고 있기 때문입니다.

새 이름 (아브람에서 아브라함으로, 사래에서 사라로)

침묵을 깨시면서 아브라함에게 두 가지를 행하십니다. 먼저 아브라함과 사라의 이름을 개명해 주십니다. 아브람을 아브라함으로 사래를 사라로 바꾸어 주십니다. 원래 아브람은 '그는 아버지로서 높임을 받을 것이라' 는 의미를 갖는데 이는 그가 훌륭한 가문 출신이며 그의 출생이 고귀할 것이라는 말입니다.[10] 아브람 개인에게 국한된 이름입니다. 하지만 아브라함이라는 이름은 '열국의 아버지'라는 의미입니다. 엄청난 이름의 변화입니다. 이 이름은 단지 아브라함 한 개인을 향한 의미가 아니라 창 12:3에서 말씀하신 바와 같이 땅의 모든 족속이 아브라함의 복의 영향권 아래 있게 될 전 세계적인 이름이 될 것입니다. 그런 의미에서 아브라함의 이름은 창대하게 될 것입니다. 사래는 사라로 바꾸어 주시는 데 '열국의 어미'가 되게 하시겠다는 것입니다.

그렇다면 하나님께서 아브라함이 이삭을 낳기 바로 직전에 아브람과 사래의 이름을 개명해 주시는 이유가 무엇입니까? 그것은 아브라함을 새로운 족보의 조상이 되게 하시기 위함입니다. 귀화한 외국인이 한국 국적을 획득하면 옛 이름을 버리고 새로운 이름으로 바꾸어서 새로운 족보의 수장이 되는 것처럼 아브라함도 갈대아 우르의 백성이었지만 이제는 이스라엘이라는 새로운 민족의 조상으로 시작을 하는 것이기 때문에 이 새로운 공동체의 시조가 되는 것입니다. 그래서 개명이 필요한 것입니다. 그러나 이 족보는 여느 인간의 족보와는 완전히 다를 것입니다. 그 성격이 영원할 뿐 아니라 예수 그리스도와 연결이 되며 아브라함의 부르심이 모든 믿는 자들과 연관이 되어 있기 때문입니다.

그런데 현실적으로 아브라함은 바꾸어 주신 이름 때문에 한 동안은 곤란을 겪습니다. 자녀를 낳은 다음에는 그 이름이 훈장처럼 빛이 나겠지만 현 시점에서는 아브람에게는 좋은 것만은 아니기 때문입니다. 우리나라에서는 어른들을 향해서 이름으로 호칭하진 않지만 이스라엘에서는 아무리 나이가 많아도 이름을 부릅니다. 사라와 자기 사이에 난 자식이라고는 아무도 없는데 이름을 열국의 아버지다 라고 부르는 것입니다. 나이가 많아 사라는 경수가 끊어지고 자신은 100세가 다 되었는데 말입니다. 하지만 하나님은 아브라함에게 주신 이름을 통해서 날마다 자신의 약속을 기억하실 것입니다. 약속의 보증으로 이름을 주셨기 때문입니다.

하나님은 이름만 바꾸어 주실 뿐만 아니라 사라가 아들을 낳을 것이라고 말씀해 주십니다. 그러자 아브라함은 백 세 된 사람이 어찌 자식을 낳으며 사라는 구십 센데 어찌 출산하겠다는 건지 하면서 속으로 웃었습니다. 왜 웃었을까요? 하나님의 말씀을 믿지 못했기 때문입니다. '이 나이에 무슨 아이를 낳을 수 있다고 하나님도 참 허허' 그런 것입니다. 하나님의 말씀을 경멸하는 것은 아니지만 약간 비웃는 듯한 불신의 태도를 보이는 것입니다. 아브라함이 이스마엘이나 하나님 앞에서 살기를 원합니다라고 말하는 것은 이스마엘을 상속자로 삼아 주십시오 그런 말입니다.

18장에 가면 사라도 내년 이맘 때 쯤 아들을 낳을 것이라고 하자 내가 노쇠하였고 내 주인(아브라함)도 늙었는데 그런 일이 어떻게 일어날 수 있겠는가 하면서 속으로 웃습니다. 이 웃음도 아브라함의 웃음과 똑같은 비웃는 웃음[11]입니다. 그러자 여호와께 능하지 못한 일이 있겠느냐 하시면서 사라의 웃음을 책망하시자 사라는 두려워서 자신이 웃은 것을 부인하는 것을 보게 됩니다.

아브라함과 사라는 자신들의 육체적 조건 때문에 하나님의 말씀을 신뢰하지 못했습니다. 이 두 사람의 반응은 약속의 자녀인 이삭이 철저히 하나님의 은혜로 태어났음을 강조해 주고 있습니다. 인간의 눈으로 볼 때는 이삭의 출생은 도저히 일어날 수 없는 기적과 같은 일이었기 때문입니다. 이것은 믿음으로 말미암아 아브라함의 후손이 된다는 것은 오직 하나님의 은혜로만 가능하다는 사실을 상징하는 것입니다. 육체적 혈통을 따라 아브라함의 후손이 되는 것은 쉽습니다. 육체적인 출생만 하면 되기 때문입니다. 하지만 아브라함의 믿음의 후손이 되는 것은 인간의 힘이나 노력이나 혈통으로 되는 것이 아니라 오직 하나님의 역사로만 가능한 것입니다.

구약의 할례 - 신약의 세례

13년 만에 아브라함을 찾아오셔서 이름을 개명해 주신 하나님께서는 두 번째로 아브라함에게 할례를 명하십니다. 원래 할례라는 단어는 '잘라버린다, 끊어 버린다'는 의미를 가지고 있습니다. 할례가 잘라버린다는 의미라고 했을 때 무엇을 잘라버린다는 말일까요? 그것은 남자의 생식기를 자른다는 의미입니다. 물론 실제 할례 의식은 생식기를 자르지 않고 상징적으로 표피를 자르기만 합니다. 성경의 독자들은 당시에 널리 행해졌던 할례의 의미[12]로 성경의 할례를 이해하려고 해서는 안 될 것입니다. 할례는 언약의 증표로 주십니다. 그런데 하나님께서 언약의 증표로 삼으시는 할례를 당시에 이방인들 사이에서도 행해졌던 정도의 의미로만 요구하셨을 리 만무합니다. 또한 할례를 명령하시는 시점이 언제인가도 중요한데 아브라함이 이삭을 낳기 직전의 나이인 99세 때에 행하라고 명령하십니다. 이 할례 의식이 아브라함과 사라의 이름을 개명해 주시는 중간에 위치해 있다는 것은 분명히 아브라함과 사라가 자녀를 낳는 것과 연관 지어서 할례를 행하게 하셨음을 알 수 있습니다.

아브라함과 사라는 육체적 조건으로 보았을 때 자녀를 낳을 수가 없습니다. 그것을 더욱 더 확증해 주는 것이 할례의식입니다. 생식기를 자른다는 의미를 가진 할례를 행했다면 아브라함은 더 더욱 자녀를 낳을 수 없다는 상징이 들어 있습니다. 따라서 이스마엘을 낳은 것과 같은 육신적인 방법(당시의 풍습으로 볼 때 이스마엘은 충분히 아브라함의 상속자가 될 수 있습니다.)으로는 더 이상 자녀를 낳을 수도 없고 낳아서도 안 되는 사람이 되었다는 의미입니다. 아브라함은 하나님의 약속이 지연이 되자 인간적인 방법을 동원해서 이스마엘을 낳았던 것이 사실입니다. 그것은 하나님의 계획이 아니었습니다. 그래서 하나님은 나는 전능한 하나님이다 라는 말씀으로 아브라함을 꾸짖으셨던 것입니다. 하나님께는 능치 못하신 일이 없는데 왜 믿지 못하고 성급하게 인간의 방법을 동원했느냐는 것입니다. 그래서 17:2절에 아브라함을 번성케 하시고 5절에서는 여러 민족의 아버지가 되게 하실 것이며 그 일을 하나님 자신이 행하시겠다고 선포하시는 것입니다.

2절과 5절의 주어와 동사를 보십시오. 내가 하겠다, 내가 되게 하겠다 하나님의 의지가 들어 있는 것을 보게 됩니다. 아브라함과 사라의 개명은 하나님이 하시겠다는 이 의지를 이름 속에 넣어 두시는 작업입니다. 그런데 이 개명의 중간에 할례가 들어 있습니다. 그러므로 할례도 단순히 생식기의 양피를 잘라내서 너는 이스라엘이라는 표식으로 주신 것이 아닙니다. 그것이 표식이라면 의학적이고 위생적인 이유 등으로 할례를 행하고 있는 이방인들과 차별성이 없습니다. 아브라함의 할례는 너의 후손은 너의 능력으로 얻은 것이 아니라 하나님의 은혜로 얻은 것임을 확실히 해 두는 것입니다.

할례를 받은 아브라함은 반드시 하나님의 약속을 기다려야 합니다. 그 약속을 믿고 기다리는 방법 외에는 자신을 통하여 큰 민족을 이루시고 가나안 땅을 자신의 후손에게 주시며 열 왕이 자신과 사라에게로부터 나온다는 것은 불가능한 것입니다. 그러므로 할례 이후에 태어난 이삭이야말로 약속의 자녀이며 은혜로 허락하신 자녀입니다.

그래서 바울은 갈라디아서 4장 23절에서 이스마엘은 여종인 하갈에게서 육체를 따라 났지만 이삭은 자유 있는 여자에게서 약속으로 말미암아 났다고 말을 하는 것입니다. 이 의미가 무엇인지는 4:29절에서 이스마엘은 육체를 따라 난 자요 이삭은 성령을 따라 난 자로 밝히고 있습니다. 따라서 바울은 4:28절에서 예수 믿는 모든 성도들을 이삭과 같은 약속의 자녀, 즉 성령을 따라 난 자라고 부르는 것입니다. 할례란 아브라함의 아들 이삭이 육체를 따라 나지 아니하는 성령을 따라 난 자임을 확실히 보여 주는 그리고 아브라함의 진정한 후손은 이삭과 같이 성령으로 난 자들이 될 것임을 말해 주는 하나님의 언약의 징표인 것입니다.

이런 상징이 들어 있기 때문에 하나님께서는 이삭이 잉태되기 직전에 아브라함에게 할례를 요구하시는 것입니다. 로마서 4장 11절은 이것을 확증해 주고 있습니다. 아브라함이 할례의 표를 받은 이유가 무할례시에 믿음으로 말미암아 구원 받았음을 인쳐 주는 작업으로 행해진 것이고 그 후손도 믿음으로 말미암아 낳아질 것을 확인하는 작업임을 말씀해 주고 있습니다. 아브라함이 할례 때문에 구원을 받았나요? 그는 우상 숭배자였고 그것으로 멸망 받을 자였습니다. 인간의 힘으로는 도저히 불가능한 자리에서 하나님의 무조건적인 은혜로 구원을 받은 것입니다. 아브라함이 그랬다면 그 후손이야 말할 필요도 없는 것입니다.

앞으로 아브라함의 믿음의 후손들은 이삭이 도저히 태어날 수 없는 상황에서 은혜로 태어나는 것처럼 하나님의 은혜로 부름을 받을 것입니다. 그래서 혈통적으로 아브라함의 자손이라고 해서 무조건 아브라함의 자손이 되는 것이 아니라 아브라함처럼 믿음으로 구원을 얻은 자만이 진정한 아브라함의 자손이 되는 것입니다. 여기에 대해서 신약은 많은 증거를 하고 있습니다. 세례요한은 누가복음 3장에서 자신에게 세례를 받으러 나오는 유대인들에게 외치기를 회개하지 않는 자는 아브라함을 조상이라고 생각하지 말라고 합니다.

예수님께서도 요한복음 8장에서 유대인들을 향해서 혈통적으로 유대인이라고 해서 진정한 아브라함의 자손이 아님을 분명히 말씀하고 있습니다. 또한 바울도 로마서 2장 28-29절에서 표면적 유대인이 유대인이 아니요 표면적 육신의 할례가 할례가 아니라 오직 이면적 유대인이 유대인이며 할례는 마음에 하는 것이 진정한 할례임을 말하고 있습니다. 육신적으로 아브라함의 혈통을 따라 태어나는 것은 분명 유익이 있습니다. 하지만 그것이 하나님의 자녀임을 보장해 주지는 않습니다. 하나님의 자녀는 하나님의 은혜로 성령으로 낳는 자들이기 때문입니다.

할례가 신약에서 이런 해석과 연관이 되고 있다면 할례는 반드시 신약의 어떤 내용과 관계가 있을 것입니다. 골로새서 2장 11-12절입니다. "그 분 안에서 너희는 그리스도의 할례, 즉 육의 몸을 벗어버림으로써 손으로 하지 아니한 할례로 할례를 받았다. 왜냐하면 세례로 말미암아 그 분과 함께 장사 지낸 바 되었기 때문이다.[13] 또한 그 분 안에서 너희는 죽은 자들 가운데서 그를 일으키신 하나님의 역사를 믿음으로 말미암아 함께 일으킴을 받았다."[14] 바울은 11절에서 골로새 성도들이 손으로 하지 아니한 할례를 받았는데 그것이 육의 몸을 벗는 일, 곧 그리스도의 할례라고 말하고 있습니다. 그런데 그 할례는 세례로 말미암아 그 분과 함께 장사 지내는 것이라고 합니다.

여기서 세례의 의미를 알 수가 있는데 세례란 곧 그리스도와 함께 죽는 것입니다. 그리스도와 함께 죽음으로 죄와 사망으로 권세로부터 벗어나는 것, 곧 육의 몸을 벗어 버리는 것입니다. 그리고 그리스도와 함께 일으킴을 받는 것, 즉 영적으로 부활하여 새 생명으로 다시 태어나는 것입니다. 예수 그리스도의 십자가와 부활을 경험하며 새로운 생명으로 태어난 이것을 신약에서 세례라는 의식을 통해서 나타냅니다. 세례를 받을 때 물에 들어갔다 나오는 이유가 죽었다가 다시 살아났다는 것을 상징하는 의미가 있기 때문입니다. 이것은 하나님께서 우리를 예수 그리스도를 통해서 새롭게 만든 종족임을 나타냅니다. 이렇게 태어난 종족이야말로 진정으로 아브라함의 후손이 되는 것입니다.

그래서 에베소서 2장 15-16절에서 "이 둘로 자기 안에서 한 새 사람을 지어 화평하게 하시고 또 십자가로 이 둘을 한 몸으로 하나님과 화목하게 하려 하심이라"고 말씀하십니다. 여기서 둘은 유대인과 이방인을 의미하는데 모든 민족을 대신하는 말입니다. 이렇게 인종적 혈통적 장벽을 없애버리시고 예수 안에서 하나의 인류로 부르시는 것이 아브라함에게 주신 축복의 핵심입니다. 예수 안에서 수많은 민족으로 나뉘었던 민족들이 하나가 되는 것입니다. 구약의 할례는 이렇게 예수 그리스도의 십자가와 부활의 사건을 통해서 성취되는 것입니다.

21. 여호와 이레

**아브라함이 이삭을 바치는 행위를 통해서
하나님은 자신의 독생자를 바치실 먼 훗날의 십자가를 준비하고 계십니다.**

이삭의 번제

아브라함의 생애는 무엇보다 중요합니다. 아브라함 한 개인에 해당되는 부분도 있겠지만 전체적인 구원의 역사를 내다보면서 하나님께서 말씀하시고자 하는 내용들이 들어 있기 때문입니다. 아브라함은 다른 모든 민족이 방임의 심판 아래 있을 때 부름을 받은 유일한 사람으로 아담과 노아와 같이 모든 인류의 새로운 조상으로 출발한다는 것입니다. 출발이 이스라엘이라는 민족의 시조로 출발한 것뿐이지 그에게 주신 약속의 지향점은 모든 민족을 향한 것입니다.

창세기 22장의 사건도 단순히 아브라함 개인에 대한 이야기가 아닙니다. 이 내용에는 엄청난 구속의 역사의 핵심이 들어 있습니다. 이 시각으로 보지 않으면 본문에 대한 오해가 있을 수밖에 없습니다. 사랑의 하나님이라고 하면서 어떻게 자식을 바치라고 하시는가? 자녀들을 희생 제물로 바치게 했던 당시의 우상숭배와 뭐가 다른가? 하는 것입니다.

1절을 보면 하나님께서 이삭을 바치라고 하시는 분명한 목적이 있습니다. 아브라함을 시험하시려고 그러시는 것입니다. 그러나 이 시험은 누구에게나 주어질 수 있는 성질의 것이 아닙니다. 아브라함 외에는 그 누구에게도 동일한 시험을 주시지 않으셨기 때문입니다. 아브라함에게만 주어졌다는 것은 아브라함의 생애가 이스라엘 민족뿐만 아니라 모든 민족을 향한 하나님의 위대한 출발이라는 것을 증명하기 때문에 그런 것입니다. 그의 삶을 통하여 하나님이 구속사의 내용을 보여주고 있음을 우리가 지금까지 알아보고 있는 바와 같습니다. 따라서 아브라함의 인생이 "하나님의 구속사역의 전시장" 같은 것임을 잊어서는 안 됩니다.

그럼 하나님께서는 아브라함의 무엇을 시험하시려고 하시는 것입니까? 아브라함이 믿음이 좋은가 안 좋은가 시험하려고 하시는 정도라면 이삭의 목숨을 마치 동물의 희생제물처럼 요구하시는 하나님은 무지막지하신 분이 맞습니다. 하지만 이 시험은 아브라함을 시험하는 차원을 훨씬 넘어서는 것입니다. 먼저 이 시험은 아브라함에게 역사하셨던 하나님의 은혜와 섭리가 어떻게 성공적으로 아브라함의 인생가운데서 완성이 되었는가 하는 것을 보여주시려는 것입니다. 하나님의 구속 역사의 진정성을 아브라함이 이삭을 바치는 사건을 통해서 증명해 보이시는 것입니다.

예를 들어 보겠습니다. 창세기 2장에서 하나님은 아담 앞으로 동물들을 지나가게 하시고 아담이 짓는 이름이 그들의 이름이 되는 것을 보시고 인간이 자신의 형상을 닮은 존재로 창조함 받음이 심히 좋았다는 평가가 틀리지 않았음을 확인하셨습니다. 그것처럼 우상숭배에 빠져 있었던 불신앙의 아브라함이었지만 이제는 하나님을 철저히 신뢰하고 그 분께 순종하는 사람으로 변화되어 왔는데 이 모든 과정이 하나님의 은혜와 역사와 섭리로 되었음을 확인하심으로서 자신의 사역을 통해서 영광을 받으시는 것입니다. 그러면서 누구라도 하나님의 부름을 받은 사람은 아브라함이 기어이 도착하고야 만 이삭을 바치는 순종의 자리까지 완성하겠다는 하나님의 의지를 보여주시는 장면인 것입니다. 그 완성되는 자리는 개인마다 다 다를 것입니다. 하지만 하나님의 부르심에는 후회가 없으시다는 것을 보여 주실 것입니다.

창세기 16장 3절과 16절을 근거한다면 아브라함이 이삭을 얻은 것은 가나안 땅에 들어 온지 25년 만에 일어난 일입니다. 75세에 가나안에 들어와서 100세에 이삭을 얻었다는 것이지요. 갈대아 우르에서 몇 세에 부름을 받았는지 모르지만 최소한 하나님의 약속을 받은 지 30여년 이상이 흐른 다음에 이삭을 얻은 것입니다. 그리고 하나님은 아브라함이 자녀를 나을 수 있는 가능성이 전혀 없는 시기에 이삭을 주셨습니다. 창 21장 8에 보면 아브라함이 이삭이 젖을 뗄 때에 대연을 베풀었다고 합니다. 아주 큰 잔치입니다. 그가 얼마나 기뻐하고 있는지를 알 수 있습니다. 그리고 이스마엘이 이삭을 희롱하는 사건이 일어나자 하갈과 이스마엘을 쫓아냅니다. 이제 아브라함에게는 이삭만 남아 있습니다. 그런데 하나님은 아브라함에게 그런 이삭을 바치라고 하십니다. 아브라함은 하나님의 명령에 순종하여 이삭을 데리고 사흘 길을 걸어서 모리아 땅에 있는 하나님이 지시하신 산으로 갔습니다. 하나님이 아브라함의 이런 순종을 보면서 정말 기뻐하지 않으셨을까요?

어떤 점에서 하나님이 기뻐하셨을까요? 먼저 모리아 산까지는 3일 길이었다는데 힌트가 있습니다. 왜 가까운 산을 놔두시고 사흘이나 걸리는 산을 선택하셨을까요? 그것은 아브라함으로 하여금 충분히 생각하고 판단하라는 것입니다. 부당하다고 생각되면 언제든지 돌아가라는 것입니다. 그러나 아브라함은 되돌아가지 않습니다. 하나님이 옳으시다는 것을 진심으로 알기 때문입니다. 자신이 모든 것을 이해할 순 없지만 분명히 하나님의 거룩한 뜻이 있다는 것을 확신하였습니다. 수없이 갈등이 일어났을 것이지만 그는 결국 모리아 산까지 갑니다.

두 번째 힌트는 9-10절에 나와 있습니다. 아브라함은 제단을 쌓아 나무를 놓고 아들 이삭을 묶어서 제단 나무 위에 올려놓고 칼을 잡고 죽이려 합니다. 아브라함은 실제로 하나님의 말씀에 대한 순종을 행동으로 보여주고 있습니다. 사랑하는 독자요 100세 때 얻은 자요 하나님이 약속하신지 25년 만에 얻은 자녀입니다. 눈에 넣어도 아프지 않을 아들입니다. 점점 늙어가는 아브라함에게는 인생의 전부였을 것이고 오직 그의 낙은 이삭을 바라보는 것이었을 것입니다. 그런데 그 이삭을 말씀대로 죽이려고 하는 것입니다. 아브라함은 이 순종의 행위를 통해서 아브라함에게는 자신의 전부라고 생각하는 이삭보다 더 소중하고 더 귀하게 생각하는 것이 있음을 보여주고 있습니다. 자신에게 있는 모든 것을 드려도 아깝지 않을 가치 있는 무엇이 있습니다. 바로 하나님이십니다.

세 번째 힌트는 5절에 들어 있습니다. "내가 아이와 함께 저기 가서 예배하고 우리가 너희에게로 돌아오리라" 돌아 올 때의 주어가 내가 아니라 우리입니다. 아브라함이 이삭과 함께 돌아오겠다는 것입니다. 그 이유가 무엇입니까? 8절을 보면 "하나님이 자기를 위하여 친히 준비하시리라"고 말합니다. 하나님이 우리를 위해 준비하시리라가 아니라 하나님이 자신을 위하여 준비 하시리이다 입니다. 이삭을 바치라고 하신 분이 하나님이시라면 반드시 그에 대한 해결책을 갖고 계심을 믿었습니다. 히브리서 11장 17-19절입니다. "아브라함은 시험을 받을 때에 믿음으로 이삭을 드렸으니 그는 약속들을 받은 자로되 그 외아들을 드렸느니라 그에게 이미 말씀하시기를 네 자손이라 칭할 자는 이삭으로 말미암으리라 하셨으니 그가 하나님이 능히 이삭을 죽은 자 가운데서 다시 살리실 줄로 생각한지라 비유컨대 그를 죽은 자 가운데서 도로 받은 것이니라." 네 자손이라 칭할 자는 이삭으로 말미암을 것이라고 하나님이 약속하셨다면 이삭을 요구하실 때는 분명한 이유가 있을 것이라는 사실을 확신한 것입니다.

아브라함은 자신의 전 생애를 통해서 하나님이 어떻게 역사하셨는지 그리고 이삭을 어떻게 주셨는지를 잘 알고 있습니다. 사실 이삭은 하나님의 것이지 아브라함의 것은 아닙니다. 자신의 육체적 조건으로 나은 자식이 아니기 때문입니다. 이삭은 불가능한 조건에서 하나님의 은혜로 얻은 자녀입니다. 하나님이 주시겠다고 약속하신대로 그 말씀을 25년이나 지났지만 한 치의 오차도 없이 그 약속을 지키셨습니다. 또 사라를 누이라고 속인 것 때문에 하나님의 약속이 큰 위기를 맞은 적이 두 번이나 있었지만 이러한 자신의 연약함과 믿음 없음에도 불구하고 긍휼히 여기시고 결국에는 이삭을 주심으로 뜻을 이루신 바로 그 하나님께서 이삭을 바치라고 하신 것을 아브라함은 잘 알고 있는 것입니다. 그래서 이삭의 살고 죽는 것이 자신에게 달려 있지 않다는 것을 알기 때문에 이삭의 처분권을 하나님께 맡겨 드리는 것입니다.

갈대아 우르의 아브라함과 모리아 산의 아브라함의 이 엄청난 변화를 보십니까? 우상이 아니라 살아계신 하나님께 자발적으로 순종하는 진정으로 하나님의 자녀의 정체성이 무엇인지를 아브라함을 통해서 하나님은 보여주고 싶으신 것입니다.

여호와 이레

그런데 하나님께서 정말로 보여주고 싶으신 것은 지금부터입니다. 창세기 22:2절을 보면 하나님이 아브라함에게 명령을 내리실 때 이삭을 세 번이나 반복해서 부르시는 것을 볼 수 있습니다. "① 네 아들 ② 네 사랑하는 독자 ③ 이삭"이라고 부르시는 것을 보면서 하나님이 아브라함에게 얼마나 큰 요구를 하고 계시는지를 알 수 있습니다. 그 소중한 아들을 바치라고 하십니다. 그러나 정말 중요한 것은 결정적인 순간에 이삭의 목숨을 받지 않으십니다. 그리고 수양을 준비하십니다. 너무 가혹하다고 여겨서 마음이 바뀌셔서 그러셨을까요? 처음부터 하나님은 이삭의 목숨을 요구한 것이 아니라는 사실을 이해해야 합니다.

두 가지 이유를 말하고 싶습니다. 하나는 15장의 언약식과 관련이 있습니다. 그 언약식에서 쪼개진 짐승 사이로 하나님만 지나 가셨습니다. 그 의식을 통해서 하나님은 구속사와 관련해서 절대로 인간의 목숨을 요구하시지 않겠다는 것을 충분히 보여 주셨습니다. 인간은 하나님의 구원 역사에 도움을 줄 수가 없다는 사실을 너무나도 잘 아시는 하나님께서 과연 이삭의 목숨을 요구에서 얻으실 것이 무엇이 있단 말입니까?

다른 하나는 하나님은 아브라함의 행위를 통해서 자신의 모습을 보고 계시다는 것이 이 본문의 핵심입니다. 언젠가 인간의 구속사역의 완성을 위해서 하나님이 직접 움직이실 때가 올 텐데 그때 자신의 하나밖에 없는 사랑하는 아들 독자 예수 그리스도를 직접 죽음에 내어 주셔야 한다는 것을 너무도 잘 알고 계십니다. 하나님은 모든 민족의 믿음의 조상으로 부름을 받은 아브라함의 인생 속에 자신이 하실 그 일을 미리 심어놓으시는 것입니다. 할례를 통해서 아브라함의 자녀들이 약속의 자녀들임을 표시하는 것처럼 하나님도 믿음의 조상인 아브라함이 이삭을 바치는 그 행위를 통해서 자신의 의지가 절대로 변함없으실 것임을 스스로 확인하시는 것입니다.

그래서 아브라함이 사랑하는 독자 이삭을 죽이는 장면은 아브라함 개인에게 적용되는 것이 아닙니다. 아브라함이 이삭을 바치는 그 행위를 통해서 하나님께서 친히 도살될 어린 양으로서의 사랑하는 독자 예수 그리스도의 죽음을 요구하실 것을 계시로 공표 하시는 것입니다. 예수님이 십자가에서 죽게 된 근본적인 이유가 무엇일까요? 로마 병정 때문입니까? 바리새인과 종교지도자들과 유대인들 때문입니까? 아니면 가룟 유다입니까? 예수님이 하신 겟세마네 동산에서의 기도를 보십시오. 마가복음 14장 36절입니다. "가라사대 아바 아버지여 아버지께는 모든 것이 가능하오니 이 잔을 내게서 옮기시옵소서 그러나 나의 원대로 마옵시고 아버지의 원대로 하옵소서" 그리고 십자가에서 절규하시면서 "엘리 엘리 라마 사박다니, 나의 하나님 나의 하나님 어찌하여 나를 버리시나이까" 예수님의 처절한 절규를 들어 보십시오. 예수님을 죽음에 내어 주신 분은 바로 하나님 아버지이십니다. 이렇게 하실 필요가 전혀 없습니다. 그런데 하나님은 우리 죄를 위해 자신의 독자를 조건 없는 은혜로 십자가에 내어 주십니다.

하나님은 아브라함이 이삭을 죽이는 장면을 통해서 먼 훗날 자신이 아들을 죽이심으로 이 세상을 구원하실 것을 미리 보여주십니다. 바로 "이 모리아 산에 솔로몬의 성전이 세워집니다."[15] 자신의 독생자 예수 그리스도를 죽음에 내어주실 것을 미리 보여주신 다음에 그 산에 성전을 세우시고 수많은 대속제물의 죽음을 통해서 자신의 아들의 죽음을 준비해 오신 하나님이십니다. 그래서 모리아 산에서 나타나신 하나님의 별명이 여호와 이레가 됩니다. "여호와의 산에서 준비되리라" 하나님은 창 3:15에서 인간이 타락하자마자 여인의 후손으로 자신의 아들을 보내실 것을 약속하시고 여기서는 그 아들을 보내셔서 어떻게 하실 것인가를 발표하고 계시는 것입니다. 하나님은 모리아 산으로부터 성전 산에 이르기까지 아브라함의 이삭을 바치는 행위와 수도 없이 성전에서 죽어가는 어린양들을 보면서 자신의 아들을 죽음에 내어주실 것을 준비해 오신 것입니다.

예수님은 요한복음 2장에서 말씀하시는 바와 같이 자신의 죽으심을 통해서 진정한 성전으로서 성전을 완성하십니다. (성전 부분은 신약에서 자세히 다룰 예정임) 하나님은 처음부터 아브라함에게서 이삭을 받을 의도가 없으셨습니다. 그 사건 속에 감추어진 하나님의 심정과 계획을 읽을 수 있어야 합니다. 언젠가는 하나님이 자신의 아들을 향해서 칼을 들어야 하는 순간이 올 것입니다. 아들을 죽여서라도 인간을 구원하시겠다고 작정하시는 이 하나님의 사랑을 이삭의 사건을 통해서 보지 못한다면 이것은 슬픈 일입니다. 이것이 이삭 사건의 핵심입니다. 이삭을 바치려고 하는 아브라함의 행위를 통해서 우리는 자신의 아들을 죄의 저주에 내어 주실 수밖에 없는 하나님의 눈물을 볼 수 있어야 합니다. 그 눈물은 인간을 아무 조건없이 사랑하시기 위한 필사의 노력을 하시는 하나님의 사랑의 눈물입니다.

아브라함이 이삭을 바치는 사건이 하나님이 자신의 아들 예수님을 주실 것을 예표하신 사건임을 알 수 있는 증거를 찾아보겠습니다. 하나님이 창세기 12장 1-3절에서 아브라함에게 주신 축복과 이삭을 바친 사건 후에 주시는 축복의 차이를 보면 그것을 확연히 알 수 있습니다. 12:1-3절을 읽어 보고 그 다음에는 창 22:16-18을 읽어 보십시오. 차이점이 무엇일까요? 12장에서는 아브라함이 중심입니다. 아브라함을 어떻게 만드시겠다는 선언이십니다.

그런데 이삭의 사건 후에는 아브라함이 중심이 아니라 아브라함의 씨가 그 축복의 중심에 서 있습니다. 앞으로 계속 씨에 초점이 맞춰져 갈 것입니다. 그러면 여기서 씨는 단순히 이삭을 말할까요? 12장의 아브라함의 복은 육신적인 복을 훨씬 뛰어넘는 영적인 복이고 우주적인 복을 의미한다고 말씀드렸습니다. 마찬가지로 씨에게 주어질 복도 그렇습니다. 22:17절입니다. "내가 네게 큰 복을 주고 네 씨로 크게 성하여 하늘의 별과 같고 바닷가의 모래와 같게 하리니 네 씨가 그 대적의 문을 얻으리라"(한글개혁). 여기서 "대적의 문(the gate of his enemies)을 얻는다는 말은 원수의 성읍을 얻다라는 의미"[16]로 대적을 이기고 승리한다는 뜻입니다.

또한 창세기 24장 60절의 '우리 누이여 너는 천만인의 어미가 될지어다 네 씨로 원수의 성문을 얻게 할찌어다' 라고 하는 리브가에 대한 오라버니들의 축복도 의미심장합니다. 왜냐하면 이 축복은 하나님께서 이삭을 통해 큰 민족을 이루시겠다는 것과 원수의 성읍을 얻게 되리라는 창세기 22장 17절의 축복과 일맥상통하고 있기 때문입니다. 이처럼 하나님은 세세한 부분에서도 그 분의 계획을 보여주고 있습니다. 그런데 이런 사상은 신약에서도 나타납니다. 마태복음 16장 18절에서 '음부의 권세가 이기지 못할 것'이라고 말씀하시는데 음부의 권세(The gates of Hades)라는 말은 문자적으로 '하데스의 문'이라는 의미인데 죄와 사망의 세력인 사탄이 교회를 이기지 못할 것을 말씀합니다. 이것은 구약의 대적의 문(The gate of his enemies)을 얻으리라는 의미를 영적으로 확대한 사상입니다. 아브라함에게 약속하신 대적의 문을 얻으리라는 온전한 성취는 이스라엘 역사 동안에는 일어나지 않습니다.

질문을 드리겠습니다. 아브라함의 후손인 이스라엘이 계속해서 대적들을 이기고 승리했나요? 이스라엘은 그들의 죄 때문에 앗수르와 바벨론에게 멸망을 당하고 그 후로도 페르시아, 헬라와 로마에 의해 지배를 받게 되는 신세가 됩니다. 따라서 여기서 대적이란 이 땅의 군대 조직을 뛰어 넘는 사망 권세 잡은 사탄의 세력을 향하고 있음을 알 수 있습니다. 그리고 창세기 17장 18절에 "네 씨로 말미암아 천하 만민이 복을 얻는다"고 했는데 천하 만민이 복을 얻는 것은 이삭의 시대에도 이루어지지 않고 구약의 이스라엘 역사 중에도 일어나지 않습니다. 언제 이 말씀이 성취됩니까? 예수 그리스도 안에서 이루어집니다.

그렇다면 창세기 22장 17절의 씨가 육신적인 이삭만을 가리킨다고 한다면 이삭 때문에 그 하나님의 약속이 이루어진다고 말할 수 있나요? 아닙니다. 이삭은 자신의 연수를 살다가 큰 민족이 되기도 전에 죽습니다. 하지만 그들이 하나님께 받은 복이 복이 되는 것은 전적으로 예수님 안에서 성취되기 때문에 효력이 있습니다. 모리아 산의 이삭처럼 예수님도 하나님 아버지에 의해서 십자가에서 죽으실 것입니다. 온 인류를 위해서 목숨을 내어 놓으실 것입니다. 그 십자가로 이루신 예수님의 은혜 때문에 결국은 아브라함에게 주어진 복이 모든 민족에게 전달되어서 효력이 발생하게 되는 것입니다. 그러므로 여기서의 씨는 예수 그리스도를 가리킵니다. 하나님은 아브라함에게 약속하신 모든 말씀들을 예수 그리스도 안에서 온전히 성취하실 것을 내다보고 계시는 것입니다.

22. 하나님의 꿈을 가진 사람 요셉

**요셉의 꿈은 자신의 꿈이 아닙니다. 하나님의 꿈입니다.
그래서 보디발의 집에서도 지하의 감옥에서도 승리할 수 있었으며
결국에는 애굽의 총리가 되었습니다.
요셉이 애굽의 총리가 된 것은 하나님의 꿈의 성취였습니다.
하나님의 꿈이기에 그 꿈은 어떤 역경에서도 반드시 성취되고야 마는 것입니다.**

요셉의 실수

라헬은 야곱이 그녀를 얻기 위해서 외삼촌 라반을 위해 칠 년을 수일처럼 여기고 봉사할 정도로 사랑했었던 여자였습니다. 그렇게 사랑했던 라헬이 아이를 낳지 못하다가 10명의 아들들이 레아와 다른 여종들을 통해서 태어난 후에 가까스로 그것도 노년에 얻은 아들이 요셉이었습니다. 그래서 야곱은 다른 아들들보다 요셉을 더 사랑하여 채색 옷을 입혀 줄 정도였습니다. 채색 옷은 다른 옷들보다 훨씬 더 길어서 자태를 잘 나타내는 예복과 같은 옷인데 고대근동 문화권에서는 옷의 색깔보다는 옷감이나 옷의 길이에 의해서 사람의 신분이 짐작되는 그런 때였습니다. 따라서 사람들이 요셉을 보면 다른 형제들보다 더 우대받고 있다는 것을 금방 알았을 것입니다.

야곱이 요셉을 사랑하는 것이 노년에 얻었기 때문이라고 했는데 이것이 요셉을 사랑하는 이유가 될 수 없습니다. 왜냐하면 베냐민은 더 노년에 얻은 막내아들로서 라헬이 그를 낳다가 죽었으므로 엄마의 얼굴도 보지 못한 정말 사랑을 부어 주어야 할 아들이기 때문입니다. 베냐민이 아버지에게 편애를 받는다 해도 다른 형제들은 불만이 없었을 것입니다. 그러나 야곱은 베냐민이 아니라 요셉을 편애하였는데 이런 야곱의 요셉에 대한 편애

는 다른 아들들이 충분히 느낄 정도로 심했습니다. 요셉에 대한 편애는 일차적으로 야곱의 책임입니다. 창세기 37장 4절은 야곱의 편애 때문에 요셉이 형들에게 미움을 당하게 됩니다. 형제들이 미워할 정도라면 도대체 야곱의 편애가 얼마나 심했을까요? 결국 야곱의 편애는 요셉을 안하무인격으로 만들어 버리고 맙니다. 아버지인 야곱에게 형들의 과실에 대해서 고자질하는 것을 보기 때문입니다. 아버지가 자기에게 어떻게 하시는가를 잘 알기 때문에 칭찬이 듣고 싶어서 자신 있게 그렇게 한 것으로 보입니다.

더구나 37:2절에서 고자질의 대상이 빌하와 실바의 아들들입니다. 레아의 아들들인 가장 큰 형들이 빠져있습니다. 빌하와 실바의 아들들은 말하자면 서자의 아들들입니다. 당시의 배경으로 볼 때 "서자들은 본처 소생보다 열등하게 취급된 것"17)이 사실입니다. 요셉은 아마도 그런 문화의 영향으로 레아의 아들들보다는 쉽게 대한 것 같습니다. 이런 것들이 복합적으로 작용을 해서 형들의 미움은 더 심해져 갔을 것입니다. 창 37:4을 보면 다른 아들들이 요셉에 대하여 언사가 거칠었다고 말하고 있습니다. 언사가 거칠었다는 말은 원어의 의미로 볼 때 샬롬이라고 인사도 하지 않고 지냈다는 것을 의미합니다. 그만큼 미워한 것입니다.

요셉의 꿈 - 자신의 꿈이 아닌 하나님의 꿈

이런 분위기에다 기름을 붓는 사건이 일어납니다. 요셉이 두 번에 걸쳐서 꿈을 꾸게 되었습니다. 꿈의 내용인즉 형들뿐만 아니라 부모님까지도 요셉에게 절을 하게 된다는 내용이었습니다. 과연 이 꿈들은 요셉이 평소에 그렇게 되기를 바라고 간직한 요셉 자신의 꿈들이었을까요? 아닙니다. 그가 형제들과 아버지에게 아무 거리낌 없이 그 꿈의 내용을 말해 준 것을 보면 그 꿈의 내용이 무엇인지 파악이 안 된 상태였다는 것을 알 수 있습니다. 왜냐하면 언사가 불편할 정도로 형들의 미움을 받고 있는 상태에서 형들을 더욱 자극할 수 있는 내용이었기 때문입니다. 실제로 그 꿈의 내용을 들은 형들은 더욱 요셉을 미워하게 되었다고 말씀합니다. 야곱도 요셉이 꿈 이야기를 하자 그를 꾸짖었습니다. 야곱도 형제들의 분위기를 잘 알고 있기 때문입니다.

요셉의 꿈은 누구나 꿈을 꾸면 그 꿈대로 이루어진다는 것을 보여주시는 것이 아닙니다. 꿈은 꾸고 싶다고 저절로 꾸어지는 것은 아니기 때문입니다. 이 꿈은 요셉의 전 생애의 문맥에서 볼 때 하나님께서 주신 것이 분명합니다. 하나님께서 앞으로 구속의 역사를 어떻게 진전시켜 나갈 것인가를 보여주시기 위해서 요셉을 사용하신 것입니다. 그 꿈은 요셉이 개인적으로 꿈꾸었던 비전이 아니라 전적으로 하나님이 요셉에게 일방적으로 주신 것입니다. 왜냐하면 하나님께서 요셉을 통해서 하실 일이 있기 때문입니다. 똑같은 의미의 꿈을 두 번 꾸게 하신 것은 그 일을 반드시 하나님께서 이루시고야 말겠다는 하나님의 다짐이 들어 있습니다.

어느 날 야곱은 세겜에서 양을 치는 형들에게 안부를 묻기 위해서 요셉을 보내게 됩니다. 멀리서 요셉이 오고 있는 것을 본 형제들은 죽이기를 공모합니다. 형제가 형제를 죽이려 한다는 것, 더구나 형들이 동생을 죽이려고 한다는 것은 그들의 평소의 관계가 얼마나 악화되어 있었는가를 웅변적으로 말해 주고 있습니다. 형제를 그렇게 쉽게 죽이겠다고 벼르는 형제들은 그렇게 많지 않습니다. 그런데도 요셉을 죽이겠다고 합니다. 이 형들만 죽일 놈들일까요? 아니라고 생각합니다.

야곱과 요셉과 형제들의 잘못이 복합적으로 작용한 결과입니다. 요셉의 잘못과 실수가 포함된다는 사실을 꼭 기억하십시오. 요셉이니까 뭐든지 믿음으로 이런 생각은 성경을 이해하는데 하나도 도움이 되지 않는다는 것을 다시 한 번 강조합니다. 르우벤의 중재로 가까스로 목숨을 건진 요셉이지만 구덩이에 갇히게 됩니다. 물이 없으므로 오래지 않아 죽을 것입니다. 또 다시 유다의 중재로 형들은 애굽으로 내려가는 이스마엘 대상들에게 은 20개를 받고 요셉을 노예로 팔아버립니다. 아무리 요셉이 밉다 할지라도 형들의 이런 짓은 도저히 용서받을 수 없는 것입니다.

이 때 요셉의 반응은 어떠했을까요? 요셉의 나이가 17세입니다. 믿음이 좋아서 순순히 아무런 반항 없이 따라 갔을까요? 17세의 소년을 무시하는 것은 아니지만 나이든 사람들에게도 힘든 이 상황에서 요셉이 어떤 행동을 보였을까요? 필자는 살려달라고 울고불고 난리를 쳤을 것으로 확신합니다. 그러면서 여러 가지 생각을 했을지도 모릅니다. 형들을 고자질한 것부터 아버지의 총애를 한 몸에 받고 안하무인격으로 행동했던 것, 꿈을 함부로 형들에게 발설한 것 등등. 처음에는 자신을 혼내 주려고 그러는 줄 알았습니다. 그러나 죽이려고 했을 때나 생전 모르는 사람들에게 노예로 팔려고 했을 때 두려움과 공포가 몰려 왔을 것이고 미지의 세계로 끌려가는 자신을 보면서 울고 또 울었을 것입니다.

애굽에서의 요셉

애굽으로 팔려 간 요셉은 바로의 신하 시위대장 보디발에게 인계 됩니다. 보디발은 친위대장, 즉 "바로 왕의 생명과 왕실을 보호하기 위해 무장하고 경호하는 병사나 경호부대를 책임지는 지휘관"[18]으로서 바로의 최측근입니다. 보디발의 집 안에 왕의 죄수들을 가두는 감옥이 있을 정도로 보디발이 누리는 권력의 크기가 엄청났습니다. 바로 그 집에서 요셉이 노예의 삶을 시작합니다. 창 39:2을 보겠습니다. "여호와께서 요셉과 함께 하시므로 그가 형통한 자가 되어 그의 주인 애굽 사람의 집에 있으니" 요셉이 형통한 자가 되어 보디발의 집에 있게 된 원인이 누구에게 있다는 것입니까? 요셉과 함께 하신 여호와 하나님 때문이라는 것입니다.

요셉이 보디발의 집에 간 것은 우연이 아닙니다. 하나님의 섭리입니다. 야곱과 요셉과 그의 형들의 허물들이 복합적으로 작용해서 요셉이 결국 노예의 자리까지 오게 되었지만 하나님은 인간의 허물들을 선으로 돌리사 하나님의 역사를 이루어 가시는 것입니다. 창 39:2-6을 보면 이 짧은 구절에 능동적으로 역사하시는 여호와의 이름이 다섯 번이나 집중적으로 기록되어 있습니다. 하나님은 요셉이 보디발의 집에서 잘 정착할 수 있도록 적극적으로 그를 인도하고 계십니다. 어느 정도였느냐 하면 39:3절에서 보디발이 여호와께서 요셉과 함께 하심으로 "그의 손으로 하는 모든 일을 성공적으로 수행토록 하심을 보았다"[19]고 말할 정도입니다. 하나님을 믿지 않는 이방인이 하나님께서 요셉을 간섭하시는 것을 볼 수 있을 정도로 하나님은 역사하신 것입니다.

그리고 5절에서는 하나님께서 요셉을 위하여 보디발의 집과 그의 모든 소유에 복이 임하게 하셨다고 말씀합니다. 결국 이런 하나님의 역사는 보디발로 하여금 먹는 음식을 제외한 모든 집안 대소사를 요셉에게 맡기는 결단을 내리게 하십니다. 보디발은 권력의 핵심의 자리에 있었기 때문에 애굽의 주류사회를 이끄는 리더로서 정치, 경제, 사회적으로 애굽의 고급 관리들과 자연스러운 만남이 자주 있었을 것입니다. 말하자면 요셉은 보디발의 집에서 애굽의 최고의 정치와 문화와 삶을 접하게 된 것입니다. 하나님은 요셉을 단지 보디발의 노예로 부르신 것이 아닙니다. 애굽을 배우도록 요셉에게 특별 과외 지도를 하시려고 부르신 것입니다.

그런데 자신과 함께 하시는 하나님을 경험하고 있는 요셉에게 너무도 큰 유혹이 찾아옵니다. 보디발의 아내가 날마다 동침하자고 유혹하는 것입니다. 젊은 요셉에게는 아찔한 유혹이었지만 그녀의 유혹에 결코 넘어가지 않습니다. 39:9절에서 요셉이 이렇게 고백하며 거절을 합니다. "내가 어찌 이 큰 악을 행하여 하나님께 범죄하리이까" 요셉은 이 말을 보디발이 자신에게 어떻게 대했는지를 쭉 설명한 다음에 고백을 하고 있습니다. 이것은 내가 당신과 동침하는 것은 나의 개인적인 죄로 끝나는 것이 아니라 지금까지 이 집안에서 나와 함께 하시며 형통케 하셔서 이 자리까지 오게 하신 그 하나님을 배반하는 게 된다는 것을 의미합니다.

요셉은 보디발의 집에서 일어난 모든 일들이 하나님의 은혜와 역사임을 분명히 깨달았습니다. 완전히 낯선 이방 땅에 언제 죽을지 모르는 노예의 신분으로 끌려 와서 두려움과 공포에 떨고 있을 때 하나님은 보디발의 집으로 보내시고 신분은 변함없는 노예지만 어찌 보면 가나안에 있을 때 보다 더 화려하고 세련된 생활을 하게 하시며 애굽을 경험케 하시는 은혜를 베푸셨는데 그 은혜를 저버릴 수가 없었던 것입니다. 결국 여 주인의 모함으로 순식간에 감옥에 갇히게 되는 신세가 되고 맙니다.

그곳은 왕의 죄수들이 갇히는 감옥, 즉 정치범들이 있는 곳이었습니다. 여러분은 지금 요셉의 움직이는 동선을 유심히 살펴보고 있으십니까? 왕의 친위대장의 집과 왕의 죄수들이 갇히는 감옥. 하나님은 요셉을 애굽 왕 바로와 관련 없는 곳으로는 내보내지 않고 계신다는 것입니다. 이것은 복선이 깔려 있음을 짐작할 수 있습니다. 독자들로 하여금 언젠가는 왕을 만날 수도 있다는 기대감을 갖게 하는 것입니다. 보디발에게는 자신의 부인을 범하려 했던 노예들을 가차 없이 처형할 수 있는 권한을 가지고 있었습니다. 노예 하나 쯤 죽이는 것은 식은 죽 먹기나 마찬가지였을 것입니다. 그런데 이렇게 죽이지 않은 것은 예외적인 경우입니다. 아마 보디발은 요셉과 함께 하시는 하나님의 역사를 직접 목격한 사람으로서 요셉을 함부로 다루어서는 안 된다는 두려움이 있었을지도 모르겠습니다.

하지만 요셉의 입장에서는 억울한 누명을 쓰고 감옥에 들어간 것입니다. 감당하기 어려운 원통한 감정을 어떻게 추스를 수 있을까요? 뭔가 희망이 보이던 자신의 인생이 또 다시 곤두박질 당한 것에 큰 실망을 했을 것입니다. 시편 105편 16절이하에 보면 이 부분에 대한 요셉의 이야기가 나오는데 18절은 요셉이 감옥에 갇혀 있을 때 상황을 묘사한 말입니다. '그 발이 착고에 상하며 그 몸이 쇠사슬에 매였으니' 고고학의 발견에 의하면 요셉이 갇힌 감옥은 지하 토굴이었다고 합니다. 일 년 내내 햇빛이 잘 들어오지 않는 곳입니다. 왕의 죄수들로서 정치범들이기 때문에 음식만 넣어 주고 그 이상의 대우는 힘들었을 것입니다. 우리는 여기서 쉽게 요셉이 믿음으로 이겨냈을 것이라고 생각합니다.

그런데 아버지의 사랑만 받다가 형제들에 의해서 애굽으로 팔려 와서 인생이 피는가 싶더니 모함을 받고서 감옥에 갇히게 되었는데 의연할 수 있을까요? 그런데 18절의 몸이란 단어를 보면 번호가 붙어 있는데 그 번호를 따라 가면 '히, 혼' 으로 적혀 있습니다. 이것은 히브리 원어로는 몸이란 단어가 아니라 혼이란 단어로 쓰여 있다는 말입니다. 그래서 몸이 쇠사슬에 매여 있는 게 아니라 그의 혼이 쇠사슬에 매여 있는 것으로 시편 기자는 보고 있습니다. 직역을 하면 '쇠사슬이 혼을 꿰뚫었다'는 말입니다. 그는 혼이 나갈 정도로 망연자실한 모습으로 있습니다. 자신에게 일어난 일로 인해서 정신이 나가 있는 것입니다."[20] 요셉은 지금 너무도 힘든 과정을 겪고 있는 것이 분명합니다.

하지만 하나님은 요셉을 결코 홀로 두지 않으셨습니다. 요셉과 함께 하시고 그에게 인자를 더하사 간수장에게 은혜를 입을 수 있도록 역사하셨습니다. 하나님의 은혜로 보디발의 집에서 가정총무를 삼게 하시더니 감옥에서는 간수장의 마음을 움직여서 요셉에게 모든 죄수를 맡기고 제반 사무를 돌보게 하십니다. 왕의 죄수들은 왕의 주위에 있는 사람들이거나 왕과 관련된 사람들이었을 것입니다. 왕에게 잘못을 했거나 불만을 가진 사람일 가능성이 높습니다. 요셉은 비록 감옥 안이었지만 여러 죄수들과 대화를 나눌 수 있는 기회가 많이 있었을 것입니다. 그래서 보디발의 집에서는 애굽의 주류 문화와 삶을 배웠다면 감옥에서는 보디발의 집에서는 배울 수 없고 들을 수 없었던 또 다른 애굽을 배웠을 것입니다.

그리고 요셉에게 중요한 만남이 있게 되는데 왕에게 죄를 짓고 감옥에 갇힌 술 맡은 관원장과 떡 맡은 관원장이 그들입니다. 애굽에 온지 11년쯤이고 나이는 28세쯤 되었을 것입니다. 왜냐하면 41:1절에 이들과 만난 뒤 만 이년 후에 바로의 꿈을 해석해 주었다고 말하고 있기 때문입니다. 그런데 40:4절에 보면 친위대장 보디발이 요셉에게 이 두 사람을 시중들게 합니다. 어느 날 이 두 사람이 꿈을 꾸고 해석을 하지 못하고 근심하자 요셉이 그 꿈들을 해석해 주기로 합니다. 그러면서 하는 고백이 40:8절입니다. 꿈의 해석이 하나님께 있다는 것입니다. 요셉의 이 고백은 하루아침에 나온 것이 아닙니다. 자신이 꾼 꿈을 형들과 아버지 앞에서 자랑삼아 아무 생각 없이 마치 자신이 만들어 낸 꿈처럼 떠벌였던 사람입니다. 이방인의 꿈의 해석이 하나님께 달려 있다고 말했다면 자신의 꿈도 하나님께로부터 왔음을 이해했을 것입니다.

11년 동안의 애굽의 노예 생활을 하면서 드디어 요셉이 자신의 꿈도 하나님의 꿈이라는 사실을 깨달아 가는 것입니다. 요셉이 해몽해 준대로 술 맡은 관원 장은 복직이 되고 떡 맡은 관원 장은 사형을 당하는 것을 보면서 이것을 더욱 확신했을 것입니다. 그러나 감옥에서 나갈 수 있도록 힘을 써달라는 요셉의 간곡한 요청에도 불구하고 떡 맡은 관원 장은 요셉을 잊어버립니다.

만 2년이 지났습니다. 애굽 왕 바로가 두 개의 꿈을 연달아 꾸었습니다. 흉악하고 파리한 암소가 아름답고 살진 암소를 먹이 버리는 것과 무성하고 충실한 일곱 이삭을 세약한 일곱 이삭이 삼켜 버린다는 내용이었습니다. 애굽의 술객들과 박사들을 불러서 해석을 하게 했지만 소용이 없었습니다. 술 맡은 관원장이 요셉을 생각해 내고 요셉을 부릅니다. 요셉은 그 꿈을 해석하면서 하나님께서 이 꿈의 창시자이시며 그 꿈의 실행자이심을 세 번이나 강조합니다. 당시에 꿈이란 신의 계시로 여겨서 술객들과 박사들이나 해몽할 수 있는 것으로 여겼는데 그들이 실패한 것을 요셉이 하나님의 이름으로 해석을 했을 때 그들은 너무도 큰 충격을 받았을 것입니다. 그렇기 때문에 요셉이 이방인이요 노예임에도 불구하고 총리로 삼은 것입니다.

창세기 41장 43절 하반 절에 보면 "바로가 그에게 애굽 전국을 총리로 다스리게 하였더라."라고 말씀하고 있습니다. 필자는 이 구절을 이렇게 해석합니다. "드디어 하나님이 하나님의 꿈을 성취하셨습니다." 하나님께서 요셉을 도저히 불가능하게 보이는 애굽의 총리로 삼으신 이유가 무엇입니까? 요셉 한 사람을 위해서입니까? 꿈을 가지면 성공할 수 있다는 것을 보여 주기 위함입니까? 그것은 그 꿈이 이루어지는 과정을 통해서 하나님의 구속의 역사의 진전을 보게 하시고 하나님께서 자신의 백성들을 어떻게 간섭하시는가를 보게 하시려고 그 힘든 과정을 허락하신 것입니다.

요셉의 고백이 이것을 증명하고 있습니다. 45:7-8절입니다. "하나님이 큰 구원으로 당신들의 생명을 보존하고 당신들의 후손을 세상에 두시려고 나를 당신들보다 먼저 보내셨나니 그런즉 나를 이리로 보낸 이는 당신들이 아니요 하나님이시라 하나님이 나를 바로에게 아버지로 삼으시고 그 온 집의 주로 삼으시며 애굽 온 땅의 통치자로 삼으셨나이다." 요셉의 자신의 꿈에 대한 가장 정확한 해석입니다. 요셉의 꿈은 그 누구의 것도 아닙니다. 하나님의 것이며 하나님의 계시입니다. 그는 애굽의 총리가 될 것이라고 꿈도 꾸지 못한 사람입니다. 요셉이 그렇게 힘든 노예 생활과 감옥 생활을 다 견디어 낸 것은 그가 믿음이 좋았거나 다른 사람들보다 의로웠기 때문이 아닙니다. 그의 삶 속에 하나님께서 하나님의 비전을 심어 놓으셨기 때문입니다. 하나님의 비전을 가진 자는 어느 누구도 해할 수 없고 그의 길을 막을 수가 없습니다.

요셉은 하나님께서 이스라엘을 위해서 애굽에 미리 심어놓은 하나님의 사람입니다. 가나안에서의 야곱의 식구는 가나안 민족들에 비하면 극히 소수요 또한 먼 이방에서 온 나그네에 불과했습니다. 만일 그들의 인구가 늘어나고 삶의 터전이 넓어지면 넓어질수록 터줏대감인 가나안 민족들과 부딪힐 수밖에 없었습니다. 아마도 전쟁의 위험이 생긴다면 그들은 가나안 땅을 떠나려 했을 것이 분명합니다. 재물이 늘어나서 목축 지역이 겹쳐지자 같은 식구인 아브라함과 롯의 목자들이 싸운 것을 기억하실 것입니다. 또 창세기 34장에서 야곱의 딸 디나를 하몰의 아들 세겜이 강간했을 때 거짓으로 속여서 할례를 받게 하여 움직이지 못하자 시므온과 레위가 그 도시의 남자들을 죽이는 일이 발생합니다. 그 일이 있은 직후에 야곱이 이렇게 말합니다.

창 34:30입니다. "야곱이 시므온과 레위에게 이르되 너희가 나를 당혹케 하여 이 땅의 주민 곧 가나안 족속과 브리스 족속에게 악취가 나게 하였도다 나는 수가 적으니 그들이 내게 모여들어 나를 치면 나와 우리 가문은 파멸하리라"21) 야곱이 얼마나 두려워했는지를 알 수가 있습니다. 그래서 하나님께서 그들 주변에 있던 모든 성들 위에 하나님에 대한 두려움을 내리시므로 아무도 야곱의 가족을 추격하지 못하게 하셔서 간신히 위기에서 벗어나게 하십니다. 아브라함과 그 후손들은 가나안 땅이 외국이라는 사실을 잊지 마십시오.

23. 출애굽하는 이스라엘 - 구원의 예표

**출애굽은 하나님의 거대한 구원의 역사로서
하나님의 구속의 은혜를 실제로 증명해 보이신 사건입니다.**

출애굽은 구원이란 무엇인가에 대한 가장 좋은 대답을 주는 하나님의 구원의 역사입니다.

애굽에서의 이스라엘

하나님은 이스라엘을 큰 민족으로 성장시키시기 위해서 특별 조치를 취하시는데 그들을 애굽으로 내려 보내신다는 것입니다. 그들이 아무 연고도 없는 애굽에서 정착을 한다는 것은 가나안에서보다 더 어려운 것이 사실입니다. 하지만 바로 그 일을 위해서 요셉을 애굽으로 먼저 보내신 것입니다. 요셉이 개인적으로 애굽으로 간다면 무슨 도움이 될까요? 아무 도움이 되지 않습니다. 그래서 하나님은 거대한 계획을 세우십니다. 요셉을 보내되 거기서 권력의 중심에 세우십니다. 무력이나 강압이 아니라 애굽 왕과 백성들이 자발적으로 인정하는 방법으로 말입니다. 요셉은 보디발의 집과 왕의 죄수들이 있는 감옥에서 애굽에 대해서 듣고 배운 것을 총리로서 리더쉽을 발휘하는데 활용했을 것입니다.

하나님께서 요셉에게 일련의 과정을 거쳐서 훈련을 시키지 않았다면 어떻게 요셉이 애굽의 정치와 문화에 쉽게 적응을 할 수 있었겠습니까? 하나님은 꿈을 해석하는 통찰력도 주셨지만 장기간에 걸쳐서 요셉을 갈고 닦으신 것입니다. 하나님께서 미리 보내신 요셉 때문에 야곱의 가족은 애굽에 정착하는데 어떤 어려움도 없었고 오히려 바로와 그 신하들의 환영을 받으며 살게 됩니다. 이스라엘 백성들이 애굽에서 거주한 땅이 고센 땅이었는데 이 땅은 애굽에서 가장 비옥한 땅 중에 하나였습니다. 창 45:10을 보면 요셉은 야곱이 내려오기도 전에 이 땅을 이스라엘 사람들이 차지하도록 이미 점찍어 놓은 상태였습니다. 그래서 야곱이 내려왔을 때 미리 고센으로 야곱의 식구들을 보내놓고 애굽 사람들이 목축하는 사람들을 싫어하는 것(참조, 창 46:34)을 십분 활용하여 바로 왕이 고센 땅을 주지 않을 수 없도록 작전을 세우는 것입니다. 애굽 사람들은 목축업을 하는 이스라엘 사람들과 함께 식사를 하는 것도 부정을 탄다고 생각할 정도였습니다(창 43: 32). 그러니 그들이 이스라엘 사람들에게 거의 간섭하지 않았을 것입니다. 그러는 동안에 이스라엘은 47:27절에 말씀하시는 바와 같이 고센 땅에서 생육하고 번성하는 기회를 잡게 됩니다. 그러므로 당시의 애굽은 소수에 불과한 이스라엘이 민족으로 성장하는데 인큐베이터 역할을 한 것입니다.

이스라엘 민족이 번성하는데 이렇게 좋은 환경이 없습니다. 애굽의 군사력이 이스라엘을 다른 민족들로부터 보호해 주고 좋은 땅에서 마음껏 생업에 열중할 수 있도록 도움을 주고 있으니 말입니다. 기가 막힌 하나님의 작품입니다. 그 속에서 이스라엘은 무럭무럭 성장하게 됩니다. 하나님께서 아브라함에게 하신 약속, 즉 큰 민족을 이루게 하시겠다고 하신 말씀을 이루기 위해서 애굽을 마치 이스라엘의 종으로 이용하시는 것입니다. 하나님의 구속의 역사가 이렇게 진전이 되어 가고 있습니다. 출애굽기 1장 5-7절을 보겠습니다. "야곱의 몸에서 나온 모든 자는 칠십 명이었고…이스라엘 자손은 생육하고 번성하고 창성하고 심히 강대하여 그 땅이 그들로 가득하였더라." 430여 년 동안 이스라엘 민족은 거대한 민족으로 번성하게 되는데 출애굽 시에 인구조사를 해보니 "장정(20세 이상의 남자)만 60만 명이었고 여기다 어린이와 부녀자 및 노약자를 포함하면 대략 200만 명 이상이 되는 엄청난 숫자"[22)]로 불어난 것입니다. 바로 이것이 요셉으로부터 실행된 하나님의 거대한 프로젝트였던 것입니다.

요셉을 알지 못하는 새 왕

"요셉이 17세에 이집트(애굽)에 내려간 지 13년 째, 즉 30세 되던 해인 주전 1886년에 총리가 되고 요셉이 40세 된 무렵에 혹독한 가뭄으로 생사를 모르고 지냈던 형제들과 야곱을 무려 23년 만에 만나게 됩니다. 그 때 야곱의 나이가 130세(주전 1876년)였고 이집트에서 17년을 더 살다가 147세 때인 주전 1859년에 죽게 됩니다. 그 후 요셉도 110세의 나이로 세상을 떠나는데 이때는 그가 이집트에 내려온 지 93년의 세월이 지난 주전

1803년이 되는 해였습니다. 이 당시의 이집트는 제 12왕조(주전 1991~1786년)의 시대로 안정된 태평연월의 시대였습니다.

그러나 제 13왕조 이후부터 이집트는 점차 힘이 약화되기 시작하다가 결국 힉소스인들의 지배를 받게 되는데 이들은 이스라엘과 동일한 셈족 계통의 사람들이었습니다. 이것은 힉소스인들이 이스라엘을 우호적으로 대하게 된 하나의 이유가 되었을 것입니다(필자 주). 힉소스가 이집트를 지배하기 시작한 연대는 힉소스를 이집트에서 완전히 축출해 낸 아모세(주전 1584~1560년)의 통치 기간을 고려해 볼 때 대략 주전 1720년경으로 보이며 그 후 150년 정도 통치하여 주전 1570년까지 그들의 시대로 봅니다. 그 동안에 요셉의 일가들은 수많은 자녀들을 낳으며 번창해 갔습니다."[23]

그러나 출애굽기 1장 8절에서 언급하고 있는 바와 같이 새로운 왕이 일어나자 상황은 역전이 되어 버립니다. 요셉을 알지 못하는 새 왕이란 힉소스를 쫓아내고 제 18왕조를 창건한 아모세(주전 1570~1546년)입니다. 이 왕은 "고센에 거하는 히브리인들을 두려운 존재로 인식하게 됩니다. 쫓겨나간 힉소스 인들과 연계해 반란을 일으킬 소지가 있다고 보았기 때문입니다."[24] 출애굽기 1장 10절에 전쟁이 일어나면 이스라엘이 우리의 대적과 합하여 우리와 싸운다는 말씀은 이를 두고 하는 말입니다. 따라서 아모세가 "요셉을 알지 못한다는 것은 요셉을 개인적으로 알지 못한다거나 그의 역사에 대해서 몰랐다는 것이 아니라 이제 더 이상 요셉 족속 곧 히브리 민족에게 연민의 정을 갖지 않았다는 뜻임과 동시에 요셉의 업적을 말살하려는 것이요 의식적으로 과거의 역사를 수정하려는 것"[25]을 말합니다.

따라서 제 18왕조의 아모세가 힉소스를 쫓아내고(주전 1570년) 이스라엘이 노예생활을 시작하게 된 뒤부터 이집트를 떠나기(주전 1446년)까지의 기간은 대략 130년 정도 됩니다. 그 130년 사이에 비돔과 라암셋의 건축을 통한 강제 노동, 히브리 산파를 통해 남자 신생아를 죽이라는 명령, 그리고 모세의 탄생과 구출 사이에 얽힌 시대적인 문제와 그에 동반하는 모든 일들이 벌어졌음은 분명한 사실입니다."[26] 130년 동안에 애굽이 이스라엘에게 행한 모든 일들이 아모세 혼자 내린 명령으로는 생각지 않습니다. "몇 대 왕에 걸쳐 명을 내렸을 것이고 그 강도는 더욱 높아졌을 것입니다."[27] 물론 첫 번째 명령인 비돔과 라암셋의 국고성을 짓는 것은 아모세가 내렸습니다. 그러나 새로 태어난 남자 아이들을 죽이라는 명령은 모세와의 연관성을 볼 때 아모세의 "손자 투트모세 1세(주전 1526~1512)가 내렸을 것입니다."[28]

투트모세 1세에게는 4명의 자녀들이 있었는데 모두 죽고 오직 딸만 하나 남아 있었는데 그녀가 바로 모세를 키운 핫셉수트 공주입니다. 핫셉수트는 투트모세 1세의 후처가 낳은 아들과 결혼(애굽에서는 근친결혼이 가능하였음)을 했는데 이 왕이 투트모세 2세입니다. 이 왕은 병약하여 일찍 세상을 떠나게 되고 그의 후처의 아들인 투트모세 3세가 왕위에 오르는데 아주 어린 나이였기 때문에 그의 어머니격인 핫셉수트가 투트모세 3세 통치기간의(BC 1504~1450년) 삼분의 일이 넘는 20년간을 애굽의 실제 통치자로 군림하게 됩니다.

모세의 죽음이 광야생활의 끝자락인 주전 1406년이라고 본다면 그의 나이인 120년을 소급해서 적용한다면 주전 1526년에 그가 태어났음을 알 수 있습니다. 그리고 40세 때, 즉 주전 1486년에 광야로 도망을 간 것이니까 이 시기의 왕이 투트모세 3세인 것을 알 수 있습니다. 투트모세 3세는 그의 어머니 핫셉수트 밑에서 기를 펴지 못하다가 그녀가 죽자 그의 울분을 아시아 원정으로 돌렸고 모세가 애굽인을 죽이고 애굽을 떠났지만 모세를 죽이려고 혈안이 되었을 것입니다. 왜냐하면 "핫셉수트에게는 친자식이 없고 오직 모세가 양자로 있었는데 셈족이라는 혈통적 제약 외에는 투트모세 3세의 강력한 라이벌이 모세였기 때문입니다. 따라서 어떤 경우이든지 간에 모세와 투트모세 3세 사이에는 적대관계였을 것입니다."[29] 그러나 투트모세 3세도 죽고 그의 아들 아멘호텝 2세(주전 1450~1425)가 뒤를 이었는데 이 왕이 이스라엘의 출애굽 당시의 애굽의 왕입니다.[30]

애굽에서의 이스라엘의 영적 상태

그렇다면 애굽에서 지낸 430년 동안 이스라엘은 신앙적으로 어떤 상태였을까요? 하나님을 잘 섬기며 살았을까요? 에스겔 20장 5-9절로 가 보겠습니다. "이르라 주 여호와께서 이같이 말씀하셨느니라 옛날에 내가 이스라엘을 택하고 야곱 집의 후예를 향하여 내 손을 들어 맹세하고 애굽 땅에서 그들에게 나타나 맹세하여 이르기를 나는 여호와 너희 하나님이라 하였노라 그 날에 내가 내 손을 들어 그들에게 맹세하기를 애굽 땅에서 인도하여 내어 그들을 위하여 찾아 두었던 땅 곧 젖과 꿀이 흐르는 땅이요 모든 땅 중의 아름다운 곳에 이르게 하리라 하고 또 그들에게 이르기를 너희는 눈을 끄는 바 가증한 것을 각기 버리고 애굽의 우상들로 말미암아 스스로 더럽히지 말라 나는 여호와 너희 하나님이니라 하였으나 그들이 내게 반역하여 내 말을 즐겨 듣지 아니하고 그들의 눈을 끄는 바 가증한 것을 각기 버리지 아니하며 애굽의 우상들을 떠나지 아니하므로 내가 말하기를 내가 애굽 땅에서 그들에게 나의 분노를 쏟으며 그들에게 진노를 이루리라 하였노라 그러나 내가 그들을 거주하는 이방인의 눈앞에서 그들에게 나타나 그들을 애굽 땅에서 인도하여 내었나니 이는 내 이름을 위함이라 내 이름을 그 이방인의 눈앞에서 더럽히지 아니하려고 행하였음이라." 하나님이 이들을 진멸해 버리고 싶을 정도로 그들은 애굽의 종교와 문화에 빠져 있었던 사람들이었습니다. 하나님께서 애굽의 가증한 것과 우상들을 버리라고 명령함에도 불구하고 그들은 하나님의 말씀에 순종하지 않았습니다.

약속의 땅 가나안에 들어가서 여호수아가 죽자마자 우상을 섬기며 가나안 민족의 문화에 빠져 버린 사람들이 이스라엘 민족입니다. 사사 시대 300년 이상을 하나님의 속을 무던히도 썩이던 사람들입니다. 그런데 애굽에서의 430년 동안 신앙을 잘 지켰을 가능성은 거의 없는 것입니다. 물론 모세의 부모와 산파와 같은 믿음의 사람들도 있었습니다. 그러나 이들은 극히 소수였을 가능성이 아주 많고 이들이야 말로 하나님의 남은 자들임이 틀림없습니다. 하나님은 이들을 진멸하고 싶으실 정도로 분노하셨지만 자신의 이름을 위하여 광야로 끌고 나오십니다. 왜냐하면 아브라함에게 이미 약속하셨기 때문입니다.

성경의 언약은 하나님과 인간의 합작품이 결코 아닙니다. 온전히 하나님의 열심으로 지켜지는 것입니다. 혹자는 출애굽기 2장 23절에서 이스라엘이 부르짖었다는 것을 두고서 하나님께 부르짖어 기도를 열심히 한 것으로 생각하는 사람들이 있습니다. 그러나 이 동사는 그런 의미가 아닙니다. 출 2:23에서 부르짖다로 쓰인 히브리어 동사는 자아크(זָעַק)인데 삿 3:9, 15, 6:6-7, 10:10에서도 쓰인 동사입니다. 이 동사의 의미에 대해서 김의원 교수는 오코넬(O'Connel)의 책으로부터 이렇게 인용하고 있습니다. "죄에 대한 회개, 회개의 변화를 뜻하기보다는 구원을 필요로 하는 괴로운 정황에 빠진 개인이 고뇌나 압제로 인한 속박에서 벗어나려는 동기에서 내뱉는 고통스런 외침을 의미하며 때로 그들은 그들을 구원해 줄 자를 요청하는 의미를 담고 있다."[31]

다시 말하면 에스겔 20장 5-9절에서 확인하였듯이 이들이 신앙적 의미에서 부르짖는 기도라기보다는 삶이 힘들고 곤고하니까 자연스럽게 흘러나오는 고통의 신음소리에 불과하다는 것입니다. 물론 하나님은 이 부르짖음에도 응답하십니다. 그들에 대한 언약을 기억하시고 그들을 불쌍히 여기기 때문입니다. 이스라엘 백성들은 하나님을 전심으로 찾을 만큼의 하나님에 대한 지식도 경험도 잊어버리고 살고 있었습니다. 바로가 이스라엘 백성들을 더욱 힘들게 하자 이스라엘 백성들은 모세와 아론이 하나님께서 그들을 구원하시기 위해서 자신들을 보내셨다는 말씀을 듣지 않았다고 출 6:9은 말씀하고 있습니다.

모세를 부르시는 하나님

모세는 위에서 말한 역사적 배경에서 태어나는데 그는 태어나자마자 신생아를 죽이라는 바로의 명령 때문에 죽음에 직면하게 됩니다. 하지만 그의 부모는 너무도 소중한 아이를 죽음에 내어 줄 수가 없어서 물이 새지 않도록 역청과 나무진을 칠한 갈대 상자를 만들어 나일 강에 띄웁니다. 창세기의 저자인 모세는 갈대 상자의 이미지를 노아의 방주와 연결시켜 기록한 것이 분명합니다. 실제로 방주와 갈대 상자는 크기에 있어서 엄청난 차이가 있음에도 불구하고 히브리어로 동일한 단어(테바 : תֵּבָה)를 사용하고 있습니다. 이것은 하나님께서 방주를 통해서 노아를 구원하신 것처럼 모세도 하나님의 개입에 의해서 생명이 보존될 것임을 보여줍니다.

모세는 그런 의미에서 선택된 하나님의 도구입니다. 나일 강에 띄워진 모세는 바로의 딸 핫셉수트에 의해서 건짐을 받습니다. 미디안 광야로 도망가기까지 40년 동안 모세는 이렇게 애굽의 왕궁에서 살았습니다. 이 시기에 모세는 비교적 평온하고 안락한 가운데 애굽의 모든 문화와 교육의 혜택을 받았습니다.

당시 애굽은 고대 근동과 정치, 군사, 외교적으로 활발한 교류를 갖고 있었고 또한 공주의 아들이라는 프리미엄 때문에 수준 높은 교육을 받았을 것입니다. 그래서 스데반은 모세의 이때를 가리켜 바로의 공주의 아들로서 애굽 사람의 모든 지혜를 배워서 그의 말과 하는 일이 능했다 라고 표현을 했습니다. 성경을 기록할 사람으로서 당시에 문맹률이 엄청 높은 상황에서 학술을 배워 말과 글에 능했다는 것은 하나님의 섭리임에 틀림없습니다. 하나님께서는 요셉에게 보디발의 집과 왕의 죄수들의 감옥에서 특별과외를 통해서 애굽을 알게 하시고 총리로서의 리더십을 훈련받는 시간으로 활용하신 것처럼 모세에게도 장차 거대한 이스라엘 민족을 이끌어갈 지도자로서의 자질을 애굽의 왕궁을 이용하여 익히게 하시는 것입니다.

세상적인 시각으로 볼 때 40년 정도 최고의 교육을 받은 사람이라면 충분히 리더로서의 자격과 기준을 갖추고 있었습니다. 그리고 애굽의 교육은 배움이 열악한 당시에서 사람을 교양있고 세련된 사람으로 만들어 준 것은 틀림없습니다. 그런데 모세는 하나님의 선택된 사람이라는 것입니다. 출애굽기의 저자인 모세는 자신이 어떻게 목숨을 구하게 되었는지는 말하면서도 어떻게 40년을 보냈는지 말하지 않는 것은 모세에게 영적으로 이스라엘을 출애굽 시킨 일에 근본적으로 중요한 문제는 아니었다고 생각하기 때문입니다. 마치 바울이 자신의 신분과 학식이 하나님의 구원의 관점에서는 아무 것도 아닌 것으로 여겼던 것처럼 말입니다. 왜냐하면 이곳에서의 교육의 뿌리는 인본주의적 사상에서 비롯된 것들이기 때문입니다. 칼과 무력으로 다스리고 통치하며 세상을 정복하는 것을 최고의 미덕으로 삼는 세상적 가치관의 교육이기 때문입니다. 모세에게도 이런 사고방식이 스며들어 있었습니다.

모세가 이런 인본주의적인 방식을 드러내는 사건이 일어나는데 고된 노동을 하는 자기 형제 히브리 사람을 애굽인이 치는 것을 보고 그 애굽 사람을 죽여 버리는 것입니다. 죽인 다음에 그 죽은 사람의 시체를 모래 속에 감추어 버립니다. 왜 감추었을까요? 모세 자신도 애굽 사람을 죽이는 것이 옳은 방법이 아니라는 것을 알고 있다는 증거입니다. 모세는 자신이 히브리 민족으로서 애굽 사람을 죽인 것이 발각되면 문제가 될 것임을 아는 것입니다. 그렇다면 전체적인 애굽의 상황을 보거나 자신이 하나님의 선택된 백성이라는 것을 인지하고 있다면 지금 그 시점에서 애굽 사람 한 사람을 죽여서 문제가 해결될 일이 아니라는 것쯤은 모세도 알 것입니다. 따라서 모세의 행동은 욱하는 성실에 그렇게 했을 수도 있다고 생각할 수 있지만 더 깊게 따져 보면 자신의 권력을 가지고 한 두 사람의 생명을 죽이는 것은 아무 것도 아닌 것으로 여기는 애굽 왕실의 정신이 무의식적으로 표출 된 것입니다. 하나님은 모세를 애굽의 지도자로 삼기 위해서 부르신 것이 아닙니다. 그는 하나님의 백성 이스라엘을 인도할 자로 선택을 받은 사람입니다. 따라서 애굽의 권력을 이용하거나 그 힘을 빌려 쓰는 것으로 하나님의 일을 할 수는 없습니다. 하나님은 하나님의 방법으로 하나님의 일을 하실 것입니다.

모세가 세상에서 최고의 교육을 받았을지 모르지만 그것이 하나님의 공동체의 리더십의 본질은 아니라는 것이 드러났습니다. 모세 개인에게 애굽의 교육은 유익을 준 것도 사실입니다. 하나님이 주신 기회 아닙니까? 하지만 이것이 선한 도구가 되고 하나님이 사용하시는 도구가 되려면 애굽 왕실의 정신으로부터 벗어난 하나님만의 교육을 받아야 합니다. 이 교육으로부터 세상 정신의 불순물들을 제거해야 하고 애굽의 권력의 힘을 제거해야 합니다. 그러기 위해서 미디안에서의 새로운 하나님의 교육이 시작 되는 것입니다. 모세의 두 번째 40년의 생활은 처음의 40년과는 너무도 비교가 됩니다. 처음 40년은 안락하고 평온한 가운데 공주의 아들로서의 신분을 마음껏 누리며 살았지만 이제는 광야의 척박한 땅에서 흙먼지와 바람을 맞으면서 이름 없는 목동으로 살아가야 합니다. 물론 이 광야에서의 40년은 모세에게 실물교육시간이었습니다. 하나님은 광야의 기후와 지형과 지리 등 광야의 특성들을 몸소 체득케 하심으로 미래에 수많은 백성들을 광야에서 인도할 수 있도록 준비시키십니다. 하지만 더 중요한 것은 40년 동안의 광야생활은 이전 40년 동안의 애굽생활에 젖어 있었던 세속적 정신과 가치관을 제거하는 기간이었습니다.

우리는 40년간의 목동생활 중 구체적인 하나님의 교육 내용이 무엇인지를 알지 못합니다. 하지만 이 40년 동안 모세가 하나님을 경험하고 하나님과의 더 깊은 교제 안으로 들어간 것은 분명한 사실입니다. 출 3:4에 보면 하나님께서 떨기나무 불꽃 가운데 임재하셔서 모세의 이름을 부르시는 장면이 나옵니다. 이 부르심에 대한 모세의 반응이 즉각적입니다. '내가 여기 있나이다' 라고 확실한 대답을 함으로서 거기에 나타나신 분이 하나님이심을 단번에 알아차린 데서 하나님과 모세의 평소의 관계를 짐작할 수가 있습니다. 그리고 하나님께서 이스라엘 백성들을 애굽에서 끄집어내기 위해서 모세를 애굽으로 보내겠다고 하시자 모세가 이런 반응을 보입니다.

출 3:11입니다. "내가 누구이기에 바로에게 가며 이스라엘 자손을 애굽에서 인도하여 내리이까" 이것이 겸손이냐 불신앙이냐를 떠나서 한 가지 확실한 것은 40년 전에 애굽 사람을 죽이던 그런 혈기는 찾아볼 수 없다는 것입니다. 마치 베드로가 '모두 주를 버릴지라도 나는 결코 버리지 않겠나이다' 고 한 것처럼 무모한 자신감은 버렸다는 것입니다. 자신의 힘과 전략으로 동족들에게 도움을 주려다 실패한 그 때와는 다른 분위기임을 알 수 있습니다. 아마도 40년 동안 광야에서 이름 없는 목동으로 살아가면서 그리고 하나님과의 교제를 통해서 모세는 많은 생각을 했을 것입니다. 40년 전의 자신의 부질없는 행동이 무엇이 잘못되었으며 인간이 그렇게 생각하는 대로 무엇이든지 할 수 있는 존재가 아닌 것임을 깨달았을 것입니다.

모세가 애굽으로 돌아가는데 가장 걸림돌로 생각한 것은 바로 40년 전에 동족으로부터 당한 쓰디 쓴 경험 때문입니다. 모세는 하나님께서 바로를 제압하실 것이라는 사실은 분명히 믿습니다. 그런데 동족인 이스라엘 사람들을 만나서 그들의 지도자가 되는 것에 대해서는 자신이 없습니다. 아직도 그에게는 생생한 그 사건을 잊을 수가 없기 때문입니다. 모세는 선의를 가지고 그것도 위험을 무릅쓰고 자신의 동족을 도와주었는데 그 동족으로부터 돌아오는 것은 누가 너를 지도자로 세웠느냐는 반박과 함께 배반이었습니다. 그 배반으로 자신은 모든 것을 잃어 버렸습니다. 그런데 그 사람들에게 다시 가라는 것입니다.

누구라도 이 상황에서 쉽게 순종할 수 있을까요? 모세가 바로 이것 때문에 주저하고 있다는 것을 하나님의 지시에 대한 모세의 반문에 고스란히 들어 있습니다. 출애굽기 3장 6-10에 보면 모세를 바로에게 보내서 이스라엘 자손을 애굽에서 인도하여 내겠다고 말씀하십니다. 하나님의 약속의 초점은 바로에게 가는데 목적이 있는 것이 아니라 모세가 이스라엘 백성들을 애굽에서 끄집어내어서 가나안에 들어가는데 목적이 있습니다.

하나님은 그 일을 위해서 지금 모세를 이스라엘의 지도자로 부르고 계시는 것이 3장의 핵심입니다. 그런데 모세가 반문합니다. '내가 누구이기에 바로에게 가며 이스라엘 자손을 애굽에서 인도하여 내겠습니까?' '내가 누구이기에' 라는 이 말은 40년 전에 자신의 동족이 모세를 향해서 '누가 너를 우리를 다스리는 자와 재판관으로 세웠느냐' 라고 쏘아붙인 그 말을 받아서 하는 것이라고 보아야 합니다. 하나님, 저를 이스라엘의 지도자로 세우신다고요? 40년 전에 그들이 나에게 한 말, '네가 뭔데?' 이 독한 말을 잊으셨습니까? 이런 심정이 모세에게 있는 것입니다. 바로에게 말하는 것은 둘째 치고 이스라엘 백성들이 먼저 모세를 자신들의 지도자로 인정해 주어야 일이 진행이 될 수 있는데 모세는 그것을 염려하고 있는 것입니다.

두 번째 질문도 이스라엘 백성 때문에 하는 염려입니다. 모세가 그들에게 '너희 조상의 하나님이 나를 너희에게 보내셨다고 하면 그들이 물어보기를 그의 이름이 무엇이냐라고 할 것입니다. 내가 무엇이라고 그들에게 말해야 합니까?' 모세의 염려는 그들이 하나님의 존재에 대해서 몰라서가 아니라 모세 자신에 대해서 믿지 못하겠다고 우기면 어떻게 합니까? 그런 뜻입니다. 그의 이름이 뭐냐고 물은 것은 정말 알고 싶어서 물어보는 것이 아니라 말하는 모세에 대해서 너 우리 조상의 하나님이 보내셨다고 하는데 그 하나님이 누구신지나 아느냐 하는 것입니다. 왜냐하면 일반백성들은 모세가 자신들과 같이 고역에 동참한 형제라기보다는 자신들은 죽어라 노동을 할 때 궁전에서 호화호식 한 사람쯤으로 여기고 있기 때문에 그 모세가 하나님에 대해서 뭘 안다고 우리 앞에서 까부느냐 그런 거부감으로 물어 볼 가능성이 많은 것입니다.

4:1절에 보면 세 번째 모세의 반문이 나오는데 여기서 '그들이 나를 믿지 아니하며 내 말을 듣지 아니하고' 라고 했을 때 그들은 바로와 애굽 백성들을 말하는 것이 아닙니다. 이스라엘 백성들이 모세를 듣지 않는 것을 의미합니다. 그래서 하나님은 세 가지 기적을 모세에게 보여 주십니다. 그의 지팡이가 뱀이 되었다가 다시 지팡이가 되는 것, 그의 손이 문둥병이 걸렸다가 다시 나은 것, 나일강에서 떠 온 물이 피로 변하는 것 등입니다.

세 번째는 두 가지 기적을 행해도 믿지 않으면 애굽에서 그렇게 하라는 것입니다. "이러한 표적들은 애굽 사람들을 위해 의도된 것이 아니라 이스라엘 백성들을 위해 의도된 것입니다."[32] 4:30-31절은 이 말씀의 의도대로 된 것을 보여주고 있습니다.

4:9절에서 두 이적을 믿지 아니하면 나일 강의 물을 피로 변하게 하라는 말씀을 들었던 모세는 그들이 믿지 않는다면 이라는 말씀에 빙점을 찍고 10절에 또 다시 이유를 댑니다. 자신은 본래 입이 뻣뻣하고 혀가 둔한 자라서 말을 잘하지 못한다고 핑계를 댑니다. 11절은 모세에 대한 하나님의 답답함이 묻어 나오고 있습니다. 하나님의 말씀이 서술적 표현으로 된 것이 아니라 모세가 대답할 수밖에 없는 질문을 던짐으로서 지금 네가 나한테 반항하는 거냐 라는 분위기를 전달하시는 것입니다. 모세가 참 대단합니다. 뱀의 기적과 문둥병의 기적을 보고 하나님의 여러 가지 대처방안을 들으면서도 '주여 보낼만한 자를 보내십시오' 라고 끝까지 버티는 것을 보기 때문입니다.

지금 모세는 바로 때문에 가지 않겠다고 버티는 것이 아니라 이스라엘 백성이 마음에 걸려서 못 가겠다고 합니다. 광야 40년 동안 그는 하나님에 대해서 많이 경험하고 알게 되었을 것입니다. 하지만 40년 전의 그 이스라엘 백성들이 자신에게 어떻게 나올지 그것이 가장 큰 걱정인 것입니다. 4:16절에서 아론이 모세를 대신해서 백성에게 말할 것이라고 하셨는데 여기서 이 백성은 애굽의 백성을 의미하지 않습니다. 3:1~4:17절까지 단 한 번도 애굽 사람들을 백성이라고 표현한 적이 없습니다. 3:10절에서도 백성이라는 단어를 이스라엘 자손과 동의어로 사용하고 있습니다.

모세는 무려 다섯 번(출 3:11, 13, 4:1, 10, 13)이나 하나님의 말씀을 거절합니다. 그러나 하나님은 모세의 심정을 누구보다도 잘 알기 때문에 그 때마다 모세에게 여러 가지 약속과 증거를 보여 주시면서 설득을 하십니다. 그런데 하나님의 설득 중에서 가장 중요한 부분은 자신의 이름을 들려주시는 장면입니다. 이름을 공개하시는데 '스스로 있는 자' (출 3:14)라고 하십니다. 성경에서의 이름은 그 이름을 가진 자의 본질을 표현합니다. 그래서 '그의 이름이 무엇이냐' 라는 질문은 '그의 본질이 무엇이냐?' 라는 의미입니다. 하나님께서 스스로 있는 자니라라고 말씀하신 것은 만일 이스라엘 백성들이 모세를 시험할 목적으로 질문을 하더라도 너는 내가 말한 나의 본질에 대해서 그들에게 분명하게 대답해 주라는 것을 의미합니다.

"주님의 대답, '나는 스스로 있는 자니라' ('I am who I am')는 '나는 너와 함께 있을 자니라' ('It is I who am with you')로 풀어 쓸 수 있습니다. 그러므로 모세의 질문에 대한 답변 속에서 하나님은 이스라엘 백성들에게 <그들>과 함께 하기로 약속한 자가 그들에게 모세를 보냈음을 알게 하였던 것입니다."[33] 그러면서 출 3:15에 보면 하나님의 실제 이름이신 여호와를 사용하십니다. "이것(여호와 - 필자 주)이 '나는 스스로 있는 자니라(I am who I am)' 란 표현과 연결되는 사실은 하나님의 이름 야훼(여호와)가 '지금 계시는 자(he who is present)' 혹은 '자기 백성과 함께 계시기로 약속한 자(he who has promised to be present with his people)' 란 의미를 전달하고자 의도된 것임을 암시하는 것입니다. 그러므로 하나님은 모세에게 자신의 이름을 주심으로써 모세 및 그 백성들과 함께 계실 것을 약속하셨을 뿐만 아니라 또한 약속 그 자체를 회상시키셨던 것입니다."[34]

15절에서 '또' 라는 부사는 앞 뒤 문맥으로 볼 때 14절과 15절이 완전히 다른 의미로서 '또' 라는 말이 아니라 똑같은 내용이 다시 반복된다는 의미로 쓰인 것으로 보아야 합니다. 그래서 14절과 15절의 의미의 본질은 같은 것입니다. 그렇다면 '너희 조상들의 하나님 여호와' 란 너희 조상들과 함께 하신 하나님이라는 의미인데 그것을 풀어서 구체적으로 이름을 거명하면서 '아브라함의 하나님, 이삭의 하나님, 야곱의 하나님' 이라고 말씀하십니다. 그러므로 이 이름을 말씀하시는 것은 이스라엘의 조상들인 아브라함과 이삭과 야곱과 함께 하신 하나님께서 그들의 후손인 이스라엘 백성들에게도 똑같이 함께 하시겠다는 것을 의미합니다.

그래서 2:24-25절에서 말씀하시기를 그 조상들에게 하신 약속을 근거로 이스라엘 백성들을 기억하셨다 라고 하십니다. 그 언약은 수백 년 전에 주어진 것들이지만 하나님은 여전히 그것들을 기억하시며 그 약속에 따라서 하나님의 계획이 진전되고 있음을 보여주십니다. 그리고 이 약속은 영원히 변치 않을 것입니다. 왜냐하면 아브라함의 하나님, 이삭의 하나님, 야곱의 하나님이란 이름이 영원할 것이기 때문이며 이들은 육신의 혈통에 의해 조상으로 인정되는 것이 아니라 믿음으로 말미암아 구원을 얻은 자들의 조상들이기 때문입니다. 따라서 하나님은 이 영원한 하나님의 약속의 성취를 위해서 모세 너와 함께 할 것이니 걱정하지 말고 가라고 말씀하시는 것입니다. 그 증거로 하나님은 창 15:13~21에서 아브라함과 약속하신 말씀들을 출 3:19~22에서 다시 풀어서 말씀해 주고 있습니다.

열 가지 재앙 - 애굽의 우상에 대한 심판과 이스라엘 백성을 위한 신앙교육

출애굽기 7장 1절에서 하나님은 "내가 너로 바로에게 신이 되게 하겠다."라고 말씀하심으로서 모세를 하나님의 권세를 가지고 가는 대리자로 보내십니다. 그래서 애굽에 내리는 재앙은 하나님께서 애굽의 모든 신에 대한 심판의 성격(출 12:12)을 갖고 있음을 보여줍니다. 당시 애굽 사람들은 우주가 조화로운 전체로 존재하며 각 부분이 잘 짜인 체계로 작동하고 있다고 생각했는데 바로는 신의 현현으로서 이 균형을 유지하는 존재로 여겼습니다.[35] 그러므로 재앙은 그들의 우상숭배와 종교적 죄에 대한 심판이며 또한 애굽 사람으로 하여금 우주와 만물이 바로의 주관으로 움직여지는 것이 아니라 온 우주의 하나님이시며 이스라엘의 하나님의 주관 하에 있음을 보여주시는 것입니다.

바로가 강퍅케 되어 계속해서 반항을 하는 이유가 무엇일까요? 그것은 모세가 바로에게 전하는 내용 중에 들어 있습니다. "히브리 사람의 하나님 여호와께서 이르시기를 내 백성을 보내라" 이 말을 들은 바로는 쉽게 모세의 말을 들을 수는 없습니다. 당시의 바로는 신으로 추앙받던 사람이고 애굽의 신들의 축복으로 나라를 경영하고 있는 사람이라고 인정을 받고 있는데 이스라엘의 신이신 하나님께서 이스라엘을 내 보내라고 했다면 모세가 지금 하나님의 이름으로 명하고 있는 것인데 쉽게 항복하겠습니까? 자신의 종교적 자존심과 신의 현현(나타남)으로서의 자신의 정체성의 문제와 걸려 있는 한 판이 아닙니까? 그래서 신의 현현이라고 추앙을 받는 사람으로서 이스라엘의 하나님께 무기력하게 당하면서도 그 현실을 인정하기보다는 그 초라한 모습이나마 어떻게든 벗어나 보려고 발악을 하는 것입니다. 그러니 더욱 더 반항을 할 수밖에 없는 것입니다.

이것보다 더 중요한 것은 열 가지 재앙은 궁극적으로 이스라엘 백성들을 향한 것입니다. 그들은 수백 년간 애굽의 우상과 문화에 압도당해 살아 온 사람들입니다. 따라서 10가지 재앙은 이스라엘 백성들이 하나님께서 어떤 분이신지를 다시 새롭게 경험하고 배우는 자리입니다. "이 재앙들은 6개월 미만에 일어난"[36] 것으로 그 기간 동안 하나님은 재앙을 통해서 이스라엘 백성들로부터 애굽의 종교와 문화의 세속적인 때를 벗겨 내고 있는 것입니다. 애굽의 삶의 형태에 길들여져 있는 그들의 시각을 교정하시기 위해서 하나님의 능력을 보여 주시는 것입니다.

여기서 하나님께서 바로와 애굽에 내린 10가지 재앙을 알아보는 것이 도움이 될 것 같습니다.

① 나일이 피로 변한 재앙(출 7:14-25) - 이 심판은 오리시스 신을 심판한 것입니다. "애굽인들은 오리시스 신은 식물과 대지의 신으로 오리시스의 죽음은 한발(가뭄)을, 그의 부활은 정기적인 나일 강의 범람과 곡물의 성장을 가져온다고 믿었습니다."[37] 또한 나일

의 수호 여신인 크눔과 나일의 영(정신)이라고 믿어진 하피에 대한 심판이기도 했습니다.

② **개구리 재앙(출 8:1-15)** - "개구리 역시 애굽인들의 토템(Totem, 자연물이나 동물숭배) 종교의 대상이 되는 우상이었습니다. 이 재앙은 다산의 상징인 여신 헤켓(Heqet : 개구리 머리를 한 출생의 신)에 대한 심판이었습니다."[38]

③ **이 재앙(8:16-19)** - 온 땅을 이가 덮어 버려서 사람뿐만 아니라 생축에게까지 오르게 되었습니다. "이라고 사용된 히브리어 단어는 곤충 종류를 말하는데 모기, 혹은 이와 유사한 것을 말합니다."[39] "애굽의 제사장들은 매 3일마다 머리를 깎고 몸에 털을 밀고 또 매일 목욕을 하는데 '이' 재앙으로 자신의 몸을 깨끗하게 할 수 없을 뿐만 아니라 그들이 드려야할 짐승까지 더럽게 되었습니다.[40] 우상을 섬기는 저들의 무력함을 드러내는데 "이것은 땅의 신 세브(Seb)와 연관되었습니다."[41] 이 재앙은 애굽의 술객들도 흉내 내려고 했지만 실패하고 하나님의 권능이라고 승복하고 맙니다.

④ **파리 재앙(출 8:20-32)** - 파리 재앙은 고센 땅의 이스라엘 백성들에게는 임하지 않고 오직 애굽 사람들에게만 임합니다. 본문의 파리는 보통의 파리가 아니라 "짐승들과 사람을 쏘고 무서운 고통을 가져다주는 개 파리(dog-fly)의 일종으로서 특히 눈꺼풀에 붙어 안질, 디프테리아, 악성 종기를 일으킨다고 합니다."[42] "이 재앙은 태양신 레(Re)나 우아티트(Uatchit, 파리의 신)에 대한 심판"[43]이었습니다.

⑤ **생축과 짐승을 죽이는 재앙(출 9:1-7)** - 애굽의 모든 생축이 병으로 죽었지만 이스라엘의 생축은 한 마리도 죽지 않았습니다. "하솔(Hathor)은 소의 형상으로 여신들의 어머니로서 암소 신이고 아피스(Apis)는 풍요의 상징으로 황소 신상으로 나타납니다. 또한 이집트(애굽인)들은 짐승을 통째로 구워 바치는 제사를 아주 제한되게 드렸을 뿐 아니라 테베에서는 암소(아시스 신에게 신성함으로)나 황소와 양을 희생 제물로 바치는 것이 불법이었습니다. 멤피스에서는 염소 제사가 금지되었는데 그 이유는 숫양과 수소는 이집트(애굽)인들이 숭배하는 동물이었기 때문입니다."[44]

⑥ **독종 재앙(출 9:8-12)** - 여기서 "독종이란 애굽인들에게 공포의 대상이 되는 종기를 말하는데 붉게 부풀어 오르고 퍼져나가는 무서운 피부병입니다."[45] 이 재앙은 질병을 다스리는 신 세크멧(Sekhmet)과 의약의 신인 임호텝(Imhotep)을 심판한 것입니다. 이 재앙에서도 이스라엘은 아무런 영향을 받지 않습니다.

⑦ **우박 재앙(출 9:13-35)** - 집으로 불러들이지 않은 사람이나 짐승이나 밭의 채소나 들의 나무가 죽거나 크게 손상을 입었습니다. 우박의 재앙 앞에 하늘의 여신 눗(Nut)도

추수의 신인 셋(Set)도 무용지물이었습니다. 역시 이스라엘 땅에는 임하지 않습니다.

⑧ 메뚜기 재앙(출 10:1-20) - 메뚜기 떼가 지나가면 우박을 면하고 남은 것을 없애 버리고 애굽 사람의 모든 집에 가득해졌습니다. 곡물의 신인 셋(Seth)을 심판하시는 것입니다. 메뚜기 재앙은 우박에 상하지 아니한 밭의 채소와 나무 열매를 다 먹었다고 했기 때문에 우박이 내리지 아니한 고센 땅에는 임하지 않았습니다.

⑨ 흑암 재앙(출 10:21-29) - 더듬어야 발자욱을 옮길 수 있을 만한 흑암이 3일 동안 애굽 온 땅을 덮었습니다. 이 재앙은 애굽 사람들이 아침 해가 뜰 때마다 북을 치고 노래를 부르며 섬겼던 이집트 최고의 신인 태양인 레(Re)에 대한 심판이었습니다. 하지만 이스라엘이 거주하는 고센 땅에는 빛이 있었습니다.

⑩ 장자 죽음의 재앙(출 11:1-12:36) - 이 재앙은 "모든 재앙 가운데 일종의 최고조에 달한 것입니다. 장자의 죽음은 이집트이 살아 있는 신 바로 자신을 치는 일이어서 이집트 신에 대한 직접적인 공격입니다."[46] 바로와 애굽인들이 섬기는 우상은 결정적인 순간에 아무런 역할을 하지 못하는 신들입니다. 그들은 존재하지 않기 때문입니다.

열 가지 재앙을 통하여 하나님은 애굽의 신들이 아무 것도 아니며 그 신들을 경배하는 것은 무익한 것임을 드러내셨고 하나님만이 유일한 신이심을 보여 주셨습니다. 아브라함이 애굽에 내려가서 바로를 다루시는 하나님의 손길을 통해서 하나님의 존재에 대해서 새로운 인식을 갖게 된 것처럼 고센 땅의 이스라엘 민족도 열 가지 재앙을 통해서 그들을 가나안 땅으로 인도하시려는 하나님이 어떤 하나님이신지에 대한 경험이 되었을 것입니다.

장자의 죽음과 첫 번째 유월절

열 번째 재앙은 첫 번째 유월절과 연관이 되기 때문에 주목해서 보아야 합니다. 하나님께서는 모세를 애굽으로 보내실 때, 4장 23절에서 바로가 이스라엘 백성을 보내지 않을 것인데 그때 바로의 장자를 죽일 것이라고 이미 말씀하셨습니다. 이것은 10가지 재앙이 바로가 반항하면 그때그때마다 임기응변식으로 진행된 것이 아니라 하나님께서 치밀하게 계획하신 것임을 알 수 있습니다. 이렇게 하시는 이유는 그들이 하나님의 마음에 맞게 살았기 때문이 아니라 "645년 전"[47]에 그들의 조상 아브라함과 이삭과 야곱에게 하신 약속 때문입니다.

그런데 애굽 왕 바로가 하나님의 능력과 그가 믿는 우상의 무력함을 보았음에도 불구하고 이스라엘 백성들을 놓아주지 않습니다. 그래서 하나님께서는 최후의 재앙을 내리시기로 하십니다. 왕인 바로로부터 애굽의 가장 말단의 사람까지 그 집에 속한 모든 장자들을 죽이시는 심판을 보내십니다. 10번째 재앙은 바로와 애굽 백성들에게는 전무후무한 통곡의 시간이 될 것임을 바로에게 경고하셨지만 바로는 여전히 하나님의 말씀을 무시하고 있습니다.

그런데 하나님은 애굽의 장자들을 죽이실 때에 그들과 똑같은 땅에 머물고 있는 이스라엘 백성들에게는 그 심판이 임하지 않도록 하십니다. 대신에 하나의 방법을 제시하시는데 그 심판의 날 저녁에 어린 양을 잡아야 합니다. 그리고 문 인방과 문설주에 그 어린양의 피를 바르고 단 한 사람도 그 문턱을 넘어가서는 안 되고 집 안에만 머물러 있어야 합니다. 그러면 '멸하는 자'가 어린 양의 피가 발라진 집은 넘어가므로 하나님의 심판이 임하지 않도록 하십니다. 그러나 애굽의 모든 장자들은 그 밤에 하나님의 심판을 견디지 못하고 죽게 됩니다. 애굽 왕 바로도 예외는 아니었습니다. 그때서야 애굽 왕과 애굽의 백성들이 하나님의 심판의 심각성을 깨닫고 모세와 이스라엘 백성들이 구하는 대로 여러 가지 물품들을 챙겨 주면서 나가도록 통 사정을 하는 모습을 볼 수 있습니다. 이것이 유월절 절기의 기원입니다.

유월이라는 말은 '넘어가다(passover)'라는 뜻입니다. 하나님의 죽음의 심판이 이스라엘 백성을 넘어갔다는 뜻입니다. 여기서 우리는 유월절에 어린 양을 잡을 때의 상황을 한번 유추해 볼 필요가 있습니다. 각 가정이 한 마리씩의 양을 잡는데 200만이 넘는 인구였으니까 8인 가족을 기준으로 한다고 해도 수십만 마리가 죽어야 했습니다.

양을 잡는 그들의 심정이 어땠을까요? 기쁘고 즐거웠을까요? 아닙니다. 초긴장 상태였을 것입니다. 이미 9가지 재앙을 통해서 애굽 백성들이 하나님께 어떻게 얻어 터졌는가를 두 눈으로 똑똑히 목도한 이스라엘 백성들로서는 어린 양을 잡아서 그 피를 문인방과 문설주에 바르지 않으면 모든 장자는 다 죽을 것이라는 하나님의 선포가 공갈포가 아니라는 것을 실감하고 있기 때문입니다. 아마도 죽느냐 사느냐 하는 문제가 달려 있으므로 모두가 두려운 마음으로 양을 잡았을 것입니다. 그들은 지금 평생 경험해 보지 못한 엄청난 일을 경험하고 있습니다. 애굽 백성들까지라도 저 사람들 왜 저러나 하고 의구심을 가졌을 것입니다.

여기서 우리는 이스라엘의 구원의 출발에 대해서 심각하게 생각해 보아야 합니다. 애굽은 성경에서 지옥의 상징으로서 하나님의 심판과 저주를 받을 수밖에 없는 자들을 상징하는 곳입니다. 지금 이스라엘 백성이 그 애굽 백성과 함께 있습니다. 지옥의 백성으로 대변되는 애굽의 백성과 함께 있습니다. 이것은 이스라엘 백성들도 원래는 하나님의 심판을 받아 마땅한 자들임을 의미합니다. 왜 그들이 유월절 어린 양을 잡아 죽여서 그 피를 문인방과 문설주에 발라야 합니까? 왜 그렇게 해야만 하나님이 저들을 죽이지 않고 넘어가겠다고 하시는 것입니까? 그것은 이스라엘 백성들도 하나님의 죽음의 심판에서 제외되는 사람들이 아니기 때문입니다.

정말 이스라엘 백성들이 구원을 따 놓은 상태라면 이 엄청난 유월절 예식을 치를 필요가 없습니다. 하나님은 유월절 의식을 통해서 그들도 저 애굽 백성들과 똑같이 죽음의 자리에 있는 자들임을 확인시키고 있는 것입니다. 바로와 애굽 백성들처럼 그들도 애굽의 종교와 문화 아래서 430년을 보낸 사람들입니다. 아담의 후예들로 원죄를 가지고 있는 사람들입니다. 그러므로 저들도 어린 양을 잡아서 피를 발라야 살 수 있습니다. 이렇게 구원을 받은 자들이 이스라엘 백성들입니다. 그들에게는 이전과는 완전히 새로운 날들이 될 것입니다. 그래서 하나님은 12:2절에서 유월절이 있는 달을 이스라엘 백성들에게 한 해의 시작의 달로 삼으라고 명령하시는 것입니다.

유월절은 하나님이 우리에게 주시는 구원의 의미가 무엇인지를 실물로 보여 주시는 사건입니다. 우리는 구원 받을만한 사람들이 아니었습니다. 마땅히 영원한 지옥의 형벌을 받을 수밖에 없는 죄인들이었습니다. 세상 사람들보다 나을 것이 없고 저들보다 사랑을 받을 만한 사람들이 아니었습니다. 우리의 구원의 출발! 그것은 피비린내가 진동할 정도의 살벌한 하나님의 죽음의 심판의 현장으로 부터라는 사실을 잊지 말아야 합니다. 우리는 구원을 받아도 되고 안 받아도 상관이 없는 그런 자리에서 조금 더 나은 자리로 옮김을 받은 것이 아닙니다. 괜히 쓸데없이 하나님이 우리를 구원 시켜 주신다고 야단법석을 떠시거나 우리를 귀찮게 구시는 그런 정도의 구원이 아닙니다. 하나님의 구원이 아니면 도저히 가망이 없고 영원히 눈물과 고통을 당하며 살 수밖에 없는 우리들이었습니다.

기독교의 구원을 한낱 도덕과 윤리적 차원이나 하나의 도를 터득하는 수행의 과정쯤으로 해석하거나 받아 들여서는 안 됩니다. 그래서 세상 사람들보다 착하게 사는 것을 기독교라고 생각하시면 큰 오산입니다. 롬 3:10이 무엇이라고 말씀하고 있습니까? 의인은 없나니 하나도 없다고 말씀합니다. 여기서의 의인은 착한 사람을 말하는 것이 아니라 하나님의 구원을 받을 만한 자, 그런 자격이 있는 자가 하나도 없다는 말입니다. 바로 그런 자격이 없었던 우리가 하나님의 자녀로 신분의 변화를 가져 온 것이 우리의 구원입니다.

이 유월절 사건을 통해서 하나님의 심판의 무서움을 알아야 합니다. 이스라엘 백성들의 긴장과 두려움과 죽음을 앞에 둔 그 살벌한 모습을 그릴 수 있어야 합니다. 그 심정을 공감할 수 있을 때 우리의 구원이 얼마나 귀한 것인가를 알 수 있을 것입니다. 그런데 이 살벌한 심판의 자리에서 이스라엘 백성들의 생명을 살려내는데 결정적인 역할을 한 것이 무엇입니까? 바로 유월절 어린 양의 죽음입니다. 그 양의 희생으로 얻은 피를 문인방과 문설주에 바른 이스라엘 백성들은 모두 살아났습니다. 애굽의 장자가 죽었다는 것은 꼭 장남을 지칭하는 것이 아니라 애굽의 모든 사람의 죽음을 그렇게 상징화 한 것입니다.

이스라엘의 장남이 죽지 않았다는 것은 이스라엘의 모든 사람들이 죽지 않고 구원을 받았다는 것을 의미합니다. 이제 이스라엘 백성들의 생명은 그들의 것이 아닙니다. 그래서 하나님은 이스라엘 민족이 라암셋을 떠나서 숙곳에 이르렀을 때 유월절의 절기를 제정하시면서 이스라엘의 처음 난 자들을 구별하여 하나님께 돌리라고 말씀하십니다. 왜냐하면 이스라엘은 하나님의 것이 되었기 때문입니다. 그러므로 출 4:22-23에서 이스라엘을 하나님의 아들 장자라고 부르십니다. 물론 아브라함 때부터 이스라엘은 하나님의 아들로 부름을 받았지만 국가적으로 장자가 된 것은 유월절을 통해서입니다.

유월절에 하나님이 이스라엘 백성들에게 어린 양을 준비하라고 하신 이 대복이 어디와 연결이 되느냐 하면 바로 아브라함의 이삭을 바치는 사건과 연결이 됩니다. 분명히 하나님은 아브라함이 이삭을 바치는 행위를 통해서 독생자 예수 그리스도를 준비하실 것을 스스로에게 약속하셨습니다. 그리고 이 유월절 사건을 통해서 어떻게 구체적으로 아브라함의 생애 속에 심어 놓은 약속을 지킬 것인가를 보여 주시는 것입니다.

그래서 고린도전서 5장 7절에 보면, “우리의 유월절 양 곧 그리스도께서 희생이 되셨느니라.” 이렇게 말씀하고 있습니다. 바울은 분명히 예수님은 하나님께서 준비하신 유월절 어린 양이셨음을 깨달았습니다. 출애굽 시대에 이스라엘 백성들을 죽음의 심판의 자리에서 구원해 내는데 결정적 역할을 감당했던 그 어린 양의 희생을 예수님이 직접 감당하시러 오신 것을 이해한 것입니다. 이 첫 번째 유월절의 의미가 고스란히 예수님의 죽으심과 우리의 구원에 적용이 되고 있습니다. 지옥의 자식으로서 영원한 죽음과 하나님의 저주의 자리에 있던 우리를 구원해 내시기 위해서 예수님은 자신의 목숨을 희생시키신 것입니다. 우리에게 우리의 죄에 대한 대가를 지불하게 하심으로 영원히 눈물과 고통과 신음 속에 살게 하지 않으시고 영원한 복락 가운데 하나님을 아버지라 부를 수 있도록 우리의 신분을 완전히 뜯어 고치시려고 예수님이 십자가를 지신 것입니다.

24. 시내 산에서의 이스라엘

-아버지로서의 주권 세우기와 자녀로서의 정체성 갖기-

**시내산에서 율법을 주시고 성막과 제사제도를 통해서 그들과 함께 하시고 속죄의 길을 열어 주신 것은 하나님이 이스라엘을 그의 자녀로 부르셨기 때문입니다.
율법을 주신 것은 아버지로서의 주권을 세우시고
이스라엘에게는 자녀의 정체성을 부여하시는 작업입니다.**

시내 산으로의 여정

장자 죽음의 심판으로 바로는 결국 이스라엘 백성들을 보내게 됩니다. 당시에 가나안으로 갈 수 있는 길이 두 개가 있었는데 하나는 지중해를 끼고 팔레스타인 해변을 따라 연결되는 국제도로로서 해변 길이 있었습니다. 이 길은 지름길이긴 하지만 애굽의 많은 요새가 있었고 더 올라가면 호전적인 블레셋 족속과의 충돌이 불가피하기 때문에 하나님은 이스라엘 백성들이 전쟁으로 인하여 다시 애굽으로 돌아가려는 빌미를 주지 않기 위해서 다른 길을 택하십니다. 이 다른 길은 홍해 쪽으로 남하여 아카바 만을 끼고 돌아서 가는 길인데 주로 애굽과 아라비아의 상업 도로로 이용되고 있는 길입니다. 더구나 하나님은 시내산에서 이스라엘 백성들이 제사를 드리게 할 것을 약속의 말씀으로 주신 적이 있기 때문에 하나님은 이런 상황을 감안해서 후자의 길을 택하십니다.

이스라엘 백성들이 나올 때에 가장 먼저 챙긴 것은 요셉의 유골입니다. 이 사실을 모세가 언급하는 것은 족장들과 이스라엘의 관계가 그리고 창세기와 출애굽기의 관계가 하나님의 약속의 흐름을 좇아서 연결되어 있음을 보여 줍니다. 숙곳을 지나 광야 끝에 있는 에담에 이르렀을 때 낮에는 구름 기둥으로 밤에는 불기둥으로 하나님의 임재를 나타내 보이셨습니다. 이것은 단지 하나님의 임재만을 나타내는 것일까요? 이 기둥들의 크기와 넓이가 얼마큼 되는지 우리는 잘 알지 못합니다.

하지만 앞으로 진행될 광야의 기후를 고려해 볼 때 이스라엘 백성들을 위한 가장 적절한 도구로 생각할 수 있습니다. 낮에는 햇볕이 강렬하게 내리 쬐어 뙤약볕이 되지만 밤에는 상당히 기온이 떨어져서 추운 상태가 되는 것이 광야 기후입니다. 낮과 밤의 기온차가 크기 때문에 광야에서 부녀자, 노약자, 아이들이 적응하기란 쉽지 않기 때문에 이들 모두를 배려한 것입니다. 따라서 구름 기둥은 뜨거운 한 낮에 에어컨 역할을 했을 것이고 불기둥은 밤에 히터 역할을 했을 것입니다.

그런데 이스라엘 백성들이 바알스본 맞은 편 바닷가에 장막을 치고 있을 때 바로가 병거 육백 대를 앞세우고 이스라엘을 추격해 옵니다. 이 상황에 대해서 하나님은 모세에게 미리 말씀해 주시는데 바로가 마음이 변해서 쫓아온다는 것입니다. 하나님은 이 기회를 통해서 애굽 사람들로 하여금 여호와가 누구신지를 보여 주시겠다고 하십니다.

바로의 병거들과 마병과 그 군대가 그들에 대하여 진을 치자 이스라엘 백성들이 두려움에 떨기 시작합니다. 그러면서 모세에게 대들기를 애굽에 매장지가 없어서 우리를 이 광야에서 죽게 하느냐 애굽 사람을 섬기다 그냥 죽게 내 버려두지 왜 데리고 나왔느냐고 불평을 합니다. 출애굽기 14장 10절에서 심히 두려워서 여호와께 부르짖었다고 했는데 모세에 대한 그들의 반응으로 볼 때 이것은 기도라기보다는 그들의 아우성과 불평이었을 가능성이 아주 많습니다. 장자의 죽음으로부터 구원을 받은 것이 며칠이나 되며 수개월 동안 여러 가지 재앙을 통해서 생생하게 하나님을 경험했을 그들이지만 눈앞의 두려움 때문에 불평을 하면서 하나님의 속을 뒤집어 놓으며 애굽으로 돌아가려 하고 있습니다.

애굽의 문화에 길들여진 그들의 본성이 나오는 것입니다. 우리가 알다시피 이 불평은 광야 생활동안 그들의 끊임없는 반항의 내용입니다. 지금까지 그들에게 보여주신 하나님의 능력을 신뢰하지 않고 있습니다. 이들에게 모세가 무엇이라고 대응합니까? 13절입니다. "너희는 두려워하지 말고 가만히 서서 여호와께서 오늘 너희를 위하여 행하시는 구원을 보라 너희가 오늘 본 애굽 사람을 영원히 다시 보지 아니하겠다"고 선포합니다. 그리고 모세가 손을 바다 위로 내밀었더니 여호와께서 큰 동풍을 불게 하셔서 바닷물을 물러가게 하셨고 바다 밑바닥은 마른 땅이 되었습니다.

동쪽으로부터 불어오는 바람은 광야의 뜨겁고 건조한 바람을 말하는데 바다 밑바닥을 마르게 하는 데는 안성맞춤이었을 것입니다. 이스라엘 백성들은 좌우에 물 벽이 서 있는 가운데를 지나 홍해를 건넜고 나중에 애굽의 군대가 추격하여 바다 가운데로 들어 왔을 때 여호와께서 그들의 병거 바퀴를 벗겨서 굴러가지 못하게 하시고 모세가 바다를 향해 손을 드니 바다의 상태가 원래대로 회복이 됨으로 그들은 모두 홍해에 수장되어 버렸습니다. 그 광경을 지켜 본 이스라엘 백성들은 여호와께서 행하신 크신 능력을 보았으므로 여호와와 그의 종 모세를 신뢰하게 되었다고 말씀하고 있습니다.

홍해의 기적은 이스라엘 백성들이 애굽의 노예로서의 삶은 완전히 끝이 났고 이제는 하나님의 것이 되었음을 열방가운데 공개적으로 공표하시는 것입니다. 40년 후에 가나안 정복을 할 때에 기생 라합이 이때를 기억하며 말하기를 홍해를 건너게 하신 사건으로 가나안 백성들의 마음이 녹았고 정신을 잃었었다고 고백을 하면서 이스라엘의 하나님은 하늘과 땅의 하나님이시라고 고백을 하는 것을 보면 하나님의 의도를 알 수가 있는 것입니다. 이제 그들은 다시는 홍해 저 편에 있는 애굽을 생각하지 말아야 합니다. 홍해를 건넜다는 것은 신약 식으로 말하자면 세례를(물속을 건넌 것과 마찬가지이므로) 받은 것이기 때문입니다. 그들은 애굽의 삶에 대해서 죽고 다시 태어난 사람들입니다. 그래서 바울이 고린도전서 10장 2절에서 홍해를 건넌 것을 세례로 비유하고 있습니다.

15장은 홍해의 기적 바로 직후의 모습을 그리고 있습니다. 아론의 여동생인 미리암을 비롯한 많은 여자들이 소고를 치며 춤을 추고 모세와 이스라엘 백성들이 한 마음으로 하나님을 찬양하는 모습을 보게 됩니다. 바로 군대의 숨 막히는 추격을 받고 있는 절체절명의 순간에 홍해의 기적으로 말미암아 그들을 살려 내신 하나님이 얼마나 감사했을까요? 아마 감격하고 또 감격했을 것입니다. 하지만 이들의 감격도 삼일이 지나자 바닥을 드러내고 맙니다. 수르 광야로 들어가서 사흘 길을 걸었으나 물을 얻지 못하고 마라에 이르러 다행히 물을 발견했는데 그 물이 써서 마시지 못하게 되자 백성들이 다시 모세를 원망합니다. 모세가 하나님께 기도하자 하나님께서 한 나무를 가리키시고 그것을 물에 던졌더니 마실 물이 되었습니다. 나뭇가지를 던져서 마실 물이 되었다는 것은 하나님께는 쓴물을 단물로 바꾸는 것은 아무것도 아니라는 사실을 보여줍니다. 그렇다면 백성이 모세를 원망할 것이 아니라 홍해의 기적으로 그들을 살려 주신 하나님을 의지했었어야 마땅합니다.

더 진군을 하다가 한 달째가 되어 가는 무렵에 엘림과 시내산 사이에 있는 신 광야에 도착을 했습니다. 이제는 애굽에서 나올 때 가져온 모든 음식이 떨어질 때쯤 되었을 것입니다. 그러자 그들은 애굽에서 고기와 떡을 배불리 먹었을 때를 생각하면서 그때 여호와의 손에 죽었으면 좋았을 것을 광야에 나와서 굶어 죽게 생겼다고 하면서 모세와 아론을 원망하기 시작합니다. 여호와의 손에 죽었으면 좋았을 텐데라는 말은 애굽에서의 열 가지 재앙을 받을 때에 많은 사람들이 죽은 것과 연관이 있을 것입니다. 심한 역병으로 가축들이 죽고 우박으로 들에 있던 사람들과 가축들이 죽었으며 10번째 재앙으로 장자가 죽었던 이 모든 상황들을 의미합니다. 그 와중에 죽었었다면 좋았을 것이라고 말하는 것입니다.

그러나 이것은 허울 좋은 핑계에 불과합니다. 애굽 백성들의 가축이 죽고 애굽 사람들이 죽어 나갈 때 같은 땅에서 벌어지는 그 엄청난 상황을 보면서 그들의 마음이 어땠을까요? 그들은 분명히 두려움에 떨었을 것입니다. 하나님의 능력에 완전히 압도당하여 자신들에게는 저런 재앙이 임하지 않기를 간절히 소망했을 것입니다. 양을 잡고 그 피를 바르라는 명령에 하루 저녁에 수십만 가구가 불평 없이 신속하게 행동한 것을 보면 충분히 짐작할 수 있습니다. 그랬던 그들이 지금은 왜 그때 죽게 내버려 두지 않았느냐 마음에도 없는 소리를 하면서 모세와 아론을 향해 불평을 하고 있습니다. 이것은 하나님을 향해 불평하는 것으로 괜히 모세와 아론에게 화살을 돌리는 것뿐입니다. 하나님은 그것을 아십니다.

그래서 16:7-8에 여호와께서 자기를 향하여 너희가 원망하는 말을 들으셨다고 말하고 있고 또한 모세 자신도 너희의 원망은 우리를 향하여 함이 아니요 여호와를 향하여 함이다 라고 말하는 것입니다. 그럼에도 불구하고 하나님은 조건 없이 하늘에서 양식, 즉 만나를 내려 주셔서 그들의 배고픔을 해결해 주십니다.

율법 - 아버지로서의 주권세우기와 자녀로서의 정체성 갖기

이스라엘 백성들이 애굽을 떠난 것이 1월 15일이었습니다. 시내 산에 도착한 것은 개역 한글에서 '3월 그때에' 라고 했는데 그때란 출애굽 할 때의 날짜인 15일을 의미하는 것으로 봅니다. 따라서 시내 산에 도착한 때는 출애굽한 지 2개월이 되는 시점입니다. 하나님은 모세에게 약속하신 대로 이스라엘 백성들을 시내 산으로 인도하셨습니다. 시내 산에 도착하자마자 하나님께서 모세를 통해서 이스라엘 백성들에게 가장 먼저 상기시키신 것은 애굽에서 어떻게 그들을 구원하셨는지를 알라는 것이었습니다. 그러면서 출애굽기 19장 5-6절의 말씀을 주십니다. "세계가 다 내게 속하였나니 너희가 내 말을 잘 듣고 내 언약을 지키면 너희는 모든 민족 중에서 내 소유가 되겠고 너희가 내게 대하여 제사장 나라가 되며 거룩한 백성이 되리라"

이스라엘을 모든 민족 중에서 하나님의 소유로 삼으신 이유는 제사장 나라가 되며 거룩한 백성이 되도록 하기 위해서 부르셨음을 말씀하십니다. 여기서 모든 민족이란 바벨탑 사건으로 '방임의 심판' 아래에 있는 모든 인류를 의미합니다. 이렇게 모든 민족이 하나님의 심판 가운데 있는 중에 이스라엘은 하나님과 모든 민족 사이의 가교 역할을 할 제사장 나라요 또한 거룩한 백성으로 부르셨다는 것입니다. 거룩한 백성이 되라는 것은 제사장 나라로 부르신 하나님의 의중에 맞도록 우상을 섬기는 이방 나라와는 구별된 사람들임을 명심하고 성결하게 살라는 것입니다.

이스라엘은 이 하나님의 말씀을 받을 때 자신들이 다른 민족보다 뛰어나서 하나님의 특별 대접을 받고 있다고 생각하면 큰 오산입니다. 방임의 심판 아래 있는 세상의 모든 민족이 하나님의 은혜로 다시 회복될 수 있도록 하는데 하나님의 축복의 통로가 되어 그들을 섬기라는 것이지 그들보다 우월적인 위치에서 그들을 지배하라는 것이 아니기 때문입니다. 그래서 모세는 이렇게 선포합니다. "너를 네 하나님 여호와께서 뽑으셔서 지면 위에 있는 모든 민족들 가운데 보배로운 민족으로서 그의 것이 되도록 하셨다. 모든 민족들보다 너희들의 수가 많기 때문에 여호와께서 너희들을 사랑하시고 너희들을 택하신 것이 아니라 너희들이 모든 민족들보다 작기 때문에 또한 여호와께서 너희들을 사랑하시고 또 너희들의 조상들에게 맹세한 그 맹세를 그가 지키시려고 여호와께서 강한 손으로 너희들을 나오게 하셔서 종들의 집 곧 미쯔라임(애굽) 왕 파르오(바로)의 손에서 구속하셨다."[48] (신 7:6절 중반 절~8절)

이스라엘의 부름의 자리를 보십시오. 단일 민족이었던 인류가 하나님의 심판으로 여러 민족으로 흩어져 그들 나름대로 나라와 민족을 이루며 살아가고 있었습니다. 그 중에서 아브라함, 즉 세상에서 가장 작은 단위인 한 개인을 그것도 우상을 섬기는 집에서 부르셨습니다. 그가 약속의 땅 가나안에 도착했을 때는 보잘 것 없는 한 사람의 이방인에 불과했으며 창세기 22장의 이삭을 바치기까지 수십 년 동안 하나님이 그를 하나님의 자녀답게 만들었습니다. 이스라엘의 출발은 바로 이 하나님의 은혜로부터입니다. 그런데 그들이 그들의 뿌리가 남달라서 하나님이 우리를 이렇게 대접하는구나 라고 생각한다면 얼마나 우스운 일입니까? 그리고 엄청난 숫자로 번성한 애굽에서의 그들의 삶은 하나님을 만족시키는 신앙의 삶이었습니까? 그렇지 못했다는 것을 이미 살펴보았습니다. 아브라함과 이스라엘은 똑같은 저주의 자리에서 하나님의 은혜로 구원을 받은 것입니다.

기독교의 구원은 철저히 개인적입니다. 이 구원의 핵심은 일대일로 아버지와 자녀라는 인격적 관계가 맺어진다는 것입니다. 그 사람이 신앙이 좋은 가문이나 신앙의 모범이 되는 어느 공동체에 속하여 있다고 해서 구원을 받는 다는 보장은 없습니다. 사무엘은 훌륭한 선지자였지만 그의 아들들은 백성들로부터 지탄을 받는 사람들이었습니다. 히스기야는 하나님을 섬기는 왕이었지만 그의 아들 므낫세는 남 유다의 멸망을 가져오는데 결정적 역할을 한 악한 왕으로서 하나님 앞에 가증한 행동을 너무도 많이 한 사람이었습니다. 에스겔 18장 20절은 이렇게 말합니다. "아들은 아버지의 죄악을 담당하지 아니할 것이요 아버지는 아들의 죄악을 담당하지 아니하리니 의인의 공의도 자기에게로 돌아가고 악인의 악도 자기에게로 돌아가리라" 이 말씀의 핵심은 각 개인이 심은 대로 거둔다는 것입니다. 가문이나 혈통은 구원을 보장하는 잣대가 아닙니다.

하나님께서 이스라엘 민족 자체를 제사장 나라요 거룩한 백성으로 부르셨다는 의미는 이스라엘 백성 한 사람 한 사람이 그 일을 감당하기를 원하시는 것이 첫 번째 목적입니다. 모든 사람들을 동일하게 하나님의 사명으로 부르시고 그 은혜에 거하기를 원하신 것입니다. 이 부르심에는 차별도 없고 특별히 누구에게만 혜택을 주는 것도 없습니다. 이스라엘 모든 민족이 하늘에서 내려온 만나와 메추라기를 기적적으로 체험하고 반석에서 물이 나므로 그들의 갈함을 해결함 받고 40년 동안 옷이 헤지지 않고 그 척박한 광야의 여행에서도 발이 부릍트지 않았으며 낮에는 구름 기둥 밤에는 불기둥으로 하나님의 임재를 경험하며 외적이 쳐들어오면 모세가 손을 들어 기도하기만 해도 그들이 승리하는 말하자면 세상의 어느 민족도 경험해 보지 못한 하나님의 특별한 은혜와 인도하심을 한 사람도 빠짐없이 경험한 사람들이었습니다.

이렇게 구원은 개인적으로 적용을 받을 것입니다. 하나님께서 이스라엘을 제사장 나라로 불렀다고 해서 그들이 도매 급으로 구원을 받지는 못한다는 것입니다. 그렇기 때문에 이스라엘 공동체 안에서도 구원을 받은 자의 모습과 그렇지 못한 자의 모습이 병행하여 나타나는 것입니다. 혈통적으로 이스라엘이면 무조건 구원은 따 놓은 당상이라는 생각은 성경과 전혀 맞지 않습니다.

예수님 당시에 바리새인과 사두개인들과 대부분의 유대인들은 혈통적 유대인은 다 구원받은 자들로 생각했습니다. 그러나 그들의 생각에 대한 성경의 답변이 무엇입니까? 돌들로도 아브라함의 자손을 만들 수 있다는 것입니다. 쉽게 말하면 혈통적 이스라엘이야 게나 고동이나 다 될 수 있다는 말입니다. 특권이 아니란 말입니다. 하나님의 자녀는 혈통으로 낳는 것이 아닙니다. 성령으로 낳는 것입니다. 다시 말하면 하나님의 은혜로 낳는 것입니다. 다시 정리합니다. 이스라엘 민족의 역사를 볼 때 반드시 잊지 말아야 할 것은 이스라엘은 민족의 단위로 부름을 받았고 제사장 나라로 세움을 받았지만 구원은 철저히 개인적이며 하나님의 은혜로 하나님의 자녀가 되는 것이 구원의 본질이라는 것입니다.

이 구원의 의미를 되새겨 보면서 이스라엘에게 율법을 주신 의미가 무엇인지에 대해서 생각해 보겠습니다. 시내 산에서 율법을 주신 것은 율법의 준행 여부에 따라서 하나님의 자녀가 되고 안 되는 자격시험, 즉 구원을 받는 기준과 조건으로 주신 것이 아닙니다. 하나님께서 이스라엘 백성이 시내 산에 도착하자마자 제일 먼저 상기 시켜 주신 것이 너희들이 어떻게 애굽에서 구원을 받았는지 보라는 것이었습니다.

출애굽기 20장에서 모든 율법의 서문으로 이렇게 말씀하십니다. "나는 너를 애굽 땅 종 되었던 집에서 인도하여 낸 네 하나님 여호와라." 율법을 주시는 하나님이 누구십니까? 이미 그들을 구원하신 하나님이십니다. 이 하나님은 아브라함을 은혜로 부르신 하나님이시고 그 아브라함에게 주신 약속의 말씀을 근거해서 이스라엘을 애굽에서 구원하신 분이십니다. 하나님의 은혜는 이미 주어져 있습니다. 그러므로 율법은 하나님의 은혜를 얻기 위한 수단이 될 수 없습니다. 그래서 신약에서 바울은 아브라함에게 임한 믿음으로 말미암아 구원을 얻는다는 하나님의 은혜를 14년 이후에 생긴 할례도 사백삼십 년 후에 생긴 율법도 무효화 시킬 수 없다고 단호히 말하는 것입니다.

그래서 하나님께서 이스라엘에게 율법을 주신 가장 큰 목적은 하나님과 이스라엘이 떼려야 뗄 수 없는 관계가 되었음을 열방 가운데 공식적인 문서로 확증해 주시는 것입니다. 이 관계는 아브라함을 부르실 때부터 존재하는 것이지만 그 관계를 율법의 수여를 통해서 명확히 하는 것입니다. 이 관계란 상사와 부하의 관계도 아니고 주인과 종의 관계도 아닙니다. 이스라엘은 하나님의 장자이며 아들입니다. 유월절을 통해서 분명히 이것을 보여 주셨습니다. 그러므로 하나님은 아버지이시고 이스라엘은 그 분의 자녀입니다. 이 관계는 인간 창조의 목적에서 말씀드린 대로 첫 창조에서 새 창조에 이르는 하나님이 세우신 영원한 법칙입니다. 이스라엘이 하나님의 자녀로 부름을 받았기 때문에 아버지로서 마땅히 요구하신다는 것이 율법의 정신입니다. 부모이기 때문에 간섭하시는 것입니다. 이래라 저래라 잔소리를 하시는 것입니다. 그러나 이 간섭은 그들을 속박하고 못살게 굴기 위함이 아닙니다. 자녀답게 살도록 하기 위함이고 그들에게 축복과 유익이 되기 위함입니다.

당시에 이스라엘을 제외한 방임의 심판을 받고 있는 모든 민족을 보십시오. 그들을 향해서는 하나님은 이렇게 간섭하지 않으셨습니다. 왜냐하면 그들은 자녀가 아니라 사생자들이기 때문입니다. 한 번 자녀는 영원한 자녀입니다. 중간에 마음에 들지 않는다고 자신의 자녀를 내 팽개치는 부모는 없습니다. 감옥을 제 집처럼 드나드는 망나니라도 자녀는 자녀인 것입니다. 이스라엘이 율법을 지키지 못하면 구원에서 떨어지거나 또 반대로 율법을 온전히 지킨다 할지라도 그것으로 자녀가 되는 그런 일은 절대로 없습니다. 이에 대해서 홍인규 교수는 주장하기를 "율법은 원리적으로 칭의의 대안적인 방안이 되지 못한다. 설사 누가 그것을 흠 없이 순종한다 할지라도 그것으로 하나님과의 바른 관계에 들어갈 수는 없다. 율법은 하나님과의 관계를 결정하기 위한 기초가 될 수 없다"[49]라고 말합니다. 타락한 인간에게는 오직 하나님의 은혜 외에는 자녀가 되는 길이 없습니다. 만일 율법이나 계명을 스스로 지켜서 구원에 이를 수 있고 하나님의 사랑을 받아 낼 수 있는 능력이 인간에게 있다면 그것은 타락이라고 말할 수 없습니다. 예수님이 십자가를 지실 필요도 없습니다. 율법을 지킬 능력이 있는 사람들을 찾으시면 되기 때문입니다.

성경에 보면 악인이 모든 죄에서 돌이켜 하나님의 율례를 지키고 정의와 공의를 행하면 반드시 살 것이라고 말씀하는 대목이 있습니다. 과연 이 악인은 어떤 동기에서 하나님의 율법을 지키고 공의로운 삶을 살기로 작정했을까요? 하나님을 신뢰하는 마음은 하나도 없는데 그 율법을 지키고자 하는 마음이 생겼을까요? 아닙니다. 그것을 지키고자 하는 마음이 생겼다는 것은 이미 그 마음이 하나님에 대한 믿음과 신뢰로 오픈되어 있는 것으로 보아야 합니다. 하나님과 관계없는 사람이 하나님의 법을 지킬 수는 없습니다. 율법의 핵심은 하나님을 알고 그 하나님과의 관계 안에 거하는 것이기 때문입니다. 이것을 놓쳐서는 안 됩니다.

이번에는 반대로 그럼 신명기에서 율법을 지키지 않으면 저주를 받을 것이라고 하신 말씀은 뭐냐고 목소리를 높이실 분이 있을지 모르겠습니다. 다시 한 번 분명히 말씀드리지만 혈통적으로 이스라엘 민족이 되었다고 구원이 보장되는 것은 아닙니다. 이 속에는 알곡과 가라지가 있습니다. 이스마엘은 하갈을 통해서 얻은 자녀라도 당시의 풍습으로 볼 때 분명히 상속자가 될 수 있는 자격이 있었던 사람입니다. 에서는 더더구나 약속의 어머니라 할 수 있는 리브가에게서 얻은 순수 혈통의 아브라함의 손자입니다. 그러나 이들은 하나님의 구원과는 먼 사람들입니다.

사사시대와 왕정시대를 보십시오. 하나님과 전혀 상관없이 살다가 죽은 사람들이 대부분이었습니다. 국가적으로 하나님을 배반하며 거역하지 않습니까? 다시 한 번 강조하지만 이스라엘은 순도 100%의 하나님의 자녀가 모여 있는 공동체가 아닙니다. 이 시각으로 이스라엘의 역사를 보아야 성경을 제대로 이해할 수 있습니다. 신약의 교회동체와 똑같은 상황이라고 생각하면 됩니다. 교회 다니는 사람은 100% 구원받는 사람들로 이루어졌나요? 아닙니다. 교회공동체 안에 하나님을 믿지 않는 사람들이 많이 있습니다. 심지어 목사와 장로와 권사와 집사라는 직분을 가진 자들 중에도 예수를 믿지 않는 자들이 있습니다. 혈통적으로는 절대로 하나님의 자녀가 될 수 없다는 것을 우리는 알아야 합니다. 달리 말하자면 우리 인간의 판단으로 겉모습만을 보고 하나님의 자녀냐 아니냐를 판단할 수 없습니다. 그래서 신명기의 저주가 율법을 지키느냐 안 지키느냐로 결정되는 것이므로 구원은 율법의 순종여부에 달려 있다고 말하는 것은 성경을 전체적으로 보지 않고 부분적으로만 보는 것입니다.

육신적인 부모도 나름대로 도덕과 윤리와 자녀들을 위해 정해 놓은 어떤 규칙들이 있습니다. 그런데 이것들을 벗어나면 가만 안 놔두겠다. 심지어는 죽을 줄 알라고 협박까지 할 때도 있습니다. 호적에서 파 버리겠다고 으름장을 놓을 때도 있습니다. 그러나 실제로 그렇게 하는 부모는 없습니다. 부모이기 때문에 그렇게 강렬한 단어를 사용해서라도 자녀가 올바른 길을 가기를 원하는 것입니다. 그러나 다른 가정의 자녀들에게는 절대로 그렇게 할 수 없습니다. 왜냐하면 그들은 자녀가 아니기 때문입니다. 부모이기 때문에 자녀를 향해서 매를 들거나 벌을 주거나 체벌을 하는 것입니다. 하나님도 얼마든지 경고하실 수 있습니다. 으름장을 놓을 수 있고 말을 듣지 않으면 죽을 줄 알라고 협박하실 수 있고 잘못하면 징계하실 것입니다.

하나님은 바벨론을 매로 사용하셔서 남 유다를 치셨습니다. 그것이 곧 이스라엘의 완전한 멸망이었습니까? 아닙니다. 포로로 잡혀간 백성들 속에 소수이지만 하나님의 자녀들이 있었습니다. 에스겔과 다니엘과 그 친구들과 스룹바벨과 예수아와 에스라와 느헤미야와 에스더와 모르드개 등이 대표적인 사람들입니다. 포로는 하나님의 자녀들에게는 징계였지 멸망이 아니었습니다. 바울은 이런 사람들을 이면적 유대인이라고 합니다. 그러나 그 때에 하나님을 믿지 않는 사람들이 얼마나 많았습니까? 참 선지자들의 외침을 방해하고 그 선지자들을 죽이기까지 했습니다. 하나님의 말씀을 조롱하고 거부했습니다. 같은 유다 안에서 말입니다. 심지어 포로로 잡혀간 바벨론에서조차 우상을 섬기며 하나님을 거역한 사람들이 많았습니다. 그들은 율법의 저주를 받아 망했습니다. 하나님의 구원에 이르지 못했습니다. 바울은 이들을 표면적 유대인들이라고 합니다.

결정적인 증거는 요한복음 8장에서 예수님이 유대인들을 향하여 사탄의 자식들이라고 선포하신다는 것입니다. 유대인들 안에 하나님의 자녀가 아니고 창세기 3장 15절에서 언급하신 사탄의 후손이 있다는 것입니다. (신약에서 자세히 다룰 예정입니다.) 혈통이 구원을 보장하지 않는 예는 이스라엘의 역사 내내 얼마든지 발견할 수 있습니다. 이 사람들에게는 율법의 저주가 경고가 아니라 실제가 되는 것입니다.

하나님의 자녀가 된 이스라엘 백성들에게 율법을 주신 것은 하나님이 아버지로서 주권을 세우시는 작업입니다. 하나님의 선택받은 자녀로서 하나님의 제사장 나라로 부름을 받은 이스라엘이 이 세상의 누구의 간섭을 받는 것이 아니라 아버지가 되시는 하나님의 통치와 주권 아래 있는 민족임을 율법의 수여를 통해서 명문화 시키시는 것입니다. 이스라엘은 하나님의 것입니다. 그러므로 그들은 누구의 통제 아래로 들어가서는 안 됩니다. 하나님께서 십계명의 처음부터 다른 신을 두지 말라고 요구하시는 이유입니다. 상대적으로 다른 신들보다 나를 더 높여라 다른 신들을 외면하고 나만 섬기라는 선택을 강요하는 것이 아닙니다. 애굽에서의 재앙을 통해서 세상 사람들이 섬기는 신의 존재라는 것이 꽝이었음을 보여주지 않았느냐 그 허상으로부터 벗어나도록 진정한 자유와 진리와 생명과 복을 준 나를 잊어버리고 나 이외에 다른 신을 만든다는 것은 또 다시 허상의 속박 속으로 들어가는 것이므로 그러지 말라는 것입니다.

이어서 어떤 형상으로든지 새긴 우상을 만들지 말라고 요구하시는 것은 하나님의 존재를 애굽 사람들이 우상을 섬기듯이 자신들의 가치나 목적을 미리 정해 놓고 신에게는 능력만을 요구하는 식으로 하나님을 그렇게 대접하려는 생각을 버리라는 것입니다. 말하자면 하나님을 인간이 필요로 하는 것을 채워주는 수단쯤으로 여기지 말고 그들의 존재의 가치요 목적으로 여기라는 것입니다. 율법의 수여는 구원받은 이스라엘이 아버지이신 하나님과의 관계를 확인하는 자리고 그래서 아버지 하나님의 주권적인 통치가 자신들에게 너무도 당연함을 배우는 자리인 것입니다. 그러므로 이스라엘 백성들은 자녀로서 최선을 다해서 율법의 계명들을 지키며 살아야 합니다. 그렇지 않으면 하나님의 징계를 받을 것입니다.

구약에서 가장 큰 죄가 우상숭배입니다. 우상숭배가 무엇입니까? 하나님의 자리에 다른 신을 올려놓는 것입니다. 우상숭배를 한다는 것은 이스라엘이 자신들의 생명의 근원이신 아버지 되시는 하나님과의 관계를 인정하지 않겠다는 것이고 그들의 생명의 안녕과 보호의 주권을 다른 우상에게 넘겨준다는 의미입니다. 하지만 우상은 허상에 불과하므로 인간이 만든 껍데기에 자신들을 맡기는 것이므로 하나님의 입장에서는 정말 어처구니없는 것입니다. 육신의 자녀로서 부모에게 가장 큰 죄가 있다면 부모를 부모로 인정하지 않는 것일 것입니다. 다른 사람들 앞에서 그 부모를 창피해 하며 결국 버리는 것입니다. 현대판 고려장입니다.

이것은 자녀가 범하는 최고의 죄입니다. 영적으로 우리의 아버지는 오직 한 분 하나님이십니다. 다른 신은 존재하지 않기 때문입니다. 따라서 우상숭배는 하나님을 아버지로 인정하지 않겠다는 것이고 더 이상 하나님의 간섭을 받지 않겠다는 독립선포와 같은 영적 고려장이므로 이스라엘에게 가장 큰 죄가 됩니다.

신약의 율법이라고 말할 수 있는 산상 수훈에서 가장 많이 등장하는 단어가 무엇인지 아십니까? '아버지'라는 단어입니다. 5-7장까지 아버지란 단어가 무려 18번이나 등장합니다. 율법이나 선지자를 폐하러 오지 않으시고 완전하게 하려고 오셨다는 말씀이나 '옛 사람에게 말한바' 라는 어구의 등장으로 볼 때 예수님은 구약율법의 입법자이심이 분명합니다. 그 분이 아버지를 18번이나 언급하는 산상수훈의 뿌리가 구약의 율법이라는 사실을 잊지 마십시오. 율법이란 아버지와 자녀의 관계를 확증하는 자리라는 주장이 근거가 없는 것이 아닙니다. 아버지로서 그의 자녀에게 요구하시는 것이 율법입니다. 그러므로 하나님의 공동체로 부름을 받은 이스라엘의 삶의 기준은 가장 먼저 율법이 아니라 하나님 자신이 되어야 합니다. 그리고 그 율법을 통해서 아버지 되시는 하나님에 대한 사랑과 이웃에 대한 사랑을 구체적으로 드러내야 할 것입니다.

레위기 11장에 보면 정결한 짐승과 부정한 짐승을 나누시고 정결한 짐승만 먹게 하셨습니다. 음식에 관한 정결법입니다. 12장 이후를 보면 몸에 생긴 악성피부병(한글 성경은 나병으로 번역)이 생겼을 때 부정한 몸에서 어떻게 정결하게 되는지, 의복에 악성곰팡이가 생겼을 때 어떻게 처리를 하는지, 또 집에 악성곰팡이가 발생했을 때의 처리 절차를 기록하고 있습니다. 인간의 생존수단인 의식주가 망라되어 있습니다. 심지어는 전쟁을 할 때 진 중에서 지켜야 될 절차가 있습니다. 이것은 일상생활 전반에 걸쳐서 하나님을 의식하라는 것입니다. 말하자면 신전의식, 즉 그들이 하나님 앞에 살고 있다는 사실을 언제 어디서나 무엇을 하든지 잊지 말라는 것입니다. 세부항목을 지키느냐에 목적이 있는 것이 아닙니다. 살아가는 순간순간 하나님의 존재, 하나님 그 분을 잊지 말라는 것입니다. 목적이 하나님을 보는 것, 하나님을 깨닫는 것, 하나님의 임재를 경험하는 것, 바로 여기에 있습니다. 그런데 우리는 마치 율법을 주신 목적이 의식과 절차를 지키는 것에 있는 것처럼 받아들이고 있습니다.

이스라엘 이전의 역사를 생각해 보십시오. 그 때는 셋 공동체나 셈 공동체 모두 이스라엘처럼 문서로 기록된 율법을 가지고 있지 않았습니다. 물론 하나님의 말씀이 그들에게 들려 질 때 그리고 그 들려진 말씀이 기억으로 남아 있다면 그것이 율법의 역할을 할 것입니다. 하지만 그들은 문서에서 어떤 율법의 항목을 찾아서 그것을 지키므로 하나님의 뜻을 실현한다고 생각하지 않았습니다. 에녹이 하나님과 동행했다는 것이 가장 단적인 예인데 여기서 동행하다의 핵심은 하나님과 함께 걷는다는 의미입니다. 아버지와 아들이 손을 잡고 걷는 모습을 연상해 보십시오. 이것은 그 분과의 친밀한 관계를 먼저 말하는 것이지 에녹이 무엇을 지켜서 하나님의 이쁨을 받았다 너희도 그렇게 해라가 아닙니다. 언제 어디서나 그 분의 목소리를 들을 수 있고 그 분의 임재를 느끼는 것, 그 분이 나와 함께 하심이 은혜가 되는 것, 그 분을 생각하는 것이 감사가 되고 감격이 되는 이런 것들은 관계를 통해서 나오는 것입니다. 그래서 그 친밀한 관계로부터 하나님의 말씀에 대한 자발적인 순종이 나오는 것입니다. 에녹을 통해서 이것을 보라는 것입니다.

라합과 룻을 보십시오. 그녀들이 율법을 준수해서 하나님의 자녀가 되었고 예수님의 족보에 올랐습니까? 아닙니다. 하나님을 하나님으로 인정한 신앙고백 때문이었습니다. 그들의 신을 버리고 하나님만이 진정한 신임을 믿었습니다. 시내 산에서 하나님께서 이스라엘을 언약의 대상자로 동참시키는 이유가 무엇입니까? 가장 큰 이유는 그들이 하나님의 자녀로 부름을 받았기 때문입니다. 나는 너희 하나님이 되고 너희는 나의 백성이 되리라고 하신 것이 시내 산 언약의 핵심이지 않느냐 하면서 백성을 강조하는 사람이 있을 수 있습니다. 그런데 이 당시에 하나님은 이스라엘을 국가적으로 제사장 나라로 부르고 계십니다. 국가 단위에 가장 걸맞은 당시의 언어는 백성이 될 것입니다. 그 시대의 환경에 맞게 부르신 것입니다. 그러나 핵심은 그의 자녀가 됩니다.

이 주장이 맞다는 것을 요한계시록은 확증해 주고 있습니다. 요한계시록 21장 7절입니다. "이기는 자는 이것들을 상속으로 받으리라 나는 그의 하나님이 되고 그는 내 아들이 되리라" 나의 백성이 되리라가 어떻게 변했습니까? 내 아들이 되리라로 바뀌어 있습니다. 요한계시록 21장은 완성된 새 창조의 하나님의 나라를 말하고 있습니다. 그런데 그 나라에 있는 사람들의 신분이 하나님의 아들입니다. 구약의 백성이 아들을 지향하고 있음을 알 수 있습니다.

생각해 보십시오. 우리가 신구약을 전체로 보아야 하는데 신약의 성도들은 자녀인데 구약의 성도들은 백성이라는 말이 성립이 될까요? 그렇다면 자녀와 백성의 차이가 무엇입니까? 예수님의 십자가 사건이 있기 전과 후라구요? 예수님의 십자가는 신약에서 갑자기 등장한 하나님의 예정에 없던 사건입니까? 아닙니다. 창세기 3장 15절부터 구체적으로 말씀하신 것이고 아브라함에게서도 분명히 자신의 아들을 보내셔서 구속의 역사를 이루실 것을 창세기 15장의 언약 사건과 22장의 이삭 사건을 통해 보여 주셨습니다. 또 출애굽의 유월절 어린 양은 예수 그리스도를 예표한 것임을 바울이 지적하지 않았습니까? 이삭을 바쳤던 모리아 산에 세워진 성전에서 매일 드려지는 어린 양은 예수 그리스도의 그림자이며 시편이나 예언서에도 수없이 예수님에 대한 예언이 구체적으로 많이 등장한다는 것을 우리는 잘 알고 있습니다. 구약의 예수님은 그림자이고 신약의 예수님은 실체로 오신 분이기 때문에 질적인 차이가 있는 것일까요? 그렇지 않습니다.

예수님의 십자가 사건은 신구약의 모든 구원의 사건을 포괄하는 것입니다. 구약에서도 하나님께서 은혜로 인간을 구원하신 것은 예수님의 십자가를 근거한 것입니다. 시간적으로 십자가 사건은 구약의 입장에서 보면 미래적이지만 그 계획은 하나님께로부터 나온 계획이기 때문에 그것은 이미 이루어진 사건입니다. 그리고 구약의 성도들이 지금 있는 곳이 어디입니까? 완성된 새 하늘과 새 땅입니까? 아닙니다. 구원을 받아서 하나님의 품에 있는 것은 분명하지만 아직은 부활의 몸을 입지 않은 상태에서 완성을 기다리고 있지 않습니까? 그렇다면 신약의 죽은 성도들은 어디에 있습니까? 구약의 성도들보다 더 나은 장소에서 더 호강하면서 살고 있을까요? 그렇지 않습니다. 요한계시록에 따르면 신구약의 성도들은 똑같은 조건에서 마지막 종말을 기대하고 있습니다. 예수님이 재림하셔서 모든 인류의 역사를 마감하시고 신구약의 모든 성도들이 부활의 몸을 입고 새 하늘과 새 땅이 주어질 때 하나님께서 처음부터 계획하셨던 온전한 구원이 완성이 되는 것입니다.

예수 그리스도 안에서 만물이 통일되게 하신다는 약속은 구약의 성도들은 상관없고 신약의 성도들에게만 해당되는 것입니까? 아닙니다. 인류 역사의 처음부터 끝까지 모든 역사를 통일하시는 것입니다. 하나님은 과거와 현재와 미래를 아우르시는 시간을 초월하시는 하나님이심을 잊지 마십시오. 우리의 구원도 시간을 초월하는 영원한 구원임을 잊지 마십시오. 그래서 선지자들이 메시아와 메시아의 나라에 대한 약속을 예언할 때 시간적으로는 미래에 이루어질 일이긴 하지만 히브리어 동사의 완료태를 사용한다는 것을 알아야 합니다. 히브리어의 완료태란 동작이 이미 완성된 것으로 보는 것입니다. 시간을 초월하시는 하나님께 시간이 제약이 되지 않습니다. 에베소서에 보면 우리를 만세 전부터 다시 말하면 시간과 상관없이 우리를 선택하고 하나님의 자녀로 예정하셨음을 말씀하고 있습니다.

성막 - 임마누엘

출애굽기에서 가장 핵심적인 내용이 무엇일까요? 흔히 십계명을 포함한 율법이라고 말합니다. 하지만 그 십계명과 율법이 하나님의 말씀으로서의 기능을 발휘하기 위해서는 하나님이 이스라엘과 함께 하셔야 한다는 전제가 더 중요합니다. 하나님이 율법만 허락하시고 그들과 거리를 두시고 관망만 하고 있으시다면 그 율법이 하나님의 법으로서의 효력은 반감될 수밖에 없을 것입니다. 그래서 출애굽기에서 가장 중요한 내용이 되어야 하는 것은 하나님이 이스라엘 백성들과 함께 하신다는 사건이 있어야 합니다. 이스라엘과 함께 하시는 하나님의 상징을 분명하게 드러내는 것이 무엇입니까? 바로 성막입니다. 분량으로 보더라도 출애굽기는 성막이 중심임을 알 수 있습니다.

십계명과 율법의 구체적 내용은 19장부터 24:11절까지 6장에 걸쳐서 기록하고 있습니다. 반면에 성막에 관한 기록은 24:12-40:38절까지 이르고 있습니다. 여기서 금송아지 사건이 기록된 32-34장을 빼더라도 14장이 모두 성막에 관한 것입니다. 출애굽기의 전체 40장중에서 35%가 성막에 관한 것이고 율법의 내용은 12.5% 정도 됩니다. 물론 율법 안에 성막의 제도가 주어진 것입니다. 그런데 그 율법을 구성하고 있는 내용 중에서 성막이 핵심 중의 핵심이라는 것입니다. 이것은 성막이 나타내는 의미가 너무도 의미심장하고 놀라운 것이기 때문에 하나님이 이렇게도 강조를 하신다는 것에 초점을 맞추라는 것입니다.

성막의 구성요소 중 가장 중요한 것은 지성소에 두신 언약궤입니다. 그 언약궤 상자를 덮고 있는 뚜껑을 속죄소라고 하는데 이것은 하나님의 보좌의 상징으로서 그곳에서 하나님이 이스라엘에게 말씀하시는 곳입니다. 그래서 속죄소의 또 다른 이름이 시은좌, 즉 은혜의 보좌가 됩니다. 하나님께서 그곳에 좌정하셔서 다스리시고 통치하시면서 은혜를 베푸시는 곳입니다. 출애굽기 25장 21-22절에 보면 "속죄소를 궤위에 얹고 내가 네게 줄 증거판을 궤 속에 넣으라 거기서 내가 너와 만나고"(출 30:6) "속죄소 위 곧 증거궤 위에 있는 두 그룹 사이에서 내가 이스라엘 자손을 위하여 네게 명할 모든 일을 네게 이르리라"(민 7:89)고 말씀하십니다. 속죄소는 이렇게 하나님이 그들에게 말씀하시는 장소로서 이스라엘 가운데 임재하시어 그들의 주권자로서 통치하신다는 상징이 들어 있는 아주 중요한 곳입니다. 그래서 출애굽기의 주제를 말하라면 "구원하시고 함께 하시는 하나님" 이렇게 불러야 가장 잘 어울릴 것입니다. 유월절로 구원하시고 성막으로 함께 하셨기 때문입니다.

성막으로 이스라엘 중에 임재하시는 것은 이제 이스라엘은 더 이상 애굽의 노예도 아니고 이 세상의 그 수많은 민족들 중에서 유일하게 하나님의 통치를 직접 받게 되었다는 물증이 되는 것입니다. 뿐만 아니라 죄인인 인간이 거룩한 하나님과 커뮤니케이션, 다시 말하면 교제를 나눌 수 있는 합법적인 공간을 이 땅위에 가졌다는 중요한 의미가 있습니다. 노아 시대에 홍수로 세계를 쓸어버리시고 바벨탑 사건에서는 모든 언어와 민족을 흩으시므로 심판을 하셨던 그 공의의 하나님께서 사랑과 자비와 긍휼을 가지고 인간을 다시 찾아오셨다는 놀라운 은혜의 메시지가 들어 있는 것입니다.

성막은 하나님의 선택된 백성인 이스라엘에게 하나님의 통치가 행사되는 곳이고 거룩한 하나님이 죄로 얼룩진 인간을 만나서 교제를 나누는 상징이 들어 있는 장소입니다. 무한이 유한을 만나는 지점이요 하늘과 땅이 만나는 것입니다. 에덴동산과 같이 완벽한 환경과 조건하에서도 하나님을 섬기는 일에 실패한 인간이라면 죄를 지은 이후의 타락한 인간이 어떻게 하나님을 전심으로 찾을 수 있으며 그 분을 이해할 수 있으며 그 분과 정상적인 교제를 나눌 수 있겠습니까? 타락한 인간은 절대로 하나님을 찾지도 않고 그들의 주권자로 인정하지 않을 뿐 아니라 그 분을 섬기려 하지도 않는 본성을 가지고 있습니다. 그래서 하나님과 인간이 타락하기 이전의 관계로 회복되기 위해서는 하나님이 인간을 찾아오시는 방법 외에는 없습니다.

그렇게 인간을 찾아오시는 상징이 들어 있기 때문에 성막이 세워질 때 철저히 하나님의 지시로 이루어지며 또한 그 성막을 지을 때 일하는 사람들이 성령의 충만과 하나님의 지혜를 힘입게 하셔서 어떤 인간의 실수나 잘못이 개입되지 않도록 하시는 것입니다. 이것이 상징하는 바는 인간의 공로와는 전혀 상관없이 오직 철저히 하나님의 은혜와 불쌍히 여기심 외에는 인간이 하나님을 만날 수 있는 길이 없다는 것을 강조하기 위함입니다. 이제 이스라엘은 성막을 통하여 말씀하시는 하나님께 철저히 순종하여야 합니다. 임마누엘의 하나님이 율법의 입법자이심이 분명히 드러나 있기 때문입니다. 하지만 그들의 순종은 지키면 복을 받고 지키지 않으면 형벌을 받는 차원에서가 아니라 자발적으로 감사함이 근거가 되어야 합니다. 왜냐하면 그들은 구원받을 수 없는 조건에서 부름을 받았고 하나님의 자녀의 반열에 올랐기 때문입니다. 계명을 지키는 것이 의무가 아니라 하나님과의 진실한 관계에서 우러나오는 마음으로 행해야 하는 것입니다.

제사 - 죽으시는 하나님

성막은 거룩한 하나님이 임재하여 계시는 곳입니다. 성막에 함부로 접근하면 죽음을 면치 못합니다. 더구나 지성소에는 일 년에 하루 대제사장이 이스라엘 민족의 속죄를 위해서 들어가는데 대제사장의 옷에는 방울이 달려 있고 끈으로 연결이 되어 있습니다. 왜냐하면 그곳에서 말씀대로 집전하지 않고 자신이 임의대로 하면 즉사하기 때문입니다. 그래서 방울 소리가 나지 않으면 대 제사장이 죽은 줄로 알고 끈으로 연결된 대 제사장의 시체를 지성소 밖으로 끄집어내는 것입니다. 지성소는 하나님의 보좌인 속죄소, 즉 시은좌가 있기 때문입니다. 이것들은 무엇을 의미합니까? 타락한 인간은 죽어 마땅한 존재이며 따라서 자신의 죄를 해결하지 않고 거룩한 하나님을 만날 수 없다는 상징이 들어 있습니다. 그래서 성막에서 행해지는 중요한 행위가 제사를 드리는 것입니다. 죄인이 하나님과 교통하기 위해서는 죄 문제를 해결함 받지 않고는 안 되기 때문입니다.

그래서 제사 제도의 가장 중요한 것은 속죄의 상징입니다. "동물로 드리는 모든 제사(번제, 화목제, 속죄제, 속건제)는 제물의 머리에 안수한 다음 동물을 죽이며 그 피를 제단에 뿌린 다음 그 고기 전체(번제) 또는 콩팥과 기름을 단에서 태웁니다. 따라서 동물로 드리는 모든 제사가 하나님의 진노를 가라앉히는 속죄의 기능이 있음은 자명합니다."[50] 또한 "제물에 안수한다는 것은 제사 자가 자신과 제물을 동일시함을 의미하며 따라서 그 번제물이 죽음을 당하고 제단 위에서 불사름을 당했다는 것은 제사 드리는 자신이 죄로 죽었음을 상징적으로 나타냅니다. 죄로 죽을 수밖에 없었는데 제물을 대신 죽게 하신 하나님의 은혜가 여기에 나타나는 것입니다."[51]

성전에서의 제사는 예배자 자신이 죽는 자리입니다. 자신 때문에 수도 없이 죽어가는 짐승들을 통해서 자신의 본질을 보아야 합니다. 제사자체에 목적이 있는 것이 아니라 제사를 통해서 인간이 어떤 존재인가를 보라는 것이며 더 나아가서 자신들을 용서하시고 받아 주시는 하나님의 은혜를 보아야 한다는 것이 제사의 가장 큰 목적입니다.

그런데 여기서 생각해 보아야 할 것은 짐승이 과연 인간을 위해 죽는다고 해서 그 제사 자체가 죄를 사하는 효력이 있을까요? "히브리서에 의하면 구약의 레위 제사 직에 의해 드린 피 제사는 죄를 제거하고 양심을 깨끗이 해서 완전한 구속을 이룬 것이 아니라(히 9:9, 10, 10:1-4, 11) 그것은 다 그리스도의 십자가상의 완전한 희생을 지시하는 예표요 또 히브리서 저자의 말대로 참 제사의 그림자요 복사입니다(히 8:5, 9:24)."[52] 우리는 모리아 산에서 아브라함이 이삭을 번제로 드리는 제사를 통해서 아들의 생명을 희생시킴으로 인간을 구속하시기 위해서 준비하시는 하나님을 보았습니다. 그 하나님이 모리아 산에 성전을 세우게 하시고 날마다 속죄의 제사를 드리게 하심으로 그 약속이 이스라엘 역사가운데 현재 진행형임을 보여 주셨습니다. 아브라함과 창세기 15장에서 언약식을 거행하실 때 피비린내가 나는 동물 쪼개진 사이를 홀로 지나가신 것은 오직 하나님이신 예수 그리스도께서 십자가에서 피 흘려 죽으심으로 인류를 향한 하나님의 구속의 역사를 완성하신다는 곳을 상징하기 때문입니다.

따라서 성막의 중요한 두 가지 기능은 하나님의 임재하심, 즉 임마누엘과 그 임재하신 하나님을 만날 수 있는 길이 되는 속죄의 기능입니다. 임마누엘과 속죄의 의미를 완전히 성취하신 분이 바로 예수 그리스도이십니다. 그래서 마태복음 1장에 보면 예수님의 이름이 두 가지입니다. 하나는 임마누엘, 즉 하나님이 우리와 함께 하시다 이고 다른 하나는 예수, 즉 자기 백성을 저희 죄에서 구원하실 자입니다. 그런 의미에서 요한복음 2장에 보면 예수님은 자신을 가리켜 성전이라고 말씀하시는 것입니다.

사람들을 위해 죽어갔던 그 동물의 제사는 제사의 본질이 아닙니다. 제사의 본질은 그 동물제사를 성취하러 오신 예수님의 십자가에서의 죽으심입니다. 따라서 구약의 제사는 죽으러 오시는 예수님이 성취하시는 것이기 때문에 그 동물 제사에 효력이 있는 것이지 동물이 죽기 때문에 효력이 있는 것이 아닙니다. 교회당에서 우리가 손쉽게 예배를 드릴 수 있는 것은 그 밑바탕에 예수님의 죽음이 있다는 것을 잊지 말아야 합니다. 신약에 가서 성전의 의미가 어떻게 예수님 안에서 성취되는지 자세히 설명할 예정입니다.

금송아지 숭배 - 인간은 율법을 지킬 수 없다는 증거

출애굽기 24장에서 하나님은 이스라엘과 언약을 맺습니다. 시내 산 아래에 제단을 쌓고 동시에 이스라엘의 열 두 지파를 상징하는 열 두 기둥들을 세웁니다. 먼저 하나님께 소의 희생 제물을 통해서 번제와 화목제로 제사를 드린 다음에 모세가 그 희생 제물의 피를 반은 여러 양푼에 담고 반은 하나님의 임재를 상징하는 제단[53]에 뿌렸습니다. 그리고 모세가 하나님의 말씀인 언약서를 읽었고 이스라엘 백성들은 그 말씀들을 순종하겠다고 맹세합니다. 맹세가 끝나자마자 양푼에 담았던 그 피를 이스라엘 백성을 상징하는 열 두 기둥에 뿌렸습니다. 제단에 피를 뿌린 것은 하나님께서는 "이스라엘에게 하신 언약들"

54)을 지킬 것을 약속하신 것이고 이스라엘 백성들에게 피를 뿌린 것은 하나님의 말씀을 순종함으로 충성을 다할 것을 약속한 것입니다. 피를 양 당사자에게 뿌렸다는 것은 두 당사자가 자신들의 언약에 대해서 생명을 걸고 지키겠다는 엄중함이 들어 있는 것이지만 더 중요한 의미는 하나님과 이스라엘 백성이 피를 나눈 언약의 관계가 되었다는 것입니다.

피를 나눈 관계가 무엇일까요? 아버지와 자녀입니다. 이 관계는 어떤 경우라도 깨지지 않을 것입니다. 그런데 이스라엘 백성들이 하나님의 말씀을 온전히 순종해서 하나님과의 언약을 지킬 수 있을까요? 우리가 알다시피 인간은 자신의 힘으로 하나님과의 언약을 지킬 능력이 없습니다. 그러므로 이 언약의 관계가 유지되도록 하기 위해서 하나님께서 율법과 더불어 성막과 제사제도를 허락하시는 것입니다. 성막과 제사제도를 허락하셨다는 것 자체가 하나님은 이스라엘 백성들이 모든 율법을 완벽하게 지킬 수 있을 거라고 생각하지 않으셨음이 분명합니다. 왜냐하면 제사제도의 핵심은 속죄이기 때문입니다. 그럼에도 이스라엘과 언약의식을 거행하신 것은 이스라엘 민족이 하나님의 소유임을 열방 가운데 공개적으로 공표하시는 것이며 이스라엘 민족에게는 그들의 정체성을 결코 잊지 말 것을 요구하시기 위함입니다.

아브라함부터 이삭과 야곱과 요셉과 그리고 애굽의 이스라엘 민족에 이르기까지 그들은 늘 은혜의 대상이었습니다. 어수룩하고 죄 짓기를 밥 먹듯 해도 그들을 여전히 사랑하시는 단 하나의 이유는 그들이 바로 하나님의 아들이요 장자이기 때문입니다. 이 관계의 본질은 사랑의 관계요 은혜의 관계이지 조건적인 관계가 아닙니다. 앞으로 이스라엘 역사 가운데 이 관계를 믿음으로 반응하는 자는 살 것이지만 이 관계를 고의적으로 무시하는 자들은 반드시 망할 것입니다. 왜냐하면 하나님과 아무런 관계가 없다는 것을 스스로 드러내기 때문입니다.

우리의 생각을 뒷받침 해주는 사건이 출애굽기 32장에서 발생합니다. 언약식을 마치고 모세가 다시 시내 산으로 하나님의 말씀을 받기 위해서 올라갑니다. 성경은 모세가 사십일 사십 야를 산에 있었다고 말씀합니다. 이때가 며칠이 지났는지 정확하진 않지만 이스라엘 백성들이 모세가 내려오는 것이 더딘 것을 알고 자신들을 인도할 신을 만들어 달라고 아론에게 요구하게 됩니다. 그래서 아론이 그들의 금 고리를 거두어서 금송아지를 만들어 주었고 이스라엘 백성들은 그것을 가리켜 애굽 땅에서 그들을 인도한 신이라고 외칩니다. 그런데 왜 하필 송아지 우상일까요? 이것은 아직도 그들의 신관이나 생활 전반이 애굽의 영향을 받고 있다는 증거입니다. "애굽에서는 황소 신을 숭배하였는데 멤피스에서는 아피스라는 황소 신을, 헬리오폴리스에서는 무네비스라는 황소 신"[55]을 섬겼습니다. 애굽의 종교적 형태를 되살려 그들은 금송아지를 만든 것입니다. 하나님은 그들이 너무도 속히 하나님과의 언약을 파기한 것에 대해서 그들을 진멸하고 모세를 통해서 새로운 민족을 일으키시겠다고 하실 정도로 분노하셨습니다. 이들의 연약함을 아시기 때문에 그들에게 속죄의 길을 허락하셨지만 언약식을 거행한 지 얼마 지나지도 않았고 그들의 인도자인 모세가 하나님과 대면하고 있는 그 와중에 아론을 포함한 모든 백성들의 죄성이 발동했다는 것에 대해서 하나님은 분노하신 것입니다.

모세가 하나님께 강력한 중보기도를 합니다. 하나님이 구원하신 백성을 진멸하신다면 애굽 사람들이 생각하기를 자기들 신에게 죽임을 당하려면 뭐 하러 나갔나 하면서 힐난할 것입니다. 그리고 아브라함과 이삭과 이스라엘과 맺은 언약을 기억해 주십시오라고 말입니다. 하나님은 모세의 중보기도를 들으시고 진노의 잔을 돌이키십니다. 여기서 중요한 것은 모세가 무슨 제사로나 의식으로 하나님께 나아간 것이 아닙니다. 신약의 백성과 동일하게 기도로 나아갔다는 것을 기억하십시오. 이것은 신구약의 모든 하나님의 백성들에게 주어진 놀라운 특권입니다. 하나님의 말씀을 순종하겠다고 피로써 맹세한 이스라엘입니다. 그런데 그들은 너무도 쉽게 이스라엘의 하나님을 다른 신으로 대체하는 최고의 순발력을 보이는 것입니다. 이들의 죄는 하나님께서 주신 율법의 잣대로 들이대면 멸절당할 만큼의 중대한 죄였습니다. 하지만 하나님은 모세의 중보의 기도를 들으시고 그 진노를 거두어들이십니다. 하나님의 은혜 외에는 설명이 불가능합니다. 하나님은 원래 하나님의 계획을 변개치 않으십니다. 은혜를 베풀겠다고 약속하시면 자신의 생명을 걸고서라도 반드시 그 약속을 지키십니다. 십자가가 좋은 예입니다.

하지만 인간을 심판하시겠다고 선포하셨더라도 심판만큼은 언제든지 거두어들이실 준비가 되어 있으신 분이 하나님이십니다. 하나님의 자존심도 내려놓으시고 인간을 용서하시는 것입니다. 모세가 산에서 내려 와서 보니 백성의 방자함을 보게 되었습니다. 여기서 방자함이란 문맥상 벌거벗은(KJV) 의미로 보아야 합니다. 백성들은 이방 종교의 제사 의식을 따라 우상 앞에서 벌거벗고 성적으로 문란한 광란의 축제를 즐기고 있었던 것입니다. 그래서 모세는 레위 자손을 통해서 그들을 칼로 치니 삼천 명 가량이 죽임을 당했습니다.

모세가 이 정도면 하나님의 보시기에 그들은 전멸 당한다 해도 할 말이 없는 사람들입니다. 이 사건은 이스라엘에게 왜 성막과 제사제도를 주실 수밖에 없는지를 보여주는 상징적인 사건입니다. 하나님의 속죄의 은혜 없이는 그 누구도 하나님 앞에 설 수 없다는 것을 보여주기 때문입니다. 이 사건 후에 출애굽기는 성막이 완성이 되고 하나님께서 영광가운데 그 곳에 임재하시는 것으로 마감을 합니다. 출애굽기는 이스라엘이 하나님의 은혜로 거대한 민족이 된것으로 시작을 했다가 끝날 때에는 그 거대한 민족이 성막을 통하여 베풀어 주시는 하나님의 은혜로 살아갈 민족임을 드러내며 끝을 맺는 것입니다.

25. 광야의 40년 - 불순종의 40년

**이스라엘은 애굽에서 출발하자마자 불평과 불만을 쏟아내기 시작합니다.
40년 동안 출애굽 1세대나 2세대 모두 불순종의 삶에서 벗어나지 못합니다.
그럼에도 불구하고 신실하신 하나님은 그들과 동행하십니다.**

신실하신 하나님

이스라엘에 대한 하나님의 다함이 없는 사랑과 관심은 언제나 일방적이었습니다. 그들의 최초의 조상인 아브라함도 우상의 자리에서 부르셔서 새로운 하나님의 백성의 조상으로 조건 없이 부르셨습니다. 이삭과 야곱은 하나님의 주권적인 선택으로 하나님의 생명의 족보에 오르게 되었고 요셉에게 하나님의 꿈을 심어 놓으시고 그 꿈을 이루시므로 이스라엘이 애굽의 보호를 받으면서 놀라운 민족으로 성장하게 하셨습니다. 그들이 430년을 지나오면서 애굽의 우상과 문화에 압도되어 멸망을 받을 수밖에 없는 처지였지만 하나님은 모세를 보내셔서 아브라함과 이삭과 야곱의 약속을 기억하시고 그들을 출애굽 시키십니다. 출애굽의 과정에서 애굽의 신들에 대한 심판을 통해서 애굽과 가나안 민족뿐만 아니라 이스라엘 백성들에게 여호와 하나님이 누구신지를 경험케 하셨고 특히 장자의 죽음을 통해서는 그들의 존재의 본질이 애굽인들보다 나은 것이 아니라 동일한 죽음의 자리에서 있었지만 하나님의 은혜로 그들을 구원하시는 것임을 보여주셨습니다. 그들은 사망의 자리에서 하나님의 장자, 곧 그 분의 아들로 신분의 변화를 경험한 것입니다.

낮에는 살인적인 더위와 저녁에는 한기를 느낄 정도로 찬 기운이 강한 광야의 기후에서 구름기둥으로 에어컨을 삼게 하시고 불기둥으로 히터가 되게 하셨습니다. 바로 군대가 추격하자 홍해의 기적으로 그들을 구원하시고 마라에서는 쓴 물을 단물로 바꾸어 주셨고 음식 때문에 불평을 하자 하늘에서 비같이 만나를 내려주시고 때로는 메추라기로 고기를 먹게 만들어주셨습니다. 르비딤에서는 마실 물이 없자 반석으로부터 물을 마시게 하셨습니다. 더욱 기적적인 것은 척박한 광야의 생활동안 그들의 의복이 해지지 않고 발이 부릍지 않도록 세심한 배려를 하셨습니다. 최초의 전쟁인 아말렉과의 전투에서 모세가 손을 들어 기도하면 승리케 하는 방식으로 하나님의 존재감을 다시 한 번 알려 주셨습니다. 시내 산에서는 하나님의 특별한 소유로서 모든 민족을 향한 제사장 나라로의 엄청난 사명을 허락하셨습니다. 모든 민족으로 아브라함의 복을 얻게 하실 것이라고 약속하셨던 아브라함의 언약을 다시 한 번 확인시켜 주신 것입니다.

40년 동안 그들의 먹고 마시고 입고 더불어 다른 나라들로부터 안전하게 보호받을 수 있도록 그들에게 신실하셨습니다. 무엇보다 중요한 것은 하나님께서 이스라엘과 특별한 관계로서 교제를 나누신다는 것입니다. 단적인 예가 모세의 중보기도를 수용하시는 것에서 알 수 있는데 이것은 모세를 특별한 사람으로 말하려는 것이 아니라 하나님의 특별한 소유인 이스라엘을 인격적인 동등의 관계로 부르셨다는 것을 분명히 보여 주시는 상징적인 사건입니다. 그래서 하나님은 이스라엘을 기계적으로 다루시지 않으시고 동정하지 않으십니다. 사랑의 인격적 관계로 그들과 대화하며 교제를 나누며 그들과 함께 하시는 것을 진심으로 원하십니다. 그래서 그 분은 이스라엘을 향해서 끊임없이 참으시고 설득하시고 가르치십니다. 이스라엘이 먼저 하나님을 포기할 지언정 하나님은 그들을 결코 포기하지 않으십니다.

불평하는 이스라엘

하지만 이스라엘은 이런 하나님을 향해서 항상 신실하지 못했습니다. 그들은 모세가 그들을 위하여 사역을 시작하는 순간부터 불평과 원망을 늘어놓았습니다. 그들은 모세와 아론 때문에 그들의 노역이 더 심해진 것을 알고는 마음이 상하여 모세의 말에 귀를 닫아 버렸습니다. 바로의 군대가 뒤쫓아 왔을 때는 애굽 사람을 섬기고 살 테니까 우리를 내 버려두라고 하지 않았느냐 그런데 왜 우리를 데리고 나와서 이렇게 광야에서 죽게 하느냐며 원망을 하기도 했습니다. 홍해의 기적을 맛본지 사흘 밖에 지나지 않았지만 마라의 물이 써서 마실 수 없다는 것을 알자 즉시 원망을 하였고 애굽에서 가져 온 음식이 떨어지자 애굽에서는 고기와 떡을 배불리 먹었는데 하나님을 따라 나왔더니 굶어 죽게 생겼다고 불평을 했습니다. 신 광야에서도 마실 물을 찾지 못하자 모세와 다투며 그에게 불평을 하였습니다. 시내 산에 도착하여 십계명과 율법을 주시면서 이스라엘과 언약을 맺었는데 그들이 일치된 대답으로 하나님의 말씀에 순종하겠다고 큰 소리를 쳐 놓고는 모세가 시내 산에서 내려오지 않자 금송아지를 만들어 애굽에서 자신들을 이끌어 낸 하나님이라 하며 광란의 축제를 벌이기도 했습니다. 열 한 달을 시내 산에서 보내고 드디어 가나안을 향하여 행군을 시작했습니다(민 10:11). 하지만 그들은 행군 초장부터 다베라에서 하나님에 대해서 악한 말로 원망하기 시작했습니다. 그 악한 말이 무엇인지 정확히 나와 있지는 않지만 하나님께서 행진하는 진영의 끝을 불로 사를 정도로 분노하셨습니다. 이때도 모세의 중보의 기도로 하나님의 분노가 멈추었습니다.

얼마간의 시간이 지나자 또 다시 예전의 못된 습성이 되살아나서 애굽에 있을 때는 다양한 음식을 그것도 공짜로 먹어서 좋았는데 여기서는 만나 외에는 먹을 고기가 없다고 울면서 불평을 해 댔습니다. 모세가 참았던 분노를 폭발시켜 버립니다. 하나님께 기도하기를 이 백성을 감당할 자신이 없으니까 자신을 죽여서 이 고난으로부터 해방을 시켜 달라고 하나님께 요구할 정도였습니다. 급기야는 모세의 가장 측근들이라고 할 수 있는 미리암과 아론조차 모세의 지도력에 대해서 불평을 하였습니다. 물론 명분은 모세가 구스 여자를 취한 것에 대한 불만이었지만 아마도 칠십 명의 장로들을 세울 때 모세에게 임한 영이 그들에게도 임하여 예언을 하는 것을 보고 자신들도 모세와 다를 바가 없다고 생각했는지 모릅니다. 하나님은 이들을 문둥병으로 다스렸습니다.

다시 행진을 한 이스라엘은 바란 광야의 가데스 바네아에 도착을 해서 지파별로 한 명씩 열두 명을 정탐꾼으로 보냅니다. 하지만 이들은 10명의 부정적인 보고를 받고 가나안으로 올라가기를 거부하고 맙니다. 그래서 하나님은 이들을 징벌로 가나안 땅에 들어가지 못하게 하십니다. 얼마큼 시간이 지났는지는 모르지만 이번에는 대형 반역 사건이 터집니다. 레위 자손으로서 모세와 사촌간인 고라가 다단과 아비람과 온과 함께 당을 짓고 그들에게 동조하는 이름 있는 족장들 250명과 함께 모세에게 반기를 든 것입니다. 최고의 리더십으로 있는 모세의 권위를 인정하지 못하겠다는 것입니다.

출애굽기 16장 13-14절을 보면 그들은 가나안으로 들어가지 못하고 40년을 방황하게 된 것을 모세의 리더십의 부재로 보는 것 같습니다. 그래서 능력이 없는 것이 증명 되었으니까 물러나라는 것입니다. 하나님의 공동체가 자중지란에 빠질 위기에 처해 질 정도로 큰 사건이었습니다. 하나님은 고라와 고라에게 속한 사람들을 땅이 갈라져 삼켜 버리게 하시고 나머지 사람들은 불로 사르시는 심판을 내리십니다.

그랬더니 이제는 백성들이 모세와 아론에게 하나님의 백성들을 죽게 만들었다고 대항하면서 원망합니다. 하나님은 이들의 반역을 방치하실 수가 없어서 만 사천 칠백 명을 염병으로 치십니다. "이스라엘 민족이 38년을 광야에서 배회하다가 다시 가데스에 왔을 때"[56]에도 이스라엘 백성은 여전히 변한 것이 아무 것도 없었습니다. 또 다시 그들은 애굽에서 나오게 하여 아무 쓸모없는 나쁜 땅으로 인하여 마실 물도 없이 죽게 만든다고 불평을 늘어놓았습니다. 또한 에돔이 이스라엘이 통과하는 것을 불허하자 우회하기 위해서 먼 길을 돌아갈 수밖에 없었는데 백성들이 마음이 상해서 모세에게 원망하며 말하기를 애굽에서 인도해 내서 먹을 것도 없고 마실 물도 없는데 하찮은 만나 같은 음식이나 주고 이렇게 광야에서 죽게 한다고 목소리를 높였습니다. 하나님께서 불 뱀을 보내서 많은 사람을 심판하십니다.

싯딤에 이르렀을 때는 이스라엘 백성들이 모압 여인들의 유혹에 빠져 음행을 저지르고 그 여인들이 섬기는 바알에게 제사를 지내며 우상숭배에 빠져 버렸습니다. 하나님의 진노로 이만 사천 명이 죽은 뒤에야 재앙이 그칩니다. 이스라엘 백성들은 40년을 한결같이 하나님과 모세와 아론을 상대로 불평을 하면서 똑같은 레퍼토리를 써먹는데 그게 뭐냐면 애굽이 좋았다는 것입니다. 애굽에는 먹을 것도 많고 고기도 많고 매장지도 많았다는 것입니다. 그들의 40년 광야의 삶은 불평의 삶의 연속이었습니다.

가데스 바네아에서의 불순종 - 40년 방황의 원인 (민 13-14장, 신 1장)

시내산을 떠난 이스라엘 백성들이 가데스 바네아에 도착합니다. 그들은 지금 하나님께서 아브라함으로부터 그들에게 이르기까지 일관되게 약속하셨던 최종 목적지인 약속의 땅을 목전에 두고 있습니다. 가데스 바네아는 가나안 땅을 정복하기에 가장 적합한 곳으로 곧장 북쪽으로 올라가면 쉽게 접근할 수 있는 곳이었습니다. 이곳에서 각 지파 별로 한 명씩 열두 명을 선택해서 가나안을 정탐하게 되는데 정탐꾼을 보내게 된 주체에 대해서 민수기 13장과 신명기 1장이 다른 주장을 하고 있는 것처럼 보입니다. 민수기에서는 하나님이 직접 정탐꾼을 보내시는 것으로 되어 있지만 신명기는 이스라엘 백성들이 원해서 보낸 것으로 되어 있기 때문입니다.

그러므로 우리는 이 부분을 재구성할 필요가 있습니다. 하나님은 먼저 모세를 통해서 그들에게 땅을 차지하도록 명령하셨습니다. "너희의 하나님 여호와께서 이 땅을 너희 앞에 두셨은즉 너희 조상의 하나님 여호와께서 너희에게 이르신 대로 올라가서 차지하라 두려워하지 말라 주저하지 말라"(신 1:21). 그런데 이 문장은 네 개의 명령(올라가라, 차지하라, 두려워하지 말라, 주저하지 말라)이 들어 있을 정도로 확신에 찬 말씀입니다. 왜냐하면 아브라함 때부터 하나님은 줄기차게 이 땅을 주시겠다고 약속하셨기 때문입니다. 그런데 이스라엘 백성들은 이 말씀에 대해서 곧 바로 신뢰하지 못하고 정탐꾼을 보내자고 합니다. 어느 길로 올라가야 하며 어느 성읍으로 들어가야 할 것인지를 알아본 다음에 정복을 하자는 것입니다. 길과 성읍의 위치를 알아보라는 것은 이들의 전략과 전술입니다. 지형과 지리를 잘 알고 적들의 동태를 잘 파악해야 이길 수 있다는 생각을 가지고 있는 것입니다. 그래서 정탐꾼을 보내게 되는데 이들을 보낼 때에 모세가 당부한 내용이 민 13:17-20에 있습니다. 백성들이 요구한 내용에 몇 가지를 덧붙이는데 땅이 비옥한지 메마른지, 나무가 있는지 없는지를 알아보고 돌아 올 때에는 그 땅의 실과를 가져오라고 명령을 합니다. 모세의 관심은 어떤 전략을 세우는 것이라기보다는 그 땅이 정말 하나님이 말씀하신 것처럼 젖과 꿀이 흐르는 땅인지가 더 궁금한 것입니다. 모세는 그 땅을 주시겠다는 하나님의 약속을 확실히 신뢰하고 있었기 때문에 하루라도 빨리 그 땅에 들어가고 싶은 것입니다.

정탐꾼 열두 명은 신 광야에서부터 "르홉, 아마도 갈릴리 바다 북쪽 40km 떨어진 지점인 벧르홉까지"[57] 40일 동안 정탐하고 돌아옵니다. 그들의 첫 일성은 과연 그 땅은 젖과 꿀이 흐르는 땅이 맞다는 것이었습니다. 그리고 그 증거로 두 사람이 막대기에 꿰어 올 정도로 무거운 포도송이와 석류와 무화과를 내어 놓았습니다. 사실 정탐꾼을 보낼 필요도 없는데 그들의 요구를 들어 주신 것은 그들이 스스로 젖과 꿀이 흐르는 땅임을 확인하기를 바라신 것입니다. 갈렙과 여호수아는 우리가 능히 이길 수 있으니까 올라가서 그 땅을 취하자고 백성들을 독려합니다. 하지만 나머지 열 명의 정탐꾼은 모든 백성들을 두려움에 떨게 만들 정도로 부정적인 보고를 하게 됩니다. 정탐한 땅을 악평하여 말하면서 그 땅은 거주민을 삼키는 땅이요 거기서 본 모든 백성은 신장이 장대하여서 네피림과 니므롯의 후손이라 할 수 있는 거인족 아낙 자손을 보았는데 거기에 비하면 자기들은 메뚜기와 같다는 것입니다. 도저히 이길 수 없으니 포기하자는 말입니다.

열두 명의 정탐꾼이 그 땅은 분명히 젖과 꿀이 흐르는 땅이라고 이구동성으로 인정을 했다면 그들은 두말할 필요도 없이 하나님을 신뢰하고 올라가야 합니다. 이것이 하나님의 사람들다운 모습입니다. 하지만 그들은 거기에 초점이 있는 것이 아니라 거인 족인 아낙 자손을 보고 두려움에 떨고 있습니다. 성곽은 너무 높아서 하늘에 닿았다고 과장하면서 꽁무니를 빼는 것입니다. 네피림과 니므롯이 누구입니까? 힘과 권력과 화려한 문화로 하나님의 아들들을 유혹하여 세상에 동화시켜 버린 장본인들이 아닙니까? 그래서 결국 셋 공동체가 가인 공동체와 섞어 지고 셈 공동체가 함 공동체와 섞어지므로 모든 사람이 홍수 심판과 방임의 심판으로 멸망을 당했던 것을 기억할 것입니다.

그런데 그 아낙자손들과 가나안 민족들이 여호수아 2장에서 라합의 고백을 들어 보면 이미 홍해의 기적 때문에 충격을 받아서 이스라엘을 두려워하고 있었던 상태였습니다. 그들은 자신들의 코앞까지 진격해 오고 있는 이스라엘 백성들로 인해 가슴을 졸이며 있는데 오히려 이스라엘 백성들이 겁을 집어 먹고 못 올라가겠다는 것입니다. 이스라엘 사람들은 마치 초상이라도 난 것처럼 밤새도록 소리를 지르며 통곡하며 울었습니다. 하나님께서 고작 칼에 죽이시고 포로로 잡히게 하시려고 우리를 애굽에서 끄집어 내셨는가 하면서 인도자 한 명을 세워서 애굽으로 돌아가자고 선동하기 시작했습니다.

그러자 모세가 무서워하거나 두려워하지 말고 애굽에서 너희를 위해 모든 일을 행하신 것과 같이 또 광야에서 너희들을 아들을 양육하심과 같이 그렇게 이곳까지 인도하셨음을 기억하라고(참조, 신 1장) 어르고 달랩니다. 갈렙과 여호수아도 그들의 옷을 찢으며 하나님을 거역하지 말고 그 땅 백성을 두려워하지 말라고 설득을 했지만 그들은 오히려 돌을 들어 이들을 죽이려고 합니다. 이들의 모든 행동의 원인은 하나님을 신뢰하지 않는데서 출발합니다. 출애굽 할 때부터 그들에게 젖과 꿀이 흐르는 땅으로 가게 하겠다고 하신 하나님의 약속도 믿지 않을 뿐만 아니라 이스라엘의 하나님을 아낙자손만도 못하게 대우하는 것입니다. 이것은 하나님을 믿지 않는 것입니다.

바로 그 급박한 순간에 하나님의 영광이 회막에 나타나시므로 이스라엘 백성들의 행동을 막으십니다. 그리고 모세에게 이 백성을 쳐서 멸하고 너를 조상으로 삼아서 더 크고 강한 나라를 이루게 할 것이라고 말씀 하십니다. 금송아지 사건에 이어서 두 번째로 저들을 멸하시겠다고 하신 말씀입니다. 하나님의 솔직한 심정입니다. 출애굽부터 40년 동안 단 한 번도 이스라엘 백성들은 능동적으로 하나님을 기쁘시게 해 드린 적이 없습니다. 하나님의 기준으로 본다면 저들은 멸망당해도 할 말이 없는 사람들입니다.

모세는 다시 한 번 하나님께 엎드려 자비를 구하고 하나님은 모세의 중보를 통해서 분노를 거두시지만 그들에게 징벌을 내리십니다. 20세 이상 된 1세대는 가나안에 들어가지 못하고 40년 동안 광야에서 방황하다 죽을 것이며 20세 이하 된 사람들과 앞으로 광야에서 태어나는 자녀들, 즉 2-3세대들은 40년 후에 가나안에 들어가게 될 것이라는 것입니다. 그때서야 이스라엘 백성들이 사태의 심각성을 깨닫고 하나님의 반대에도 불구하고 가나안 땅으로 올라갔다가 처참하게 박살이 나 버립니다. 그들의 생각대로 된 것입니다.

이스라엘 민족의 불순종 근원

이스라엘의 끊임없는 불순종의 근원이 도대체 무엇일까요? 출애굽기 16장 2-3절에 보면 출애굽한지 한 달쯤 되었을 때에 애굽에서 가져온 음식이 다 떨어져 먹을 것이 없었습니다. 이스라엘 백성들이 모세와 아론에게 자신들을 굶어 죽게 한다고 원망을 합니다. 그때에 하나님께서 하늘에서 양식을 비 같이 내려서 백성들이 일용할 양식을 날마다 거두게 될 것을 말씀하십니다. 그러시면서 덧붙이시는 말씀이 "이같이 하여 그들이 내 율법을 준행하나 아니하나 내가 시험하겠다"(16:4)고 하십니다. 무엇을 시험하시겠다는 것입니까? 그들이 율법을 준행하나 아니하나 그것을 시험해 보시겠다는 것입니다.

이스라엘 백성들의 불평은 이것입니다. 자신들의 먹고 사는 문제만 해결해 주시면 하나님의 인도하심에 불평하거나 원망하지 않을 자신이 있는데 현실이 그렇지 못하다는 것입니다. 다시 말하면 우리가 배가 고파서 자꾸 하나님을 걸고넘어지는 것이지 달리 그러는 것이 아니라는 것입니다. 그래서 하나님은 '그렇다면 좋다 내가 먹을 것을 아침저녁으로 충분히 먹게 해 줄 테니까 너희들이 불평하지 않고 내 말에 잘 순종하는지 한 번 지켜보겠다는 것입니다. 과연 그들이 하나님을 향해 불평하는 것이 먹고 사는 문제 때문에 그럴까요?

기적적인 방법으로 만나를 먹게 되자마자 그들이 즉시 하나님의 말씀에 불순종하는 것을 보게 됩니다. 하나님께서 만나를 주시면서 각 사람이 먹을 만큼만 거두고 다음 날 아침까지 남겨두지 말라고 하셨고 여섯 째 날에는 일곱 째 날인 안식일을 위해서 두 배의 만나를 거두되 안식일에는 만나를 거두려고 밖으로 나가지 말라고 명령 하셨습니다. 그런데 사람들은 하나님의 말씀을 듣지 않고 만나를 다음 날 아침까지 남겨 두었다가 벌레가 생기고 냄새가 나서 먹지 못하게 되고 또 어떤 사람들은 일곱 째 날에도 만나를 거두러 나갔다가 빈손으로 돌아오기도 했습니다. 그래서 하나님께서 너희가 어느 때까지 내 계명과 내 율법을 지키지 아니하려느냐고 그들을 향해서 질책 하시는 것을 보게 됩니다. 지금까지 전혀 경험해 보지 못한 놀라운 기적을 통해서 아침저녁으로 만나를 먹게 되었음에도 그들은 불과 며칠 사이에 여전히 하나님의 말씀에 불순종하고 있는 것입니다.

그들은 하나님의 약속대로 40년 동안 먹을 것, 입을 것, 마실 것을 공급 받았습니다. 그 척박한 광야에서 200만이 넘는 거대한 민족이 먹을 것이 없어서 살아가는데 방해를 받은 적이 없습니다. 그러나 그들의 40년은 불평과 원망과 반역으로 점철되었습니다. 이스라엘 백성으로 대표되는 인간은 죄 짓는 이유가 외적 조건에 있다고 우깁니다. 사람은 원래 괜찮은데 가난해서, 조건이 나빠서 할 수 없이 범죄 한다는 것이 그들의 주장입니다. 그래서 자기가 죄를 지으면 하나님이 자신의 처지를 돌보아 주지 않았기 때문이라고 하나님을 원망합니다.

그러나 하나님은 말씀하시기를 인간은 결코 떡 문제를 해결함 받았다고 죄를 짓지 않거나 하나님을 잘 섬기는 사람들이 못 된다는 것입니다. 인간이 하나님을 향하여 불평하고 반역하는 것은 무슨 먹을 것이나 소유에 관한 문제가 아니라 인간 내부에 들어 있는 인간의 본성 자체에 관한 문제라고 말씀하십니다. 그러므로 인간에게 필요한 것은 떡이 아니라 그 문제를 해결하실 수 있는 하나님이 절대적으로 필요한 것입니다. 다시 말하면 하나님으로부터 인간을 올바른 진리의 길로 인도해 줄 수 있는 힘과 능력이 와야 인간은 순종할 수 있습니다. 결국 하나님을 얼마나 신뢰하느냐 하는 믿음의 문제입니다. 그래서 신명기 8장 2-4절을 보면 40년 동안 광야의 길을 걷게 하신 것은 사람이 떡으로만 사는 것이 아니라 하나님의 입에서 나오는 모든 말씀으로 사는 줄을 알게 하려고 하신 것임을 말씀하고 있습니다.

아담이 실패한 과정을 보면 인간이 죄를 짓고 하나님을 반역하는 것은 결코 먹고 마시는 문제가 아님을 더 잘 알 수 있습니다. 하나님께서 모든 좋은 것들을 만드시고 그 한복판에 아담을 두셨습니다. 그리고 심히 좋은 것들을 마음껏 누리도록 엄청난 권한도 주셨습니다. 말하자면 그는 꿈의 장소인 유토피아에서 살게 된 것입니다. 그런 환경 가운데서 하나님은 딱 한 가지를 금하셔서 선악을 알게 하는 나무의 실과는 따 먹지 말라고 하십니다. 자신들에게 모든 만물을 다스림의 대상으로 주신 하나님의 선의를 깨달아서 하나님의 말씀에 순종함으로 더욱 더 깊은 하나님의 은혜(하나님의 자녀의 신분에 이르는) 가운데로 나아가야 했습니다. 그러나 아담은 그 좋은 환경 속에서도 사탄의 속임수에 넘어가서 하나님을 향하여 반란을 일으키고 맙니다.

그 결과 어떻게 되었습니까? 창세기 3장 22절은 아담이 선악과를 따먹고 선악을 아는 자가 되었다고 말씀하고 있습니다. 선악을 알게 되었다는 것은 선악의 기준을 자기 마음대로 정하는 자가 되어 버렸다는 것입니다. 그래서 이제부터 인간은 하나님의 주권을 인정하지 않게 될 것입니다. 인간 스스로가 하나님의 자리에 앉아서 자신을 향하여 하나님 노릇을 하게 될 것입니다. 타락한 인간은 선과 악의 기준이 자기 마음대로입니다. 아전인수 격이고 이기적입니다. 자기가 하면 사랑이고 남이 하면 불륜입니다. 내가 한 것은 지혜이고 남이 한 것은 불법입니다. 언제나 자기편입니다. 자기를 중심하고 자신의 유익을 따져 보고 모든 것을 결정합니다.

그런데 이 기준을 사람들에게 뿐만 아니라 하나님께도 들이댄다는 것입니다. 그래서 자신들에게 이익이 되고 자신들을 높여주는 것은 선이지만 아무리 하나님의 명령이라도 자신들이 선호하는 기준에서 벗어나면 그것은 틀린 것입니다. 이것이 아담 안에 있는 자들의 모습입니다. 출애굽 과정에서 하나님께서 이스라엘을 쓸어버리시고 모세를 조상으로 삼아 새로운 민족을 세우시겠다고 하신 적이 두 번 있습니다. 금송아지를 만들어 숭배할 때와 가데스바네아에서 가나안에 들어가기를 거부할 때입니다. 하나님께서 이들에게 크게 분노하시는 이유가 무엇입니까? 그들이 세세한 계명을 잘 지키지 않았기 때문입니까? 아닙니다. 이들이 율법을 지키지 못하면 제사 제도를 통해서 속죄의 길을 이미 열어 놓으신 사랑의 하나님이십니다. 율법을 지키지 못하는 것으로 그들을 멸하실 것이었다면 그들을 아예 부르시지도 않았습니다. 그들이 율법을 온전히 지키지 못할 것이라는 사실을 누구보다도 하나님이 잘 알고 계십니다.

그럼 근본적인 이유가 무엇입니까? 그들이 하나님을 하나님답게 인정하지 않는다는 것에 문제의 핵심이 있습니다. 하나님을 그들의 구원의 근거요 생명의 뿌리로 여기지 않습니다. 하나님만이 그들의 존재의 목적이요 선이요 가치라는 사실을 마음으로 받아들이지 않습니다. 그래서 그 분의 약속을 믿지도 않고 신뢰하지도 않습니다. 어제 내린 명령도 오늘 어기는 불순종이 자연스럽게 나오는 것입니다. 그들은 애굽에서 행하던대로 여전히 우상을 섬기듯이 그들의 가치와 목적을 따라서 하나님이 움직여 주시기를 바라는 것입니다. 자신들이 중심이 되어야 직성이 풀리는 것입니다.

율법과 계명을 지키는 문제는 이차적인 것입니다. 하나님과의 관계가 제대로 서 있지 않으면 율법의 항목이라는 것은 절대로 그들의 마음에 들어 올 리가 없습니다. 하나님과의 관계가 무엇입니까? 인격적 관계이고 사랑의 관계입니다. 신과 피조물의 단순한 그런 관계가 아니라 인격이 만나는 관계, 사랑으로 어우러지는 관계, 다시 말하면 아버지와 자녀의 관계입니다. 예수님께서 율법과 선지자의 강령이 무엇이라고 했습니까? 하나님 사랑과 이웃사랑입니다. 마음을 다하고 뜻을 다하고 힘을 다하여 하나님을 사랑하는 것입니다. 이것은 맹목적 복종이 아닙니다. 자발적으로 자신의 전 인격을 드려서 그 분이 아버지이심을 믿고 신뢰하는 것입니다.

그러면 인간만 하나님을 일방적으로 사랑해야 합니까? 아닙니다. 하나님은 우리가 그분을 사랑하는 것과는 비교가 되지 않을 정도로 우리를 먼저 사랑하셨습니다. 십계명과 율법을 주시기전의 말씀이 무엇입니까? 하나님이 이스라엘을 구원하신 구원 주이심을 먼저 밝히지 않았습니까? 사랑의 관계는 마음이 통하는 것이 우선입니다. 계명을 주신 것은 우리를 속박하려는 것이 아니라 사랑의 간섭입니다. 그러기 때문에 계명을 어겨도 속죄의 길을 열어 놓으신 것입니다. 마음대로 죄 지으며 살라는 것이 아니라 자녀가 아버지를 대하듯이 그렇게 하나님을 섬겨 달라는 것입니다. 하나님은 이스라엘에게 이 관계를 원하십니다. 실수하고 잘못해도 하나님을 아버지로 믿고 신뢰하는 것은 변함이 없어야 합니다.

모세가 가나안에 들어가지 못한 이유

이스라엘 민족이 가데스 바네아(가데스라고도 함)에서 가나안에 들어가지 않겠다고 불순종함으로 그들은 38년 정도(출애굽에서 가나안까지 들어가는 기간은 40년)를 가데스 지역 근처에서 배회를 하게 됩니다. 이 기간 동안의 성경적 기록도 많이 나타나 있지 않습니다. 민수기 20장 1절에 보면 40년 첫째 달에 가데스에 다시 진을 쳤고 거기서 미리암이 죽자 장사지냈다고 말합니다. 그렇다면 민 14장이 가데스에서의 사건을 말하고 있으므로 15-19장까지가 결국 광야 38년 동안의 내용이 되어야 할 텐데 이곳에서는 오직 고라의 반역과 아론의 싹난 지팡이 사건 외에는 다른 사건은 기록되지 않았고 나머지는 율법에 관한 내용뿐입니다. 따라서 광야 38년 동안의 기록은 없다고 보아도 무방할 것입니다.

이 38년의 삶은 40년 전에 가데스에서 불순종한 출애굽 1세대의 삶인데 하나님은 이들의 기록을 남기지 않으신 것입니다. 그런 의미에서 민 20:1의 40년 첫째 달 이후는 "출애굽 2세대"[58]가 주인공이 되는 첫 출발입니다. 그런데 출애굽 2세대의 삶을 열면서 그들이 보여주는 행동은 출애굽 1세대와 거반 다르지 않다는 생각을 갖게 하는데 그것이 바로 민수기 20장의 므리바 사건입니다. 2절에 보면 회중들이 물이 없으므로 모세와 아론에게로 모여들었다고 합니다. 여기서 '~에게로 모여들다'는 히브리어 표현은 "카할

(קָהַל)이라는 동사와 알(עַל)이라는 전치사가 어우러진 단어로서 이것은 상대방과 대적하기 위해서 폭동이나 반역을 일으키려는 자세로 모여드는 것을 의미"[59]합니다. 이스라엘 백성들은 모세와 아론에게 대들고 따지기 위해서 오고 있습니다. 그런데 모세에게 따질 때 그들의 하는 말이 '어찌하여 우리를 애굽에서 나오게 해서 이 나쁜 곳으로 인도하였느냐' 인데 이것은 40년 전에 그들의 선조들이 원망할 때마다 써 먹었던 레퍼토리와 하나도 다르지 않습니다.

하나님은 모세와 아론에게 명하시기를 회중들을 모으고 너희는 반석에게 명령하여 물을 내라고 지시하십니다. 모세가 회중들을 모으고 이렇게 말을 합니다. "들어라, 거역하는 자들아 이 바위로부터 우리가 너희들을 위하여 물을 나오게 해야 하느냐?"[60] 상당히 격앙되어 있는 모세의 모습을 보게 됩니다. 끊임없이 반역하는 그들에게 아마 신물이 났을지도 모를 일입니다. 그러면서 지팡이로 두 번 그 바위를 칩니다. 그러자 많은 물이 나와서 사람들과 가축들이 마시게 되었습니다. 그런데 하나님은 모세와 아론에게 말씀하시기를 하나님을 믿지 않고 거룩하게 여기지 아니했으므로 약속의 땅으로 이스라엘 백성들을 이끌지 못할 것이라고 말씀하십니다. 모세와 아론에게는 청천벽력 같은 말씀입니다.

그렇다면 하나님은 무엇 때문에 모세를 가나안 땅에 들어가지 못한다고 냉정하게 말씀하셨을까요? 무엇보다도 첫 번째 원인은 모세가 하나님의 명령을 받은 대로 하지 않고 불순종했다는 데에 있습니다. 하나님은 분명히 반석에게 명하여 말하라는 것이었습니다. 하지만 모세는 반석을 두 번 치는 것으로 하나님의 말씀을 어겼습니다. 지금 모세가 서 있는 자리는 하나님을 반역하는 무리와 함께 하나님 앞에 서 있습니다. 이 무리는 출애굽 1세대가 아니라 출애굽 2세대입니다. 출애굽 1세대가 하나님의 말씀에 불순종하여 모두 광야에서 죽고 이제 출애굽 2세대가 주축이 되어 모세 앞에 있는데 바로 그들 앞에서 모세가 하나님의 명령을 어긴 것입니다. 하나님의 명령을 순종함으로 그 대적하는 자들로 하여금 하나님의 존재를 인식시켜야 할 리더가 오히려 저들과 함께 하나님의 말씀을 거역하는 동등한 수준으로 내려 간 것입니다. 이것은 순종이 생명인 하나님의 공동체의 리더로서의 실패입니다. 하나님은 이스라엘이 다시 40년 전으로 되돌아가는 것을 원치 않으십니다. 하나님께서 모세의 불순종에 대한 단호한 이유입니다.

두 번째는 39년 전 르비딤에서 발생했던 지금과 똑같은 상황(참조, 출 17장)에서는 모세가 자신의 말을 덧붙이지 않고 하나님께서 하라는 대로 그대로 준행하기만 했습니다. 그러나 이번에는 이스라엘 백성들에게 '우리가 물을 내랴' 혈기를 드러내며 하나님이 아니라 마치 자신이 이 상황을 제어할 수 있는 능력이 있는 것처럼 행동했다는 것입니다. 모세의 손에 들려진 지팡이는 모세를 부르실 때부터 들려주신 것으로 애굽에서의 재앙의 심판과 홍해의 기적과 반석에서의 물을 낼 때 사용했던 동일한 지팡이로서 모세의 권위는 하나님의 권위임을 드러내는 증거인데 모세는 그 권위가 마치 자신에게서 나오는 것처럼 행동한 것입니다. 모세는 지금까지 이스라엘 백성들이 하나님을 원망하면서 자신에게 대들고 따질 때 단 한 번도 자신의 힘으로 해결한 적이 없습니다. 하나님이 하라는 대로 순종함으로 그 위기의 상황들을 넘겼을 뿐입니다. 사실 화가 나도 모세보다 하나님이 훨씬 더 화가 나실만한 상황입니다. 그 분이 조건 없이 백성들에게 물을 달라는 것입니다. 그렇다면 모세는 아무 말 없이 하나님의 명령을 수행해야 합니다. 백성은 결코 모세의 소유물이나 모세가 마음대로 할 수 있는 대상이 아닙니다.

하지만 아무리 그렇더라도 가나안 땅까지 못 가게 하신 것은 너무하시다는 생각이 듭니다. 왜냐하면 금송아지 숭배나 가데스 바네아에서 이스라엘 백성들이 불순종할 때 하나님은 그들을 멸절시켜 버리시겠다고 분노하셨지만 모세의 중보로 참으시고 그들에게 또 다시 기회를 주신 것과는 앞뒤가 맞지 않다는 생각이 들기 때문입니다. 하나님이 이렇게 하실만한 성경적 이유가 분명히 있을 것입니다. 우리는 이 단서를 신약성경 고린도전서 10장 2-4절에서 찾고자 합니다. "모세에게 속하여 다 구름과 바다에서 세례를 받고 다 같은 신령한 음식을 먹으며 다 같은 신령한 음료를 마셨으니 이는 그들을 따르는 신령한 반석으로부터 마셨으매 그 반석은 그리스도시라" 바울은 이스라엘의 출애굽과 광야생활을 교회의 성례전으로 설명하고 있습니다.

성례전이란 성만찬과 세례를 가리키는 말로 이 성례전의 핵심은 예수님의 십자가와 부활의 은혜로 구원받았으며 그 은혜 안에서 현재의 삶을 살고 있다는 고백입니다. 바울의 말을 단지 상징으로 보아서 신약에만 해당되는 것으로 받아들여서는 안 됩니다. 예수님은 삼위일체 하나님으로서 구약시대에도 성부 하나님과 성령 하나님과 함께 이스라엘 백성들과 함께 동행하신 분입니다. 첫 유월절의 어린 양의 죽음과 홍해의 세례의 의미와 하늘에서 내려온 만나와 반석에서의 물로서의 본질적인 역할이 자신이 감당되어야 될 사역임을 미리 학습하신 것입니다. 바울이 신구약을 넘나드는 통찰력을 갖고 있을 정도라면 예수님에게는 너무도 당연한 것 아닙니까? 시간을 초월하여 하나님으로 이미 존재하셨던 예수님을 신약에만 가두어 놓으면 그것이야말로 우상을 섬기는 정신과 똑같은 것입니다. 우리의 잣대로 하나님을 제한하기 때문입니다.

신령한 음식이란 만나를 빗댄 것으로 구약의 만나는 하나님의 기적으로 주신 음식은 맞지만 육신을 위한 양식에 불과하므로 이 양식을 먹는다고 해서 구원을 얻어 하나님과의 관계가 회복이 되는 것은 아닙니다. 하지만 예수님은 요한복음 6장에서 말씀하시는 바와 같이 하늘에서 내려온 참 떡으로서 이 떡을 먹는 자만이 영원히 주리지 아니하며 하나님과 온전한 관계를 회복하여 구원에 이르는 참으로 신령한 음식입니다. 신령한 음료란 광야의 반석에서 나온 물을 마신 것을 빗댄 것으로 이 물도 기적적인 방법으로 주신 것이지만 장소를 옮겨가면 또 다시 목마름이 찾아오는 한계가 있는 물입니다.

요한복음 7장 초막절의 끝에 누구든지 목마르거든 내게로 와서 마시라 그 배에서 영원히 끊이지 않는 생수의 강이 흐를 것이라고 말씀하신 것처럼 그 분만이 영원한 생명수를 공급하시는 분이십니다. 그런데 예수님이 신령한 음식과 신령한 음료로 인간에게 공급되어 그들을 영원히 살리기 위해서는 한 가지 전제 조건이 있습니다. 그것은 하나님이신 예수님이 죽으셔야 한다는 것입니다. 신약에서 떡과 포도주로 그 분의 죽으심을 기념하는 것이 바로 성만찬입니다.

출 17:4에 보면 모세가 백성들이 돌을 던져 자신을 죽일 분위기임을 알아차립니다. 그 순간에 하나님은 모세에게 명령하시기를 "이제 내가 호렙 산 그 바위 위에서 네 앞에 서 있을 테니 너는 그 바위를 쳐야 한다."[61]고 하십니다. "반석이신 하나님께서는 그 반석 위에 서 계심으로 자신을 그 반석과 동일시하십니다…중략…하나님은 피고의 위치에 서 계시게 되었고 바야흐로 그 분에 대한 심판이 가해질 순간이었습니다."[62] 이 문제는 모세가 돌에 맞아 죽어서 해결될 일도 아니고 오직 하나님께서 희생이 되셔야 반복되는 인간의 반역의 문제, 즉 죄의 문제를 풀 수 있는 것임을 상징화해서 보여 주십니다. 반석 위에 서서 내려침을 당한 것은 "그리스도와 십자가 수난의 상징이었습니다."[63]

바울은 이것을 정확히 꿰뚫어 본 것입니다. 반석과 동일시하여 희생을 치르신 하나님의 사역을 예수 그리스도께서 정확히 이루시고 모든 인간들에게 신령한 음식과 신령한 음료를 공급해 주신 것으로 본 것입니다. 그런데 민수기 20장의 반석에서 물을 내는 사건에서는 하나님은 모세에게 반석을 치지 말고 대신에 명령하여 말을 하라고 요구하십니다. 물론 이 반석도 그리스도를 의미합니다. 그런데 모세가 치지 말라는 하나님의 명령을 따르지 않고 반석을 친 것입니다. 왜 출애굽기에서는 반석을 치라 명하시고 민수기에서는 치지 말고 명하라고만 하셨을까요? "처음은 수난이고 두 번째는 그 예수 그리스도의 수난으로 말미암아 예수 그리스도 안에 들어 온 모든 자에게 넘치도록 모든 것을 주시는 내주하심입니다. 수난은 한 번으로 족합니다."[64)]

두 번째 반석은 수난 받으신 이후의 그리스도, 즉 부활하신 그리스도, 영광중에 계신 그리스도를 상징하는 것으로 보는 것입니다. 그러므로 모세는 민수기 사건에서는 하나님의 말씀대로 반석을 쳐서는 안됩니다. 결정적으로 모세가 가나안에 들어가지 못한 것은 일관된 성경의 상징성을 무너뜨렸기 때문입니다. 십자가는 한 번으로 족한 것입니다. 모세의 행동을 통해서 알 수 있는 것은 구속 사건에 있어서 인간은 하나님께 도움이 되질 않는 다는 것입니다. 그래서 그 누구도 하나님의 구원 사역에 무엇을 덧붙이거나 반대로 방해가 되어서는 안 됩니다. 누가 하나님께 구속 사역에 대한 조언을 해 드리며 의견을 개진 할 수 있겠습니까? 인간은 하나님의 은혜의 대상일 뿐입니다. 결국 모세는 하나님의 말씀을 불순종한 것과 그 속에 들어 있는 하나님의 구속의 역사의 의미를 훼손한 것 때문에 가나안에 들어가지 못합니다.

그리고 모세가 가나안에 들어가지 못한 것은 또 하나의 상징이 들어 있습니다. 가나안은 성경에서 우리가 최종적으로 들어갈 하나님의 나라를 상징합니다. 그런데 그곳에 모세가 들어가지 못합니다. 모세가 누구입니까? 요한복음에서 율법은 모세로 말미암아 주신 것이라고 말씀합니다. 모세가 하나님을 대신하여 율법을 이스라엘에게 전해준 중보자이기 때문입니다.

그런데 그 율법을 이스라엘 백성들에게 전해 준 모세가 자신의 불순종 때문에 가나안 땅에 들어가지 못했다는 것은 율법을 지키는 것으로는 결코 하나님 나라에 들어갈 수 없다는 것을 증거 해 주시는 것입니다. 이것을 모세가 구원을 얻지 못한 것으로 오해하면 안 됩니다. 모세는 분명히 하나님이 부르신 사람이었고 하나님의 사역에 귀한 도구로 쓰임 받은 사람입니다. 못 들어간 상징성이 그렇다는 것입니다. 그도 은혜로 하나님의 자녀가 되었고 하나님의 사람으로 쓰임받았지 율법 때문에 구원을 얻은 사람은 아니라는 것입니다. 모세도 율법을 주시기 이전에 부름받은 사람아닌가요?

갱신된 하나님의 언약 (신명기)

가데스는 가나안 땅의 남부 접경지역으로서 헤브론과 예루살렘과 연결이 되는 산지 길을 이용하면 가나안 땅에 쉽게 접근할 수 있는 곳입니다. 그런데 하나님은 출애굽 2세대를 그 길로 인도하지 않으십니다. 므리바 사건에서 모세에게 대드는 것을 볼 때 이들도 역시 출애굽 1세대의 전철을 밟을 것이 확실하기 때문입니다. 그래서 가나안으로 가는 쪽에서 생각한다면 오른쪽으로 방향을 틀게 하십니다. 이 방향으로 가다 보면 왕의 대로와 만나게 되어 쉽게 이동할 수 있었습니다. 하지만 그 지역에 살고 있던 에돔 족속이 통과하는 것을 불허하자 남쪽으로 한참 내려가서 아카바 만에 있는 항구인 엘랏을 지나서 에돔과 모압을 피하기 위해서 척박한 길인 광야 길을 택하여 북진을 하게 됩니다.

도중에 호른 산에서 아론이 죽었고 북진을 계속 하다가 왼쪽으로 방향을 틀어야 가나안으로 들어갈 수 있는데 이번에는 아모리 족속이 버티고 있습니다. 이들에게 통과하도록 허락해 줄 것을 요청했지만 불허하자 결국 전쟁이 일어났고 이스라엘이 헤스본 왕 시혼과 바산 왕 옥을 무찌르고 요단 동편이라고 불리는 땅을 얻게 됩니다. 이 땅은 나중에 르우벤 지파와 갓 지파와 므낫세 반(半) 지파에게 할당이 되는데 이곳에 여리고를 마주보고 있는 모압 평지가 있습니다. 모세가 이스라엘 백성들과 함께 남은 생의 마지막 기간을 보낸 곳입니다.

모세는 이곳에서 시내 산에서 받은 율법을 자세하게 풀어 설명하기 시작합니다. 신명기라는 이름(Deuteronomy)은 '두 번째 율법' 이라는 말인데 원래는 율법의 복사본을 의미합니다. 이것은 시내 산 율법과 다른 새로운 율법이라는 의미가 아니라 시내 산 율법을 반복하면서 더 심화시킨다는 의미에서 그렇습니다. 그리고 모세는 이 말씀을 당시의 언약문서 형식을 따라서 백성들에게 설교로 전해 주었습니다. 이것은 시내 산에서 언약식을 통해서 율법을 이스라엘 백성들에게 준 것처럼 이 모압 평지에서도 언약의 형식을 빌어서 율법을 설명해 준다는 의미가 됩니다.

그 이유가 무엇이겠습니까? 출애굽 1세대는 모세와 여호수아와 갈렙을 제외하고 모두 죽었습니다(참조, 민 32:13). 모압 평지에 모인 사람들은 출애굽 2세대 이후의 사람들입니다. 이 새로운 세대에게 하나님의 소유로서의 정체성을 다시 한 번 심어줌으로 그들이 약속의 땅에서 들어가면 지난 40년의 전철을 밟지 말고 새로운 마음으로 하나님의 말씀에 순종하며 살기를 바라기 때문입니다. 모세가 신명기 6장 4-5절에서 이렇게 말합니다. "이스라엘아 들으라 우리 하나님 여호와는 오직 유일한 하나님이시니 너는 마음을 다하고 뜻을 다하고 힘을 다하여 네 하나님 여호와를 사랑하라." 그들의 삶의 최우선 순위는 여호와를 사랑하는 것입니다. 사랑은 조건이 필요 없습니다. 기꺼이 그 분을 그들의 삶의 전부로 여기는 것입니다. 그 분이 그 분의 모든 것을 걸고 그들을 사랑하시고 여기까지 인도하셨음을 잊지 않고 그 분의 은혜에 감사하며 진심으로 그 분을 따르는 것입니다. 여기서부터 온전한 그들의 삶이 시작이 될 수 있습니다.

하나님을 성막에만 가두어 놓으면 안 되고 특별한 의식에서만 하나님의 임재를 경험하는 것으로 만들어서는 안 됩니다. 하나님을 인격적 대상으로 여기고 어떤 삶의 환경에서도 그들에게 말씀하시며 그들과 동행하시는 하나님으로 인정해야 합니다. 모세는 이스라엘 백성들에게 그것을 원하고 있습니다. 그래서 신 6:6-9에서 이렇게 말합니다. "오늘 내가 네게 명하는 이 말씀을 너는 마음에 새기고 네 자녀에게 부지런히 가르치며 집에 앉았을 때에든지 길을 갈 때에든지 누워 있을 때에든지 일어날 때에든지 이 말씀을 강론할 것이며 너는 또 그것을 네 손목에 매어 기호를 삼으며 네 미간에 붙여 표로 삼고 또 네 집 문설주와 바깥문에 기록할지니라." 이 말씀을 단순히 가르치라는 내용으로 주는 것이 아닙니다. 어느 때나 어느 장소에 있든지 하루 24시간 그 분의 임재를 곧 그 분과의 관계를 생각하며 살라는 것입니다. 말씀을 들을 때마다 그 말씀의 입법자이신 하나님이 그들과 함께 하시는 임마누엘의 하나님이심을 인정하고 신전 의식, 즉 하나님의 면전 앞에서 사는 자들임을 가르치는 부모나 가르침을 받는 자녀 모두 명심하라는 것입니다. 이것이 신명기의 핵심입니다.

26. 가나안 정복 1

**가나안 정복은 하나님이 아무 이유 없이
가나안 민족을 그 땅에서 진멸하시고자 하는 것이 아닙니다.
가나안 정복의 1차적 이유는 그들의 죄에 대한 심판입니다.**

가나안 민족의 타락과 심판

하나님은 모세를 통해서 가나안 정복에 관한 당부를 하실 때 철저히 그들을 진멸하라고 요구하십니다. 그들과 언약도 맺지 말고 불쌍히 여기지도 말고 그들과 혼인하지도 말라고 하십니다. 그들이 섬기는 우상을 불사르고 우상의 제단을 인정사정없이 헐어 버리라고 하십니다. 왜 그렇게 하라고 하셨는지 그 배경을 먼저 살펴보겠습니다.

당시 가나안은 아주 발달한 도시문화를 가지고 있었습니다. 건물 바닥은 포장되어 있었고 배수시설도 잘되어 있었으며 또한 통상에 능하여 목재 수출과 직물과 염색 공업을 선도하였으며 이집트와 메소포타미아는 물론 에게해 도서 지방과도 무역을 할 정도였습니다.[65] 40년 동안 광야에서 유목민의 삶을 살았던 이스라엘 백성들의 눈에는 가나안의 문화는 고도로 발달된 문화였음에 틀림없습니다. 가나안의 농업과 생산성은 지역에 따라 많은 차이가 있긴 하지만 팔레스틴의 북서부 지방에는 기름진 땅이 있었고, 그 밖의 지방에서도 농사를 지을만한 기후적 여건이 갖추어져 있어서 예로부터 가나안 지방에는 농업과 관련된 종교가 성행하였습니다.

그들이 섬기는 신 중에 엘(El)이라는 신이 가나안 만신전의 최고신이었으나, 실제적으로 가장 많이 섬겼던 신은 바알(Baal)이었습니다. 그는 주인이라는 뜻으로서 폭풍과 기후의 신으로 주로 곡물의 발아와 성장, 양떼와 소떼의 증가 및 종족의 생산력을 허락하는 다산의 신으로 숭배되었습니다. 여신들로서는 아세라, 아스다롯, 아낫 등이 있는데 풍산제의, 즉 생식 숭배에 있어서 여성으로서의 주된 역할을 하였습니다.[66)]

왜 이런 남자 신과 여자 신이 필요할까요? 그것은 농사를 지을 때 나오는 생산물 때문입니다. 그들은 바알이 주관하는 빗방울을 그의 정액으로 간주하고 이것이 여성 신인 땅에 떨어져 수정되어 생명과 풍요와 다산을 가져온다고 믿었습니다. 그래서 이 남자와 여자 신의 결합으로 많은 부요와 다산을 이룰 수 있다고 믿었기 때문에 이 바알 숭배는 엄청난 성전매춘이 동반될 수밖에 없었습니다. 왜냐하면 남자와 여자의 성적인 결합은 이런 신들의 행위를 자극하여 더 많은 생산물을 준다고 믿었기 때문입니다. 따라서 바알을 섬기는 산당에는 남창과 여창들이 득실댔고 그들이 제사를 드리러 온 사람들과 성적관계를 맺을 수 있는 여러 개의 방들이 마련되어 있었습니다(참조, 왕상 14:23, 24; 왕하 23:7). 이것이 그들의 제사법이었습니다.

당시의 종교는 생활 전반을 지배하는 것으로 당연히 그들의 일상생활도 음란에 빠져 있었습니다. "많은 근친혼들, 예를 들면 계모 그리고 며느리와의 관계를 암시적으로 허용하였고 동성애뿐만이 아니라 심지어는 짐승과의 교합도 가나안 인들의 문헌에 나타나기도 합니다."[67)] 또한 사람을 바치는 제사 의식도 성행하였습니다. "가나안 정복 시기에 폐허가 된 암만 근처의 신전에서는 어린아이들의 새카맣게 탄 뼈들이 발견됐는데 이것은 이스라엘이 가나안에 정착하기 전에 이미 가나안 일대에서 어린아이들을 몰렉에게 제사로 드렸음을 보여 주고 있습니다."[68)] 이것이 바벨탑 사건으로 흩어졌던 민족들의 실상이며 하나님을 마음에 두기를 싫어하여 세운 인본주의적 삶의 본질입니다. 그래서 하나님은 창조주의 권위를 가지고 그들을 심판하고자 하시는 것입니다.

레위기 18장 24절에서 이렇게 말씀하십니다. "너희는 이 모든 일로 스스로 더럽히지 말라 내가 너희 앞에서 쫓아내는 족속들이 이 모든 일로 말미암아 더러워졌고 그 땅도 더러워졌으므로 내가 그 악으로 말미암아 벌하고 그 땅도 스스로 그 주민을 토하여 내느니라" 땅조차도 그들을 토해 낼 정도로 그들이 부패해 있었습니다. 그 부패한 인간들을 심판하시기 위해서 하나님의 자녀인 이스라엘 백성들을 들어 사용하시는 것입니다. 그러므로 이스라엘은 그 심판을 집행할 때 자기들 마음대로 하면 안 됩니다. 하나님이 하라는 대로 순종해야 합니다. 그들의 삶을 보고 부러워 할 것이 아니라 아무리 화려한 문화라도 하나님이 없는 문화는 결국 하나님의 심판에 이를 수밖에 없다는 것을 깨달아야 합니다. 그들을 철저히 진멸하라고 하시는 것은 인간의 죄의 성향이나 광야에서의 이스라엘 백성들의 삶의 행태로 볼 때 그만큼 하나님의 절박한 심정이 들어 있습니다. 그들을 따라가면 망하기 때문입니다. 홍수심판과 방임의 심판이 하나님의 자녀들이 세상과 섞였기 때문에 임했다는 것을 기억하십시오.

그래서 하나님은 그들에게 조금이라도 남겨 놓지 말라고 하십니다. 만일에 조금이라도 남겨 놓을 때는 그들이 이스라엘 백성들의 눈에 가시가 되고 옆구리를 찌르는 가시가 될 것임을 경고까지 하실 정도입니다. 하나님은 그들에게 인간의 죄악의 뿌리가 얼마나 끈질긴 것인지를 확인시켜 주고 있습니다. 죄만큼은 철저히 다루라는 것입니다. 이것이 가나안 민족을 진멸하라는 명령의 본질입니다.

여리고 정탐

여호수아는 요단 강을 건너기 전에 먼저 두 사람을 보내어 여리고 땅을 정탐하게 합니다. 이들이 라합의 집에 들어가 유숙하게 되었는데 곧 들통이 나 버리고 맙니다. 그런데 라합의 재치로 두 사람이 위기를 넘기게 되는데 이때 이들은 여호수아 2장 9-10절을 보면 라합으로부터 예상치 못한 놀라운 고백을 듣게 됩니다. 하나님께서 이스라엘에게 이 땅을 주신 것을 안다는 것입니다. 또한 가나안 민족들이 이스라엘 민족으로 인하여 간담이 녹을 정도로 두려워하고 있으며 이런 태도는 40년 전의 홍해의 기적부터 시작해서 광야 생활 막바지에 있었던 아모리의 두 왕 시혼과 옥을 전멸시킨 일까지 40년 동안 내내 지속 되었다고 말합니다. 그러면서 이스라엘의 하나님은 하늘에서나 땅에서도 하나님이심을 말하면서 이스라엘이 여리고를 칠 때 자신의 가정에 속한 모든 사람들을 살려 줄 것을 하나님의 이름으로 맹세하라고 합니다. 정탐꾼들이 그녀를 살려주겠다고 맹세하자 라합은 창문에 붉은 줄을 매달아 자신의 집을 알 수 있도록 표시를 해 두기로 했습니다.

그런데 여호수아는 정탐꾼을 들여보낼 때 사흘 안에 요단강을 건널 것을 미리 선포해 버립니다. 정탐꾼들이 어떤 보고를 하든지 여호수아의 마음은 흔들리지 않을 것임을 알 수 있습니다. 그렇다면 굳이 정탐꾼을 보낸 이유가 무엇일까요? 그것도 숫자를 두 사람으로 한정시켜서 말입니다. 이 숫자는 40년 전의 가데스 바네아에서 있었던 이스라엘 민족의 불순종을 지적하는 숫자로서 그때 가나안을 치러 올라가자고 설득했던 갈렙과 여호수아를 상징하는 숫자로 보입니다. 여호수아는 자신과 갈렙의 주장이 옳았다는 것을 이스라엘의 역사 앞에서 증명하고픈 것입니다. 그런데 40년 전부터 가나안 민족은 하나님의 역사를 듣고서 이스라엘이 그들을 두려워한 것보다 훨씬 더 공포에 휩싸여 있었으며 자신들의 땅을 이스라엘이 차지할 것을 알고 있었다는 것입니다. 그들은 이미 전의를 상실하고 있었던 셈입니다. 여호수아와 갈렙이 그들은 우리의 밥이니 올라가자 라고 했던 말이 진심이었음이 증명된 것입니다.

돌아온 두 정탐꾼의 고백은 이것을 증명합니다. "여호수아에게 이르되 진실로 여호와께서 그 온 땅을 우리 손에 주셨으므로 그 땅의 모든 주민이 우리 앞에서 간담이 녹더이다"(수 2:24). 그들은 죽을 고비를 넘기고 돌아왔습니다. 40년 전의 정탐꾼들과는 비교할 수 없을 정도로 급박한 상황이었습니다. 그러나 그들은 그것을 개의치 않았습니다. 40년 동안 하나님의 역사를 통해서 가나안 민족들이 두려워 떨고 있다는 것을 라합을 통해서 알았을 때 그들은 분명히 그 땅이 하나님이 주신 땅임을 알아차린 것입니다. 그래서 믿음으로 반응한 것입니다.

우리는 여기서 다시 주목해 보아야 할 것이 있는데 바로 라합의 개인적인 고백입니다. 그녀는 정탐꾼과의 짧은 대화 속에서 여호와나 하나님이라는 단어를 무려 여섯 번이나 등장시키면서 이스라엘을 향한 모든 일의 주도권이 하나님께 있음을 인정하고 있습니다. 특히 그녀의 고백가운데 위로는 하늘에서도 아래로는 땅에서도 하나님이시라는 것과 여호와로 내게 맹세하라는 고백을 통해서 진심으로 하나님을 하나님답게 인정하고 있습니다. 라합이 율법과 계명을 통해서 이 고백에 이르렀을까요? 절대로 아닙니다. 그녀는 가나안의 기생, 즉 창녀였습니다. 율법적으로 죽어 마땅한 자리에 있는 사람입니다. 그런데 그녀가 하나님을 찬양하고 있습니다. 이 믿음으로 그녀는 이스라엘의 정탐꾼들을 살려 주었고 그 땅을 여호와 하나님의 백성인 이스라엘 민족이 차지할 것을 고백한 것입니다.

라합의 고백은 신명기의 핵심적인 요절인 신명기 6장 4-5절의 연속선상에 있습니다. 하나님은 라합의 고백을 통해서 이스라엘과 사랑의 관계, 믿음의 관계, 인격적인 관계를 누리시기를 원하신다는 것을 또 다시 지적하고 있습니다. 율법 자체는 사람이 죄를 버리거나 허물이 없어야 하나님의 사람으로 인정해 줍니다. 하지만 하나님은 하나님의 자녀이기 때문에 율법을 주십니다. 이 순서를 놓치지 말아야 합니다. 이스라엘 민족이 가나안 땅에서 자손대대로 거할 수 있는 조건은 율법을 지켜서가 아니라 하나님을 라합의 고백과 같이 믿음으로 고백하는 길만이 사는 길이며 그 분을 신뢰할 때만이 가나안을 정복하여 자손대대로 그 땅에서 살게 될 것입니다. 이 믿음을 소유한 자들이 바로 율법의 계명을 지키고자 힘쓰고 애쓸 수 있습니다.

요단강 도하

"헐몬산에서 시작된 요단강은 사해까지의 직선거리는 약 217km인데 강의 모든 길이는 굴곡과 경사 때문에 400km 이상이 됩니다. 특히 갈릴리 바다에서 사해까지는 낙차가 180m나 되어서 1km에 1.73m 낮아지기 때문에 물살이 빠른 여울에 소용돌이를 만들어냅니다."[69] 더구나 봄에는 "레바논 맞은 편 산맥의 눈이 녹아 종종 요단강에서 홍수가 납니다. 범람하는 물로 인해 낭떠러지 밑 부분이 깎이거나 지진으로 인한 진흙 사태 때문에 이 구절에 언급된 바로 그 곳에서 요단강의 물 흐름이 이따금 방해를 받습니다."[70] 성경은 이때가 곡식을 거두는 추수 기간이었는데 물이 항상 언덕에 넘쳤다(수 3:15)라고 말씀하고 있습니다. 바로 이 요단강을 이스라엘 민족이 건너가려고 합니다. 그 행렬의 선두에 언약궤를 맨 제사장들이 섰습니다. 언약궤는 하나님의 보좌인 시은 좌가 있는 곳으로 하나님의 임재의 상징입니다. 하나님께서 앞장서서 그들의 선두에 서신 것입니다.

언약궤를 맨 제사장들이 요단강에 발을 담그자 흘러내리던 물이 그쳐서 백성들이 여리고 앞으로 곧장 건너갔습니다. 언약궤를 맨 제사장들은 백성들이 모두 건너 갈 때까지 요단강 한 복판에 계속해서 서 있었습니다. 하나님은 그들이 가장 위험한 장소에서 그들과 함께 하시는 임마누엘의 하나님이십니다. 3:10절에서 여호수아는 이스라엘 백성들에게 요단강을 기적적으로 건너는 것으로 가나안 민족을 반드시 쫓아내실 것을 확신하라고 요구하고 있습니다. 요단강 한 복판에서 그들을 안전하게 건너게 하신 하나님께서 그들의 정복을 완성하실 것입니다. 또 하나 요단강 도하를 통해서 하나님은 모든 이스라엘의 목전에서 여호수아를 크게 하셨다는 것입니다(수 4:14). 여호수아의 권위를 모세와 동등한 권위로 만들어 주심으로 여호수아를 중심으로 가나안 정복이 원활하게 이루어지도록 하신 것입니다.

요단강을 모두 건넌 후에 여호수아는 요단강을 건넌 것이 출애굽 1세대가 홍해를 건너게 하신 것과 같은 하나님의 역사였음을 백성들에게 선포하였습니다(수 4:23-24). 바울이 홍해의 사건을 세례로 이해했다고 말씀드렸는데 요단강을 기적적으로 건넌 것을 그것과 동일한 사건으로 본다는 것입니다. 원래 세례는 한 번으로 족합니다. 하지만 출애굽 1세대는 실패하여 광야에서 죽고 가나안으로 들어가지 못했습니다. 그러나 새로운 이스라엘 민족의 구성원이 된 출애굽 2세대는 홍해의 세례를 받지 못한 사람들입니다. 따라서 하나님은 그들을 요단강을 기적적으로 건너게 하심으로서 그들에게 홍해의 기적과 똑같은 의미를 부여하십니다. 이제 그들은 과거의 삶에 대해서 죽은 것이므로 다시는 출애굽 1세대와 같은 원망과 불평과 불순종의 삶으로 돌아가서는 안 됩니다. 그 삶은 멸망의 삶이기 때문입니다.

그들이 가나안에 정착하게 된 것은 그들의 노력이나 공로로 얻은 것도 아닙니다. 하나님의 강한 손으로 가나안에 들어 온 것입니다. 이 메시지를 분명하게 하기 위해서 이스라엘 백성이 건넌 요단 지점에 열 두 지파를 상징하는 돌기둥을 세우고 길갈에 열두 돌을 세워서 기념하는 것입니다. 그들은 옛 시대를 마감하고 이제 새로운 시대를 시작하는 사람들임을 잊지 말아야 합니다. 하나님께서 이스라엘 백성들을 요단을 기적적으로 건너게 하신 또 하나의 목적은 가나안 땅에 거하는 모든 족속들로 하여금 하나님의 존재를 각인시키며 홍해를 건너게 하신 그 하나님이 동일하게 지금 이스라엘 백성들과 함께 하고 있음을 알리는 것입니다. 이것만으로도 여리고 백성들은 완전히 녹다운 되었을 것입니다.

27. 가나안 정복 2

**가나안 정복은 여리고 성을 정복한 것처럼 순종으로 이루는 것입니다.
가나안 정복은 그들의 전쟁이 아니라
여호와 하나님의 심판의 전쟁이기 때문입니다.
하지만 그들은 시간이 흐를수록 하나님께 순종하지 않으므로 결국 정복을 완성하지 못합니다.**

할례를 요구하심

요단강을 건너서 길갈에 진을 친 이스라엘 백성들에게 하나님은 가장 먼저 할례를 요구하십니다. 할례란 남자의 성기의 표피를 자르는 것으로 며칠 동안은 제대로 움직일 수가 없습니다. 여리고 성을 코 앞에 두고 있기 때문에 언제 습격을 받을지 모르는 상황에서 할례를 받는 다는 것은 위험한 결과를 초래할 수 있습니다. 그런데도 할례를 받으라는 것입니다. 그들이 하나님의 말씀대로 순종합니다. 그렇다면 하나님은 무엇 때문에 이런 불리한 상황이 예상이 되는데도 할례를 요구하셨을까요? 가나안을 정복해 가는 과정 속에서 그들이 생명을 보존하는 것은 그들의 힘과 능력에 달려 있는 것이 아니라 전적으로 하나님의 능력과 자비에 달려 있음을 신뢰하라는 것입니다. 어떤 상황에서도 하나님이 그들을 지켜 주실 것을 믿고 하나님만을 바라보라는 것입니다. 눈에 보이는 대로 상황을 판단해서 40년 전의 그들의 조상처럼 안 된다고 부정적인 마음을 갖지 말고 오직 하나님만을 의지하라는 것입니다.

이제는 요단강을 건너와 버렸습니다. 뒤로 돌아갈 수도 없습니다. 배수의 진을 친 것입니다. 그러므로 그들은 하나님만 전폭적으로 신뢰해야 합니다. 그 길만이 살길입니다. 그래서 유일하신 참 신을 믿는 민족답게 그 분이 그들의 삶의 전부임을 보여 주어야 할 때가 되었습니다. 하나님은 위험한 상황에서 할례 의식을 요구하심으로 이것을 강력하게 요구하고 계십니다.

할례를 요구하신 이유가 하나 더 있습니다. 이스라엘 민족 가운데 가장 먼저 할례를 받은 사람이 누구입니까? 아브라함입니다. 가나안 땅에 들어 와 있는 출애굽 2세대가 할례를 받은 것은 그들이 바로 아브라함의 약속의 라인에 있는 사람들이며 그들이야말로 하나님의 약속의 자녀들임을 확인시켜 주시는 것입니다. 그래서 할례를 받은 다음에 유월절을 지키게 됩니다. 왜냐하면 유월절이란 심판받아 마땅한 이스라엘 백성들이지만 어린 양의 희생을 통해서 살려 주시고 그들을 하나님의 장자 곧 하나님의 자녀로 부르셨기 때문입니다. 죽었던 자들이 다시 살아난 것입니다. 그래서 할례와 유월절이 한 묶음으로 등장하는 것입니다.

그리고 아브라함에게 행한 할례를 그들이 전수받은 것은 이스라엘 민족에게 아브라함의 하나님, 이삭의 하나님, 야곱의 하나님으로 자신의 이름을 공개하신 그대로 하나님은 그들의 조상의 하나님이시며 약속의 하나님이시며 그 약속들을 아브라함의 후손들인 이스라엘 민족들에게 한 치의 오차도 없이 그대로 실행하시는 신실하시는 하나님이심을 보여 주시는 것입니다. 그렇다면 아무리 강한 민족이 버티고 있다 할지라도 두려워하지 말고 너희에게 이 땅을 주겠다고 약속하신 그 하나님을 의심치 말고 믿으라는 것입니다. 또한 그러므로 그들은 하나님의 은혜로 구원을 받은 약속의 자녀들답게 가나안 민족과 섞이지 말고 하나님의 문화를 이루며 살아가야 합니다.

칼을 든 여호와의 군대장관

여호수아 6장 13절을 보면 여호수아가 여리고에 가까이 이르렀다고 말씀합니다. 아마도 여리고 성을 어떻게 공격할 것인지를 생각하며 정세를 살폈을 것입니다. 그런데 갑자기 칼을 든 한 사람을 만나게 됩니다. 칼을 들었다는 것은 싸움을 하자는 것이므로 여호수아가 그 사람에게 너는 우리 편이냐 아니면 여리고 편이냐고 물었습니다. 그랬더니 그 사람이 뜻밖의 대답을 합니다. "나는 여호와의 군대대장으로 지금 왔느니라." 즉시 여호수아가 얼굴을 땅에 대고 엎드렸습니다. 여호와의 군대 대장이 여호수아에게 이르기를 네 발에서 신을 벗으라 네가 선 곳은 거룩하니라 고 합니다. 이 말은 하나님께서 모세에게 나타나셔서 하신 말씀과 동일한 말씀으로 모세와 함께 하셨던 그 하나님이 지금 여호수아와 함께 임재 해 계심을 보여줍니다. 신발을 벗는 것은 경외와 존경의 표시로서 결국 그 권위에 순종하라는 말입니다.

여호수아는 자신이 최고의 사령관이 되어 이 전쟁을 주도할 것으로 믿고 나름대로의 대책을 세우기 위해 여리고를 둘러보고 있었습니다. 하지만 그보다 앞서서 이 전쟁을 지휘하시는 분이 계셨습니다. 바로 하나님이십니다. 이스라엘의 최고의 사령관은 여호수아가 아니라 하나님이십니다. 그 분이 칼을 빼들고 있다는 것은 이 전쟁은 여호와의 전쟁이며 가나안 민족을 심판하는 심판의 전쟁이 될 것을 보여주십니다. 이스라엘 백성들에게 가나안 민족을 동정하지 말고 진멸하라고 하신 그 말씀대로 하나님은 심판하러 이 땅에 오셨습니다.

그런데 여호수아가 우리 편입니까? 아니면 적군 편입니까 라고 질문을 할 때 거기에 대답하지 않으시고 순종할 것을 요구하신 것은 그 칼은 양면성을 가지고 있기 때문입니다. 순종을 요구한 하나님의 명령을 따를 때에는 그 칼은 적을 향하여 사용되겠지만 반대로 불순종하면 그 칼은 이스라엘을 향할 수도 있다는 것입니다. 하나님은 가나안 정복의 모든 전쟁을 최고의 사령관으로 진두지휘하실 것입니다. 여호수아는 전략과 전술을 짜기 위해서 머리를 쓰는 것 보다 그 분께 기도하며 그 분을 의지하는 것이 결정적 승리의 원동력이 될 것입니다. 다른 길은 없습니다.

여리고 성 함락 - 가나안 정복 전쟁의 승리의 본보기

요단을 건넌 이스라엘 백성들에게 가장 크게 버티고 있었던 장애물이 바로 여리고 성읍입니다. 여리고 백성들은 철기로 무장하고 있었고 훈련된 군사를 가지고 있었습니다. 그리고 그들의 성은 "이중으로 쌓여진 견고한 성읍임이 밝혀졌는데 내부 성벽의 두께는 약 2m이고 외부 성벽의 두께는 4m였습니다."[71] 아무리 생각해도 쉽게 함락이 될 그런 도시가 아니었습니다. 더구나 여리고는 지리적으로 대단히 중요한 위치를 차지하고 있었기 때문에 여리고를 함락시키지 않고는 도저히 다른 도시들을 치러 올라 갈 수가 없었습니다. 왜냐하면 여리고는 가나안 땅을 동서와 남북으로, 즉 가나안 땅 사방으로 연결시켜 주는 전략적 요충지였기 때문입니다. 그런데 하나님께서 여호수아에게 말씀하시기를 제사장 일곱이 일곱 양각 나팔을 잡고 언약궤 앞에서 걷고 모든 백성은 언약궤 뒤에서 걸으며 육일 동안은 성 주위를 한 번만 돌고 제 칠일에는 일곱 번을 돌며 제사장들은 나팔을 불고 나팔 소리를 들은 모든 백성이 큰 소리로 외치면 여리고 성이 무너질 것이라고 하십니다.

하나님의 명령은 전쟁을 요구하는 모습이 전혀 아닙니다. 여리고 사람들도 이스라엘 백성들이 하는 행동을 보고 호기심어린 눈으로 바라봤을 것입니다. 아무튼 이스라엘 백성들은 하나님의 말씀에 순종해서 엿새 동안은 하루에 한 바퀴씩을 돌면서 나팔을 불었고 마지막 일곱째 날에는 일곱 바퀴를 돌면서 나팔을 불었습니다. 제사장들이 마지막 나팔을 불 때에 동시에 이스라엘 백성들이 여리고 성을 향하여 소리를 질러 댔습니다. 그 순간에 거대한 성벽이 무너져 내리고 이스라엘 백성들이 성으로 들어가 남녀노소와 소와 양과 나귀를 칼날로 멸하였고 그 성과 그 가운데에 있는 모든 것을 불로 사르며 은금과 동철 기구는 여호와의 집 곳간에 두었습니다.

이스라엘의 행군 순서를 보면 무장한 군인들이 앞장서고 나팔을 든 일곱 명의 제사장이 그 뒤를 따랐으며 중앙에는 제사장이 맨 법궤가 있었고 법궤 뒤에는 후미 부대가 뒤따랐습니다. 언약궤 앞에서 제사장들이 나팔을 불렀던 소리는 "하나님의 강림을 알리는 소리"[72]였습니다. 법궤는 하나님의 보좌가 있는 것으로 하나님의 임재의 상징이기 때문입니다. 따라서 마치 옛 시대에 왕이 행차 할 때 나팔을 불어서 알린 것처럼 이 행진이 이스라엘 백성들만의 행진이 아니라 바로 하나님이 진두지휘하는 행진이었음을 알리는 것입니다.

이 전쟁은 여호와께서 친히 이스라엘의 군대 대장으로 치르신 전쟁이며 다른 민족들이 치르는 전쟁방식과는 구별된 하나님의 방법으로 진행된 하나님의 전쟁임을 드러내고 있습니다. 그러므로 이스라엘 백성들은 가나안 땅을 정복하기 위해서 맞게 될 모든 전쟁을 이 믿음으로 치러야 할 것입니다. 하나님이 한 바퀴 돌라면 한 바퀴 돌고 일곱 바퀴 돌라고 하시면 일곱 바퀴만 돌면 됩니다. 뭐 이따위 전쟁이 있어 라고 하는 순간 그들은 실패를 경험하게 될 것입니다. 물론 앞으로 모든 전쟁을 이런 방식으로 치르지는 않을 것입니다. 그들이 직접 칼을 들고 힘써 싸워야 할 것입니다.

그러나 하나님이 이기지 못할 적군이 이 세상에 어디 있습니까? 만일 그들이 패배한다면 그것은 그들이 하나님과 올바른 관계 안에 거하지 못하고 있다는 증거가 될 것입니다. 그러나 그들이 하나님과 올바른 관계 안에 있기만 한다면 승리하지 못할 전쟁은 없습니다. 그러므로 그들은 하나님을 신뢰하는 믿음으로 싸워야 합니다. 또한 가나안을 진멸하는 전쟁은 단순한 전쟁이 아니라 타락한 종교와 문화로 하나님을 업신여기는 죄에 대한 심판이라는 사실을 그들은 잊지 말아야 합니다. 그들은 하나님의 도구이지 그들보다 낫기 때문에 심판의 자격이 있어서 그들을 진멸하는 것이 아닙니다. 가나안 전쟁은 하나님의 심판의 전쟁입니다. 이 원칙은 가나안 정복이 이루어지는 내내 적용이 될 것입니다.

아이 성의 함락 실패 - 가나안 정복 전쟁의 실패의 본보기

여리고 성을 기분 좋게 정복한 이스라엘 백성들이 이제 조그만 아이 성을 함락시키려고 합니다. 정탐꾼을 보냈더니 그들은 소수이기 때문에 적은 수만 올라가도 충분히 이길 수 있다는 좋은 소식을 갖고 돌아왔습니다. 그러나 삼천 명만 올라갔다가 오히려 아이 사람들에게 수십 명이 죽임을 당하고 쫓기는 신세가 되어 버립니다. 예상치 못한 패배로 백성들의 마음은 충격에 빠지고 말았습니다. 여호수아와 이스라엘의 장로들이 여호와의 궤 앞에 모여 머리에 티끌을 뒤집어쓰고 하나님께 그 이유를 여쭤보았습니다. 하나님께서 대답하시기를 이스라엘이 취하지 말라고 하신 물건을 도둑질하여 속이고 범죄하여 언약을 파기했다는 것입니다.

결국 범죄한 사람으로 뽑힌 인물이 유다 지파의 아간이었습니다. 그는 은금과 동철 그러니까 일종의 금속 외에는 모든 것을 불태워 버리라는 명령을 어기고 자신이 보기에 아름다운 외투 한 벌과 은 이백 세겔과 금덩이 오십 세겔을 땅 속에다 감추어 놓았다가 발각이 된 것입니다. 패배하지 않았으면 미궁 속에 빠질 수도 있었던 사건이었는데 하나님은 그 죄를 묻어 두지 않으시고 아간 뿐 만아니라 그의 식구들과 그가 숨긴 물건들과 그의 모든 가축들을 아골 골짜기에서 이스라엘 백성들이 그들을 돌로 치며 그의 모든 소유를 불태워 없애버리는 심판을 내리십니다.

하나님은 지금 아간의 범죄를 한 개인의 죄로 다루시지 않고 이스라엘 전체의 죄로 여기고 있습니다. 왜냐하면 아간의 행태는 이스라엘의 가나안 정복의 본질적인 문제와 관련이 있기 때문입니다. 앞으로 이스라엘 백성의 진정한 싸움은 가나안 민족과의 전쟁이 아닙니다. 자신들과의 싸움이 될 것입니다. 그들의 눈에 좋게 보이는 것을 거부하고 그들에게 유익을 줄 것이라고 생각되는 것들을 버리고 하나님의 말씀에 순종하느냐 불순종하느냐의 싸움이 될 것이기 때문입니다. 이 싸움에서 승리해야 이방인들과의 전쟁도 승리할 수 있습니다. 여리고 성의 정복은 그 순종의 본보기를 보여 주고 있습니다. 아간도 여리고성이 무너지는 그 순간까지는 순종했을 것입니다. 하지만 전리품을 보는 순간 죄의 유혹을 이기지 못하고 무너지고 만 것입니다.

이스라엘 백성들이 또 하나 잊지 말아야 할 것은 그들이 하나님의 심판을 대행하는 자들로 가나안을 정복하고 있다는 사실입니다. 그들이 이방인들의 가치관을 가지고 하나님의 말씀을 불순종한다면 가나안을 진멸하라는 하나님의 심판의 공정성에 모욕을 주는 것입니다. 여호와의 군대장관이 등장하는 부분에서 여호와의 전쟁의 이중성을 말하면서 이스라엘이 순종할 때는 그 칼이 이스라엘의 적대 세력을 멸하는 도구로 사용되겠지만 불순종하면 그 칼은 먼저 이스라엘을 향할 것이라고 말씀드렸는데 아간의 범죄는 여호와의 칼이 이스라엘의 범죄를 도려내는 징계의 칼로 사용된 예를 보여 줍니다.

따라서 아이 성의 실패는 이스라엘 백성들에게 실패의 본보기입니다. 사도행전에 보면 아나니아와 삽비라가 나옵니다. 그들은 땅 값 얼마를 감춤으로 성령을 속이는 죄를 지었습니다. 이들에 대한 하나님의 심판은 단호해서 부부가 동일한 날 모두 죽고 말았습니다. 이들의 죽음은 성령으로 시작하는 교회공동체에게 영원한 본으로 보여주시는 것입니다. 이들과 같은 죄를 범하는 사람은 모두 죽이겠다는 것이 아니라 이제 막 태동하는 교회공동체를 향하여 순결과 거룩이 얼마나 소중한 가치인지를 보여 주시는 것입니다.

순결과 거룩은 단지 도덕적인 선한 삶만을 의미하지 않습니다. 순결과 거룩은 죄가 하나님과 그들 사이에 장벽이 되지 않고 온전한 관계를 유지하는 것이 그들의 삶의 핵심이 됨을 말해주는 지표입니다. 아간의 사건도 마찬가지입니다. 약속의 땅 가나안에서 새로운 삶을 시작하려는 이스라엘 백성들도 하나님과의 관계안에 거하는 것, 즉 거룩과 성결이 그들의 삶의 핵심이 되어야 함을 증거하시는 것입니다.

그래서 그들은 전쟁을 어떻게 치룰 것인가로 골머리를 썩일 것이 아니라 하나님과 어떤 관계를 유지할 것인가에 그들의 삶에 초점을 맞추어야 합니다. 아무리 그들이 수적으로 우세하고 훌륭한 무기를 가졌다 할지라도 그들의 교만과 죄로 말미암아 하나님과의 관계가 깨져 버린다면 그들은 작은 원수들 앞에서도 아무것도 아님을 뼈저리게 깨닫게 될 것입니다. 전쟁을 하는 중에도 그들은 하나님 앞에서 죄에 빠지지 않도록 경각심을 가지고 죄로부터 자신을 지켜가는 일에 그들의 목숨을 걸어야 합니다. 그래야 그들은 앞으로 일어날 모든 전쟁을 승리로 이끌게 될 것입니다.

이스라엘 백성들이 아이 성 전투에서 실패한 것은 전쟁을 수행하는 방법에 문제가 있어서가 아닙니다. 하나님과 그들 사이를 가로 막는 죄 문제가 도사리고 있었기 때문입니다. 하나님을 거역하는 그들에게 어떻게 전쟁의 승리가 담보 될 수 있겠습니까? 그들의 죄가 쌓여져 가고 있음에도 불구하고 계속 전쟁에서 이긴다면 그것이 오히려 그들에게 독약이 될 것입니다. 죄 문제를 해결하자 하나님께서 전쟁을 어떻게 수행하면(매복을 통해서) 이길 것을 가르쳐 주시므로 그들은 손쉽게 아이 성을 함락 시켜 버립니다. 이것을 보면 이스라엘의 전쟁은 하나님과의 관계, 즉 거룩과 성결에 달려 있다는 것을 확실히 보여주고 있습니다.

우리는 여리고와 아이가 정복되는 과정에서 대비되는 두 사람을 살펴 볼 필요가 있습니다. 바로 라합과 아간입니다. 라합은 가나안 민족 출신의 몸을 파는 여인이요 이방인이었습니다. 그러나 아간은 유다 지파의 사람이었습니다. 라합은 이스라엘이 여리고 성의 모든 것을 진멸하고 불 태워 버릴 때 가족들과 함께 유일하게 살아남은 사람입니다. 그녀가 하나님의 심판을 피할 수 있었던 것은 이미 앞에서 살펴본 대로 하나님에 대한 믿음의 고백 때문입니다. 하나님을 상천하지의 하나님이시며 이스라엘의 주권자로 인정해 드리며 이스라엘이 가나안 땅을 정복할 것을 통찰하면서 그 하나님에 대한 신앙을 고백한 것입니다.

반대로 아간은 유다지파 사람입니다. 이스라엘 역사로 보면 명문 가문의 사람이죠. 그런데 여리고성의 정복과정에서 하나님의 말씀을 거역하므로 하나님의 공의로운 심판에 대해서 모욕을 주는 행위를 함으로서 여리고성의 백성들이 진멸을 당함과 같이 오히려 하나님의 심판의 대상이 되고 말았습니다. 이 두 사람의 대비는 성경의 구속 역사의 일관성을 보여 주는 것으로 진정한 아브라함의 후손이 되는 것은 결코 혈통이나 육체적 조건에 있지 않으며 하나님의 구원은 믿음으로 말미암아 이루어진다는 것을 확실하게 증명하는 것입니다.

기브온과의 조약 - 이스라엘 백성에게 남긴 나쁜 선례

여리고와 아이와 벧엘(참조, 수 8:17)을 점령한 이스라엘은 잠시 전쟁을 중단하고 세겜 지역으로 방향을 틉니다. 아마도 아간의 범죄를 통해서 무엇이 시급한 문제인지를 여호수아가 깨달았기 때문입니다. 그래서 모세가 신명기 11장과 27장에서 명한대로 에발 산과 그리심 산에서 언약식을 거행하려고 가는 것입니다. 세겜에서 보자면 오른 쪽에 에발 산이 있고 왼쪽에 그리심 산이 있습니다. "두 산은 꼭대기에서 보면 약 1마일 반(약 2400m)이 떨어져 있으나 산기슭에서 보면 약 350m 정도 떨어져 있습니다. 세겜은 자연스러운 반원형 극장과도 같은데 두 산의 꼭대기에 서면 다른 곳에서 말하는 소리를 다 들을 수 있습니다. 아래 골짜기에 있는 사람도 다 듣습니다."[73] 여호수아는 이스라엘 백성 절반을 그리심 산 앞에, 또 다른 절반을 에발 산 앞에 세우고 율법 책에 기록된 대로 축복과 저주의 말씀을 낭독함으로서 언약식을 거행했습니다. 백성의 중간에 제사장들이 맨 언약궤가 위치하고 있었던 것은 이스라엘 백성들이 하나님 앞에서 맹세하고 언약한 것을 의미합니다.

언약이 나올 때마다 잊지 말아야 할 것은 하나님께서 이스라엘 백성들에게 하나님과의 관계 안에 머물러 달라는 것이 근본적인 핵심이지 지키면 복을 받고 지키지 않으면 저주를 받게 한다는데 목적이 있지 않습니다. 율법을 지켜서 복을 받을 수 있는 존재가 아니라는 것을 광야 생활 40년이 증명하며 아간의 범죄가 증명하고 있지 않습니까? 그것은 이차적인 문제입니다. 아간이 범죄한 것은 단지 한 계명을 어겼기 때문에 죽은 것이 아닙니다. 하나님의 명예를 걸고 구속 역사의 거대한 발걸음을 놓는데 방해하는 세력으로 등장하기 때문입니다. 계명을 범했다고 망한다면 이스라엘 백성 중에 살아남을 자가 어디 있습니까? 모세도 예외가 될 수가 없다는 것을 므리바 물 사건에서 보여주지 않았습니까?

신명기 11장 29절에 의하면 축복은 그리심 산에서 선포되고 저주는 에발 산에서 선포되었는데 특이한 것은 저주가 선포된 에발 산에 제단이 세워졌다는 것입니다. 그리고 이 제단에서 번제물과 화목제물을 드렸습니다. 이것이 의미하는 것이 무엇입니까? "죄를 짓지 말라 그러나 만약 죄를 지으면 제단을 통해서 돌아오라는 것입니다. 하나님은 죄에 대한 경고와 함께 돌아오는 길도 마련해 주신 것입니다."[74] 시내 산에서의 성막과 제사제도를 주신 것과 똑같은 맥락입니다. 그들에게 사함을 받는 길을 주신 하나님께서 어떻게 도둑질 했다는 이유만으로 진멸하시겠습니까? 만일 그것으로 하나님의 심판을 받고 멸망했다면 그 사람의 마음속에 하나님이 없었다는 것이 정답일 것입니다. 성경을 읽을 때마다 이 원리를 생각하셔야 합니다. 그래야 하나님의 마음이 보입니다. 이스라엘을 안타까워하시는 그 분의 심정을 알 수 있습니다.

이 일 후에 기브온 사람들과 언약을 맺는 사건이 발생합니다. 기브온 사람들은 이스라엘이 여리고와 아이에 행한 일을 듣고 목숨을 보존하기 위해서 이스라엘을 속여서 조약을 맺기로 합니다. 여호수아와 회중의 족장들은 그들의 속임수에 넘어가 화친조약을 맺고 그들을 치지 않겠다고 약속을 해 버립니다. 사흘 후에 그들에게 속은 것을 알게 됩니다. 하지만 때는 늦어서 결국 그들을 이스라엘의 종으로 받아들이지 않을 수 없게 됩니다. 몇 가지 점에서 이들이 실수한 것이 분명합니다.

먼저 이들은 동정하는 마음 때문에 기브온 사람들의 본심을 보지 못했습니다. 여호수아 9장 4절에 한글 성경은 '꾀를 내어' 라고 말하고 있는데 원문의 의미를 더 살리기 위해서는 "교활한"[75]이라고 번역을 하는 것이 좋습니다. 그들은 가까운 곳에 거주하면서도 해어진 전대(자루)와 해어지고 찢어져서 기운 포도주 부대와 낡아서 기운 신과 낡은 옷을 입고 다 마르고 곰팡이가 난 떡을 준비해 가지고 이스라엘 백성들에게 왔습니다. 그래서 허성갑 목사는 4절의 초반부를 이렇게 번역합니다. "교활하게 행하여 변장하여 갔다."[76] 그들은 악한 마음으로 속이기로 작정하고 변장해 간 것이지 그들의 마음에 이스라엘의 하나님에 대한 관심이나 종교에 관심이 있어서 온 것이 아닙니다. 그들의 하나님에 대한 고백은 가나안 민족이면 누구나 알고 있는 정보를 나열했을 뿐입니다.

사흘 후에 이들에게 속은 것을 알았을 때 여호수아가 어떤 반응을 보입니까? 9:22~23절에 보면 여호수아가 상당히 격앙되어 있는 것을 볼 수 있습니다. 그들을 저주하며 자손 대대로 종이 될 것을 선포해 버립니다. 여호수아의 이런 반응은 기브온이 신앙적 동기에서 접근한 것이 아님을 보여주는 것이고 만일 이들의 고백이 하나님에 대한 진심에서 우러나온 신앙고백이었다면 설령 여호수아가 속았다 할지라도 저주를 한 것은 너무 지나친 처사가 되고 말 것입니다.

두 번째는 회중들이 족장들을 원망한 것에서 그들이 실수한 것임을 짐작할 수 있습니다. "어떻게 이런 실수를 하였는가? 해서는 안 될 맹세를 하였다"[77]는 것입니다. 이런 반응들로 볼 때 그들이 속이려 한 것을 처음부터 눈치를 챘다면 여호수아가 과연 그들과 조약을 맺었을까 하는 의문이 들 수밖에 없는 것입니다. 여호수아와 회중의 족장들은 그들의 남루하고 초라한 행색을 보고 동정하는 마음 때문에 그들의 본분을 망각하고 덜컥 조약을 맺은 것입니다. 하나님은 이스라엘 백성들보다 동정하는 마음이 없어서 그들을 진멸하라고 하신 것은 아니잖아요?

또 하나 살펴 볼 것은 9:14절 말씀입니다. "무리가 그들의 양식을 취하고 어떻게 할지를 여호와께 묻지 아니하고" 그들을 영접한 이유 중의 하나가 그들의 양식 때문이었음을 성경은 솔직하고 말하고 있습니다. 전쟁 중이기 때문에 군수물자가 필요한 상황이라 거기에 마음이 흔들렸는지 그들의 양식을 취하면서도 여호와께 어떻게 해야 할지를 묻지 않았습니다. 그리고는 곧 바로 화친 조약을 맺어 버린 것입니다. 가나안 땅에서 조약을 맺는다는 것을 그들은 결코 쉽게 생각해서는 안 될 것입니다. 신 7:2에서 하나님께서 가나안 민족들을 진멸하되 어떤 언약도 맺지 말고 불쌍히 여기지도 말라고 하셨기 때문입니다.

그런데 신명기 20장에서 어떤 성읍과 전쟁을 할 때에 그들이 먼저 화평의 조약을 맺자고 하면 화평으로 화답하라고 하십니다. 그러나 단서가 있습니다. 이스라엘과 멀리 떨어져 있는 성읍들로 제한하십니다. 가나안에 있는 모든 성읍과 모든 민족들은 하나도 살리지 말고 진멸하라고 하십니다. 그러므로 원방에서 왔다고 속이는 그들의 말만 믿고 여호와께 묻지 아니했다는 것은 그들의 월권입니다. 여호수아와 이스라엘의 족장들이 그들의 행색에 속아서 동정 때문에 또한 하나님께 묻지 않고 조약을 맺은 것은 분명히 하나님의 신신당부를 거역한 죄입니다. 이제 가나안 족속의 일부가 이스라엘의 약속의 땅 안에 둥지를 틀게 되는 일이 되었기 때문입니다.

그러나 이 조약은 하나님의 이름으로 맹세한 것이어서 여호수아와 족장들의 입장에서 함부로 폐할 수가 없습니다. 그래서 몇 백 년이 지난 다음에 사울 왕이 기브온 사람들을 죽인 것 때문에 다윗 시대에 3년 동안이나 기근이 임하였습니다(참조, 삼하 21장). 그 문제를 해결하기 위해서 다윗이 기브온 사람들에게 원하는 것을 물었을 때 그들이 사울의 자손 일곱 명의 목숨을 요구하자 다윗 왕이 그들에게 사울의 아들 둘과 그의 딸 메랍의 자녀 일곱 명을 내어 주었고 그들은 목이 매어 죽임을 당하게 됩니다. 이 사건의 원인이 여호수아의 조약 때문에 기브온 사람들이 여전히 이스라엘 백성들과 함께 거수했기 때문에 발생했다는 것입니다. 약속의 백성인 이스라엘의 구성원들이 기브온과 맺은 조약으로 인해 고통을 받는 것은 하나님도 결코 원하시는 것이 아닐 것입니다.

더욱 치명적인 것은 백성들조차 기브온과 언약을 맺은 것을 원망했었는데 기브온 민족을 살려 줄 수밖에 없게 됨으로서 가나안 정복에 있어서 나쁜 선례를 남기고 말았다는 것입니다. 이 문제가 결코 작지 않습니다. 여호수아가 죽은 후에 그들이 가나안 정복을 해 나갈 때에 남겨 놓은 민족들이 우후죽순처럼 늘어나게 되고 남겨 놓은 그들과 언약을 맺어 종으로 삼는 일을 당연하게 여기는 것을 보게 되기 때문입니다. 가나안 민족을 진멸해야 함에도 불구하고 그들이 가나안 민족을 남겨 두고서는 여호수아도 그랬는데 라는 합리화가 성립이 되기 때문입니다. 사사기 1장을 보면 가나안 민족들이 결심하고 자신들의 땅에 눌러 앉아 버렸다고 말씀하고 있습니다. 그들의 결심의 배경에는 기브온 민족과의 조약이 자리 잡고 있음이 분명합니다. 기브온도 이스라엘과 조약을 맺고 함께 살고 있는데…라고 말입니다.

정복의 미완성 (반쪽짜리 정복)

출애굽의 진정한 성취는 출애굽의 목적지인 가나안에 들어가서 모든 족속을 완전히 정복함으로 이루어집니다. 그러면 여호수아 시대에 어떻게 정복이 진행이 됐는지를 알아보겠습니다. 이스라엘이 기브온 사람들과 화친 조약을 맺었다는 소식을 접한 예루살렘 왕 아도니세덱은 가나안 남부 지역의 네 왕과 연합군을 만들어서 기브온을 치게 됩니다. 길갈에 있던 여호수아가 기브온을 돕기 위해서 출정을 할 때에 하나님께서는 여호수아에게 그들을 네 손에 붙였으니 두려워하지 말라는 말씀으로 그들이 승리할 것을 알려 주십니다. 하나님의 약속대로 그들은 기브온에서 승리를 거두고 도망가는 연합군을 추격하는데 벧호론의 골짜기에 이르렀을 때는 하나님께서 큰 우박 덩이를 내리시므로 이스라엘의 칼에 죽은 사람보다 우박덩이에 맞아 죽은 사람이 더 많을 정도였습니다.

또한 여호수아가 태양이 멈추기를 기도할 때 그 태양이 거의 종일토록 중천에 머무르는 기적을 통해서 그 연합군은 거의 전멸하게 되었고 막게다 굴에 숨어 있던 다섯 명의 왕도 결국 여호수아의 칼날에 죽게 되었습니다. 그 여세를 몰아서 립나와 라기스와 에글론과 헤브론과 드빌을 차례로 정복하였습니다. 여호수아 10장 42절에 이 전쟁에 대한 결론을 내리기를 여호와께서 이스라엘을 위해 싸우셨으므로 여호수아가 이 모든 왕들과 그들의 땅을 단번에 빼앗았다고 말씀합니다. 이 전쟁이 여호와의 전쟁임을 다시 한 번 그들에게 각인시켜 주십니다. 41절에서 이 때 정복한 지역을 대략적으로 말씀하면서 가데스 바네아를 언급하고 있는데 이곳은 40년 전에 가나안을 정복하기 위해 그들이 집결했던 곳입니다.

만일 그 때 그들이 순종했다면 여호와께서 그들을 위해서 싸우심으로 파죽지세로 이 땅을 정복했을 것이라는 것을 보여 줍니다. 더구나 갈렙이 헤브론을 점령하면서 아낙 사람들 가운데 가장 큰 성읍으로 묘사하는 것은 40년 전에 갈렙이 그들은 우리의 밥이다 라고 선포한 신앙고백이 사실이었음을 증명함으로서 출애굽 1세대의 불순종을 반추하시고 있습니다. 그리고 이 지역들을 점령하면서 강조되는 것은 여호수아가 그들을 하나도 남기지 않고 모두 진멸했다는 것입니다. 이렇게 그들을 진멸하는 것이 곧 하나님께 순종하는 것임을 여호수아와 이스라엘은 앞으로도 계속해서 명심해야 합니다.

남부지역이 점령당했다는 소식을 접한 북부의 하솔 왕은 여러 왕들과 연합군을 이루어 메롬에 진을 쳤습니다. 이들의 군대가 얼마나 많았던지 여호수아 11장 4절에 보면 해변의 수많은 모래와 같고 병거도 심히 많았다고 합니다. 신실하신 하나님은 여호수아에게 그들을 이스라엘에게 넘겨주어 몰살시키겠다고 하시면서 특이한 명령을 내리시는데 그들의 말 뒷발의 힘줄을 끊고 그들의 병거를 불살라 버리라고 하십니다. 말과 병거는 당시에 최고의 군사용 무기였습니다. 하나님은 그런 최신용 무기를 두려워하거나 반대로 우리도 저런 무기를 가졌으면 좋겠다는 생각일랑 하지 말고 오직 하나님만을 신뢰하고 전쟁을 하라는 말입니다. 용기를 얻은 여호수아는 그들을 습격하여 한 사람도 남기지 않고 모두 죽이고 말씀대로 말 뒷발의 힘줄을 끊고 병거를 불살라 버렸습니다. 하솔은 가나안 지역에서 가장 큰 성읍으로서 그 위세가 대단했는데 큰 승리를 거둔 것입니다.

그런데 여호수아 11장 13절을 보면 비극의 씨앗이 태동하는 것을 보게 됩니다. 여호수아가 하솔만 진멸하고 산 위에 세운 성읍들은 불사르지 아니했다고 하는 것입니다. 성 자체를 완전히 무너뜨리는 것이 진멸의 의미는 아닐 것입니다. 왜냐하면 그들이 살아가야 할 곳이기 때문입니다. 하지만 여리고성을 진멸한다고 했을 때 은금과 동철만 빼고 사람들을 진멸하고 소와 양과 나귀를 포함한 모든 물건을 불태운 것과는 거리가 있는 것은 분명해 보입니다. 11:21절에서도 이스라엘 땅에는 아낙 사람들이 하나도 남지 않았고 가사와 가드와 아스돗에만 남았다고 했는데 이 지역은 여호수아 13장 1-3절을 보면 남겨 놓을 땅이 아니라 반드시 정복해야 되는 땅임을 말하고 있습니다. 그런데 여호수아 10장 41절에서 이미 이곳은 여호수아가 공격을 한 곳인데 남겨 놓은 곳이 되어 버렸습니다.

이것은 갈렙의 행위와도 대조되는 것입니다. 갈렙은 헤브론에 있는 아낙 사람 가운데 가장 큰 사람들을 쫓아냄으로서 40년 전에 아낙 자손이 많다할지라도 그들은 우리의 밥이라고 했던 고백이 참이었음을 증명하였습니다. 여호수아도 다른 곳은 몰라도 아낙 자손이 버티고 있는 이곳만큼은 정복함으로서 이스라엘 백성들에게 하나님의 신실하심을 증명해 보였어야 했습니다. 여호수아가 나이가 많기 때문에 가나안 모든 땅을 정복하는 것은 어려웠을 것입니다. 하지만 여호수아가 진격했던 지역이나 같은 목적, 즉 아낙 자손을 진멸하는 것과 같은 전쟁에서는 그 지역이나 그 목적의 범위 안에서는 무엇을 남겨 두면 안 되는 것입니다. 가사와 가드와 아스돗 이 세 곳은 계속해서 남겨진 땅으로 남아 있어서 이스라엘 백성들에게 두고 두고 골칫거리가 되어버립니다.

여호수아가 전체를 다 정복하지 않았다는 것과 국지적인 전쟁을 하는 중에 무엇을 남겨 놓았다는 것은 분명한 차이가 있습니다. 전체를 다 정복하지 않은 것은 이해 될 수 있습니다. 어차피 후손들이 정복하면 되기 때문입니다. 하지만 자신이 진격한 곳에서 남겨 둔 것은 온전한 순종은 아닌 것입니다. 또한 여호수아 13장 13절에 보면 모세가 요단 동편을 분배할 때에도 그술과 마아갓 족속은 이스라엘 자손이 쫓아내지 않았으므로 그들이 이스라엘 가운데에서 거주하였다고 말씀하고 있습니다. 전체적으로는 하나님의 말씀을 순종하고 있는 것 같지만 부분적으로 따져 보면 아주 조금씩 불순종의 모습도 보이고 있습니다. 지금은 불순종의 모습이 작게 보이지만 세월이 흘러가면서 그들 앞에 거대한 장벽으로 드러나는 것을 뒤에 가면 확인할 수 있을 것입니다.

아간의 범죄를 200만 명이 넘는 군중 속에서 한 사람의 도둑질로 본다면 실은 아무것도 아닙니다. 하지만 성경이 그것을 지적해 내는 것은 그 작은 씨앗이 결국은 이스라엘 전체를 삼켜 버릴 수 있기 때문에 이스라엘의 본보기로 삼았었다는 것을 말씀 드린 적이 있습니다. 산위에 있는 몇 개의 성읍과 가사와 가드와 아스돗은 정복해야 될 전체 땅으로 볼 때는 아무 것도 아닙니다. 하지만 사사 시대 이후로 이 성읍들은 이스라엘을 곤궁에 빠뜨리는 가시들로 등장을 하는 것도 사실입니다. 가사와 가드와 아스돗과 관련된 내용은 사사 시대에서 다룰 예정입니다. 모세와 여호수아가 하나님의 사역자로서 훌륭한 임무를 수행한 것은 분명한 사실이며 우리가 그들을 본받아야 하는 것도 사실입니다.

하지만 그들도 완벽한 사람들은 아니라는 것을 알아야 합니다. 성경에 등장하기 때문에 무조건 우리와 다른 특별한 사람으로 접근을 하는 것은 성경적 인간관이 아닙니다. 인간을 성인으로 추앙하여 축제일을 갖거나 성인들의 유물이나 그림 등을 숭배하는 것과 무엇이 다르단 말입니까? 여호수아는 대략적인 정복에는 성공했지만 비극의 씨앗은 조금 남겨 놓은 사람임에는 틀림이 없습니다. 후손들이 이 문제를 믿음으로 제대로 대응했다면 문제가 없었을 수도 있지만 그 후손들은 여호수아만큼 믿음이 출중한 사람들이 아니었습니다.

그래서 지파 별로 땅을 분배하고 아직 정복하지 못한 땅을 얻는 과정에서 남겨진 가나안 민족이 점점 늘어나게 됩니다. 유다 지파는 예루살렘에 거주하는 여부스 족속을 남겨두었고(수 15:63) 에브라임 지파는 게셀에 거주하는 가나안 족속을 쫓아내지 아니하였고(수 16:10) 므낫세 지파는 벧스안과 이블르암과 엔돌과 다아낙과 므깃도를 쫓아내지 못했습니다(수 17:12). 요셉 지파는 많은 수에 비해서 땅이 부족하니 더 달라고 여호수아에게 청원합니다. 그래서 여호수아가 브리스 족속과 르바임 족속의 땅을 천거했는데 그들이 말하기를 그 족속들은 다 철병거가 있어서 정복하는 것이 불가능하다는 식으로 말을 합니다. 거기에 대해서 여호수아는 단호히 말하기를 너희 스스로 개척하되 그들이 비록 철병거를 가졌을지라도 능히 쫓아 낼 수 있을 것이라고 합니다(참조, 수 17:14-18).

그런데 18:2절을 보면 "그러나 이스라엘 자손 중에 그 기업의 분배를 받지 못한 자가 아직도 일곱 지파라" 아직도 분배를 받지 못한 자가 일곱 지파라고 말하는 뉘앙스를 앞에 있는 17장 말씀과 연결해서 보면 '아직도 갈 길이 먼데도 저들이 핑계를 대고 있으니 나머지 일곱 족속도 이런 반응을 보이면 어떻게 하지라는 염려가 담겨진 말씀으로 이해가 됩니다. 그래서 여호수아는 죽음을 앞에 두고 그들에게 말하기를 하나님께서 가나안 민족들을 쫓아내서 이 땅을 차지하게 하실 테니까 염려하지 말고 모세의 율법 책에 기록된 것을 떠나지 말며 오직 여호와 하나님을 사랑하라고 당부합니다. 동시에 너희들이 가나안 민족과 가까이하여 혼인을 하거나 왕래하면 그들을 다시는 쫓아내지 아니하실 것이고 이스라엘의 올무가 되며 덫이 되어서 결국은 이 땅에서 멸망할 것이라고 경고합니다.

그러면서 여호수아는 24장에서 이스라엘 민족의 조상인 아브라함이 우상을 섬겼던 자리에서 어떻게 부름을 받았으며 민족으로 성장한 그들을 애굽에서 얼마나 큰 은혜로 구원해 냈으며 약속의 땅에서는 가나안 민족을 그들의 손에 넘겨주셨음을 잊지 말라고 합니다. 그리고 강 저쪽과 애굽에서 그들의 조상들이 섬긴 우상들을 치워버리고 오직 여호와만을 섬길 것을 요구하는 것입니다. 이스라엘 백성들이 결단코 여호와를 버리고 다른 신을 섬기지 않겠다고 다짐을 합니다.

이동준의 신구약 통째로 먹기

eating the Bible as a whole

28. 사사시대 :

이스라엘의 불순종과 하나님의 인내와 자비

**사사시대는 인간이 누구이고 하나님이 어떤 분이신가를 적나라하게 드러냅니다.
이스라엘의 배교와 하나님의 구원이 사이클처럼 순환되는 시기이기 때문입니다.
그리고 하나님은 영적으로 너무도 타락한 이 시기에
다윗의 왕권을 준비하시는 시기이기도 합니다.**

여호수아 사후에 비록 1인 체제의 지도력을 주신 것은 아니지만 하나님은 레위 지파를 여호와의 기업으로 삼으시고 그들에게는 다른 지파들처럼 땅을 주시지 않고 12지파에 흩어져 살도록 하십니다. 레위 지파는 의식주 생활과 그들의 사명을 감당할 때 전 인생을 오직 여호와 하나님만을 바라보는 자들로 부름을 받았기 때문입니다. 그들의 사명이 무엇입니까? 그들은 "여호와 왕국의 공무원이며 레위 도성들은 토라센터"[79]로서 모세의 율법을 연구하며 그 율법을 가르치는 사람들로 부름을 받았습니다. 레위 자손들은 하나님의 공동체인 이스라엘에 일종의 종교적 리더십을 발휘하며 살아야 하는 존재들이었습니다.

또한 하나님은 이스라엘 백성들에게 독특한 제도인 도피성을 허락하십니다. 도피성은 6개가 있었는데 요단 동편에는 베셀, 길르앗라못, 바산 골란에 두었고 요단 서편에 갈릴리의 게데스, 세겜, 헤브론에 두었습니다. 도피성을 주신 목적은 이스라엘 자손들과 이스라엘에 거주하는 객이 부지중에 타인을 살인했을 때 그런 자들을 보호하는 것이 목적이었습니다. 이 제도를 악용하지 못하도록 하기 위해서 일정한 절차가 있었는데 문어귀에서 장로들에게 사고의 경과를 설명하고야 들어 갈 수 있었습니다. 그리고 의도적으로 살인을 하고 도피한 것이 발각되면 나중에라도 보복 자에게 넘겨 죽일 것을 명하고 있습니다(참조, 신 19장). 이스라엘은 열 두 지파로 나누어져 있었기 때문에 보복은 보복을 낳을 가능성이 많이 있었습니다. 만에 하나 있을 이스라엘 공동체의 연합이 깨어지지 않도록 미연에 방지하시는 하나님의 배려입니다.

따라서 도피성 제도는 레위 사람들을 통해서 각 지파에게 율법의 준수를 명하시면 서도 하나님의 자비를 동시에 허락하시는 것을 엿 볼 수 있는데 이 제도에는 이방인에게도 혜택을 줌으로서 하나님의 자비의 보편성을 보여 주십니다. 이것은 하나님의 은혜는 사사시대에도 신실하게 지속되고 있음을 웅변해 주고 있습니다. 그들이 하나님의 공동체라는 정체성을 잃지 않는다면 약속의 땅에서 평화와 안식을 맛보며 젖과 꿀이 흐르는 땅의 소산을 마음껏 먹으며 더욱이 모든 민족 위에 뛰어나게 하사 찬송과 영광을 받는 제사장 나라로서의 사명을 감당하며 살아갈 수 있을 것입니다. 물론 이(異)민족과의 충돌이나 여러 가지 자연적인 재난도 없고 만사형통한다는 말이 아닙니다. 하나님께서 그것들을 극복할 수 있도록 도와주시겠다고 약속하셨다는 것입니다. 과연 이스라엘이 이 축복의 자리를 지킬 수 있을까요?

사사시대의 이스라엘의 죄악

그러나 그들은 하나님을 신뢰하지 않고 불신앙적인 모습을 본격적으로 드러내기 시작합니다. 여호수아 시대에 그들이 남겨 놓았던 자들을 다시는 쫓아내지 못할 뿐 아니라 더 많은 지역이 남겨지게 됩니다. 유다는 철 병거 때문에 골짜기 주민들을 쫓아내지 못하였고 베냐민 자손은 유다 자손이 한 번 축출에 성공했던 예루살렘의 여부스 주민들을 쫓아내지 못하였으며 요셉 가문은 벧엘을 쳤으나 그 성읍의 사람들을 (입구를 알려 준 사람과 그 가족 : 삿 1:22-26 참조) 남겨 놓음으로 그들이 가나안 민족 중 하나인 헷 족속의 땅에 가서 성읍을 짓고 여전히 이스라엘 민족 중에 거하게 되었습니다. 므낫세는 벧스안과 다아낙과 돌과 이블르암과 므깃도의 가나안 족속을 쫓아내지 못하였고 스불론은 기드론 주민과 나할롤 주민을 쫓아내지 못하였으며 아셀은 악고와 시돈과 알랍과 악십과 헬바와 아빅과 르홉 주민들을 쫓아내지 못하였으며 납달리는 벧세메스와 벧아낫 주민들을 쫓아내지 못하였습니다. 심지어 아모리 족속은 단 지파의 자손들을 산지로 몰아넣고 내려오지 못하도록 위협을 가했을 정도입니다.

이들이 가나안 민족을 쫓아내지 못한 것은 가나안 민족이 정말로 강했기 때문일까요?

성경은 그렇지 않다고 말씀합니다. 베냐민 지파는 유다지파가 전에 축출했던 상대라면 충분히 제압할 수 있었음에도 예루살렘의 여부스 족속을 그대로 내 버려두었습니다. 또한 요셉 가문이 벧엘을 쳐서 승리함으로 그들을 진멸할 수 있는 능력을 가지고 있었음에도 진멸해야 될 그 성읍의 사람들과 조약을 맺고 살려 주었습니다. 다른 지파들의 공통점도 그들을 진멸하지 않고 노역을 시켰다고 말하고 있습니다.

노역을 시켰다는 것은 이스라엘 민족이 충분히 그들을 제압할 수 있는 힘이 있었음에도 불구하고 그들과 타협해서 조약을 맺었다는 의미입니다. 타협은 여호수아가 기브온과 조약을 맺을 때에 그랬던 것처럼 여호와께 묻지 않았기 때문에 나온 산물입니다. 또한 그들의 노동력을 빌어서 생활의 편의를 얻고 공물을 받으려는 얄팍한 술수에서 나온 것입니다. 결국 이스라엘 민족이 가나안 민족을 쫓아내지 않은 것은 그들에게 힘이 없어서가 아니라 그들과 언약 맺기를 좋아하고 그들의 단을 헐고 싶지 않아서입니다.

또한 가나안 사람들이 결심하고 나가지 않았다고 했는데 이것은 가나안 민족들이 자신들의 터전에서 계속해서 살아도 괜찮을 거라는 사인을 여호수아와 족장들이 맺은 기브온 조약을 통해서 이미 읽은 것이고 여호수아 사후에도 이스라엘이 자신들을 쫓아내려는 의지가 약하다는 사실을 눈치를 챈 것입니다. 그래서 그들은 기브온 민족이 그랬던 것처럼 자신들이 제공할 수 있는 최대한의 성의로 기꺼이 노역을 제공하기로 하고 눌러 앉아 버린 것입니다.

이렇게 이스라엘 백성들은 가나안 민족을 진멸하지 않고 타협을 하면서 그들의 수하에 두고 통제를 하면 문제가 해결될 것이므로 굳이 전쟁은 할 필요가 없다고 판단을 해 버린 것입니다. 피를 흘리지 않고도 그들을 제압하고 더구나 그들의 노동력까지 얻을 수 있다면 꿩 먹고 알 먹고 인 것입니다. 그래서 여호수아 이후는 정복 전쟁이 아니라 외교적 협상장이 되어 버렸습니다. 시간이 흐르면 흐를수록 그들이 성읍을 점령했다거나 가나안 족속들을 진멸했다는 기록은 없고 이스라엘 백성과 가나안 족속이 공존했다는 언급만 나오는 것입니다. 진멸하라는 하나님의 말씀은 안중에도 없고 사람이 각기 자기의 옳은 소견대로 행하는 그런 시대가 되어 버렸습니다.

이렇게 이스라엘 백성들이 하나님의 말씀을 고의적으로 불순종하자 하나님께서 그들에게 나타나셔서 그들을 꾸짖을 수밖에 없습니다(참조, 삿 2:1-5). 하나님은 가나안 민족과 어떤 언약도 맺지 말라고 한 것과 그들의 제단을 헐라고 한 말씀을 어겼다는 것을 분명히 지적합니다. 그래서 불순종의 대가로 민수기에서 말씀하신대로 가나안 민족들을 쫓아내지 아니할 것이요 그들이 이스라엘의 옆구리에 가시가 되며 그들의 신들이 올무가 될 것을 선언하십니다. 그러자 이스라엘 백성들이 얼마나 대성통곡하고 울었는지 모릅니다. 그래서 그곳을 '우는 자들' 이라는 의미의 '보김'이라고 부를 정도였습니다. 그들의 눈물은 과연 진정한 회개였을까요? 그 눈물은 하나님의 지적을 진심으로 받아들이고 이제는 가나안 민족들을 진멸하는 전쟁을 다시 시작하겠다는 결심이었을까요? 아닙니다. 2:5절은 문맥상 11절로 연결이 되어야 하는데 6~10절까지는 여호수아 시대와 여호수아 사후 시대가 어떤 차이점이 있는지를 나타내는 삽입구이기 때문입니다.

그런데 11절에서 이스라엘 백성들의 삶의 태도가 무엇입니까? 그들은 오히려 여호와의 목전에서 악을 행하여 그들을 애굽에서 구원하신 하나님을 버리고 즉 그들이 남겨 놓은 백성들의 신들에게 절하며 바알을 섬기는 것입니다. 그들의 통곡은 진심이 아니라 신세한탄에 불과했습니다. 이것이 이스라엘의 본심이었습니다. 가나안의 문화가 좋고 가나안 민족이 섬기는 신들이 멋있어 보이는 것입니다. 그들은 하나님께로 돌아가지 않습니다. 외적으로는 하나님의 공동체인데 내면적으로는 하나님과 점점 더 거리가 멀어져 가고 있는 것입니다. 10절은 그들의 죄악의 원인을 이렇게 지적하고 있습니다. "그 세대의 사람도 다 그 조상들에게로 돌아갔고 그 후에 일어난 다른 세대는 여호와를 알지 못하며 여호와께서 이스라엘을 위하여 행하신 일도 알지 못하였더라" 여기서 '알다' 는 히브리어로 야다(יָדַע)라는 동사인데 이것은 이론적 앎을 넘어서 경험적으로 속속들이 아는 것을 의미합니다. 아담이 하와와 동침했다 했을 때 이 동사를 사용합니다. 부부 사이에 흉허물이 없을 정도로 친밀한 관계를 누리는 것처럼 여호와를 안다는 것은 하나님과 사람 사이에 친밀한 관계안에 있음을 의미합니다.

여호수아가 죽고 나자 이스라엘 백성들은 하나님과 이 친밀한 관계 안에 있지 않았고 그 분이 과거에 그들의 조상들을 위해서 행하신 역사에 대해서 관심이 없었습니다. 13절에 보면 그들이 여호와를 버렸다고 했는데 하나님과 아무런 관계가 없는 사람들로 살았다는 말입니다. 이것이 비극의 시작입니다. 그들은 하나님을 인격적으로 알지 못했습니다. 그 분이 싫어하는 것이 그들이 싫어하는 것이 되고 그 분이 좋아하는 것이 그들이 좋아하는 것이 되며 그 분이 가는 곳에 그들도 가고 그 분이 멈추는 곳에 그들도 멈추는 그래서 하나님의 마음과 하나가 되는 일에는 관심이 없었습니다. 그들의 본심에 하나님을 사랑하는 마음이 없었습니다.

이것은 이스라엘의 국가적 신앙시스템이 무너져 있다는 것을 보여줍니다. 하나님께서 레위의 성읍을 각지에 분산시켜 놓고 레위 자손들을 통해서 율법이 연구되고 가르쳐 지므로 하나님에 대한 신앙의 끈을 놓지 않도록 배려를 하셨는데 이것이 전혀 작동하지 않고 있다는 것을 보여주고 있습니다. 그리고 신명기에서 말씀하신 것처럼 부모들이 자녀들에게 신앙의 유산을 물려주도록 부지런히 말씀을 가르치며 강론할 것을 당부하셨는데 가정을 통한 신앙 교육도 전혀 이루어지지 않고 있다는 것을 보여줍니다. 개인적으로나 국가적으로 하나님의 공동체의 정체성을 지키려는 노력이 전혀 보이지 않고 있습니다. 우리는 이것을 사사기 17-21장의 내용을 통해서 충분히 알 수 있습니다. "사사기는 서론(1:1-3:6)과 본론(3:7-16:31)과 부록(17~21장)으로 이루어져 있습니다."[80] 그런데 부록에 해당되는 17-21장의 내용은 "연대기적 순서에 따르지 않고 그 당시의 생활상을 보여줍니다."[81]

그리고 이 부록은 두 가지 내용으로 구성이 되어 있는데 "**부록 Ⅰ : 이스라엘의 종교적 타락**(17:1~18:31)과 **부록 Ⅱ : 이스라엘의 윤리적 타락**(19:1-21:25)으로 나누어집니다."[82] 그런데 이 부록은 시기적으로 300여년 이상 지속된 사사시대의 초기부터 사사시대 동안 내내 이루어진 것으로 보입니다. **부록Ⅰ**은 "삼손 시기의 단 지파는 블레셋 족속의 압제로 고통을 당했지만 18장에 나오는 단 지파의 문제는 주변 아모리 족속으로 인하여 영토 확장에 실패한 삿 1:34의 배경으로 다른 정착지를 찾아 떠난 일"[83]이기 때문에 삼손의 시대를 뒤 이은 시기가 아니라 사사시대 초기의 정복과정에서 일어난 상황임을 알 수 있습니다. **부록 Ⅱ**는 20:28절에 아론의 증손자인 비느하스가 언급되는 것을 볼 때 "모세가 죽은 지 100년 이내에 일어난 것이며 여호수아가 죽은 지 수십 년 내에 일어난 것임을 암시하고 있습니다."[84] 그러므로 우리는 이 부록의 상황을 사사시대 전반에 걸친 그들의 삶의 모습이라고 보아도 무방할 것입니다.

부록 Ⅰ의 사건은 미가라는 사람으로부터 이야기가 시작이 됩니다. 미가가 어머니의 돈, 은 일천 일백 개를 훔쳤습니다. 미가의 어머니는 자신의 아들이 훔쳐 간 것을 알지 못하고 계속해서 훔쳐 간 사람을 저주합니다. 종교적 두려움을 느낀 미가는 어머니에게 그 돈을 돌려줍니다. 그의 어머니는 돈을 찾았다는 기쁨에 아들을 위해 은 이백을 들여서 신상을 하나 만들었습니다. 그러면서 하는 말이 여호와께 거룩히 드리는 것이라고 합니다. 또한 미가는 신당을 하나 가지고 있었는데 에봇과 드라빔을 만들고 자신의 아들을 제사장으로 삼았습니다. 에봇은 대 제사장이 직무 수행을 위해 입었던 옷이고 드라빔은 가족을 지키는 수호신으로 작은 신상을 말하는데 미가의 행동은 가나안 사람들이 신당을 짓고 신상과 여 신상을 만들어서 가족의 안녕을 빌었던 것과 전혀 다를 바가 없습니다.

신상을 만든 것은 우상을 만들지 말라는 하나님의 계명을 어긴 것이고 신당을 짓고 드라빔을 만들었다는 것은 가나안 민족의 종교를 받아들인 것이며 에봇을 만들고 제사장을 세우는 것은 성막과 제사의 규례를 어긴 것뿐만 아니라 여호와의 종교를 사유화한 것입니다. 이들의 행동을 통해서 이스라엘의 종교적 타락상이 얼마나 극에 달해 있는지를 알 수 있습니다. 그래서 성경은 미가와 그의 어머니의 행동을 왕이 없으므로 사람마다 자기 소견에 옳은 대로 행했다고 평가하고 있습니다.

문제의 심각성은 미가와 그의 어머니는 이 모든 것이 여호와를 위한 것이라고 생각한다는 것입니다. 그들은 하나님 앞에서 무엇이 옳고 그른지를 알지 못하고 있습니다. 또한 미가는 베들레헴에서 거류할 곳을 찾지 못하고 자신의 집 까지 오게 된 한 레위인을 월급을 주고 고용합니다. 레위인도 만족하였고 미가도 이것을 통해서 하나님께서 복을 주실 것으로 생각합니다. 아주 심각한 것은 레위 인이 자신의 도성에서 거주할 곳을 찾지 못하고 이리 저리 방황하다 미가의 사적인 제사장이 된다는 내용일 것입니다. 레위 인이 정착하지 못하고 이리 저리 방황한다는 것은 다른 지파들이 레위 인을 위한 십일조를 내지 않았다는 것을 의미하는데 이것은 그들이 율법을 준수하지 않는 것을 보여 줍니다.

그래서 레위인은 먹고 살기 위해서 거리낌 없이 개인의 종교적 심부름꾼으로 들어가는 것입니다. 여호와의 기업으로 오직 하나님만을 의지하며 백성들의 신앙을 지도해야 할 레위인 마저 종교적 타락에 빠져 있습니다. 미가의 현상은 개인에게만 국한된 것은 아니었습니다. 단 지파 중 일부가 아모리 족속 때문에 거처를 북방 지역으로 옮기다가 미가의 집에서 신상과 에봇과 드라빔을 빼앗아가고 미가의 제사장도 데리고 가 버립니다. 그리고 도착한 그곳에 신당을 세우고 가지고 간 신상들을 섬겼습니다. 이들의 행동을 성경은 이렇게 말하고 있습니다. “하나님의 집이 실로에 있을 동안에 미가가 만든바 새긴 신상이 단 자손에게 있었더라”(삿 18:31) 성막을 중심으로 하나님을 섬기는 것이 아니라 각자가 자기들의 소견에 옳은 대로 우상을 섬기며 사적으로 종교 생활을 하고 있는 것을 알 수 있습니다.

미가와 미가 어머니, 그리고 레위인과 단 지파의 행태를 종합해 보면 이들의 종교적 행위는 여호와를 섬기는 것이 아니라 혼합주의, 즉 우상과 하나님을 동일시하는 것을 알 수 있습니다. 그들에게 하나님은 유일한 신이 아닙니다. 여러 신들 중에 단지 그들에게 익숙한 신으로서 자신들을 만족시키는 우상과 같은 그런 존재입니다. 자신들의 필요를 채워주는 수단에 불과합니다. 그러니 율법과 전혀 맞지 않는 가증한 행위를 하면서도 일단은 치성을 드렸으니까 하나님으로부터 복을 받을 것이라고 생각합니다. 이런 행동은 하나님을 믿는 것이 아닙니다. 이것이 이스라엘의 종교적 타락의 핵심입니다.

그리고 신앙의 타락은 반드시 윤리적 타락을 가져오게 되어 있습니다. 하나님의 주권을 인정하지 않는 곳에 하나님의 말씀을 순종하려는 마음이 있을 수 없기 때문입니다. 19-21장은 이것을 잘 보여주고 있습니다. 19장의 주인공 역시 레위인 인데 그는 첩까지 둘 정도였습니다. 그런데 그 첩이 행음하고 친정으로 도망가 버리게 됩니다. 이 레위 인이 도망 간 첩을 데려오는 도중에 베냐민 지파의 땅인 기브아에서 유숙을 하게 됩니다. 그 성읍의 불량배들이 찾아와서 그 레위인과 동성애를 즐기려고 집 주인에게 레위인을 내 놓으라고 협박을 합니다. 상황이 심각하게 돌아가자 레위인이 자신의 첩을 강제로 그들에게 내어 보내고 마는데 그 여인은 그들에게 밤새도록 능욕을 당하다가 죽어 버리고 맙니다.

그 후에 레위인은 그 첩을 열 두 토막으로 잘라서 각 지파에 보내게 되고 베냐민 지파의 악행을 응징하기 위해서 전 지파가 모이게 되는데 무려 40만 명이 모입니다. 한 사람의 일이 내전으로 치닫게 되어 버린 것입니다. 처음에는 악행을 저지른 그 불량배들만 넘겨주면 전쟁을 끝내려고 했지만 베냐민 지파가 듣지 않고 그 불량배들을 감싸니까 전쟁을 선포해 버립니다. 결국 양쪽에서 수만 명의 사망자를 내고 베냐민의 패배로 끝이 나는데 베냐민 지파는 600명만 남고 모두 멸절을 당해서 한 지파가 없어질 위기에 처하게 됩니다.

첩을 둔 레위인의 모습은 그들이 이스라엘 내에서 종교적 리더십을 전혀 발휘할 수 없는 지경에 이르렀다는 것을 보여 줍니다. 첩을 소유한 것이나 그녀의 생명을 희생시킨 것에 대해서 조금의 죄책감도 없고 단지 자신의 유익을 위해서 철저히 이용하는 자의 모습을 보게 됩니다. 또한 열 두 토막을 내서 각 지파에게 보낸 이유를 음행과 망령된 일을 알리려 했기 때문이라고 거짓말을 합니다. 과연 음행(첩을 둠)은 누가 저지르는 것이며 악행(여인을 기꺼이 희생시키는 것이나 시체를 열 두 토막 내는 것 등)은 누가 행하는 것입니까? 그리고 총회로 모인 이스라엘 백성들은 어떻습니까? 그들은 전쟁의 이유를 이스라엘 중에서 악을 제거하려는 것이라고 합니다. 말하자면 거룩한 전쟁을 치른다는 것입니다.

그런데 사사기의 내용으로 볼 때에 그들이 과연 거룩한 전쟁을 외칠 수 있는 자격이 있을까요? 산당을 짓고 신상을 만들어 자신들의 가족의 안녕을 빌며 우상에게 절하는 자들이 누구입니까? 하나님의 공동체인 이스라엘 내에 공공연한 동성애가 난무하고 종교를 사유화하며 레위인들에 대한 십일조와 그들을 돌보아야 할 책임을 내 팽개친 자들이 누구입니까? 이들의 타락의 근본적인 원인이 무엇일까요? 그들은 하나님을 알지 못합니다. 그들이 하나님을 버리고 하나님과 상관없이 살기 때문입니다.

이스라엘 총회가 베냐민과 전쟁을 할 때에 첫 번째와 두 번째 모두 여호와께 묻고 올라갔지만 그들은 베냐민 지파에게 4만 명이나 죽임을 당하고 맙니다. 왜 그럴까요? 하나님이 그들을 징계하시기 때문입니다. 평소에는 하나님과 상관없이 살다가 문제가 생기면 그것도 자신들이 벌여 놓은 일에 대한 뒤처리를 부탁하는 그런 삶에 대해서 경고하시는 것이고 그리고 그들이 하는 짓이 원칙적으로 옳은 일이 아니기 때문입니다.

사태의 심각성을 깨달은 그들이 드디어 날이 저물도록 울며 금식하며 하나님과 화평을 위해서 번제와 화목제를 드리게 됩니다. 첫 번째와 두 번째는 승리에 대한 보장 없이 올라가라고만 하셨던 하나님이 세 번째 올라갈 때에는 베냐민을 손에 붙여주시겠다고 약속하십니다. 결국 베냐민은 이만 오천 명이 넘는 사람들을 잃고 맙니다. 이것은 베냐민 지파에 대한 하나님의 심판입니다. 하나님은 결코 누구의 편을 들어주시는 것이 아니라 이스라엘 공동체 전체의 문제가 무엇임을 보여 주시면서 하나님께로 돌아오기를 바라는 것입니다. 하지만 시간이 지날수록 그들의 하나님을 무시하는 삶은 계속해서 도를 넘어섭니다.

사사기 3장 5-6절을 보면 이방인들의 신들을 섬길 뿐만 아니라 그들의 딸들을 아내로 삼으며 자기 딸들을 그들의 아들들에게 주어서 그들에게 점점 동화되어 가는 모습을 보게 됩니다. 창세기 6장에서 셋 공동체가 가인 공동체와 섞어져 버린 것이 노아 홍수 심판의 결정적 근거가 되었듯이 이스라엘 백성들도 가나안 민족과 섞어지기 시작한 것입니다. 하나님이 우려했던 부분들이 그대로 그들에게 나타나고 있습니다. 그렇게 경고하셨음에도 불구하고 말입니다.

그렇다면 우리는 사사 시대를 어떻게 이해해야 할까요? 지금부터 이 문제를 다루어 보려고 합니다.

사사시대의 첫 번째 성격 - 이스라엘의 불순종에 대한 징계의 시기

하나님은 타락의 나락으로 떨어지는 이들을 그냥 놔둘 수가 없어서 하나님의 손을 들어 징계 하십니다. 이 징계는 하나님이 홧김에 내리시는 하나님 마음 내키는 대로의 징계가 아닙니다. 출애굽 이후에 언약을 맺으면서 그들에게 이미 경고한 것입니다. 하나님은 가나안 민족을 더 이상 쫓아내지 않으실 것입니다. 이렇게 남겨진 가나안 민족은 그들의 옆구리에 가시가 될 것이며 그들이 섬기는 신들은 그들에게 올무가 될 것입니다. 가시가 된다는 것은 가나안 민족이 이스라엘 백성들에게 심한 압제와 고통을 주게 될 것을 말씀하시는 것이고 올무가 된다는 것은 이방종교의 함정에 빠져 열심을 내나 그 우상들로부터 아무 것도 얻지 못하는 헛된 삶을 살게 될 것을 말하는 것입니다.

"남겨 놓은 가나안 민족이 올무가 되는 예를 보겠습니다."[85] 여호수아 11장 22절입니다. "이스라엘 자손의 땅 안에는 아낙 사람이 하나도 남음이 없고 가사와 가드와 아스돗에만 약간 남았었더라." 허성갑 목사는 이렇게 번역을 합니다. "아낙 사람들이 이스라엘 자손의 땅에 남지 않았다. 단지 아자(가사)와 갇(가드)과 아쉬돋(아스돗)에만 남았다."[86] 여호수아 당시에는 아낙 사람들이 가사와 가드와 아스돗에 단지 약간만 남았기 때문에 작은 일로 여겼을지 모릅니다. 하지만 아낙 자손이 누구입니까? 가데스바네아에서 정탐꾼을 보냈을 때 그들을 떨게 만들었던 그래서 결국 이스라엘 민족으로 하여금 가나안 정복을 포기하게 만든 장본인들 아닙니까? 갈렙은 아낙 사람들 중에 가장 큰 사람들이 헤브론에 있는 줄 알면서도 그곳을 자진해서 점령함으로서 하나님의 약속의 신실성을 증명해 보였습니다. 그렇다면 여호수아도 아낙 자손이 있는 곳만큼은 남기지 말았어야 했습니다. 여호수아의 입장에서 22절은 얼버무리면서 슬쩍 지나가듯이 "다 진멸했습니다. 그저 가사와 가드와 아스돗에 조금 남았습니다. 그것은 대수롭지 않습니다."라고 생각한 것이 화근이 되어 버릴 줄 누가 알았겠습니까? 여호수아가 죽은 후에도 유다지파가 가사와 아스글론과 에그론 지역을 점령할 때에 산지의 주민은 쫓아냈지만 골짜기의 주민은 철병거가 있으므로 쫓아내지 못했다고 말하고 있습니다. 가사가 여전히 남은 땅이 되어 있습니다.

가사와 관련하여 살펴볼 말씀이 사사기 16장 1절입니다. "삼손이 가사에 가서 거기서 한 기생을 보고 그에게로 들어갔더니" 여기서의 기생은 창녀를 말하며 삼손이 이 창녀와 밤새도록 함께 있었습니다. 하나님의 사사로 부름 받은 삼손이 가사에서 매춘을 하고 있습니다. 가사 사람들이 삼손이 왔다는 소식을 듣고 밤새도록 성문에 매복하여 새벽이 되면 그를 죽일 것을 모의합니다. 그러나 이것을 눈치 챈 삼손은 구사일생으로 그 도시를 벗어나게 됩니다. 그 후에 블레셋 여인인 들릴라를 사랑하게 되고 그녀의 꾀임에 넘어가 머리카락이 잘라지므로 블레셋 백성들에게 잡혀가는 신세가 됩니다.

그런데 삼손이 눈이 뽑힌 채로 잡혀 간 곳이 바로 가사입니다. 시간적으로 삼손의 사건은 여호수아 시대로부터 300여년이 지난 후의 이야기입니다. 그런데 이 가사가 여호수아 당시에는 이스라엘 민족이 정복하지 않고 남겨 놓아도 아무런 영향을 주지 않는 아주 작은 도시에 불과했었습니다. 그런데 그 도시가 얼마나 성장을 했는가 하면 삿 16:21-24을 보면 알 수 있습니다. "블레셋 사람들이 그를 붙잡아 그의 눈을 빼고 끌고 가사에 내려가 놋 줄로 매고 그에게 옥에서 맷돌을 돌리게 하였더라 그의 머리털이 밀린 후에 다시 자라기 시작하니라 블레셋 사람의 방백들이 이르되 우리의 신이 우리 원수 삼손을 우리 손에 넘겨주었다 하고 다 모여 그들의 신 다곤에게 큰 제사를 드리고 즐거워하고 백성들도 삼손을 보았으므로 이르되 우리의 땅을 망쳐 놓고 우리의 많은 사람을 죽인 원수를 우리의 신이 우리 손에 넘겨주었다 하고 자기들의 신을 찬양하며."

한 마디로 말하면 여호수아 시대에는 별 볼일 없었던 가사가 삼손의 시대에는 블레셋의 종교의 중심지가 되어 있습니다. 블레셋 사람들이 섬기는 우상 다곤을 위한 신전이 바로 여기에 있었습니다. 머리카락이 잘려서 맥을 못 추는 원수 삼손을 붙잡게 된 것이 자기들이 믿는 다곤 때문이라고 하면서 그 신을 찬송하는 것을 볼 수 있습니다. 그런데 삼손이 누구입니까? 하나님의 택하심을 받은 나실인 아닙니까? 하나님의 사람이었습니다. 그런데 가사의 창녀와 성매매를 한 것도 대단히 큰 문제이지만 바로 그 장소에서 삼손이 조롱을 받고 있습니다.

삼손이 조롱을 받는 것은 누가 조롱을 받고 있다는 것입니까? 하나님이 조롱을 받고 있습니다. 지금 블레셋 사람들은 자신들의 신이 이스라엘의 하나님보다 더 뛰어난 신임을 확인하고 종교적 축제를 벌이고 있습니다. 그들은 승리를 축하하는 잔치를 벌이는 곳에 삼손을 불러냅니다. 거기서 삼손이 마지막으로 한번만 힘을 달라고 하나님께 구합니다. 왜 한 번만 입니까? 자신이 저지른 잘못이 무엇인지 다 알거든요. 어떻든 하나님은 그의 기도에 응답해 주셔서 그 건물에 모여 있던 수천 명의 사람을 죽이고 삼손 자신도 죽습니다.

왜 하나님께서 삼손의 기도를 들어주셨을까요? 삼손이 불쌍해서요? 그게 전혀 없는 것은 아니겠지요. 그러나 더 중요한 것은 하나님은 삼손으로 인하여 땅에 떨어진 자신의 권세와 위엄을 그 분 스스로 회복하시고 있습니다. 블레셋 사람들이 생각하고 있는 것처럼 그들의 신보다 못해서 너희들에게 삼손이 죽임을 당하는 것이 아니라는 것입니다. 가사라는 지명의 이름의 의미가 "강한 곳"이라는 뜻입니다. 삼손이라는 이름의 뜻도 "강한 자"

라는 뜻입니다. 여호수아 시대에 "저 곳을 무찌르자" 이 한마디면 끝나버렸을 그 곳이 이제는 이스라엘의 최고의 영웅이 묵사발 되는 장소로 등장하게 되고 더 나아가서 하나님의 영광이 훼손을 당하는 장소가 되어 서 있습니다. 가사와 가드와 아스돗은 에글론과 아스다롯과 함께 블레셋의 대표적인 다섯 도시입니다. 이 민족은 가나안 정복이 완성이 되는 다윗 시대까지 이스라엘을 가장 괴롭히는 민족이 됩니다.

이스라엘의 가시로서는 메소포타미아 왕 구산 리사다임으로부터 시작이 되는데 이스라엘이 그를 8년을 섬기게 됩니다. 이어서 모압 왕 에글론이 암몬과 아말렉과 함께 이스라엘을 쳐서 18년 동안 그들을 지배하고 공물을 바치게 합니다. 하솔 왕 야빈은 20년 동안 이스라엘을 심히 학대하였습니다. 미디안의 손에 압제를 당할 때에는 산에서 웅덩이와 굴과 산성을 만들어 지낼 정도로 끊임없는 핍박과 압제에 시달렸습니다. 그들은 토지소산을 없애 버리고 먹을 것을 남겨 두지 아니하며 양이나 소나 나귀를 탈취해 가버림으로 이스라엘은 궁핍 속에서 살 수밖에 없었습니다. 또한 블레셋 자손과 암몬 자손에게 18년 동안 억압받는 삶을 살았고 또다시 블레셋 사람들에게 40년 동안 괴롭힘을 당했습니다.

이렇게 수많은 민족들을 동원하셔서 그들을 괴롭게 하신 것은 그들을 멸망시키기 위함이 아니라 그들을 하나님의 품으로 돌아오게 하기 위함입니다. 그들이 힘들다고 부르짖을 때마다 설령 그 부르짖음이 신앙적 부르짖음이 아니었음에도 불구하고 사사들을 세워서 그들을 구원하신 것을 보면 알 수 있습니다. 그들이 사사들의 지도를 받아 하나님과 함께 하는 삶을 살 때는 평안이 임했습니다. 하지만 그들의 배교는 수없이 반복되었습니다.

그래서 사사기에 나타난 이스라엘 백성들의 삶의 사이클은 배교 – 심판 – 부르짖음 – 구원 – 평안 – 배교가 이어지는 악순환의 연속이었습니다. 이렇게 배교의 역사가 진행 중에도 그들이 잠시나마 하나님께로 돌아오는 기간이 있었습니다. 그것은 이방민족들에게 고통과 압제를 받으며 그들과 전쟁을 할 때입니다. 이 기간 동안에는 하나님의 존재를 인정하고 하나님께 돌아오는 것을 보게 됩니다. 따라서 사사기 3장 1~4절에서 불순종 때문에 가나안 민족을 남겨 두셨지만 그 남겨진 민족들을 통해서 하나님은 이스라엘을 정신 나게 하는 회초리로 사용하시는 것을 보게 됩니다.

사사시대의 두 번째 성격 – 이스라엘 민족의 가나안화

사사기 3장 5-6절입니다. "이스라엘 자손은 마침내 가나안 족속과 헷 족속과 아모리 족속과 브리스 족속과 히위 족속과 여부스 족속 가운데에 거주하면서 그들의 딸들을 맞아 아내로 삼으로 자기 딸들을 그들의 아들들에게 주고 또 그들의 신들을 섬겼더라" 하나님께서 우려하던 일이 지금 이스라엘 백성들에게 벌어지고 있습니다. 왜 이스라엘은 하나님을 버리고 가나안 민족의 바알과 아세라와 아스다롯을 섬기는 일에 빠져 버릴까요? 이것은 이스라엘의 생활 패턴의 변화에서 찾을 수도 있을 것입니다. 이스라엘은 원래 유목민족이었습니다. 자신의 양 떼와 소를 몰고 우물과 목초지를 찾아서 이리저리 떠돌아다녔던 민족입니다.

그런데 이제 가나안에서는 농경민족이 되어야 합니다. 물론 목축업을 없애 버리는 것이 아니지만 그들의 주요 농산물은 밀과 보리가 될 것입니다. 포도를 가꿀 것이며 무화과 열매를 따 먹으며 살 것입니다. 이 말은 그들의 생활 방식을 목축생활 위주의 삶에서 농경생활 위주의 삶으로 바꿀 수밖에 없다는 것입니다. 그렇다면 가나안에 살면서 그들의 눈에 가장 먼저 눈에 띄는 것이 무엇일까요? 가나안 민족의 농경 생활 풍습과 그리고 그들이 따르는 종교 의식이 될 것입니다. 당시에는 농사와 종교는 분리될 수 없는 농종 일체의 사회였습니다. 농사를 짓는 그들은 당연히 신의 도움을 받아야 많은 수확물을 얻을 수 있다는 미신 같은 것이 어디에나 있었습니다.

농경 생활을 하면서 가나안 땅과 기후에 대해서 신출내기에 불과한 이스라엘이 가장 붙들고 싶은 것이 무엇이겠습니까? 가나안 땅의 신들을 붙잡고 싶은 유혹이 가장 컸을 것이고 새로운 땅에 대한 적응을 위해서는 가나안 사람들의 풍습을 따라야 풍성한 수확을 올릴 수 있을 거라는 막연한 생각도 들었을 것입니다. 그래서 이스라엘 백성들은 그들의 종교적 축제에 관심을 기울였을 것이고 참여하고 싶은 마음이 생긴 것입니다. 가나안 신들이야말로 그 땅을 가장 잘 알며 과거에도 가나안 인들에게 풍성한 수확을 주었던 것처럼 자기들에게도 그렇게 해 주기를 바란 것입니다. 그들이 바알의 단을 헐기를 거부한 이유입니다. 그래서 그들의 앞서 있는 농경문화는 이스라엘 백성들의 눈과 마음을 자극하기에 충분했고 시간이 흐르면서 이스라엘 민족은 점점 더 그들의 삶에 동화되어 버리고 맙니다. 하나님이 모든 것을 불태워 버리고 진멸하라는 이유가 여기에 있었는데 말입니다.

하지만 그들은 남겨놓았습니다. 이스라엘 백성들은 완전히 하나님을 버리지 않습니다. 하나님도 믿으면서 바알도 섬깁니다. 아브라함 때부터 수백 년 동안 이스라엘을 위해서 구원의 역사를 신실하게 담당해 오신 하나님은 이제 바알과 동급의 그저 그런 신이 되고 말았습니다. 그러니 그들에게는 반드시 하나님만을 고집할 필요가 없어진 것입니다. 하나님은 유일한 존재가 아니라 여러 신들 중의 한 분에 불과하기 때문입니다. 하나님을 온 우주의 하나님이 아니라 이스라엘의 민족의 신으로 만들어 버렸습니다. 이방 민족이나 그들은 똑같이 신을 섬기는 사람들이 된 것입니다. 그래서 필요에 따라서 하나님과 바알을 번갈아 섬기는 것을 반복하는 것입니다. 이것은 결코 하나님을 믿는 것이 아닙니다. 가나안 정복의 과정을 통해서 남겨 놓은 사람들과 종교가 이스라엘의 왕정시대의 기본적인 배경이 됩니다.

사사시대의 세 번째 성격 :
요셉의 가문으로부터 유다 가문으로의 장자권(지도력)의 이동

어떤 사람들은 기드온이 말한 "너희 왕은 하나님이시다"라는 말을 근거로 사사시대의 정치체제를 이상적인 신적통치의 형태로 보는 사람들이 있습니다. 그래서 중앙에서 모든 것을 통제하는 통치자 없이 각 지파가 자기 나름대로 상당한 자율성을 가지고 있는 이상적인 민주적 지방자치의 시대였다는 것입니다. 그래서 다윗왕권은 이런 이상적 형태와 반대되는 정치형태로서 사사시대의 좋은 상태를 파괴하고 타락으로 몰고 간 나쁜 것이라고 이야기를 합니다. 그래서 왕정시대에 선지자들이 일어나서 왕들을 비판할 때 그들이 항상 염두에 둔 이상적인 모습은 사사시대와 같이 모든 사람들이 자율적으로 행하는 그런 모습이라고 생각했으며 그렇기 때문에 새로 등장하는 왕정에 대해서는 항상 부정적이었다라고 주장을 합니다. 결국 다윗 왕조는 하나님께서 적극적으로 원하신 것이 아니고 허용적인 것뿐이었다고 말합니다.

그러나 이 주장의 가장 큰 맹점은 신약에서 말씀하는 바와 같이 다윗왕권은 예수 그리스도의 왕권의 예표였다는 사실입니다. 만일 다윗왕권을 부정적으로 보면 예수 그리스도의 등장까지도 부정적으로 볼 수밖에 없게 됩니다. 또한 다윗 왕권은 창 17:6에서 왕들이 네게서 나올 것이라고 아브라함에게 이미 약속하신 내용입니다. 또한 야곱이 유다를 축복할 때부터 언급되고 있습니다. 창 49:10을 유재원 교수는 이렇게 번역을 합니다. "홀이 유다를 떠나지 아니하며 통치자의 지휘봉이 그의 발 사이에서 떠나지 아니할 것이니 그것의 소유자가 오시기까지 그리할 것이요 그에게 모든 백성이 복종하리로다"[87] 앨런 로스는 이 구절을 "홀은 왕의 신분을 표시하는 상징입니다. 그것은 유다의 것이 될 것입니다…중략…하나님의 통치와 치리가 유다에게 남아 있을 것이라는 사상을 강조합니다"[88]

라고 보면서 이것은 "메시아의 도래에 대한 초기의 암시를 제공"[89]한다고 주장합니다. 만일 유다가 메시아가 오시는 통로로서의 족보를 가진다면 당연히 야곱의 축복은 다윗 왕권을 지향하고 있음이 틀림없습니다.

창세기 49장 8절에서도 다른 지파들이 유다 앞에 엎드릴 것을 말함으로써 유다가 이스라엘의 통치자가 될 것을 암시하고 있습니다. 그런데 애굽으로의 이주와 출애굽과 가나안 정복을 거치는 동안에 유다 지파의 지도력은 나타나지 않습니다. 애굽으로 이주할 때는 요셉에 의해서 주도되었고 출애굽 할 때는 레위 지파인 모세, 그리고 가나안 정복에는 에브라임 지파인 여호수아가 핵심적인 역할을 하게 됩니다. 사사시대에는 비록 국지적이긴 했지만 사사들이 이스라엘을 통치하였습니다. 그러나 이스라엘을 국지적으로 다스리는 사사제도는 입다의 경거망동한 인간 제사나 특히 삼손의 비참한 최후, 그리고 이스라엘의 하나님에 대한 반복되는 배교 등으로 볼 때 이스라엘을 효과적으로 다스릴 수 없음을 보여 주었습니다.

그래서 이스라엘 백성들이 가나안에 완전한 정착을 하기에는 간헐적 사사의 출현으로는 불완전했고 완전한 통치의 필요가 소망되었습니다. 사사기 2장을 보면 여호수아와 동시대에 속했던 사람들이 모두 죽고 난 다음에 사사시대의 본격적인 이야기가 진행되는데 이 시대는 사무엘을 거쳐서 다윗 시대로 역사가 진행이 됩니다. 그렇다면 사사시대는 가나안 정복의 시작과 이 정복이 완성된 다윗 왕조로 이어지는 그런 역사적 흐름을 연결해 주는 시기라고 볼 수 있습니다. 출애굽의 진정한 목적은 가나안의 정복이 완성이 되는 시기인데 이것을 이룬 사람이 바로 다윗 왕이기 때문입니다.

여호수아를 포함한 사사시대를 거치면서 그 시대의 사람들은 정복사역을 감당하지 못했습니다. 그런 의미에서 사사 시대는 실패한 시대입니다. 그런데 그 실패한 사명을 하나님은 다윗을 세워서 완성하십니다. 따라서 우리는 가나안 정복이 다윗에게서 완성된 것이므로 여호수아 시대부터 다윗 시대까지를 가나안 정복이라는 하나의 시대로 묶어서 보아야 합니다. 그런데 이 정복이 완성되는 과정에서 이스라엘의 통치권이 확립되는 역사의 흐름이 있는데 사사기를 거치면서 중요한 변화가 일어나는 것을 보게 됩니다. 그것은 정복의 사역에서 이스라엘의 중심적인 리더십이 요셉지파를 거쳐서 마침내 유다 지파(다윗이 속해 있는 지파)로 넘어 온다는 것입니다.

가나안 정복을 시작하는 단계(여호수아)부터 그리고 사사 시대에도 비록 국지적이긴 했지만 이스라엘의 통치 권력이 주로 요셉지파에게 있었습니다. 여호수아는 에브라임 지파였고 사사들의 출신 지파(참고 : 드보라, 압돈 - 에브라임 지파 / 기드온, 아비멜렉, 야일, 입다 - 므낫세 지파 / 옷니엘, 입산 - 유다)를 보면 요셉지파(에브라임 지파와 므낫세 지파)가 주도 하고 있는 것을 보게 됩니다. 그런데 이렇게 리더십이 요셉 지파에서 유다 지파로 넘어간 것은 그저 우연하게 된 것이 아니고 그럴만한 충분한 이유가 있습니다.

역대상의 족보를 보면 이스라엘(야곱)의 족보를 다루면서 장자의 순서를 따르지 않고 유다를 가장 먼저 언급하고 있는데 그 이유를 5:1~2절에서 말하고 있습니다. 르우벤이 실질적으로 장자였지만 아버지의 침상을 더럽혔기(빌하와 동침) 때문에 장자의 명분을 잃어버렸고 그 장자의 명분이 요셉지파에게 갔다고 말합니다. 고대 풍습에 의하면 장자에게는 두 몫을 주게 되어 있는데 야곱은 죽을 때 요셉지파에게 두 몫을 줍니다. 즉 요셉의 두 아들, 에브라임과 므낫세에게 각각 한 분깃씩 주는데(창 48장) 이것은 요셉에게 장자의 명분을 주는 것과 같은 의미입니다. 또한 이스라엘이 가나안에 정착을 하는 과정에서 성막이 에브라임 지파의 실로에 세워진 것도 지리적으로 이스라엘의 중앙에 있기 때문이기도 하지만 다른 지파들이 아무런 이의를 제기하지 않은 것으로 보아 요셉 지파의 장자권을 인정했기 때문으로 보입니다. 그런데 대상 5:2에서 장자의 명분은 요셉지파에게 넘어갔지만 통치권은 유다지파에게 있다고 말씀합니다. 그런 의미에서 유다 지파를 르우벤이나 요셉 지파보다 먼저 언급하고 있는 것입니다.

시 78편을 보면 사사시대에 역사의 흐름이 요셉지파 중심에서 유다지파에게로 이행하게 된 경위와 이유에 대해서 간략하게 설명하고 있습니다. 9절에 보면 에브라임지파에 대한 불신앙과 불순종에 대한 책망이 나오는데 '에브라임 자손은 무기를 갖추며 활을 가졌으나 전쟁의 날에 물러갔다(돌아섰다는 의미)' 라고 되어 있습니다. 그렇다면 이 전쟁은 어떤 전쟁을 의미하는 것일까요? 78편이 말하고 있는 역사는 애굽에서 나올 때부터 다윗왕까지의 역사를 개괄하고 있습니다. 그렇다면 이 전쟁은 이 기간 동안에 있었던 전쟁의 기간인데 가나안 정복은 여호수아 주도로 이루어졌고 사무엘의 시대는 사무엘의 주도로 그리고 왕이 세워진 다음에는 사울의 주도로 사울 이후에는 다윗의 주도로 이루어졌으므로 남는 것은 여호수아 이후부터 사울 전까지로 볼 수 있습니다. 이 기간은 우리가 흔히 말하는 사사시대입니다.

그런데 이 사사시대에 에브라임이 전쟁의 날에 활을 가졌으면서도 등을 돌렸다는 것은 무엇을 암시하는가 하면 그 당시 에브라임 지파가 차지하고 있던 위치 곧 지도자적인 역할을 포기했다는 의미가 됩니다. 그 시대는 가나안에서 대적을 멸하고 이스라엘을 정착케 하는 사명을 받은 시대, 즉 전쟁을 수행해야 하는 시대적 사명을 띠고 있었습니다. 이런 전투의 사명을 감당하는데 있어서 주도적 역할을 해야 할 지파가 요셉지파(에브라임과 므낫세 지파)였는데 그 책임을 제대로 감당하지 못한 것입니다.

사사기 저자는 삿 1:18-21까지는 유다 지파를 언급하고 1:22~36절까지는 북 이스라엘의 지파를 언급하는데 북 이스라엘 지파의 시작을 "요셉 가문"[90]이 벧엘을 치는 장면으로 시작합니다. 이들은 하나님께서 함께 하시므로 그 성읍을 쉽게 함락시켰지만 그 성읍 사람들은 진멸하지 않고 풀어 주므로 그 사람들이 헷 족속의 땅, 즉 "벧엘의 서쪽"[91]에 다른 성읍을 짓고 계속해서 이스라엘 중에 머물게 만듭니다. 하나님께서 함께 하시므로 그 성읍을 함락시켰음에도 불구하고 그 성을 처리하는 과정에서 그들은 하나님의 뜻대로 행하지 않고 그 성읍 사람들과 타협을 해 버린 것입니다.

요셉 가문이 다른 지파들보다 먼저 언급이 된 것은 이들에게서 다른 지파들에 대한 선도적인 역할을 기대했지만 기대에 부응하지 못하고 오히려 이들의 타협이 다른 지파들에게도 좋지 않은 영향을 미쳤다는 것을 암시하고 있습니다. 삿 1:35에는 요셉 가문이 단지 에브라임 지파와 므낫세 지파를 의미하는 것이 아니라 "북쪽 지파를 대표하는 것"[92]으로 등장을 합니다. 그렇게 보는 이유는 헤레스 산과 아얄론과 사알빔은 "단 지파에 소속된 땅"[93]으로 모든 지파들이 공동 작전을 편 것으로 보이기 때문입니다. 그런데 그들을 요셉 가문으로 표현한 것은 요셉 지파를 열 지파의 리더로 보고 있다는 증거입니다. 그러나 요셉지파를 지도자로 삼고 행한 이들의 정복은 철저하게 실패한 정복이 되고 맙니다. 단 하나의 성도 하나님의 뜻대로 진멸한 성이 없습니다. 가나안 민족과 공존을 택하기로 하고 모두 타협해 버립니다. 정복 전쟁이 아니라 허울 좋은 외교전이 되어 버린 것입니다.

결론적으로 1:22~36절의 북쪽 지파의 정복기사에서 시작과 끝을 요셉 가문으로 삼은 것은 이 가문이 장자권을 부여 받았지만 리더 지파로서 하나님의 말씀에 따라 정복하는 모범을 보이지 못하고 전체 이스라엘에게 좋지 않은 영향을 미쳤던 것을 감안한다면 그들의 불순종의 죄가 작지 않다는 것을 강조하고 있습니다. 그래서 지도자의 책무를 감당하지 못한 그 일에 대한 책임을 물으셔서 요셉 지파의 리더십을 거두시고 유다지파를 새로운 리더십으로 선택하신 것입니다. 시편 78편 67-72절입니다. "또 요셉의 장막을 버리시며 에브라임 지파를 택하지 아니하시고 오직 유다 지파와 그가 사랑하시는 시온 산을 택하시며 그의 성소를 산의 높음같이 영원히 두신 땅 같이 지으셨도다 또 그의 종 다윗을 택하시되 양의 우리에서 취하시며 젖 양을 지키는 중에서 그들을 이끌어 내사 그의 백성인 야곱, 그의 소유인 이스라엘을 기르게 하셨더니 이에 그가 그들을 자기 마음의 완전함으로 기르고 그의 손의 능숙함으로 그들을 지도하였도다."

시 78편은 사사시대를 통해서 요셉지파가 지도자적 역할을 감당하지 못했기 때문에 그 주도권이 유다지파로 넘어가게 되었으며 이것이 다윗왕권의 탄생으로 연결되었음을 보여 주며 솔로몬 성전이 성막이 있었던 요셉 지파의 실로가 아니라 유다 지파의 다윗의 도성으로 불리는 예루살렘에 세워진 이유에 대해서 말씀하고 있습니다. 그래서 사사 시대를 배경으로 하는 룻기에 다윗 족보가 등장하는 것입니다.

사사 시대의 네 번째 성격 - 유다 지파 다윗 족보의 등장

이스라엘의 끊임없는 배교와 도덕적 타락은 사사 시대를 암흑의 시대로 만들어 버렸습니다. 하지만 이 소망이 없어 보이던 시대에도 하나님의 구속의 역사는 전진하고 있었습니다. 룻기는 사사 시대의 한 가족 이야기 이지만 내용의 크기가 작지 않습니다. 어두움으로 덮여 있는 사사 시대일지라도 이스라엘의 역사는 여기서 끝나지 않을 것임을 보여주는 한 줄기 빛을 보여 주는 내용이기 때문입니다. 유다 지파의 베들레헴 출신 엘리멜렉이 흉년이 들자 부인 나오미와 두 아들 말론과 기룐을 데리고 모압으로 이주해 갑니다. 그런데 모압은 신명기에서 여호와의 총회에 들어오지 못한다고 했는데 출애굽한 이스라엘에게 길을 열어주지 않았을 뿐 아니라 발람을 통해 이스라엘을 저주한 민족이요 롯과 그의 딸이 근친상간하여 낳은 족속이기 때문입니다. 선택된 백성이 약속의 땅을 버리고 저주 받은 땅으로 이주 할 정도라면 지금 이스라엘의 상황이 육적으로나 영적으로나 얼마나 피폐되어 있는지를 보여 주고 있습니다.

아무튼 거기서 엘리멜렉은 죽고 나오미는 모압 여자인 오르바와 룻을 며느리로 맞았습니다. 나오미가 모압에 거주한지 10년이 지난 즈음에 두 아들이 죽었고 세 과부만 남게 되었습니다. 그래서 나오미는 더 이상 모압에서 버틸 수가 없었는데 다행히 하나님께서 이스라엘 백성들을 돌아 보사 풍년을 허락하셨다는 소식을 듣고 유다로 돌아가기로 마음을 먹습니다. 나오미는 두 며느리에게 모압에 남아서 다시 가정을 갖도록 기회를 주고 싶어서 따라 오지 말라고 합니다. 오르바는 돌아갔지만 룻은 결단코 돌아가지 않겠다며 나오미에게 남았습니다. 룻이 나오미를 한사코 떠나지 않고 이스라엘로 동행하겠다고 하는 것은 단순히 늙은 시어머니를 봉양하겠다는 효도의 차원보다 더 높은 희생을 요구하는 것입니다. 당시는 정교일치의 사회였기 때문에 룻의 태도는 그녀의 백성뿐만 아니라 그녀의 신도 버리겠다는 것이고 반대로 이것은 이스라엘의 백성이 되며 이스라엘 백성들이 섬기는 신을 자신이 믿는 신으로 받아들이겠다는 의미가 됩니다.

그래서 룻기 1장 16-17절의 고백은 룻의 진정성을 보여 줍니다. "내게 어머니를 떠나며 어머니를 따르지 말고 돌아가라 강권하지 마옵소서 어머니께서 가시는 곳에 나도 가고 어머니께서 머무시는 곳에서 나도 머물겠나이다 어머니의 백성이 나의 백성이 되고 어머니의 하나님이 나의 하나님이 되시리니 어머니께서 죽으시는 곳에서 나도 죽어 거기 묻힐 것이라 만일 내가 죽는 일 외에 어머니를 떠나면 여호와께서 내게 벌을 내리시고 더 내리시기를 원하나이다." '나의 하나님' 이나 '여호와께서 내게' 라는 룻의 고백에는 하나님에 대한 신뢰가 들어 있습니다. 하나님이 누구의 하나님이 아니라 바로 자신의 하나님이심을 진심으로 고백하고 있기 때문입니다.

그러나 베들레헴으로 돌아가는 나오미는 마음이 무거웠습니다. 왜냐하면 자신에게 벌어진 모든 상황이 하나님께서 징계하시는 것으로 받아들여졌고 실제로 자신의 가문의 대가 끊어질 위기에 처해 있었기 때문입니다(참조, 룻 1:13, 21). 그래서 동네 사람들을 만나자 '희락'이라는 뜻을 가진 나오미로 부르지 말고 '괴로움'이라는 뜻을 가진 마라로 자신의 이름을 불러 달라고 요구 할 정도였습니다. 사실 나오미에게 가문을 이을 수 있는 유일한 희망은 자신이 다시 결혼을 해서 남편으로부터 아들을 얻는 것입니다. 그리고 당시의 풍습대로 룻이 며느리로 있는 한 그녀에게 자신의 아들을 주어서 대를 잇게 하는 방법 밖에 없습니다. 그러나 이것은 물리적으로 불가능한 일이었습니다. 그래서 나오미는 대를 잇는 다는 것은 포기할 수밖에 없었고 과부인 두 사람이 생계나 잘 이어서 먹고 사는 것이 소박한 꿈이었습니다. 룻도 시어머니를 최선을 다해서 공양함으로서 자신의 신앙고백이 진심임을 행동으로 보여 주었습니다.

그런데 나오미에게 희망이 보이기 시작합니다. 룻이 밭에서 이삭을 줍는데 그 밭의 주인이 자신의 남편 엘리멜렉의 친족 보아스에게 속한 밭이었기 때문입니다. 보아스는 유력한 자로서 재산도 넉넉했고 그곳에서는 유지와 같은 사람이었습니다. 보아스는 자신의 고국을 버리고 이국땅에 와서 시어머니를 봉양하는 룻에게 이방여인이 아니라 같은 민족처럼 최대한의 호의를 베풀어 줍니다. 나오미는 자기 가문의 기업 무를 자에 해당되는 보아스가 호의를 베푼 것임을 알게 되고 결국 룻에게 보아스의 밭에서만 이삭을 줍게 합니다. 기업무를 자의 첫 번째 책임은 "친족 형제가 아내를 홀로 남기고 고인이 되면 고인의 가까운 친족 중에 한 사람이 그를 아내로 맞이하여 고인의 이름과 유산을 이을 아들을 낳아 주는 것"[94] 입니다.

나오미는 보아스가 기업 무를 자의 역할 뿐 아니라 룻과 결혼하여 자신의 가정의 대를 이어갈 자식까지 얻기를 희망했습니다. 그래서 룻은 나오미가 일러준 대로 보아스에게 청혼을 하게 되고 보아스는 룻의 청혼을 받아들이되 합법적으로 기업 무를 자의 책임을 다하기 위해서 장로들의 동의를 구하게 됩니다. 왜냐하면 보아스보다 우선적으로 기업 무를 자의 책임을 감당해야 될 더 가까운 친척이 있었기 때문입니다. 결국 그 사람이 책임을 포기하므로 보아스와 룻은 결혼을 하게 되고 아들을 얻게 되는데 그의 이름이 오벳입니다. 다윗의 아버지인 이새의 아버지이니까 다윗의 할아버지가 되는 셈입니다.

룻기가 보여주는 첫 번째 중요한 사실은 다윗 왕권의 합법성을 부여한다는 것입니다. 다윗 왕권은 이상적이고 민주적인 지방자치의 사사시대를 무너뜨린 것이 아니라 원래부터 하나님의 계획 속에 있었습니다. 아브라함을 통해서 열 왕이 태어난다는 사실을 약속하셨고 야곱의 축복을 통해서는 유다 지파가 전 이스라엘의 통치권을 갖게 될 것을 말씀하셨으며 신명기에는 왕권이 세워질 것을 이미 언급하셨습니다. 또한 선지서에 가면 그 왕권을 통해서 메시아가 오실 것을 예언하고 있습니다.

사사시대는 결코 이상적인 정치형태로 주신 것이 아닙니다. 타락한 인간은 아무리 이상적 정치제도가 주어진다 해도 그것을 제대로 운영할 만한 능력이 없습니다. 죄의 유혹을 이겨낼 수 없으며 모든 백성이 만족할 만한 지도력을 만들어 낼 수 있는 인간이 없기 때문입니다. 사사 시대가 보여주는 악순환적인 이스라엘 백성들의 삶의 패턴은 이미 언급한 대로 진멸하라는 하나님의 명령에 순종하지 않고 자신들의 소견대로 가나안 민족을 남겨놓은 그들의 죄가 근본 원인이며 또한 하나님과의 관계를 파기하고 바알과 아세라를 섬기며 이방신들을 자신들의 주권자로 받아들인 것에 대한 징계의 기간이며 징계를 통해서 하나님께로 돌아오기를 바라는 하나님의 간절한 호소의 기간입니다.

또한 요셉 지파가 지도자의 역할을 감당치 못함으로 유다지파로의 지도력의 전환을 알리는 기간이기도 합니다. 유다 지파 소속의 다윗을 소개하는 이유가 여기에 있습니다. 그리고 룻기는 하나님의 구속의 내용의 일관성을 보여줍니다. 룻은 여호와의 총회에 들어오지 못하는 모압 여인이었습니다. 하지만 룻은 다윗과 예수 그리스도의 족보의 일원이 됩니다. 그것은 룻이 하나님을 자신의 하나님이심을 믿음으로 인정했기 때문에 가능한 것이었습니다. 그녀가 시어머니를 공경했기 때문이 아닙니다. 자신의 신들을 버리고 하나님을 유일한 주권자로 생사화복을 주관하는 분이라는 믿음을 소유했기 때문에 가능한 것입니다. 라합의 경우와 하나도 다를 것이 없습니다. 메시아의 족보에는 믿음으로 오르는 것이지 착한 며느리이기 때문에 오르는 것이 아닙니다. 룻의 모습은 사사 시대의 이스라엘 백성들의 모습과 너무도 대비가 됩니다. 룻의 고백이 이스라엘 민족의 자연스런 신앙고백이 되어야 하는데 오히려 그들은 바알의 이름을 부르며 이방신들에게 절을 하고 있습니다.

룻의 이야기는 혈통적으로는 결코 이스라엘의 족보에 오를 수 없으며 오직 믿음으로만 가능하다는 것을 그들에게 경고로 보여 주는 것입니다. 그리고 이방여인 룻이 하나님의 자녀가 된 이야기는 구약시대에 하나님은 끊임없이 모든 민족을 향한 소원을 두고 행하신다는 것을 보여주고 있습니다. 아브라함의 약속은 항상 모든 민족을 향하고 있다는 것입니다. 하나님은 결코 이스라엘만을 위한 국수적인 하나님이 아니십니다. 그 분은 모든 민족을 가슴에 품으신 온 우주의 하나님이십니다.

다윗의 왕권을 준비하는 사무엘

가나안 정복의 온전한 완성은 다윗 시대에 이루어집니다. 따라서 다윗이 온 이스라엘의 왕으로 즉위하기 전까지 잊지 말아야 할 것은 배경이 사사 시대의 연속이라는 것입니다. 하나님이 인정하는 진정한 왕정의 시작은 다윗으로부터 시작되기 때문입니다. 그 다윗의 왕권을 예비하는 사람으로 등장하는 사람이 사무엘입니다. 사무엘은 메시아 왕국의 왕으로 오시는 예수님을 준비한 세례요한처럼 이스라엘의 혈통적 왕권인 다윗 왕권을 세우기 위해 하나님이 준비하신 구약의 세례요한이라 할 수 있습니다.

김지찬 교수는 "한나의 불임은 이스라엘의 불임을 보여주는 창문"[95]이라고 주장합니다. 당시 이스라엘의 국가적 상태를 한 마디로 잘 정리해 주고 있습니다. 우리가 이미 사사기 17-21장을 통해서 살펴보았듯이 사사 시대는 종교적 무질서와 도덕적 타락은 도를 넘어서고 정치적으로는 마치 무정부 상태의 사회적 혼란을 겪고 있었기 때문에 미래가 보이지 않는 암흑천지와도 같은 시기였습니다. 사무엘서는 이 혼탁한 시기에 불임 여인인 한나를 등장시키며 시작합니다. 그녀는 자식이 없으므로 둘째 부인인 브닌나에게조차 무시를 당하는 여인입니다.

한나는 남편 엘가나와 함께 매년 습관을 좇아 실로에 있는 성막으로 가서 하나님을 경배하였는데 그 때에 한나가 하나님께 통곡하며 기도하는 내용이 삼상 1:11입니다. 이 통곡은 브닌나에게 당하는 설움이나 자식이 없어서 애통해 하는 것쯤으로 이해할 수 있으나 한나가 자식을 주면 나실인(구별된 자)으로 구별하여 하나님께 드린다는 기도의 내용으로 볼 때 단지 불임한 한 여자로서의 애통함 뿐만 아니라 그 이상의 무엇을 가지고 기도하고 있다는 사실을 직감할 수 있습니다. 그럼 무엇 때문에 한나는 통곡하며 간절히 아들을 원할까요? 사무엘상 1장 3절에 보면 문맥상 굳이 들어갈 필요가 없는 엘리의 두 아들 홉니와 비느하스가 등장하는데 그들은 명목상은 제사장이었지만 삼상 2:12이 폭로하는 바와 같이 품행이 나쁜 불량자들일 뿐 아니라 하나님을 믿지 않는 사람들이었습니다. 엘리의 아들이라는 이유만으로 믿음과는 상관없이 제사장 직분을 세습한 것입니다.

1:9절 이하에서 한나가 기도를 할 때 입술만 움직이고 음성은 들리지 아니하므로 엘리 제사장이 그녀를 술 취한 여자로 여기고 포도주를 끊으라고 야단을 치는 것에 대해서 한나가 16절에서 자신을 악한 여자로 여기지 말아 달라고 정색을 합니다. 그런데 "한나가 자신이 '악한 여자' (בַּת־בְּלִיָּעַל : 바트 벨리야알)가 아니라고 엘리에게 항변하는 것은 성경이 엘리의 아들들을 '불량자' (בְּנֵי בְלִיָּעַל : 베네 벨리야알), 즉 문자적으로는 악한 남자들로 묘사하는 것(2:12)과 대조적"[96] 입니다. 따라서 사무엘서의 기자가 한나를 엘리의 아들들과는 다른 사람임을 내세우는 것으로 짐작하건대 한나는 이미 엘리의 아들들의 악한 행동들을 알고 있었으며 이스라엘의 종교적 타락의 수준을 아주 심각하게 생각하고 있었음을 알 수 있습니다. 그래서 사무엘을 낳은 후에 부른 노래 중 2:6~9절에서 온 우주에 대한 주권자(6-7절)시요 창조자(2:8절 하반절)이신 하나님을 찬양한 다음에 10절에서는 왕이 없던 사사시대에 하나님께서 자기 왕에게 힘을 주시며 자기의 기름 부음을 받은 자의 뿔을 높이실 것을 언급함으로서 뭔가 현재와는 다른 새로운 세상을 소망하고 있는 말하자면 현실을 넘어 미래를 바라보는 분위기를 풍기고 있다는 것입니다.

그런데 여기서 왕과 기름 부음 받은 자는 동일인물로서 사무엘서 전체 문맥으로 볼 때 일차적으로는 사무엘에게 기름 부음을 받은 다윗 왕을 가리키는 것이 틀림없습니다. 다윗이야말로 이스라엘을 대적하는 자들을 모두 제압하고 가나안 정복을 완성한 왕이기 때문입니다. 더 나아가서 이 왕은 다윗의 후손이요 하나님의 기름부음을 받은 자로 오실 메시아 예수를 지향하고 있습니다.

그래서 김지찬 교수는 한나의 노래에 대해서 이렇게 말합니다. "여호와로 인하여 '한나의 뿔'[97]이 높아진 것을 기뻐하면서 시작하였다가 여호와께서 메시아의 뿔을 높이실 것으로 끝나는데 높아진 뿔로 끝나는 것은 박해받던 변두리 백성이던 이스라엘이 다윗

아래서 높아지게 될 것임을 미리부터 암시 하고 있음을 드러내는 것이다. 하나님이 택하신 왕이요 기름부음 받은 자인 다윗은 이렇게 사무엘상 처음부터 나타나며 사무엘서의 나머지 이야기를 어떻게 해석해야 하는지의 관점을 잘 보여준다."[98] 하나님은 한나를 통해서 단순히 한 여인의 불임문제를 해결해 주시고 영광을 받으시려는 것이 아니라 이스라엘 전체가 불임의 상태로 하나님의 생명이 작동하지 않는 암흑의 시대를 살고 있지만 다윗을 통하여 새로운 이스라엘을 건설하시겠다는 미래에 대한 소망과 함께 그 다윗 왕권이 지향하는 메시아가 세울 왕국을 내다보고 있는 것입니다.

따라서 사무엘상 1-2장의 연구를 통해서 볼 때 한나가 통곡하며 아들을 달라고 기도한 것은 자신의 자식 없음에 대한 한탄을 해소하려는 차원이 아니라 이스라엘의 영적 현실을 직시하고 자신의 아들이 엘리의 아들들이 보여 주고 있는 종교적 타락을 극복할 수 있는 어떤 새로운 역할을 감당해 줄 것을 바라는 믿음의 발로였습니다. 더욱이 하나님께서 엘리 제사장 집안에 대한 심판을 선포하시면서 삼상 2:35에서 기름부음 받은 자를 세우기 위해서 특별히 충실한 제사장, 즉 사무엘을 세우시겠다고 하신 것을 보면 한나에게 일어난 모든 일은 하나님께서 계획적으로 섭리하신 것임을 알 수 있습니다.

그리고 하나님은 말씀이 희귀하여 이상이 흔히 보이지 않던 영적 암흑시대에 사무엘을 찾아오셔서 말씀하심으로서 마치 400년간의 신구약 중간시대의 침묵기간이 끝나고 세례요한에게 말씀을 주심으로 광야에서 외치는 자의 소리로서 왕이신 예수 그리스도의 사역을 준비시키셨던 것처럼 사무엘에게도 장차 세우실 다윗의 왕권을 준비시키는 사역을 맡기십니다.

사무엘은 엘리와 그 아들들과는 달리 하나님의 충실한 제사장으로서 하나님의 뜻대로 행하는 선지자가 될 것이며 그리고 하나님께서 준비하신 한 왕을 기름 부을 자로 예비되는 것입니다. 사무엘은 마지막 사사 겸 선지자와 제사장으로서 삼상 3:20에서 그의 리더십이 단에서 브엘세바까지 미치고 있다는 것을 밝히고 있는 것처럼 여호수아 이후에 전 이스라엘에 영향력을 미친 최초의 사람이라고 말할 수 있습니다. 이렇게 사무엘에게 전 이스라엘에 대한 영향력을 행사할 수 있도록 하신 것은 그의 권위를 통해서 모든 이스라엘이 합당하게 여길 왕을 세울 것을 예비하고 있는 것으로 보아야 합니다.

29. 사울 왕의 실패

**이스라엘 백성들이 왕을 요구한 것은 하나님을 그들의 진정한 왕으로 인정하기 싫어했기 때문입니다.
그럼에도 사울 왕을 허락하시고 기회를 주셨지만
사울 왕과 이스라엘 백성은 결국 실패하고 맙니다.
하나님을 배제한 이스라엘! 상상이나 할 수 있습니까?**

빼앗긴 언약궤

이스라엘이 가나안 정복 당시에 남겨 놓았던 가사와 가드와 아스돗과 에그론과 아스글론 등으로 강력하게 연합되어 있던 민족이 블레셋이었는데 이들은 사사 시대를 거치면서 이스라엘을 가장 많이 괴롭히는 민족이 되었습니다. 엘리가 아직 제사장으로 있을 때에 이스라엘이 이 블레셋과 전쟁을 벌였는데 사천 명이나 죽임을 당하고 대패하고 맙니다(삼상 4:2). 그런데 이스라엘 사람들은 4:3절에서 "여호와께서 어찌하여 패하게 하셨는고" 하면서 실패한 원인을 하나님께로 돌립니다. 그러면서 내리는 결론이 성막에서 언약궤를 가져와서 자신들 가운데 두어 그것으로 우리를 원수의 손에서 구원하게 하자고 결의합니다.

언약궤는 하나님의 임재의 상징입니다. 요단강을 건너면서, 여리고성을 정복하면서 그 의미를 실제로 보여 주셨습니다. 그런데 이것은 하나님께서 이스라엘과 함께 하신다는 상징으로 그렇게 하신 것이지 언약궤 자체가 무슨 신령한 능력이 있어서 그러신 것은 아닙니다. 그런데 이스라엘 백성들은 언약궤를 자신들의 소원을 들어주는 신비한 물건쯤으로 생각합니다. 마치 알라딘의 램프에서 램프를 문지르면 거인이 나타나서 무슨 소원이든 들어주는 것처럼 그들이 주인이고 언약궤는 그들의 거인쯤으로 생각하는 것입니다.

그들은 지금 하나님의 음성을 듣고 그 분의 말씀에 순종하기 보다는 언약궤의 신비한 능력을 힘입어서 전쟁을 이기려고 합니다. 이방인들이 우상을 숭배하는 자세와 하나도 다를 것이 없습니다. 더구나 이 언약궤를 가장 가까이서 다루고 있는 사람들이 누구입니까? 엘리의 두 아들 홉니와 비느하스입니다. 이들은 성막에서 봉사하면서 백성들의 희생 제물을 빼앗았고 또한 성막 문에서 수종드는 여인들과 동침하는 죄를 범하므로 하나님께서 죽이기로 작정할 만큼(삼상 2:25) 하나님의 분노를 일으킨 사람들이었습니다. 언약궤가 도착하자 이스라엘의 사기는 하늘을 찌를 듯 했습니다. 땅이 울릴 정도로 함성을 지르며 난리가 났습니다. 그런데 블레셋 사람들이 두려워하면서도 더 악착같이 전쟁을 하므로 이스라엘은 처음 전쟁보다 열배나 많은 인명 손실을 입었을 뿐 아니라 언약궤는 빼앗기고 홉니와 비느하스는 죽임을 당하고 말았습니다.

블레셋 사람들은 여세를 몰아서 실로에 있는 성막을 훼손하고 맙니다. 그리고 빼앗은 언약궤를 아스돗(이스라엘이 남겨놓은 도시)에 있는 자신들이 섬기는 다곤 신전에 두었습니다. 이것은 자신들의 신이 이스라엘의 신을 이겼다는 승리의 증거임을 보여주기 위함이었습니다. 우상을 두지 말라고 신신당부하신 그 하나님이 블레셋이 섬기는 우상보다 못한 수준으로 떨어진 것입니다. 지금 이스라엘이 하나님을 생각하는 수준이 딱 그 수준입니다. 그들의 하나님은 온 세계의 주관자가 아닙니다. 그들의 민족의 하나님일 뿐입니다. 그러니 더 좋은 신이 있다고 생각되면 하나님을 언제든지 버릴 수 있습니다. 우상을 섬기는 이유가 거기에 있습니다. 이들의 하나님에 대한 태도가 사사 시대 동안 전혀 바뀌지 않고 있는 것을 보게 됩니다. 하나님은 블레셋 사람들의 행동에 분노하셨습니다. 언약궤를 두었던 신전의 다곤 신상은 바닥에 떨어져 박살이 나버렸고 아스돗 도시에는 독한 종기가 퍼져서 사람들이 괴로움을 당했습니다.

사무엘상 5장 6절에 "여호와의 손이 아스돗 사람에게 엄중히 더하사"라고 말씀하심으로 이것은 여호와 하나님이 직접 개입하신 것임을 분명히 말해 주고 있습니다. 이스라엘이 전쟁에서 패한 것은 블레셋 사람들이 생각하는 것처럼 블레셋의 신들보다 열등하기 때문이 아니라 바로 이스라엘의 죄악 때문임을 알려주십니다. 가나안을 정복할 때 모든 전쟁은 하나님께 속한 것임을 누누이 말씀하셨음에도 불구하고 그들은 하나님께 부르짖어 간구하며 하나님의 능력을 갈급해 하고 그 모든 전쟁의 주도권이 하나님께 있음을 인정하고 하나님의 주권 아래 무릎을 꿇는 것이 아니라 하나님을 그들의 액세서리쯤으로 여긴 것에 문제의 본질이 자리 잡고 있습니다. 지금 그들은 하나님을 믿는 척 하지만 내면은 하나님을 전혀 믿지 않고 있습니다. 이것이 비극입니다.

미스바와 에벤에셀

사무엘은 이것을 정확히 꿰뚫어 보고 있습니다. 그래서 그들에게 "너희가 전심으로 여호와께 돌아오려거든 이방 신들과 아스다롯을 너희 중에서 제거하고 너희 마음을 여호와께로 향하여 그만을 섬기라"고 요구하며 미스바에 모여서 금식하며 회개하는 것입니다. 그들이 블레셋에게 대패하며 괴롭힘을 당한 이유가 바로 우상숭배에 있었다는 것을 말해 줍니다. 그들이 사무엘이 명령한 대로 우상을 버리며 미스바에 모여서 회개하며 하나님을 전심으로 찾았습니다. 이스라엘이 미스바에 모였다는 소식을 들은 블레셋 사람들이 이스라엘을 치러 올라옵니다. 당시의 근동 지방에서는 보통 공격을 하기 전에 종교적 의식을 먼저 행했습니다. 블레셋의 세작(간첩)들은 이런 행동을 이스라엘의 군사적 행동으로 여기고 본국에 알려서 미리 선수를 치려했음이 분명합니다. 여전히 블레셋 사람들이 두려웠지만 이번에는 이스라엘 백성들이 사무엘과 함께 번제를 드리며 하나님께 부르짖었습니다. 언약궤를 찾거나 다른 방법을 찾는 것이 아니라 하나님께 이 전쟁에 대한 주도권을 넘겨 드린 것입니다.

하나님께서는 기도의 응답으로 큰 우레를 동원하여 블레셋 사람들에게 대패를 안기고 사무엘은 그곳에 돌을 세우고 에벤에셀이라 명명합니다. 하나님께서 여기까지 자신들을 도우셨다는 것입니다. 그리고 7:13절에는 블레셋 사람들이 굴복하여 다시는 이스라엘 지역 안으로 들어오지 못했고 블레셋에게 빼앗긴 지역을 회복했으며 더불어 이스라엘과 아모리 사이에 평화가 있었다고 증언하고 있습니다. 바로 이것입니다. 그들은 사실 싸울 필요도 없었습니다. 하나님을 매일의 삶속에서 그들의 아버지로, 그들의 주권자로, 그들의 진정한 왕으로 인정하면서 그 믿음을 가지고 하나님께 나아가기만 하면 그들은 이방 민족들의 위협으로부터 언제든지 보호를 받을 수 있습니다. 그들에게 진정으로 필요한 것은 미스바요 그들에게 진정으로 필요한 경험은 에벤에셀입니다. 그들의 평화와 안정은 하나님을 하나님답게 인정해 드리는 것으로 시작됩니다. 그 분만이 그들의 생사여탈권을 가지고 있음을 믿어야 합니다.

이스라엘 백성이 요구한 왕

사무엘의 지도력으로 이스라엘이 오랜 만에 평화를 맛보게 되었습니다. 사무엘은 벧엘과 길갈과 미스바로 순회하면서 이스라엘을 다스렸고 집이 있는 라마로 돌아오곤 했습니다. 세월이 흘러서 사무엘이 늙으매 이스라엘 백성들이 갑자기 사무엘에게 왕을 요구하기 시작합니다. 표면상의 이유는 사무엘이 늙었고 사사로 임명을 받은 사무엘의 아들들은 사무엘의 본을 받지 않고 뇌물을 받고 판결을 굽게 하는 죄를 범하여서 백성들의 신뢰를 얻지 못했기 때문입니다. 이스라엘 백성들의 요구가 일면 타당한 것처럼 보입니다.

하지만 이스라엘의 본심은 사무엘상 8장 5절과 20절에 나오는 것처럼 "모든 나라와 같이 우리에게 왕을 세워 우리를 다스리게 하라"는 것이었습니다. 핵심은 "모든 나라와 같이, 즉 이방나라들과 같이"입니다. 그런데 지금까지 이스라엘의 문제의 핵심은 왕이 없었던 것이 문제가 아니라는 것을 확인하지 않았습니까? 위에서 살펴본 대로 언약궤를 빼앗겼던 사건이나 미스바나 에벤에셀의 사건을 통해서 그들의 문제는 어떤 외적인 문제가 아니라 하나님과 그들의 관계의 문제임을 분명히 말하고 있는데 그들은 이 본질적인 문제를 외면하고 다른데서 원인을 찾고 있습니다. 그러면서 왕을 달라는 기준이 이방 나라입니다. 세상 나라들을 향해서 제사장의 나라가 되어야 할 그들이 오히려 이방을 흠모하고 있습니다.

사무엘상 8장 20절입니다. "우리도 다른 나라들 같이 되어 우리의 왕이 우리를 다스리며 우리 앞에 나가서 우리의 싸움을 싸워야 할 것이니이다." 이 짧은 한 구절에 우리라는 단어가 무려 다섯 번이나 등장하고 있습니다. 왕을 요구하는 배경에 그들 자신이 자리 잡고 있다는 것을 알 수 있습니다. 하나님이 들어갈 자리가 없습니다. 그리고 열방과 같이입니다. 그런데 이들의 요구는 단순히 열방과 같이 왕만을 요구한 것은 아닙니다. '열방과 같이'라는 말 속에는 또 다른 감추어진 악독이 도사리고 있습니다.

당시의 정치란 종교와 떼려야 뗄 수 없는 관계에 있었습니다. 이스라엘의 주변 국가들은 유일신을 섬기는 나라들이 아니라 다신론 국가들입니다. 자신들이 골라서 섬길 수 있는 요즘 유행하는 말로 인간의 편의를 따라 종교쇼핑을 할 수 있는 나라들입니다. 그래서 일편단심을 요구하시는 하나님보다는 자신들 입맛에 맞는 왕을 세움으로서 그 왕을 방패막이 삼아서 하나님의 간섭을 받지 않고 열방들과 같이 편리한 종교생활을 하고 싶은 것이고 동시에 열방과 같이 왕이 나서서 전쟁을 진두지휘 하는 폼 나는 전쟁을 해 보고 싶다는 것입니다.

그들의 본심을 아시는 하나님께서 이렇게 말씀하십니다. "내가 미쯔라임(애굽)에서 그들을 올린 날로부터 이 날까지 그들이 행한 모든 행동–그들이 나를 버리고 다른 신들을 섬겼다 - 대로 그들이 네게 똑같이 행하고 있다."[99](삼상 8:8) 하나님은 그들이 왕을 요구하는 행위를 우상을 숭배하는 행위와 방불하게 다루고 있습니다. 왜냐하면 하나님을 섬기는 것을 거부하는 종교적 배경이 깔려 있고 하나님을 왕으로 인정하지 않으려는 정치적 흑심이 들어 있기 때문입니다. 그래서 사무엘상 8장 7절에 "이는 그들이 너를 버림이 아니요 나를 버려 자기들의 왕이 되지 못하게 함이니라."라고 말씀하시는 것입니다.

결국 그들의 요구를 들어주시기로 하고 사무엘을 통해서 왕권의 위험성, 즉 왕이 얼마나 권력을 남용할 수 있는지를 말해 줍니다. 왕은 그들의 아들들을 취해 군인으로 사용할 것이며 딸들을 취하여 시녀로 삼을 것이고 노비를 데려다가 자기 일을 시킬 것이고 양떼의 십분의 일을 취하여 호사한 왕궁생활을 영위할 것이며 또 관료 제도를 유지하기 위해서 땅과 포도원과 과수밭을 취하여 자신의 신하들에게 나누어 줄 것이며 세금을 거두어 들여서 그들에게 월급을 줄 거라는 것입니다. 하지만 이스라엘 백성들은 사무엘의 경고를 거절하며 막무가내로 우리의 싸움을 싸울 왕을 달라고 목소리를 높입니다. 사무엘이 거절했다가는 폭동이라도 일으킬 기세입니다. 이것이 하나님께서 그들의 본심이 잘못되었음에도 불구하고 그들의 요구를 들어주시는 이유입니다.

그래서 하나님은 그들의 요구대로 들어 주시고 그 요구를 경험케 하실 작정이신 것 같습니다. 그들은 왕이 세워지기만 하면 세상이 달라지고 어떤 적의 침략으로부터도 자신들을 안전하게 보호해 줄 것으로 철석 같이 믿고 있습니다(8:20). 거기에 하나님은 없습니다. 사무엘은 백성들을 미스바에 모이도록 해서 각 지파대로 천 명씩 나오게 하고 제비를 뽑아 사울을 왕으로 공식적으로 선택합니다. 모든 백성이 왕의 만세를 외치며 사울의 왕의 등극을 받아들였습니다. 꿈에 부풀어 있는 이스라엘 백성들의 모습을 봅니다.

사무엘의 마지막 설교

왕으로 세움을 받고 얼마 지나지 않아서 암몬의 나하스가 길르앗 야베스를 치려 할 때에 사울이 새벽에 기습을 하여 그들을 완전히 패퇴시키게 됩니다. 그런데 이 전쟁은 사무엘과 사울의 이름으로 치러진 전쟁이었습니다(삼상 11:7). 아직은 지도자가 두 명이라는 말입니다. 그래서 사무엘은 길갈에 백성들을 모아 놓고 자신이 맡은 삼직(선지자, 제사장, 사사) 중에서 정치적인 성격이 강한 사사로서의 위치에서 완전히 물러날 것을 공포하고 이제부터는 사울 왕 단독의 통치 시대를 열어 줍니다. 이제 정치에 있어서는 사울이 모든 책임을 감당해야 합니다. 사무엘은 물러나면서 그들에게 마지막 경고의 설교를 합니다. 사무엘은 먼저 모세와 아론을 통한 출애굽과 약속의 땅으로의 인도하심을 언급합니다. 그리고 그들의 우상숭배와 죄악 때문에 사사시대에 많은 나라들로부터 침입을 받고 고초를 당했지만 사사를 세워서 그들을 구원하신 분은 하나님이셨음에도 불구하고 그 하나님 대신에 인간 왕을 달라고 한 그들의 죄를 지적합니다.

사무엘상 12장 13절을 보면 하나님께서 사울에게 기름을 붓도록 했지만 그 왕의 선택은 철저히 이스라엘 백성들에게 있음을 누차 강조합니다. "이제 너희가 구한 왕, 너희가 택한 왕을 보라 여호와께서 너희 위에 왕을 세우셨느니라" 이 한 구절에 너희라는 말이 세 번이나 등장을 합니다. 사울이 철저히 하나님의 의지와 상관없이 택하여졌음을 분명히 지적하고 있습니다. 그러면서 사무엘이 말하는 것은 이스라엘의 왕이라 할지라도 백성들과 동일하게 하나님을 경외하며 하나님의 말씀에 순종할 것을 요구합니다. 만일 왕과 백성이 하나님의 말씀에 순종하지 않는다면 그들의 조상을 치셨던 하나님께서 동일하게 그들도 치실 것임을 밝힙니다. 그 경고로서 하늘에서 우레와 비를 내리심으로 사무엘의 경고가 빈말이 아님을 증명하십니다. 이 때 백성들은 사무엘에게 자기들이 죽지 않도록 기도해 달라고 할 정도로 두려워 떨었습니다.

사무엘이 그들에게 두려워하지 말라고 하면서 너희들이 과연 이 모든 악을 행한 것이 맞지만 하나님을 섬기는데서 돌아서지 말고 마음을 다하여 하나님만을 섬길 것을 권면합니다. 헛된 우상을 따르지 않는다면 그의 크신 이름을 위해서라도 그들을 버리지 아니하실 것이며 사무엘도 그들을 위하여 기도하기를 쉬는 죄를 범하지 않겠다고 약속을 합니다. 그러나 여전히 악을 행하면 너희와 너희 왕이 다 멸망할 것을 경고하면서 설교를 마칩니다. 이스라엘에서는 왕이라 할지라도 하나님의 말씀을 순종해야 하는데서 예외가 없습니다. 이것이 이스라엘과 다른 민족들과의 차이점입니다. 다른 이방민족들은 인간의 뜻에 따라 세워진 왕을 섬기고 인간의 뜻에 따라 선택된 신을 섬기는 백성들이지만 이스라엘은 하나님의 뜻에 따라서 오직 하나님만 섬기는 백성이 되어야 하고 왕도 당연히 그렇게 해야 합니다. 이스라엘은 하나님의 소유로서 열방을 향하여 제사장 나라로 부름을 받았기 때문입니다.

따라서 이스라엘 백성들의 열방처럼 왕을 달라는 요구를 들으시고 왕을 허락한 하나님께서는 왕정을 열방과 같은 제도로서가 아니라 하나님의 부르심에 합당한 요구와 조화될 수 있는 제도로 운영되어야 한다는 것을 백성들에게 가르칠 필요가 있었습니다. 왜냐하면 당시의 왕은 거의 모든 사람들에게 특별한 존재로서 특권을 가진 존재로 간주되었기 때문입니다. 따라서 오직 하나님 한 분만을 이스라엘의 주권자로 섬기기로 한 이스라엘 백성에게는 왕정제도가 이스라엘의 독특한 성격을 훼손할 수 있는 가능성이 다분히 있었습니다. 보이는 왕을 보이지 않는 하나님보다 더 권위 있는 존재로 두고 하나님을 무시할 가능성이 많기 때문입니다. 이에 사무엘은 백성들에게 왕은 특별한 주장이나 특권을 갖는 존재가 아니라 다른 백성들과 같이 동일한 하나님의 주권아래 있다는 점을 강조하는 것입니다.

왕은 언약 공동체의 일원으로서 백성들과 동일한 소명과 요구에 복종해야 하며 동일한 축복과 저주 아래 놓여 있습니다. 따라서 순종하지 않을 때는 백성과 왕이 모두 징계를 받게 되는 것입니다(삼상 12:25). 왕은 오직 순종함으로써만 이스라엘 가운데서 중요한 인물이 될 수 있으며 따라서 그가 할 일은 백성들로 하여금 하나님의 품안에 머물도록 인도하며 겸손한 왕으로서 모본을 보여야 합니다. 세움을 받은 왕 위에 더 큰 권세와 위엄이 있기 때문입니다. 그래서 이스라엘 백성은 최우선적으로 왕과 백성의 관계가 중요한 것이 아니라 왕을 포함한 모든 이스라엘과 하나님 사이의 관계가 더 중요한 것입니다. 이 관계가 허물어지면 왕과 백성의 관계가 아무리 돈독하다 할지라도 그것은 허상에 불과하기 때문입니다. 지금 사무엘은 다른 민족과는 구별되는 독특한 이스라엘 왕정의 의미를 백성들에게 선포하고 있습니다.

사울의 실패

왕이 된 사울의 역할은 이스라엘 백성들이 하나님의 백성답게 하나님의 말씀에 순종하며 살도록 지도력을 발휘해야 합니다. 사울은 곧 바로 이스라엘에 상비군을 두어 이천 명은 자신에게 두고 일천 명은 요나단의 수하에 두었습니다. 얼마 지나지 않아 요나단이 블레셋 수비대를 공격한 것이 빌미가 되어 블레셋과 전쟁을 치르게 됩니다. 이때가 사무엘의 경고의 메시지를 들은 지 이년 밖에 지나지 않은 시점입니다. 이 전쟁이야말로 사울이 왕으로서 전권을 행사하는 전쟁이었습니다.

그런데 이 전투에서 재미있는 것은 열방과 같이 왕을 중심으로 일사분란하게 자신들의 능력으로 멋진 전쟁을 치를 것을 다짐했던 이스라엘 백성들이 보인 반응입니다. 13:6절에 보니까 자신들이 위기에 처한 것을 보고 굴과 수풀과 바위틈과 은밀한 곳으로 숨어 버리고 어떤 사람들은 요단 동편으로 도망가 버립니다. 사울과 함께 한 백성들도(군대를 포함한) 심히 떨고 있습니다. 블레셋의 군대가 이스라엘 군대에 비해서 숫자는 10배 이상(13:2과 13:5을 대조할 것) 많고 고대 전쟁에서 결정적 승리의 요건이 되는 마병이 육천이나 되는 사실에 압도당하였고 더구나 13:19절이하에 보면 블레셋은 철제 무기로 무장을 했지만 이스라엘은 사울과 요나단 외에는 철제 무기가 없었기 때문에 기본적인 무기에 있어서도 엄청난 열세에 있었기 때문입니다. 그들이 그렸던 왕정시대의 상상도와는 너무도 다른 상황이 전개되고 있습니다. 하나님께 왕을 달라고 큰 소리를 쳤던 기개는 어디로 갔습니까? 왕을 달라고 할 당시에는 어떤 전쟁이든지 승리할 것 같았고 하나님 없이도 충분히 전쟁을 치를만한 하다고 생각을 했는데 현실은 그러지 못한 것입니다.

이 때 사울은 길갈에서 사무엘을 기다리고 있었습니다. 삼상 7:9에서 전쟁에 출전하는 이스라엘의 승리를 위해 기도하면서 하나님께 제사를 드린 것처럼 이번에도 하나님께 기도하며 번제와 화목제물을 드리기 위해서 사무엘을 기다리고 있었던 것입니다. 전쟁에 앞서서 이스라엘이 하나님께 제사를 드리는 것은 그 전쟁이 자신들에게 속한 전쟁이 아니라 하나님께 속한 전쟁임을 공표하는 것이며 하나님의 지혜와 능력으로 적들을 충분히 멸망시켜 달라는 기도의 시간입니다. 신명기 20장에서도 말씀하시기를 너희가 싸울 곳에 가까이 가거든 제사장은 백성에게 그 전쟁이 여호와의 전쟁임을 선포하고 싸우라고 지적하고 있습니다. 하지만 사무엘은 기한이 거의 다 되어 가는데도 오지 않고 사울의 군대는 점점 더 사울에게서 도망을 가는 위급한 상황이 전개되고 있었습니다.

그래서 사울은 더 이상 사무엘을 기다리지 못하고 자신이 제사장이 되어 제사를 드려버립니다. 그러나 이것은 율법을 범한 것입니다. 레위 족속 중 제사장으로 구별된 사람만이 제사를 인도할 수 있다는 것이 율법의 요구이기 때문입니다. 왕이라도 율법을 어기면 안 된다는 것이 사무엘의 마지막 경고였는데 사울은 그것을 망각했습니다. 두 번째는 자신의 조급함 때문에 전쟁의 주도권을 하나님께 드리지 못했다는 것입니다. 이스라엘의 모든 전쟁은 사울 이전의 역사를 보더라도 하나님의 전쟁이었습니다. 사무엘과의 약속이 잡혀 있다면 그 시간은 하나님과의 약속된 시간이므로 자신이 전쟁을 서두른다고 되는 것이 아닙니다. 사울의 본심은 전쟁에 대한 하나님의 주권을 인정해 드리고자 하는 마음이 없었습니다.

세 번째는 이스라엘 백성들이 언약궤 자체에 무슨 신령한 능력이 있는 것으로 생각한 것처럼 사울은 제사 드리는 형식 자체가 무슨 신비한 능력을 주는 것으로 생각했다는 것입니다. 이것은 하나님이 가장 싫어하시는 태도입니다. 이런 태도는 우상을 섬기는 자들이나 하는 짓이기 때문입니다. "임박한 전투를 앞두고 신의 은총을 얻기 위해 제사를 드리는 것은 고대 근동에서 흔한 일"[100]이었습니다. 사무엘이 왔을 때 사울이 말하기를 백성들은 흩어지고 당신은 오지 않고 블레셋 사람들은 길갈로 내려온다고 하니 하나님께 간구할 시간이 없을 것으로 생각하여 제가 부득이하게 제사를 드렸다라고 말합니다. 제사만 드리면 무슨 신비한 일이 일어날 것으로 생각한 것이 틀림없습니다.

제사는 하나님이 이스라엘 백성들에게 주신 은혜의 통로입니다. 죄인이 거룩한 하나님 앞으로 담대히 나아갈 수 있는 길이 열려있음을 보여주면서 이스라엘 백성들에게 이 하나님의 은혜 안에 언제나 머물러 있기를 바라시는 마음이 들어 있습니다. 제사는 하나님과 인간이 인격적으로 만나는 지점이요 교제와 나눔이 있는 자리입니다. 이방인들이 신을 달래기 위해서 드리는 그리고 그 신은 인간이 요구하는 대로 무언가를 들어 주어야 하는 모든 것이 인간이 주인이 되는 그런 시간이 아니란 말입니다. 그런데 사울은 인간이 어려운 일을 당할 때 그 문제를 해결해 주는 수단이요 인간의 마음대로 조정할 수도 있고 인간의 마음에 달려 있는 것쯤으로 제사를 여겼다는 것입니다.

하지만 하나님을 인정하고 자신이 그 하나님의 소유된 자임을 인식하고 제사를 드릴 때 거기에 하나님의 역사가 일어납니다. 사실 사울은 이번 경우와 같이 사무엘이 제사를 인도할 때까지 7일이나 기다린 경험이 있습니다. "너는 나보다 앞서 길갈로 내려가라 내가 네게로 내려가서 번제와 화목제를 들리리니 내가 네게 가서 네가 행할 것을 가르칠 때까지 칠 일 동안 기다리라"(삼상 10:8). 사무엘은 사울에게 길갈에 가서 칠일 동안을 기다리다가 번제와 화목제를 드리고 앞으로 어떻게 해야 할 것인지를 가르쳐 줄 것이라고 했습니다. 이것은 사울이 왕이 되기 바로 직전의 일이었습니다. 사울은 그때 그 경험을 이미 알고 있을 것입니다. 하지만 그는 기다리지 않았습니다.

언뜻 들으면 사울이 어쩔 수 없어서 그랬기 때문에 동정의 여지가 있을 수도 있다고 보입니다. 하지만 사울의 이와 같은 반응은 14장의 요나단의 행동과 비교해 볼 때 자신의 잘못된 행동을 합리화시키기 위한 변명에 불과함을 알 수 있습니다. 그 때 사울과 요나단과 함께 한 사람들을 세어 보니 육백 명 가량되었습니다(13:15~16). 3천명에서 이천 4백명이 달아나 버렸습니다. 처음보다 더욱 심한 군사적 열세에 놓이게 되었습니다. 이런 상황에서 요나단이 사울에게 이르지 않고 무기를 든 소년과 함께 블레셋 진영으로 가서 전쟁을 결심합니다. 14:6절에 의하면 요나단의 행위는 믿음의 행위였음을 보여줍니다. "우리가 할례 받지 않은 자들에게로 건너가자 여호와께서 우리를 위하여 일하실까 하노라 여호와의 구원은 사람이 많고 적음에 달리지 아니하였느니라." 사무엘상 17장 47절의 다윗의 고백과 하나도 다르지 않습니다.

또한 10절과 12절에서는 이 전쟁에 대한 하나님의 표징을 구함으로써 요나단은 그 전쟁이 여호와의 전쟁임을 깨닫고 있는 것이 분명합니다. 결국 하나님은 요나단의 믿음의 행위를 통해서 엄청난 우위에 있는 블레셋 군대를 물리치시고 이스라엘 백성들에게 승리를 안겨 주십니다. 이 전쟁의 결정적 승리의 원인이 어디에 있습니까? 전쟁에 대한 하나님의 주권을 인정했던 요나단의 믿음에 있었습니다! 하나님을 하나님답게 인정하는 요나단의 믿음 때문에 나중에는 에브라임 산지에 숨어 있던 백성들까지 합세해서 블레셋을 무찌르게 되는 것입니다. 이스라엘 백성들의 승리는 결코 왕의 잘남도 아니고 숫자가 많음도 아닙니다. 오직 여호와 하나님에 대한 믿음의 고백과 그 분을 신뢰하는 것에 달려 있습니다. 사울이 사무엘을 기다리지 못하고 제사장의 직무를 침범하여 율법을 어긴 것은 그에게 하나님에 대한 믿음이 없었기 때문임이 분명해 졌습니다. 그는 제사를 하나의 요식행위로 알았고 그래서 이스라엘의 전쟁은 전략과 전술의 문제로서 그 전쟁이 자신이 어떻게 대처하느냐에 달려 있는 것으로 본 것입니다. 그렇게 하기 위해서는 거추장스러운(?) 제사를 빨리 드려버리는 것이 나은 것입니다. 사울이 실패하는 두 번째 결정적 사건은 사무엘상 15장에서 아말렉과의 전투와 관련된 것입니다. 하나님은 출애굽 당시에 이스라엘을 대적한 일로 아멜렉을 심판하시기 위해서 사울에게 아말렉을 진멸하라고 명령하십니다. 신명기 25장 17-19절에 보면 아말렉이 출애굽하는 이스라엘 민족을 칠 때에 피곤하여 뒤에 쳐져 있는 약한 자들을 쳤다고 말합니다. 아말렉이 비겁한 짓을 한 것입니다. 그래서 하나님은 가나안에 들어가서도 아말렉의 이름을 천하에서 도말하라고 말씀하셨습니다. 그리고 사사시대에도 끊임없이 이스라엘을 괴롭힌 민족이 아말렉입니다. 하나님은 이제 때가 되었다고 보시고 사울을 통하여 아말렉을 진멸하라고 명령을 내리십니다.

아말렉에 대한 진멸은 이스라엘의 오랜 숙원이자 하나님의 말씀에 대한 성취이기도 한 중요한 일입니다. 그런데 사울은 하나님의 말씀을 따르지 않았습니다. 왕 아각을 사로잡았고 양과 소의 가장 좋은 것과 기름진 것, 어린양과 모든 좋은 것을 남겨 두었고 가치없고 하찮은 것만 없애 버렸습니다. 진멸하라는 명령을 전혀 지키지 않았습니다. 또 하나 주목할 것은 15:17절에 나오는 것처럼 자신을 위하여 기념비를 세웠다는 것입니다. 이 전쟁을 자신의 공적을 내세우는 기회로 삼았으며 반대로 하나님과는 아무런 상관없는 전쟁으로 만들어 버렸습니다. 하나님을 무시한 것이 역력하지만 사무엘에게는 의기양양한 태도로 자신이 하나님의 명령을 따랐다고 주장을 합니다(15:13, 20). 사무엘이 짐승의 울음 소리를 지적하자 이번에는 그 책임을 백성에게 전가하는 태도를 보입니다.

15:15절에 보면 보이는 양들이나 짐승들은 자신을 빼고 무리 또는 백성들이 가져 왔음(21절에서도 반복)을 말하면서도 나머지 하찮은 것을 진멸했다고 할 때는 우리라는 주어를 사용해서 자신을 살짝 집어넣는 것을 볼 수 있습니다. 자신은 명령을 순종했지만 백성들이 그 명령을 어겨서 가져온 것이라는 것입니다. 그리고 좋은 것들을 가져온 목적이 하나님께 제사를 지내기 위함이라고 말함으로써 은근히 제사장인 사무엘에게 인심을 쓰듯이 말하고 있습니다.

사무엘은 불순종한 사울을 향해서 단호하게 말합니다. 순종이 제사보다 낫고 듣는 것이 숫양의 기름보다 나으며 하나님을 거역하는 것은 점치는 죄와 같고 완고한 것은 우상에게 절하는 죄와 같다고 선포합니다. 그리고 왕이 하나님의 말씀을 버렸으므로 하나님께서도 왕을 버리셨음을 통보합니다. 사무엘이 사울의 불순종을 미신과 우상숭배와 연결을 지었다는 것은 과도한 것이 아닙니다. 사울은 분명히 이방민족들이 그들의 신을 자신들이 편리한대로 믿는 것처럼 자신의 권력이면 하나님을 자신의 마음대로 조정할 수 있는 우상쯤으로 생각했습니다. 하나님의 언약 백성을 다스리는 왕의 정체성을 망각해 버리고 우상숭배자와 동일하게 행동한 것입니다. 바알과 아스다롯을 섬겼던 우상숭배의 정신이나 하나님을 우상과 동일하게 여기며 불순종하고 자신의 뜻대로 하는 정신은 동일한 죄입니다.

사울의 불순종은 사사시대의 연속입니다. 그때보다 나아진 것이 없습니다. 인간은 못 볼지 몰라도 하나님은 사울의 본심을 보십니다. 하나님은 사울이 그 마음에 하나님을 두기를 싫어하는 사람임을 보셨습니다. 이후의 사울의 삶을 보더라도 그는 결코 하나님을 믿는 진실한 신앙인답게 산 적이 없습니다. 성경에 나타난 사울의 행적을 따라 가 보십시오. 자신이 능동적으로 백성들을 향하여 하나님이 누구신지 무슨 일을 행하셨는지를 선포하면서 이스라엘 백성들을 믿음으로 하나님 앞에 세운 적은 단 한 번도 없습니다. 하나님이 원하신 것은 아니었지만 사울을 왕으로 세우신 것은 그에게 기회를 주신 것입니다. 그래서 그에게 여호와의 영이 임하게 하사 예언을 하게 하시며 새로운 마음도 주시고 이스라엘 왕으로서 책무를 다하도록 능력을 주셨습니다. 암몬과 전쟁을 할 때에도 여호와의 영이 그에게 임했고 사울이 군대를 모집할 때에는 여호와의 두려움이 백성에게 임하여 한 사람 같이 사울의 명령을 따랐다고 했습니다. 결국 그 전쟁에서 승리하게 됩니다.

사무엘은 사사로서의 권위를 스스로 내려놓으므로 백성들이 사울을 따르는데 방해가 되지 않도록 세심한 배려를 했습니다. 그리고 백성들이 왕을 구한 것은 잘못한 것이지만 왕과 백성이 하나님의 언약 안에 머물러 있으면 그들과 함께 하시겠다고 약속하셨습니다. 미스바에서 왕으로 세움을 받고 첫 번째 전쟁인 암몬과 전쟁에서의 승리가 그 증거입니다. 하나님은 끊임없이 사울에게 먼저 베푸시고 그가 왕으로서 역할을 감당할 수 있도록 역사하셨습니다. 그럼에도 사울은 이 은혜에 대해서 단 한 번도 믿음으로 응답한 적이 없습니다.

하나님의 책망을 받은 후에도 진심으로 회개하지 않습니다. 금송아지 사건과 가데스 바네아에서와 같은 엄청난 불순종에도 모세의 중재로 그들을 진멸하시겠다는 진노를 거두어 들이셨는데 사울이 회개하면 용서하시지 않았을까요? 15장에서 사무엘이 하나님께서 왕을 버렸다고 말하고 돌아가려고 할 때에 30절에 이렇게 기록되어 있습니다. "내가 죄를 범하였을지라도 이제 청하옵나니 내 백성의 장로들 앞과 이스라엘 앞에서 나를 높이사 나와 함께 돌아가서 내가 당신의 하나님께 경배하게 하소서" 장로와 백성들 앞에서의 명예와 체면 때문에 그냥 가지 말라는 것입니다. 당신은 하나님께 버림을 받았습니다 하고 가버리면 왕으로서의 내 체면이 어떻게 되겠습니까? 그러니까 저와 함께 제사를 드려서 제 체면을 깍지 말아주십시오 그런 뜻입니다.

사울은 회개와는 거리가 먼 사람이었습니다. 그래도 사무엘은 그의 청을 들어 주고 자신의 집으로 돌아간 이후에는 죽는 날까지 사울을 보지 않았다고 성경은 기록하고 있습니다. 더 나아가서 사울이 여호와의 기름 부음 받은 종 다윗을 죽이려고 한 것만 보아도 그가 하나님의 사람이 아님을 스스로 증명하고 있습니다. 하지만 다윗은 어떻습니까? 사울이 하나님의 기름 부음 받은 사람이라는 이유만으로 충분히 그의 목숨을 제거할 수도 있었지만 두 번이나 그의 목숨을 살려 주었습니다. 하나님은 이 두 사람의 행위를 대조하여 보여주심으로써 사울이 누구인가를 드러내고 계십니다. 또한 사울은 자신을 피해 도망가는 다윗을 도왔다는 이유만으로 놉에 있었던 제사장들을 죽여 버렸고 무당인 신접한 여인을 찾아가 자신을 의탁하는 등 하나님 앞에서 극악한 행동을 서슴지 않았습니다.

그래서 역대상 10장 13-14절은 사울의 인생에 대해서 이렇게 결론을 내립니다. "사울이 죽은 것은 여호와께 범죄 하였기 때문이라 그가 여호와의 말씀을 지키지 아니하고 또 신접한 자에게 가르치기를 청하고 여호와께 묻지 아니하였으므로 여호와께서 그를 죽이시고 그 나라를 이새의 아들 다윗에게 넘겨주셨더라." 사울은 하나님의 은혜와 간섭을 받고도 스스로 자신의 길로 간 사람입니다. 사울은 이스라엘 백성들이 이방과 같이 구한 왕의 말로가 무엇인지를 전형적으로 보여준 사람입니다. 앞으로 사울과 같은 왕권을 행사하는 이스라엘 왕들은 결코 하나님의 인정함을 받지 못할 것입니다. 사울의 실패한 삶은 그들에게 충분한 경고가 되었음에도 불구하고 다윗 이후의 수많은 왕들이 사울처럼 하나님께 불순종하는 죄를 저지므로 망하게 되는 것을 보게 됩니다. 열왕기상하는 그 증거를 보여주는 역사의 나열입니다.

사울이 성령을 받았는데 성령을 받은 사람도 망할 수 있느냐고 묻는 사람이 있을지 모르겠습니다. 이런 분에게는 이사야 45장 1절을 소개해 드리고 싶습니다. 거기에는 하나님께서 페르시아의 왕인 고레스를 기름부음 자, 즉 하나님의 선택받은 자로 등장합니다. 그리고 역대하 36장 22절과 에스라 1장 1절을 보면 하나님께서 포로들이 70년 만에 돌아올 것이라는 예언을 이루게 하시려고 페르시아 왕인 고레스의 마음을 감동시키셨다고 말씀하고 있습니다. 고레스는 무엇으로 마음에 감동을 받았을까요? 당연히 성령의 역사가 있었음을 알 수 있습니다. 그렇다면 하나님의 성령으로 감동함을 받고 기름 부음을 받은 고레스는 하나님의 선택을 받은 자이므로 구원은 따 놓은 당상인가요? 여기서 중요한 것은 하나님은 하나님의 일을 위해 누구든지 도구로 선택하실 수 있으며 성령의 능력으로 채울 수 있다는 것입니다. 사울에게 성령을 주시므로 예언하게 하시는 것도 얼마든지 가능한 이야기입니다. 이것은 구원과 상관없는 능력에 관한 문제이기 때문입니다.

신약 성경에 보면 귀신들도 사람의 마음에 들어갔다가 나왔다 할 수 있는 존재로 말하고 있는데 하물며 전능하신 성령 하나님이시지 않겠습니까? 열 두 제자 중에는 가룟 유다가 있다는 사실을 잊지 마십시오. 예수님은 처음부터 그가 도적인 줄 아셨고 자신을 팔 사람임을 아셨습니다. 그럼에도 다른 제자들과 차별하지 않으셨습니다. 마태복음 10장 1절은 이렇게 말씀하고 있습니다. “예수께서 그의 열두 제자를 부르사 더러운 귀신을 쫓아내며 모든 병과 모든 약한 것을 고치는 권능을 주시니라.” 더러운 귀신을 쫓아내며 모든 병과 모든 약한 것을 고치는 권능을 받은 사람들이 분명히 열두 제자라고 말씀하고 있습니다. 이 권능은 신구약 성경의 전체적인 문맥으로 볼 때 성령의 임하심이 아니고서는 설명이 불가능한 것입니다. 예수님은 가룟 유다를 차별하지 않으셨습니다. 그도 성령께서 자신을 통해서 능력을 행사하시는 것을 경험했습니다. 그렇다고 그의 구원이 보장된 것은 아님을 그의 배반을 통해서 잘 알 수 있습니다. 그는 결국 사울처럼 자신의 길을 갑니다. 예수님과 동고동락하였고 성령의 역사를 경험한 자였지만 그는 사탄의 말을 듣는 것을 더 좋아한 사람이었습니다. 그래서 스스로 하나님께 속한 사람이 아님을 드러낸 사람입니다.

30. 다윗 왕 :

하나님의 마음에 합한 자요 가나안 정복을 완성한 왕

하나님은 다윗을 왕으로 선택하시기 전인 목동시절부터 그를 믿음으로 훈련시키셨고
왕으로 기름 부은 후에도 10여년을 광야로 보내서 훈련을 시키셨으며
처음에 왕위에 오른 후에도 반쪽 자리 왕으로서 고난을 겪은 후에야
비로소 전 이스라엘을 다스리는 왕권을 주십니다. 다윗은 하나님의 훈련을 통해서 세움 받은 왕입니다.
바로 그 다윗을 통해서 진정한 가나안 정복을 완성하시고
그리스도 안에서 성취될 영원한 언약을 주십니다.
하지만 다윗도 사울과 방불한 죄인임을 기억해야 합니다.

다윗을 선택하시는 하나님

다윗의 선택은 사울과는 다른 분위기에서 시행됩니다. 사울의 아버지는 기스라는 사람으로 유력한 사람이었습니다(삼상 9:2). '유력한 사람' 이란 "명성 있는 자로서 공동체에서 책임 있는 고결한 개인"[101]을 의미하는데 베냐민 지파 중에서는 어느 정도 이름이 알려진 가문임을 알 수 있습니다. 또한 사울은 준수한 소년(삼상 9:2)이라고 했는데 준수하다는 말은 잘 생겼다는 말 보다는 사울의 풍채가 뛰어남을 말해 주는 말이고 소년이라는 말은 "다 자란, 원기 왕성한, 미혼의 청년"[102] 즉 "전투의 능력이 있고 재산을 상속받을 자격이 있으며 또한 결혼을 할 정도로 성숙한 젊은 청년"을 의미합니다.

따라서 준수한 소년이라는 말을 더욱 자세히 설명하여 삼상 9:2에서 "이스라엘 자손 중에 그보다 준수한 자가 없었고 키는 모든 백성보다 어깨 위만큼 더 컸던 사람"으로 묘

사한 것을 볼 때 외적인 조건으로 보면 사람들이 왕이 될 만한 사람이라는 인식을 갖기에 충분하였습니다. 사무엘조차도 10:24절에서 사울의 외적인 조건에 대한 찬사를 아끼지 않습니다. 고대 근동 사람들은 왕의 신장과 외모를 매우 중시했으며 위대한 전사의 분위기를 풍기는 왕은 그 백성의 자랑이었습니다. 이스라엘 백성들은 사울의 외적인 풍채에 감탄을 하여서 자신들이 왕을 구하기를 잘했다는 생각을 할 정도로 안성맞춤이었습니다.

하지만 다윗은 사울과 같지 않았습니다. 하나님께서 사무엘에게 이새의 아들 중에서 한 사람을 왕으로 선택하실 것을 말씀하시고 그를 이새의 집으로 보내십니다. 이새에게는 여덟 아들이 있었는데 사무엘은 첫 째인 엘리압을 보자마자 성급하게 "여호와의 기름 부으실 자가 과연 주님 앞에 있도다" 하면서 감탄을 합니다. 사무엘은 여전히 사울을 보았던 그 시각과 장남이라는 선입견 때문에 외모에 집중하는 인간의 연약한 모습을 보여 주고 있습니다. 하지만 하나님은 말씀하시기를 "그의 용모와 키를 보지 말라 내가 보는 것은 사람과 같지 아니하니 사람은 외모를 보거니와 나 여호와는 중심을 보신다."(삼상 16:7)고 말씀하십니다. 일곱 명의 아들이 거부되고 막내인 다윗만 남았는데 그는 양을 지키는 목동이었습니다. 사무엘상 16장 12절에 다윗에 대한 표현으로 "그의 빛이 붉고 눈이 빼어나고 얼굴이 아름답더라" 라고 말하고 있는데 여기서 붉다는 것은 머리카락이 붉다는 것을 의미하고 총기어린 눈과 얼굴이 잘 생겼다는 것을 의미합니다. 다윗도 외적인 조건이 빠지지 않음을 알 수 있습니다.

하지만 그의 아버지 이새는 그를 왕으로, 기름 부음을 받을 자로 전혀 생각하지 않았습니다(삼상 16:11). 17장을 근거로 볼 때 다윗은 아직 십대 애송이에 불과합니다. 아직은 왕이 되기에는 나이도 어리고 사람들의 동의를 얻어 낼만큼의 카리스마가 있는 것도 아닌 어린 소년에 불과했습니다. 사무엘상 17장에 나오는 블레셋과의 전쟁에서도 다윗은 모든 사람들에게 무시를 당하는 것을 보게 됩니다. 하나님은 아직 왕으로서의 자질이나 능력을 평가하기에는 너무도 이른 나이에 다윗을 왕으로 부르십니다. 이것은 이스라엘의 왕은 열방과 같이 외적인 조건이 중요한 잣대가 아니라는 사실을 말해 주고 있습니다. 다윗이 골리앗을 이기기 전까지는 다윗을 하나님이 선택한 왕일 것이라고 믿는 사람은 거의 없었습니다.

다윗의 등장

다윗이 기름 부음을 받을 때에는 현 권력이 살아 있었기 때문에 드러내 놓고 행할 수가 없어서 사무엘이 사울 몰래 가서 하나님의 명령을 수행합니다. 다윗은 전에 궁정에서 악한 영으로 고생하는 사울을 위해 악사 노릇을 한 적은 있지만 이때까지도 다윗을 알아보는 사람은 궁중의 몇을 제외하고는 이스라엘에는 아무도 없었습니다. 그런데 결정적으로 다윗이 이스라엘 앞에 공식적으로 자신을 알리는 기회를 갖게 되었는데 바로 골리앗을 앞세운 블레셋과의 전쟁터에서 입니다. 이때 이스라엘 군의 상황은 풍전등화였습니다. 골리앗이라는 블레셋 장군에게 주눅이 들어서 싸울 엄두를 내지 못하고 꽁무니 빼기에 바빴습니다. 마지막으로 사울이 이 위기를 타개하기 위해서 처방을 내리는데 현상금을 거는 것입니다. 많은 재물을 주고 딸을 주어서 사위로 삼으며 세금을 면제해 주겠다는 것입니다. 사울은 이방인의 왕들과 똑같이 행세하고 있습니다.

사울은 지금 현상금을 걸 때가 아닙니다. 풍전등화와 같은 조국을 가슴에 안고 하나님께로 나아가야 할 때입니다. 도저히 이길 수 없다는 생각이 들면 들수록 더욱 더 하나님께 나아가야 하는 것이 영적인 상식인데도 사울은 하나님은 찾지 않고 자신의 전략을 동원하고 있습니다. 사울은 하나님의 공동체인 이스라엘에게 신앙의 감동을 주는 리더십을 전혀 발휘하지 못하고 있습니다. 하나님은 이 대목에서 말로 다할 수 없는 슬픈 현장을 보고 계십니다. 하나님의 이름으로 모인 군대가 이방인의 군대 앞에 그것도 골리앗이라는 한 사람에게 쩔쩔 매는 모습을 보시면서 안타까워하실 뿐 아니라 자신을 찾지 않는 신앙 없는 이스라엘 백성들의 태도가 더 슬픈 것입니다. 왕을 달라고 한 그들의 요구가 고작 이 정도밖에 안되는 것이 현실입니다.

보다 못한 하나님이 한 가지 처방을 내리십니다. 기적을 동원하시는 것이 아니라 사람을 동원하십니다. 그래서 17:12절 이하에서 다윗이 등장하는 것입니다. 전쟁은 이미 17:1절에서 시작이 되었습니다. 다윗은 십대 소년이었기 때문에 군인이 될 수 없으므로 이 전쟁에 끼어들 여지가 없는 사람입니다. 더구나 다윗은 베들레헴 출신입니다. 당시의 베들레헴은 아무도 알아주지 않는 시골 깡촌입니다. 말하자면 다윗은 무명의 시골 촌뜨기에 불과하다는 것입니다. 이렇게 전쟁을 치를 수 없는 나이요 아무도 알아주지 않는 시골 촌놈인 다윗을 하나님께서 전쟁터로 불러내십니다. 다윗이 명목상으로는 아버지의 심부름으로 세 명의 형들의 안부를 알아보기 위해서 왔지만 실제로 그 전쟁터에 불러내신 분은 하나님이시라는 사실을 눈치를 채야 합니다.

다윗이 전쟁터에 왔다가 골리앗의 말을 듣게 됩니다. 다윗의 반응이 17:26절에 있습니다. “이 할례 받지 않은 블레셋 사람이 누구이기에 살아 계시는 하나님의 군대를 모욕하겠느냐.” 다윗은 이스라엘의 군대를 하나님의 군대로 선포함으로 정확히 이스라엘의 정체성에 대해서 이해하고 있었습니다. 그들은 하나님의 군대입니다. 그런데 그 하나님의 군대가 할례 받지 못한 일개 장수에게 벌벌벌 떨면서 하나님이 모욕 당하는 것을 그대로 보고만 있는 것입니다. 다윗에게 거룩한 분노가 끓어올랐습니다. 하나님이 모욕을 당하는 것을 그냥 보고만 있을 수 없어서 자신이 나가서 싸우겠다고 합니다.

그러나 다윗은 어렸습니다. 자신의 형들부터 무시합니다. 양떼들은 누구에게 맡기고 왔느냐, 네가 지금 전쟁을 구경하러 왔느냐 하면서 노발대발하는 것입니다. 사울 왕도 말하기를 너는 어린 소년에 불과하지만 저 골리앗은 어려서부터 용사로 길러진 사람이니 게임이 안 된다고 합니다. 다윗이 대답하기를 자신이 양떼를 지킬 때에 사자나 곰이 양을 잡아먹으려고 오면 그들에게서 새끼를 건져 낸 것과 그것들이 자신의 생명을 해하려고 할 때 싸워서 그 짐승들을 제압했다고 하면서 이렇게 고백을 합니다. “또 가로되 여호와께서 나를 사자의 발톱과 곰의 발톱에서 건져내셨은즉 나를 이 블레셋 사람의 손에서도 건져내시리이다”(삼상 17:37).

다윗은 자신이 무슨 전투 능력과 싸우는 전략이 있다고 자랑하지 않습니다. 자신을 사자와 곰으로부터 보호해주신 하나님이시라면 이 골리앗의 손으로부터도 보호해 주실 것을 믿는 것입니다. 다윗은 하나님을 신뢰하고 있습니다. 하나님의 군대는 무기로 싸우는 것이 아니라 믿음으로 싸운다는 것을 구약성경 내내 말하고 있지 않습니까? 믿음으로 싸워야 하는 이유를 43절은 우리에게 알려 줍니다. 골리앗이 싸우러 나오는 다윗에게 자신이 믿는 신들의 이름으로 저주를 하는 것을 봅니다. 이 싸움의 본질은 단순히 이스라엘과 블레셋의 싸움이 아닙니다. 우상과 살아계신 하나님과의 싸움입니다. 그래서 싸움의 승패는 이미 정해져 있습니다. 왜냐하면 우상은 없으니까요.

그럼에도 불구하고 사울 왕과 이스라엘 군대는 이 싸움의 본질을 보지 못하고 허상에 불과한 우상 앞에서 쩔쩔 매고 있는 것이나 다름없습니다. 이미 승리는 그들의 것인데, 블레셋은 그들의 밥인데 그들이 믿음으로 나아가지 못하니까, 하나님을 살아계신 유일한 신으로 인정하지 못하니까 우상을 섬기는 사람들 앞에서 무력한 모습을 보이고 있는 것입니다. 그러나 다윗은 이 싸움의 본질을 정확히 알고 있었습니다. 그래서 그는 골리앗을 향해서 이렇게 선포를 하며 그에게 나아갑니다. ‘45절 - 여호와의 이름으로 나간다, 46절 - 너를 내 손에 붙이시리니 이스라엘에 하나님이 계신 줄 알게 하겠고, 47절 - 여호와의 구원하심 칼과 창에 있지 아니함을 이 무리로 알게 하겠다.' 다윗은 자신을 앞세우는 것이 아니라 이스라엘의 하나님과 함께 가는 것입니다. 하나님의 주권을 하나님의 능력을 신뢰하고 나아가는 것입니다.

다윗의 이런 선포를 들었을 때 누가 가장 부끄러워해야 할까요? 사울 왕과 이스라엘 군인들입니다. 다윗의 말을 통해서 그들의 하나님에 대한 불신과 불순종을 볼 수 있기 때문입니다. 그들은 지금 무기로 싸우려고 했고 사람의 크기로 상대하려고 했습니다. 보이는 조건과 외모로 승패가 갈라진다고 믿고 지레 겁을 집어 먹은 사람들입니다. 여호와의 전쟁을 치러야 할 그들이 지금 그 본질을 놓치고 현상금이나 걸어 놓고 인간의 방법으로 어떻게 해 보려고 하고 있습니다. 당연히 실패할 수밖에 없습니다. 그래서 하나님은 믿음으로 하나님을 의지하는 자의 결과가 무엇인지를 다윗을 통하여 사울 왕과 이스라엘 백성들에게 똑똑히 보여주십니다.

다윗은 물맷돌 하나로 인간장대 골리앗을 쓰러뜨려 버립니다. 아무도 예상치 못한 놀라운 기적으로 한 방에 끝내 버립니다. 사울이나 이스라엘 군대에게는 이보다 허망한 일이었을까요? 물맷돌 하나에 쓰러져 버릴 사람 앞에서 공포에 질려 있었으니 말입니다. 50절에 보면 "다윗이 이같이 물매와 돌로 블레셋 사람을 이기고 그를 쳐 죽였으나 자기 손에는 칼이 없었더라"라고 말씀하고 있습니다. 여기서 가장 중요한 문구가 무엇입니까? 다윗의 손에는 칼이 없었더라입니다.

처음부터 이 전쟁은 칼로 이기는 전쟁이 아니었고 숫자의 많고 적음이 이 전쟁의 승패의 본질이 아니었습니다. 이 전쟁의 본질은 하나님을 그들의 진정한 왕으로, 그 전쟁의 주권자로 인정하느냐 인정하지 않느냐 하는 그 싸움이었습니다. 하나님은 다윗이 하나님을 향하여 고백한 모든 내용이 사실임을 눈으로 목도하게 하십니다. 그래서 지금 하나님은 저 어린 다윗을 통해서 이스라엘의 불신앙을 고발하고 있는 것입니다. 어린 다윗을 통해서 이런 놀라운 역사를 이룩하실 하나님이시라면 이스라엘 군대를 통해서 블레셋을 쳐부수는 것은 시간문제였습니다. 그들은 사울이 왕이 된 후에 이방나라들처럼 상비군까지 세웠던 사람들 아닙니까? 그런데 그들이 할 수 있는 것은 아무 것도 없었습니다.

믿음으로 무장하지 않은 이스라엘은 백전백패입니다. 하나님은 다윗이 골리앗을 죽인 사건을 통해서 그들의 불신앙 때문에 다윗을 동원하실 수밖에 없었던 하나님의 마음을 보여 주셨습니다. 그래서 본문은 다윗이 골리앗을 이기는 승리의 기쁨보다도 하나님의 백성들이 믿음 안에 서 있지 못하고 세상 앞에서 쩔쩔매는 모습을 보시고 슬퍼하시는 하나님의 마음을 먼저 볼 수 있어야 합니다. 이스라엘 백성들의 전쟁의 원리는 바로 여리고를 정복할 때의 원리가 적용되어야 합니다. 하나님께 무조건 순종하는 것입니다. 하라는 대로 하면 백전백승입니다.

세상에서 가장 쉬운 전쟁을 할 수 있는 그들인데 그들의 놀라운 특권을 누리지 못하고 있습니다. 그들의 마음에 하나님이 없기 때문입니다. 이것이 비극입니다. 믿음이 없는 곳에 왕을 세우면 뭐합니까? 다윗은 앞으로 이스라엘의 모든 왕들이 어떻게 하나님의 백성들을 인도하고 왕으로서 어떻게 본을 보여야 하는지를 극명하게 보여주었습니다. 골리앗 앞에서의 다윗의 모습이야말로 하나님이 원하시는 이스라엘의 왕의 모습입니다. 하나님의 이름으로 백성들 앞에 서야 합니다. 다윗은 하나님의 마음에 합한 왕이었습니다. 사울과 이스라엘 백성들을 보면서 슬퍼하셨던 하나님은 다윗을 통해서 오히려 위로를 받고 기뻐하셨을 것입니다.

훈련받는 다윗

골리앗을 무찌른 과정을 지켜본 요나단은 다윗을 진심으로 사랑하게 되었고 그 증표로 자신의 겉옷과 군복과 칼과 활과 띠를 주었습니다. 사울도 다윗을 군대장관으로 삼고 자기 곁에 두기를 원했습니다. 하지만 백성들이 다윗을 높이는 노래(사울이 죽인 자는 천천이요 다윗은 만만이로다)를 듣고 그때부터 다윗을 주시하기 시작합니다. 악한 영이 임하자 자신을 위해 악기를 연주하던 다윗을 죽이려 하고 다윗이 지혜롭게 일을 처리하고 백성들의 신망이 높아질 때마다 사울의 시기심은 더욱 짙어져 갔습니다. 또 자신의 딸 미갈이 다윗을 사랑하는 줄 알고 다윗에게 블레셋 사람들의 포피 백 개를 가져오면 사위로 삼겠다고 약속을 하는데 이것은 다윗이 블레셋 사람의 손에 죽기를 바란 사울의 계략이었습니다.

하지만 다윗은 임무를 충실히 완성하고 미갈을 아내로 얻게 됩니다. 이것을 계기로 사울은 다윗을 더더욱 두려워하여 평생에 다윗의 대적이 되어 버립니다(삼상 18:29). 이제는 노골적으로 그의 아들 요나단과 모든 신하들에게 다윗을 죽이라고 명령을 내리게 됩니다. 그러나 요나단의 설득으로 다시 한 번 사울은 다윗이 궁정에 머물도록 허락합니다. 하지만 사울은 본심을 숨기지 못하고 수금을 타는 다윗을 죽이려 하게 되고 다윗은 미갈의 도움으로 가까스로 도망을 치게 됩니다.

다윗은 라마로 가서 사무엘에게 사울이 자신에게 행한 모든 일을 고하였고 그 후 두 사람이 나욧으로 가서 함께 살았습니다. 사울이 그곳까지 좇아오자 다윗은 들로 피하게 되었고 요나단은 사울의 마음을 돌리려다 오히려 사울에게 죽임을 당할 뻔합니다(삼상 20:33). 요나단은 사울이 다윗을 죽이려는 결심이 확고함을 알고 다윗에게 멀리 피할 것을 알려 줍니다. 두 사람이 헤어지면서 특히 다윗이 심히 울었는데 다윗의 답답한 심정을 잘 나타내고 있습니다. 다윗이 한 것이라고는 골리앗과 블레셋을 물리치고 사울과 이스라엘을 위해서 한 일 밖에는 없는데 죽음의 위협 때문에 도망 다니는 처지가 되었으니 억울하기 짝이 없습니다.

놉으로 이동한 다윗은 제사장 아히멜렉의 도움으로 먹을 것과 그때까지 성소에 남겨 놓았던 골리앗의 칼을 가지고 가드 왕 아기스에게로 갑니다. 그러나 자신의 신분이 탄로가 나자 성문을 긁적거리고 침을 흘리며 미친 체 함으로 위기를 넘깁니다. 다윗의 꼴이 말이 아닙니다. 다윗은 그곳을 떠나 자연적인 굴이 많아 피신하기가 용이한 블레셋과 이스라엘의 경계지역에 있는 아둘람으로 도망을 갑니다. 거기서 형제들과 부모들과 사회적으로 버림받은 자들, 환난을 당한자들, 빚을 진자들, 원통한 자들이 모여들었는데 그 숫자가 400명 정도 되었습니다. 다시 모압으로 피신했다가 선지자 갓의 충고대로 유다 땅 헤렛 숲으로 다시 들어갑니다.

다윗이 동에 번쩍 서에 번쩍 하는 것을 두고 사울은 자신의 부하들이 속였다고 생각하고 있는 터에 도엑이라는 사람을 통하여 제사장 아히멜렉이 다윗을 도왔다는 것을 알게 되자 제사장 85명을 죽여 버립니다. 아히멜렉의 아들 아비아달이 이 소식을 다윗에게 전하면서 그는 다윗과 함께 동행하게 됩니다. 그런데 하나님은 다윗이 도망을 하는 도중에도 이스라엘을 구하는 일을 계속 감당하게 하십니다. 그일라라는 성읍이 블레셋의 침략으로 위기에 처해지자 블레셋을 몰아내고 그 도시를 구하게 하십니다. 다윗은 도망 다니는 신세였지만 결코 혼자가 아니었습니다. 하나님께서 여전히 그와 함께 하셨습니다. 이것이 그가 도망하는 중에도 낙담하지 않고 살아가는 이유였습니다.

사울이 그일라까지 추격을 해 오자 600명으로 불어난 자신의 동료들과 광야의 요새와 십 광야 이곳저곳을 옮겨 다니면서 사울의 눈을 피해 다녔는데 사울이 매일 찾았지만 찾지 못한 것은 하나님께서 다윗을 사울에게 넘기지 아니한 것이라고 성경은 말하고 있습니다(삼상 23:14). 사람들이 다윗의 거처를 사울에게 알리자 다윗은 마온 광야로 다시 옮겨 갔지만 결국 장소가 발각이 되어 사울에게 포위를 당하고 맙니다. 다윗에게 위기가 아닐 수 없습니다. 이 때 전령이 와서 사울에게 말하기를 블레셋 사람이 침략해 왔다는 것입니다. 사울은 할 수 없이 다윗을 쫓는 것을 포기하고 돌아가게 됩니다. 하나님께서 끊임없이 다윗을 간섭하시는 것을 볼 수 있습니다. 다윗이 엔게디 요새로 재빨리 피합니다.

또 다시 사람들의 밀고로 사울이 삼천 명을 이끌고 다윗을 잡으러 왔다가 굴에서 용변을 보고 있는데 마침 그 곳이 다윗이 머물고 있던 장소였습니다. 다윗의 부하들은 기회라 생각하고 사울을 죽이자고 하나 다윗은 사울의 겉 옷자락만을 잘라서 자신이 사울을 대적할 아무런 이유가 없음을 보여 주었습니다. 사울은 울면서 다시는 다윗을 학대하지 않겠다고 약속하고 다윗이 왕이 되면 그때 자신의 후손을 멸하지 말 것을 다윗에게 다짐을 받고 돌아가게 됩니다. 이때 사무엘이 죽자 이스라엘 백성들이 그를 라마에 장사지내게 됩니다. 다윗은 바란 광야로 내려갔다가 마온을 거쳐서 다시 십 광야로 올라오게 됩니다. 하지만 주민들의 밀고로 사울이 다시 다윗을 잡으러 왔다가 밤을 지내게 됩니다. 그 밤에 다윗과 아비새가 사울의 진영으로 몰래 침투하여 사울의 창과 물병만을 가지고 나옵니다. 사울은 다윗의 선처를 알게 되고 다시는 해하지 않겠다고 또 다시 약속하고 돌아갑니다.

그러나 다윗은 사울이 다시는 추격하지 못하도록 이스라엘을 떠나서 600명의 동료들과 함께 가드 왕 아기스에게로 들어갑니다. 그에게 성읍을 하나 달라고 해서 시글락을 얻어 거주하게 되는데 아기스는 다윗이 사울의 미움을 받아 자기한테 온 것이므로 이제는 자신의 부하가 되지 않을 수 없을 것이라는 계산 하에 성읍을 선뜻 내어준 것입니다. 하지만 이것은 다윗의 임시망명정부였습니다. 다윗은 이곳에 거주하면서도 그술 사람과 기르스 사람과 아말렉 사람들을 진멸하는 전쟁을 계속하였습니다. 그리고 재물은 가져와서 아기스에게 줌으로 지혜롭게 외교 전략을 펴서 아기스 왕의 신임을 더욱 얻습니다. 그러던 차에 블레셋과 이스라엘 사이에 대규모 전투가 벌어집니다. 자칫하면 다윗이 자신의 동족에게 칼을 들게 되는 일이 발생할 수도 있습니다. 하지만 아기스의 방백들이 다윗을 믿지 못함으로 다윗은 그 전쟁에서 빠지게 되고 블레셋은 이스르엘(갈릴리 남서쪽에 있는 지역) 땅으로 진격하게 됩니다.

그런데 다윗이 다시 자신들의 거주지인 시글락으로 돌아 왔을 때는 아말렉 사람들에 의해서 불타버렸고 아내들과 자녀들을 빼앗긴 뒤였습니다. 처참한 광경을 본 그의 동료들이 얼마나 분노했는지 다윗을 돌로 쳐 죽이려고 할 정도였지만 하나님의 개입으로 다시 힘을 얻고 하나님께 묻고는 그들을 쫓아가서 빼앗긴 모든 사람들과 전리품을 취하여 가지고 오게 됩니다. 그리고 시글락에 돌아와서는 전리품을 유다의 장로들에게 보내 줍니다. 아말렉과의 전투는 다윗이 블레셋 족속의 땅에 있었지만 사울의 죽음에는 가담하지 않았음을 보여주는 일종의 알리바이입니다. 일반 백성들에게는 다윗이 사울과 대적관계에 있었기 때문에 블레셋에 있는 다윗을 블레셋과 합세해서 사울을 죽인 자로 의심을 한다면 다윗은 이스라엘의 왕이 되는데 부적합한 인물이 되고 말 것이기 때문입니다.

이때에 블레셋과 사울의 군대 사이에 전투는 벌어져서 결국 이스라엘 군대는 갈보아 산에서 대패하고 마는데 사울과 그의 아들들도 이곳에서 죽게 됩니다. 다윗은 사울과 요나단의 죽음을 슬픈 노래로 조상할 정도로 그들의 죽음을 안타까워합니다. 다윗은 하나님께 유다로 올라 갈 것인지를 여쭈어 본 다음에 유다의 헤브론으로 가라는 명령을 받고 그곳으로 올라갑니다. 유다 사람들이 와서 다윗에게 기름을 부어 유다 족속의 왕으로 삼게 됩니다. 그러나 다윗의 시련은 이것으로 끝이 아니었습니다. 사울의 군사령관 넬의 아들인 아브넬이 사울의 아들 이스보셋을 북쪽 지파들의 왕으로 선포해 버린 것입니다. 그러나 이스보셋은 자신의 부하들에게 살해를 당함으로 남북의 대치는 비로소 끝나게 되고 사무엘하 5장에 가면 드디어 다윗이 온 이스라엘의 왕으로 추대가 됩니다.

골리앗을 죽이고 백성들의 열렬한 환영을 받았을 때 다윗의 앞길이 탄탄대로가 될 것을 의심하는 사람들은 없었습니다. 하지만 그것은 다윗의 고난의 시작에 불과했습니다. 하나님은 다윗을 단 번에 왕으로 세우지 않으셨습니다. 마치 요셉을 보디발의 집과 감옥이라는 학교에서 하나님의 사명을 감당하는 자로 훈련을 시키신 것처럼 다윗을 광야의 학교로 내 보셔서 장차 하나님의 공동체를 이끌 재목으로 다듬고 다듬으신 것입니다. 만일 다윗이 골리앗을 죽인 뒤 곧 바로 왕이 되었다거나 광야의 쓰디 쓴 눈물의 과정을 거치지 않았다면 어떻게 되었을까요? 골리앗 앞에서 당당했던 순수한 신앙인의 모습을 간직한 왕으로 살아가기는 쉽지 않았을 것입니다. 실제로 다윗이 왕이 된 후에 주변의 모든 민족을 자신의 통치 아래 두는 정복 사업이 거의 마무리 되어 가던 시점에서 다시 말하면 자신의 권력이 거의 최 정점에 이르렀을 때 죄를 범하지 않습니까? 하나님은 사울에게 쫓기는 10여 년 동안 다윗을 이스라엘 백성들을 제대로 이끌어갈 한 사람으로 만들어 가고 계셨습니다.

사울에게 쫓기는 순간 다윗은 늘 하나님께 묻습니다. 기도했다는 말입니다. 하나님의 말씀에 귀를 기울였습니다. 다윗이 가장 많이 훈련을 받은 부분이 바로 하나님에 대한 순종입니다. 급박한 순간순간을 지나면서 하나님께 무릎을 꿇지 않고 견뎌낼 수 있었을까요? 다윗이 도망 다니는 중에도 믿음으로 반응한다는 사실은 사울을 죽일 수 있었음에도 불구하고 두 번이나 그를 살려 주는 것에서 알 수 있습니다. 이유가 무엇입니까? 사울이 하나님의 기름 부음을 받은 자였기 때문입니다.

이것은 사울의 왕권이 두려워서 그런 것이 아닙니다. 이스라엘 왕권의 출처가 하나님이시라는 사실을 인정하는 것입니다. 블레셋과의 전쟁을 여호와의 전쟁으로 인식했던 다윗이 이스라엘 왕국이 하나님의 것이라는 사실을 인정하는 것은 너무도 당연한 것입니다. 이것이 믿음입니다. 개인적으로 보면 사울 한 사람만을 죽이면 해결될 수도 있는 일일 수 있습니다. 하지만 자신의 감정을 발설하는 일로 보지 않고 하나님께서 간섭하시는 일로 보았습니다. 이스라엘 왕이 가져야 될 성품입니다. 하나님이 진정으로 원하는 이스라엘 왕의 모습이 무엇입니까? 이스라엘이 하나님의 것이요 제사장 나라라는 사실을 잊지 않는 것입니다.

가나안 정복을 완성한 다윗

사울이 죽은 다음에 다윗은 유다의 헤브론에서 왕이 되어 7년 반 동안을 다스렸습니다. 다윗이 헤브론에서 유다를 중심으로 왕위에 오른 것은 사울 가문의 저항도 있었지만 상징적인 의미도 포함하고 있습니다. 헤브론은 이스라엘의 조상 아브라함이 가나안에 정착한 후에 처음으로 정당한 값을 지불하고 산 땅, 막벨라 굴이 있는 곳입니다. 가나안은 아직 아브라함에게 이방의 땅에 불과했지만 그 땅을 구입함으로서 가나안이 하나님께서 약속하신 땅임을 찜한 것이라고 볼 수 있습니다. 여기에 아브라함과 사라, 이삭과 리브가, 야곱과 레아가 묻혔습니다.

헤브론은 이스라엘 첫 족장들의 무덤이 있는 곳으로서 다윗이 이곳에서 왕위에 오른 것은 다윗이 아브라함을 계승한 진정한 이스라엘의 적통임을 말하고 있으며 마태복음 1장 1절의 아브라함과 다윗의 자손 예수 그리스도의 족보와 연결되는 것입니다. 이것은 아브라함과 다윗의 족보가 왕권의 족보임을 나타냅니다. 다윗은 왕위에 오르자마자 여부스 사람이 거주하고 있는 예루살렘을 함락시켜서 성을 쌓고 다윗 성(시온 성)이라 이름을 부릅니다.

성경은 예루살렘 정복이 분기점이 되어 여호와께서 함께 하시므로 다윗이 점점 더 강성해 졌다고 말씀하고 있습니다. 다윗이 온 이스라엘의 왕이 되었다는 소식을 듣고 가장 먼저 이스라엘을 치러 올라 온 민족이 블레셋입니다. 블레셋은 다윗 왕조가 제대로 뿌리를 내리기전에 타격을 입혀서 힘을 발휘하지 못하도록 선재 공격을 한 것입니다. 다윗은 첫 번째로 맞는 대규모 전쟁이었지만 철저히 하나님의 승인을 얻으므로 두 차례의 연이은 전쟁을 승리로 이끌 수 있었습니다.

다윗은 이제 바알레 유다에 있는 언약궤를 예루살렘으로 이동하기를 원했습니다. 사무엘하 6장에서 언약궤를 운반하는데 삼만 명을 동원하고 잣나무로 만든 수많은 악기로 연주하게 한 것을 보면 다윗이 이 일을 얼마나 중요한 일로 여겼는지를 알 수 있습니다. 그러나 이 일을 위해서 다윗이 여호와 하나님께 여쭈어 보았다는 기록이 없습니다. 다윗은 블레셋과의 전쟁에서 이긴 승리감에 도취되어서 자신이 임의대로 결정한 것이 분명합니다. 그렇다면 옮기려는 목적도 순수하지 못했을 가능성이 많이 있습니다. 역대상에 보면 다윗이 규례대로 하나님께 구하지 아니했다고 말하는 것을 보면 아마도 "다윗은 왕권을 확보하고 블레셋을 정복한 후에 법궤마저 소유하게 되면 자신의 통치의 지속을 보장 받을 수 있다고 생각한 것 같습니다."[103]

하지만 법궤는 왕의 정치적 이해나 종교적 욕망을 위해 존재하는 것이 아닙니다. 사울에게서 우리는 이것을 분명히 보았습니다. 결국 법궤를 옮기는 것은 실패로 끝나고 맙니다. 오벧에돔의 집에 3개월 동안 언약궤를 두었는데 그 일로 인하여 하나님께서 오벧에돔의 집을 축복하셨다는 소식을 듣고 하나님의 승인으로 받아들인 다윗은 기쁨으로 예루살렘으로 옮겨오게 됩니다. 3개월 전에 언약궤를 옮겼던 다윗이 아닌 것이 왕의 체면도 생각지 않고 옷이 벗겨져서 춤을 출 정도로 언약궤를 옮기는 것에 다른 의미를 두고 있기 때문입니다.

자신을 멸시하는 미갈에게 고백한 내용을 보면 이것을 알 수 있습니다. "이는 여호와 앞에서 한 것이니라 그가 네 아버지와 그의 온 집을 버리시고 나를 택하사 나를 여호와의 백성 이스라엘의 주권자로 삼으셨으니 내가 여호와 앞에서 뛰놀리라" 언약궤 자체에 무슨 특별함이 있는 것이 아니라 여호와 하나님 그 분이 직접 자신과 함께 하는 것으로 언약궤의 의미를 제대로 이해한 것입니다. 하나님이 함께 하시는 다윗 왕조야 말로 하나님이 인정하셨다는 산 증거가 됩니다.

왕권이 안정된 궤도에 오르자 다윗은 이제 능동적으로 다른 민족들을 정복해 갑니다. 사무엘하 8장에는 다윗이 정복한 여러 민족이 등장하는데 역시 이스라엘의 가장 위협적인 존재였던 블레셋을 먼저 쳐서 메덱암마를 빼앗습니다. "메덱이란 말은 굴레(고삐, 재갈 등의) 또는(비유적으로) 권위, 지배, 통제 등의 뜻으로 쓰였습니다. 그리고 암마라는 말은 모성(母城), 규빗, 문지방 터 등으로 사용되었습니다. 암마를 모성(母城)의 의미로 본다면 블레셋 지역의 수도를 가리킬 것입니다. 그러나 당시 블레셋은 5대 연합도시 국가 체제였기에 그 중 가장 우두머리 도시라면 가드(대상 18:1)를 가리킬 것입니다. NASB는 이 단어를 chief city, 즉 최고의 도시로 번역했습니다. 어쨌든 다윗은 블레셋의 발호를 잠재운 후에야 모압이나 암몬 등을 정복할 수 있었을 것입니다."[104]

다윗 시대에 와서야 수백 년 동안 이스라엘을 괴롭혔던 블레셋의 세력이 제압되고 이스라엘의 지배 아래에 들어 온 것입니다. 여세를 몰아서 모압을 치고 그들을 종으로 삼으며 조공을 받았고 아람의 도시국가인 소바를 점령하고 많은 전리품을 얻어 돌아 왔으며 소바를 도우러 온 아람을 쳐서 이기고 조공을 받았으며 에돔을 자신의 통치 아래에 두었습니다. 하맛 왕 도우는 다윗이 소바 왕을 굴복시켰다는 소식을 듣고 스스로 이스라엘의 속국이 될 정도로 다윗 왕국의 힘은 막강해졌습니다. 이와 같은 정복의 결과 "이스라엘은 급속한 속도로 팔레스타인 및 시리아 지역의 일류강국으로 성장했습니다.

열두 지파에게 분할된 모든 땅과 암몬 왕국, 시리아의 북동지역, 북쪽으로 하맛이 수도가 되어 있는 지역까지 포함하여 남쪽의 아카바 만과 이집트 강으로부터 북쪽의 유프라테스 강에 이르기까지 다윗의 권력은 확장되었습니다. 이것은 수세기 전 하나님께서 아브라함에게 약속하신 지역이었습니다. (창 15:18절 - '그 날에 여호와께서 아브람과 더불어 언약을 세워 이르시되 내가 이 땅을 애굽 강에서부터 그 큰 강 유브라데까지 네 자손에게 주노니')"[105] 다윗이야말로 하나님의 약속의 땅을 제대로 정복하고 소유한 사람입니다. 다윗에게서 아브라함의 약속이 성취되며 진정으로 출애굽이 완성이 됩니다. 이 출애굽의 영적 의미를 성취하신 분이 예수 그리스도이십니다. 아브라함과 다윗과 예수 그리스도의 연결을 보십시오. 이것은 하나님께서 처음부터 다윗왕권을 목표로 하고 계셨음을 알 수 있습니다.

다윗 언약 - 영원한 왕권과 영원한 성전

다윗은 남북의 모든 지파를 아우르는 통합의 왕이 됨으로서 정치적 안정을 가져왔고 언약궤를 예루살렘으로 옮김으로서 종교적 통합도 이루어 냈습니다. 다윗은 여세를 몰아서 자신의 왕궁은 있는데 언약궤는 아직도 장막(실로의 성막은 엘리 제사장 시대에 블레셋에게 언약궤를 빼앗긴 전쟁에서 파괴되어 버린 상태에 있었기 때문에 다윗이 임시로 언약궤를 놓아둔 천막을 의미합니다. 나중에 다시 언급 할 것입니다.)에 있으므로 성전을 짓기를 원했습니다. 하지만 하나님은 그에게 성전 건축을 허락지 않으시고 나단을 통하여 일명 다윗 언약의 약속을 주십니다. 다윗 언약의 핵심적인 내용은 사무엘상 7장 13절을 보면 알 수 있습니다. "그(다윗의 자손)는 내 이름을 위하여 집을 건축할 것이요 나는 그(다윗의 자손)의 나라 왕위를 영원히 견고케 하리라" 두 가지 내용인데 하나는 다윗의 후손이 하나님의 이름을 위하여 집을 건축한다는 것, 다시 말씀드리면 하나님의 성전을 건축할 것이라는 것과 둘째는 하나님께서 다윗의 후손의 왕권을 견고케 하신다는 것입니다.

집을 성전이라고 말씀드렸는데 이것을 뒷받침해 주는 구절이 열왕기상 5장 5절에 나옵니다. 이 장면은 성전 건축을 준비하는 과정에서 솔로몬이 고백하는 말입니다. "여호와께서 내 아버지 다윗에게 하신 말씀에 내가 너를 이어 네 자리에 오르게 할 네 아들 그가 내 이름을 위하여 성전을 건축하리라 하신대로" 다윗에게 하신 말씀, 그(다윗의 자손)는 내 이름을 위하여 집을 건축할 것이라는 말씀이 곧 네 아들(다윗의 자손) 그가 내 이름을 위하여 성전을 건축하리라는 말씀이었음이 솔로몬을 통해서 확증해 줍니다.

그런데 사무엘하 7장 13절에서 내 이름을 위하여 집을 건축할 것이라는 말과 그의 나라 왕위를 견고케 한다는 말은 병행적 관계로 보아서 이 두 문구는 모두 '영원히' 라는 개념이 들어 있는 것으로 보아야 할 것입니다. 왜냐하면 솔로몬이 성전을 건축하고 난 후에 기도를 드릴 때 하나님께서 솔로몬에게 나타나셔서 하신 말씀이 이것을 증명하기 때문입니다. 열왕기상 9장 3절입니다. "여호와께서 그에게 이르시되 네 기도와 네가 내 앞에서 간구한 바를 내가 들었은즉 나는 네가 건축한 이 성전을 거룩하게 구별하여 내 이름을 영원히 그곳에 두며 내 눈길과 내 마음이 항상 거기에 있으리니" 솔로몬이 건축한 성전에 하나님의 이름을 영원히 두신다는 약속의 말씀을 하십니다. 또한 5절에는 "내가 네 아버지 다윗에게 말하기를 이스라엘의 왕위에 오를 사람이 네게서 끊어지지 아니하리라 한 대로 네 이스라엘의 왕위를 영원히 견고하게 하려니와" 다윗의 왕권을 영원히 견고케 하리라는 말씀을 다시 한 번 확인시키고 있습니다.

따라서 사무엘하 7장 13절에서 말씀하신 다윗의 후손이 짓는 성전이나 하나님이 견고케 하실 다윗의 왕권 모두 영원성을 담고 있는 것이 확실해졌습니다. 반드시 기억하셔야 될 내용은 다윗의 언약에는 두 가지 핵심적 언약이 들어 있는데 하나는 영원한 성전에 관한 문제요 또 하나는 영원한 왕권에 관한 문제를 담고 있다는 것입니다. 필자가 영원한 왕권과 더불어 영원한 성전에 대해서 강조하는 이유는 다윗의 언약을 논할 때 많은 사람들이 영원한 성전에 대한 내용을 간과하고 있기 때문입니다. 그런데 이 두 가지 내용은 예수 그리스도 안에서 정확히 성취가 되고 우리에게도 이 약속은 실제로 영향을 미칩니다. 하나님께서 우리에게 베푸시는 구원의 은혜가 얼마나 크고 놀라운지를 이 약속의 성취를 통해서 확인하실 수 있을 것입니다. 그래서 이 두 가지 내용을 제대로 이해하면 신구약의 핵심을 이해하는 것이라고 말씀드릴 수 있습니다. 이 언약의 성취에 대해서는 신약에 가서 자세하게 말씀드리겠습니다.

사울과 방불한 죄를 지은 다윗

다윗이 왕이 되었을 때 암몬 왕 나하스는 사절을 보내 축하하므로 두 민족 간에 평화가 있었습니다. 나하스의 아들 하눈이 왕위에 오르자 이번에는 다윗이 사절단을 보냈습니다. 하지만 하눈은 다윗이 자신들을 정복하기 위해서 정탐하려고 사람들을 보낸 것으로 오해하여 다윗의 사신들을 모욕을 주어 돌려보내 버립니다. 다윗은 그들의 행위를 전쟁으로 간주하고 암몬을 치러 가는데 암몬은 아람 족속과 동맹을 맺고 전쟁을 대비합니다. 하지만 아람 군대는 이스라엘 앞에서 싸워보지도 못하고 꽁무니를 빼 버리고 두려운 암몬 족속은 랍바 성으로 들어가 버립니다.

아람 왕 하닷에셀은 자신의 군대가 도망을 쳐 왔다는 소식을 듣고 이번에는 유브라데 강 주변에 있는 아람 국가들을 불러 모아 갈릴리 동편 헬람에서 다윗을 대적했지만 다윗이 그들을 또 다시 패배시키고 맙니다. 그래서 아람의 모든 도시국가들이 다윗에게 조공을 바치며 이스라엘의 종이 되었고 다시는 암몬을 도와주지 않게 되었습니다. 이미 블레셋의 세력은 제압되었고 모압과 에돔이 다윗의 수하에 들어온 상태입니다. 내치가 안정되어가고 국력도 신장 되어가고 있는 것으로 보건대 다윗이 승승장구하는 모습입니다. 사기가 하늘을 찌를 듯 했을 것입니다.

하지만 암몬의 문제는 아직 해결이 되지 않았습니다. 그래서 암몬의 중요도시인 랍바를 공격합니다. 사무엘하 11장 1절을 보면 "그 해가 돌아와 왕들이 출전할 때가 되매"라고 암몬 족속과의 전쟁의 시기를 말해주고 있습니다. 그 해가 돌아왔다는 것은 전쟁을 하기에 좋은 봄이 되었다는 말입니다. 겨울이 되면 전쟁이 소강상태에 있다가 봄이 되면 (중동지방은 이 때 건조기후가 됩니다.) 비가 오지 않아 도로 형편이 좋아져서 이동이 편해지기 때문에 왕들이 전쟁을 선호하는 시기이기도 합니다. 하지만 이번에는 다윗이 출전하지 않고 군대장관인 요압으로 하여금 지휘하게 합니다. 10장 15절 이하에서 다윗은 암몬 족속의 동맹국이었던 아람을 칠 때에는 자신이 직접 출전하여 승리를 거둡니다. 그런데 이 전쟁에 출전하지 않은 것은 국내외 정치적 상황이 순조롭게 돌아가고 있고 또한 10:14절에서 암몬 족속이 도망을 친 전력이 있기 때문에 다윗이 심각하게 생각하지 않은 것 같습니다.

사무엘하 11장 2절에서 저녁 때 다윗이 침상에서 일어났다고 하는 것은 다윗이 낮잠을 자다가 저녁 무렵에 일어났음을 의미합니다. 그리고 나서 왕궁의 옥상을 거닐다가 한 여인이 목욕하는 장면을 보게 됩니다. 다윗이 사람을 보내어 그녀가 누구인지 알아보았는데 헷 사람 우리아의 아내라는 보고가 있었습니다. 우리아는 지금 어디에 있습니까? 랍바성을 에워싸고 암몬족속과 전쟁 중에 있습니다. 그렇다면 다윗은 그녀를 탐내면 안 됩니다. 자신과 이스라엘 나라를 위해서 목숨 걸고 싸우고 있는 충성스런 신하의 아내를 노리는 것이기 때문입니다. 하지만 다윗은 우리아가 없는 것을 기회로 여기고 전령을 다시 보내 그녀를 데려 오게 하여 동침을 하고 집으로 돌려보냅니다. 다윗은 이쯤해서 문제가 끝난 줄로 생각했습니다. 하지만 그녀에게서 전갈이 오기를 임신을 했다는 것입니다.

누구의 아이일까요? 4절에 보면 "그 여자가 그 부정함을 깨끗하게 하였으므로 더불어 동침하매"라고 말하고 있습니다. 김지찬 교수는 이 부분을 "다윗이 그녀와 동침하였다. 그녀는 부정함을 깨끗게 한 상태였다."[106]고 번역합니다. 부정함을 깨끗하게 한 상태(레 15:19 - 여인의 월경은 7일 동안 부정함)라는 것은 월경이 끝났다는 것을 의미합니다. 따라서 우리아의 아내가 월경이 끝난 후에 다윗과 동침을 했기 때문에 아이를 갖는다면 이것은 다윗의 씨가 분명한 것입니다. 그런데 레위기 20장에 보면 남의 아내와 간음하는 자는 반드시 죽이라고 말씀하고 있습니다. 율법대로 한다면 죽어 마땅합니다.

그런데 다윗은 또 하나의 죄를 계획하고 있습니다. 우리아의 아내가 임신한 것을 알았을 때 가장 두려운 것이 무엇이겠습니까? 밧세바의 임신이었을까요? 아닙니다. 다윗이 정말 두려워하는 것은 다윗의 부하들과 백성들입니다. 만일 다윗과의 관계에서 우리아의 아내가 임신한 것이 드러난다면 다윗의 부하들과 백성들은 이렇게 손가락질을 할 것입니다. "아니 신하를 전장에 보내 놓고 그 틈에 아내를 노리다니" 다윗은 하나님의 말씀보다 그것이 더 끔찍했습니다. 왕이 한 여인을 취한다는 것은 고대 세계에서 너무도 흔한 일이기 때문에 다윗은 처음에 밧세바를 범한 것을 심각하게 생각지 않은 것이 분명합니다. 하지만 그녀가 우리아의 아내로서 임신한 것이 밝혀진 이상 이 문제가 다윗에게 엄청난 부담으로 다가오고 말았습니다.

그래서 이 일을 무마할 궁리로 다윗은 요압에게 기별을 보내 우리아를 자신에게로 보내라고 합니다. 돌아온 우리아에게 요압의 안부와 군사의 안부와 전쟁의 상황을 묻고는 있지만 다윗은 그에 대한 대답을 들을만한 여유가 없습니다. 7~8절에 우리아의 대답을 기록하지 않고 다윗의 행동만 언급을 하고 있는 것은 다윗의 다급함을 보여 줍니다. 그의 관심은 오직 우리아가 밧세바와 저녁을 함께 보내게 해서 임신한 아이가 우리아의 아이라는 증거만 만들어 주면 되는 것입니다. 그래서 우리아가 궁정을 나갈 때 왕의 음식을 함께 보냅니다. 자신이 배려하고 있으니까 집에서 아내와 푹 쉬고 다시 전쟁터로 가라는 것입니다. 하지만 우리아는 집으로 가지 않고 왕궁 문간에서 그의 부하들과 잡니다. 다윗이 집으로 가지 않은 이유를 물으니 온 나라가 전시 상황에 있고 동료들이 싸우고 있는데 한가하게 먹고 마시고 집에서 처와 잠자리를 같이 할 여유가 없다는 것입니다.

그래서 이번에는 우리아를 취하게 만들어서 집으로 보내려고 하지만 그 계획도 실패하고 맙니다. 어쩔 수 없이 우리아를 다시 전쟁터로 보내게 된 다윗은 이번에는 더 끔찍한 죄를 계획합니다. 요압에게 비밀 편지를 보내서 전투가 치열 할 때에 우리아를 앞장세우다가 다른 부하들은 뒤로 물러나게 해서 죽게 하라는 것입니다. 요압은 왕의 명령을 그대로 행하여 우리아는 영문도 모른 채 죽어갔습니다. 출애굽기 21장에는 사람이 그의 이웃을 고의로 죽였으면 너는 그를 내 제단에서라도 잡아내려 죽이라고 말씀하고 있습니다. 다윗의 죄는 율법에 의하면 모두 죽음에 해당되는 죄입니다. 하지만 다윗은 전혀 심각하지 않았습니다. 우리아가 죽자 다윗은 기다렸다는 듯이 우리아의 아내를 자신의 아내로 맞아들입니다. 그런데 다윗의 이 모든 행위를 성경은 이렇게 평가합니다. "다윗이 행한 그 일이 여호와 보시기에 악하였더라"(삼하 11:27).

다윗도 사울과 다르지 않습니다. 율법에 의하면 죽어야 마땅합니다. 그런데 사울과 다윗이 다른 점이 하나 있습니다. 사울은 물리적인 징계를 받지 않지만 다윗은 자녀로서 죄에 대한 징계를 받는 다는 것입니다. 선택은 타락한 인간의 본성대로 내 버려두면 단 한 사람도 예외 없이 모두 다 멸망 해 버릴 인간들이기에 하나님의 입장에서 최소한의 방어책으로 행사하시는 것입니다. 다윗은 이 은혜를 받았을 뿐입니다. 사울보다 잘 낫기 때문이 아닙니다. 가문으로 보면 사울이 더 낫고 풍채로 보아도 사울이 더 나았습니다. 시골 촌뜨기 목동에 불과한 그가 왕궁에 앉아 있는 것은 하나님이 그렇게 하셨습니다.

나단이 죄를 범한 다윗에게 와서 하는 말입니다. "이스라엘의 하나님 여호와께서 이와 같이 이르시기를 내가 너를 이스라엘 왕으로 기름 붓기 위하여 너를 사울의 손에서 구원하고 네 주인의 집을 네게 주고 네 주인의 아내들을 네 품에 두고 이스라엘과 유다 족속을 네게 맡겼느니라 만일 그것이 부족하였을 것 같으면 내가 네게 이것저것을 더 주었으리라 그러한데 어찌하여 네가 여호와의 말씀을 업신여기고 나 보기에 악을 행하였느냐 네가 칼로 헷 사람 우리아를 치되 암몬 자손의 칼로 죽이고 그의 아내를 빼앗아 네 아내로 삼았도다"(삼하 12:7~9). 하나님의 마음을 이해하시겠습니까? 너를 위해 아낌없이 쏟아 부었는데 고작 죄를 지으려고 그 자리에 앉아 있더란 말이냐 하시는 것입니다. 하나님은 다윗이 자신을 업신여기는 것으로 여기셨습니다. 왜냐하면 다윗은 자신의 권력의 크기를 하나님의 권위보다 더 크게 생각한 것이 분명하기 때문입니다. 나단이 책망하기 전까지 자신의 죄악에 대해서 전혀 죄책감을 느끼지 않은 것을 보면 이것을 알 수 있습니다.

다윗은 이방의 왕들처럼 굴었습니다. 한 여자를 취하고 한 사람의 생명을 거두는 것은 이방 왕들에게는 식은 죽 먹기나 다름없습니다. 그러나 이스라엘의 왕은 이방의 왕들과는 차원이 다른 사람들입니다. 왜냐하면 자신의 왕권을 통해서 자신의 권력의 크기가 얼마나 큰 가를 드러내는 것이 아니라 하나님이 누구신가를 드러내야 하기 때문입니다. 자신을 통해서 하나님을 보게 만드는 것이 다윗이 진정으로 해야 할 일입니다. 그래서 우리아의 아내를 범한 사건과 우리아를 죽인 사건에서 가장 많이 배신을 당하신 분은 하나님이십니다. 하나님은 다윗에게 징계를 내리십니다. 네 집에서 영원히 칼이 떠나지 않을 것이며 네 집에 재앙을 내릴 것이며 또한 백주에 너의 아내들이 네 친한 사람과 동침을 할 것을 예고하시고 마지막으로 우리아의 아내가 임신한 아이가 죽을 것이라고 선포하십니다.

하나님의 말씀대로 다윗은 이후에 밧세바가 임신한 아들을 잃어버렸고 자녀 간에 간음이 있었고(삼하 13:15) 형제간에 살륙이 있었으며(삼하 13:28) 압살롬이 다윗을 반역하고 후궁과 간통하며(삼하 15:1, 16:22) 죽음을 앞두고는 아도니아에게 또 다시 반역을 당했습니다(왕상 1:5). 밧세바 사건 이후로 다윗은 그의 죄로 말미암아 눈물이 마를 날이 없는 파란만장한 삶을 살게 됩니다. 우리가 하나님의 자녀라는 이유만으로 우리의 죄를 가볍게 여겨서는 안 될 것입니다. 우리의 죄 때문에 자신뿐만 아니라 우리 가족과 친척과 이웃이 고통을 당할 수 있기 때문입니다.

회개하는 다윗

시편 51편은 다윗이 밧세바를 범한 후에 하나님 앞에서 회개하는 장면을 기록한 것입니다. 다윗은 가장 먼저 자신의 죄에 대한 하나님의 은혜와 자비를 구합니다. “자비(rehamim)는 원래 히브리어로 자궁(rehem)의 복수형으로서 어머니가 태 안에 있는 자기 아이를 향해 느끼는 강렬한 사랑을 기본적으로 뜻”[107]합니다. 다윗은 지금 하나님으로부터 아버지의 사랑을 기대하며 참회하고 있습니다. 자신의 죄가 오직 그것으로만 씻겨 질 수 있기 때문입니다. 다윗은 제사의 절차를 논하거나 성전이 어디인지를 따지지 않습니다. 오직 하나님의 긍휼하심과 은혜를 구하는 것입니다. 다윗은 자신이 하나님의 은혜와 긍휼을 구할 수밖에 없는 이유를 5절에서 이렇게 말합니다. ‘내가 죄악 중에서 출생하였음이여 어머니가 죄 중에서 나를 잉태하였나이다.’ 자신의 본질이 죄인이라는 것입니다. 하나의 특정한 죄 때문에 하나님께 회개하는 것이 아니라 자신의 존재 자체가 하나님의 용서를 떠나서는 살 수 없는 존재이기 때문에 하나님 앞에 나올 수밖에 없는 죄인임을 고백하고 있습니다.

그래서 다윗은 하나님이 우리에게 구하시는 진정한 제사는 상하고 통회하는 마음임을 힘주어 말합니다. 다윗은 지금 하나님께 무슨 제물을 드리는 제사를 드리는 것이 아니라 죄를 범한 자신의 상하고 찢긴 마음을 드리고 있습니다. 이것이 하나님께서 가장 바라시는 구약의 제사의 모습이고 신약의 예배의 모습입니다. 구약이나 신약이나 다를 바가 없습니다. 그래서 로마서에서 바울이 하나님의 은혜로 죄를 용서받는 복에 대해서 말하면서 다윗을 예로 들어서 증거하고 있는 것입니다.

31. 이스라엘 왕국의 분열 이유

이스라엘 왕국의 분열의 근본적 이유는 놀랍게도 솔로몬에게 있습니다. 수많은 우상숭배와 자신의 화려한 권력을 위해 백성들을 착취했기 때문입니다. 물론 솔로몬의 아들 르호보암의 어리석음도 분열의 원인 중 하나를 제공했지요.

솔로몬의 지혜와 부귀영화

다윗이 죽음을 눈앞에 두고 있었지만 아직 후계자를 지명하지 못하고 있었습니다. 그래서 다윗의 남은 아들들 중에서(암논과 길르압과 압살롬은 이미 죽음) 가장 연장자인 아도니아가 스스로 왕이 될 것을 결심하고 병거와 기병과 호위병 오십 명을 데리고 다니면서 왕이 된 것처럼 행세를 하고 다녔고 다윗의 군대장관 요압과 대제사장 아비아달을 자기 편으로 끌어들였습니다. 다윗이 죽으면 왕권은 누가 보아도 아도니야의 차지가 될 것이 뻔한 상황이었습니다. 그러나 또 한 명의 대제사장인 사독과 다윗의 용사인 브나야와 선지자 나단 등은 이들의 역모에 가담하지 않고 이 사실을 밧세바를 통해서 다윗 왕에게 알려 주었습니다. 열왕기상 1장 30절에 의하면 다윗은 이미 밧세바의 또 다른 아들인 솔로몬을 왕위에 앉히겠다고 말해 놓은 상태였습니다.

이것은 하나님의 뜻이기도 했습니다. 사무엘하 12장 24-25절에 보면 하나님께서 솔로몬을 다윗의 후계자로 주셨음을 암시하고 있기 때문입니다. "그(다윗)가 아들을 낳으매 그의 이름을 솔로몬이라 하니라 여호와께서 그를 사랑하사 선지자 나단을 보내사 그 이름을 여디디야라 하시니 이는 여호와께서 사랑하심을 인함이더라." 다윗은 약속대로 사독과 나단과 브나야에게 명령을 내려서 기혼에 가서 솔로몬에게 기름을 붓고 즉위식을 갖도록 해서 기습적으로 솔로몬이 왕이 됐음을 선포해 버렸습니다. 결국 아도니야의 반란이 진압이 되고 다윗은 솔로몬에게 마음과 성품을 다하여 하나님의 말씀에 순종할 것과 자신과 관련된 사람들을 어떻게 처리할 것인가를 알려주고 죽게 됩니다. 솔로몬은 다윗이 말한 대로 여호와를 사랑하고 아버지 다윗의 법도를 행하였습니다. 이 말의 핵심은 솔로몬이 하나님과 친밀한 관계를 가졌다는 말입니다. 그 사랑의 표현으로 기브온 산당에서 하나님께 일천 번제를 드립니다. 무슨 조건을 제시하거나 하나님과 타협하기 위해서 일천 번제를 드린 것이 아닙니다. 일천 번제를 드리면 하나님께서 짠하고 나타나셔서 나에게 선물을 주실 것이다라는 계획적인 작품이 아니란 말입니다.

하나님에 대한 사랑을 표현하자 하나님이 솔로몬에게 뜻하지 않게 응답해 주십니다. 솔로몬은 하나님께 지혜를 달라고 소원합니다. 솔로몬이 무엇보다 지혜를 구한 이유는 이스라엘 백성들을 다스릴 때 옳고 그름을 잘 판단할 수 있도록 하기 위함이었습니다. 왜냐하면 이스라엘 백성들은 솔로몬이 고백한 것처럼 하나님께서 택하신 백성들이기 때문입니다. 이스라엘 백성에 대한 주권이 자신에게 있지 아니함을 아는 것이고 그들이 하나님의 사랑의 대상임을 아는 것입니다. 하나님은 솔로몬의 이런 태도를 기뻐하시고 이 세상에서 전무후무한 지혜와 총명을 주시고 더불어 부귀와 영화도 함께 주셨습니다.

이 일 후에 아이의 소유권 문제로 다투는 엄마들을 솔로몬이 판단을 해야 하는 일이 일어났습니다. 두 여자가 서로 자신의 아이라고 솔로몬 앞에서 쟁론을 하였습니다. 솔로몬이 내린 판단은 아이를 똑같이 둘로 나누어 가지라는 것이었습니다. 한 여인이 아이를 죽이지 말고 상대방 여자에게 달라고 말하는데 솔로몬은 그 여인이 진짜 이 아이의 엄마가 맞다고 판결을 합니다. 이 재판은 하나님께서 기브온 산당에서 주시겠다고 약속하신 지혜의 산 모범이었습니다. 솔로몬의 지혜는 자신의 것이 아님을 증거로 보여 주신 것입니다. 그래서 열왕기상 3장 28절은 온 이스라엘이 이 판결로 솔로몬을 존경하게 되었고 솔로몬이 하나님의 지혜를 간직한 사람임을 공식적으로 인정하게 되었습니다. 앞으로 솔로몬의 지혜는 선과 악을 구별해서 악이 이스라엘 백성들 사이에 만연되지 않고 억울한 사람이 없도록 하며 힘없고 불쌍한 사람들이 악한 자들이나 재물이 있는 자나 권력이 있는 자들에게 휘둘리지 않도록 정치를 해야 합니다. 아무튼 솔로몬의 지혜는 동쪽 모든 사람의 지혜와 애굽의 모든 지혜보다 뛰어났다고 왕상 4:30은 말씀하고 있습니다.

솔로몬은 하나님이 약속하신 대로 부귀영화도 함께 누렸는데 왕상 4:22이하에서는 솔로몬의 하루 음식량을 가지고 이것을 증명해 보였습니다. "가는 밀가루가 삼십 고르요 굵은 밀가루가 육십 고르요 살진 소가 열 마리요 초장의 소가 스무 마리요 양이 백 마리이며 그 외에 수사슴과 노루와 암사슴과 살진 새들이었더라" "하루에 이 정도면 오늘날로 치면 14000명이 먹을 수 있는 분량입니다."108) 또한 단에서 브엘세바까지(이것은 전체 이스라엘의 경계를 의미함) 내부적으로 평화와 번영을 누렸고 외부적으로는 제국을 이룰 정도로 막강한 힘을 가지고 있었습니다.

먼저 많은 속주가 있었는데 솔로몬이 이스라엘의 총독이나 다른 관리를 통하여 직접 다스린 지역입니다. 시리아, 암몬, 모압, 에돔, 그리고 작은 나라들입니다. 또한 소바, 하맛, 아라비아, 블레셋 등과 같은 봉신국이라 불리는 나라들이 있었습니다. 이들은 군사적으로나 외교적으로 이스라엘 통치하에 있었지만 어느 정도 자율권을 가지고 있었고 이스라엘에게 공물과 노역을 제공하여야 하며 중앙 정부에 충성해야 했습니다. 다음으로는 동맹국들이 있었는데 동등한 관계 속에서 상호 보호, 무역, 안전 통행 등의 조약을 맺었는데 좋은 예가 두로의 히람과 애굽입니다.

솔로몬 제국이 안정을 누릴 수 있었던 이유 중의 하나가 굳건한 재무 구조에 있었는데 부역과 세금으로 유지되었습니다. 백성에게 상당히 무거운 세금이 부과되었지만 이것으로는 새징이 부족하여 속주와 봉신국에서 조공을 받았고 또 국제 무역으로 상당한 이득을 얻었습니다. 이스라엘의 지정학적인 위치를 통해서 모든 물품이 해안 지역에서 근동의 내륙지방으로 이동하는 과정에서 이들 물품에 적용된 관세는 주 수입원이 되었습니다. 지상을 통한 국제무역은 주로 말과 마차를 거래하는 일이었는데 이집트에서 생산된 말과 마차를 좋은 가격을 받고 아람과 헷 지역에 팔았습니다. 특기할 만한 상황은 히람이 보내준 뱃 사람들을 통해서 해상 무역의 발전을 이루었다는 것입니다. 아카바 만에 있는 항구도시 에시온게벨에서 배를 만들어 화물을 운반하였고 금, 은, 상아, 원숭이, 공작을 배로 운반하여 남부 아라비아나 아프리카 동부지역 그리고 다시스까지 거래하였습니다.

또 하나 그 땅에 남아 있던 가나안 사람들을 노예로 부렸습니다. 이들을 통해 부를 축적하는 사람들이 늘어나 풍요로운 중산층 계급이 상당히 많이 생겨났습니다. 그래서 왕상 4:20을 보면 백성들이 먹고 마시며 즐거워하였다고 말하고 있고 4:25절에서는 평화와 번영가운데 살았다고 말씀하고 있습니다. 솔로몬은 잠언 삼천 가지를 말하였고 그의 노래는 일천 다섯 편이나 되었으며 생물학에 깊은 조예가 있어서 레바논의 백향목으로부터 우슬초까지를 섭렵하였고 동물에 대한 지식도 상당하였습니다. 솔로몬의 지혜를 듣기 위해서 열 왕들이 이스라엘을 방문하기도 했습니다. 또한 솔로몬은 건축물에도 상당한 관심을 기울였는데 웅장하고 위엄이 있는 자신의 왕궁을 13년이나 걸려서 완공했고 정략결혼을 맺은 바로의 딸을 위해서 궁을 지어주기도 했습니다. 중요한 것은 7년에 걸쳐서 예루살렘에 성전을 건축함으로서 신앙의 구심점 역할을 할 수 있도록 했다는 것입니다.

그리고 예루살렘 주변에 성벽을 쌓아 북부 오벨에 위치한 성전과 공공건물을 처음으로 둘러싸게 하였고 하솔, 므깃도, 게셀 등의 도시를 요새화하기도 했습니다. 솔로몬은 예루살렘과 이스라엘 전역에 걸쳐 일련의 방어용 건축물을 축성하였고 자신의 대제국에 이르는 주요도로까지 관심을 기울였습니다. 이처럼 솔로몬은 대내외적으로 튼튼한 제국의 구조를 갖게 되었고 하나님께서 약속하신 대로 엄청난 부와 명예와 권력을 누렸습니다. 이것은 하나님이 주신 지혜가 그 원천이었습니다. 왕상 3:12입니다. "내가 네 말대로 하여 네게 지혜롭고 총명한 마음을 주노니 네 앞에도 너와 같은 자가 없었거니와 네 뒤에도 너와 같은 자가 일어남이 없을 것"을 약속하셨는데 그의 평생에 그와 견줄만한 왕이 없을 정도로 지혜와 지식과 부를 누린 그런 사람이었습니다.

솔로몬의 생애야 말로 시내 산에서 모세에게 말씀하셨던 제사장의 나라로 부르셨다는 의미가 무엇인지를 정확히 보여주시는 대목입니다. 솔로몬을 찾아 온 열방의 왕들과 스바 여왕의 고백이 무엇입니까? "복 되도다 당신의 사람들이여 복 되도다 당신의 이 신하들이여 항상 당신 앞에 서서 당신의 지혜를 들음이로다 당신의 하나님 여호와를 송축할지로다 여호와께서 당신을 기뻐하사 이스라엘 왕위에 올리셨고 여호와께서 영원히 이스라엘을 사랑하시므로 당신을 세워 왕으로 삼아 정의와 공의를 행하게 하셨도다"(왕상 10:8-9). 솔로몬을 통하여 누가 영광을 받고 계십니까? 바로 하나님이십니다. 이스라엘이 하나님과의 올바른 관계 안에 거할 때 하나님이 영광을 받으실 뿐 아니라 그들 자신이 열방으로부터 부러움과 선망의 대상이 되도록 해 주시는 것입니다. 이것은 아브라함부터 끊임없이 약속하신 하나님의 약속의 공식입니다.

하나님께서 솔로몬의 전반기 시절을 보시면서 얼마나 기뻐하셨을까요? 하나님은 왕궁과 성전 건축을 마친 후, 즉 즉위한지 24-5년이 되던 해에 다시 솔로몬에게 나타나셔서 경각심을 심어 주십니다. 만일 다윗이 행함 같이 마음을 온전히 해서 순종하여 하나님의 말씀을 따르면 솔로몬의 왕위를 영원히 끊이지 않겠다고 약속을 하십니다. 처음에 가졌던 하나님에 대한 사랑을 변치 말고 그 사랑의 관계 안에 머물러 있으라는 것입니다. 그러나 하나님의 말씀을 따르지 않고 다른 신을 섬기면 이스라엘을 약속의 땅에서 끊어버리실 것이며 성전이 이방인들의 비웃음의 대상이 될 것을 경고하십니다. 아! 솔로몬과 이스라엘이 이 하나님의 말씀 안에 끝까지 머물러 있다면 얼마나 좋을까요?

왕국 분열의 원인을 제공한 솔로몬

하나님의 엄청난 은혜와 영광을 누리던 솔로몬도 세월이 흘러가면서 하나님에 대한 처음 사랑을 잃어버리고 맙니다. 그런데 그 사랑을 잃어버리게 된 결정적 계기가 바로 결혼 동맹이었습니다. 열왕기서의 저자는 이 결혼 동맹이 언제부터 시작이 됐는지를 밝혀 주고 있는데 열왕기상 3장 1절입니다. "솔로몬이 애굽의 왕 바로와 더불어 혼인 관계를 맺어 그의 딸을 맞이하고"라고 말씀하고 있습니다. 솔로몬이 모든 정적을 제거하고 비로소 온전한 왕권을 쥐고 본격적인 통치를 시작하는 시기에 가장 먼저 등장하는 것이 애굽과의 결혼 동맹이었습니다. 그런데 애굽과의 결혼 동맹의 기사가 하나님께 지혜를 받은 사건 앞에 배치되어 있다는 것입니다.

열왕기서 저자가 강조하고 싶은 것은 애굽과의 결혼동맹이 결코 하나님의 지혜의 산물이 아님을 말해 주고 있습니다. 물론 "왕족의 혼인을 외교적 도구로 사용하여 외국 군주들 뿐 아니라 지방 지도자들을 협정 및 가문간의 동맹으로 묶어 놓는 정책은 고대 근동에서 오랫동안 시행되어 왔습니다."[109] 하지만 이것은 하나님의 거룩을 유지해야 될 이스라엘에게는 전혀 어울리지 않는 외교정책이었습니다. 왜냐하면 시집을 오는 외국의 여인들은 한결같이 자신들의 신을 들여왔기 때문입니다. 만일 이런 외교정책이 정말로 필요했다면 결혼하는 여인들의 종교적 관행을 확실히 지배할 수 있어야 했습니다. 더구나 애굽과의 결혼 동맹은 솔로몬의 필요에 의해서 제기된 것이 아닙니다. 애굽 왕이 딸을 주었다는 것은 애굽 왕이 솔로몬에게 먼저 손을 내민 것입니다. 결혼 지참금으로 게셀이라는 도시를 준 것은 이것을 증명합니다. 애굽 왕이 결혼 동맹을 하게 된 이유는 당시의 애굽의 세력이 상당히 약화되어 있었기 때문에 북방의 앗수르 세력을 견제하고자 이스라엘을 완충지역으로 삼기 위한 것으로 보입니다.

당시 솔로몬 제국의 위용으로 볼 때 다른 나라, 즉 모압, 암몬, 에돔. 시돈 그리고 헷 족속과의 결혼 동맹은 솔로몬의 제안이라기보다는 그들의 요청에 따른 것임을 충분히 짐작할 수 있습니다. 이런 혼인 동맹은 다른 나라들을 정복해 가면서 맺어졌을 가능성으로 보아서 제국의 확장 시기인 초기에 일어났을 것입니다. 그런데 11:2-3을 보면 솔로몬의 이런 행위에 대해서 하나님께서 원하신 것이 아니었음을 지적하고 있습니다. "여호와께서 일찍이 이 여러 백성에 대하여 이스라엘 자손에게 말씀하시기를 너희는 그들과 서로 통혼하지 말며 그들도 너희와 서로 통혼하게 하지 말라 그들이 반드시 너희의 마음을 돌려 그들의 신들을 따르게 하리라 하셨으나 솔로몬이 그들을 사랑하였더라 왕은 후궁이 칠백 명이요 첩이 삼백 명이라 그의 여인들이 왕의 마음을 돌아서게 하였더라" 솔로몬은 결국 그 여인들에 의해서 다른 신들을 섬기게 되고 맙니다. 다윗도 이방여인들과 결혼을 한 것은 사실이지만 그가 그 여인들의 신을 인정했다는 성경 기록은 결코 없습니다.

솔로몬은 시돈 사람의 여신 아스다롯을 섬겼으며 암몬 사람의 가증한 밀곰을 따랐습니다. 모압의 가증한 그모스를 위해 산당을 지었고 암몬 자손의 몰록과 함께 했으며 다른 이방여인들의 종교도 따랐습니다. 아스다롯은 하늘의 여신으로 불리웠으며 풍요, 전쟁, 성(性)의 여신으로 성적 매력을 상징했습니다. 밀곰은 몰렉의 또 다른 이름이며 그모스 신이라고도 불렸기 때문에 이 세 이름은 같은 종교라고 할 수 있는데 가증한 것은 어린 아이를 제물로 드리는 것이 이 종교의 제사법이라는 것입니다. 이런 솔로몬의 행위에 대해서 왕상 11:6은 솔로몬이 여호와 앞에서 악을 행하여 그 부친 다윗이 여호와를 온전히 좇음같이 좇지 아니했다고 말씀하고 있고 9절에서는 하나님께서 진노하셨다고 말씀하고 있습니다.

또한 느헤미야 13장 26-27절은 이렇게 말하고 있습니다. "또 이르기를 옛적에 이스라엘 왕 솔로몬이 이 일로 범죄하지 아니하였느냐 그는 많은 나라 중에 비길 왕이 없이 하나님의 사랑을 입은 자라 하나님이 그를 왕으로 삼아 온 이스라엘을 다스리게 하셨으나 이방 여인이 그를 범죄하게 하였나니 너희가 이방 여인을 아내로 맞아 이 모든 큰 악을 행하여 우리 하나님께 범죄하는 것을 우리가 어찌 용납하겠느냐" 느헤미야가 이방 여인을 아내로 맞은 유다 백성들을 꾸짖으면서 솔로몬의 예를 들고 있습니다. 이방여인과의 결혼이 문제가 되는 것은 그 여인들이 종교를 함께 가지고 오기 때문에 느헤미야의 입장에서는 유다 백성들의 정체성을 뿌리째 흔드는 것이므로 결코 동의 할 수 없었던 것입니다. 느헤미야가 솔로몬의 결혼 동맹을 비판한 것을 보면 이것이 얼마나 큰 죄악인가를 다시 한 번 일깨워 주고 있습니다.

솔로몬이 온갖 부귀영화를 누리고 지혜의 왕이란 이유만으로 그가 성공한 왕이었다거나 우리와는 다른 특별한 사람으로만 기억하는 것은 성경을 온전히 이해하는 자세가 아닙니다. 성경은 결코 하나님의 백성의 더러움과 연약함을 숨기지 않습니다. 왜냐하면 그것이 인간의 본질이기 때문입니다. 솔로몬은 왕위가 세습되는 고대의 왕족의 조건으로 본다면 결코 왕이 될 수가 없는 사람이었습니다. 자신보다 서열이 빠른 형들이 세 명이나 더 있었기 때문입니다. 하지만 하나님이 서열을 무시하고 그를 사랑하셔서 왕위에 세우셨습니다. 그리고 그가 누렸던 온갖 부와 명예와 권력과 지혜와 지식의 근원이 누구였습니까? 하나님이심을 부인할 수는 없을 것입니다. 그런데 그 하나님을 배반하고 다른 신을 섬겼으니 하나님만큼 배신감을 느끼는 분이 또 있을까요?

열왕기상 11장 6절은 하나님은 열 지파를 그의 아들에게서 빼앗아 솔로몬의 신하에게 주는 징계를 내리십니다. 이것은 솔로몬의 죄질에 비하면 아무 것도 아닙니다. 솔로몬의 죄가 여리고 성을 정복할 때 물건을 훔친 아간의 죄보다 더 약하다고 생각지 않습니다. 또한 고라가 당을 지어 모세를 반역한 죄보다 강했으면 강했지 약하진 않을 것입니다. 솔로몬도 율법대로 하자면 죽어야 마땅한 죄인입니다. 그런데도 하나님은 솔로몬을 완전히 멸망에 이르게 하시지 않았습니다. 이유는 단 한 가지 그것은 그가 하나님의 자녀이기 때문이며 약속의 자녀이기 때문입니다. 이것 외에는 설명할 방법이 없습니다. 전도서와 잠언의 내용으로 볼 때 솔로몬은 하나님께 다시 돌아 왔음을 충분히 짐작할 수 있습니다. 세상의 부귀영화가 헛된 것임을 알고 하나님을 아는 것이 인생에서 가장 중요한 것임을 고백하는 것을 보면 그가 자신의 죄악된 삶을 청산하고 하나님께 뼈저리게 회개했음을 알 수 있습니다. 하지만 그에 대한 징계까지 유야무야 된 것은 아닙니다. 우리는 흔히 왕국의 분열 원인이 르호보암의 잘못된 처신 때문이라고 생각합니다. 하지만 성경은 그렇게 말씀하지 않습니다. 분열의 근본 원인은 르호보암의 아버지인 솔로몬에게 있었습니다. 결혼동맹으로 인한 우상숭배의 유입을 허용하고 자신이 그 우상을 섬기며 하나님을 배반했기 때문입니다. 그래서 남북 분열의 첫 번째 원인은 결혼동맹으로 인한 우상숭배입니다.

남북이 분열되는 두 번째 원인도 솔로몬에게 있습니다. 그것은 과도한 건축과 세금부과 때문이었습니다. 솔로몬이 왕 위에 오른 지 4년 째 되던 해에 성전을 건축하여 7년 만에 완공을 합니다. 성전 건축은 다윗이 많은 준비를 해 주었고 하나님의 명령이었던 것이라 당연한 것임으로 여기까지는 문제가 없었을 것입니다. 그러나 그는 제국의 위엄과 위용을 위해서 자신의 왕궁을 짓는데 성전을 짓는 것 보다 두 배의 건축기간을 들여서 짓습니다. 그리고 많은 요새들을 건설하였고 무기고를 짓고 자신의 부인들이 우상을 섬기도록 산당을 지어 주었습니다. 요새를 건설하고 무기고를 짓는 것이 솔로몬에게 그렇게 시급한 일일까요? 백성들의 삶의 질을 높이기 위해서가 아니라 단지 국방을 튼튼히 하기 위해서 도시를 요새화하고 무기고를 짓고 더구나 우상숭배를 위해서 산당을 짓기 위해 백성들의 부역을 동원했다면 그것은 신앙적 행동이 아닙니다.

히스기야가 바벨론의 사절단에게 자신의 금은과 무기고를 보여주면서 자신의 부유함과 국방력을 자랑할 때 하나님께서 그의 나라를 바벨론에 넘기시겠다고 하신 것을 기억해 보십시오. 그가 이스라엘의 전쟁은 여호와의 전쟁이므로 승리는 그들이 하나님을 어떻게 섬기는지에 달려 있다는 것을 이스라엘 역사를 통해서 배우지 않았습니까? 상비군 제도만 잘 운영해도 충분한 것이고 성전과 왕궁을 건축하느라 지친 백성들을 위해서 그들에게 부역을 쉴 수 있는 여유를 줄 필요가 있었는데 계속해서 밀어붙임으로 백성의 밑바닥에 불만을 키웠다는 것이 문제입니다. 국방을 튼튼히 했다는 것이 문제가 아니라 백성을 위한 정치가 아니라 자신의 제국을 위해서 백성을 희생시킨 것에 대한 깊은 고려가 없었다는 것입니다. 처음에 지혜를 달라고 할 때 백성들을 위해서 구했던 백성 중심의 순수한 마음은 온데간데없어져 버렸습니다.

솔로몬이 백성을 동원하여 국방을 튼튼히 한 것이 하나님의 생각이 아니라 자신의 생각이었음을 보여주는 행동이 있습니다. 열왕기상 10장 26절에 보면 솔로몬이 병거가 천사백 대요 마병이 만이천 명이었는데 병거성에도 두고 자신을 위해 예루살렘에도 두었다고 했습니다. 신명기 17장에서 이스라엘의 왕정제도를 언급하실 때 병마(병사와 말)를 많이 두지 말고 말을 얻기 위해서 애굽으로 돌아가지 말라고 분명히 언급하셨습니다. 당시의 병거는 국방력의 척도였으며 대부분의 말은 애굽에서 수입한 것입니다. 말을 애굽에서 사서 다른 나라에 이익을 보고 파는 중계 무역을 탓하는 것이 아닙니다. 자신이 직접 많은 말을 소유했다는 것입니다.

솔로몬은 시간이 흐를수록 하나님을 의지하는 것보다 자신의 국방력을 의지했습니다. 그것이 자신의 부귀영화를 지켜 줄 것이라고 생각한 것입니다. 그리고 건물이나 성벽을 세우고 그것들을 유지하는 모든 돈은 세금으로 충당할 수밖에 없습니다. 무역이나 관세나 조공을 통해서 세금을 충당하긴 했지만 기본적으로 백성들에게 세금은 무거운 짐이었습니다. 결국 솔로몬은 겉으로는 화려했지만 속으로는 백성들의 불만을 키워 온 것입니다. 여기에다 북쪽 지파의 불만에 기름을 붓는 행정제도가 있었습니다.

왕상 4:7이하에 보면 솔로몬이 이스라엘을 지파의 구분과 상관없이 열 두 지역으로 나누고 열 두 지방 장관을 임명하면서 왕과 왕실을 위하여 양식을 공급하되 열 두 지방이 돌아가면서 일 년에 한 달씩 책임지도록 했습니다. 이것은 일종의 조세 제도를 의미하는데 중요한 것은 지역을 분할하면서 예루살렘과 유다지역을 뺀 것입니다. 곧 예루살렘과 유다 지역은 다른 지역에 부과된 의무와 책무에서 면제된 일종의 특별 구로 대우했다는 것입니다. 이 지역을 의무 조항에서 면제해 준 것은 솔로몬이 속한 지파이기 때문에 그리한 것으로 이해해야 되며 이 일은 솔로몬 사후 왕국 분열의 중요한 이유들 가운데 하나가 되기도 합니다.

솔로몬의 후계자인 르호보암이 무거운 과세와 부역으로 인한 이스라엘 백성의 고통을 무시해 버릴 때 북쪽지파 사람들이 말하기를 "우리가 다윗과 무슨 관계가 있느뇨 이새의 아들에게서 업이 없도다"(왕상 12:16)라고 합니다. 이는 무거운 부담 뿐 아니라 차별에 대한 불평입니다. 이런 차별에 대한 불평에 대해서 유다 백성이 침묵하는 것은 자신들은 그러한 제도의 희생자가 아님을 말해 줍니다.[110] 여로보암과 북쪽의 열 지파가 르호보암에게 말하기를 왕의 아버지, 즉 솔로몬이 우리에게 시킨 고역과 메운 무거운 멍에를 가볍게 해달라는 핵심적인 요구에는 이런 차별에 대한 불평도 들어 있는 것을 알 수 있습니다.

왕국분열의 세 번째 이유는 솔로몬의 아들 르호보암의 어리석음 때문입니다. 위에서 말한 솔로몬의 정책에 반감을 가지고 있던 북쪽 이스라엘 사람들이 솔로몬이 죽자 르호보암을 순순히 왕으로 인정하려 들지 않았습니다. 그래서 르호보암에게 각종 세금과 강제노역을 경감시키는 것을 국가정책으로 삼아 달라고 요구합니다. 르호보암은 이 문제를 놓고 먼저 솔로몬 시대 때부터 섬겨온 원로 정치인들에게 어떻게 하면 좋겠느냐고 자문을 구합니다. 이 원로들은 당연히 백성들의 요구를 따르라고 말합니다. 왜냐하면 그들은 지난 수십 년 동안 백성들의 아픔이 무엇인지를 똑똑히 보아 왔기 때문입니다. 르호보암은 자신과 비슷한 또래의 새로운 세대인 각료들에게 자문을 구합니다. 그들은 지금의 사치와 부와 화려함을 놓치고 싶지 않기 때문에 당연히 기존의 정책을 그대로 유지할 것을 요구합니다.

르호보암은 결국 이 젊은 각료들의 말을 듣고 자기는 아버지 솔로몬 시대보다 더 했으면 더 했지 경감해주는 일은 없을 것이라고 어리석은 만용을 범하고 맙니다. 그래서 북쪽의 열 지파는 솔로몬 시대에 관리였던 여로보암을 왕으로 삼고 남쪽 유다와 결별을 선언해 버립니다. 이제 이스라엘은 북쪽은 여로보암, 남쪽은 르호보암이 다스리는 나라로 분열 되고 맙니다. 이때가 주전 931년경입니다. 인간은 밥 먹는 문제가 해결되면 하나님을 잘 섬길 것이라고 하지만 실상은 전혀 그렇지 않습니다. 부유하고 권력이 생기면 그 부와 권력으로 하나님을 섬기는 것이 아니라 자신의 평안과 안일과 쾌락을 위한 도구로 삼아 버립니다. 에덴동산과 같은 완벽한 환경에서도 아담과 하와가 타락을 했듯이 이 세상의 모든 열 왕들이 부러워했던 솔로몬이었지만 자신의 인생을 만들어 준 하나님을 배반함으로 징계를 받는 것입니다.

32. 남 유다와 북 이스라엘

**북 이스라엘은 하나님의 마음에 합한 왕이 단 한 명도 존재하지 않았던 왕국이고
남 유다는 북 이스라엘과 방불한 왕국이었습니다.
그들의 삶은 하나님을 떠난 우상숭배의 삶의 연속이었고
하나님을 우상보다 신뢰하지 않은 삶을 살았습니다.**

남북의 분열은 이스라엘에 대한 하나님의 1차 경고입니다. 하나님은 계속해서 말씀해 오시기를 하나님과의 관계를 파기하지 않고 언약 백성으로서 산다면 이스라엘은 멸망하지 않겠지만 반대로 하나님을 배반하고 버리면 이방 나라에 던져 버리시겠다고 하셨습니다. 그래서 남북의 분열은 아직 이스라엘에게 기회가 있다는 증거입니다. 남북의 왕조는 이것을 알아차리고 불신앙을 버리고 하나님의 뜻을 좇아 살아야 합니다. 하지만 두 왕조의 첫 왕부터 하나님을 거역하고 배반하는 것이 남북왕조의 역사입니다.

북 이스라엘 - 선한 왕이 한 명도 없었던 왕국

주전 722년에 앗수르에게 멸망하기까지 20명의 왕이 거쳐 갔지만 단 한 명도 하나님의 말씀에 순종한 왕이 없었습니다. 대표적으로 여로보암과 아합 두 사람의 예만 들도록 하겠습니다. 이 두 사람을 잘 이해하면 북 이스라엘의 전체 상황이 보일 것입니다.

① 여로보암 - 혼합주의로 북 이스라엘의 모든 왕들의 악의 표준이 되어 버린 왕

이제 북 이스라엘은 여로보암이 다스리게 되었습니다. 그래서 하나님께서 여로보암에게 선지자 아히야를 통해서 이렇게 말씀하십니다. “내가 너를 취하리니 너는 네 마음에 원하는 대로 다스려 이스라엘 위에 왕이 되되 네가 만일 내가 명령한 모든 일에 순종하고 내 길로 행하며 내 눈에 합당한 일을 하며 내 종 다윗이 행함 같이 내 율례와 명령을 지키면 내가 너와 함께 있어 내가 다윗을 위하여 세운 것 같이 너를 위하여 견고한 집을 세우고 이스라엘을 네게 주리라"(왕상 11:37-38). 여로보암이 북이스라엘의 왕으로 세움을 받는 것은 솔로몬에 대한 징계의 결과입니다.

또한 39절에서 남 유다에 대한 징계의 기간이 영원히 갈 것이 아니고 한시적이라는 것을 분명히 말씀하고 있어서 여로보암의 왕권은 징계의 기간이 끝나면 언젠가는 남북으로 갈라진 이스라엘이 회복될 것을 말하고 있습니다. 여로보암은 북 이스라엘의 최초의 왕으로서 다윗의 신앙을 본받아 북이스라엘이 하나님의 말씀에 순종하며 신앙으로 돈독히 서가도록 기초를 잘 세워간다면 하나님의 은혜 아래 있게 될 것입니다. 북 이스라엘은 남 유다보다 지리적으로 더 좋은 부분을 차지했기 때문에 경제적으로 더 부강하였고 더 많은 인구를 보유하고 주된 도로와 경작할 수 있는 많은 땅을 차지하였습니다. 그리고 여로보암은 행정력을 발휘하여 세겜을 도읍으로 정하고 브니엘을 요단 동편의 중심지로 삼았습니다.

여로보암에게 가장 큰 걱정거리가 하나가 있었습니다. 왜냐하면 종교적 공동체인 이스라엘의 구심점이 되는 성전이 남 유다의 예루살렘에 있었기 때문입니다. 여로보암은 혹시 백성들이 예루살렘 성전에 제사를 드리러 갔다가 마음이 변해서 자신을 죽이고 르호보암에게 넘어갈 것을 가장 두려워한 것입니다. 그래서 예루살렘 대신에 북 이스라엘 백성들이 제사를 드릴 수 있는 곳을 정하였는데 그것이 남쪽 지역의 벧엘과 북쪽 지역의 단이었습니다. 그 곳에 금송아지를 하나씩 만들어 놓고 그것이 애굽에서 자신들을 구원한 하나님이라고 숭배하였습니다. 또한 레위 자손이 아닌 보통 백성으로 제사장을 삼고 8월 15일을 임의대로 절기일로 정하고 백성들로 하여금 지키도록 하였습니다.

이렇게 하나님을 자기 마음대로 피조물의 형상(송아지 형상)으로 바꾸는가 하면 임의대로 절기를 새로 만들고, 제사장을 세우는 율법의 규례까지도 무시해 버림으로써 전혀 다른 새로운 종교를 창시해 버린 것입니다. 역대하 11장 15절을 보면 "여로보암이 여러 산당과 수염소 우상과 자기가 만든 송아지 우상을 위하여 스스로 제사장들을 세움이라"(한글개역)고 말씀합니다. 새로 창시한 종교와 함께 바알 숭배(여러 산당)와 다른 종교(수염소 우상) 등 여러 종교를 함께 숭배한 것을 볼 수 있습니다. 완전히 잡탕입니다. 여로보암이 새로운 종교를 창시한 것은 하나님을 신뢰하지 않고 자기 마음대로 결정한 여로보암의 인간적인 작품입니다. 여로보암은 처음부터 하나님의 말씀을 완전히 무시해 버립니다.

여로보암이 새로운 종교를 창시하면서 가장 먼저 제사장들을 해임하고 그들이 여호와께 제사장의 직분을 행하지 못하도록 해버린 이유가 무엇입니까? 여호와의 종교의 색깔을 벗겨 버리고 자신의 종교의 색깔을 입히는 작업을 하기 위함입니다. 그래서 여로보암의 사악한 행동을 견디지 못하고 하나님을 섬기려는 자들이 레위 인들과 함께 성전이 있는 남유다로 넘어가게 됩니다(대하 11:13). 여로보암은 하나님을 무시하고 왕의 권력과 여호와의 종교를 완전히 사유화 해 버림으로서 사람들로 하여금 여호와를 섬기는 것을 방해하는 왕이 되어 버립니다.

하지만 여로보암은 자신이 우상을 숭배한다고 생각하지 않았습니다. 여호와의 종교를 위해서 이 일을 행하고 있다고 생각했습니다. 열왕기상 12장 28절입니다. "이에 계획하고 두 금송아지를 만들고 무리에게 말하기를 너희가 다시는 예루살렘에 올라갈 것이 없도다 이스라엘아 이는 너희를 애굽 땅에서 인도하여 올린 너희 신이라"(한글 개역) 그는 그 우상을 애굽에서 구원하신 하나님이라고 생각했습니다. 자신의 행동이 죄로 생각되지 않습니다. 하나님을 위해서 하는 것이라고 생각하고 있기 때문입니다. 이것이야말로 전형적인 혼합주의입니다. 여호와의 종교나 우상숭배나 쌤쌤인 것입니다. 이것은 여호와의 종교를 완전히 버렸다는 것이 아님을 늘 기억하십시오.

그래서 하나님은 이와 같은 여로보암의 사악한 행위에 대하여 심판을 내리십니다. 여로보암이 벧엘에서 분향을 하고 있을 때 유다에서 온 한 선지자가 말하기를 남 유다의 왕인 "요시야"[111]가 가증한 여로보암의 제단을 파괴할 것이고 또한 그 제단을 섬기던 제사장들을 다 죽일 것이라고 선포합니다. 그러자 여로보암이 손을 들어 그를 붙잡으라고 소리치자 그의 손이 말라버립니다. 선지자의 기도로 여로보암의 손이 원상태로 회복이 되는데 이것은 하나님께서 아직은 그에게 기회를 주신 것입니다. 돌아오라는 것입니다. 하지만 여로보암은 자신의 종교를 더 활성화하여 누구라도 자원하면 그 사람을 산당의 제사장으로 삼았습니다. 하나님의 경고에 대해서 노골적으로 반항하는 것입니다.

하나님은 이런 여로보암에게 저주를 내리사 그에게 속한 사내는 다 끊어 버리시겠다고 선포하셨고 북 이스라엘은 이 좋은 땅에서 뽑아 강 너머로 흩으실 것을 예언하십니다. 이 경고대로 여로보암이 죽고 그의 아들 나답이 왕이 되었으나 바아사가 반란을 일으켜 나답을 죽이고 여로보암의 가문을 멸절시켜 버리고 이스라엘의 왕이 됩니다. 여로보암의 가문은 2대로 끝이 나고 역사 속에서 사라지고 맙니다. 여로보암이 죽었을 때 성경은 그의 죽음을 이렇게 평가합니다. "여호와께서 여로보암의 죄로 말미암아 이스라엘을 버리시리니 이는 그도 범죄하고 이스라엘로 범죄하게 하였음이니라"(왕상 14:16). 여로보암의 죄는 북 이스라엘의 왕들을 책망할 때에 반드시 등장하는 죄의 표본이 되어 버릴 정도로 죄질이 나쁜 것이었습니다.

② 아합과 이세벨 – 하나님의 공동체를 바알 공동체로 대체하려 했던 사람들

북이스라엘은 여로보암 이후 50년 동안 세 번이나 반역이 일어나 왕조가 바뀔 정도로 정치적으로 매우 불안정했는데 오므리가 왕이 된 후에는 나라가 어느 정도 안정이 되었습니다. 오므리는 처음에 디르사에서 육년을 통치하다가 주전 880년 경 세멜(Shemer)이라는 사람에게서 산을 사들여 봉우리를 중심으로 거대한 요새를 건축하고 그 안에 새로운 왕궁과 정부 건물을 세운 뒤 원소유자의 이름을 따서 사마리아로 명명하고 수도로 정하였습니다. 또한 솔로몬 사후에 잃어버렸던 모압을 속국으로 만들고 요단동편 남부지역을 다시 장악하게 됩니다. 오므리의 외교 중 주목할 만한 사건은 솔로몬 사후에 관계가 단절되었던 예전의 맹방인 두로와 시돈의 왕 엣바알과 새로운 동맹관계를 맺었는데 이 조약에 따라서 오므리는 자신의 아들 아합을 시돈 왕 엣바알의 딸 이세벨과 결혼을 시키게 됩니다. 두로는 동편에 커가는 아람의 세력을 견제하고 이스라엘은 두로와의 무역을 통해서 상업적 이득을 취할 수 있었기 때문에 두 나라의 이해관계가 맞아 떨어진 것입니다.

그러나 이 결혼동맹으로 인해 이스라엘 전체에 바알 숭배 사상(이전부터 바알 숭배는 존재해 왔지만)이 더 극성을 띠게 되었고 이스라엘 사회에 막대한 영향을 끼치게 됩니다. 오므리는 주변 나라들에게 그의 이름이 나라 이름인 이스라엘과 동의어(북 이스라엘 = 오므리의 나라)로 사용될 정도로 막강한 권세를 누렸지만 성경은 그가 여로보암의 모든 길로 행하며 여호와의 노를 격발케 했다고 평가를 내립니다. 오므리의 아들 아합은 유다와의 관계 개선을 위해서 자신의 딸인 아달랴를 유다의 왕 여호람에게 주어서 결혼동맹을 맺습니다.

또한 아합은 열렬한 바알 숭배자였던 아내 이세벨의 영향을 받아 수도 사마리아에 바알을 위한 신전을 짓고 바알을 숭배하였으며 아세라 상을 만들어 섬겼습니다. 아합과 이세벨은 한 걸음 더 나아가 여호와의 종교를 말살하기 위해서 수많은 하나님의 선지자들을 살해하였습니다. 궁정에는 바알 선지자 450명과 아세라 선지자 400명이 거주할 만큼 아합 시대에 바알 종교는 위세를 떨치게 되었습니다. 성경은 아합과 이세벨이 여로보암이 지은 죄를 가볍게 여길 정도로 극성맞게 바알을 섬겼음을 지적하고 있을 정도입니다(왕상 16:31). 그래서 아합의 궁내대신인 오바댜는 하나님을 섬기는 자였는데 선지자들을 오십 명 씩 백 명을 굴에 숨기고 떡과 물을 제공해 주기도 했습니다. 아합과 이세벨의 시대에 하나님의 백성들이 얼마나 큰 위기에 봉착해 있었는가를 알 수 있습니다. 이때 활동한 선지자가 바로 엘리야입니다. 뒤에 가서 엘리야를 다룰 때 이 시대가 어떤 형편에 있었는지를 더 살펴보도록 하겠습니다.

남 유다 - 북 이스라엘과 방불한 왕국

다윗과 솔로몬의 정통성은 남 유다로 이어지는데 솔로몬의 뒤를 이어서 그의 아들인 르호보암이 왕이 됩니다. 하지만 잘못된 정책을 결정함으로 북 이스라엘에게 떨어져 나갈 구실을 만들어 줌으로서 그는 출발부터 순조롭지 못했습니다. 남 유다는 주전 586년 바벨론에 멸망할 때까지 단일한 다윗 왕조가 유지가 되지만 다윗 왕의 모범을 따라 통치하기보다는 하나님의 말씀을 거역하고 북이스라엘 왕들과 동일한 죄악에 빠진 왕들이 대부분이었습니다. 르호보암에게는 처음에 기회가 있었습니다. 북이스라엘의 여로보암이 제사장들을 해임해 버리고 그들의 직무를 수행하지 못하도록 하자 신실한 레위인들과 제사장들이 많은 사람들을 데리고 남 유다로 내려와 버립니다. 그래서 그들이 삼년 동안 유다나라를 도와 르호보암을 강성하게 하였다고 했는데 이 말은 모든 백성들이 다윗과 솔로몬의 길로 행함으로써 종교적으로나 정치적으로 안정된 시기를 누렸다는 말입니다(왕상 11:13-17).

그러나 르호보암은 하나님이 주신 이 좋은 기회를 계속해서 이어가지 못했습니다. 백성들의 마음속에 불붙은 종교적인 부흥이 계속 머물도록 리더십을 발휘하지 못했습니다. 시간이 지나자 그들의 종교적 부흥은 식어 버렸고 오히려 그들의 조상들보다 더 심하게 하나님의 노를 격발시킬 정도로 유다 전역에 산당과 우상과 아세라 상을 세웠고 또한 백성들 사이에 남색하는 자들이 있을 정도로 이방인들처럼 가증한 일을 행하게 됩니다. 르호보암의 뒤를 이은 아비얌도 르호보암이 행한 죄를 짓고 하나님 앞에 온전하지 못한 왕이 되었습니다. 아사 왕은 남색하는 자들을 쫓아내고 우상을 없애고 어머니가 아세라 상을 만들자 태후의 위를 폐하기도 했지만 산당은 없애지 못했습니다.

산당을 없애지 못했다는 것은 여전히 우상숭배가 이어지고 있다는 의미입니다. 또한 북 이스라엘 왕 바아사가 유다를 치려고 하자 성전 곳간과 왕궁 곳간에 남은 은금을 아람 왕 벤하닷에게 조공으로 바치고 북 이스라엘을 견제해 줄 것을 요청하기도 했는데 침략하는 군대를 견제하기 위해서 외국의 힘을 빌리는 것은 불신앙의 행위입니다. 그래서 선지자 하나니는 아사가 하나님을 의지하지 않았음을 지적하자 아사는 노하여 그를 옥에 가두고 마는데 아사는 인생 말년에 하나님의 징계로 발에 병이 들기도 하였습니다. 시작은 좋았는데 마무리가 좋지 않았습니다. 이런 경우를 선한 왕으로 평가합니다.

여호사밧 왕은 다윗의 길로 행하며 바알에게 구하지 아니하고 오직 아버지 하나님께 구하며 산당들과 아세라 목상들을 제거하였습니다. 그리고 방백들과 레위사람들을 유다 각 성읍으로 보내 율법들을 가르치도록 했습니다. 그러므로 하나님께서 유다 사방의 모든 나라에 두려움을 주사 여호사밧과 싸우지 못하게 하시므로 유다를 강하게 하시매 여호사밧이 부귀와 영광을 크게 떨치게 되었습니다. 바로 이것이 하나님이 남 유다와 북 이스라엘의 왕들에게 바라시는 것입니다. 그들이 하나님의 말씀에 순종하며 백성들을 율법 가운데 머물 수 있도록 지속적인 관심을 가지고 가르치는 사역을 할 때 주변의 나라들을 하나님께서 제어해 주시며 그들의 부귀와 영광을 열방 가운데 떨치게 하시는 것입니다. 그런데 역대하 18장 1절에 "여호사밧이 부귀와 영광이 극하였고 아합으로 더불어 연혼하였다"고 말씀합니다. 여호사밧은 자신에 대한 하나님의 축복이 최상일 때 북 이스라엘의 왕인 아합과 결혼 동맹을 맺게 된다는 것입니다.

그런데 아합의 나라 북이스라엘은 어떤 형편에 있었습니까? 아합과 이세벨은 바알 숭배를 국교 화시키기 위해서 여호와의 종교를 완전히 말살하려는 사람들입니다. 역대하 19장 2절을 보면 하나님은 여호사밧이 아합과 연합하는 것을 두고서 악한 자를 돕고 여호와를 미워하는 자들을 사랑하는 것이라고 분명히 책망하시는 것을 볼 수 있습니다. 이 결혼 동맹 때문에 나중에 다윗의 왕조는 엄청난 위기에 처하게 됩니다. 하지만 여호사밧은 아합이 죽은 뒤에도 부모의 악을 그대로 이어받아 바알을 섬긴 북 이스라엘의 왕 아하시야와 또 다시 연합하는 우를 범하게 됩니다. 그리고 여호사밧이 산당을 폐하지 않으므로 백성들이 바알과 하나님 사이에서 방황하며 하나님께로 온전히 돌아오지 못했다고 성경은 말하고 있습니다. 유다의 왕들은 이런 두 가지 패턴으로 흘러갑니다.

유다 왕들의 행적을 살필 때에 여호와 보시기에 정직히 행했다는 말에만 신경을 쓰면 안 되고 그들의 마지막 삶을 반드시 보아야 합니다. 또한 열왕기상하와 역대하를 병행해서 볼 때에 유다 왕들의 전체적인 삶을 조명할 수 있습니다. 6명의 선한 왕중 또 한 사람의 예를 들어 보겠습니다. 남 유다에서 개혁다운 개혁을 한 거의 유일한 왕 요시야도 마지막에 하나님의 말씀에 불순종하다가 애굽에 의해서 죽임을 당합니다. 바벨론과 전쟁을 하러 가는 애굽 왕 느고를 요시야가 막아섭니다. 그런데 애굽 왕은 유다와 전쟁을 하려는 의사가 전혀 없었기 때문에 처음에는 요시야에게 돌아가라고 합니다. 역대하 35:21을 보면 하나님께서 유다와 전쟁을 하지 못하도록 바로 왕의 마음을 움직이신 것 같습니다. 하지만 요시야가 계속해서 애굽의 군대를 막아서는 바람에 어쩔 수 없이 애굽과 유다와 전쟁을 벌이게 되었고 결국 그 전쟁에서 요시아가 죽은 것입니다. 대하 35:22에서 역대기 저자는 하나님께서는 요시야가 애굽과 전쟁을 벌이지 않기를 원하셨음을 다시 한 번 확인할 수 있는데 요시야가 고집을 부려서 목숨을 잃은 것으로 말하고 있습니다. 한마디로 하나님의 말씀에 순종하지 않은 것입니다.

19명의 왕 중에서 13명은 완전히 악한 길로 가며 하나님과 전혀 상관없는 삶을 산 자들이고 6명 정도는 처음에는 선한 길을 가려고 노력은 하지만 온전한 신앙의 개혁을 이루지도 못하고 나중에는 자신도 죄를 짓고 하나님의 징계를 받는 것을 보게 됩니다. 남 유다 왕들의 삶은 북 이스라엘의 왕들과 비교할 때 더 나은 삶을 살았다고 말할 수 없습니다. 사울 왕부터 시작해서 다윗과 솔로몬을 거쳐서 남북으로 갈라진 뒤의 모든 왕들 중에 완벽한 사람은 단 한 사람도 없었습니다. 이것이 이스라엘 왕조의 현실입니다.

다윗 왕권을 보호하시는 하나님

여호사밧이 죽고 그의 아들 여호람이 유다의 왕위에 오릅니다. 여호람은 왕이 된 후에 그의 모든 아우들을 죽였고 북 이스라엘 왕들의 길로 행하여 아합의 집과 같이 행하였습니다. 산당을 세우고 바알 종교의 음행을 그대로 본받아 백성들이 그 가증한 행위에 가담하도록 미혹했습니다. 그런데 성경은 그 원인을 그의 아내, 즉 아합과 이세벨의 딸인 아달랴에게로 돌리고 있습니다. 결혼동맹의 결과가 여호사밧의 생전에는 이득이 있었을지 모르지만 그 동맹의 본질이 드러날 때 그의 아들 대에 가서 유다는 큰 위기에 봉착하고 맙니다. 여호람은 아달랴의 영향을 받아 여호사밧의 선한 부분까지도 다 없애 버리고 아합과 이세벨의 전철을 밟아 남 유다조차 바알 숭배의 근거지로 만들려고 합니다. 아달랴는 이세벨이 남 유다까지도 바알종교화 하기 위해서 심어놓은 첩자와 같은 사람입니다. 결국 여호람은 하나님의 심판을 받아 창자에 병이 들어 밖으로 터져 나오는 질병으로 죽고 맙니다. 그의 막내아들인 아하시야가 왕위에 오르는데 그도 역시 자신의 외할아버지 아합의 길로 행하였는데 이번에도 역시 그의 어머니, 즉 아달랴가 그를 꾀어 그렇게 했다고 말씀하고 있습니다.

아하시야는 일 년 밖에 남 유다를 통치하지 못하는데 그 이유는 아합의 아들인 북 이스라엘의 왕 요람을 도우다가 아합의 집을 심판하도록 엘리야에 의해서 기름부음을 받은 예후에 의해서 죽임을 당하기 때문입니다. 아달랴는 아들이 죽자 신변에 위협을 느꼈을 것입니다. 여호람 왕과 아하시야 왕에게 실질적으로 영향력을 행사해 온 사람이 아달랴였고 남 유다에 바알 종교가 성행하도록 한 장본인이기 때문에 자기와 생각이 다른 사람이 왕위에 오른다면 처형당할 것이 뻔하기 때문입니다. 그래서 유다 왕족의 씨를 말리고 자신이 왕위에 오르기 위해서 왕자들인 자신의 손자들을 모두 죽여 버립니다. 하나님이 약속한 다윗의 왕위가 끊겨 버릴 엄청난 위험에 빠지게 됩니다. 하지만 여호람의 딸이요 아하시야 왕의 누이이며 제사장 여호야다의 아내인 여호사브앗이 아하시야의 아들 중 유일하게 요아스를 빼내어 육년 동안을 하나님의 전에서 숨겨 키웁니다.

손자들까지 죽이려 한 아달랴에게 양심이 있을까요? 이 아달랴를 남 유다 왕국에 끌어들인 여호사밧(죽고 없지만)은 이 광경을 보고 어떤 심정을 가질까요? 열렬한 우상숭배자 아달랴가 이렇게까지 유다 왕국에 못된 영향력을 행사했다는 것은 남 유다의 왕조도 북 이스라엘과 방불하다는 상징적인 사건입니다. 자칫하면 왕조가 끊길 수밖에 없는 위기의 순간에 하나님이 개입하셔서 요아스를 살리신 것입니다. 하나님이 요아스를 살려 내신 것은 남 유다가 마음에 들기 때문이 아닙니다. 대하 21:7에 보면 그 이유가 나옵니다. "여호와께서 다윗의 집을 멸하기를 즐겨하지 아니하셨음은 이전에 다윗과 더불어 언약을 세우시고 또 다윗과 그의 자손에게 항상 등불을 주시겠다고 말씀하셨음이더라." 하나님이 이스라엘과 언약을 맺으신 이유가 뭘까요? 그들에게 언약을 지키면 축복하고 언약을 지키지 않으면 저주하시겠다는 증표로 주셨습니까? 아닙니다. 인간은 언약을 지킬만한 그릇들이 되지 못합니다. 이스라엘의 역사가 증명하고 있지 않습니까? 다윗도 솔로몬도 그 누구도 이 평가에서 예외가 되는 사람이 없습니다.

언약이란 하나님 자신과의 약속입니다. 약속을 반드시 지키고야 말겠다는 것을 인간과의 언약이라는 제도를 동원해서 스스로 다짐을 하시는 것입니다. 배반하기를 밥 먹듯이 하는 인간들이 속을 뒤집어 놔도 그들을 감정대로 하지 않으시고 원래 계획하신 하나님의 뜻대로 집행해 가시겠다는 하나님의 의지입니다. 다윗 왕조가 살아남은 이유는 하나님의 은혜 외에는 설명할 길이 없다는 것을 명심하십시오. 시간이 지나서 제사장 여호야다와 백부장들이 다윗의 자손이 유다의 왕위를 되찾도록 하기 위해서 혁명을 일으킵니다. 이 거사는 성공해서 아달랴는 죽임을 당하고 가까스로 목숨을 건졌던 다윗의 후손 요아스가 왕위에 오르므로 남 유다의 역사는 지속이 되는 것입니다.

33. 포로 이전 선지자들의 활동과 예언

왕정 시대에 많은 선지자들이 등장하여
이스라엘의 죄를 지적하며 하나님의 심판을 외친 것은
이제 더 이상 혈통적 이스라엘에게는 희망이 없기 때문입니다.
그들이 앗수르와 바벨론에 멸망한 것은 이것을 증명합니다.
하나님은 이스라엘을 뛰어 넘는 거대한 구속의 역사를 위해 선지자들을 통해서
메시야와 메시야 시대를 예언하게 하십니다.
이스라엘과 상관없이 하나님은 하나님의 일을 하시겠다는 것입니다.

이스라엘에서 왕의 제도는 아브라함(창 17:6, 16)과 야곱의 약속(창 49:10)을 거쳐서 모세의 규례(신 17:14~20)에 의해서 제도화 되었고 제사장의 직무 역시 모세의 규례 (신 18:1~8)에 의해서 규범화 되었습니다. 그래서 제사장직은 레위 지파가 세습해 가고 왕위는 유다지파에 의해서 이어져 갔습니다. 제사장의 핵심적인 직무는 제사를 통한 중보자의 역할을 감당하는 것과 율법과 계명들을 백성들에게 가르쳐서 그들이 항상 하나님과의 관계 안에 머물러 있도록 하는 것이었습니다.

왕의 직무는 자신이 이스라엘의 주인이 아니라 만왕의 왕이신 하나님의 마음으로 백성을 통치하고 다스려서 그들을 하나님 앞에 세우는 것이었습니다. 따라서 이스라엘에서의 선한 왕의 기준은 정치적 능력에 의해 따지는 것이 아니라 백성들을 얼마나 하나님을 바라보게 하느냐에 달려있습니다. 그렇기 때문에 이스라엘의 왕은 이방의 왕들과는 달리 그 자신이 곧 법이 되는 것이 아니라 하나님의 율법에 철저하게 순종하는 자의 모습을 보여야 합니다. 왕은 공의와 정의를 세우고 연약한 자를 도우며 이스라엘에 하나님의 임재가 충만히 느껴지도록 그렇게 하나님께 충성해야 합니다.

그런데 백성들을 하나님과의 관계 안에 머물게 해야 될 제사장과 왕이 타락한다면 어떻게 될까요? 그들을 본받아 동일한 죄의 길을 백성들이 가고 있다면 아무도 그들의 죄악을 제어할 수 없을 것입니다. 그들은 마치 브레이크 없는 자동차처럼 타락의 터널을 질주하여 공멸하고 말 것입니다.

하나님은 인간의 성향을 누구보다 잘 아시기에 그들을 제어할 한 장치를 마련하시는데 그것이 바로 선지자직입니다. 물론 선지자들은 왕정시대 이전부터 존재해 왔지만 하나님께서 선지자들을 가장 적극적으로 활용하신 때가 왕정시대라는 것을 의미합니다. 또한 이방 나라에도 선지자 직이 있었지만 그들은 신격화된 왕에 대한 비판이나 견제의 역할은 하지 못하고 심복 역할만 수행하였습니다. 그러나 이스라엘의 참 선지자들은 왕을 (제사장들과 백성들이 포함됨) 향하여 목숨 걸고 하나님의 말씀을 전하였습니다. 선지자직의 특징은 제사장이나 왕위처럼 기계적으로 세습하지 않습니다. (물론 때에 따라서는 세습된 경우도 있었지만 그것은 핵심이 아니었습니다.) 필요에 따라 하나님의 주권으로 세우시는 것이 원칙이었습니다. 그것은 그들을 철저히 사람들로부터의 영향력, 즉 혈연관계나 지연관계로부터 보호하여 물질이나 명예나 권세로부터의 영향력을 최소화하기 위한 방편이었습니다. 거짓선지자들도 많이 있었지만 참 선지자들이 시대 시대마다 끊이지 않고 등장하는 것도 세습이 아니라 하나님의 주권적 선택이 중요한 이유가 되었기 때문입니다.

그리고 하나님은 그들에게 꿈과 환상과 음성과 기적을 통해서 직접적으로 말씀하시고 가감하지 않고 들은 대로 본대로 선포하게 하셨습니다. 특히 선지자들은 왕이 범죄 했을 때 하나님의 대변자로서 이들이 듣든지 듣지 않든지 그들의 죄를 책망하며 바른 길을 제시했습니다. 그래서 왕들에 의해서 죽임을 당하기도 하고 핍박을 받기도 했습니다. 만일 왕들이 하나님과 친밀한 관계 안에 머물러 있었다면 선지자들은 필요 없었을는지도 모릅니다. 그러나 이스라엘의 왕들은 그런 기대대로 살지 못했습니다. 이스라엘이 남북으로 갈라진 다음에 더욱 많은 선지자들이 등장하는 이유입니다.

또 하나 기억해야 할 것은 선지자는 왕권과 제사장직과 백성들을 견제하기 위한 도구로 주어진 측면도 있지만 구속의 역사에 있어서 하나님의 계획과 섭리를 이스라엘과 온 만민들에게 알리기 위해서 세워진 하나님의 계획표였다는 사실입니다. 선지자는 장차 예수 그리스도를 통해서 세우실 메시아 왕국, 즉 새 창조의 하나님의 나라를 목표로 하는 미래의 청사진에 대한 예언을 선포하였습니다. 다른 어떤 책들보다 선지서에 메시아, 즉 예수님에 관한 예언이 많이 등장하는 이유입니다. 그래서 선지자들의 선포의 내용을 보면 천지창조에서부터 새 창조에 이르기까지, 즉 역사의 시작과 마지막, 그리고 종말 이후의 역사까지 다루는 범위가 아주 포괄적인 이유가 거기에 있습니다. 성경에 나타난 모든 선지자를 다룰 수 없어서 필요한 사람들만 언급을 할 것입니다. (참고 : 앞으로 언급될 선지자의 배경은 연대기적인 순서를 따라 기록된 것인데 열왕기상하나 역대상하를 함께 보면 이해의 폭이 넓어질 것입니다.)

① 엘리야 - 북 이스라엘의 바알 국교 화를 막았던 선지자

기근을 선포하는 엘리야

엘리야(참조, 왕상 17-왕하 2장)는 북이스라엘의 아합과 이세벨 시대에 선지자로 활동한 사람입니다. 여호와의 종교를 말살하려는 아합과 이세벨의 종교적 폭정이 이루어지고 있을 때 하나님의 부르심을 받은 디셉 사람 엘리야는 먼저 수년 동안 하나님께서 비를 내리지 않으실 것을 아합에게 선포함으로 자신의 사역을 시작합니다. 이스라엘 백성들이 그토록 바알을 섬기는 것은 바알이 폭풍과 비와 기후를 주관함으로 농산물의 수확이 그 신에게 달려 있다고 믿기 때문입니다. 그런데 하나님께서 바알이 기후를 다스리는 신으로 철썩 같이 믿고 있는 그들을 향하여 기근을 내리시겠다고 선포해 버리십니다.

신명기 11장 16-17은 이렇게 말씀하고 있습니다. “너희는 스스로 삼가라 두렵건대 마음에 미혹하여 돌이켜 다른 신들을 섬기며 그것에게 절하므로 여호와께서 너희에게 진노하사 하늘을 닫아 비를 내리지 아니하여 땅이 소산을 내지 않게 하시므로 너희가 여호와께서 주신 아름다운 땅에서 속히 멸망할까 하노라” 하나님은 기근의 저주를 통해서 비와 기후를 주관하는 것은 바알이 아니라 하나님이심을 분명히 증거하시면서 그들의 가증한 우상숭배에 대해서 경고하십니다. 우상숭배라는 그 저주의 광란의 질주를 이제는 멈추라는 것입니다. 그런데 그들은 기근을 겪으면서도 바알은 찾지만 하나님은 찾지 않습니다. 여전히 목이 곧아 하나님께로 돌아오지 않고 바알신전의 남창과 여창을 찾아서 음란을 즐기며 비를 달라고 제사를 드리며 바알을 섬기는 것입니다.

이스라엘의 불순종을 책망하시는 하나님
(부제 : 엘리야를 훈련시키시는 하나님)

아합에게 기근을 선포했을 때 아합은 바알을 섬기는 자로서 엘리야의 선포가 자신의 왕권과 종교에 대한 도전으로 받아들였을 것입니다. 엘리야를 찾아서 죽이려 한 것을 보면 알 수 있습니다(왕상 18:10). 그래서 하나님은 당분간 엘리야에게 아합을 피해 숨으라고 명하시고 그릿 시냇가로 보내시고 까마귀를 통해 아침저녁으로 떡과 고기를 먹이십니다. 하나님은 또 다시 엘리야에게 장소를 이동할 것을 요구하셨는데 그곳은 시돈지방이었습니다. 이곳으로 가면 하나님께서 한 과부를 통해서 엘리야를 공궤하게 하시겠다고 말씀하십니다. 시돈 지방은 이세벨의 출신 지역으로서 이방 땅이며 이세벨이 기후를 주관하는 신으로 섬기는 바알의 본 고장입니다.

그런데 이상한 것은 바알의 본 고장인 그곳에도 비가 내리지 않고 있다는 것입니다. 하나님이 엘리야를 그 곳에 보내신 이유 중의 하나도 시돈에 비가 오지 않는다는 것을 확실히 보여 주기 위함입니다. 엘리야가 사르밧으로 가서 그 과부에게 빵 한 조각을 달라고 부탁을 합니다. 그러자 그 여자가 하는 말이 통에 가루 한 움큼과 병에 기름이 조금뿐이어서 이제 그것을 구워 먹고 죽을 날만 기다리는 그런 처지에 있음을 말해 줍니다. 기근의 비참함이 시돈을 덮고 있습니다. 엘리야가 그 여인에게 다시 말합니다. 두려워 말고 자기에게 먼저 빵을 만들어 주고 그 후에 아들을 위하여 만들라고 합니다. 그러면서 하나님께서 말씀하시기를 다시 비를 내리게 하시는 날까지 그 통의 가루와 그 병의 기름이 없어지지 않을 거라고 약속하셨음을 전해 줍니다. 그런데 뜻밖에도 급박한 상황에서 이방여인인 그녀가 이스라엘 출신 선지자 엘리야의 말에 순종하며 하나님의 약속을 믿었다는 것입니다. 그랬더니 마지막이라고 생각했던 가루와 기름이 없어지지 않았습니다. 기적이 베풀어졌습니다.

분명히 그 과부도 아합과 이세벨처럼 시돈의 바알을 섬겼을 것입니다. 그리고 12절에서 당신의 하나님 여호와께서 살아계심을 두고 맹세한다고 말한 것을 보면 엘리야가 하나님의 선지자요 엘리야가 외국인인 이스라엘 사람이라는 것을 알았던 것이 분명합니다. 그런데 이방여인이며 바알을 섬기는 그녀가 이스라엘 출신의 하나님의 선지자 엘리야의 말을 거부하지 않고 순종하는 것입니다. 그리고 하나님의 기적을 경험합니다. 이 사건은 하나님의 말씀에 대한 이방의 한 과부와 이스라엘의 태도를 비교하고 있다는 것을 눈치채야 합니다. 기근으로 인해서 이스라엘은 왕인 아합조차도 자신의 짐승에게 마실 물을 찾아 다녀야 할 정도로 심각한 상황에 있었습니다. 그럼에도 그들은 하나님을 찾지 않고 있습니다. 하나님의 선지자가 기근이 온다고 선포한 다음에 일어난 현상이니까 그 문제를 풀기 위해서는 하나님께로 돌아와야 한다는 것은 삼척동자도 알 수 있습니다.

그런데 바알을 섬기는 그 자리에서 꿈쩍도 하지 않습니다. 여전히 바알 산당을 찾아가서 비를 달라고 제사를 드리며 우상을 섬기고 있습니다. 도대체 얼마나 더 맞아야 할까요? 얼마나 더 큰 재난으로 그들이 혼이 나야 정신을 차릴까요? 하나님의 선택된 백성인 이스라엘의 처지는 이름없는 이방 과부 하나만도 못할 정도로 하나님에 대한 신앙이 없습니다. 예수님께서 자신의 고향 나사렛에서 배척받으신 후에 이 사르밧 과부에게 엘리야를 보내신 이유가 이스라엘에서 배척을 받았기 때문임을 예로 들어 설명하시고 가버나움으로 거처와 활동근거를 옮겨 버리십니다. 그래서 가버나움이 본 동리라고 불리게 됩니다. 이스라엘에게 배척을 당하고 있는 아합 시대의 하나님의 처지를 빗대어 이르는 말임을 알 수 있습니다.

하나님을 믿지 않는 이방 출신의 한 과부의 순종이 기근으로 인한 죽음의 현장에서 생명을 연장 받게 되는 생명의 역사를 경험하게 되었다면 하나님의 백성인 이스라엘 백성들의 순종의 결과는 어떠했을까를 성경은 독자들에게 묻고 있는 것입니다. 이방 여인의 순종은 있는데 하나님의 백성이라고 자부하는 이스라엘 백성들의 순종은 어디 있느냐는 것입니다. 하나님의 선지자가 이스라엘에서 활동하지 못하고 쫓겨 다닌다는 것도 정상이 아니지만 더 아이러니한 것은 이방 지역에서 이방 여인에 의해서 하나님의 선지자로 영접을 받는 기현상이 벌어지고 있다는 것입니다. 이러한 역설을 통하여 하나님은 지금 이스라엘의 불순종을 낱낱이 고발하고 있습니다.

이 과부의 원래의 신앙은 무엇일까요? 자기들이 믿는 바알이나 이스라엘이 믿는 하나님이나 거기서 거기라고 생각하는 다신교주의자입니다. 자기나라를 수호하는 신이 있듯이 이스라엘을 수호하는 신으로 여호와 하나님이 있다는 것을 인정하는 그런 수준입니다. 그런 수준의 종교심을 가진 과부가 하나님의 선지자인 엘리야의 요구에 순종함으로 기근의 저주에서 벗어났다면 하나님의 선택된 백성인 이스라엘의 순종이 가져올 결과는 그것과는 비교도 안 될 것입니다. 기근을 보내신 분이 하나님이시라면 그 기근에 대한 해답도 하나님께 있습니다. 그들의 목숨이 바알에게 달려 있지 않습니다.

17절 이하에 보면 이 과부의 아들이 어느 날 갑자기 병으로 죽게 됩니다. 과부에게는 청천벽력과 같은 일이었습니다. 그런데 엘리야가 이 죽은 과부의 아들을 위해 기도하므로 하나님께서 그 죽은 자를 살려 주시는 기적을 베푸십니다. 이 사건은 앞의 사건과 동일한 성격을 가진 것을 알 수 있습니다. 뜬금없이 기록된 것이 아닙니다. 사람들의 생사화복이 하나님께 속해 있음을 도장을 찍듯이 확증해 주는 물증으로 보여 주시는 것입니다. 기근도 통제하지 못하는 바알이 어떻게 사람의 생명을 주관하겠습니까? 그런데 그 생명의 하나님이 이스라엘 백성들에게 죽은 우상만도 못한 대접을 받고 있습니다. 하나님이 주신 약속의 땅에 하나님이 보낸 선지자가 서 있을 공간이 없습니다. 그들의 낯을 피해 다녀야 하는 웃지 못 할 상황이 전개되고 있는 것입니다.

하나님은 사르밧 과부와 그 아들의 사건을 통해서 또 하나 염두에 두신 것이 있습니다. 바로 엘리야 자신입니다. 엘리야는 그릿 시냇가에 있을 때 까마귀를 통해서 떡과 고기로 자신을 돌보신 것과 사르밧 과부의 가루와 기름이 없어지지 아니하는 기적과 그녀의 아들을 살려 주시는 하나님의 능력을 통해서 하나님이 누구신지를 직접 경험하게 되었습니다. 선지자로 부름을 받자마자 아합에게 기근을 선포하고 도망 다니는 신세가 되었으니까 처음에는 엘리야도 어리둥절했을 것입니다. 그 상황이 단번에 다 이해가 되고 받아들여졌겠습니까? 그러나 이러한 일련의 과정을 통해서 하나님을 경험함으로 엘리야는 목숨을 걸고 바알의 종교와 싸울 용기와 담대함을 얻는 귀중한 기회들을 갖게 된 것입니다. 하나님은 더 중요한 싸움, 갈멜산의 엘리야를 이렇게 준비하고 계셨던 것입니다.

갈멜산 - 불로 응답하시는 여호와
(부제 : 영적으로 최고조에 있었던 엘리야)

3년 반(눅 4:24 참조)의 기근이 거의 끝나가고 있을 때 하나님께서 엘리야에게 아합을 만날 것을 지시하시며 비를 내리겠다고 말씀하십니다. 엘리야를 만난 아합은 기근의 원인을 자신들의 죄가 아니라 엘리야에게 둠으로서 바알종교에서 빠져 나올 생각이 전혀 없음을 보여 줍니다. 엘리야는 아합에게 갈멜산에서 바알과 여호와 중에서 누가 참신인가를 알아보는 결투를 벌일 것을 제안하면서 조건으로 모든 이스라엘 백성과 이세벨이 고용한 바알 선지자 450명과 아세라 선지자 400명을 함께 모일 것을 요청합니다. 이렇게 요청하는 이유를 알아 볼 필요가 있습니다. 기근이 시작되었을 때 바알과 아세라의 선지자들은 무엇을 했을까요? 아무것도 안하고 빈둥빈둥 시간을 보냈을까요? 아마도 이세벨의 불호령을 받아서 전국 각지의 바알 신전에서는 기우제가 열렸을 것이고 성적 결합이 동원되는 제사의식 때문에 더욱 더 음란한 행위들이 벌어졌을 것입니다.

그런데 온 이스라엘을 증인으로 세워 놓고 누가 참 신인지 공적으로 증명이 안 된다면 비가 왔을 때 이스라엘 백성들은 바알이 자신들을 불쌍히 여겨서 비를 주었다고 우겼을 것이고 그들의 가증한 짓은 멈추지 않을 것입니다. 그러면 3년 반 동안 기근을 보내신 하나님만 우습게 되고 맙니다. 그리고 열왕기상 18장 21절에 보면 기근이 3년 이상이 지속이 되니까 백성들의 마음의 변화가 조금씩 일어난 것 같습니다. 엘리야가 백성들을 향해서 하나님과 바알 사이에서 머뭇머뭇 하고 있음을 책망하는 것을 볼 때 비가 내리지 않는 것이 정말 엘리야의 하나님 때문인가 질문을 하기 시작했다는 것입니다. 하나님은 여기에 대해서 쐐기를 박고자 하십니다.

그래서 엘리야는 갈멜산에 모인 이스라엘 백성들에게 여호와가 하나님이면 그를 따르고 바알이 하나님이면 그를 따르는 둘 중 하나를 선택하는 결단을 내릴 것을 요구합니다. 그러면서 각을 뜬 송아지 제물을 각각의 제단 위에 올려놓고 각자의 신을 불러서 불로서 응답하는 신이 참 신임을 인정하자고 제안을 합니다. 바알 숭배자들은 바알이 폭풍우를 주관하는 신으로서 번쩍 번쩍 빛을 동반하는 번개를 발하는 것으로 볼 때 불도 주관하는 신으로 믿었습니다. 그래서 바알 숭배자들은 바알을 '불의 주' 로 간주하기도 합니다. 엘리야는 바알이 정말 불을 주관하며 우로를 주관하는 신인지 한 번 보자는 것입니다. 백성들이 한 목소리로 엘리야의 말에 증인이 될 것을 동의합니다.

먼저 바알 선지자들이 바알의 이름을 불렀습니다. 그들은 소리를 지르며 부르짖기 시작합니다. 시간이 지나도 아무런 응답이 없자 그들의 규례를 따라 자해를 하여 피를 흘리기까지 온갖 수단을 동원하며 자신들의 제사의식을 진행했습니다. 아침부터 저녁 까지 미친 듯이 떠들며 별 짓을 다했지만 응답은 없었습니다. 엘리야 차례가 되었습니다. 그는 열 두 지파의 수효를 따라 열두 돌을 취하여 여호와의 이름을 의지하여 제단을 쌓았는데 성경은 이 행위를 무너진 여호와의 제단을 쌓은 것이라고 말하고 있습니다. 배교한 이스라엘 백성들이 하나님과 올바른 관계로 회복되기를 간절히 기대하고 있음을 나타냅니다. 엘리야는 제단에 송아지 제물을 놓고 송아지와 제단 위에 물을 세 번씩이나 갖다 부어서 충분히 젖게 만들었습니다. 엘리야의 하나님을 향한 자신감입니다

그리고 하나님께 기도를 합니다. "아브라함과 이삭과 이스라엘의 하나님 여호와여 주께서 이스라엘 중에서 하나님이신 것과 내가 주의 종인 것과 내가 주의 말씀대로 이 모든 일을 행하는 것을 오늘 알게 하옵소서 여호와여 내게 응답하옵소서 내게 응답하옵소서 이 백성에게 주 여호와는 하나님이신 것과 주는 그들의 마음을 되돌이키심을 알게 하옵소서" 엘리야에게 필요한 시간은 단 1분이었습니다. 의식이나 규례로 나아가는 것도 아니고 인간의 열심으로 나아가는 것도 아닙니다. 하나님이 하나님이심을 인정하는 믿음이

면 족합니다. 하나님은 엘리야의 믿음에 응답하셔서 번제물과 나무와 돌과 흙을 태우고도 도랑의 물까지 완전히 없애 버리십니다. 모든 백성이 그 광경에 압도당하여 땅에 엎드러지며 여호와 그는 하나님이심을 외치게 됩니다. 엘리야는 백성들에게 바알 선지자들을 잡게 하여 기손 시내에서 모두 죽입니다. 그들의 죽음은 당연한 것입니다. 백성들을 속이며 그들을 향하여 종교 장사를 하여 자신들의 배를 불리며 하나님께로부터 돌아서게 하는 악한 자들이었기 때문입니다.

엘리야는 넋을 잃고 있는 아합에게 이제는 결정타를 날립니다. 큰 비가 내릴 테니까 마음 놓고 먹고 마시라는 것입니다. 엘리야가 기도함으로 구름이 생기고 엄청난 비가 쏟아지기 시작했습니다. 하나님은 고사 직전에 놓인 여호와의 종교를 우상으로부터 구해 내시고 하나님만이 살아계신 분이며 이스라엘의 진정한 통치자이심을 그리고 자연의 주관자이심을 분명하게 보이셨습니다. 동시에 이스라엘 백성들에게 대답 없는 우상에게 더 이상 머리를 조아리지 말며 어떤 경우에도 우상과 섞이지 말라는 강력한 경고를 보내시는 것입니다. 이스라엘이 하나님의 백성이라는 그 정체성을 어떤 일이 있어도 유지할 것을 바라는 것입니다. 여호와의 종교는 여호와가 지키십니다. 엘리야는 그 일에 순종을 했을 뿐입니다.

시내산(호렙산) - 세미한 음성의 여호와
(부제 : 영적침체에 빠진 엘리야)

이 모든 일에 증인이 되었던 아합 왕은 궁전으로 돌아가서 그의 왕비인 이세벨에게 낱낱이 보고를 합니다. 일반적인 예상은 그녀가 자신의 죄를 뉘우치고 여호와 하나님을 믿었더라 아니 최소한 이스라엘의 하나님을 두려워하므로 자신의 악행을 멈추었고 엘리야를 하나님의 사람으로 대접하였더라는 것일 것입니다. 하지만 이세벨의 반응은 이런 예상과는 전혀 다르게 진행이 됩니다. 자신이 데리고 있던 바알 선지자들을 죽였다는 이유로 내일 이맘때에 엘리야를 죽여 버릴 것을 맹세하고 사람을 보내서 엘리야에게 이 사실을 알리게 합니다. 원래 인간은 진리에 대해서 굴복하고픈 마음이 전혀 없다는 것을 알아야 합니다. 이것이 타락한 인간의 근본적인 마음이라는 것을 지금 이스라엘의 역사를 통해서 확인하고 있지 않습니까? 단 한 사람도 하나님이 찾아오지 않으면 하나님을 먼저 찾거나 진리를 갈급해 하는 사람이 없습니다.

우리는 기적을 보여주면 사람이 변화될 것이라고 하는데 그것은 스스로 속는 것입니다. 이세벨도 이세벨이지만 원래 이스라엘 사람이었던 아합을 보십시오. 이후에도 달라진 것이 아무 것도 없습니다. 모든 과정을 지켜본 목격자임에도 이 사건 때문에 그가 하나님께 돌아왔다는 기사는 없습니다. 이세벨의 전갈을 받은 엘리야의 반응이 왕상 19:3-4에 나와 있습니다. "저(엘리야)가 이 형편을 보고 일어나 그 생명을 위하여 도망하여 유다에 속한 브엘세바에 이르러 자기의 사환을 그곳에 머물게 하고 스스로 광야에 들어가 하룻길쯤 행하고 한 로뎀나무 아래 앉아서 죽기를 구하여 가로되 여호와여 넉넉하오니 지금 내 생명을 취하옵소서 나는 내 열조 보다 낫지 못하나이다 하고."

까마귀를 동원해서 떡과 고기를 먹었고 이방 여인 사르밧 과부를 통해서 가뭄 동안에 먹을 것을 공급 받았고 과부의 죽은 아들을 살려 냄으로서 죽은 자의 부활을 경험하였고 갈멜산에서 온 이스라엘을 주름잡고 있었던 바알과 아세라 선지자들을 완전히 녹다운시켜서 자신이 하나님의 선지자임을 똑똑히 보여주었고 3년 반 동안의 가뭄을 해갈하는 비를 내리는데 하나님의 도구로 쓰였던 엘리야입니다. 하나님의 사람으로서 경험할 것은 다 경험한 사람입니다. 감동이 충만하여서 죽음 앞에서도 담대함이 넘쳐날 것 같지 않습니까? 아합도 두렵지 않고 이세벨도 두렵지 않을 것 같고 죽음도 뛰어넘을 만한 믿음이 철철 흘러넘칠 것 같지 않습니까? 처음에 엘리야의 사기는 하늘을 찔렀을 것입니다.

갈멜산에서의 영적 전투와 3년 반 동안의 기근을 끝내는 하나님의 비를 경험한 엘리야의 생각이 무엇이겠습니까? 이제 이스라엘이 우상숭배를 벗어던지고 하나님께로 돌아오는 것은 시간문제일거라고 생각했을 것입니다. 자신의 목숨을 찾던 아합 왕과 이세벨은 이제는 자신을 진정한 하나님의 사람으로 인정하고 그동안 하나님의 사람으로 몰라봐서 미안하게 됐다 이렇게 나올 줄 알았습니다. 엘리야는 세상이 뒤집어 져서 뭔가 새로운 변화가 있고 선지자로서 살만한 환경이 조성될 것이라고 생각했습니다. 미래에 대한 희망찬 계획을 세우며 꿈에 부풀어 있었을 것입니다.

그런데 현실은 전혀 달라지지 않았습니다. 자신에게 날아온 소식은 희망의 소식이 아니라 자신의 생명을 없애버리겠다는 청천벽력 같은 절망의 소식이었습니다. 자신에 관한 주위의 상황이 전보다 악화 되어 버렸습니다. 사탄의 세력은 처음부터 하나님과 그 자녀들을 대적하는 것이 목표이기 때문에 아무리 하나님께서 기적을 베푸신다고 해도 절대로 변하지 않습니다. 오히려 진리를 거스려 진리를 행하는 자들을 깔아뭉개는 것이 그들의 할 일입니다. 이것을 알아야 합니다. 엘리야는 자신의 예상과 벗어난 현실이 두려웠고 하나님에 대한 기대가 무너지자 힘이 빠져 버렸습니다. 이세벨의 기세에 눌릴 수밖에 없고 도망을 갈 수밖에 없는 것입니다. 자신감 뒤에 찾아오는 그 허탈함을 이겨내지 못하고 있습니다.

브엘세바로 도망을 간 엘리야는 그곳 광야의 로뎀 나무 아래서 자신의 생명을 취해 달라고 하나님께 불만을 털어 놓습니다. 뭔가 달라질 줄 알았는데 이것이 뭡니까 그것입니다. 갈멜산에서의 카리스마는 전혀 찾아 볼 수 없고 완전히 전의를 상실한 모습입니다. 여호와의 사자의 도움으로 엘리야는 호렙산, 즉 시내 산까지 가게 됩니다. 하나님께서 그에게 나타나셔서 왜 여기 있느냐고 물으십니다. 몰라서 물으시는 것이 아니라 엘리야의 진심을 듣기 위해서 물으시는 것입니다. 엘리야가 대답합니다. 이스라엘 자손이 주의 언약을 버리고 주의 제단을 헐며 칼로 주의 선지자들을 죽일 때에 하나님 편에서 서서 열심을 낸 사람은 자신밖에 없었다는 것입니다. 그런데 자신마저도 목숨이 위태로우니 이제 이스라엘에 여호와의 종교는 말살되고 말 것이라는 것입니다. 자신을 기적적으로 인도하시고 갈멜산에서 능력으로 나타나신 하나님께서 왜 이 상황을 지켜보고만 계시는지 모르겠습니다. 저 악당들을 없애버리고 새로 시작하면 될텐데 왜 저 꼴을 보고만 있으시냐는 것입니다.

하나님께서 그런 엘리야에게 이렇게 명하십니다. "너는 나가서 여호와 앞에서 산에 서라" 갑자기 크고 강한 바람이 불었습니다. 간판을 날릴 정도가 아닙니다. 산을 가르고 바위를 부수는 아주 강한 바람이었습니다. 다음에는 땅이 갈라지는 지진이 있었고 그 다음에는 모든 것을 태워 버릴 수 있는 불이 있었습니다. 그러나 이것들 가운데는 여호와 하나님이 계시지 않으셨습니다. 마지막으로 세미한 음성이 있었습니다. 엘리야가 그 소리를 듣고 겉옷으로 얼굴을 가렸다고 하는 것은 하나님께서 음성으로 임재 하셨음을 엘리야가 알아차렸기 때문입니다.

이 일련의 사건들은 무엇을 의미할까요? 세미한 음성이전에 크고 강한 바람과 지진과 불을 먼저 보여 주시는 가장 큰 목적은 크고 강한 바람과 지진과 불과 세미한 음성을 대조함으로 엘리야에게 세미한 음성을 강조하시고자 함입니다. 바알을 섬기며 하나님을 진노케 하는 이스라엘 백성들에게 하나님께서 바람과 지진과 불로 나타나신다는 것은 곧 심판을 의미합니다. 그들은 마땅히 죽임을 당할 죄를 지었기 때문입니다. 그런데 하나님은 심판으로 그들을 찾아가서 작살내시지 않으십니다. 만일 그렇게 하시기를 원하셨다면 갈멜산에서 불로 응답하신 그 능력으로 그들을 불살라 버렸을 것입니다.

하지만 하나님은 세미한 음성으로 저들을 위해서 역사하십니다. 세미한 음성이란 시내산에서 말씀을 통해서 그들을 하나님의 거룩한 소유로 부르신 바로 그 하나님이십니다. 세미한 음성이어서 바람과 지진과 불과 같이 겉으로는 화려하지 않습니다. 눈에 보이는 가시적인 결과가 잘 보이지 않을 수도 있습니다. 하지만 그 말씀은 능력이 있습니다. 바람과 불과 지진이 일어날 때는 아무런 반응을 보이지 않던 엘리야가 세미한 하나님의 음성을 듣고 겉옷으로 얼굴을 가린 것은 진정한 하나님의 능력이 말씀과 함께 있음을 체험했기 때문입니다. 바람과 지진과 불은 사람을 변화시킬 수 없고 세상을 바꿀 수 없습니다. 하나님의 입에서 나오는 말씀만이 사람을 변화시키고 세상을 변화시킬 수 있습니다. 그래서 하나님은 말씀으로 그들을 부르시며 그들을 하나님께 돌아오도록 설득하시는 것입니다.

역사를 움직이시는 하나님

자신만 남았다고 생각하고 풀이 죽어 있는 엘리야에게 하나님은 사명을 주십니다. 다메섹에 가서 하사엘이라는 사람에게 기름을 부어서 아람 왕으로 세우고 예후에게 기름을 부어 이스라엘 왕이 되게 하며 엘리사에게 기름을 부어 엘리야를 대신하여 선지자로 세우라고 하십니다. 하사엘과 예후와 엘리사는 대표성이 있습니다. 아람 왕이 된 하사엘은 이방인을 대표하고 예후는 이스라엘의 왕을 대표하고 엘리사를 세우는 것은 하나님의 사역자들을 대표하는 것으로 보아야 합니다. 이 세속의 역사와 구속의 역사와 개인의 역사를 누가 움직여 가고 있습니까? 이세벨입니까? 아합입니까? 이방 민족의 왕입니까? 아니면 엘리야 자신입니까? 아닙니다. 하나님이십니다. 세미한 음성으로 역사하시기 때문에 아합도 모르고 이세벨도 모르는 것 같아서 엘리야에게는 답답해 보이는 현실일지 모르지만 하나님은 하나님의 일을 하시고 있고 하나님의 역사는 전진해 가고 있습니다.

그리고 엘리야가 생각하는 것처럼 하나님을 떠난 자들을 그대로 방치해 두시지 않으실 것입니다. 그들을 심판하실 것입니다. 하사엘과 예후와 엘리사가 부름을 받는 이유가 무엇입니까? 17절에 나와 있듯이 바알을 숭배하며 하나님께 반역하는 이스라엘을 심판하기 위함입니다. 하나님의 공의는 결코 죄를 간과하지 않으십니다. 그들에게 기회를 주시고 설득하시지만 끝까지 거역하는 자들은 용서치 않으실 것입니다. 하나님은 하나님의 방법으로 이스라엘에 대해서 심판하시는 것입니다. 엘리야는 이 하나님의 행하심을 보아야 합니다. 엘리야는 하나님이 기다리시는 것만큼 기다릴 줄도 알아야 합니다.

암흑의 시대에 자녀들을 보호하시는 하나님

그러면서 왕상 19:18에서 하나님은 엘리야에게 결정적인 카운터펀치를 날리십니다. "그러나 내가 이스라엘 가운데 칠천 명을 남기리니 다 바알에게 무릎을 꿇지 아니하고 다 바알에게 그 입 맞추지 아니한 자니라." 엘리야는 이스라엘의 모든 짐을 자기 혼자 지고 고군분투하고 있다고 생각했습니다. 하나님 나라의 역사가 그렇게 보잘것없는 것입니까? 하나님은 결단코 어느 개인에게 구속의 역사를 의존하지 않으십니다. 엘리야가 없으면 엘리사를 보내시고 모세가 죽으면 여호수아를 일으켜서 하나님은 하나님의 일을 하시는 것입니다. 아무리 어두컴컴한 암흑의 시대라 하더라도 하나님의 은혜로 택하심을 따라 남은 자들이 있습니다(참조 : 롬 11:3~4). 이것을 깨닫고 보는 자가 지혜로운 자이고 믿음이 있는 자입니다. 그러니 역사에 대한 하나님의 통찰력을 갖는다는 것이 얼마나 중요합니까?

하나님의 백성은 하나님의 은혜로 만들어지는 것입니다. 하나님 나라의 백성은 어떤 경우에도 끊어지지 않을 것이며 음부의 권세가 이기지 못할 것입니다. 이것이 진정한 하나님의 말씀의 능력입니다. 이들이 바람과 불과 지진을 통해서 하나님을 붙잡고 있나요? 더럽고 음란한 종교의 핍박을 견디어 내고 있나요? 아닙니다. 세상은 예전그대로이지만 그들의 마음속에 말씀하시는 하나님의 음성을 그들이 날마다 듣기 때문입니다. 하나님의 말씀의 역사는 이렇게 진행 중에 있는 것입니다.

엘리야와 아합과 이세벨의 죽음의 대조

아합은 아람과의 전쟁에서 활을 맞고 죽음을 당합니다. 그의 병거를 사마리아 못에서 씻었는데 아합이 흘린 피를 개가 핥았다고 말하고 있습니다. 여기서 개들은 집에서 기르는 개가 아니라 거리와 골목을 배회하면서 쓰레기를 뒤져서 먹고 사는 지저분한 개들을 의미합니다. 그의 죽음이 얼마나 비참했는가를 나타내고 있습니다. 이세벨도 예후가 반란을 일으킬 때에 자신을 섬기던 내시에 의해서 건물 밑으로 던져짐으로 그녀의 몸이 두골과 발과 손 이외에는 완전히 박살이 나 버렸고 나머지도 거름같이 밭에 버려졌다가 개들이 그녀의 살을 뜯어 먹어 버릴 정도로 비참한 최후를 맞이하고 맙니다.

그러나 엘리야는 어떻습니까? 불 수레와 불 말이 나타나고 회오리바람으로 하늘로 올라갔다고 성경은 말하고 있습니다. 여기서의 "불은 하나님의 임재를 상징합니다. 따라서 불 수레와 불 말은 당신의 백성을 보호하시고 이끄시는 하나님의 임재와 초자연적인 권능을 상징합니다."[112] 엘리야는 하나님의 권능으로 죽음을 맛보지 않고 하늘로 승천하였습니다. 에녹이 승천함으로 죽음의 족보에 속하지 않고 생명의 족보에 속한 사람임을 증명한 것처럼 이스라엘의 생명은 엘리야와 같이 하나님 편에 서는 자에게 주어지는 것입니다. 다른 길은 없습니다. 바알도 아세라도 그모스도 그들의 생명을 보호해 줄 수 없기 때문입니다.

② 요엘 : 여호와의 날과 예수 그리스도와 성령 하나님의 오심을 예언한 선지자

여호와의 날 - 심판으로서의 여호와의 날과 구원으로서의 여호와의 날

요엘서는 여호와의 날(주의 날)이라는 주제를 다루고 있습니다. 이 여호와의 날은 두 가지 성격을 가지고 있는데 하나는 심판으로서의 여호와의 날과 다른 하나는 회복, 즉 구원으로서의 여호와의 날입니다. 여호와의 날에 대한 기본적인 의미는 이스라엘의 전쟁이 여호와의 전쟁이라는 개념에서 온 것으로 이 날은 하나님이 이스라엘 백성들을 위하여 전쟁을 수행하심으로 적군을 무찌르시고 그의 백성을 구원하시는 날입니다.

그러므로 여호와의 날이란 이스라엘 사람들에게는 구원과 승리의 날을 의미했지만 적군에게는 저주와 패배의 날을 의미했습니다. 이스라엘 민족은 이 날을 여러 제사와 절기와 축제로 모일 때마다 항상 기대하고 소원하며 바랐습니다. 그러나 여호와의 날이 이런 의미로 이스라엘 백성들에게 적용되기 위해서 한 가지 전제되어야 할 것이 있습니다. 그것은 여호와 하나님을 그들의 주권자로 인정하고 모든 전쟁이 여호와의 전쟁임을 받아들일 때만 가능합니다. 만일 그들이 여호와를 버리고 죄악에서 돌아서지 않을 때 여호와의 날은 그들에게 희망의 날이 아니라 오히려 심판의 날이요 멸망의 날이 될 것입니다.

아모스는 여호와의 날을 기대하는 이스라엘 백성들을 향해 여호와의 날이 결코 이스라엘에게 승리와 구원의 날이 아니라 어둡고 캄캄한 날로서 그들의 기대와는 전혀 다른 심판의 날이 될 것임을 선포합니다(암 5:18-20). 따라서 이스라엘 백성들의 삶에 따라서 여호와의 날은 구원의 날이 될 수도 있지만 심판의 날이 될 수도 있는 이중성을 내포하고 있는데 이것은 여호와의 전쟁의 이중성과 맥락을 같이하고 있습니다. 순종하면 여리고 성이 정복된 것처럼 그들에게 승리의 기쁨이 주어지겠지만 하나님의 말씀에 불순종한다면 아이 성에서의 패배를 맛보게 되는 것과 같은 것입니다.

요엘서(요엘은 주전 830년경 활동)는 위에서 말한 여호와의 날이 갖는 두 가지 성격에 대해서 다루고 있는데 2:17절까지 전반부에서는 심판으로서의 여호와의 날을, 2:18절 이후의 후반부에서는 구원(회복)으로서의 여호와의 날을 말하고 있습니다. 그런데 요엘서 전반부에서 심판의 날로서 여호와의 날을 선포하고 있다면 이스라엘에게 문제가 있다는 것을 알 수 있습니다. 그들의 가장 핵심적인 죄악은 이미 말씀드린대로 하나님을 우상과 동일하게 취급하는 혼합주의였습니다. 하나님과 우상을 섞어 버림으로 하나님이나 우상이나 쌤쌤으로 만들어 버렸습니다. 자신들이 필요로 할 때 복이나 주고 평소에는 간섭하지 않는 이방인들이 섬기는 우상들처럼 하나님께 자신들의 꼭두각시 노릇이라 하라는 것이 그들의 우상숭배의 핵심적인 내용입니다.

그러므로 민수기와 신명기에서 이미 경고하신 대로 그들은 하나님의 심판을 피할 수가 없습니다. 요엘 2:1-11절을 보면 앞으로 이스라엘에게 닥칠 여호와의 날의 성격에 대해서 말하고 있습니다. 한 군대가 이스라엘을 치러 올 것인데 그 선두에 바로 여호와 하나님이 계십니다. 그 군대의 선두에 서서 큰 소리로 명령을 내리시며 진두지휘하시는 모습으로 오십니다. 여호수아서에서 이스라엘의 군대장관이 되셔서 적군을 물리쳐 주셨던 바로 그 하나님께서 이제는 이스라엘을 공격하는 군대를 직접 이끌고 심판하러 오시는 것입니다. 그래서 에스겔도 1장에서 이스라엘의 북방으로부터 심판의 권세를 가지고 남 유다를 향해 오시는 하나님의 모습을 그리고 있습니다. (이 환상은 주전 593년에 에스겔에게 주어진 것이므로 북 이스라엘은 이미 멸망한 이후입니다.) 과연 이 하나님의 심판을 누가 견뎌낼 수 있을까요? 만일 이스라엘이 하나님께로 돌아오지 않는다면 그들은 반드시 멸망할 것입니다. 하지만 그들은 하나님을 거역하므로 남 유다는 바벨론에 의해서 망하고 맙니다. 이것은 그들이 경험한 가장 확실한 심판으로서의 여호와의 날이었습니다. 바벨론은 하나님이 보내신 하나님의 군대였으며 하나님이 사용하신 도구였습니다.

그렇다면 심판을 받고 멸망한 이들에게서 하나님은 영원히 손을 떼시는 걸까요? 아닙니다. 하나님은 이스라엘의 조상 아브라함에게 이미 모든 민족에게 구원을 베푸실 축복의 통로로 삼으셨음을 말씀하셨습니다. 바벨론에 포로로 잡혀간 남 유다는 반드시 회복이 될 것입니다. 그래서 하나님은 예레미야를 통해서 남 유다의 멸망을 선포하시면서도 그들이

70년 만에 다시 돌아올 것을 함께 약속하시는 것입니다(렘 25:11-12). 하나님의 은혜와 자비가 여전히 대단하시죠? 그들의 죄에 대한 심판의 와중에도 그들에게 베푸실 은혜를 함께 말씀하고 있으니 말입니다. 약속하신대로 그들은 3차에 걸쳐서 유다로 돌아옵니다.

그러나 그들이 유다로 돌아온 것은 완전한 회복이 아니었습니다. 포로 귀환 이후에도 혈통적 이스라엘의 왕권의 회복은 이루어지지 않고 여전히 그들은 바벨론과 페르시아와 헬라와 로마 등 강대국의 지배를 계속해서 받기 때문입니다. 그래서 선지 서들을 보면 하나님께서 심판 받은 이스라엘에 대한 회복을 말씀하실 때 겉포장은 혈통적 이스라엘의 회복을 말씀하시는 것 같지만 그 이면에는 이스라엘의 범위를 훨씬 뛰어 넘어서 모든 열방과 우주로 확대하시는 것을 알 수 있습니다. 이스라엘과 열방이 동일하게 회복의 은혜, 즉 구원의 은혜를 경험하게 될 것입니다.

그래서 그 때는 앗수르 사람과 애굽 사람들도 하나님의 백성이라고 불리게 될 것이며(사 19:19-25, 사 45:20-24) 모압과(렘 48:47) 암몬 사람들도(렘 49:6) 주께로 돌아올 것입니다. 열방의 입술을 깨끗케 하여 그들로 다 여호와의 이름을 부르며 일심으로 섬기게 하실 것입니다(습 3:9). 여기서 열방의 입술이 깨끗케 되는 변화는 한 언어로 하나님을 대적했던 바벨탑 사건을 연상시키는 것으로 한 입술로 하나님을 대적하여 흩어졌던 열방의 백성들이 이제 한 입술로 다시 하나가 되어(일심으로) 하나님의 이름을 부르며 그 분을 경배할 것을 말하고 있습니다.[113] 말하자면 열방으로부터 하나님의 구원에 동참할 하나님의 자녀들이 몰려 올 것을 말하고 있는 것입니다. 혈통적 이스라엘로는 이 엄청난 역사를 감당할 수 없습니다. 그래서 선지 서에 메시아 예언이 수도 없이 등장을 하는 것입니다. 왜냐하면 이 회복은 메시아이신 오직 예수님만이 가능케 하실 것이기 때문입니다.

그러므로 예수님의 오심은 구원(회복)으로서의 여호와의 날이 될 것입니다. 모든 민족 가운데서 하나님의 자녀들을 모으실 것입니다. 요한복음 3장 17절입니다. "하나님이 그 아들을 세상에 보내신 것은 세상을 심판하려 하심이 아니요 그로 말미암아 세상이 구원을 받게 하려 하심이라" 이 구원과 회복이 예수님의 오심의 핵심적인 내용입니다.

예수 그리스도의 오심

요엘서 후반부(2:18절 이후)가 바로 이 회복이 어떻게 이루어질 것인지를 말씀하고 있습니다. 다시 말하면 회복의 여호와의 날이 어떻게 이스라엘을 뛰어넘어서 모든 민족에게 확장이 될 것인지에 대해서 말하고 있는 것입니다. 우리는 특별히 2:23절을 주목할 필요가 있습니다. 23절에 대한 김희보 교수의 번역입니다. "또 시온의 자녀들아 너희는 너희 하나님 여호와를 인하여 기뻐하며 즐거워할지어다 대저 그가 너희에게 의의 교사를 주시고 먼저 너희에게 비, 곧 이른 비와 늦은 비를 내리게 하시리라."114) 한글 성경과 비교해 보면 '이른 비를 너희에게 적당하게 주시리니' 대신에 '너희에게 의의 교사를 주시고'가 등장하는 것을 볼 수 있습니다. [참고 : 의의 교사를 따르는 사람과 번역성경 : 루터, 헹스텐베르크, 벌게이트 역(라틴어 성경), 탈굼 역(아람어 구약 성경), NIV 각주] 그런데 23절에서 히브리어 성경을 보면 김희보 교수가 '교사'로 번역한 히브리어 단어 '모레(מוֹרֶה)'는 이 구절에서 두 번 나오고 있습니다.

한글 성경에서는 이른 비로 두 번 나오는 단어가 바로 '모레'입니다. 그리고 한글 성경은 히브리어 성경의 어순과 다르게 번역을 하고 있습니다. 한글 성경을 보면 비 ⇨ 이른 비 ⇨ 이른 비 ⇨ 늦은 비의 순서로 되어 있는데 히브리어 성경은 첫번째 '이른 비'가 먼저 나오고 그 '이른 비'가 나오는 문장이 일단 마무리됩니다. 그리고 새로운 문장을 시작하면서 '비 ⇨ 이른 비 ⇨ 늦은 비'의 순서로 등장을 합니다. 그래서 김희보 교수의 번역에서 '이른 비를 너희에게 적당하게 주시리니'에 해당하는 어구인 '너희에게 의의 교사를 주시고'란 문장이 먼저 나오고 그 다음에 '비 ⇨ 이른 비 ⇨ 늦은 비' 순서로 번역이 된 것입니다. 그런데 맨 앞에 등장하는 '이른 비'(모레)라는 단어에는 정관사가 붙어 있는데 뒤에 나오는 '이른 비'(모레)라는 단어에는 정관사가 붙어 있지 않습니다.

정관사 용법 중에서 가장 기본적인 법칙은 앞에 나왔던 단어가 뒤에 다시 한 번 나올 때 뒤에 나오는 단어를 한정하기 위해서 정관사를 붙이는 것이 원칙입니다. 그런데 먼저 나온 '이른 비'에는 정관사가 붙어 있는데 뒤에 나오는 '이른 비'에는 정관사가 붙어 있지 않다면 두 단어가 같은 단어라 할지라도 앞의 단어와 뒤의 단어가 다른 의미로 쓰였다고 보아야 합니다. 그래서 앞에 나온 '이른 비'에 정관사가 붙어 있는 것은 저자의 생각 속에 그 단어가 특정하게 한정(이것도 정관사 용법 중의 하나임)되어 있다는 의미로서 요엘이 앞에 나온 '이른 비'라는 단어를 특별하게 생각하고 있음을 알 수 있습니다. 그리고 앞에 나오는 '이른 비'라는 단어 뒤에는 히브리어로 '리체다카'(לִצְדָקָה)라는 전명구(전치사 + 명사)가 있어서, 이른 비를 수식하는 형용사 역할로서 의미는 '의를 위한'입니다. 말하자면 '의를 위한 비'가 되는데 이 의미로 번역을 한다면 앞 뒤 문맥과 통하지 않습니다.

그런데 비로 번역된 히브리어 '모레'라는 단어는 '이른 비'라는 의미도 있지만 '교사,

스승' 이라는 의미도 있다는 것입니다. 그래서 사 3:20이나 잠 5:13, 그리고 욥 36:22이나 합 2:18은 교사(스승)로 번역하고 있습니다. 김희보 교수는 교사로 번역하는 것에 대해서 말하기를 '모레' 는 본래 그 어근이 '야라' (יָרָה - 가르치다, 던지다) 동사에서 왔는데 '이른 비' 라고 번역을 하기도 하지만(시 84:7) 대부분의 경우(위의 구절 참조)는 교사를 가리켰습니다. 특별히 같은 어근 '야라' 에서 온 말에 '토라' (תּוֹרָה)가 율법과 교훈을 가리키는 것을 생각한다면 '모레' 를 교사나 스승으로 보는 것이 자연스러운 것이라고 말합니다.

또한 위에서 언급된 '리체다카' 라는 전명구는 한글 성경을 비롯한 여러 성경에서 적당하게로 번역을 했지만 원래 문자적 의미인 '의를 위한(for righteousness)' 으로 번역하는 것이 가장 합리적인 번역이며 영어성경 NIV가 각주에서 'a teacher for righteousness', 즉 의의 교사로 번역한 것을 좋은 번역으로 받아들이고 있으며 '의의 교사' 란 뜻은 '의를 위한 교사', 즉 백성들을 의롭게 하기 위하여 보내심을 받은 교사의 의미라고 주장합니다. 그리고 요엘 2장 23절에 나오는 '먼저' 라는 단어를 2:28절에 나오는 '그 후에' 라는 단어와 대응 연결하여 보면서 먼저는 의의 교사를 보내셔서 이른 비와 늦은 비의 은혜를 주시고 그 후에는 '내가 내 영을 만민에게 부어 주실 것을말씀하고 있다'고 주장합니다.[115)]

그렇다면 의의 교사는 누구일까요? 위에서 언급한 대로 이 단어에 정관사가 붙어 있는 것으로 보아서 요엘이 하나님으로부터 계시를 받을 때 인지한 특별한 사람임을 알 수 있습니다. 그래서 "의의 교사라는 해석을 지지하는 기독교 해석자들 거의 전부가 메시야를 가리키는 것으로 봅니다."[116)] 앞에서도 언급했듯이 먼저 의의 교사이신 예수님이 오셔서 이른 비와 늦은 비와 같은 생명의 은혜(이른 비와 늦은 비는 강수량이 적은 이스라엘 땅에서 그들의 1년 농사가 걸려 있는 생명의 비와 같습니다.)를 주시고 그 다음에 성령께서 오셔서 모든 육체 위에 부어질 것입니다. 요엘서 2장 26-27절에는 의의 교사가 이른 비와 늦은 비로 회복시켜 주시는 그 은혜로 말미암아 하나님의 백성들이 이제는 영원히 수치를 당치 아니할 것을 두 번이나 반복해서 말씀하고 있습니다. 의의 교사의 회복이 일시적이고 물리적인 회복이 아니라 영원한 회복이 될 것을 의미합니다. 이것은 의의 교사를 예수님으로 보는 것이 더욱 타당함을 뒷받침해 주고 있습니다.

바벨론에 멸망당함으로서 심판의 여호와의 날을 경험한 유다 백성들이 포로에서 귀환하여 성전을 재건함으로써 회복의 은혜를 경험하였습니다. 그러나 그것은 완전한 회복이 아니라 부분적이요 일시적인 것이었습니다. 포로에서 돌아온 사람들은 말라기서에 나타나는 것처럼 또 다시 그들의 조상들이 지은 동일한 죄를 반복하며 하나님을 거역하고 배반하였습니다. 그래서 하나님은 차라리 누가 성전 문을 닫아 버렸으면 좋겠다고 한탄하시면서(말 1:10) 말라기 4장에서 선지자 엘리야, 즉 세례요한을 보낼 것을 약속하시고 구약의 계시의 문을 닫아 버리십니다. 이후부터 400년간 하나님은 더 이상 공식적으로 이스라엘을 향해서 말씀하시는 사역을 중단해 버리시는데 그래서 신구약 중간기로 불리는 이 기간을 침묵의 시대 또는 암흑의 시대라고 부릅니다. 그런데 이 암흑의 시대가 지속되는 가운데 하늘로부터 참 빛이신 예수님이 오셔서 십자가에 죽으심으로 죄와 사망의 그늘에 앉아 있는 모든 사람들을 이스라엘로부터 시작해서 열방에 이르기까지 구원하시는 것입니다. 이스라엘은 자신들을 위한 물리적 회복을 소망하였지만 예수님은 그 보다 훨씬 더 크고 완전한 가치가 있는 영원하고 완벽한 회복의 은혜를 부어 주시는 것입니다.

예수님이 십자가에서 죽으실 때의 장면을 보십시오. 누가복음 23장 44절입니다. '때가 제 육시쯤 되어 해가 빛을 잃고 온 땅에 어둠이 임하여 제구 시까지 계속하며' 라고 말씀하고 있고 마태복음 27장 51절은 '땅이 진동하며 바위가 터지고 무덤들이 열리며 성도의 몸이 많이 일어나되' 라고 말씀합니다. 해가 빛을 잃고 온 땅에 어둠이 임하며 땅이 진동하고 바위가 터지고 무덤들이 열리며 성도들이 일어나는 현상은 십자가 사건이 바로 온 우주적 사건임을 말해 주는 것입니다. 따라서 예수님의 오심은 우주적인 회복으로서의 여호와의 날(주의 날)을 의미합니다. 하나님께서 직접 이 세상에 오셔서 사람들을 구원하시기 때문입니다. 하나님의 얼굴을 대면하는 자들은 죽음을 면치 못함에도 불구하고 예수님을 통하여 하나님의 독생자의 영광을 직접 보며 그 하나님과 함께 동거 동락하는 기적을 경험함에도 그들이 죽지 않는 은혜를 경험하는 것입니다. 이것이 진정한 임마누엘입니다. 그래서 예수님은 나를 본 자는 아버지를 보았다고 말씀하십니다.

그런데 예수님의 오심은 심판으로서의 여호와의 날을 의미한다는 것도 알아야 합니다. 물론 심판으로서의 여호와의 날의 결정판은 예수님의 재림이 될 것입니다. 사탄과 사탄의 후손들에 대한 영원한 심판이 마지막 때에 일어날 것이기 때문입니다. 하지만 예수님이 십자가를 지시고 죽으신 것은 창 3:15에서 말씀하신 대로 사탄의 머리에 치명상을 입히는 순간입니다. 바벨탑 사건 이후로 방임의 심판아래 있던 모든 민족 위에 임금 노릇을 했던 사탄이 쫓겨나는 순간이기 때문입니다. 요한복음 12장 31절입니다. "이제 이 세상에 대한 심판이 이르렀으니 이 세상의 임금이 쫓겨나리라" 히브리서 2장 14절은 사탄을 사망의 세력을 잡은 자라고 말씀하고 있습니다.

이스라엘을 제외한(물론 이스라엘 내에서도 악한 영의 역사는 있었지만 하나님께서 제어를 하고 있었습니다.) 모든 민족 가운데서 (방임의 심판 가운데 있으므로) 죄와 사망의 세력으로서 왕 노릇하였던 사탄이 예수님의 십자가에서의 죽으심을 통하여 심판을 받아 임금의 자리에서 쫓겨나는 것입니다. 예수님의 죽으심은 죄와 사망의 세력, 즉 사탄에 대한 하나님의 저주요 심판이기 때문입니다. 그리고 예수님의 부활은 이 심판의 확실성에 대한 결정적 증거입니다. 죽음을 깨치시고 다시 사심으로 승리하셨음을 보여 주기 때문입니다. 누가복음 10장 18절입니다. "예수께서 이르시되 사탄이 하늘로부터 번개 같이 떨어지는 것을 내가 보았노라" 이 말씀은 요한계시록 12장과 병행해서 이해하면 큰 도움이 됩니다.

요한계시록 12장에서 아이를 낳은 여자는 "구약의 신실한 하나님의 백성, 곧 구약의 교회를 상징합니다."[117] 구약의 교회로 상징되는 이 여자가 낳은 아이는 누구일까요? 바로 예수 그리스도이십니다. 그런데 이필찬 교수는 이 여자의 잉태와 출산의 비유가 공동체적으로 하나님의 백성에게 적용되는데 메시아의 탄생은 곧 새로운 이스라엘의 탄생을 의미한다고 말하면서 구약의 이스라엘 백성으로 시작했던 여자는 아들의 탄생 사건으로 신구약이 하나님의 백성 모두를 아우르는 새 이스라엘, 곧 교회 공동체의 정체성을 갖게 됨으로서 이 여자의 정체성이 새로운 차원으로 끌어 올리게 되었다고 합니다.[118] 신구약의 일관성으로 볼 때 이것은 아주 타당한 것입니다. 구약의 교회(이스라엘)는 신약의 교회(새 이스라엘)와 단절된 것이 아니라 전체 하나님 나라의 시각으로 볼 때 남은 자들에 의한 연속성을 가지고 있다는 것입니다.

따라서 구약의 교회가 메시아이신 예수님을 통해서 혈통적 이스라엘을 뛰어넘어 모든 민족, 모든 언어, 모든 사람 가운데서 하나님의 자녀들을 부르시는 신약의 교회, 즉 새 이스라엘로 전환이 되는 시기에 사탄이 하늘로부터 쫓겨난 것을 알 수 있습니다. 요한계시록 12장 7절 이하는 누가복음 10장 18절을 반영하고 있는데 옛 뱀, 즉 아담과 하와를 유혹해서 넘어뜨렸던 사탄이 하늘로부터 쫓겨났음을 말하고 있습니다. 그런데 계 12:9은 사탄에 대해서 온 천하를 꾀는 자라고 말하고 있습니다. 여기서 온 천하는 "이 땅에 사는 사람들을 의미하며 꾀다라는 동사는 미혹하다 또는 사람들을 속여 잘못된 길로 가게하다를 의미합니다."[119] 지금까지 사탄은 방임의 심판 아래 있는 모든 민족 가운데서 죄와 사망의 권세를 휘두르며 사람들을 유혹해서 죄의 노예가 되게 만들었습니다. 사람들은 사탄의 거짓에 속아서 왜곡된 신관을 가지고 하나님을 금수와 버러지와 사람의 형상으로 바꾸고 그 우상들을 의지하며 하나님과 전혀 상관이 없는 그런 삶을 살았습니다.

그러나 이제는 예수님의 구속사역을 통해서 모든 민족에 대한 사탄의 영향력을 분쇄하고 모든 열방이 복음으로 말미암아 새로운 구원의 역사에 동참하게 될 것입니다. 놀라운 역사의 반전입니다. 그래서 요한계시록 20장 2-3절에서 사탄을 만국을 미혹하지 못하도록 무저갱에 던져 넣고 천년이 차도록 가두어 놓으신다고 말씀하고 있고 마태복음 12장 22절 이하에서는 사람에게서 사탄을 쫓아내는 것을 결박하는 이미지로 말씀하시는 것입니다. 창세기 12장 이후에 한 민족 공동체인 이스라엘을 구속의 역사로 인도하신 것처럼 모든 민족을 하나의 이스라엘로 보고 그들에게 구속의 역사를 베푸시겠다는 것입니다. 하나님의 구속의 역사의 범위가 한 민족에서 모든 민족으로 확장이 된 것입니다. 이 놀라운 구우ᅯᆫ의 역사를 의의 교사이심 예수님으로 말미암아 이루실 것을 요엘 선지자를 통해서 약속하시는 것입니다.

성령 하나님의 오심

이런 우주적이고 종말론적인 예수님의 오심과 더불어 반드시 병행하는 사건이 있을 것임을 요엘은 말해 주고 있습니다. 바로 성령 하나님의 오심입니다. 우리는 그동안 구약에서 예수님의 오심에만 관심을 가졌습니다. 하지만 이것은 올바른 성경적 시각이 아닙니다. 구약에는 인류의 전 역사, 즉 새 하늘과 새 땅까지의 역사가 들어 있습니다. 예수님의 초림과 재림 그리고 새 창조의 하나님의 나라에 대한 말씀들이 있습니다. 하나님은 결코 부분적으로 역사를 움직여 가시는 분이 아니라 전체 역사를 보시면서 종합적으로 역사의 시작과 끝을 일관성 있게 움직여 가시는 분이기 때문입니다.

예수님의 오심을 구약에서 말하고 있다면 삼위일체 하나님으로서 예수님의 오심과 방불하게 중요한 성령 하나님의 오심도 당연히 말씀하실 것이며 우리는 거기에 대해서 관심을 가져야 합니다. 성령의 오심도 종말론적인 하나님의 사건이기 때문입니다. 신약성경에 비추어 보면 성령의 오심의 첫 번째 목적은 예수님의 증인으로 오신다는 것을 확인할 수 있습니다. 예수님의 십자가와 부활의 구속의 역사를 각 개인에게 적용시켜서 그들이 예수를 주라 부르며 믿을 수 있도록 인도하시는 결정적 역할 자가 바로 성령 하나님이시기 때문입니다. 그래서 예수님은 요한복음에서 성령 하나님을 자신과 동일한 보혜사로 부르고 있으며 성령의 오심이 곧 자신의 오심임을 말씀해 주고 있습니다. 성령 하나님은 예수님과 더불어 영원한 회복의 역사를 이끌어 가시는 주도적인 분으로 우리 가운데 역사

하고 있는 것입니다. (성령의 역사에 대해서는 신약에서 자세히 설명할 것임)

요엘 2장 28-32절은 베드로가 오순절 날 성령 강림 사건에서 인용을 하고 있습니다. 그런데 사도행전을 보면 베드로가 요엘서에서 말하고 있는 '그 후에'를 '말세'로 바꾸어 말하고 있습니다. 이것은 베드로가 성령의 오심의 역사가 종말론적 사건, 즉 마지막 날에 일어날 사건으로 이해했음을 보여 줍니다. 행 2:2을 보면 하늘로부터 급하고 강한 바람의 소리로부터 성령강림의 역사가 시작됩니다. 성령의 오심이 하늘로부터 시작되었다는 말은 성령의 오심의 역사가 인간이 만들어 낸 사건이 아니라 하나님께서 직접 개입하신 하나님의 사건으로서 그것은 곧 우주적 사건이며 이 사건으로 인해서 구속의 역사는 새로운 전환점이 될 것을 의미합니다. 세례요한 때까지는 첫 창조의 하나님 나라의 상태였지만 예수님과 성령 하나님이 오시므로 새 창조의 하나님 나라가 시작이 된 것입니다.

성령 하나님의 오심은 단지 은사나 능력을 주러 오시는 것이 아닙니다. 하나님의 거대한 구속의 스케줄에 따라서 오시는 것이며 삼위일체 하나님으로서 성자 하나님의 오심과 동등하게 중요한 의미를 가지고 오시는 것입니다. 구약은 예수님의 오심에 대해서 말씀하고 있지만 성령의 오심에 대해서도 말씀하고 있습니다. 에스겔 36장 27절에서 하나님은 메시아 시대에 이스라엘을 회복하실 때 그들의 마음속에 하나님의 영을 주시겠다고 말씀하고 있습니다. 37:14절에서도 마른 뼈들이 살아나는 것은 성령을 통해서 가능함을 말씀하고 있는데 이것은 성령을 통하여 이스라엘이 새롭게 창조되는 새 창조의 역사를 말하는 것입니다. 교회 시대에 성취될 영적 이스라엘이 성령 안에서 생명을 얻게 되는 것을 바라본다는 것입니다. 그리고 성령의 오심의 가장 확실한 말씀은 욜 2:28-32입니다. 베드로가 오순절 성령강림 사건 때 이 본문을 인용하는 이유입니다. 성령의 모든 역사는 예수님의 구속의 역사인 십자가와 부활을 근거로 이루어질 것입니다. 따라서 예수님의 구속의 사역과 성령의 오심은 분리해 보는 것은 옳은 태도가 아닙니다.

구약 성경은 종종 메시아가 오실 때 그 메시아에게 성령이 부어질 것을 말씀하고 있습니다. 이사야 11장 2절에서는 이새의 줄기에서 날 메시아에게 여호와의 영, 즉 성령이 강림할 것을 말씀하고 있고 42:1에서도 하나님께서 택하신 종, 즉 메시아에게 하나님의 영을 부어주시겠다고 말씀합니다. 메시아이신 예수 그리스도께 성령이 임한다는 것은 능력이 부족해서 성령께서 채우러 오시는 것이 아닙니다. 성자 예수님과 성령 하나님께서 구속의 역사에 대한 하나 된 견해를 가지고 동일하게 그 역사에 동참하시는 분들임을 말씀해 주는 것입니다. 요한에게서 예수님이 세례를 받으실 때 삼위일체 하나님이 모두 등장하는 것을 보십시오. 구속의 역사가 삼위일체 하나님의 작품을 선포하시는 것입니다.

요엘 2장 28절에서 하나님은 성령을 만민에게 부어 주실 것을 약속하심으로 성령을 통한 회복이 온 세상을 향할 것임을 분명히 밝힙니다. "하나님의 성령이 모든 육체 위에 충만하게 내린다는 이 묘사는 구약성경에서 가장 대표적인 우주적 예언입니다."[120] 이 우주적인 성격은 사도행전 2장에 나타난 오순절 성령 강림 사건 때에 제자들이 여러 나라의 방언으로 말하기 시작했는데 "거기에 모여 방언을 들은 군중들은 비록 유대인들과 유대교로 개종한 이방인들이지만 세상 여러 나라들로부터 왔으며 세상 민족들의 대표자들로 간주됩니다. 이로써 요엘의 우주적 개념이 결실을 맺었습니다."[121] 이보다 앞서 바벨탑 사건으로 내버려 졌던 민족을 아브라함을 통하여 한 민족으로 부르실 것을 약속하신 그 약속의 성취입니다.

구약시대에는 혈통과 민족이 구원의 외적인 표지 역할을 할 정도로 무시 못 할 것이었지만 이제는 모든 언어와 민족과 혈통을 뛰어 넘어 성령 안에서 진정한 한 민족으로 거듭나는 놀라운 구원의 경험을 하게 되는 것입니다. 성령 하나님도 회복으로서의 여호와의 날의 주인공이십니다. 마른 뼈를 살려 내듯이 성령 하나님은 하나님의 생명의 영으로서 영적으로 죽은 자들을 살려 내실 것입니다. 예수님의 십자가와 부활, 그리고 성령 하나님의 역사를 통해서 "누구든지 여호와의 이름을 부르는 자는 구원을 얻으리라"(욜 2:32)는 요엘 선지자의 예언이 온 인류에게 성취될 것입니다.

③ 요나 - 열방을 향한 여호와의 꿈
(세상에서 가장 악한 나라에도 은혜를 베푸시는 하나님)

요나서의 역사적 배경

열왕기상 14장 25절에 의하면 요나는 여로보암 2세 때의 선지자로서 여로보암 2세가 이스라엘 영토를 회복하되 하맛 어귀에서부터 아라바 바다까지 될 것이라고 예언을 하였습니다. 하지만 여로보암 2세는 41년 동안 다스렸고(주전 793~753) 요나가 이 예언을 할 때의 나이도 정확히 알 수 없기 때문에 요나가 니느웨를 언제 방문하였는가를 아는 것은 쉽지 않습니다. 니느웨 자신의 역사적 환경을 근거로 볼 때 "가장 가능성이 있는 시기는 주전 760년경입니다."[122] 이때의 앗수르는 아슈르단 3세(주전 772~755)가 통치하던 때로서 국가적으로 상당히 침체되어 있던 시기여서 비록 이방인들이었지만 심리적으로 충분히 요나의 메시지를 받아들일만한 상황에 있었기 때문입니다. 극심한 기근과 주위의 많은 열강들의 위협과 식민 국가들의 반란으로 백성들은 낙담과 전쟁의 공포 가운데 있었습니다. 주전 765년에는 큰 역병이 들어서 많은 사람들이 죽어갔고 763년에는 일식이 임하여 백성들 사이에 두려움은 극에 달했습니다. 지진과 자연 재난이 그치지 않은 중에 앗수르의 만신전은 비참하게 파괴된 상태였습니다.

이런 상황에서 요나가 니느웨를 향해서 선포한 하나님의 심판의 메시지는 왕과 백성들로 하여금 하나님에 대한 경외심과 회개할 수 있는 마음을 갖게 된 것이 분명합니다. 우상을 섬기는 사람들이 신적인 현상에 대해서 더 민감하게 반응합니다. 요나와 함께 다시스로 가던 선원들을 보십시오. 풍랑이 요나 때문에 일어난 것을 알게 되었을 때 자신들이 어떤 신을 섬기는가는 안중에도 없고 요나가 섬기는 여호와 하나님을 향해서 부르짖게 되고 결국에는 풍랑이 잔잔하자 여호와께 서원하며 예물을 바치는 것을 봅니다. 계속되는 재난과 전쟁의 두려운 속에서 앗수르 사람들은 지푸라기라도 잡는 심정으로 요나의 메시지를 경청하고 그에 대한 반응을 보였을 것입니다.

그런데 이 앗수르의 침략성은 예부터 대단했습니다. 아슈르나시르발 2세(주전 883~859)가 등장하면서부터 팔레스타인을 침략하기 시작했는데 그의 후계자 살만에셀 3세는 주전 857년에 갈그미스를 점령하고 주전 853년에는 갈그미스 남쪽 아래에 있는 카르카르까지 밀고 내려옵니다. 주전 841년에는 하사엘이 통치하고 있는 아람을 포위하여 무거운 조공을 받게 되는데 북 이스라엘의 예후도 조공 대열에 합류하게 됩니다.[123] 그러다가 위에서 말했던 시기인 주전 783~745년 사이에 국가적으로 침체기를 걷게 되는 기간에 요나가 니느웨(앗수르에서 가장 중요한 도시 중의 하나)로 간 것입니다. 하지만 앗수르가 기력을 회복하면 언제 또 다시 이스라엘을 침략할지 아무도 장담을 할 수 없습니다.

앗수르가 틈만 나면 서진정책을 펴는 데는 이유가 있습니다. 초생 달 지역(지도로 보면 생김새가 마치 초생 달처럼 생겼다고 해서 이렇게 부름)으로서 비옥한 지역에 포함되어 있었고 무엇보다도 귀한 목재와 광물자원(특히 두로와 시돈 지역)이 풍부했기 때문입니다. 다른 한편으로는 애굽, 소아시아 서남부, 지중해와 교역으로 통하는 길목이 되기 때문이고 정치적으로 애굽의 세력이 커질 때는 애굽을 견제하는 지정학적 위치에 있었기 때문에 팔레스타인은 중요한 지역이었습니다. 그런데 이런 전쟁을 하는 과정에서 국민성이 호전적이었던 앗수르는 만행을 일삼아서 이웃 나라들에게는 무서운 점령국이었으며 그래서 앗수르가 점령한 곳은 두려움과 공포가 휩쓸었습니다. "사람의 가죽을 벗기어 죽이고 어떤 자는 기둥에 쳐 박고 어떤 자는 말뚝에 꽂아 기둥 위에 찔러 죽였습니다. 관리들의 손발을 잘라내기도 했고 손과 손가락을 자르고 코와 귀를 베어내고 눈을 도려내고 젊은이와 여자들을 불 속에 집어넣기도 했습니다."[124] 요나가 이런 나라를 위해서 선교사로 부름을 받은 것입니다.

요나의 사명과 하나님의 꿈

여로보암 2세 때의 이스라엘은 상당히 부강한 나라가 되었는데 그것은 외부 환경의 도움도 컸습니다. 자신들을 늘 괴롭히던 아람이 앗수르의 공격을 받아 힘이 약해져 있었고 아람을 공격하던 앗수르는 지금의 이란 북쪽 지역에 있었던 우라라트의 침략을 막기에 여념이 없었으며 또한 제국 내에서도 반란이 끊이지 않았고 약한 통치자들이 세워졌기 때문에 외국을 정복할 엄두를 내지 못했던 시기여서 이런 시기에 하나님께서 요나를 통해서 약속하신 것처럼 여로보암은 국경을 확장하여 하맛 어귀에서부터 아라바 바다(사해)까지 차지하게 된 것입니다. 이렇게 여로보암 2세 때 이스라엘은 평온과 번영을 누릴 수 있었습니다.

그러나 나라의 번영과 경제적 풍요는 백성들의 사치와 부패로 이어졌습니다. 경제가 번영하면서 부유층이 생겨났는데 이들은 가난한 서민들을 착취했고 부패와 사기가 나라 곳곳에 만연해 있었습니다. 뿐만 아니라 성경은 여로보암 2세를 평가하기를 여호와 보시기에 악을 행하였으며 이스라엘을 종교적 타락으로 이끌었던 북 이스라엘의 첫 번째 왕 여로보암 1세의 모든 죄에서 떠나지 아니했다고 기록하고 있습니다. 그래서 호세아와 아모스가 등장해서 이 시기의 타락상을 꾸짖으며 하나님의 말씀을 선포한 것입니다. 그런데 요나는 자신의 조국 이스라엘을 위해서 예언 사역을 한 것이 아니라 이스라엘의 적국인 앗수르의 니느웨를 위해서 사명을 받았다는 것입니다. 말하자면 선교사로 보냄을 받은 것입니다.

하지만 요나는 하나님의 명령을 거부하고 다시스로 도망을 가버립니다. 요나서 1장에 보면 다시스로 도망을 가는 이유는 여호와의 낯을 피하여라고 두 번이나 반복이 되고 있는데 이것은 요나가 고의적으로 하나님의 명령을 거역하고 있는 것을 말해 줍니다. 또한 지리적으로 멀리 도망가 버리면 하나님의 낯을 피할 수 있다라고 생각한 것은 요나가 하나님을 우주적인 분으로 인정하기보다는 자신의 민족만을 위한 하나님으로 이해하고 있다고 봄이 정당합니다. 이 의미 속에는 다른 이방인들에게는 심판의 하나님은 되실 수 있을 지언정 구원의 하나님, 은혜의 하나님이라는 사상은 없는 것입니다. 요나가 생각하는 하나님은 언제나 자신의 민족만을 위해서 존재해 주기를 바라는 하나님 그 이상도 그 이하도 아니었습니다.

자신들에게는 한 없이 은혜로우신 하나님이시기를 바라면서도 언제 또 다시 자신들을 위협할지 모르고 또한 하나님 앞에 상달될 정도로 악독한 니느웨에게는 혹시라도 하나님의 은혜가 임하는 것을 두고 볼 수는 없는 것입니다. 그래서 요나는 4장에서 자신의 솔직한 심정을 그대로 드러내고 있습니다. 다시스로 도망간 이유를 무엇이라고 합니까? 하나님께서 은혜로우시며 자비로우시며 노하기를 더디하시며 인애가 크시고 뜻을 돌이켜 재앙을 내리지 아니하시기 때문에 혹시라도 니느웨에 대한 재앙을 거두실까봐 그랬다는 것입니다. 요나는 자신이 하나님을 컨트롤 할 수 있다고 믿고 있는 모양입니다. 자신의 생각이 곧 하나님의 생각이 되기를 바라고 있습니다. 순서가 틀렸습니다. 하나님에 의해서 자신이 컨트롤 되고 자신의 마음이 하나님의 마음에 맞추어 져야 합니다. 하나님은 끝까지 고집을 피우며 다시스로 도망가는 요나에게 극약 처방을 내리시는데 큰 물고기를 준비하십니다.

요나가 물고기 뱃속에서 기도를 하는데 기도하는 내용을 보면 전혀 회개의 기미가 보이지 않습니다. 기도의 시작이 자신이 사명을 저버리고 하나님의 말씀에 대해서 불순종한 것을 용서해 달라는 내용으로 되어 있지 않습니다. 단지 고난을 받는 자신을 위해서, 즉 뱃속에서의 자신의 고통과 곤란 때문에 하나님께 부르짖고 있습니다. 전체적인 뉘앙스가 히브리 민족인 자신을 하나님이 구원하실 수밖에 없는 것으로 여기고 있습니다. 다른 사람들과 자신을 비교하면서 그들보다 비교 우위에 있는 자신의 모습을 하나님 앞에 내놓고 있습니다. 마치 성전에서 바리새인이 세리와 비교하면서 자신의 우월성을 가지고 기도하는 것처럼 말입니다. 4절은 주어가 강조되어 있는데 다른 사람들은 주의 목전에서 쫓겨나면 하나님을 배반하고 등을 돌릴지 모르지만 자신만은 그런 일을 당한다 할지라도 오직 주의 성전을 바라보겠다는 것입니다. 그리고 8~9절에서는 이방인들과 자신을 비교하면서 이방인들은 하나님의 은혜를 저버린 배은망덕한 존재들이지만 자신만은 감사의 제사를 드리며 서원을 갚겠다고 큰 소리를 치는 것입니다.

여기서의 서원은 결코 니느웨로 가겠다는 말이 아닙니다. 4절에서 말한 어떤 경우라도 주의 성전을 바라보겠다는 것이든지 다른 개인적인 서원을 말하는 것일 것입니다. 왜냐하면 니느웨로 가는 것은 요나의 서원 때문이 아니라 하나님의 명령 때문에 발생한 사명이기 때문입니다. 자신을 위해서 멋진 시편 한편을 작성한 요나가 이렇게 마무리를 합니다. 구원은 여호와께로 말미암습니다. 이 말은 어느 상황에 붙이더라도 다 통하는 기도이고 믿는 사람이면 누구나 할 수 있는 기도입니다. 요나는 당장 니느웨로 가겠다는 기도는 끝까지 거부합니다.

하지만 하나님은 그에게 자비를 베푸십니다. 요나의 기도가 마음에 들어서가 아니라 하나님의 계획을 진행시켜 나가기 위해서입니다. 물고기 뱃속에서 나온 요나는 다시는 도망갈 수 없다는 사실을 절감하고 결국 니느웨로 가게 됩니다. 니느웨는 큰 성읍이라서 걸어서 도시 곳곳을 다니려면 삼일이 걸리는 도시입니다. 그런데 요나는 하루 만에 자신의 할 일을 끝내 버립니다. 니느웨 사람들에게 외치는 요나의 심정이 진심이 아니었을 가능성이 많습니다. 전하기는 전하는데 흉내만 내는 것입니다. 이런 유추가 틀리지 않는 것은 4장에 보면 니느웨에 대한 하나님의 자비에 대해서 요나가 화를 내는 것을 보면 알 수 있습니다. 요나는 대충 끝내버리지만 니느웨의 상황은 요나의 마음과는 완전히 다르게 전개되고 있습니다.

하루만 전했는데 놀라운 변화가 니느웨에 불어 닥친 것입니다. 니느웨의 백성들과 왕은 굵은 베옷을 입고 금식을 하며 하나님께 부르짖습니다. 심지어 짐승까지 동참을 시키는데 이것은 그들이 진심으로 하나님의 경고에 반응을 하고 있다는 증거입니다. 또한 금식과 기도뿐만 아니라 그들의 악한 길과 손으로 행한 강포에서 돌아섰다는 것입니다. 실제적인 삶의 변화가 일어난 것입니다. 하나님은 은혜와 자비의 하나님이셨습니다. 당시에 세상에서 가장 악한 나라를 자신의 품에 안으신 것입니다. 하나님께서 유일하게 변심하시는 것이 있는데 그것은 재앙을 내리겠다고 선포하셨다 하더라도 사람들이 회개하고 돌아오면 언제든지 그 재앙을 거두신다는 것입니다.

우리에게 복을 주시겠다는 약속은 우리의 허물에도 불구하고 절대로 변경하지 않으시면 서도 징계에 대해서는 사람들이 조금만 변한 모습을 보여드리기라도 하면 옳다구나 하시면서 뜻을 돌이키시는 것입니다. 구약의 하나님은 무섭고 두려운 분이라고 어림 반 푼어치도 안 되는 소리를 지껄이는 사람들이 있습니다. 하나님을 제대로 보지 않기 때문입니다. 그렇게 무서운 하나님이 성막과 제사제도를 통해서 죄를 속할 수 있는 길을 허락하시며 남은 자들을 남겨 두시며 그 약속을 신약에 와서 예수님을 통해서 성취하시는 것입니까? 구약과 신약의 하나님은 다른 하나님이 아니라 동일한 하나님이십니다. 구약에도 너무나 풍부한 하나님의 사랑과 은혜와 자비와 긍휼이 포진해 있습니다.

그런데 요나는 이런 자비의 하나님을 향해 성질을 부립니다. 차라리 자신이 죽는 것이 낫겠다고 땡깡을 놓으며 감히 하나님의 구원의 행위에 대해서 반항을 하는 것입니다. 요나 속에 담겨진 종교적 편견이 아주 깊은 것을 볼 수 있습니다. 요나는 은혜로우시며 자비로우시며 노하기를 더디 하시는 하나님의 역사를 자신의 눈앞에서 확인하면서도 그것이 자신의 민족이 아니라 원수 같은 이방민족에게 베풀어지고 있다는 것에 대해서 분을 내고 있습니다. 요나의 태도는 어쩌면 이스라엘의 모순적인 태도를 대변하는 것입니다. 요나가 예언한 대로 여로보암 2세는 하맛 어귀에서부터 아라바 바다(사해)까지 영토를 확장하고 나라는 번영하게 되는데 이때가 북 이스라엘의 제2의 황금기였습니다. 그러나 나라의 번영과 경제적 풍요를 기회 삼아서 백성들은 하나님을 등지고 우상을 숭배하며 사치와 타락으로 부패한 삶을 살았습니다.

요나가 예언한 대로 되었다는 것은 그들의 부강이 하나님의 허락하신 은혜임을 분명히 지적하고 있는데 살만하니까 오히려 그 하나님을 배반해 버린 것입니다. 그들의 불순종의 삶의 태도를 보면 이방인들과 방불한 타락한 삶을 살면서도 그들의 잠재의식 속에는 이방 나라는 할례 받지 못한 민족이기 때문에 하나님의 징벌을 받아 마땅한 존재로 여기는 것이 얼마나 모순적인 생각입니까? 이스라엘 백성들과 요나에게 있어서 이방인들은 요나가 귀하게 여겼던 박넝쿨보다 못한 존재들이 되어 있습니다(참조 욘 4장). 그러나 현실을 보면 하나님의 진노를 받아 마땅한 사람들은 이방인들뿐만 아니라 이스라엘 자신들도 마찬가지라는 사실입니다. 그런데도 그들은 자신들의 죄와 더러움을 보지 못하고 자신들은 이방인과 다르다는 쓸데없는 우월감에 빠져 있으니 이 얼마나 역설적인 현실입니까? 이스라엘이나 이방인들이나 모두 하나님의 은혜로 산다는 것을 그들은 모르는 것입니다.

요나서의 핵심은 이것입니다. 니느웨 사람들의 회개 속에는 하나님의 거대한 꿈이 들어 있음을 보아야 합니다. 아브라함의 약속과 선지자들의 선포를 통해서 메시아 시대에 모든 민족을 구원의 자리로 모으실 것이라고 예언한 그 연장선상에서 요나의 사역을 통하여 모든 열방으로 퍼져 나갈 복음의 시대를 바라보고 계시는 것입니다. 하나님은 때가 되면 모든 이방 민족을 하나님의 품으로 부르실 것입니다. 요나서는 유대와 사마리아를 넘어서 이방에 이르기까지 인종과 혈통에 상관없이 하나님의 자녀가 되는 그 날을 기대하고 있습니다. 요나서 마지막 구절인 4:11절에서 하나님은 이렇게 말씀하고 있습니다. "하물며 이 큰 성읍 니느웨에는 좌우를 분변하지 못하는 자가 십이만여 명이요 가축도 많이 있나니 내가 어찌 아끼지 아니하겠느냐" 성경은 이 말씀에 대한 요나의 반응을 기록하지 않고 있습니다. 이에 대한 대답은 신약시대의 하나님의 자녀들에게 요구하시는 반응이기 때문입니다.

④ 아모스 - 북이스라엘의 멸망을 예언한 선지자

멸망으로 치닫는 북이스라엘

아모스 1장 1절은 두 왕이 등장 하고 있는데 남 유다의 웃시야(주전 792-739) 왕과 북 이스라엘의 여로보암 2세(주전 793-753)입니다. 아모스는 이 시대에 활동한 선지자로서 연대로는 두 왕의 단독 통치 기간이 시작되는 주전 767년부터 여로보암 2세가 죽은 753년 사이가 될 것입니다. 선포의 대상은 1:1절의 "이스라엘에 대하여 이상으로 받은 말씀이라"는 표현으로 볼 때 북 이스라엘입니다. 이때의 북이스라엘의 상황은 정치적으로나 경제적으로 다윗과 솔로몬 이후 제 2의 황금기라 불릴 만큼 번영과 풍요와 평화를 누리던 시기였습니다. 그렇다면 이들이 누리는 평화와 번영의 이유는 누구로부터 연유한 것일까요? 열왕기하 14장 24절에 보면 여로보암 2세는 북 이스라엘의 첫 번째 왕인 여로보암 1세의 죄를 떠나지 않고 여호와 보시기에 악을 행했다고 말씀하고 있는데 그가 우상숭배를 떠나지 않았음을 알 수 있습니다. 그런데도 불구하고 25절에 보면 요나 선지자가 예언한 바와 같이 이스라엘 영토를 하맛 어귀에서부터 아라바 바다까지 회복하게 해 주겠다고 약속하셨고 그대로 실행하셨습니다.

이와같이 영토 확장을 허락하시고 부강하게 하신 이유를 26-27절은 이렇게 말해 주고 있습니다. "이는 여호와께서 이스라엘의 고난이 심하여 매인 자도 없고 놓인 자도 없고 이스라엘을 도울 자도 없음을 보셨고 여호와께서 또 이스라엘의 이름을 천하에서 없이 하겠다고 아니하셨으므로 요아스의 아들 여로보암의 손으로 구원하심이었더라" 아무도 이스라엘을 도울 자가 없을 정도로 이스라엘은 나약해져 있었으므로 그들을 불쌍히 여기셨고 또한 이스라엘의 이름을 천하에서 없이 하지 않겠다고 약속하신 언약을 근거로 그들을 여로보암의 손으로 구원케 하신 것입니다. 여기서 이스라엘이 당한 괴로움이 구체적으로 무엇인지 정확히 알 수는 없습니다. 하지만 내부적인 문제보다는 외부적인 문제, 즉 다른 나라와의 관계에서 발생한 고난이 아닌가 짐작해 볼 수 있습니다. 왜냐하면 이스라엘을 도울 자가 없음을 보셨다고 말씀하심으로 이스라엘이 외부세력에 의해서 고난을 당하는 것으로 묘사하고 있기 때문입니다.

오므리 왕조 시대에는 시돈 출신 이세벨과 북 이스라엘의 아합 왕의 결혼으로 북 이스라엘과 두로와 시돈이 동맹관계에 있었고 아람과도 동맹관계에 있었습니다. 또한 남 유다와도 여호사밧 왕의 아들 여호람에게 이세벨의 딸 아달랴가 시집을 감으로서 동맹관계를 유지하였습니다. 따라서 이런 동맹은 북방 민족, 특히 앗수르의 침략에 효과적으로 대처할 수 있었습니다. 하지만 아합과 이세벨이 하나님의 심판으로 말미암아 예후에게 죽임을 당한 후에는 이들 나라와의 동맹관계가 깨어지고 남 유다와의 관계도 최악으로 치닫고 맙니다. 더욱 더 예후 왕조를 궁지로 몰아넣은 것은 예후가 처음에는 하나님의 말씀을 순종하다가 가면 갈수록 북 이스라엘의 첫 번째 왕 여로보암 1세가 저지른 죄를 똑같이 저지른다는 것입니다. 하나님께서 예후에게 사대까지 왕조를 지속시키실 것을 약속했지만 그의 죄악으로 말미암아 그의 땅을 잘라내기 시작하십니다(참조 왕하 10:31-32). 말하자면 외부의 적들에 의해서 고난을 당하며 영토도 빼앗기게 된다는 것입니다.

북이스라엘은 예후 시대에 앗수르의 살만에셀 3세의 침략을 받아 많은 공물을 바쳐야 했습니다. 공물의 양이 많았기 때문에 경제적으로 상당한 어려움을 겪었습니다. 그런데 북 이스라엘에게 앗수르보다 더 무서운 적은 아람이었습니다. 아람 왕 하사엘은 북 이스라엘을 치면서 먼저 요단 동편에 있는 북 이스라엘 지파인 갓과 르우벤과 므낫세 지파를 공격하여 점령해 버립니다(참조 암 1:3). 이 여세를 몰아서 하사엘은 요단 서편인 북 이스라엘의 본토를 침범하는데 이에 대한 증거는 왕하 13:3에 나옵니다. 하사엘이 침범했을 때는 예후의 아들 여호아하스가 다스리고 있었습니다. 그런데 그도 아버지 예후의 범죄를 그대로 답습하자 하나님께서 아람 왕 하사엘과 하사엘의 아들 벤하닷 3세의 손에 넘기시매 아람이 이스라엘을 학대하게 됩니다.

열왕기하 13장 7절에 보면 이스라엘에 대한 아람의 학대가 얼마나 심했는지를 알 수 있는데 "아람 왕이 여호아하스의 백성을 멸절하여 타작마당의 티끌 같이 되게 했다"고 말씀합니다. 타작마당의 티끌 같다는 것은 마구 짓밟히고 유린되었음을 짐작할 수 있습니다. 이것은 아람이 요단 동편을 침범할 때 철 타작기로 타작하듯 길르앗(요단 동편)을 압박했다는 말씀과 동일한 표현입니다(암 1:3). 이 시기에 성읍도 많이 빼앗깁니다(참조 왕하

13:25). 뿐만 아니라 이스라엘 왕 여호아하스가 소유할 수 있는 마병, 병거, 보병의 숫자를 제한했다고 했는데 이것은 북 이스라엘이 철저히 아람의 통제 하에 있었음을 보여 줍니다.

그런데 열왕기하 13장 22절은 아람 왕 하사엘이 항상 학대했음에도 불구하고 이스라엘이 멸망에 이르지 아니하고 또한 이스라엘을 이방으로 쫓아내지 않으신 것은(신명기에서 하나님을 버리고 우상을 섬기면 다른 나라로 쫓아버리시겠다고 이미 경고하시지 않았는가?) 아브라함과 이삭과 야곱과 더불어 세우신 언약 때문에 이스라엘에게 은혜를 베풀며 그들을 불쌍히 여기셨기 때문이라고 말씀하고 있습니다(왕하 13:23).

또한 여호아하스의 아들 요아스(주전 798-782)가 왕이 되자 아람 왕 벤하닷(하사엘의 아들)의 손에서 아버지 여호아하스가 빼앗겼던 성읍들을 다시 회복하게 하십니다. 그런데 요아스는 남 유다와의 전쟁 때문에 즉위 5년 만에 그의 아들 여로보암 2세를 공동통치자로 세우게 됩니다. 이때부터 여로보암 2세는 서서히 국력을 회복하더니 결국에는 하맛 어구에서부터 아라바 바다(사해)까지 차지하게 됩니다. 이것 또한 열왕기하 14장 27절에서 말씀하신 것처럼 이스라엘의 이름을 천하에서 없이 하겠다고 아니하신 하나님의 약속에 의한 것임을 밝히고 있습니다.

지금 북 이스라엘의 번영과 풍요는 그들이 복을 받을만 해서가 아니라 전적으로 하나님의 은혜요 긍휼히 여기심이었습니다. 그런데도 열왕기하 14장 27절은 이스라엘의 이런 번창과 풍요의 과정을 여로보암의 손으로 구원하신 것으로 말씀하고 있습니다. 여로보암의 치적으로 간주해 주고 있다는 것입니다. 왜 그럴까요? 이것은 하나님께서 여로보암에게 기회를 주셨음을 의미합니다. 무슨 기회입니까? 이제는 여로보암 1세의 죄를 버리고 하나님의 선택된 백성으로 온전히 복귀하게 할 수 있도록 그렇게 정치하도록 기회를 주신 것입니다. 그들에게 징계가 아니라 번영과 풍요의 복을 허락하심으로 그들의 현재가 하나님에 의해서 세워졌음을 깨닫고 하나님께로 돌아오기를 진심으로 바라신 것입니다.

북 이스라엘은 지금 사상 유례가 없는 축복 속에 살고 있습니다. 영토가 확장되고 정치적으로 안정이 되면서 경제적으로도 상당히 윤택한 삶을 살게 되었습니다. 많은 나라들로부터 조공을 받았으며 중요한 무역로인 해변 길과 왕의 대로를 점령함으로 막대한 관세 수입이 늘었고 비옥한 땅을 차지함으로 소출이 늘었습니다. 상아로 치장된 여름 궁과 겨울 궁(별장)을 짓고(암 3:15) 상아 침대에 누우며 어린 양과 송아지를 먹고 악기를 제조하여 노래를 부르고 대접으로 포도주를 마시고 귀한 기름을 몸에 바르면서 환난에 대해서 근심하지 않는 지도자들의 삶을 통해서 북 이스라엘이 얼마나 풍요와 사치를 누렸는지를 알 수 있습니다(암 6:4-6). 고고학적 증거는 이것을 뒷받침하고 있는데 이 시기에 북 이스라엘의 수도였던 사마리아 성에서만 500개 이상의 상아 조각이 발견되었고 므깃도에서도 상아조각이 300개가 발견되었습니다. 이렇게 외적으로 잘 굴러 가고 있는 이스라엘을 향하여 아모스는 자신의 글을 시작하면서 기쁨과 감사가 아니라 심판을 외치며 시작을 하고 있습니다.

도대체 북 이스라엘에서 무슨 일이 일어나고 있는 것일까요? 나라가 부강해지고 풍요로워 졌다고 했는데 그러면 그들은 더욱 하나님을 잘 섬겼을까요? 그리고 모든 백성이 이 번영의 혜택을 누리고 있을까요? 그렇지 않았습니다. 힘있고 부유한 자들은 주체할 수 없을 정도로 부를 쌓아갔지만 가난한 사람들은 여전히 어려운 부익부 빈익빈 현상이 심하였습니다. 부유함이 의로움에 대한 여호와의 보상으로 간주되었던 사회에서 남을 착취해서 부자가 된 사람들은 종교적인 의인들로 대접을 받았고 힘없고 돈 없는 사람은 제사드리러 가서도 숨을 죽이고 있어야 했습니다.

가진 자가 가난한 자들을 착취하는 예를 보면 상인들은 저울을 속여 농부들에게서 곡식을 사들인 다음에 그 곡식을 다시 팔 때는 작은 눈금을 사용하여 비싸게 팔았습니다. 재판관들은 돈 있는 자들의 뇌물을 받고 힘없는 자들에게 불리한 재판을 함으로 유전무죄 무전유죄가 비일비재하게 일어났습니다. 힘없고 돈 없는 자들은 설 땅이 없어져 갔습니다. 공의와 정의가 무너지고 사회적 불의가 판을 치는 그런 사회가 되고 만 것입니다. 간음과 거짓과 도둑질과 술취함이 난무했습니다. (참조 호 7장 - 호세아와 아모스는 동시대의 선지자들임)

아모스 3장 9절을 보면 당시의 북 이스라엘이 얼마나 심각한 상황에 있었는가를 말해줍니다. 하나님께서 아스돗(블레셋의 도시)과 애굽 사람들을 사마리아, 즉 북 이스라엘로 부르시고 지금 북 이스라엘에서 일어나고 있는 큰 요란함과 학대를 보여 주십니다. 큰 요란함이란 원래 전쟁으로 인한 공포를 의미하는데 북 이스라엘에서는 지금 전쟁으로 인한 공포가 아닙니다. 힘있고 부유한 자들이 폭력적 삶의 방식을 통해서 힘없고 가난한 자들을 억압함으로 생기는 그런 공포적인 상황을 말합니다. 학대라는 단어와 함께 사용되고 있는데 공포스러운 학대가 자행되고 있다는 것입니다. 그래서 10절에서 포학(폭력)과 겁탈(남의 재산을 무력으로 빼앗는 것)을 쌓는 자들이라고 하나님께서 이들을 힐난하고 있음을 봅니다.

원래 포학과 겁탈의 대명사가 누구입니까? 블레셋과 애굽 아닙니까? 그런데 그런 이방인들에게 북 이스라엘의 상황을 보여 주셨다는 것은 이들에게 참을 만큼 참으셨다는 경고입니다. 부모가 자녀의 치부를 다른 사람들에게 쉽게 공개하지 않습니다. 그런데 공개하셨다는 것은 이제 북 이스라엘에게 할 만큼 하셨다는 사인입니다. 이스라엘이 돌아서지 않는다면 이제는 정말 그들에게 기회는 없을 것입니다. 그런데 하나님의 진심이 그들에게 전달되지는 않을 것 같습니다. 왜냐하면 그들이 누리고 있는 나라의 번영과 풍요로움이 자신들이 열국 중에서 뛰어나기 때문이라고 자신들에게 그 공적을 돌리고 있기 때문입니다(6:1절 - 개역한글을 참조). 분명히 요나를 통해서 하나님이 하셨음을 알려주셨고 그들을 불쌍히 여기시고 언약을 기억하므로 그들의 오늘이 있게 되었는데 바로 그 자리에 하나님이 들어가실 공간은 없는 것입니다. 이러니 그들의 신앙생활은 보나마나 입니다. 여호와 하나님을 완전히 버린 것은 아니었지만 가장 문제는 하나님께 대한 진심은 없고 신앙생활이 형식화되어 여호와 하나님을 바알과 동등한 수준으로 여겼다는 것입니다.

그들은 바알과 아세라 등 다른 신들을 섬기면서 벧엘, 길갈, 브엘세바 등 종교 중심지를 정기적으로 방문하여 여호와 하나님께 예물을 드리고 제사를 드렸고(암 4:4, 5:5) 때에 따라 헌물과 십일조도 드렸습니다(암 4:4). 매년 몇 차례씩 종교적인 절기와 성회로 모이기도 했습니다(암 5:21-23). 그러나 여호와의 종교는 그들에게 우상숭배를 섬기는 종교행위와 동일한 것이었지 그들의 마음속에 하나님을 생명으로 여기는 것은 아니었습니다. 그래서 이들의 종교적 상황을 대표적으로 요약한다면 '여로보암 2세는 여호와 보시기에 악을 행하여 이스라엘에게 범죄하게 한 느밧의 아들 여로보암 1세의 모든 죄에서 떠나지 아니하였다' 입니다(왕하 14:24).

하나님은 북 이스라엘을 향해서 최후의 카드를 꺼내시는데 그들을 심판하시기로 하십니다. 하나님은 단지 이 시대의 죄악 때문에 심판을 하시기로 작정하시는 것은 아닙니다. 북 이스라엘의 첫 번째 왕 여로보암 1세 때부터 하나님을 마치 우상 중의 한 신으로 섬겼는데 이것이 이스라엘 역사 내내 이어졌습니다. 이것은 그들이 하나님을 믿는 것이 아닙니다. 그들은 여러 신들 중에서 자신의 마음에 맞는 신을 선택하는 종교쇼핑을 한 것입니다.

전에 살펴본 대로 북 이스라엘의 20명의 왕 중 단 한 명도 가증한 종교 행위를 떠난 왕이 없었습니다. 북 이스라엘이 시작된 주전 931년부터 아모스의 사역 시기인 760여년까지 170여년(주전 931-760=171)이 넘도록 여로보암 1세가 그랬듯이 유일하신 하나님을 우상처럼 여기는 혼합주의의 종교를 버리지 않은 것입니다. 이런 가치관으로 살아가는 사람들이 하나님의 말씀과 계명을 지키는 일에 신경이나 쓸까요? 공의와 정의를 그들의 삶의 지표로 삼겠습니까? 우상을 숭배하는 이방인들의 삶의 패턴과 하나도 다를 게 없이 사는 것입니다. 이스라엘의 온갖 죄악에도 하나님은 여로보암 2세를 통해서 이스라엘을 심한 고난으로부터 구원하시고 번영과 풍요를 주심으로 하나님께로 돌아올 수 있는 마지막 기회를 주셨는데도 말입니다.

북 이스라엘이 주전 722년에 망하는데 여로보암은 주전 753년에 죽었기 때문에 기껏해야 이제 30년 정도 남은 것입니다. 멸망을 향해 치닫고 있는 그들에게 하나님께서 진심을 다해서 그 더러운 자리에서 돌아설 것을 소망하시는 것입니다. 그러나 북 이스라엘은 하나님의 진심을 가차없이 외면해 버립니다. 하나님의 이런 심정을 전하고 있는 아모스에게 북 이스라엘(벧엘) 사람들은 더 이상 예언하지 말고 너의 고향 유다 땅으로 가서 거기서 예언하라고 하면서 거부해 버리기 때문입니다. (아모스는 유다 출신으로 북 이스라엘에서 선지자의 사명을 감당하도록 부름을 받았음) 아모스와 동시대에 북 이스라엘을 향해 메시지를 선포했던 호세아서를 보십시오. 창녀와 같이 우상숭배로 자신들을 더럽혔던 북 이스라엘을 끝까지 사랑으로 품으신 하나님 아니십니까? 그들을 내치고 싶을 때가 수도 없이 많았지만 그들의 조상들과의 언약으로 인하여 참으시고 인내하셨습니다. 그런데 그들은 그 하나님의 사랑을 비웃기라도 하듯이 하나님과 전혀 상관없는 이방인들과 방불한 삶을 살며 우상을 섬기는 것입니다.

하나님은 아모스에게 북 이스라엘에게 반드시 심판이 임할 것을 확인해 주기 위해서 다섯 가지의 환상을 보여주십니다. 그 환상 중의 마지막 환상이 '성소 붕괴 환상'(암 9:1)입니다. (참고 : 북 이스라엘에서의 성소란 예루살렘 성전을 가리키는 것이 아니라 여로보암 1세가 벧엘과 단에 세웠던 그런 장소들을 말합니다.) 암 9:1에서 아모스가 제단 옆에 서 계신 하나님을 보았다는 사실은 아모스가 이 환상을 본 장소가 성전임을 암시하며 이 성소는 벧엘에 있는 왕의 성소를 가리킬 가능성이 많습니다. 제단은 사람들이 제물을 바치고 이에 대한 보상으로 복을 내리실 것이라는 기대를 갖는 곳입니다.

그런데 하나님은 그 성소의 기둥머리와 문지방을 쳐서 부수라고 말씀하십니다. 성소를 허물어뜨린다는 것은 하나님의 재앙이 절정에 가 있음을 나타냅니다. 하나님께 축복을 기대하는 곳에서 성소가 무너져서 그 더미에 깔려 죽을 것이므로 성소가 오히려 그들에게 재앙이 되는 것입니다. 성소만 가면 축복을 받을 것이라는 생각이 얼마나 위험한 생각입니까? 혼합주의 정신으로 하나님을 우상처럼 섬기는 것은 결코 진정한 제사가 될 수 없습니다. 남 유다 백성들도 예루살렘에 성전이 있는 한 절대로 망하지 않을 것이라는 신념이 있었습니다. 그들 스스로 멸망으로 치닫고 있으면서도 말입니다. 하나님은 어떤 장소나 건물이나 물건을 신성시 하는 것을 경멸하십니다. 그것은 우상숭배자들이나 하는 짓이기 때문입니다. 물론 하나님이 구별한 장소를 깨끗하게 다루고 보존해야 할 것입니다. 하지만 그보다 더 중요한 것은 성전이든 제사든 그것들을 뛰어넘어서 그들과 함께 하시는 하나님 그 분을 보아야 합니다.

성전이 성전되는 것은 건물이 거룩해서가 아니라 하나님께서 그들과 함께 하시기 때문에 성전으로 불리는 것입니다. 그런데 그들이 성전의 주인이 되시는 하나님은 섬기지 않고 성소의 건물이나 제사 제도에 집착해서 그것으로 신앙생활을 때우려 하는 것은 결코 용납될 수 없습니다. 그래서 하나님은 그들의 성소를 파괴시켜 버릴 것입니다. 성소를 파괴하신다는 것은 그들과의 모든 관계를 끊어버리시겠다는 것입니다. 이제는 그들에게서 주의 얼굴을 돌리시고 그들의 기도에 응답하지 않으실 것입니다. 더 이상 하나님은 그들의 들러리가 되기를 원치 않기 때문입니다. 따라서 암 8:11에서 말씀하신 것처럼 양식의 기근이 아니라 하나님의 말씀을 듣지 못하는 기갈을 당할 것을 선포합니다. 이것보다 무서운 심판은 없습니다. 하나님께서 그들에게 침묵하시고 무관심하시는 것이야말로 죽음이기 때문입니다.

북 이스라엘의 멸망

여로보암 2세 때에 황금기를 누렸던 그들은 점점 더 쇠약해져 가다가 북 이스라엘의 마지막 왕 호세아 때에 결국 망하고 맙니다. 호세아 왕은 처음에는 친 앗수르 정책을 폈지만 앗수르 왕 디글랏빌레셀이 죽고 살만에셀 5세가 왕위에 오르자 앗수르로부터 독립을 선포해 버립니다. 이것은 북 이스라엘의 친 애굽 파와 친 앗수르 파간의 정쟁에서 친 애굽 파가 이겼다는 것을 의미하는데 이 당시에 이스라엘의 정치 현실을 호세아 선지자는 7:11절에서 이렇게 말하고 있습니다. "에브라임(북 이스라엘)은 어리석은 비둘기 같이 지혜가 없어서 애굽을 향하여 부르짖으며 앗수르로 가는 도다." 애굽에 붙었다 앗수르에 붙었다 강대국 사이에서 갈팡질팡 하는 모습을 나타내고 있습니다.

그래서 하나님께서 그들을 이렇게 심판하십니다. "그들은 여호와의 땅에 거주하지 못하며 에브라임은 애굽으로 다시 가고 앗수르에서 더러운 것을 먹을 것이니라"(호 9:3) 애굽으로 다시 간다는 말은 과거 그들의 조상이 종살이 했던 애굽의 시절로 다시 돌아간다는 상징으로 앗수르에 포로로 끌려가서 그들의 종이 되어 살아갈 것을 말하고 있습니다. 이스라엘 백성들은 강대국을 의지했지만 오히려 그 강대국에 의해서 망하게 될 것이며 그들의 종이 되어 속국으로 살아 갈 것을 선지자는 경고하고 있는 것입니다.

아모스 선지자도(암 9:4, 14) 북 이스라엘을 향하여 이스라엘은 반드시 사로잡혀서 그들의 땅을 떠나게 될 것을 선포하였습니다. 결국 선지자들의 예언대로 북 이스라엘은 앗수르의 공격을 받습니다. 수도인 사마리아 성이 3년을 버텼지만 주전 722년에 앗수르에 멸망하고 맙니다. 북 이스라엘을 멸망시킨 앗수르는 전통적으로 강제 이주 정책을 실시했는데 무엇보다 속국에서의 반란의 씨앗을 제거하려는 목적 때문이었습니다. 앗수르 제국의 주민과 혼합하여 반란의 근원이 되는 민족적 감정을 없애고자 한 것입니다. "이스라엘의 상류계급은 앗수르 지방의 동쪽 지방으로 추방되었고 그 대신 이스라엘은 다른 지역의 거주민들로 대체되었습니다. 주전 720년에는 하맛에서 715년에는 아라비아 북쪽에서 709년에는 바벨론에서 이주해 왔습니다. 물론 앗수르의 그 후의 왕들(에살핫돈, 아슈르바니팔) 때에도 계속 이주해 왔습니다(왕하 17:24절 참조). 이들은 올 때 자신들의 신들을 들여와 섬겼습니다."[125](왕하 17:30~31절 참조) 이렇게 혈통의 혼잡과 종교의 혼합으로 인해 남 유다 사람들은 이때부터 북 이스라엘 사람들을 자신들과는 혈통이 다른 사람들로 인정하고 무시해 버립니다. 유대인과 사마리아인의 갈등과 반목은 이렇게 해서 시작된 것입니다. 북 이스라엘은 여로보암 1세부터 마지막 왕 호세아에 이르기까지 209년간 20명의 왕이 다스리다가 멸망을 당하였습니다.

⑤ 이사야 - 초림과 재림, 즉 두 번 오시는 예수 그리스도를 예언한 선지자

이사야의 사역 시기는 주전 740년경부터 680년까지 약 60년 정도 되는데 이 기간 중에 북 이스라엘이 멸망(주전 722년)합니다. 이사야서는 흔히 제 5복음서라고 불릴 정도로 메시야 예언이 빈번히 등장합니다. 창 3:15과 아브라함과 다윗을 거쳐서 하나님께서 세상을 어떻게 구속하실 것인가를 말씀해 오신 것이 이사야서에서 더욱 구체적으로 드러나기 때문입니다.

이사야서에서 예언된 메시야의 성격 중 가장 중요한 것은 메시야의 오심은 하나님의 오심이 된다는 것입니다. 메시아가 곧 임마누엘(하나님이 우리와 함께 하시다)이 되실 것을 예언하신 것은 이것을 말해 주고 있습니다. 그런데 이사야서에 나타난 임마누엘 하나님은 두 가지 특성을 가지고 구속 사역을 감당하러 오실 것입니다. 첫 번째는 고난과 죽음을 통해서 종의 모습으로 오셔서 인간의 모든 죄를 사하시는 속죄 사역, 즉 영원한 성전으로서의 사역을 감당하실 것이고 또 하나는 아브라함과 다윗의 왕족의 혈통으로 오셔서 영원한 왕권을 세우시는 사역을 하실 것입니다. 이때 왕으로서의 예수님은 심판의 권세를 숨기시고 평화의 왕, 구원의 왕으로서의 권세를 행사하실 것입니다. 이것은 예수님의 초림의 모습입니다. 그런데 예수님은 다시 한 번 오실 것입니다. 더 이상 종으로 오시지 않을 것이며 감추어진 왕의 권세를 가지고 오시지 않습니다. 온 우주의 심판자로 영광 중에 오실 것이며 이 때 하나님의 자녀들은 영원하고 완성된 구원을 하나님을 믿지 않는 사람들은 영원한 저주를 받을 것입니다. 이사야에 새 하늘과 새 땅이 등장하는 것은 바로 이 재림의 예수님을 전제하고 말씀하시는 것입니다.

임마누엘로 오시는 예수 그리스도 - 하나님이신 예수 그리스도

임마누엘 예언이 등장하는 시기의 남 유다의 왕은 아하스인데 그는 다윗의 길로 행하지 아니하고 북 이스라엘 왕들의 가증한 일들을 본받아 악행을 저질렀습니다. 바알 우상에게 제사하며 분향하여 섬기고 심지어 힌놈의 골짜기에서 아들들을 불 태워 희생 제물로 바치기도 했습니다. 하나님은 이 죄악에 대한 심판으로 아람 왕과 북 이스라엘의 왕의 손에 넘기셨는데 첫 번째 전쟁에서 아람 왕은 많은 유대인들을 다메섹으로 잡아 갔으며 이스라엘 왕은 유다와의 전투에서 하루에만 십 이만 명을 죽였으며 이십만 명의 포로와 많은 재물을 노략하여 이스라엘로 데리고 갔습니다(대하 28:5-6).

그러나 이때는 예루살렘은 함락되지 않았습니다. 그래서 북 이스라엘 왕 베가와 아람 왕 르신이 다시 연합하여 쳐들어오게 되는데 임마누엘의 예언은 이 전쟁의 때에 주어진 것입니다. 북 이스라엘의 베가 왕과 아람의 르신 왕은 당시에 "무적의 앗수르에 맞서 주변 국가들과 연합하려고 필사적으로 노력하던 시기"[126]라고 말할 수 있습니다. 그런데 계속해서 아하스 왕이 이를 거절하자 이번에는 아예 그를 제거해 버리고 자신들의 뜻, 즉 반 앗수르 정책을 충실히 따를 수 있는 다브엘의 아들을 왕으로 세우기 위해서 남 유다를 치려고 연합하여 다시 내려오는 것입니다.

이 절체절명의 국가적 위기에서 이사야가 하나님께 한 징조를 구하라고 아하스 왕에게 기회를 줍니다. 그러나 놀랍게도 아하스는 하나님이 주시는 기회를 거절합니다. 그것은 믿는 구석이 있기 때문입니다. 3절에 보면 이사야가 아하스를 만나러 '윗 못 수도 끝 세탁자의 밭 큰 길'까지 갔다고 말씀하고 있는데 이사야가 왕궁으로 가지 않고 이곳으로 간 것은 아하스가 이곳에서 무엇인가 일을 하고 있기 때문입니다. 윗 못은 다윗 성 외곽 기슭에 위치해 있는 자연적으로 물이 솟아오르는 기혼 샘으로서 예루살렘 거민들에게 가장 중요한 물의 공급지였습니다. 이 기혼 샘에서 흐른 물은 계속해서 수로를 타고 흘러가는데 아랫 못인 실로암까지 흘러갑니다. 기혼 샘에서 물이 흘러가는 수로 가까이에 큰 길이 있었고 이 길 도중에는 세탁 자들의 밭이라고 불리는 곳이 있었는데 그것은 옷을 만드는 자들이 옷을 깨끗하게 세탁하여 건조시키는 장소로 사용했기 때문입니다. 이곳에서 이사야는 아하스를 만난 것입니다. 아하스는 북 이스라엘과 아람의 침입에 대비해서 안정적으로 예루살렘에 물을 공급할 수 있게 하는 작업을 진두지휘하고 있는데 그것은 기혼 샘의 물을 성안으로 끌어 들일 수 있는 수로를 만들고 성 밖에 있는 기혼 샘은 위장을 해서 감추는 것입니다. 이것이 아하스가 전쟁을 준비하는 첫 번째 작업이었습니다.

두 번째는 앗수르 왕 디글랏-빌레셀에게 도움을 요청하는 것입니다. 첫 번째 전쟁에서 아하스는 아람 왕 르신과 이스라엘 왕 베가에게 크게 당한 적이 있기 때문에 다급하게 앗수르의 원조를 요청합니다. 그는 여호와의 성전과 왕궁 곳간에 있는 은과 금을 앗수르 왕 디글랏 빌레셀에게 보내고 나는 왕의 신복이요 왕의 아들입니다 라고 자신을 극도로 비하하면서까지 자신을 도와 달라고 애걸복걸하는 모습을 보게 됩니다(왕하 16:7-10). 아하스의 이런 행위는 하나님이 선택한 백성의 왕으로서 도저히 용납될 수 없는 행위입니다. 이것은 하나님을 신뢰하지 않는다는 것을 의미하기 때문입니다. 이사야 7장 2절에서 왕과 유다 백성들이 공포에 짓눌려 있다고 했는데 이 두려움과 공포의 순간에도 아하스는 하나님을 의지하는 것이 아니라 자신의 전략을 의지하고 강대국의 힘을 빌어서 위기를 벗어나려고 합니다.

이사야는 분명히 아하스에게 베가 왕과 르신 왕이 마치 연기 나는 두 부지깽이 그루터기에 불과해서 결국에는 두 나라가 망하게 될 것을 예언하면서 걱정하지 말라는 하나님의 뜻을 전해 주면서 아하스에게 징조를 구하라고 기회를 준 것입니다. 하나님은 아하스가 어떤 것을 요구하든 들어 주실 준비가 되어 있었습니다. 하지만 아하스는 나는 하나님을 시험하지 않겠다는 교묘한 말로 하나님의 제안을 회피하고 맙니다. 왜냐하면 당시에 승승장구하며 세력을 확장하고 있던 최강의 나라 앗수르의 백을 믿었기 때문입니다. 아하스가 첫 번째 전쟁에서 엄청난 피해를 입은 것은 그가 저지른 죄 때문이었습니다. 그런데도 아하스는 또다시 하나님을 배제하고 외적인 힘을 빌어서 위기를 벗어나려고 합니다. 하나님의 선의를 무시하고 계속해서 반역하고 있는 것입니다.

아하스의 거절 행위는 이사야 7장 13절에서 말씀하는 바와 같이 이사야를 근심케 하는 것뿐만 아니라 결국에는 하나님을 괴롭게 만드는 일이라고 성경은 말씀하고 있습니다. 괴롭게 한다는 것은 피곤하게 한다는 말입니다. 여태까지 다윗의 가문은 계속적인 불신앙으로 하나님을 괴롭혔는데 이제 아하스에 이르러 그 괴롭힘이 절정에 이른 것입니다. 아하스의 불신앙으로 인해 다윗왕조가 최대의 위기에 처해졌기 때문입니다. 만일 이 전쟁에서 진다면 다윗 왕조의 순수한 혈통은 끊겨버리고 북 이스라엘과 아람이 세우는 사람의 나라가 되고 말 것입니다. 그래서 이사야는 징조를 구하지 않는 아하스 앞에서 일방적으로 하나님의 예언적인 한 징조를 선포하게 됩니다. 그 징조는 아하스와는 아무런 상관이 없을 것입니다. 그래서 13절의 '다윗의 집(가문 - 필자 주)이여' 라는 말과 너희라는 주어의 변화를 통해서 아하스 개인이 아닌 아하스가 속한 가문, 즉 다윗 가문 전체를 상대로 예언하는 것임을 알 수 있습니다.

또한 14절의 주어인 '주께서' 는 원문대로 하자면 아도나이, 즉 '나의 주' 라는 말입니다. 이사야는 11절에서 아하스를 향해서 '너의 하나님' 으로 호칭을 하지만 여기서는 '나의 주' 라고 바꾸어 말함으로서 예언의 주체이신 하나님이 아하스 개인을 배제하고 예언하고 있음을 분명히 드러내고 있습니다. 예언된 징조의 내용은 우리가 잘 아는 대로 "보라 처녀가 잉태하여 아들을 낳을 것이요 그의 이름을 임마누엘이라 하리라" 입니다. "결혼하지 않은 젊은 숫처녀"[127], 즉 남자를 알지 못하는 처녀인 동정녀가 잉태하여 아들을 낳을 것인데 그 이름이 임마누엘(하나님이 우리와 함께 하신다는 의미)이라는 것입니다. 이 예언은 메시아로 오실 예수님의 탄생을 의미하는 것이 분명합니다.[128] 팔머 로벗슨도 임마누엘에 대한 바른 해석은 "신적인 구원자"[129]로 받아들이는 것이 가장 좋은 해석이라고 말합니다. 마태(1:23)도 이사야의 예언을 그대로 예수님의 탄생에 적용하여 예수님의 이름을 임마누엘이라고 부르는 것을 볼 수 있습니다.

예수님의 탄생은 하나님께서 자기백성에게로 오시는 것입니다. 구약시대에 꿈과 환상과 천사와 여러 가지 이적적인 방법과 그리고 성전과 제사라는 상징적인 방법으로 자신의 백성들과 함께 하셨던 하나님께서 이제는 직접 육신을 입고 자신의 백성들 가운데 임재하시기 위해서 다시 말하면 임마누엘하시기 위해서 오시는 것입니다. 임마누엘 예언의 핵심은 메시아로 오신 예수님은 하나님이시라는 사실을 강조한다는 것입니다. 따라서 임마누엘의 예언은 다윗 왕조의 일원인 아하스가 어떤 뻘짓을 하거나 유다 주변의 나라들이 아무리 위협을 해도 다윗의 가문은 결코 멸망하지 않을 것임을 확증해 주는 예언입니다. 다윗의 후손이며 임마누엘 되시는 예수님이 이 땅에 반드시 오셔야 하기 때문입니다.

왕으로 오시는 예수 그리스도 - 다윗 왕권을 회복하러 오시는 예수 그리스도

구약이 소망하는 메시아는 하나님이심이 임마누엘 예언으로 드러났습니다. 그렇다면 하나님이신 이 메시아는 어떤 모습으로 이 땅에 오셔서 그 분의 사역을 감당할까요? 첫 번째가 왕으로 오신다는 것입니다. 그렇다면 어떤 의미의 왕이 될까요? 마태는 4:12-16에서 예수님께서 나사렛을 떠나 갈릴리 가버나움에 정착하신 것을 두고서 이사야 9장 1-2절을 인용하여 말하고 있습니다. 마태는 왜 예수님의 공생애의 시작을 알리면서 이 말씀들을 인용하고 있을까요? 마태복음은 예수님께서 왕으로 오신 메시아이심을 말하는 복음서입니다. 마태복음 1장 1절이 아브라함과 다윗의 왕족의 족보로 시작하는 이유입니다. 따라서 마태가 이사야 9장이 예수님의 왕적 신분을 드러내는 말씀으로 이해했기 때문이라는 결론을 내릴 수 있습니다. 마태의 의도를 이해하기 위해서는 이사야 당시로 돌아갈 필요가 있습니다.

이사야 9장 1절에 등장하는 스불론과 납달리 이 두 지파의 지역은 갈릴리 호수 주변으로 북 이스라엘의 맨 위쪽에 위치하여 이방민족들과 경계를 이루는 지역입니다. "해변 길이라고 하는 것은 스불론 지파는 갈릴리 호수 서편 지역을, 납달리 지파는 갈릴리 호수 북쪽 지역을 차지하고 있어서 두 지역을 해변 길 또는 해변 지역으로 불렀고 동시에 요단강을 경계로 두고 있었으므로 그 지역을 가리켜 요단강변의 땅으로 불렀습니다. 또한 두 지역이 순수한 혈통이 아니라 이방 민족과 섞여 있었기 때문에 이방의 갈릴리로 불리기도 했습니다."[130] 결론적으로 1절에 등장하는 스불론, 납달리와 해변 길, 요단강 저편, 이방의 갈릴리는 같은 지역을 나타내는 것으로 이해하면 될 것입니다.

그런데 이 지역은 이스라엘의 최북단에 위치하고 있었기 때문에 전쟁이 나면 가장 심하게 피해를 보는 지역이 되곤 했습니다. 아사 왕 때에는 아람 왕 벤하닷의 침입으로 극심한 환난을 경험했고(왕상 15:20) 이사야 당시에도 디글랏-빌레셀이 이끄는 앗수르 군대에 의해서 이 지역에서 많은 포로들이 잡혀 가기도 했습니다(왕하 15:29). 설상가상으로 앗수르가 북이스라엘의 여러 지역을 속주로 삼았을 때 많은 이방인들이 몰려와서 갈릴리 지역에 살게 되어서 혈통이 섞이기 시작했습니다. 또한 종교의 중심지인 유다로부터 가장 멀리 떨어져 있으면서 이방나라들과 인접해 있었기 때문에 이방 나라들의 영향을 많이 받은 곳이었고 이것은 종교적 무지와 미신이 그 땅을 가득 채우는 하나의 원인이 되기도 했습니다. 그래서 남 유다 사람들에게 무시를 당하는 그런 지역이었습니다. 신약시대에도 나사렛, 즉 갈릴리에서 무슨 선한 것이 나오며 선지자가 나오겠느냐 하면서 멸시를 당하는 것을 보면 이들에 대한 형편을 짐작할 수 있을 것입니다.

이렇게 항상 전쟁의 위협 속에서 사망과 흑암에 거하며 소외되고 멸시받았던 스불론과 납달리 땅에 이사야는 흑암이 물러가고 이제는 영화롭게 될 것을 예언하고 있습니다. 흑암이 물러가고 영화롭게 된다는 의미가 무엇이겠습니까? 이 의미는 스불론과 납달리가 전쟁의 위협으로부터 승리와 해방을 얻게 될 것을 말하고 있습니다. 그래서 3절은 전쟁에서 승리하여 전리품을 나누는 것과 같은 동일한 즐거움을 얻게 되고 4절에서는 압제자들로부터 해방을 얻을 것이며 5절에서는 전쟁의 흔적이 사라지고 완전한 평화가 깃들 것을 말하고 있습니다. 이 그림은 전쟁에서 승리하는 왕, 자기 백성을 압제자로부터 해방시키는 왕의 이미지를 말해 줍니다.

그러면 유다에게 승리를 주고 해방을 안겨 주는 사람은 누구입니까? 여기에 대한 해답으로 6절이 주어지고 있습니다. 그래서 6절은 '이는' 으로 시작하는데 '왜냐하면' 이라는 의미로서 5절까지 언급된 내용의 원인이 무엇인지를 밝혀 주고 있습니다. 말하자면 어떻게 전쟁에서 승리하고 완전한 평화를 가져 올 것인지를 알려주는 것입니다. 이사야는 전쟁에서 승리한 이유를 한 아기가 우리에게 났고 한 아들을 우리에게 주신 바 되었기 때문이라고 말하고 있습니다. 결국 전쟁의 승리와 평화는 이 아이에 의해서 얻어질 것임을 알 수 있습니다. 한정건 교수는 여기서 전쟁의 승리자를 묘사하면서 용감한 장군이 등장하는 것이 아니라 한 아이가 등장하는 것은 이 아이가 이사야 7장 14절의 임마누엘이라는 아이를 염두에 둔 것이라고 주장 합니다.[131] 7장에서 임마누엘의 예언은 북 이스라엘과 아람이 연합하여 남 유다의 다윗 왕조를 무너뜨리고 자신들의 괴뢰정권을 세우기 위해 침략한 전쟁이지만 하나님께서는 반드시 다윗 왕조를 보호하실 것이라는 사인으로 주신 것임을 말씀드렸습니다.

그렇다면 다윗왕조를 보호하러 임마누엘로 오시는 그 아기의 특징은 무엇입니까? 6절에서 한 아기가 우리에게 났고 한 아들을 우리에게 주신 바 되었다고 했는데 이것은 이 아기의 두 기원을 말하고 있습니다. 한 아기가 우리에게 났다는 것은 능동의 의미로서 육체적 혈통을 따라 태어나는 모든 인간의 보편적 모습을 그린 것이고 한 아들이 우리에게 주신 바 되었다는 것은 수동형으로서 하나님으로부터 주어진 것을 의미하는 것으로 이 아기의 신적 기원을 의미하는 것입니다.[132] 그래서 이 아기는 육신을 입고 이 땅에 오신 하나님의 아들 예수님이심을 다시 한 번 확인할 수 있습니다.

또한 이 아기는 그의 어깨에 정사를 멨다고 합니다. 정사를 어깨에 멨다고 하는 것은 "왕을 비롯한 통치자들이 대중 앞에 나설 때에 권력을 상징하는 표시로서 어깨 위에 망토를 둘렀던 관습에서 온 것"[133]으로서 이 아기가 왕의 위엄을 가지고 올 것이라는 사실을 의미합니다. 그리고 그 아이의 이름이 4개가 등장하는데 유대인들에게 이름은 단지 불리기 위한 수단이 아니라 그 사람의 인격과 속성을 대변하는 것입니다.

먼저 '기묘자 모사'는 두 이름으로 된 것처럼 되어 있으나 원문은 하나의 이름을 나타냅니다. "기묘한 모사자"[134]로 번역할 수 있는데 그 의미는 "왕으로서 그 분의 통치에 대한 놀라움입니다. 어떤 인간의 능력과 상상을 초월하는 통치가 그 분(임마누엘)에게서 나올 것"[135]이라는 의미입니다. 다른 말로 하면 임마누엘은 신적인 지혜와 능력을 행사하실 것임을 나타내는 것입니다. 바울은 예수님의 구속사역을 가리켜 하나님의 능력이요 지혜라고 고린도전서에서 분명히 말하고 있습니다. 다음으로는 '전능하신 하나님' 입니다. 히브리어로 '엘 깁보르' 인데 이 어구는 예레미야 32장 18절에서 능하신 하나님으로 번역되었고 "성경에서 엘 깁보르라는 어구는 오직 하나님께만 사용이 됩니다."[136] 임마누엘의 신적인 능력을 말하기 때문입니다.

세 번째는 '영존하시는 아버지' 입니다. 이것은 임마누엘의 특별한 성격을 말하는 것으로서 그가 생명의 근원이 되시기 때문입니다. 그 분은 첫 창조에서 인간을 창조하시고 존재하게 하신 분이시며 타락한 인류에게 생명의 근원으로 오셔서 새 창조의 시대를 맞이할 수 있도록 구원, 즉 영원한 생명을 주시는 분이십니다. 이것 또한 임마누엘이 신적인 존재가 되어야 함을 말해 주고 있습니다. 네 번째는 '평강의 왕' 입니다. 메시야이신 예수님의 구속사역은 타락으로 잃어버렸던 하나님과 인간, 인간과 인간, 인간과 자연 이 모든 관계에 진정한 평화의 관계를 회복하러 오시는 분이심을 말해 주고 있습니다. 이 평화야말로 진정한 평화요 영원한 평화가 될 것입니다. 기묘한 모사자요 전능하신 하나님이요 영존하시는 아버지가 되시는 임마누엘의 평강이 결코 제한적인 평강을 주실 리는 만무하기 때문입니다. 신약에서 예수님을 화목제물이라고 말하는 이유가 여기에 있습니다. 결론적으로 임마누엘이신 예수님은 신적 권위를 가지신 왕으로서 이 땅에 오신 분이심을 알 수 있습니다.

다시 그 당시로 돌아가서 하나님께서는 동정녀를 통한 임마누엘의 탄생을 통하여 다윗 왕조의 안전함을 약속해 주시지만 아하스는 예루살렘 방어공사를 통한 자신의 전략과 군대를 파견해 주겠다는 앗수르의 원조를 더 신뢰함으로 하나님의 징조를 거부합니다. 하지만 아하스의 뜻과는 반대로 오히려 자신이 믿었던 앗수르의 말발굽 아래 수치를 당하며 신음하게 될 것입니다. 앗수르는 처음에는 아하스의 요청대로 북 이스라엘과 아람을 칠 것입니다. 하지만 힘있는 강대국의 특성상 자신의 밥처럼 보이는 조그만 나라 유다를 그냥 놔 둘 수는 없는 것입니다. 아람을 휩쓸고 북 이스라엘을 휩쓴 앗수르 군대는 유다를 반드시 침략하게 되어 있습니다. 실제로 아하스의 아들 히스기야 시대, 즉 주전 701년에 앗수르의 산헤립은 남 유다를 침략하여 예루살렘을 제외한 유다의 전 지역을 점령하고 항복하기를 요구하기에 이릅니다. 도움을 바랬던 구원자 앗수르가 이제는 침략자가 되어서 그들 앞에 나타난 것입니다.

앗수르는 결코 유다의 도움과 구원이 될 수가 없습니다. 때가 되면 그들의 본색을 드러낼 뿐입니다. 인류 역사상 강대국이 약소국에게 동정심을 발휘해서 보호해 주고 도와주는 그런 예는 없습니다. 약소국은 다만 그들의 밥일 뿐입니다. 아하스는 이런 국제정치의 속성을 이해하지 못하고 이스라엘의 주권자이신 하나님의 은혜를 무시하면서까지 자신의 목에 칼을 겨눌지도 모를 앗수르에게 머리를 조아리며 도움을 요청하는 것입니다. 신정국가인 이스라엘에서 도저히 있을 수 없는 신성모독을 저지르고 있습니다.

그러나 하나님은 그런 앗수르와 같은 수많은 침략과 미래의 외부의 위협(바벨론, 헬라, 로마 등) 속에서도 다윗 왕조를 보호해 줄 것입니다. 그래서 9:7절에서 그 임마누엘이 다윗의 위에 앉아서 그 나라를 굳게 세울 것을 말씀하심으로서 임마누엘이 다윗의 후손으로 오실 것을 말씀하시는 것입니다. 미가는 다윗의 후손으로 오시는 예수님이 어디에 태어나실 것인지도 예언을 하고 있습니다. "베들레헴 에브라다야 너는 유다 족속 중에 작을지라도 이스라엘을 다스릴 자가 네게서 내게로 나올 것이라 그의 근본은 상고에 영원에 있느니라". 요셉이 다윗의 후손이므로 갈릴리 나사렛에서 예수님을 낳는다 할지라도 그 혈통에는 변함이 없습니다. 그런데 하나님은 세속의 역사, 즉 로마 황제의 인구조사를 동원해서라도 요셉을 베들레헴으로 보내셔서 하나님의 예언을 이루고야 마십니다. 예수님은 구약과 상관없이 신약에서 갑자기 등장하신 분이 아니라 구약 내내 오시겠다고 약속하신 분으로 하나님은 그 약속을 틀림없이 지키고 계시다는 사실을 보여줍니다.

예수님은 다윗의 후손으로서 유대인의 왕으로 오신 것이 확실합니다. 이사야 11장에서도 앞으로 올 메시야는 이새의 가지에서 나올 것을 말씀하고 있습니다. 그러나 이 왕의 권세는 물리적인 의미에서 왕의 권세가 아닙니다. 그런 왕권을 원하셨다면 오병이어의 기적을 맛본 군중들이 예수님을 왕으로 삼고자 했을 때 그들의 뜻대로 했을 것입니다. 예수님의 왕권은 유대의 왕권을 훨씬 뛰어넘는 영적인 왕권이요 우주적인 왕권이 될 것입니다. 온 우주와 만물을 다스리는 왕으로서 새 창조의 하나님의 나라에 걸맞은 왕권을 행사할 것입니다.

이 세상 임금인 사탄을 제압하고 인간의 본질적인 문제인 죄 문제를 정복하시는 분으로서 왕권을 행사하실 것입니다. 이렇게 온 우주에 속한 왕권을 가지고 예수님은 마치 스불론과 납달리 사람들이 그랬던 것처럼 사망의 그늘진 곳에 앉아 고통으로 신음하는 인류에게 진정한 구원, 진정한 평화를 허락하실 것이며 종교적 무지와 미신의 흑암 가운데 있는 자들을 비추사 생명의 빛 가운데로 인도하실 것입니다. 이것이야 말로 진정한 왕의 모습입니다. 능력다운 능력을 행사하는 왕이며 권위다운 권위를 가진 왕인 것입니다. 왜냐하면 생명을 살리는 왕이기 때문입니다.

사망의 위협과 두려움으로부터 참 자유를 주실 수 있는 것보다 더 큰 능력이 어디 있으며 더 큰 권위가 어디 있겠습니까? 다윗의 후손으로서의 예수님의 오심은 물리적으로 실패한 다윗의 왕권을 회복하고 그 왕권에 영원성을 부여하는 것입니다. 이 왕권은 사탄이라도 흔들 수 없습니다. 그런데 왕으로서의 예수님은 처음에 오실 때는 왕으로서의 권능을 숨기고 오십니다. 여기서 왕으로서의 권능은 심판의 권세를 말합니다.

예수님은 이 권세를 행사하지 않습니다. 왜냐하면 아브라함에게 약속하신 모든 민족을 구원하시겠다는 그 약속을 성취하시기 위함입니다. 방임의 심판으로 심판의 자리에 있는 자들을 모두 구원으로 초청하기 위해서입니다. 그래서 초라한 말구유에 육신을 입고 오시는 것입니다. 모든 민족을 향한 구원을 위해서는 십자가가 먼저 필요하기 때문입니다. 예수님이 다윗의 후손으로서 왕으로 오시는 것은 또 다른 중요한 의미가 있습니다. 예수님은 원래부터 왕이신데 다윗의 왕권을 회복하시고 그 왕권을 영원하게 하시는 이유는 무엇일까요? 이에 대한 대답은 신약에 가서 자세히 다루도록 하겠습니다.

종으로 오시는 예수 그리스도 - 죽으러 오시는 예수 그리스도

신약에서 예수님은 사람들이 자신을 다윗의 후손으로 부르는 것을 거부하지 않으셨습니다. 그것은 자신이 왕으로 오셨다는 것을 인정하시기 때문입니다. 그렇다면 왜 유대인들이 원하는 대로 왕의 권세를 휘두르지 않으셨을까요? 로마를 몰아내고 다윗이 정복한 옛 고토를 회복함으로 옛 이스라엘의 영화를 되찾는 능력을 발휘하지 않으셨을까요? 앞에서도 말씀드렸지만 그 분의 왕권은 이스라엘의 혈통적 왕권을 넘어서는 우주적인 왕권이며 영적왕권이라는데 이유가 있습니다. 예수님께서도 요 18:36에 당신의 나라는 물리적 충돌을 통해서 이 세상에 세워지는 그런 나라도 아니고 이 세상에 속한 나라도 아니기 때문에 자신의 힘과 능력을 보여주지 않으신다고 분명히 밝히고 있습니다.

타락한 이 세상이 마감된 후에 예수님이 준비하신 새 창조의 하나님의 나라, 즉 새 하늘과 새 땅의 완벽한 나라가 우리에게 주어질 것입니다. 이 나라를 목표로 하기 때문에 단지 이스라엘만을 위한 왕의 권세를 행사하실 수는 없는 것입니다. 그런데 이 우주적인 새 창조의 하나님 나라를 시작하기 위해서는 반드시 필요한 메시야의 사역이 있었습니다. 그것은 왕의 영광의 권세로 이루는 것이 아니라 왕의 겸손한 모습, 즉 종의 모습으로 그 사역을 이룰 수 있기 때문입니다. 그래서 이사야서에는 메시야의 종 된 모습을 그렇게 많이 말하고 있는 것입니다.

사 42:1-7, 49:1-6, 52:13~53:12 등은 장차 오실 메시야를 여호와의 종으로 나타내는 구절들인데 특히 53장은 여호와의 종의 특성을 고난 받는 종으로 묘사하고 있습니다. 먼저 이사야가 말하는 종은 누구를 가리키는지 살펴보겠습니다. 이사야 41장 8-9절에서는 이스라엘을 종으로 부릅니다. 그러나 42장에 등장하는 종은 이스라엘과는 전혀 다른 종임을 알 수 있습니다. 41장에 등장하는 종인 이스라엘은 공포(8~16절 사이에 두려워 말라와 놀라지 말라가 4회나 등장함)와 압제자로부터 구원(11-12절 참조)을 받는 말하자면 하나님의 은혜를 받아 회복이 되는 종으로 그려지지만 42장에 등장하는 종은 이방에 공의를 베푸는 자요 상한 갈대를 꺾지 않고 꺼져 가는 등불을 끄지 않는 자이며 섬들이 그의 교훈을 앙망하게 하며 이방의 빛이 되며 눈 먼 자들의 눈을 밝히며 갇힌 자를 감옥에서 이끌어 내며 흑암에 앉은 자를 감방에서 나오게 하는 말하자면 42장의 종은 세상을 향해서 은혜를 베푸는 자로 나타납니다. 한 마디로 이 종의 사역은 어느 한 민족이나 나라에 국한 된 것이 아니라 모든 열방을 위해 행사될 것임을 알 수 있습니다.

더구나 성령(나의 영 : 개역개정)이 그 종에게 임하고 공의를 행사하는 것으로 묘사된 것은 이사야 11장 1-5절에서 나타난 다윗의 후손으로 오시는 메시야, 즉 예수님께 성령이 임하시고 공의를 행사하시는 특징과 동일합니다. 따라서 42장에 나타나는 종을 "기독교는 전통적으로 메시야"[137], 즉 예수님으로 봅니다. 또한 49:1절에 42장에서 등장한 섬들과 먼 곳 백성, 즉 이방 나라들을 다시 등장시킴으로써 49장에 나타난 여호와의 종이 42장의 여호와의 종과 동일한 인물임을 말하면서 한 가지 더 추가되는 사명은 야곱의 지파들을 일으키며 이스라엘 중에 보전된 자를 돌아오게 하는, 말하자면 자신의 민족인 이스라엘을 하나님께로 돌아오게 하는 사역도 포함한다는 것입니다. 그러므로 여호와의 종의 사역은 범세계적 사역이면서도 자기 민족을 하나님께로 돌아오게 하는 사역이 될 것입니다. 이것은 아브라함에게 약속하신 모든 민족(당연히 이스라엘도 포함된)에게 복을 주시겠다는 것을 이루는 것이며 신약의 언어로 말하자면 유대인과 이방인이 차별 없이 하나님께로 돌아오게 하는 사역이 될 것입니다.

이사야 49장 3절에서 여호와의 종을 이스라엘로 부르고 있는 것은 혈통적인 이스라엘을 말하는 것이 아닙니다. 왜냐하면 이스라엘 자신은 이스라엘을 하나님께로 돌아오게 할 중개자로서의 자격이 없기 때문입니다. 여호와의 종을 이스라엘로 부르는 것은 불순종의 죄로 말미암아 하나님의 심판을 받는 혈통적 이스라엘의 모습과 대비되어 순종과 의로서 하나님의 사명을 감당하므로 하나님이 원래 기대하셨던 진정한 이스라엘의 모습이 무엇인지를 메시야를 통해서 보여주기를 원하시는 하나님의 소망이 들어 있기 때문입니다. 그래서 메시야는 참 이스라엘로 오실 것이며 그 참 이스라엘이신 메시야에게 속한 모든 자들(유대인과 이방인 모두)에게는 육신적 혈통과 상관없는 영적 혈통으로 하나가 되는 새로운 이스라엘을 창조해 내실 것입니다. 로마서에서 바울이 말한 것처럼 메시야이신 예수님을 통하여 표면적(혈통적) 유대인이 유대인이 되는 것이 아니라 이면적(영적) 유대인이 진정한 유대인이 되는 세상을 만들 것입니다.

그런데 이스라엘을 회복하고 열방을 하나님께로 불러 모을 사명을 감당할 종으로서의 메시야는 어떤 모습으로 그 사명을 감당할까요? 그에 대한 답이 사 52:13-53:12에 자세하게 드러나 있습니다. 먼저 여호와의 종인 메시야는 사람들에게 배척을 당할 것입니다. 외적으로 화려하고 강한 자를 통하여 무언가를 이룰 것이라는 세상적 가치의 기준을 가지고 기대했던 자들에게는 세상에 오신 메시야는 정말 볼품없는 존재가 될 것입니다. 고운 모양도 없고 풍채도 없고 흠모할 만한 아름다운 것이 하나도 없습니다. 사람들의 시선을 사로잡을 만한 조건이 없습니다.

요한복음 1장에서 빌립이 나다나엘에게 "선지자가 기록한 그 이" 즉 메시야를 만났는데 요셉의 아들 나사렛 예수라고 소개하자 나다나엘이 말하기를 "나사렛에서 무슨 선한 것이 날 수 있느냐"고 합니다. 나다나엘의 대답이 예수님에 대한 당시의 모든 유대인들의 공통된 시각이었습니다. 나사렛(갈릴리) 출신 주제에... 예수님의 형제들도 예수님에게 이런 시골구석에 있지 말고 사람들이 북적이는 예루살렘에 가서 이름 한 번 날려 보라고 부추길 정도였습니다. 유대 출신이 아니라 이방 땅이라고 일컫는 갈릴리 출신인 그를 메시야로 도저히 인정할 수가 없었던 것입니다. 그는 사람들에게 멸시를 받았고 나사렛 동네 사람들에게 조차 배척을 받았습니다. 아무도 그를 주목하지 않았고 그의 사역을 주시하지 않았습니다.

그런데 53:4절은 히브리어 원문에는 이렇게 시작을 합니다. '그러나 사실은(אָכֵן: 아켄)'. 1-3절의 내용과 완전히 대조적인 내용으로 메시야를 말하고 있습니다. 사람들에게 멸시를 받고 배척을 당하며 환영받지 못한 그였지만 '그러나 사실은' 그의 모든 사역은 바로 우리를 위한 메시야 사역이었습니다. 4-6절까지 수없이 등장하는 우리를 주목해 보시기 바랍니다. 그는 우리의 질고를 지셨고 우리의 슬픔을 당했으며 우리의 허물 때문에 찔림을 당했고 우리의 죄악 때문에 상함을 입었습니다. 우리의 평화를 위해서 징계를 받았고 우리의 나음을 위해 그는 채찍에 맞았습니다. 우리는 다 양 같아서 그릇 행하여 우리 멋대로의 길로 갔지만 결국 하나님은 메시야에게 우리의 모든 죄악을 담당시키셨습니다. 억울하게 저주를 받는 자리에 내어 줌을 당해도, 멸시받고 침 뱉음을 당하고 채찍에 맞아 피가 흘러도 그는 도수장으로 끌려가는 어린 양같이 입을 열지 않았습니다. 살려달라고 애걸하지 않았고 자신은 억울하다고 소란을 피우지 않았습니다. 그래서 사람들은 그 모든 것이 그의 죄 때문이라고 놀려 댔습니다.

'그러나 사실'은 그 분은 우리를 위한 속죄 제물이 되었습니다. 마치 유월절에 어린 양이 죽으므로 그 사람의 죄를 대속하는 것처럼 그 분의 죽으심으로 모든 인류가 죄로부터 자유 함을 얻게 되는 은혜와 진리를 얻게 된 것입니다. 예수님은 바로 이 길을 가신 것입니다. 십자가상에서 마지막으로 ' 다 이루었다 '고 하신 말씀처럼 인류의 구속사역을 다 이루시기까지 그 분은 고난을 당하셨습니다. 그런데 10절 말씀을 보면 더 놀라운 말씀이 기록되어 있습니다. "여호와께서 그에게 상함을 받게 하시기를 원하사 질고를 당하게 하셨다"는 것입니다. 예수님의 십자가는 우연한 것이 아닙니다. 하나님께서 스스로 원하사 계획적으로 준비하신 것입니다. 왜냐하면 그 길만이 우리 죄를 구속하실 수 있기 때문입니다.

창세기 3장 15절에서 발뒤꿈치를 상하게 될 여자의 후손이요 아브라함의 이삭을 바치는 사건을 통해서 자신의 아들을 그렇게 바치겠다고 하신 약속을 지키심이요 유월절 어린 양을 통해서 이스라엘 백성들을 죽음에서 구원하신 것처럼 자신의 아들의 죽음을 통해서 모든 민족을 죽음에서 건지시겠다는 약속을 지키시는 것이요 성전제사를 통해서 인간이 죄 사함을 받고 하나님 앞에 나아갈 수 있도록 하신 것처럼 예수님의 죽음을 통해서 모든 인류를 죄에서 구속하시려는 그 약속을 스스로 지키신 것입니다. 하나님의 변치 않는 신실하심이며 일관성입니다. 구약의 전편에 흐르는 예수 그리스도의 대속을 바라보게 하시는 하나의 일관된 흐름이 이사야의 고난 받는 종을 통해서도 드러나고 있고 그것이 예수님 안에서 정확히 성취되고 있습니다.

하나님께서 이 세상에 오신다는 것은 상식적으로 심판이 맞습니다. 왜냐하면 이 세상은 요한복음의 표현대로 어두움으로 덮여 있기 때문입니다. 죄와 사망의 그늘에 덮여 있어서 모든 사람들이 하나님을 반역하고 영원한 저주 아래에 있기 때문입니다. 그래서 로마서 3장 10절 이하에서 말씀하시기를 "의인은 없나니 하나도 없으며 깨닫는 자도 없고 하나님은 찾는 자도 없고 다 치우쳐 함께 무익하게 되고 선을 행하는 자는 없나니 하나도 없도다 그들의 목구멍은 열린 무덤이요 그 혀로는 속삭임을 일삼으며 그 입술에는 독사의 독이 있고 그 입에는 저주와 악독이 가득하고 그 발은 피 흘리는 데 빠른지라 파멸과 고생이 그 길에 있어 평강의 길을 알지 못하였고 그들의 눈앞에 하나님을 두려워함이 없다"고 하십니다. 인간은 단 한 사람도 스스로 하나님을 찾는 자도 없고 찾을만한 능력도 없습니다. 그래서 그들은 하나님을 마음에 두기를 싫어하고 하나님을 경외하지도 않습니다. 왜냐하면 하나님의 존재에 대한 감각이 전혀 없기 때문입니다.

독자 여러분이 하나님을 믿기 전에 가졌던 그 분에 대한 느낌을 생각해 보십시오. 위의 언급과 동일하지 않습니까? 이런 형편에 있는 사람들을 향하여 하나님이 먼저 심판의 권세를 가지고 오신다면 세상은 배겨날 재간이 없습니다. 모두 다 멸망입니다. 우리의 지금도 없었을 것입니다. 그 분의 구원의 은혜가 먼저 있지 않았다면 우리의 질고와 슬픔과 우리의 찔림과 우리의 상함과 우리의 징계를 어떻게 영원히 치유 받을 수 있겠습니까? 예수님이 영광을 감추시고 고난의 종으로 오신 것은 우리에게 너무도 큰 은혜요 생명이었습니다. 이 메시야의 고난 받음은 단지 이스라엘만을 위한 것이 아닙니다. 모든 이방인들도 포함할 것입니다. 원래부터 모든 민족은 하나님의 구속의 대상이었지 않습니까? 그래서 이스라엘의 역사는 항상 이것을 지향하고 있습니다.

이사야 56장은 이스라엘의 복에 동참하는 이방인들에 대해서 말하고 있습니다. 여호와께 연합한 이방인들을 그의 성산으로 인도하실 것입니다. 예전에는 성전에 접근할 수 없었던 이방인들에게 이제 성전은 만민의 기도하는 집이 될 것입니다. 이 성전은 물리적 성전을 의미하는 것이 아니라 예수님 자신을 의미합니다(참조 요 2장). 메시야이신 예수님을 통해서 이스라엘 민족과 모든 이방 민족은 놀라운 성전 성취의 은혜를 경험하게 될 것입니다. 메시야이신 예수님이 왜 천대받는 종의 모습으로 오셔야 합니까? 그것은 '방임의 심판' 가운데 있는 모든 민족에게 구원의 은혜를 주시겠다고 아브라함에게 말씀하신 그 약속을 이루기 위해서입니다. 그 분은 임마누엘로 오실 것이고 왕으로 오실 것입니다. 하지만 그 권세는 감춰진 상태로 오실 것입니다(참조 빌 2:5절 이하). 왜냐하면 예수님은 두 번에 걸쳐서 오시기 때문입니다.

처음에는 구원의 하나님으로 오시고 두 번째는 심판의 하나님으로 오실 것입니다. 왜 처음에는 구원의 하나님으로 오셔야 합니까? 바벨탑 사건에 대한 심판으로 수많은 언어와 민족으로 흩어져서 하나님의 구속의 역사에서 제외가 되었던 세상의 모든 민족에게 구원 얻을 기회를 주실 것이기 때문입니다. 그런 의미에서 처음에는 구원하시기 위해 오시기 때문에 종의 모습으로 오시는 것입니다. 이 죽음을 통해서 죄 문제를 해결하시고 하나님께서 염두에 두신 하나님의 자녀들을 부르신 다음에 두 번째 오실 때는 종의 모습으로 오시지 않고 영원한 심판주로 오실 것입니다. 타락한 이 세상의 역사를 마감하시고 본격적인 새 창조의 하나님의 나라, 즉 새 하늘과 새 땅의 시대를 시작하실 것입니다.

고난 받는 종을 통해서 죄인 된 인간들에게 구원의 길을 허락하셔야 했기 때문에 메시야이신 예수님은 먼저 고난을 당하시고 죽으셔야 하는 것입니다. 초림의 예수님이 초라한 말구유에 오신 이유이며 천대받는 갈릴리의 나사렛에서 자라시고 가버나움에 거처를 삼으시고 사역을 하신 이유입니다. 충분히 자신의 대적들을 제압할 능력이 있음에도 불구하고 그 수모와 모욕을 참으신 것은 죽으심으로 구원의 은혜를 베풀기 위함입니다. 요한계시록 5장에서 예수님을 소개할 때 유다 지파의 사자 다윗의 뿌리가 이겼다고 말하면서 동시에 일찍 죽임을 당한 어린 양으로 소개하는 이유는 왕으로서의 메시야와 종으로서의 메시야를 아주 적절하게 표현한 것입니다.

새 하늘과 새 땅 - 재림 이후까지도 바라보는 선지자

이사야는 신구약 성경의 축소판과 같습니다. 하나님의 첫 창조부터 두 번째 창조인 새 하늘과 새 땅으로 우리를 인도하기 때문입니다. 선지자들이 예언을 할 때 미래의 역사를 정면으로 보면서 예언을 하기 때문에 자신의 눈앞에 초림과 재림이라는 두 봉우리가 있다 할지라도 그것은 하나의 봉우리로 밖에 볼 수가 없습니다. 다시 말하면 봉우리와 봉우리 사이의 간격을 볼 수가 없다는 것입니다. 이것을 'telescoped prophecy', 즉 겹쳐지는 예언이라고 합니다. 그래서 초림인지 재림인지를 구별하지 않고 하나님께서 주시는 말씀대로 예언을 했기 때문에 초림과 관련된 것과 재림과 관련된 것이 섞여서 여기저기에 산재되어 있는 모습으로 나타고 있습니다.

흔히 구약은 초림의 예수님을 신약은 재림의 예수님을 예언하고 있다고 말하는데 그것은 성경을 일부분만 본 것입니다. 구약에 이미 초림과 재림의 예수님을 모두 예언하고 있다는 것을 기억해야 합니다. 예수님 이후의 교회 시대를 가리켜 개혁교회는 이미(already)와 아직(not yet)의 시기로 정의합니다. 무슨 말이냐 하면 예수님의 초림을 통해서 이미 새 창조의 하나님의 나라는 시작 되었지만 그 나라는 아직 완성이 되지 않고 재림 때에 완성된다는 것입니다. 그래서 성도는 초림과 재림의 중간의 시기를 살고 있는 것입니다. 다시 말하면 우리는 이미 미래에 완성될 하나님의 나라의 신분을 가졌지만 이 세상은 우리의 신분을 그대로 누릴 수 있는 상태가 아니라 이 신분과 적대적인 상황에 있기 때문에 우리 안에 이 세상과 저 세상 사이에서 갈등을 가질 수밖에 없다는 것입니다. 우리 성도는 이 딜레마 안에서 살아갈 수밖에 없는데 이 시기를 이미와 아직의 긴장관계라고 설명을 하는 것입니다.

이러한 이해는 구약의 초림과 재림에 관한 예언을 잘 살펴보면 충분히 이해가 될 수 있습니다. 예언자들이 초림에 관련된 말씀을 전했다 해서 그 말씀이 예수님의 오심이라는 딱 그 시점만을 가리키느냐 하면 그것은 아닙니다. 예를 들어 보겠습니다. 이사야 60장 4절은 분명히 메시야 시대에 다시 말하면 신약 시대에 예수님의 복음을 통해서 사방에서 이방인들이 몰려 들 것을 내다보고 있습니다. 그렇다면 이방인들이 몰려드는 시점이 어느 한 시점으로 고정되어 있나요? 이 시점은 고정된 것이 아니라 초림과 재림의 전 기간을 의미합니다. 이 기간 동안에 몰려들 모든 하나님의 자녀들을 말하고 있기 때문입니다.

재림 전까지 하나님은 쉬지 않고 자신의 백성을 모으실 것입니다. 이 기간 동안 베드로가 말한 것처럼 세상이 그대로 있는데 언제 다시 오시느냐 라는 사람들의 조롱과 비난을 하나님은 감수하실 것입니다. 왜냐하면 이 기간은 심판의 시기가 아니라 구원의 시기이기 때문입니다. 그러나 밑도 끝도 없이 인간들의 조롱을 다 받아주시지는 않을 것입니다. 왜냐하면 타락한 인류의 역사는 끝이 있기 때문입니다.

이사야는 65장 17절에서 이것을 바라보고 예언을 하고 있는데 요한계시록을 기록한 요한은 분명히 이사야의 이 예언을 알고 있었을 것입니다. 그래서 그는 21장 이후에 이사야의 새 하늘과 새 땅을 정확히 반영하고 있습니다. 이사야는 이스라엘의 회복을 당시의 상황과 조건을 들어서 설명하고 있지만 하나님은 이사야의 예언을 단지 이스라엘에 국한된 것이 아니라 온 우주를 상대로 말씀하고 있습니다. 첫 창조에서 온 우주를 창조하신 하나님이시라면 새 창조에서도 온 우주를 새롭게 회복하시는 것이 당연한 것입니다. 이사야 65장 25절은 새 하늘과 새 땅에서의 첫 창조의 완벽한 회복을 그려내고 있습니다. 그래서 두 번째 오실 때에는 감추어 두셨던 만왕의 왕으로서의 권세를 드러내실 것입니다. 세상의 역사를 마감하실 심판의 능력을 가지고 오실 것입니다. 이 타락한 역사를 마감해야 새로운 역사를 시작할 수 있기 때문입니다.

새 하늘과 새 땅은 거저 주어지는 것이 아니라 예수님이 다시 오셔야만 성취되는 것입니다. 그러니 이사야가 종의 모습을 가진 존재로 예수님을 그리면서 동시에 새 하늘과 새 땅에 관해서 예언을 하고 있다면 전체적인 성경의 안목으로 볼 때 반드시 예수님이 두 번 오신다는 것을 전제할 수밖에 없습니다. 구약을 보면서 이것을 볼 수 있는 안목을 갖는 것은 너무도 중요합니다. 초림과 재림, 즉 구원과 심판이 시차를 두고 이루어지기 때문에 메시야는 두 번 오셔야 합니다.

남은 자 사상

하나님은 이스라엘을 하나님의 장자, 즉 하나님의 자녀로 부르셨습니다. 모세를 부르실 때 하나님은 이스라엘의 부르심을 장자의 부르심 임을 명확히 하셨습니다. "너는 바로에게 이르기를 여호와의 말씀에 이스라엘은 내 아들 내 장자라 내가 네게 이르기를 내 아들을 보내 주어 나를 섬기게 하라 하여도 네가 보내 주기를 거절하니 내가 네 아들 네 장자를 죽이리라 하셨다 하라"(출 4:22-23). 그래서 이사야 1장 2절을 보면 하나님이 그들을 자식으로 양육하셨다고 말씀합니다. 한글 성경의 양육하였다는 말은 원래 히브리어로는 두 개의 단어로 되어 있습니다. 가달(גָּדַל)과 룸(רוּם)이 그것인데 두 동사는 의미가 같습니다. 의미가 같은 동사를 반복해서 기록했다는 것은 하나님께서 얼마나 깊이 이스라엘을 자식으로 여겼는가를 강조하기 위함입니다. 기르고 양육하고 보듬고 사랑하고 보살피고 온갖 정성을 기울였습니다. 또한 두 개의 동사가 현재완료형인 것은 이스라엘을 부르실 때부터 지금까지(이사야 당시까지) 한 번도 그들은 하나님의 자식이 아닌 때가 없었다는 것을 의미합니다.

그렇게 하나님으로부터 자녀로 대접을 받았던 그들이 시대마다 세대마다 하나님을 거역합니다. 거역하다는 동사는 히브리어로 파솨(פָּשַׁע)로 배반하다, 반란을 일으키다는 뜻입니다. '설마 자식이 부모를…' 그랬는데 그 설마가 사람 잡은 것입니다. 부패한 자식이 되어서 하나님을 버리고 멸시하며 등을 돌려 버렸습니다. 5~6절은 유다를 몸으로 비유해서 말씀을 하시는데 이렇게 시작하고 있습니다. "너희가 어찌하여 매를 더 맞으려고 패역을 거듭하느냐" 여기서 패역을 거듭하느냐를 반역을 계속하느냐로 바꾸면 더 쉽게 이해가 될 것입니다. 그 패역이 얼마나 심한가 하면 그들의 몸 상태를 보면 알 수 있습니다. 발바닥에서 머리끝까지 성한 곳이 없는데 그것을 치료할 시간조차 없습니다. 왜냐하면 그들은 쉴 새 없이 죄를 짓다가 하나님께 징계의 매를 맞았기 때문입니다. 몸만 성한 곳이 없는 것이 아니라 마음도 병이 들어 있습니다. 당연합니다. 죄는 마음에서부터 나오는 것이기 때문입니다.

출애굽 이후에 광야와 가나안 땅에서 그들이 하나님의 마음에 맞게 행동한 적이 몇 번이나 있었습니까? 광야시대를 보십시오. 불순종하다가 망했습니다. 또한 사사시대를 보십시오. 죄짓고 맞고 구원받고 또 다시 죄짓고 맞고 구원받고를 수없이 되풀이 하지 않았습니까? 왕정시대라고 다를 것이 없습니다. 다윗도 죄를 지어서 하나님께 얻어 터졌고 솔로몬은 분열의 씨앗을 제공한 사람이 되어 버리고 말았습니다. 그리고 남북이 갈라진 다음에는 북이스라엘에는 선한 왕이 단 한 명도 없을 정도로 하나님을 거역했고 남 유다도 짝퉁 선한 왕이 몇 명 있었을 뿐 그들도 북 이스라엘과 방불하게 하나님을 반역했습니다.

그런데 이사야 시대에 유다 백성들은 또 다시 얻어터질 위기에 처해 있습니다. 7절입니다. "너희의 땅은 황폐하였고 너희의 성읍들은 불에 탔고 너희의 토지는 너희 목전에서 이방인에게 삼켜졌으며 이방인에게 파괴됨같이 황폐하였고" "이 예언이 주어진 것이 어느 시점인지 정확하게 밝혀지지 않았지만 혹 산헤립 침입 이후에 쓰인 것으로 볼 수도 있겠으나 이사야 사역의 초기에 쓰인 것이라면 앞으로 그와 같이 황폐할 것을 전제로 한 가상적인 예언일 수 있습니다."138)

이사야는 앞으로 유다가 당할 전쟁의 참혹함을 예언하고 있습니다. 파괴되다는 동사는 성경에 6번 나오는데 항상 소돔과 고모라의 멸망과 관련되어 사용되고 있습니다(신 29:23, 사 13:19, 렘 49:18, 50:40, 암 4:11 등).[139] 소돔과 고모라가 유황불에 완전히 파괴된 것 같이 유다의 상황도 이에 못지않게 심각한 상황이 될 거라는 것입니다.

소돔과 고모라가 망한 것은 하나님의 심판에 의한 것입니다. 유다가 황폐하게 되는 것도 세상에서 흔히 일어나는 전쟁으로 당하는 것이 아니라 유다의 주권자이신 하나님의 진노의 심판으로 징계를 당하게 될 것입니다. 이런 황폐함은 8절에서 비유적으로 나타나고 있습니다. 열매가 무성할 때는 주인이 포도원과 농작물을 지키기 위해서 망대와 원두막을 세우고 정성을 다하여 가꾸며 또한 수확기에는 많은 사람들이 시끌벅적 붐비지만 수확이 끝나면 사람들은 다 떠나고 밭은 비어 있고 원두막만 덩그러니 남게 되는 황량한 모습만 드러나게 됩니다. 8절에서 딸 시온은 예루살렘을 가리키는데 이 도성에서 붐볐던 사람들은 적군에게 죽거나 사로 잡혀 갈 것이고 수확이 끝나면 황량하여 망대만 덩그러니 남는 것같이 성읍은 황폐하게 될 것입니다. 겨우 남았다는 것은 심판의 혹독함이 얼마나 대단할 것인가를 말해 줍니다.

그러나 여기서 중요한 것은 아무리 황폐해지고 이방인에게 노략질을 당해도 남은 자가 있다는 것입니다. 그래서 9절에서 이사야는 여호와께서 생존자를 남겨두실 것이라고 말하고 있습니다. 소돔과 고모라처럼 완전히는 멸망하지 않을 것입니다. 사실 유다는 소돔과 고모라만큼 아니 그 이상으로 심판받아 마땅한 자리에 있었습니다. 바로 이어진 10절은 그것을 잘 말해주고 있습니다. 관원이나 백성들이 모두 소돔과 고모라 사람들로 불리고 있기 때문입니다. 한 사람도 남김없이 멸망을 당한다 해도 유다는 할 말이 없습니다. 그럼에도 불구하고 그들 중에 하나님께서 남겨 놓은 생존자가 있다는 것입니다.

그렇다면 남겨진 생존자는 누구일까요? 우리는 여기서 구약성경의 남은 자 사상을 엿볼 수 있는데 이 남은 자 사상을 알려면 열왕기상 19장으로 가야 합니다. 갈멜산 전투 이후에 이세벨에게 쫓긴 신세가 되어 버린 엘리야가 호렙산에 이르러 이스라엘 자손들을 하나님께 고소하기를(참조 롬 11:2-3절) 그들이 주의 언약을 버리고 주의 제단을 헐며 칼로 주의 선지자들을 죽였고 이제 오직 자신만 남았는데 자신마저도 죽이려고 하는데 제가 죽으면 더 이상 이스라엘에는 단 한 명도 하나님을 섬기는 사람이 없을 것입니다. 이제 이스라엘은 끝장입니다. 라고 말합니다. 하나님께서 엘리야에게 이렇게 대답해 주십니다. “그러나 내가 이스라엘 가운데 칠천 인을 남기리니 다 무릎을 바알에게 꿇지 아니하고 다 그 입을 바알에게 맞추지 아니한 자니라."

엘리야 스스로도 인정하듯이 이스라엘에서 여호와 종교는 거의 멸망직전처럼 보였습니다. 악의 세력 앞에 힘 한 번 제대로 써보지 못하고 사라져 갈 엄청난 시련 앞에 있었습니다. 그런 상황에서 엘리야는 혼자 여호와의 종교를 지키기 위해서 모든 짐을 지고 고군분투하고 있다고 생각했습니다. 그런데 하나님께서 예상치 못한 말씀을 하십니다. 바알에게 무릎을 꿇지 않은 하나님이 남겨 놓은 자들이 있다는 것입니다. 불의 선지자요 기적을 그토록 많이 체험한 엘리야가 자신이 혼자 남아 있다고 말할 정도의 상황이라면 분명히 다른 사람들이 신앙을 지키기란 하늘의 별따기일 것입니다.

신약에 오면 바울이 로마서에서 이스라엘 백성을 완전히 버리지 않으셨다는 증거로 11:4에서 왕상 19:18 말씀을 예로 들면서 이스라엘의 남은 자 사상을 말하고 있습니다. "내가 나를 위하여 바알에게 무릎을 꿇지 아니한 사람 칠천 명을 남겨두었다" 그런데 바울이 열왕기상 말씀보다 한 군데를 더 첨가합니다. "나를 위하여"라는 어구입니다. 사실 열왕기상 19상 18절에서 남기다는 동사는 히필 사역형으로서 재귀적인 의미(남기신 결과가 주어인 하나님 자신에게로 돌아간다는 의미이므로 그래서 자신을 위하여 남기셨다는 의미가 되는 것이다. - 필자 주)가 들어가 있는데 바울이 그 의미를 밖으로 드러낸 것입니다. 바울은 "나를 위하여 남겨 두었다"라는 말의 속뜻을 롬 11:5에서 이렇게 받아들입니다. "은혜로 택하심을 따라 남은 자가 있다". 말하자면 택함을 받은 자들을 은혜로 남겨 두었다는 것입니다. 칠천 명이 남겨진 것은 결코 그들이 가지고 있는 무엇 때문이 아닙니다. 그들은 죽을까봐 모두 숨었던 사람들입니다. 엘리야조차도 그들의 존재가 있는지조차 알 수 없을 정도로 철저히 자신들의 신분을 감추고 있었던 사람들입니다. 그러므로 이 칠천 명의 사람들은 자신들의 믿음을 스스로 보존한 것이 아니라 하나님께서 풍전등화의 상황 속에서도 은혜로 그들의 믿음을 보존해 주신 것입니다. 하나님의 자녀는 하나님이 낳으시고 기르시고 보호하십니다. 율법이 만들어 내는 것도 아니고 기적이 세우는 것도 아닙니다. 타락한 이후로 하나님의 자녀들은 이렇게 하나님의 은혜로 태어나고 보호를 받는 것입니다.

선택은 하나님의 최후의 방어선입니다. 선택의 초점은 하나님이 이 사람은 택하고 저 사람은 버렸다는 데에 있지 않습니다. 인간의 죄로 말미암아 더 이상 지속될 수 없는 이스라엘(인간)의 역사이지만 하나님의 구속의 역사를 진행시켜 가기 위해서 하나님이 마지막 방어선으로 남겨 놓은 것이 선택인 것입니다. 바울은 남겨 놓은 칠천 명이 하나님의 은혜로 택함을 받은 자들이었음을 제대로 이해하고 있습니다. 나중에 북 이스라엘은 앗수르에게 망하고 남 유다는 바벨론에게 망할 것입니다. 하지만 그 심판의 역사 한 가운데서도 하나님께서 남겨 두신 남은 자들은 있을 것입니다. 그래서 사 6:13에서 이스라엘 백성들을 멀리 옮기신다(포로로 잡혀 갈 것을 의미) 해도 거룩한 씨가 이스라엘의 그루터기로 남아 있을 것을 말씀하십니다.

엘리야 시대 때보다 더 암울한 시대였던 바벨론 포로 중에도 에스겔이나 다니엘과 같은 선지자들을 통해서 하나님은 자신의 자녀들을 돌보셨고 포로 이후에는 스룹바벨이나 느헤미야나 에스라 같은 사람들을 남기셔서 이스라엘이 완전히 멸망치 않고 신앙 공동체로서 명맥을 유지할 수 있도록 인도하셨습니다. 신구약 중간기(마지막 선지자인 말라기 선지자 이후부터 세례요한이 나타날 때까지)를 흔히 하나님께서 침묵하신 시기라고 말들을 합니다. 하지만 그 영적 암흑의 시기에도 하나님은 안나와 시므온 같은 사람들, 세례요한의 부모인 엘가나와 엘리사벳, 예수의 부모인 요셉과 마리아 같은 소수의 남은 자들을 남겨두셔서 구속의 역사가 진행되도록 인도하셨습니다. 남은 사람들은 항상 소수에 불과했습니다. 이스라엘은 역사적으로 실패한다 해도 그 가운데에서 하나님은 은혜로 택한 사람들을 끊임없이 남겨 두셨습니다.

예수님이 이 땅에서 사역을 하실 때에 예수님을 메시야로 인정하고 하나님의 아들로 믿은 사람들은 제자들을 포함한 극소수에 불과했습니다. 이들도 자신들의 힘으로 그들의 믿음을 지킨 것이 아닙니다. 주님이 남겨두지 아니하셨더라면 결코 하나님의 공동체에 들 수 없는 사람들이었습니다. 예수님이 십자가를 지실 때 단 한 사람도 예수님의 진정한 구속의 의미를 이해하고 그 분의 죽으심을 인류의 죄를 위한 죽음으로 받아들인 사람이 없었습니다.

베드로가 예수님을 부인한 것은 가룟 유다의 배반과 방불한 죄로서 인간의 본성은 결코 하나님에 대한 믿음을 간직할 수 없는 것임이 드러났습니다. 베드로가 어떤 경우에도 주님을 버리지 않겠다고 큰 소리 치고 다짐을 해도 그의 힘과 능력으로 하나님과의 관계를 유지하는 것은 불가능합니다. 그가 회복된 것은 오순절에 성령의 충만함을 받고 예수님에 대한 영적 이해가 생겼기 때문입니다. 하나님이 남겨 두신 사람들을 신약에서는 교회라고 하는데 이들은 예수님의 십자가와 부활을 근거로 하나님의 공동체에 들어 올 수 있었던 사람들입니다. 예수님의 구속사역의 공로가 아니면 들어올 수 없었던 사람들인 것입니다.

이 교회 공동체를 맨 처음 구성했던 사람들이 누구입니까? 이방인이 아니라 모두가 유대인들이었습니다. 이 사람들이야 말로 구약의 남은 자들과 뿌리가 닿아 있는 사람들입니다. 그래서 이 사람들이 바로 구약의 이스라엘의 남은 자의 후손들입니다. 이것을 확실히 증명하는 사람이 사도 바울입니다. 그는 혈통적으로 아브라함의 후손이요 베냐민 지파인 이스라엘 사람 이였습니다. 그런데 그는 기독교를 박멸하기 위해서 자신의 전 인생을 걸었던 사람입니다. 하지만 주님의 일방적인 은혜로 자신의 동족들조차 깜짝 놀랄 만큼 엄청난 변화를 경험하고 기독교인이 되었습니다. 예루살렘 교회의 구성원들(헬라파 유대인이든 히브리파 유대인이든 그 뿌리는 모두 유대인이라는 사실이다.)은 바로 이런 사람들로 구성되어 있었습니다. 처음에 그들은 예수님을 메시야로 인정하지 않았습니다. 성령으로 다시 회복된 열 두 제자들의 복음을 듣고 거기서 깨진 것입니다. 그리고 예루살렘 교회 공동체를 이룹니다.

그런데 이 유대인 그리스도인들은 처음에는 이방인에게 복음을 전하는 것을 엄두도 내지 못했습니다. 대대로 내려오는 뿌리 깊은 선민사상, 즉 민족적 편견이 자리 잡고 있었기 때문입니다. 그래서 하나님께서 강제로 그 종교적 편견을 깨부수는데 그것이 바로 스데반의 일로 일어난 유대인들의 핍박입니다(행 8장). 이 때 흩어진 사람들이 사마리아에서 복음을 전하고 베니게와 구브로와 안디옥까지 이르러 복음을 전하게 되는데 이들이 최초의 이방인 교회인 안디옥 교회를 설립하게 됩니다. 그래서 바나바와 바울이 목회자가 되어 이들을 섬기게 되는 것입니다. 자연스럽게 예루살렘 교회와 이방인 교회 그리고 유대인 그리스도인과 이방인 그리스도인이 한 공동체로 공식적으로 하나가 되는 순간입니다.

이것이 신약의 이스라엘, 즉 새 이스라엘입니다. 혈통과 민족의 구분이 필요 없습니다. 예수님의 십자가와 부활로 구원을 얻은 자는 이제는 모든 민족 가운데서 모두 이 하나님의 공동체에 들어 올 수 있습니다. 아브라함의 약속이 드디어 성취되는 것입니다. 성경의 흐름상 신약의 하나님의 공동체를 새 이스라엘이라고 부르는 것이 맞습니다. 하지만 이스라엘이라는 명칭에는 강한 민족적 편견이 들어 있기 때문에 하나님께서 의도적으로 교회라는 명칭으로 바꾸신 것입니다. 교회란 명칭에 무슨 민족적 편견이 들어갈 여지가 있습니까? 교회란 예수 그리스도의 십자가와 부활로 하나님의 자녀가 된 이스라엘을 포함한 모든 민족가운데서 부름을 받은 사람들을 의미합니다. 건물이 아닙니다.

그런데 눈에 보이는 교회 안에는 알곡과 가라지가 함께 섞여 있습니다. 구약의 이스라엘 민족 중에도 바알에게 무릎을 꿇지 않은 알곡과 바알에게 무릎을 꿇은 가라지가 섞여 있는 것처럼 말입니다. 우리는 구분할 수 없지만 하나님만이 아시는 진정한 하나님의 자녀들, 즉 알곡들이 있습니다. 이 알곡들을 창세기 3장 15절에 근거한다면 사탄의 후손과 여자의 후손들이 될 것입니다. 구약의 알곡들과 신약의 알곡들이 모두 믿음으로 연결되어 있습니다. 구약은 율법을 지킴으로 구원 받은 사람들이고 신약은 은혜로 구원받은 사람들이라고 구분을 짓는 것이 얼마나 어리석은 짓입니까? 단 한 사람도 은혜로 구원을 얻지 않은 사람이 없습니다. 첫 창조부터 하나님의 은혜라는 사실을 잊지 마십시오.

또 하나 하나님께서 이스라엘을 장자, 즉 아들로 부르셨지만 육체적 혈통의 이스라엘이 모두 이에 해당되지 않는다는 사실입니다. (이 부분은 앞에서 이미 언급이 되어 있지만 다시 반복합니다. 이것 뿐만 아니라 앞으로 중요한 부분들은 계속해서 반복될 것입니다.) 그래서 바울이 이면적 유대인과 표면적 유대인이라는 말을 동원하는 것입니다. 표면적 유대인(혈통적 이스라엘 백성들)이 진정한 유대인이 아니었다는 사실을 이스라엘 역사를 살펴보면 금방 알 수 있습니다. 혈통적으로 아브라함의 자손이라고 해서 그 사람이 진정한 아브라함의 자손이 되는 것이 아닙니다. 요한복음 8장에 보면 예수님도 이 사실을 확인해 주셨습니다. 유대인들 중에 사탄의 후손(자녀)들이 있다고 말씀하십니다. 창세기 3장 15절과 맥락이 닿아 있습니다. 누가복음 3장에 보면 세례 요한이 세례를 받으러 오는 유대인들에게 속으로 아브라함이 우리 조상이라고 말하지 말라고 하면서 '하나님이 능히 이 돌들로도 아브라함의 자손이 되게 하시리라' 라고 선포하는 것을 보게 됩니다.

무슨 말입니까? 혈통적으로 아브라함의 자손이 구원을 보장해 준다는 말이 아닙니다. 그러므로 회개하라는 것입니다. 회개의 대상이 이방인이 아니라 유대인들입니다. 이것은 유대인이나 이방인이나 예외 없이 모두 회개해야 한다는 말입니다. 이미 도끼가 나무뿌리에 놓여 있습니다. 우리는 아브라함의 자손이니까 우리는 유대인이니까 구원에 있어서 이 육체적 신분은 아무 소용이 없습니다. 이스라엘 역사 동안 아무리 은혜를 베풀어 주시고 기적을 동원하시며 선지자들을 통하여 말씀하시고 성전과 제사를 통해서 하나님이 누구신가를 가르쳐 주고 언약을 통해서 하나님의 신실하심을 증명해 주어도 육체적 이스라엘은 끊임없이 하나님을 배반하고 거역했습니다. 이것이 하나님의 책임일까요? 아닙니다. 오히려 하나님의 은혜로 남겨지지 않으면 그 땅 가운데 단 한 사람도 구원 얻을 자가 없다는 것을 명확하게 보여주는 것이며 혹시 남은 자가 있다면 그들이야말로 하나님의 은혜로 부름을 받은 자들임을 알 수 있는 것입니다. 이 은혜가 신약에도 그대로 이어집니다. 신약에서 혈통적 조건이 구원의 조건이 아니라는 사실은 구약에서도 마찬가지였다는 사실을 보여줍니다.

그런데 우리는 자꾸만 구약은 율법이라는 조건을 완수할 때만이 구원을 받을 수 있고 신약에서는 하나님의 은혜로 구원을 받는다는 성경 사상과 전혀 다른 방향으로 구원을 이해하고 있습니다. 아브라함이 믿음으로, 즉 하나님의 은혜로 구원을 받은 것처럼 첫 창조의 순간부터 마지막 심판 때까지 신구약의 모든 하나님의 자녀들은 하나님의 은혜로 구원을 받은 사람들입니다. 이들이 신 구약이 말하는 남은 자들입니다. 하나님이 남겨 놓지 않으셨다면 모두가 멸망당할 사람들이었습니다. 그러나 이들은 하나님의 은혜인 십자가로 하나된 사람들입니다. 육체적 혈통이나 조건과 상관없이. 그래서 신구약의 모든 하나님의 자녀들은 모두 영적으로 아브라함의 자손이며 이면적 유대인이 됩니다(롬 2:29).

⑥ 예레미야 - 남 유다의 멸망과 새 언약을 선포한 선지자

예레미야는 유다 왕 요시야(주전 640-609)가 다스린 지 13년, 즉 주전 627년에 사역을 시작해서 유다 마지막 왕 시드기야의 제 십 일 년 말, 즉 주전 586년까지 남 유다를 위해 사역을 하다가 자신의 의사와는 상관없이 강제적으로 애굽으로 내려가서 거기서 죽게 됩니다. 이때가 주전 580년경으로 추정됩니다. 예레미야가 팔레스틴 지역에서 활동하고 있을 때 바벨론에서는 1차포로(주전 605년)로 잡혀간 다니엘과 2차포로(주전 597년)로 잡혀간 에스겔이 바벨론 포로들을 위해서 선지자 사역을 감당하고 있었습니다. 이런 배경을 알고 예레미야와 에스겔과 다니엘을 읽으면 도움이 될 것입니다. 3차(참고 : 렘 52:30에는 주전 582년에 4차포로가 발생했음을 말하고 있다.)에 걸친 포로와 남 유다의 멸망은 외부의 침입과 관계가 있기 때문에 반드시 이 당시의 역사적 배경을 알아야 합니다. 역사를 공부하는 것은 세상 공부가 아닙니다. 성경을 알아 가는데 반드시 필요한 내용입니다.

많은 사람들이 성경을 영적으로만 보려고 하는데 그 영적이라는 것이 이 세상과 분리되거나 연관 없는 것이 하나라도 있습니까? 성경은 우리와 똑같은 사람들이 듣고 배우고 경험하고 느낀 점들을 성령의 도우심을 받아 기록한 것입니다. 역사란 교과서에 기록된 것을 의미하는 것이 아니라 당시의 사람들의 삶의 모습이고 관계이고 처한 현실입니다. 당시 사람들의 숨소리를 들어야 하고 그들의 목소리에 귀를 기울여야 합니다. 그래야 그들에게 역사하신 하나님을 볼 수 있습니다.

국제정세와 유다의 상황

앗수르 제국의 아술바니팔(Ashurbanipal) 왕이 주전 627년에 죽자 그것을 계기로 앗수르의 국제적 위세는 급격하게 쇠퇴하기 시작했습니다. 이러한 상황에서 앗수르의 장군이었던 신사르이스쿤에 의해서 관리로 임명을 받았던 바벨론 출신의 나보폴라살(Nabopolassar)은 신사르이스쿤이 왕위에 오른 후에 그에게 반기를 들고 주전 626년에 신바벨론 왕조를 세우게 됩니다. 나보폴라살은 주전 616년에 쇠퇴해질 대로 쇠퇴해진 앗수르의 옛 수도 앗술을 향해 진군했는데 마침 메대가 바벨론 군에 합세하면서 주전 614년에 앗술을 함락하고 앗수르의 신수도인 니느웨는 주전 612년에 함락을 해서 앗수르 제국의 존재는 사실상 막을 내리게 됩니다. 남쪽에서는 이집트가 앗수르의 패망을 틈타 세력을 키우려고 움직였습니다. 그래서 바벨론의 급격한 세력 확장을 막기 위해서 애굽의 바로 느고(Neco)는 앗수르의 패잔병을 돕는다는 명목으로 유프라테스 강 기슭의 갈그미스로 대군을 이끌고 출동합니다(대하 35:20, 왕하 23:29). 이때가 주전 609년입니다.

그런데 느고가 가나안을 지날 무렵 요시야 왕이 그들을 막아섰습니다. 하지만 요시야는 므깃도에서 느고의 칼에 맞아 죽고 맙니다(대하 35:20~22). 요시야가 죽자 백성들은 23세 된 그의 아들 여호아하스를 왕으로 세웁니다. 느고는 갈그미스 전쟁을 끝내고 돌아가는 도중에 요시야를 죽인 전승국으로서 예루살렘에 조공을 요구하였고(대하 36:2, 왕하 23:23) 여호아하스를 포로로 잡아가는 대신 그의 형 엘리아스를 여호야김으로 이름을 바꾸어서 자신들의 꼭두각시 왕으로 세웁니다(대하 36:4~5). 바벨론과 애굽은 다시 한 번 주전 605년에 근동의 통치권을 놓고 갈그미스 전투를 벌이게 되는데 이 싸움은 바벨론의 대승으로 끝이 났으며 바벨론이 근동을 다스리게 되는 결정적 계기가 되었습니다.

애굽과의 2차 갈그미스 전투에서 승리한 느브갓네살은 여세를 몰아 예루살렘까지 침공합니다. 이때가 여호야김이 왕이 된지 만 3년 정도 됐을 때인데 느부갓네살은 여호야김을 쇠사슬로 묶어 바벨론으로 끌고 가려고 했지만 여호야김이 항복을 하며 충성을 맹세한 것과 그의 아버지 나보폴라살이 죽었다는 소식을 듣고 서둘러 왕위를 계승해야 하는 까닭에 여호야김에게 충성과 조공을 확약 받고 구두 경고를 하는 선에서 마무리 짓고 급히 바벨론으로 돌아가게 됩니다.

이런 와중에서도 왕족과 귀족의 자제들 중 얼마를 포로로 데려 가는데 다니엘과 그의 세 친구인 하나냐, 미사엘, 아사랴가 이에 포함되었습니다(참조 단 1:1-7). 이유는 속국의 유능한 사람들을 골라서 장차 관리인으로 바벨론에 배치시키고자 하는 식민정책 때문이었습니다. 이것이 제 1차 바벨론 포로(주전 605년)입니다. 그 결과 주전 605-602년까지 여호야김은 바벨론의 느부갓네살을 섬겼습니다. 그러다가 주전 601년에 애굽과 바벨론이 애굽과 가나안의 국경지역에서 치열한 접전을 벌이게 되었는데 이 전투에서 두 나라 모두 큰 손실을 보아서 어느 쪽이 이겼다고 말할 수가 없었습니다. 적어도 느부갓네살은 여기에서 쫓겨나 바벨론으로 돌아가야 했습니다. 이 틈을 이용해서 여호야김과 신하들은 이집트가 앞으로 바벨론을 물리치고 근동의 새로운 강자가 될 것으로 믿고 애굽에 원조를 구하면서 바벨론을 배반해 버립니다(왕하 24:1).

이 반기에 대해서 느부갓네살은 자신이 직접 군대를 끌고 오는 것이 아니라 갈대아 사람들과 유다 주변의 바벨론을 섬기는 아람(수리아) 부대, 모압 부대, 암몬 부대 등을 파견하여 게릴라 전법을 사용해서 불을 지르고 약탈을 하는 등 주전 601~597년 사이에 유다를 지속적으로 괴롭히게 됩니다(왕하 24:2-6). 이 국지적인 전쟁 중(598년) 여호야김이 예레미야의 예언대로 비참하게 죽게 됩니다(렘 22:18-19; 참조 : 렘 36:30-31). 여호야김이 죽자 백성들은 바벨론을 무시하고 18세된 그의 아들 여호야긴(19대)을 왕으로 추대하게 됩니다. 그러자 주전 597년에 바벨론 왕 느부갓네살이 직접 바벨론 군을 이끌고 예루살렘을 침략합니다. 이 위기의 순간에 유다가 애굽에 원조를 요청했지만 원조는 이루어지지 않고 여호야긴이 바벨론 군에 항복할 수밖에 없게 됩니다(왕하 24:10). 느부갓네살은 여호야긴 대신 그의 작은 아버지인(여호야김의 동생) 시드기야(원래 이름 : 맛다디아)를 왕으로 세워놓고 여호야긴의 온 집안을 바벨론으로 데려갔을 뿐만 아니라 유다왕국의 실권자들인 고급 인력, 병력, 기능공 등 약 일만 명과 예루살렘 성전의 금 기명들과 왕궁의 보물들을 바벨론으로 가져가게 됩니다(왕하 24:8-16). 이것이 제 2차 바벨론 포로(주전 597년)이며 이들 중에는 에스겔도 포함되어 있었습니다.

2차포로 때에 지도급에 속한 사람들이 포로로 잡혀갔기 때문에 그저 평범하고 가난하고 정치적 구심점이 약한 사람들을 대상으로 나라를 다스린 사람이 유다의 마지막 왕인 시드기야입니다. 그런데 예루살렘 안의 강력한 반 바벨론 파들이 바벨론에 대한 반란의 압력을 불어 넣기 시작합니다. 또한 에돔, 모압, 암몬, 두로 등이 바벨론의 반대세력으로서 새로운 동맹을 형성하고 있었는데(렘 27:1-3) 그들은 유다도 여기에 참가하기를 원했습니다. 거짓 선지자들은 하나님께서 이미 바벨론의 멍에를 깨뜨리셨고 2년 안에 유다의 포로들이 예루살렘으로 돌아올 것이라는 선언을 함으로써(렘 28:2-4) 이에 협력하라고 강권

합니다. 하지만 예레미야는 이것은 거짓이라고 비난하며 바벨론을 주인으로 받아들이라고 촉구합니다(렘 27:1-22). 시드기야 4년에 유다 밖에서 두 사건이 일어나는데 하나는 애굽에서 느고를 계승하여 삼메티쿠스 2세가 왕이 되었는데 이 왕은 수리아 지역을 차지하는 것이 국정의 목표였습니다. 유다의 정치가들 입장에서는 귀가 트이는 소식이 아닐 수 없습니다. 애굽과 동맹을 잘 맺으면 충분히 바벨론과 맞설 수 있다고 생각했기 때문입니다.

또 다른 하나는 바벨론 자체에서 작은 반란이 일어났는데 이 소식은 유다의 반 바벨론 파들의 혁명의 의지를 불태우는 듯했습니다. 그러나 시드기야는 이때까지는 반 바벨론 파들에게 넘어가지 않습니다. 오히려 그는 바벨론의 느부갓네살에게 사신을 보내어 국정을 보고하고 또 조공을 바침으로서 유다의 충성을 표현했습니다. 하지만 5년 후 시드기야는 결국 반 바벨론 파들에게 설득을 당하여 바벨론에게 등을 돌리고 애굽의 속국으로 들어가서 그들의 도움을 기대하였습니다. 게다가 그는 두로와 암몬 등 다른 동맹국들의 도움에 대한 상당한 확신도 있었습니다. 이 반란을 응징하기 위해서 느부갓네살은 주전 588년에 군대를 이끌고 오는 도중에 수리아 지역을 정복하고 이어서 유다 지역을 침략해 옵니다. 예루살렘은 18개월을 느부갓네살의 군대에 포위되었는데 이 기간 동안에 비참한 삶을 살 수밖에 없었습니다. 하지만 유다가 바란 대로 애굽과 동맹국들의 원조는 없었고 이들은 오히려 이스라엘을 배반하고 바벨론에 적극적으로 협력하기도 했습니다. 결국 주전 586년에 예루살렘 성은 무너져 내리고 바벨론 군에게 함락되고 말았습니다.

예레미야의 경고

(참고 : 위에서 이미 유다의 멸망을 말했지만 여기서는 다시 예레미야 초기사역으로 돌아간다는 것을 기억해 주세요.)

주전 620년대(망하기 40여년 전)가 되면 근동 지방의 최강자였던 앗수르의 세력이 현저히 약해져 가기 시작합니다. 그래서 남 유다 사람들은 북쪽의 위협은 없을 것이라고 생각합니다. 바로 그 시기에 예레미야는 북에서부터 기울어진 끓는 물이 가득한 가마가 유다의 백성들에게 부어지는 환상을 보게 됩니다. 북쪽에서 앗수르가 아닌 새로운 적이 일어나 유다를 덮을 것임을 선포하는 것입니다. 하나님께서는 왜 유다를 향해서 새로운 적을 준비하십니까? 렘 1:18은 이렇게 말씀하고 있습니다. "네가 시홀의 물을 마시려고 애굽으로 가는 길에 있음은 어찌 됨이며 또 네가 그 강물을 마시려고 앗수르로 가는 길에 있음은 어찌 됨이냐" 유다가 애굽과 앗수르 사이에서 정치적 줄다리기를 하는 것을 강물을 마시는 비유로 말씀합니다.

유다는 100여 년 전에 북 이스라엘이 망해가는 전철을 그대로 밟고 있습니다. 북 이스라엘은 애굽과 앗수르에 번갈아 손을 벌리며 강대국에 줄을 잘 서는 것이 자신들의 살 길로 착각했습니다. 이것은 하나님을 저버린 배신의 행위이며 또 다른 우상숭배입니다. 왜냐하면 애굽과 앗수르의 배경에는 그들의 신들이 자리 잡고 있기 때문입니다. 예를 들어 보겠습니다. 북 이스라엘 왕 베가와 아람 왕 르신의 공격을 받게 된 남 유다 왕 아하스는 앗수르의 디글랏 빌레셋 3세에게 구원을 요청하게 되고 앗수르는 베가와 르신을 제거함으로 유다의 요구를 들어 주었습니다. 아하스 왕은 다메섹에 머물고 있는 앗수르 왕에게 감사를 표하기 위해서 그곳을 방문했다가 앗수르 인들이 섬기는 우상의 제단을 보고 감동을 했는지 대 제사장 우리야에게 그 제단을 예루살렘에 설치하도록 합니다. 그리고 그 신들이 앗수르를 도운 것처럼 유다도 번영할 수 있도록 도와주기를 바라면서 그 신에게 제사를 하였습니다.

당시에 앗수르는 어떤 나라를 정복하면 그 곳에 자신들이 믿는 신의 제단을 설치하고 제사를 느리곤 했습니다. 이스라엘의 전쟁이 여호와의 전쟁인 것처럼 그들도 자신들의 신의 이름을 걸고 전쟁을 하는 것입니다. 결국 유다 왕 아하스가 앗수르에게 손을 내밀어 자신들의 생사화복을 맡기는 것은 앗수르의 신에게 자신들을 맡기는 것과 같은 것입니다. 하나님에게는 이것이 견딜 수 없는 치욕입니다. 자녀로 양육하였더니 그들이 하나님을 배반하고 이방인들이 섬기는 나무(우상)를 향하여 너는 나의 아버지라 하며 돌(우상)을 향하여 너는 나를 낳았다고(렘 2:27) 하는 것입니다.

문제는 유다 백성들이 북 이스라엘이 어떻게 멸망했는가를 역사적으로 경험을 하고 보았다는 것입니다. 예레미야 3장 8절에 이런 말씀이 있습니다. "내게 배역한 이스라엘이 간음을 행하였으므로 내가 그를 내쫓고 그에게 이혼서까지 주었으되 그의 반역한 자매 유다가 두려워하지 아니하고 자기도 가서 행음함을 내가 보았노라." 그들은 북이스라엘의 멸망을 통해서 보여주신 역사의 교훈을 얻지 못하고 오히려 하나님을 두려워하지 않고 그들보다 더 악랄하게 하나님을 배반하는 것입니다. 그럼에도 불구하고 하나님은 예레미야를 통해서 자신에게 돌아오기를 바라고 계십니다. '배역한 자식들아 돌아오라, 이스라엘아 네게로 돌아오라, 너는 오직 네 죄를 자복하라, 네 마음의 악을 씻어 버리라, 너희는 스스로 할례를 행하여 너희 마음 가죽을 베고 나 여호와께 속하라' 이스라엘을 향한 하나님의 애끓는 사랑의 호소입니다. 자신의 눈앞에서 버젓이 우상을 숭배하며 하나님을 배반하는 그들에게 하나님은 여전히 기회를 주고 계십니다.

그러나 예레미야 선지자가 영으로 듣는 소리는 남 유다를 향한 하나님의 전쟁의 경보만 들릴 뿐입니다. 자신은 하나님의 경고의 메시지를 여기저기서 수도 없이 듣고 있는데 백성들은 죄악으로 그들의 영혼이 마비되어 그 경고에 대해서 전혀 반응을 보이지 못하고 있으니 예레미야가 장탄식을 할 수밖에 없습니다(참조 렘 4:19~22). 눈이 있어도 보지 못하고 귀가 있어도 듣지 못하고 있습니다. 그런데도 그들은 성전에 가서 제사 한 번 드리는 것으로 그들의 신앙생활을 때우려 합니다. 성전을 핑계 삼아 자신들의 죄악을 합리화시키는 것입니다. 그래도 내가 제사는 드리는데… "너희가 도둑질하며 살인하며 간음하며 거짓 맹세하며 바알에게 분향하며 너희가 알지 못하는 다른 신들을 따르면서 내 이름으로 일컬음을 받는 이집에 들어와서 내 앞에 서서 말하기를 우리가 구원을 얻었나이다 이는 이 모든 가증한 일을 행하려 함이로다 내 이름으로 일컬음을 받는 이 집이 너희 눈에는 도둑의 소굴로 보이느냐 보라 나 곧 내가 그것을 보았느니라"(렘 7:9~10).

그들은 하나님의 성전을 죄를 세탁 하는 곳쯤으로 생각하고 있습니다. 마치 뇌물을 주고받은 사람들이 죄의 증거를 없애려고 돈의 흐름을 쫓지 못하게 돈 세탁을 하듯이 유다 사람들도 자신들이 저지른 온갖 죄악들을 성전에서의 제사를 통해서 나는 신앙생활을 잘하고 있습니다라고 다른 사람들에게 과시하며 아무 문제가 없는 것처럼 행동하고 있는 것입니다. 다른 사람들이 보기에 저 사람은 그래도 신앙생활을 열심히 하고 있구나 라고 착각하게 만드는 것입니다. 그런데 실제 삶은 도둑질하고 살인하며 우상을 숭배하는 등 자신의 유익을 위해서 양심의 가책도 없이 죄를 짓고 있습니다. 그러나 하나님은 그들이 도둑놈들인지 다 아십니다. 그들이 우상에게 머리를 조아리며 자신들의 생사화복을 주관하는 신으로 받들고 있는 것을 다 보고 계십니다. 그러므로 성전은 하나님이 보시기에 그런 도둑놈들이 모이는 도둑의 소굴이외에는 아무 것도 아닌 것이며 그런 성전이라면 더 이상 유지할 필요가 없으므로 성전을 없애 버리시겠다고 경고하시는 것입니다.

성전을 파괴해 버리시겠다고 말씀하시는 것은 그들에게 가장 강력한 최후의 경고입니다. 그것은 유다의 확실한 멸망을 의미하기 때문입니다. "그러므로 내가 실로에 행함같이 너희가 신뢰하는바 내 이름으로 일컬음을 받은 이 집 곧 너희와 너희 조상들에게 준 이곳에 행하겠고 내가 너희 모든 형제 곧 에브라임 온 자손을 쫓아 낸 것 같이 내 앞에서 너희를 쫓아내리라"(렘 7:14-15). 실로는 가나안에 정착했을 때 성막이 있던 곳(수 18:1)이며 땅을 분배했던 곳(수 18:8-10)입니다. 엘리가 제사장으로 있을 때까지 이곳에 성막이 있었습니다. 그러나 "이 도시는 주전 1050년경에 블레셋 사람들과의 아벡 전투에서 언약궤도 빼앗기고 결국에는 도시 자체가 파괴되면서 성막도 함께 파괴되었습니다."[140] 실로는 "1926-29년과 1932년에 덴마크 발굴대에 의해 탐사되었는데 분명히 당시 11세기 동안에 무너졌음"[141]을 확인했다고 합니다. 이렇게 블레셋에 의해 실로가 파괴되고 성막이 무너진 것처럼 예루살렘 성전도 무너질 것임을 하나님께서 강력히 경고하고 계십니다. 이 성전파괴의 예언은 여호야김의 즉위 첫 해(주전 609년) 예레미야에 의해서 다시 선포됩니다.

렘 26:6에 "내가 이 성전을 실로 같이 되게 하고 이 성을 세계 모든 민족의 저줏거리가 되게 하리라" 여기에 대한 이스라엘 백성들의 반응이 무엇입니까? 예레미야와 동일한 말씀으로 예언했던 선지자 우리야를 애굽까지 쫓아가서 잡아와 죽일 정도로 백성들은 성전이 멸망한다는 선포에 대해서 격한 감정으로 반응하였습니다. 예레미야는 아히감이라는 사람의 도움으로 가까스로 목숨은 구하게 됩니다. 예레미야는 다시 여호야김 제 4년(주전 605년)에 북방에서 내려오는 새로운 적을 구체적으로 바벨론의 느부갓네살이라고 언급을 하면서 그를 통하여 유다를 침으로서 유다가 세상의 비웃음거리가 될 것이며 70년 동안 바벨론을 섬길 것을 예언합니다. 예레미야의 예언은 바로 그 해부터 조금씩 실체를 드러내기 시작이 됩니다. 이 해(주전 605년)는 갈그미스에서 애굽과 바벨론이 두 번째로 근동의 패권을 놓고 전쟁을 하는데 바벨론이 대승을 거두게 되고 바벨론은 여세를 몰아서 유다에 내려와서 여호야김의 항복을 받아 내고 성전의 그릇 얼마를 전리품으로 가져가게 됩니다(참조 단 1:1~7). 이 때 1차포로가 발생하며 다니엘과 그의 세 친구와 다른 사람들이 잡혀 가게 됩니다.

여기서 눈여겨보아야 할 것은 느부갓네살의 이방 군대가 하나님의 전의 그릇에 손을 댔다는 것입니다. 최후의 경고인 성전의 멸망을 예언한 예레미야의 선포가 거짓이 아니라 실제가 될 것임을 보여 주시는 것이며 그들이 돌아오지 않는다면 반드시 망할 것입니다. 하지만 그들은 1차 경고에도 불구하고 하나님께 돌아오지 않습니다. 여전히 그들의 운명을 강대국 손에 맡기고 친 애굽 파와 친 바벨론 파로 나뉘어 정쟁을 하다가 친 애굽 파의 득세로 바벨론을 배신하게 되고 여호야긴이 왕이 되었을 때 느부갓네살 왕에게 두 번째로 패하게 됩니다. 바벨론 왕은 여호야긴을 비롯하여 나라의 유력한 자들을 끌고 갔는데 이때 에스겔이 포함되었고 왕궁과 성전에서 사용하던 보물들을 상당히 탈취해 갔습니다. 이것이 제 2차포로입니다. 유다를 향한 하나님의 두 번째 경고입니다.

단 번에 멸망하지 않고 이렇게 시차를 둔 것도 하나님의 배려입니다. 그들에게 깨닫기를 원하고 하나님께로 돌아오기를 바라시는 것입니다. 그러나 그들은 눈으로 목도하는 역사적 재앙을 보면서도 하나님께 돌아오지 않고 있습니다. 오히려 거짓 선지자들은 더욱 극성을 부려서 1차와 2차 때 빼앗긴 성전의 기구들과 사로잡혀 간 유다 왕 여호야긴과 포로들이 다시 돌아 올 것이라고 거짓 예언으로 왕과 백성들의 마음을 흐리게 만들었습니다(참조 렘 28장). 그러나 예레미야는 오히려 바벨론의 포로들에게 편지를 보내 말하기를 집을 짓고 텃밭을 만들며 그 열매를 먹을 것이며 자녀를 낳고 거기서 번성할 것을 말합니다. 70년이 차기까지는 돌아올 생각일랑 하지 말고 아예 거기서 정착을 하여 살라는 것입니다.

남 유다의 멸망

유다의 마지막 왕 시드기야는 주전 597년에 21세의 나이로 바벨론의 느부갓네살 왕에 의해서 왕으로 임명이 됩니다. 그래서 바벨론을 종주국으로 섬기며 매년 조공을 바쳤습니다. 하지만 유다 내의 친 애굽 파의 끈질긴 회유로 인해 바벨론을 배반하고 애굽에 원조를 요청합니다. 당시의 애굽은 외부에 신경 쓸 겨를이 없었는데 유다의 정치인들은 그것을 볼 수 있는 통찰력이 없었습니다. 더구나 1, 2차 포로를 통해서 경고하심에도 그들은 듣지 않습니다. 그래서 이제는 바벨론에 패하는 것을 되돌릴 수는 없다는 것입니다. 왜냐하면 예레미야를 통해서 그들의 조상과 그들의 죄 때문에 하나님께서 70년 동안의 포로생활을 정해 놓으셨기 때문입니다.

그렇다면 그들이 그나마 목숨을 보존할 수 있는 것은 바벨론에 대적할 것이 아니라 그들에게 항복하는 길 외에는 방법이 없습니다. 예레미야가 항복을 요구한 것은 조국을 배반하려는 것이 아니라 자신의 동족의 목숨을 한 사람이라도 더 살리기 위한 사랑의 발로였음을 알 수 있습니다. 왜냐하면 그들의 포로생활은 70년으로 한정이 되어 있기 때문입니다. 그러나 그들은 예레미야의 진실한 충고를 무시하고 애굽을 섬기기로 결정했다가 결국은 느부갓네살의 응징을 받게 되는데 예루살렘은 18개월 동안 포위를 당하면서 엄청난 재앙을 경험하게 됩니다. 이 기간 동안 극심한 기근과 전염병에 시달렸고 배고픔을 해결하기 위해서 인육(人肉)을 먹는 처참한 상황까지 가게 됩니다. 인육을 먹게 될 것에 대해서는 레위기에서 이미 경고하신 내용입니다.

결국 유다는 더 이상 버티지 못하고 시드기야 11년, 즉 주전 586년에 바벨론에 항복하고 맙니다. 시드기야는 야밤에 여리고까지 도망을 쳤으나 붙잡혀 립나(Riblah)에 있는 느부갓네살의 본부로 끌려갔고 시드기야 아들들은 그의 목전에서 죽임을 당하고 그의 눈은 강제로 빼어지고 맙니다. 많은 백성들과 함께 그는 바벨론으로 붙잡혀 가고(3차포로) 예루살렘은 느부갓네살의 장관 느부라사단의 약탈로 불에 타버리고 많은 사람들이 무참히 죽어갔으며 성전은 잿더미가 되어 버렸습니다. 또 성전의 그릇들과 보물들과 왕과 방백의 보물들도 탈취당했습니다. 유다에 남은 사람들은 가난하고 기술이 없는 사람들, 즉 끌고 가도 바벨론의 경제에 도움이 되지 못하며 반역할 의지나 능력이 없는 사람들을 남겨 놓았는데 이들이 포로로 잡혀 간 사람들의 땅과 밭을 갈아 주었습니다. 바벨론은 사반의 손자 아히감(예레미야의 목숨을 구해 준 사람)의 아들 그달리야를 유다의 총독으로 임명하고 바벨론의 한 주(州)로 삼았습니다.

모세를 통해서 율법을 주실 때부터 이스라엘을 향한 경고가 무엇입니까? 가나안에 들어가면 다른 신을 좇지 말고 이방 민족의 풍속을 좇지 말라는 것이었습니다. 만일 그렇게 하면 하나님이 보내시는 이방 민족의 칼에 쓰러질 것이며 결국에는 원수의 땅으로 사로 잡혀 갈 것이라고 말씀하셨습니다. 이 경고를 이스라엘 역사 내내 하셨습니다. 시내 산에서 율법을 주신 해가 주전 1445년 정도 되니까 멸망당한 해인 주전 586년까지 대략 900여 년을 하나님은 그들을 향해서 끊임없이 이 말씀을 상기시켜 주시며 그들에게 아낌없는 은혜를 부어 주셨는데 끝까지 하나님의 말씀을 거부하다 이 지경까지 이르고 만 것입니다.

무화과 두 광주리 환상(렘 24:1-10)

이 환상은 주전 597년에 제 2차포로 이후에 예레미야에게 보여주신 것입니다. 한 광주리는 아주 먹음직스러운 처음 익은 무화과로 가득 차 있었고 다른 광주리는 도저히 먹을 수 없을 정도로 형편없는 무화과로 채워져 있었습니다. 이것은 두 부류의 사람들을 의미합니다. 한 광주리는 포로로 잡혀 간 사람들이고 다른 광주리는 유다에 남아 있는 자들입니다. 만일 유다에 남아 있는 사람들에게 어느 광주리가 자신들에게 해당되겠느냐고 질문을 하면 당연히 좋은 무화과로 가득찬 광주리를 가리킬 것입니다. 그들은 실제로 그렇게 생각했습니다(참조 겔 11:14이하). 1, 2차에 걸쳐 많은 사람들이 포로로 잡혀가게 되었을 때 유다에 남은 사람들, 특히 예루살렘 거주민들은 생각하기를 자신들이야 말로 참된 남은 자들이요 하나님의 은혜로 보호하심을 받은 자들이라고 생각했습니다. 포로로 잡혀 간 사람들은 하나님의 심판을 받아 그렇게 되었다고 믿었기 때문입니다.

1, 2차포로를 경험했음에도 그들은 자신들의 죄에 대한 깨달음이라고는 찾아 볼 수가 없습니다. 모든 상황을 자신들에게 유리할 때로 해석 하려고 했지 무엇이 문제인지 자신들을 돌아보려는 생각은 추호도 갖지 않습니다. 그러나 하나님은 그들의 예상과 전혀 다른 답을 내놓으십니다. 좋은 광주리의 무화과는 바벨론에 포로로 잡혀 가 있는 사람들이고 먹을 수 없는 형편없는 무화과는 바로 유다에 남아 있는 사람들이라는 것입니다. 이렇게 구분을 짓는 이유가 무엇입니까? 에스겔서에 의하면 하나님의 영광이 예루살렘 성전을 떠나 버렸기 때문입니다(참조 겔 8-11장). 온갖 우상숭배가 유다 전역에서 자행되고 심지어는 성전 안에서조차 우상을 섬기는 가증한 일이 벌어지고 있으므로 하나님의 영광이 더 이상 그 곳에 머물 수가 없어서 떠나신 것입니다.

그런데 예루살렘 성전을 떠난 하나님의 영광이 어디에 나타납니까? 에스겔 11장 16절입니다. "그런즉 너는 말하기를 주 여호와의 말씀에 내가 비록 그들을 멀리 이방인 가운데로 쫓아내어 여러 나라에 흩었으나 그들이 도달한 나라들에서 내가 잠깐 그들에게 성소가 되리라." 성소는 하나님의 영광이 임재 하는 상징입니다. 그러므로 그들 가운데서 성소가 되시겠다는 것은 예루살렘 성전을 떠난 하나님의 영광이 포로들과 함께 하실 것임을 나타내시는 것입니다. 그래서 바로 그 곳에서 하늘을 가르시고 에스겔에게 하나님의 말씀이 임하였고(겔 1:1) 다니엘을 사용하셔서 하나님의 놀라우신 일들을 선포하시는 것입니다. 이방지역에 하나님의 영광이 임하고 하나님의 말씀이 임한다는 것은 유다 사람들에게는 꿈에도 생각지 못한 일들입니다. 하나님의 영광은 항상 이스라엘의 성전에만 머물러 계실 것으로 생각한 것이 얼마나 어리석은지가 드러난 것입니다. 하나님은 온 우주의 하나님이시지 단지 이스라엘만을 위한 하나님은 아닌 것입니다. 여러 신들 중에서 하나 고르듯이 그렇게 취해도 좋은 그런 우상 수준의 하나님이 아니신 것입니다. 하나님은 홀로 하나님이시며 온 우주 가운데 무소부재하시는 하나님이십니다. 어디든 가시며 언제든지 역사하시는 전능한 하나님이십니다.

유다 백성들은 바벨론에서 그들의 신앙을 점검해 보아야 합니다. 그들이 무엇 때문에 이 자리까지 떨어지게 되었는지 왜 하나님의 진노를 받을 수밖에 없었는지를 깨달아야 합니다. 하나님은 그들에게 이것을 원하십니다. 마음속의 죄의 찌끼를 없애 버리고 가증한 것과 더러운 우상숭배의 마음을 던져버리고 오직 하나님께만 돌아오는 자들이 되어야 하는 것입니다. 바벨론 포로의 시기는 하나님의 백성에 대한 정화의 시간이었습니다. 그들의 죄를 회개하며 성전 제사를 사모하며 예루살렘에 돌아가기를 소망하는 그래서 그들의 믿음이 깨어나는 시간이 되었습니다. 물론 모든 포로가 하나님의 정화의 대상은 아니었습니다. 왜냐하면 거기에서도 거짓 선지자는 여전히 존재했고 우상을 숭배하는 백성들도 여전히 많았기 때문입니다. 하지만 그 무리들 속에는 하나님의 알곡들이 있었습니다. 그들이 하나님의 은혜로 포로에서 돌아와 새로운 이스라엘을 재건하는데 동참하는 하나님의 도구들이 될 것입니다.

새 언약(렘 31장)

하나님은 왜 예레미야 31장의 언약에 대해서 새 언약이라고 말씀하실까요? 이전의 언약과는 전혀 다른 언약이기 때문일까요? 그것은 아닐 것입니다. 왜냐하면 새 언약을 언급하시면서 구약의 선택받은 민족인 이스라엘과 유다와 그 언약을 맺는다고 말씀하시는 것과 시내 산에서 맺었던 모세 언약의 핵심인 율법과 병행이 되는 '나의 법' 이 등장을 하고 또한 구약 언약의 핵심인 '나는 그들의 하나님이 되고 그들은 내 백성이 되리라' 는 내용이 변함없이 이어지고 있기 때문입니다.

또한 창세기 1-2장에서 말씀하신 모든 내용들에 대한 하나님의 계획이 변치 않는다면 첫 창조부터 계획하신 것이 그대로 역사동안 일관되게 흘러 갈 것입니다. 따라서 새 언약 하에서의 언약의 내용은 옛 언약의 내용과 달라지는 것이 아니라 옛 언약이 어떤 사건을 만나 성취되는 것이기 때문에 옛 언약과 새 언약으로 구분을 짓는 것입니다.

그러면 어떻게 옛 언약이 새 언약으로 성취될까요? 우리가 잘 알다시피 예수 그리스도의 십자가와 부활의 구속 사역으로 말미암아 옛 언약의 모든 내용이 성취됩니다. 그리스도는 옛 언약의 내용이 목표하는 목적지입니다. 그래서 하나님께서 새 언약을 맺을 이스라엘 집과 유다 집이라고 하는 것은 예레미야 당시의 유다에 남아 있는 사람들이나 나중에 포로에서 귀환할 사람들을 의미하지 않습니다. 왜냐하면 남아 있었던 사람들이나 포로에서 돌아오는 사람들은 모두 유다 지파와 레위 지파에 속한 사람들뿐이기 때문입니다. 북 이스라엘은 예수님이 오실 때까지도 회복 되지 않았고 오히려 남 유다와 북 이스라엘, 즉 사마리아 사람들 간에는 엄청난 반목과 질시와 미움이 있었을 뿐입니다. 여기서 말하는 이스라엘 집과 유다 집은 에스겔서 37장에서 말씀하신 대로 그리스도 안에서 하나로 회복된 영적 이스라엘을 의미합니다. 사도행전 1장 8절에서 예루살렘과 온 유대와 사마리아와 땅 끝까지 복음이 증거된다고 했는데 여기서 유대와 사마리아가 진정으로 하나가 되는 것은 바로 복음 안에서입니다.

유다와 사마리아에 증거된 복음이 다르지 않고 그들에게 부어진 성령이 다르지 않습니다. 이것은 복음 안에서 하나 된 이스라엘을 말하는 것입니다. 그리고 예루살렘과 온 유대와 사마리아와 땅 끝까지란 말은 예루살렘에서 시작된 복음의 역사가 이스라엘의 회복을 넘어서 그와 동일한 은혜로 이방인들까지 확장되는 말하자면 모든 민족이 그리스도 안에서 차별이 없이 하나가 될 것을 말씀하십니다. 다시 말하면 신약에서의 이스라엘은 유대와 사마리아와 땅 끝에서 복음으로 하나 된 모든 사람을 의미합니다. 그런 의미에서 교회는 새 이스라엘인 것입니다. 아브라함이 믿음의 조상이 되었다는 말은 혈통적 이스라엘의 조상이라는 말이 아니라 바로 이 사람들의 조상이 되었다는 것을 의미합니다. 그래서 어떻게 이것이 가능하게 되었는지를 구체적 경로를 따라서 자세히 보여주는 것이 사도행전의 내용입니다.

다음으로 하나님께서 '나의 법을 그들의 속에 두며 그들의 마음에 기록하신다' 고 했는데 무슨 의미일까요? 시내 산에서 하나님은 율법의 입법자로서 십계명을 돌 판에 기록하여 주셨고 율법은 책에 기록하도록 해서 이스라엘 백성들에게 주었습니다. 그런데 이제는 하나님의 법을 하나님의 자녀의 마음속에 둔다는 것입니다. 물리적인 방법으로 사람의 마음에 하나님의 말씀을 둔다는 것은 이루어 질 수 없습니다. 이것은 입법자로서 삼위일체 하나님이신 성령 하나님께서 자녀의 마음속에 직접 오셔서 그들을 가르치시고 알려 주실 것을 말씀하시는 것입니다. 요한복음은 진리의 영이신 성령 하나님께서 하나님의 자녀들을 진리 가운데로 인도하실 것을 분명히 증거하고 있습니다(참조 요 14:7, 15:13). 또한 요한복음 14장 26절에서는 성령 하나님께서 예수님이 제자들에게 가르치신 모든 것을 생각나게 하시며 예수님이 이루신 구속의 의미를 가르쳐 주셔서 그것들을 가르치실 것이라고 말씀하고 있습니다. 그래서 성령이 예수님의 이름으로 오신다고 말씀하십니다.

정리를 하면 성령 하나님이 진리의 영으로서 하나님의 자녀들을 진리가운데로 인도한다는 것은 옛 언약의 목표이셨던 예수님을 바로 알고 깨닫고 믿게 하신다는 것입니다. 그래서 예수님과 관련된 구약과 신약의 모든 구속의 내용을 풀어서 예수님을 예수님답게 믿게 하시는 것, 이것이 성령 하나님의 가장 큰 사역입니다. 예수님이 십자가에서 죽으시자 유대인을 두려워하던 제자들이 생명을 잃는 것도 두려워하지 않고 복음을 전할 수 있었던 것은 바로 이런 성령 하나님의 역사 때문이었습니다. 성령께서 구약의 내용의 핵심인 예수님이 누구신지를 풀어서 깨닫게 하시자 그들은 완전히 다른 사람, 죽음도 두려워하지 않는 담대한 사람으로 변화되어 버린 것입니다. 그들이 성령을 통해서 자신의 목숨보다 더 가치 있는 진리 안에 거하게 된 것을 보게 된 것입니다. (성령의 역사에 대해서는 신약에서 더 자세하게 다룰 예정입니다.)

마지막으로 살펴 볼 것은 언약의 핵심인 나는 그들의 하나님이 되고 그들은 내 백성이 되리라는 말씀입니다. 이것은 하나님과 이스라엘이 떼려야 뗄 수 없는 관계를 갖게 되었다는 것에 초점이 있습니다. 이스라엘 외의 다른 민족은 '방임의 심판' 으로 사생자와 같이 심판을 받고 있다는 사실을 기억하십시오. 그래서 출애굽기 19장 5절에서 이스라엘 백성을 향하여 '하나님의 소유' 라는 단어를 사용하고 있습니다. 소유란 단어는 히브리어로 '세굴라' 인데 의미는 보배로운 소유, 특별한 소유로 번역할 수 있습니다. 물론 창조된 모든 것은 다 하나님의 소유며 하나님의 주권아래 있습니다. 이런 일반적인 의미에서 소유라는 말을 사용된 것은 아닐 것입니다. 하나님의 백성이라고 표현을 하는 것은 이스라엘이 국가의 단위로 부름을 받았기 때문에 당시의 상황과 맞는 단어로 쓰인 것이지 하나님과 이스라엘의 진정한 관계는 아버지와 자녀의 관계입니다. 구약에도 이스라엘을 하나님의 자녀라고 표현하는 구절이 많이 있습니다. 이 관계가 어디서 발생했느냐에 대해서는 선악과 항목에서 이미 말씀드렸습니다.

하나님과 하나님을 믿는 자 사이에 아버지와 자녀의 관계가 성립되는 것은 구약이나 신약이나 변함이 없으며 이것은 하나님의 영원한 계획이었습니다. 하나님께 소속된 자들은 모두 하나님의 자녀로 부름을 받은 사람들입니다. 그러므로 하나님의 보배롭고 특별한 소유가 되는 것이며 천사들도 흠모할만한 우리의 삶이 되는 것입니다. 나는 그들의 하나님이 되고 그들은 내 백성이 되리라는 관계를 옛 언약이나 새 언약에서 모두 동일하게 사용하시는 것은 이 관계가 신구약 전체를 흐르고 있기 때문입니다. 마태복음 22장에서 예수님은 율법 중에서 가장 큰 계명이 무엇이냐는 바리새인들의 질문에 하나님을 사랑하는 것과 이웃을 사랑하는 것이라고 말씀하셨습니다.

그러면서 덧붙이시는 말씀이 이 두 계명이 율법과 선지자의 강령이라고 말씀하십니다. 말하자면 율법과 선지자, 즉 구약을 요약하는 핵심적인 계명이라는 말씀입니다. 구약에서 하나님의 모든 요구는 바로 이 두 계명에 들어 있습니다. 신약에서도 하나님을 사랑하는 자가 형제를 미워하면 그 사람은 거짓말 하는 자로서 형제를 사랑하지 아니하면서 하나님을 사랑할 수 없다고 말씀하시며 하나님을 사랑하는 자는 형제, 곧 이웃을 사랑해야 함을 말씀하심으로서 하나님 사랑과 이웃 사랑은 신약에서도 여전히 핵심적인 계명임을 알려주고 있습니다.

그러므로 하나님 사랑과 이웃 사랑은 신구약을 아우르는 계명입니다. 이 두 계명을 말씀 드리는 것은 하나님께서 인간을 다루는 방법이나 구원하는 방법이나 요구하시는 내용이 구약이나 신약이 다르지 않다는 것입니다. 하나님은 일관성 있게 구속의 역사를 진행해 가시는데 새 언약이라고 하신 것은 예수 그리스도의 구속의 역사를 기준으로 옛 언약은 그림자로서 새 언약 안에서 이루어질 실체를 기다리고 있기 때문입니다. 그러므로 옛 언약과 새 언약은 연속성이 있다는 것을 잊지 말아야 합니다. 성경을 읽을 때 하나님의 일관성을 가지고 읽는다는 것 너무도 중요합니다.

성경에서 언약이란 하나님께서 우리에게 일방적으로 베푸시는 은혜입니다. 성경에 나타난 모든 언약을 살펴보십시오. 인간이 필요를 느껴서 하나님께 요구한 언약은 단 한 건도 없습니다. 하나님께서 먼저 인간을 찾아오셔서 언약을 맺으시고 그 언약의 관계로 부르십니다. 그 언약의 관계는 주인과 종의 관계가 아닙니다. 그 관계의 핵심은 구약 성경과 신약성경에서 누누이 강조하는 아버지와 자녀의 관계입니다. 그러므로 이 관계는 율법을 지킴으로 얻는 것이 아닙니다. 율법을 지키는 것은 하나님의 자녀로서의 당연한 반응으로 사는 것입니다. 이스라엘의 역사는 하나님이 주신 언약을 율법의 행위를 통해서 지킬 수 없다는 것을 실증하고 있는데 남 왕조와 북 왕조가 망한 것이 확실한 그 증거입니다. 그래서 언약이란 인간을 하나님의 가족으로 부르신 그 엄청난 복을 타락한 인간의 반역과 불순종에도 불구하고 흔들림 없이 끝까지 성취하시겠다는 하나님 자신과의 약속입니다.

율법을 지키지 못해서 언약을 깨트렸다고 말하는 것은 성경을 일부분만 보는 것입니다. 이미 하나님은 인간이 자신의 언약을 지킬 수 없다는 것을 다 알고 계셨습니다. 그래서 율법을 주실 때에도 성막과 제사제도를 통해서 하나님께 용서받는 길을 열어 놓으신 것이고 궁극적인 용서의 자리는 십자가를 준비하신 것입니다. 이스라엘이 율법을 지키지 못해서 망했다는 것은 피상적인 이유에 불과한 것이고 본질적인 이유는 그들이 하나님을 믿지 않았기 때문입니다. 인간이 율법을 지켜서 그 언약의 효력을 이어가게 하는 것이었다면 예수님이 이 땅에 오실 필요도 없었을 것입니다. 새 언약이 필요한 이유가 무엇입니까? 혈통적 이스라엘의 범위를 넘어서서 궁극적인 회복인 모든 민족이 하나님께로 돌아오게 하는 것이기 때문입니다.

34. 포로 지역에서 활동한 선지자들

**바벨론이라는 이방 지역에서 선지자로 부름을 받은 에스겔과 다니엘은
하나님이 이스라엘 (남 유다)만의 하나님이 아니라
시간과 공간을 초월하여 역사하시는 온 우주의 하나님이심을 드러냅니다.**

다니엘과 에스겔은 모두 바벨론으로 잡혀갔는데 (이때 유다 본토에서는 예레미야가 선지자로서 사역을 감당하고 있음을 기억해 주세요.) 이들이야말로 하나님의 남은 자들이었습니다. 남 유다는 곧 멸망할 것이지만 하나님은 이들을 통해서 계속해서 하나님의 구속의 역사를 이루어 가십니다. 성경의 순서와는 달리 다니엘을 먼저 언급하는 것은 연대기적으로 다니엘이 앞서기 때문입니다. 다니엘(주전 605년 - 1차포로)은 에스겔(주전 597년 - 2차포로)보다 먼저 바벨론에 포로로 잡혀 갔습니다. 그리고 에스겔이 포로로 잡혀간 해인 주전 597년에서 5년이 지난 주전 593년부터 선지서 내용을 기록하지만 다니엘은 자신이 1차 포로로 잡혀간 해인 주전 605년부터 선지서 내용을 다루고 있기 때문에 이 두 선지서의 동일한 역사적 배경을 염두에 둘 때 다니엘을 먼저 이해하는 것이 더 낫다는 생각이 드는 것입니다.

① 다니엘 - 시간을 초월하여 역사를 다루시는 전지하신 하나님

다니엘서를 다룰 때 세세한 부분을 어떻게 해석해야 하는가 보다는 전체적인 흐름을 좇으면서 다니엘서에서 말하고자 하는 의미가 어떻게 미래의 역사와 관련이 있으며 당시의 이스라엘 백성들에게는 또 무슨 의미가 있었는지를 살펴보려고 합니다. 1:1절에서 다니엘은 유다 왕 여호야김이 즉위한지 3년, 즉 느부갓네살이 예루살렘을 침략했었던 주전

605년에 자신과 세 친구들이 바벨론에 포로로 잡혀 갔었음을 밝히고 있습니다. 그리고 10:1절에서 고레스 왕 3년에 네 가지 환상이 임한 것을 언급하고 있는데 이때는 페르시아의 고레스가 주전 539년에 바벨론을 정복한 때부터 3년이 지난 시점을 의미하므로 주전 536년이 됩니다. 따라서 다니엘은 주전 605년부터 주전 536년까지 70여년을 포로지에서 선지사역을 감당한 것으로 보입니다. 1장에서 소년이었음을 감안할 때 적어도 80세 이상은 살았을 것입니다.

세속의 역사를 주관하시는 하나님(단 2장, 7-8장)

다니엘서 1장은 주전 605년 1차포로 사건과 그 직후의 이야기를 다루고 있고 2장에서는 1차 포로들의 바벨론 생활 3년째가 되던 해, 즉 주전 603년[142)]에 느부갓네살의 꿈에 관한 이야기를 하고 있습니다. 다니엘서는 우리가 알다시피 머나먼 타국으로 포로 신세가 되어 끌려 온 이스라엘 백성들의 암담하고 어두운 상황을 배경으로 하고 있습니다. 포로들의 심정이 어땠을까요? 처음에 그들은 어안이 벙벙했을 것입니다. 이게 꿈인지 생시인지 도무지 믿기지 않았을 것입니다. 그들은 예루살렘에 성전이 있는 한 유다는 절대로 망하지 않을 것이라는 신념(믿음이 아님)이 있었기 때문입니다. 그런데 그 신념이 깨져 버렸을 때 그들이 얼마나 당황했을지는 우리의 상상을 초월했을 것입니다. 선택된 백성인데 어떻게 할례 받지 않은 이방인들에게 포로로 잡혀갈 수 있는가? 만군의 여호와요 전쟁에 능하신 신이신데 어떻게 자신의 백성들을 보호하시는데 실패하실 수 있는가? 이해가 안 되었을 것입니다.

더 나아가서 바벨론의 웅대한 신전들과 건물들, 그리고 제국의 크기와 막강함에 압도당해서 혹시 하나님께서 바벨론 신보다 못해서 자신들에게 이런 일이 일어난 것은 아닌가 하는 생각도 가졌을 것입니다. 하나님은 우리를 이런 형편에 내버려 두시고 도대체 무엇을 하고 계신단 말인가? 시편 137편에서 말씀하고 있듯이 그들은 포로들이 거주하는 장소 근처의 강변에 앉아서 예루살렘을 기억하며 날마다 눈물을 흘렸습니다. 바벨론 사람들은 자신들이 믿는 마르둑 신이 유다 백성들이 믿는 신보다 더 뛰어난 신으로 증명이 되었다면서 승리감에 도취되었을 것이며 이스라엘의 신은 별것 아니라며 여호와 하나님을 멸시하고 조롱했을 것입니다.

이런 절망과 탄식과 한숨이 이스라엘 백성들을 뒤덮고 있을 때 하나님께서 그들을 향하여 한 사건을 통해서 말씀하십니다. 바벨론 왕 느부갓네살이 꿈을 꾸었는데 그 꿈 때문에 번민하여 잠을 이루지 못할 정도가 되었습니다. 문제는 그 꿈이 기억나지 않는다는 것입니다. 그래서 바벨론 신들을 배경으로 하고 있는 모든 박수와 술객과 점쟁이들에게 명령하기를 꿈을 알아내고 그 꿈을 해석까지 하라고 합니다. 그렇지 않으면 모두 죽인다는 것입니다. 박수와 술객과 점쟁이들 입장에서는 답답할 노릇입니다. 하지만 느부갓네살의 요구는 어느 정도 타당성이 있는데 정말 신적인 능력을 힘입는 사람들이라면 그 신적 능력을 발휘해서 꿈을 알아내야 당연할 것입니다.

그러나 그들이 믿는 우상은 입이 있어도 그들에게 말할 수 없습니다. 우상은 원래부터 존재하지 않기 때문입니다. 그들도 스스로 인정하기를 신 이외에는 알아낼 수 있는 사람은 아무도 없다고 하면서 손을 들고 맙니다. 그들은 도무지 알아낼 수가 없었고 죽을 위기에 처했습니다. 다니엘이 그들을 죽이려고 하는 근위대장 아리옥에게 지혜롭게 대처해서 자신에게 시간을 주면 해석해 주겠다고 약속을 합니다. 다니엘은 세 친구인 하나냐와 미사엘과 아사랴와 함께 하나님께 기도를 드렸고 하나님은 다니엘에게 환상을 통해서 왕이 꾼 꿈을 보여 주셨습니다. 다니엘은 왕에게로 가서 꿈 해석의 원인자는 하나님이심을 분명히 밝히면서 느부갓네살이 보았던 금 신상에 관한 이야기를 해 줍니다.

그 신상은 머리는 순금이요 가슴과 두 팔은 은이요 배와 넓적다리는 놋이요 그 종아리는 쇠요 그 발은 얼마는 쇠요 얼마는 진흙이었습니다. 그런데 손대지 아니한 돌이 나와서 신상의 쇠와 진흙의 발을 쳐서 부서뜨리자 신상의 쇠와 진흙과 놋과 은과 금이 타작마당의 겨와 같이 바람에 날려 온데 간데없이 없어져 버렸습니다. 그런데 우상을 친 돌은 태산을 이루어 온 세계에 가득하게 되었습니다. 다니엘은 이 신상을 해석하기를 역사 속에서 시간적으로 이어질 나라들로 보면서 금 머리는 느부갓네살이 통치하는 바벨론이고 그 다음부터는 점점 더 약해지는 후계 나라들의 모습이 될 것을 말합니다. 이런 모습은 네 번째 나라에서 도드라지는데 그 강하기가 철 같지만 발과 발가락이 일부는 쇠로 일부는 흙으로 되어 있기 때문에 서로 결합되지 못하고 나누일 정도로 약한 나라가 될 것임을 말했습니다.

여기서 약함이란 나라의 크기나 나라의 연대가 얼마나 긴가 짧은가로 결정되는 것이라기보다는 칼빈이 주장하는 도덕적 타락성의 정도나 또한 카일이 말한 것처럼 내적 결속력의 취약성을 의미할 가능성이 높습니다.[143] 이 네 나라가 무엇이냐에 대해서 이견이 있긴 하지만 금은 바벨론이고 은은 페르시아(메대-파사)이고 동은 헬라, 철과 진흙이 섞인 것은 로마를 나타낸다고 보는 것이 적당할 것입니다.[144] 그런데 더 중요한 것은 이 신상이 역사적인 순서로 특정한 나라들을 상징하기는 하지만 포괄적으로 모든 세속의 역사를 상징한다고 보아야 합니다. 말하자면 이 네 나라만 언급을 한 것은 인간이 이 세상에 세운 나라들을 대표적으로 말하기 위함이라는 것입니다. 그런데 손대지 아니한 돌이 나와서 이 신상을 완전히 부서뜨리고 그 돌은 태산을 이루어 온 세계에 가득하게 됩니다. 다니엘은 이것을 하나님이 한 나라를 세우시는 것으로 해석 하면서 이 나라는 영원히 멸망하지 않을 나라가 될 것임을 분명히 밝힙니다. 여기서 손대지 아니한 돌은 예수 그리스도를 의미하며 영원한 나라는 예수님으로 말미암아 시작될 메시야의 나라, 즉 새 창조의 하나님의 나라를 의미합니다.

이 부분에서 이스라엘을 물리적으로 회복해서 세상의 중심으로 삼겠다는 사상은 전혀 나타나지 않습니다. 이스라엘은 하나님의 구속의 역사의 하나의 과정에 불과하기 때문입니다. 예수님이 세우시는 나라는 이 세상의 속성을 가진 나라가 아닙니다. 신약에 가면 더 자세히 말씀드리겠지만 이 하나님의 나라는 예수님의 십자가와 부활의 사역을 통해서 시작을 합니다. 그래서 하나님의 나라가 가까웠다고 말씀하시는 것입니다. (여기서 가까웠다는 것은 현재완료형으로서 이미 와 있다는 것을 강조합니다.) 그래서 그 나라에 속한 하나님의 자녀들은 이 세상과 함께 공존하며 살아갈 것입니다. 그러나 이 나라는 하나님에 의해서 준비되어진 돌이 신상을 부서뜨리듯이 종말에 가서는 이 세상의 모든 역사를 마감하고 더 이상 인간이 주도하는 나라가 아닌 온전히 하나님이 주도하시는 나라가 완성이 될 것입니다. 이 나라의 세워짐과 완성은 그리스도의 초림과 재림의 모든 과정에 걸쳐서 일어나게 될 것입니다.

그런데 이렇게 역사를 주관해 가실 하나님께서 이스라엘 백성들을 포로로 잡아 온 바벨론 왕 느부갓네살의 꿈을 통해서 말씀해 주시는 이유는 무엇일까요? 당시로 보면 느부갓네살의 권력과 힘은 대단했을 것입니다. 더구나 남 유다 백성들의 입장에서는 두려움과 공포의 대상이었을 것입니다. 하지만 그런 느부갓네살일지라도 그는 하나님의 도구에 불과한 사람이었습니다. 그의 권력도 힘도 결국 하나님의 손바닥 위에 있는 것입니다. 2:46절 이하에 보면 하나님은 느부갓네살의 입을 통해서 모든 신들의 신이시오 모든 왕의 주재시라는 다시 말하면 온 우주를 주관하시는 하나님으로 높임을 받으시고 다니엘과 그 친구들을 바벨론의 권력에 동참하게 하는 놀라운 은혜를 베푸십니다. 그 대단한 권력이 하나님 앞에 무릎을 꿇으며 하나님의 백성들을 높이는 역할을 하고 있습니다.

그래서 하나님은 이 사건을 통해서 미래에 대한 꿈과 소망이 좌절되어 기약이 없는 포로의 삶을 살아야 하는 이스라엘 백성들에게 말씀하십니다. 역사란 세상의 왕이나 우상이 주장하는 것이 아니라 그들이 믿는 이스라엘의 하나님 여호와께서 움직여 가신다는 것을 말입니다. 과거도, 현재도, 미래도 모든 시간의 역사는 하나님의 주권 아래 있습니다. 박수와 술객과 점쟁이들이 믿는 바벨론의 우상들은 결정적일 때 그들에게 아무 것도 해 줄 수 없는 허수아비 인 것이 드러났습니다. 하나님께서는 다니엘에게 비밀한 하나님의 계시를 보여 주심으로서 하나님의 백성들이 이 역사의 주인공이 될 것이며 그들이 어디에 있든지 하나님과의 올바른 관계를 맺고 있다면 하나님께서 그들을 사용하셔서 모든 사람들 앞에서 높임을 받게 해 주실 것을 말씀해 주고 있습니다.

이 사건으로 인해서 다니엘과 세 친구들은 포로의 신분임에도 바벨론 정치의 한 축을 담당하는 중요한 사람들이 됩니다. 포로의 신분이 변하여 하루아침에 귀족이 되는 것입니다. 바벨론은 제국을 형성해 가고 있었기 때문에 많은 나라에서 포로들이 잡혀 와 있었을 것이지만 유다의 포로들은 다니엘과 그 세 친구의 영향력으로 상당한 보호를 받았습니다. 하나님께서 예레미야를 통해서 유다 백성들에게 바벨론에게 항복하라는 이유가 여기에 있었습니다. 하나님은 모든 것을 종합적으로 보시기 때문에 그들이 예레미야가 전하는 하나님의 말씀을 순종한다면 나라가 멸망하는 그 순간에도 피해를 최소화 하시며 더군다나 포로로 잡혀 간다 할지라도 이미 어떻게 하실 것인지 복안이 하나님께 다 있었던 것입니다. 그렇다면 이스라엘 백성들은 지금 일어나고 있는 이 모든 일들이 하나님께서 능력이 부족해서 일어난 일이 아님을 알아야 합니다. 포로의 시작은 선지자들이 누누이 선포하던 주제로서 그들의 죄에 대한 징계이며 하나님을 버리고 우상에게 머리를 조아린 결과입니다.

7장에 나오는 네 짐승의 환상은 전통적으로 2장에서 말씀하고 있는 느부갓네살이 보았던 신상의 예언과 같은 내용으로 봅니다.[145] 따라서 독수리의 날개 달린 사자는 바벨론 제국을 의미하고 세 개의 갈빗대를 문 곰은 페르시아(메데-파사) 제국, 네 개의 머리를 가진 표범은 헬라 제국을, 용처럼 생긴 짐승은 로마 제국을 의미합니다. 2장에서 다니엘이 느부갓네살의 꿈을 해석해 준 것이 주전 603년이었습니다. 그런데 7장에서는 벨사살 원년, 즉 "벨사살 아버지 나보니두스가 아라비아로 떠나면서 벨사살에게 공식적으로 임무를 맡긴 때인 주전 550년경"[146]에 짐승의 환상을 봅니다. 그렇다면 50여년이 지난 즈음에 하나님께서 왜 또 다시 다니엘을 통해서 똑같은 내용을 예언하셨을까요? 성경에서 똑같은 내용이 두 번 연속 기록된다는 것은 법정에서의 증인과 같은 효력이 있습니다. 요셉이 꿈을 해석할 때 똑같은 내용을 두 개의 사건으로 보여 주신 것은 하나님께서 반드시 이루실 것임을 의미한 것처럼 2장에서 다니엘에게 말씀하셨던 내용을 7장에서 다시 말씀하시는 것은 이 일들을 반드시 이루시고야 말겠다는 하나님의 의지가 들어 있는 것입니다.

포로로 잡혀 온 이스라엘 백성들이 이제 수십 년이 지났기 때문에 현실에 안주하며 바벨론에 사는 것이 정해진 운명처럼 생각해 버리고 미래에 대한 희망을 잃어버리고 살아갈 때 하나님은 다시 한 번 다니엘을 통해서 잠자는 이스라엘 백성들의 영혼을 깨우시는 것입니다. 시간이 흘러서 세상이 바뀌고 왕들이 바뀌고 주변의 사람들은 죽어서 그들의 곁을 떠난다 할지라도 그 시간의 역사는 여전히 하나님의 수중에 있다는 것을 잊지 말라는 것입니다. 이것을 증명하기 위해서 9절 이하에 보면 옛적부터 계신 이가 등장을 하는데 그 분은 곧 하나님이시며 구원자가 아니라 심판자의 모습으로 나타나고 있습니다. 이것은 세상 역사에 대한 주도권을 하나님이 가지고 있음을 말해줍니다.

2장은 생명이 없는 신상의 상태만을 그대로 묘사를 했지만 7장에서의 환상은 살아있는 짐승으로 나타나기 때문에 그들의 구체적인 활동을 기록하고 있습니다. 그리고 2장에서 다니엘은 네 나라들의 권세가 아무리 찬란하다 해도 그들의 역사는 영원한 하나님의 나라와는 비견될 수 없으며 결국 메시아에 의해서 종말을 고하는 시한부 역사임을 말해주었듯이 7장에서는 네 나라를 약탈하는 권세와 죽이는 마력으로 가득 찬 천박하고 잔인한 짐승으로 묘사하여 국가로 대변이 되는 인간의 사악함을 드러내면서 그러기 때문에 그들이 결국에는 하나님의 심판의 대상이 될 수밖에 없음을 드러내고 있습니다. 하나님은 사악한 짐승으로 상징이 되는 인류의 역사에 간섭을 하십니다. 왕들을 세우시고 폐하시기도 하며 나라를 세우시고 폐하시기도 하는 주권을 행사 하셔서 결국 그들의 흥망성쇠를 주관하고 계심을 분명히 보여주고 있습니다. 그런 다음에 인자같은 이에게 권세와 영광과 나라를 주고 모든 백성과 나라들과 다른 언어를 말하는 자들이 그를 섬기게 하십니다.

그의 권세는 영원할 것이요 그 나라는 영원히 멸망하지 않을 것입니다. 여기서 인자같은 이는 통상적으로 메시아이신 예수 그리스도를 가리킵니다. 결국 메시아이신 예수 그리스도께서 이 세상 나라와는 질적으로 다른 멸망하지 않을 영원하고 우주적인 나라를 인도하실 것입니다. 예수님을 통해서 세워지는 영원한 나라가 사람들이 세운 제국과는 질적으로 다른 것은 2장을 언급할 때 말씀드렸듯이 신구약 전체 문맥으로 볼 때 예수님의 십자가와 부활의 근거 위에 세워지기 때문입니다. 그래서 7:18절과 22절에서 말씀하시는 바와 같이 성도들은 이 나라를 유업으로 얻을 것이며 영원히 그 나라의 복을 누리게 될 것입니다. 바벨론의 포로들에게 희망을 주시는 말씀입니다.

8장에 가면 벨사살 왕 제 삼년, 즉 네 짐승의 환상이 주어진 후 2년이 지난 시점(주전 548년 경)에서 다니엘을 통하여 숫양과 숫염소의 환상이 등장하고 있습니다. 지금 다니엘은 시간과 역사의 주인이 하나님이심을 증거해 가고 있는데 이 환상도 그것을 증거하는 내용으로서 특별히 구체적인 역사의 실제를 말씀해 주십니다. 3절에 보면 숫양을 설명하기를 긴 두 뿔을 가졌는데 그 중 한 뿔은 다른 뿔보다 길었고 나중에 난 것이라고 합니다.

그런데 두 눈 사이에 현저한 뿔을 가진 한 숫염소가 나타나서 숫양의 뿔을 꺾으며 땅에 엎드러뜨리고 짓밟아 죽여 버렸습니다. 숫염소가 점점 강대하여 가던 중에 두 눈 사이에 있던 현저한 뿔이 꺾이고 대신에 또 다른 현저한 뿔 넷이 나왔다고 합니다. 그런데 그 네 뿔 중 한 뿔에서 작은 뿔이 나와서 남쪽과 동쪽과 또 영화로운 땅을 향해서 심히 커졌는데 스스로 높아져서 군대의 주재를 대적하며 그 주재에게 매일 드리는 제사를 없애 버렸고 그의 성소를 헐었으며 진리를 땅에 던져 버렸다고 말하고 있습니다. 어느 때까지 이런 일들이 이를 것인가 의문이 생길 때 거룩한 자가 다니엘에게 말하기를 이천삼백 주야까지 그럴 것이며 그 후에 성소가 정결케 되리라고 말합니다.

이 환상에 대해서 15절 이하를 보면 천사 가브리엘이 인자(사람 같은)의 명령에 따라서 다니엘에게 해석을 해 줍니다. 두 뿔을 가진 숫양은 곧 메대와 바사(페르시아) 왕들이고 털이 많은 숫염소는 헬라 왕이요 두 눈 사이에 있던 큰 뿔은 헬라의 첫 번째 왕이요 큰 뿔 대신에 네 뿔이 난 것은 그 나라가 네 나라로 나누어지는데 그들의 권세는 첫 째 왕만 못하다는 것입니다. 그리고 네 나라 중에 한 나라에서 한 왕이 일어나는데 그는 뻔뻔하며 속임수에 능하며 권세가 강할 것인데 거룩한 백성을 멸할 것이며 만왕의 왕을 대적할 것이라고 합니다.

8장의 환상이 역사 속에서 어떻게 이루어지는 지를 살펴보겠습니다. 주전 550~549년에 고레스는 자기의 군주로 섬기던 메대 왕 아스티아게스에 대하여 반란을 일으켰습니다.[147] 결국 고레스가 메대를 페르시아 제국으로 합병한 다음 220여 년 동안 페르시아는 고대 근동의 패권 국가로서 위치를 점하게 됩니다. 한편 마게도냐에서는 빌립 왕이 헬라의 도시 국가들을 처음으로 연합하는데 성공했지만 주전 336년에 살해 되고 맙니다. 갑작스런 아버지의 죽음으로 그의 아들 알렉산더는 약관 20세의 나이로 헬라 왕으로 등극하여 1년 반 만에 페르시아 정복에 나서는데 주전 331년 아르벨라(Arbela)에서 다리오 3세가 이끄는 페르시아의 백만 대군을 물리침으로서 근동 전체를 지배하게 됩니다. 그러나 주전 323년 동방 원정길에서 돌아오다가 말라리아에 걸려 33세의 젊은 나이로 요절하게 됩니다.

알렉산더가 죽고 난 다음에 주전 310년경이 되었을 때 헬라는 네 개의 나라로 나누어지는데 "캐산더(그리이스 지역), 리시마쿠스(트리키아와 서부 소아시아 지역), 프톨레미(팔레스틴, 이집트, 그리고 외딴 지역들), 셀류커스(바벨론과 서남아시아 지역)"[148] 등이 분할 통치하게 됩니다. 다니엘 8장에서 숫염소의 두 눈 사이에 있던 큰 뿔 대신에 네 뿔이 나왔다는 것은 이를 두고 하는 말입니다. 네 나라로 분리된 이후 팔레스틴 지역은 프톨레미 왕조의 지배를 받다가 주전 198년에 셀류쿠스 왕조의 안티오쿠스 3세가 파네아스 전투에서 애굽의 프톨레미 왕조의 군대를 몰아내고 수리아와 팔레스틴 지역의 새로운 지배자로 등장하게 됩니다. 과거의 프톨레미 왕조는 유대인들에게 비교적 관대한 정책을 펼쳤기 때문에 종교적 행위에 있어서 제약이 없었지만 셀류쿠스 왕조는 유대인들에게 헬레니즘을 받아들이도록 강요함으로써 유대인들의 거부감을 사게 됩니다.

주전 175년에는 안티오쿠스 4세가 즉위하는데 원래 그는 왕위 계승자가 아니었는데 정치적 술수를 통해서 정통 계승자인 데메트리어스라는 사람을 제치고 왕위에 오릅니다. 특히 그는 자신이 통치하는 모든 지역을 한 민족으로 융합하게 만든다는 명제아래 헬라 문화를 받아들이도록 더 많은 열정을 쏟았습니다. 거의 모든 지역에서 그의 헬라화 작업은 성공을 거두고 있었지만 유독 유다지역에서만은 헬라화 작업이 더디게 진행이 되었는데 그것은 유대인들이 보수파와 헬라파로 나뉘어서 극심한 분열 양상을 보였기 때문입니다.

그럼에도 안티오쿠스 4세는 헬라화 작업을 착착 진행을 시켜서 팔레스틴 지역의 대도시에 체육관과 신전, 경주용 경기장, 대중목욕탕들을 세웠습니다.[149] 그 결과 헬라화에 동조하는 많은 유대 젊은이들이 헬라의 복장을 입고 다녔으며 여러 운동경기를 즐기기도 했습니다. 처음에는 운동경기가 반나체로 이루어졌기 때문에 많은 유대인들의 반발을 사기도 했지만 나중에는 제사장들 중에서도 참여하는 사람들이 생겨나기까지 했습니다. 그래서 이런 헬라식 생활 방식에 불만을 품고 전통적인 유대인의 삶을 고수하자는 경건한 무리들이 생겨났는데 이들이 바리새인의 원조라 할 수 있는 '하시딤'입니다. 조직적인 반대 양상이 나타나기 시작한 것입니다.

그래서 안티오쿠스 4세는 칙령을 내려서 헬라화를 거부하는 유대인들을 핍박하기 시작하는데 그 내용은 "유대인들은 이방인들의 관습을 따를 것, 성소 안에서 번제를 드리거나 희생제물을 드리지 말 것, 안식일과 기타 축제일을 지키지 말 것, 이교의 제단과 성전과 신당을 세울 것, 돼지와 부정한 동물들을 희생 제물로 잡아 바칠 것, 사내아이들에게 할례를 주지 말 것, 율법을 저버리고 모든 규칙을 바꿀 것 등"[150]이었습니다. 그리고 이 명령을 따르지 않는 자는 사형에 처한다고 공표를 하였습니다. 그는 율법 사본들을 보이는 대로 폐기해 버렸고 성전 안에 제우스 신의 제단을 세우고 숭배하였으며 돼지고기를 제물로 바치기도 했습니다. "유대인들은 보통 이런 행위들을 가리켜 멸망케 하는 미운 물건이라고 불렀습니다."[151]

안티오쿠스 4세는 자신을 가리켜 신으로 자칭하며 에피파네스라고 부르게 할 정도였습니다. 이것의 의미는 '영화로운 자'라는 의미인데 당시에는 신에게 붙이는 호칭이었습니다. 하지만 유대인들은 성전을 더럽히고 우상을 섬기는 그를 향해서 에피마네스, 즉 미친놈이라고 부르며 그를 조롱하였습니다. 결국 이 잔인하고 무자비한 탄압에 분노한 유대인들은 맛다디아 제사장 가문을 중심으로 독립 운동을 일으키는데 주도적 인물인 셋째 아들 유다의 별명 마카비(망치라는 뜻)를 빌어서 마카비 운동이라고 불렀습니다. 결국 이 운동이 성공을 거두어서 주전 166년에 안티오쿠스 4세로부터 나라를 되찾게 되고 이듬해인 165년에 더럽혀진 성전을 깨끗케 하고 하나님께 다시 봉헌을 하였습니다. 이 절기가 바로 복음서에 등장하는 유대인들이 '하누카'로 부르는 수전절입니다.

위에서 말한 안티오쿠스 4세 에피파네스의 만행을 보면 한 왕이 네 나라 중에서 일어나서 뻔뻔하며 속임수에 능하며 거룩한 백성을 멸할 것이며 만왕의 왕을 대적할 것이라 한 그 내용에 딱 들어맞는 사람이라는 것을 알 수 있습니다. 이 왕은 역사적으로 실재한 사람이지만 앞으로 오고 오는 역사 속에서 이 왕처럼 하나님의 백성들을 향하여 악의적인 의도를 가지고 핍박하는 적그리스도의 원형으로서의 모습을 보여 주고 있습니다. 하나님은 선지자들을 통해서 우주적인 역사를 말씀하시기도 하지만 그 큰 역사 속에 들어있는 구체적인 내용, 즉 안티오쿠스 4세 시대와 같은 역사를 예로 들어 말씀하시기도 하십니다. 왜냐하면 하나님이야말로 모든 역사의 주관자이시기 때문입니다.

다니엘이 주전 5세기의 사람으로서 어떻게 주전 2세기의 일을 예언할 수 있느냐 하면서 어떤 학자들은 비평을 합니다. 그러면서 다니엘의 기록 연대를 안티오쿠스 4세 이후로 잡습니다. 다니엘의 예언은 이성에 맞지 않는다는 것입니다. 이사야도 자신의 사역보다 100년이 훨씬 넘는 미래의 역사, 즉 고레스의 이름을 직접 언급하며 하나님의 말씀을 전했습니다. 그래서 어떤 학자들은 이사야가 저자가 아니라 후대의 작품으로 여기며 태클을 겁니다. 이들은 신약에서도 오병이어의 역사나 바다 위를 걸어가신 것이나 나사로의 부활을 역사적 사실로 믿지 않습니다. 저자들이 자신들이 속해 있는 신앙공동체의 신앙을 함양시키기 위해서 만들어낸 이야기로 봅니다. 그들은 성경을 하나님의 말씀으로 보지 않고 인간의 문학작품들이 모여 있는 집합체로 보기 때문입니다. 그들이 하나님을 믿지 않는다는 것이 본심일 것입니다. 하나님의 시간은 영원입니다. 아무리 많은 시간도 영원에 비하여 한 점에 불과합니다. 그런데 시간을 창조하신 하나님께서 시간의 역사를 통찰해 보시는 것이 그리도 어렵다는 말입니까?

바벨론 포로들은 이 점을 분명히 알아야 합니다. 그들이 망하기 전에 하나님은 얼마나 많은 시간 동안 선지자들을 통해서 경고했습니까? 그러나 그들은 참 선지자들의 말씀에 귀를 기울이지 않았고 거짓 선지자들의 달콤한 유혹에 넘어가서 하나님의 말씀을 무시하였습니다. 만일 자유주의 학자들이 주장하는 것처럼 하나님의 예언이나 기적을 성경에서 제거해 버린다면 성경은 더 이상 하나님의 말씀이라고 할 수 없습니다. 인간의 이성이나 과학을 벗어나면 퇴출되어야 할 말씀이라면 성경이 학교에서 읽는 교과서와 무엇이 다르며 우리가 읽는 소설과 무엇이 다르다는 말입니까?

하나님은 전능하신 분이시며 전지하신 분이십니다. 그러기 때문에 우리를 구원하시기에 충분한 능력과 자격을 갖추신 분이십니다. 우리의 구원을 위해서 무엇이든 동원할 수 있는 분이십니다. 처음부터 하나님은 일관되게 하나님의 계획을 세우시고 이 역사 속에서 그것을 성실히 집행해 가고 계십니다. 아무리 사탄의 무리와 인간의 반역이 날뛰고 있다고 할지라도 하나님의 역사는 현재 진행 중이며 그 누구도 막을 수 없습니다. 때와 계절을 바꾸시며 왕들을 폐하시기도 하고 세우시시도 하시며 나라들의 흥망성쇠를 정하시는 분이 모든 역사를 주관하신다는 것은 아침에 해가 뜬다는 사실보다 더 확실한 사실입니다. 다니엘서는 그런 하나님을 우리에게 분명하게 보여 주고 있습니다. 시간의 역사는 하나님의 섭리 안에 있는 것이지 저절로 흘러가거나 하나님과 상관없이 지나가는 것이 아닌 것입니다.

영원한 하나님 나라를 상속받는 자들의 모습(단 3장)

다니엘 3장을 보면 느부갓네살이 금 신상을 만들어 놓고 바벨론의 각계각층의 관리들을 모아서 절을 하게 만들었습니다. 이 사람들 중에는 다니엘의 세 친구인 하나냐와 미사엘과 아사랴도 있었습니다. 이 신상이 느부갓네살 왕의 형상이든지 아니면 느부갓네살이 섬기는 신인 벨의 형상이든지 이들이 금 신상에게 절을 하는 것은 우상을 섬기는 것입니다. 하지만 절을 하지 않고 경배하지 않는다면 그 사람들은 맹렬이 타는 풀무 불에 던짐을 당할 것입니다. 이 모임의 주변에는 무장한 군인들이 배치되어 있었을 것이고 절을 하지 않는 자를 잡아들이기 위해서 눈에 불을 켜고 지켜보는 자들이 있었을 것입니다. 강압과 공포의 분위기 속에서 사람들은 압도당하지 않을 수 없었습니다. 악기 소리가 나자 모든 사람들이 그 금신 상에게 엎드려 절을 했습니다. 하지만 다니엘의 세 친구는 절을 하지 않았고 바벨론 사람들은 이들을 왕에게 고소를 했습니다.

왕은 다시 한 번 기회를 주기를 원했지만 그들은 죽음의 위협 앞에서도 목숨을 구걸하지 않았습니다. 그리고 왕에게 말했습니다. 우리가 믿는 하나님은 충분히 우리를 맹렬히 타는 풀무 불 가운데서 건져내시겠고 왕의 손에서도 건져 내실 것입니다. 그리 아니하실지라도 우리는 왕의 신들을 섬기지도 않을 것이며 왕이 세우신 신상에게 절하지도 않을 것입니다. 이들의 단호한 대답에 느부갓네살은 분이 가득하여 평소보다 칠 배나 더 뜨거운 풀무 불에 그들을 던져 넣으라고 명령을 내렸습니다. 풀무 불이 얼마나 뜨겁든지 이들을 풀무 불에 던지려고 붙잡고 있던 사람들이 불에 타서 죽을 정도였습니다.

결국 이 세 사람은 풀무 불에 던져졌습니다. 그런데 이들이 던져진 후에 풀무 불 내부를 보니까 이들 외에 신의 아들의 형상을 입은 사람이 하나 더 있었습니다. 모든 사람들이 지켜보고 있는 현장에서 풀무 불도 그들의 몸을 해하지 못하였고 머리털도 그을리지 못했으며 겉옷 빛도 변하지 아니하였고 불 탄 냄새도 없었습니다. 놀라운 기적이 일어난 것입니다. 느부갓네살은 이들을 끄집어내도록 명령을 내렸고 이들 앞에서 하나님을 찬송하게 됩니다. 각 백성과 각 나라에게 하나냐(사드락)와 미사엘(메삭)과 아사랴(아벳느고)가 섬기는 하나님을 경홀히 여기는 자들을 그 사람과 그 집안을 멸망케 하겠다는 무시무시한 조서를 내리게 됩니다.

이런 반전이 없습니다! 거대한 바벨론의 권력과 종교 앞에 미미한 존재에 불과했던 이 세 사람에게 오히려 그 권력과 종교가 머리를 조아리고 이들이 섬기는 하나님을 찬양하는 것입니다. 이유가 무엇입니까? 살아계신 하나님을 그들의 생사화복의 유일한 주권자로 인정하고 그 분을 위해서 목숨을 버리고자 할 때 그들이 오히려 목숨을 구할 수 있었기 때문입니다. 마태복음 16장 25절에서 "누구든지 제 목숨을 구원코자 하면 잃을 것이요 누구든지 나를 위하여 제 목숨을 잃으면 찾으리라"는 예수님의 말씀을 생각나게 하는 순간입니다. 이스라엘 민족이 그렇게 했었어야 합니다. 이스라엘 민족이 우상을 섬기지 않고 여호와를 사랑하며 자신의 목숨을 얻기 위해서 하나님을 버리고 거역하는 것이 아니라 자신의 목숨보다 하나님을 더 귀하게 여길 때 하나님은 어떤 환경 가운데서도 그들을 보호하시고 지켜 주셨을 것입니다.

그런데 그들이 지금 바벨론에 잡혀 온 것은 강압적으로 우상을 섬기라는 분위기도 아닌데 스스로 바알 산당을 찾고 나무 밑을 찾아서 우상을 섬겼기 때문입니다. 하나님을 알되 우상만도 못하게 그 분을 대우했기 때문입니다. 언약의 백성인 하나냐와 미사엘과 아사랴의 목숨이 누구에게 달려 있습니까? 하나님께 달려있습니다. 바벨론이 아닙니다. 느부갓네살이 아닙니다. 바벨론의 권력과 종교의 심장이랄 수 있는 장소에서도 그들이 살아났다면 하나님의 성전이 있고 율법이 있고 선지자가 있었던 그들의 조국 유다에서 하나님을 올바로 섬겼더라면 어떻게 되었겠습니까? 하나님은 그들에게 일어나는 온갖 불순한 생각들을 이 사건 한 방으로 처리해 버리십니다. 이방의 중심에서도 그들은 역사의 주관자로 계시는 하나님의 살아계심을 보는 것입니다. 이것이 그들이 살 수 있는 유일한 길입니다.

하나냐와 미사엘과 아사랴의 고백을 들어 보십시오. 하나님께서 자신들을 풀무 불에서 충분히 살려 내실 수 있는 능력이 있으시지만 그렇게 하지 아니하실지라도 왕의 신들을 섬기지도 않고 신상에 절하지도 않겠다는 것입니다. 이것이 바로 마음과 뜻과 정성을 다하여 하나님을 사랑하는 자의 모습입니다. 그 분을 위해서는 자신의 목숨도 아깝지 않게 생각할 만큼 하나님과 그들 사이에 온전한 신뢰의 관계로 묶여져 있음을 보여 줍니다.

사랑은 조건적이지 않습니다. 마음속으로부터 기꺼이 우러나오는 자발적인 마음으로 그 분을 인정하고 사랑하는 것입니다. 왜냐하면 그 관계는 아버지와 자녀의 관계이기 때문입니다. 종과 주인과의 관계가 아닙니다. 서로 목숨을 나눌 수 있는 그런 사랑의 관계입니다. 2장에서 하나님이 세우시는 영원한 나라는 바로 이런 사람들이 모이는 곳이 될 것입니다. 앞으로 오고 오는 역사 속에서 하나님의 사람들은 이런 모습으로 하나님을 섬기게 될 것입니다. 하나님께 자발적으로 목숨을 거는 사람들! 이들이야 말로 하나님의 진정한 자녀들입니다.

② 에스겔 - 공간을 초월하여 역사하시는 무소부재하시는 하나님

에스겔은 다니엘과 역사적 배경이 같습니다. 다만 에스겔이 포로로 잡혀간 것은 2차

포로시기인 주전 597년이고 선지자로서 부름을 받고 사역을 시작한 것은 1:2절에서 말씀하시는 바와 같이 여호야긴 왕이 사로잡힌 지 오년 째인 주전 593년경입니다. 이스라엘 민족은 예루살렘에 성전을 가지고 있는 한 절대 망하지 않는다는 맹신이 있었습니다. 하나님과의 관계야 어떻든 자신들의 삶이야 어떻든 성전이 있는 한 하나님도 어쩔 수 없이 자신들을 버릴 수 없다는 것입니다. 이 잘못된 맹목적 신앙을 깨부수는 것이 에스겔서의 내용입니다. 하나님은 장소에 제한되는 분이 아니십니다. 예루살렘의 성전은 하나님이 함께 하셨기 때문에 가치가 있는 것이지 하나님이 떠나시면 그 성전의 가치는 아무것도 아닙니다. 눈에 보이는 건물이 하나님의 임재를 보장하는 것이 아니기 때문입니다. 하나님을 섬겨야 할 성전에서 우상을 숭배하는 가증한 일을 벌이면서도 자신들의 잘못을 깨닫지 못하고 선지자들이 전하는 말씀을 거역하는 그들에게 하나님은 마지막 수단으로 예루살렘 성전을 떠나시는 것입니다.

하나님의 영광이 예루살렘 성전을 떠남 (겔 8~11장)

에스겔은 하나님의 환상을 통해서 예루살렘 성전으로 안내를 받습니다. 그곳에서 바벨론 들에서 보았던 동일한 하나님의 영광을 보았습니다. 바벨론에 나타난 하나님이 이스라엘이 섬기던 바로 그 하나님임을 증거합니다. 그러니까 에스겔의 환상은 예루살렘의 성전에 계셔야 될 하나님의 영광이 어떻게 바벨론으로 옮겨 가게 되셨는지를 보여 주려고 하는 것입니다. 먼저 성전 안뜰로 들어가는 북향한 문 쪽을 보았습니다. 하나님께 질투를 일으키는 우상을 세워 놓은 자리가 있었습니다. 그런데 하나님의 질투를 일으키며 성전 안에 있는 우상은 무엇일까요? 열왕기하 21장 7절에 보면 므낫세 왕이 직접 아로새긴 아세라(바알의 아내) 목상을 성전에 세우고 섬긴 것을 보게 됩니다.

또한 신 16:21에서는 하나님 단 옆에 아세라 상을 세우지 말라는 하나님의 경고를 받았던 것을 볼 때 아세라 목상이었을 가능성이 가장 큽니다. 북향한 문, 즉 제단문 어귀 북쪽(8:5절)에 있었다는 것은 바알 궁전이 있는 방향(바알종교의 시작은 가나안의 북쪽 지역에 위치하고 있기 때문)을 향하고 있는 것이며 또 하나는 아세라 여신에게 북쪽의 침략자들(이스라엘의 침략자들이 주로 북쪽에 있음)로부터 예루살렘 성읍을 보호해 달라는 이스라엘 백성들의 소망이 담겨져 있습니다.

이번에는 성전 안 뜰을 보았습니다. 칠십 명의 장로들이 은밀하게 각양 곤충과 가증한 짐승과 이스라엘 족속의 모든 우상을 그 사방 벽에 그려 놓고 향을 피우며 섬기고 있었습니다. 짐승 형태의 신들은 고대 근동에서 흔한 것이었지만 특별히 악어, 뱀, 곤충에 대한 숭배는 애굽에서 행해졌는데 고대 이집트의 신전의 벽들은 그들이 숭배하던 짐승들과 신들의 그림들로 장식되어 있습니다. 백성의 지도자들인 장로들은 애굽의 신을 숭배함으로 바벨론의 침략을 막아달라는 기원(이 때는 1차와 2차포로가 발생한 이후 주전 592년 정도의 시기임)을 함으로서 예레미야의 바벨론에게 항복하라는 하나님의 말씀을 노골적으로 거부하고 있는 것을 보게 됩니다. 자신들의 전략을 믿는데 그 전략이 우상을 섬기는 신앙에서 나오고 있습니다.

여호와의 전으로 들어가는 북문 입구 쪽을 보게 되었습니다. 이스라엘 여인들이 담무스를 위하여 애곡하고 있습니다. 담무스(Tammuz)란 수메르어 두무지(Dumuzi, 충성스런 아들 또는 생명의 아들이란 의미)에서 유래된 말입니다. 이는 고대 바벨론이나 페니키아 등지에서 봄에 식물을 성장, 결실케 하는 우상으로 숭배되어져 왔습니다. 뜨거운 여름이 돌아와 식물들이 타고 시들어 죽게 될 때에는 이 신이 죽어 지하 세계에 간 것으로 사람들이 믿었고 그의 누이이면서 배우자 신인 풍요의 여신 이쉬타르(Ishtar)에 의해 담무스가 지하 세계에서 봄에 지상으로 이끌어 올려져 만물을 다시 소생케 하여 결실하게 하는 것으로 여겼습니다.

당시 고대 바벨론 사람들은 이런 미신의 사상에 따라 바벨론의 담무스 월, 즉 제 4월, 현재 태양력의 6-7월에는 이 신의 죽음을 애도하는 종교 의식을 행하였습니다. 담무스를 위한 애곡(슬픈 노래)의 제의가 죽었다가 다시 살아나는 초목의 풍요 제의와 연관되어 있었다면 여호와께서 땅과 생명과 계절과 모든 풍요의 주님이라는 사실을 그들은 거부하고 있는 것입니다. 이 여인들의 종교적 행위로 볼 때 바벨론을 추앙하는 사람들이 있음을 알 수 있습니다. 친 애굽파냐 친 바벨론파냐로 나뉘어진 당시의 상황이 지도자들뿐만 아니라 일반 백성들에게도 광범위하게 퍼져 있었음을 알 수 있습니다.

이제는 성전 안뜰의 성전 문 곧 현관과 제단 사이를 보게 되었습니다. 25명의 남자들이 여호와의 성전을 등진 채 태양신을 경배하고 있었습니다. 하나님의 성전은 동쪽에 출입문이 세워져 있고 서쪽에는 지성소가 있어서 예배 자들이 떠오르는 태양을 언제나 등지게 되어 있습니다. 그런데 이 사람들은 반대로 태양을 경배하기 위해서 하나님의 성전을 등진 채로 종교적 행위를 하고 있는 것입니다. 이것은 참으로 하나님을 모욕하는 행위가 아닐 수 없습니다. 태양은 바벨론 제국의 가장 힘 있는 신들 중 하나였습니다. 따라서 태양 숭배는 하늘과 그 안에 충만한 모든 것의 창조주이신 여호와 하나님을 숭배하는 것과 전혀 양립할 수가 없습니다. 지금 남 유다는 우상숭배의 경연장이 되어 버렸습니다. 그것도 하나님의 임재의 상징이요 하나님의 영광이 머물고 있는 자리인 여호와의 성전에서 그들은 버젓이 우상을 숭배하며 그 신들에게 자신들의 운명을 맡기며 빌고 있습니다.

그리고 애굽의 신과 바벨론의 신들이 혼재되어 나타나는 것은 그들이 얼마나 종교적으로 혼탁해 있는가를 보여주는 것이고 정치적으로도 애굽과 바벨론 사이에서 갈팡질팡하고 있는 혼란기를 보내고 있음을 알 수 있습니다. 그들의 정치적 성향에 따라서 그들의 종교가 결정되는 것을 보게 됩니다. 하나님께서 이런 상황을 에스겔에게 보여 주신 것은 남 유다에게 임할 하나님의 진노의 당위성을 보라는 것이며 유다가 멸망하는 것은 다른 이유가 아니라 그들이 하나님을 거부하기 때문에 일어나는 것임을 명확히 보여 주시는 것입니다.

유다 백성들의 성전에서까지 행해지는 이 모든 가증한 것들로 인해서 하나님의 영광이 예루살렘 성전에 더 이상 머물지 못하고 그 성전을 떠나게 만든 원인이 되었습니다. 에스겔은 하나님의 영광이 지성소에 있는 속죄소(하나님의 통치의 자리)를 떠나 그룹 위로 올라 성전 문지방에 이르러 그룹 및 바퀴와 함께 하나님의 전 동문 쪽으로 이동하여 예루살렘 성읍 위로 올라 동편에 있는 감람산에 멈추는 것을 보았습니다. 그리고 하나님은 에스겔을 데리고 바벨론 땅으로 옮겨 가십니다. 이 시점 이후부터 거룩한 성전이라고 불렸던 예루살렘 성전은 바벨론에 불에 태워져 완전히 초토화 되고 맙니다.

예루살렘을 떠나시기 위해서 여호와의 영광이 잠시 머물렀던 바로 그 감람산에서 예수님이 예루살렘 성전의 파괴를 예언하는 것이 우연한 일치일까요? 주전 586년에 바벨론 군사들이 예루살렘 성전을 완전히 파괴하여 불태워 버린 것처럼 주후 70년에 거룩한 도성으로 여겨진 예루살렘을 로마 군대가 완전히 파괴하고 성전을 돌 위에 돌 하나도 남기지 않을 정도로 훼파시킨 것은 결코 우연이 아닙니다. 에스겔 당시의 유대인들이나 예수님 당시의 유대인들이나 쌤쌤인 것입니다. 다르지 않습니다. 에스겔 시대나 예수님 시대의 이스라엘 백성들의 공통점은 하나님과의 관계는 저버린 채 예루살렘에 성전이 있는 한 하나님께서 절대로 자신들을 버리실 수 없다는 맹신을 가지고 있었다는 것입니다. 건물로서의 성전은 자신들의 생명과 같이 귀중하게 여기면서도 정작 그곳에 하나님은 계시지 않는다는 것을 그들은 상상도 못하고 있습니다. 인간의 영적 무지가 안타깝습니다. 그래서 결국 바리새인과 서기관들과 사두개인들과 유대 백성들은 성전을 헐고 삼일 만에 다시 짓겠다는 예수님의 말씀을 전혀 이해하지 못하고 성전을 모독했다는 죄목을 붙여서 예수님을 십자가에 못 박으라고 아우성을 친 것입니다.

예수님은 성전의 실체임을 알리시고 성전보다 더 큰 이가 자신임을 말해 주어도 그들에게는 아무 소용이 없습니다. 보이는 건물은 단지 그림자일 뿐인데 그들은 거기다가 목숨을 걸었습니다. 우상숭배자들이 장소를 신성시하고 자신들의 제사의식을 특별하게 여기는 것과 하나도 차이가 없는 것입니다. 물론 하나님 앞에 제사를 드릴 때 제사자가 아무렇게나 드려서는 안 되지요. 율법이 요구하는 대로 드려야 하며 경건한 자세로 드려야 하는 것은 당연한 것입니다. 하지만 그것이 하나님을 믿는 데 있어서 본질이 아니라는 사실은 분명히 알아야 합니다. 하나님은 의식이나 형식이 본질이 아니고 하나님과의 관계가 본질임을 구약 성경 내내 말씀해 주셨는데 그들은 보는 눈이 없고 들을 귀가 없었고 들을 마음이 없었습니다.

성전(성막)이 언제 이스라엘에게 주어졌습니까? 출애굽 이후에 시내 산에서 처음으로 주셨습니다. 구약에서 성막과 성막의 제사를 하나님께 나아가는 유일한 길이라고 믿는 사람들에게 묻습니다. 그러면 성전이전의 이스라엘 백성들은 어떻게 하나님께 나아가서 그분과 친밀한 관계를 유지하며 신앙생활을 영위했을까요? 이스라엘 이전의 역사도 수천 년의 세월이 흘러왔고 이스라엘 역사만 국한시키더라도 아브라함, 이삭, 야곱, 요셉 그리고 애굽에 있었던 이스라엘 백성들에게도 수백 년 동안 성막 없이 신앙생활을 해 왔는데 그들은 도대체 하나님을 어떻게 섬겼을까요? 성전도 없는데. 또한 출애굽 이후는 어떤가요? 시내 산 이후에 그들에게 성막이 주어진 것 맞습니다.

하지만 그들이 성막이 있다고 더 정결한 삶을 살았으며 하나님께 순종하는 삶을 살았나요? 아닙니다. 출애굽 1세대는 불순종만 하다가 광야에서 모두 죽었습니다. 사사시대에는 성막을 중심으로 그들이 신앙생활을 열심히 했을까요? 아닙니다! 사사기 17~21장을 다룰 때 레위 지파와 이스라엘 백성들의 종교적 타락을 통해서 말씀드렸듯이 그때도 성막 중심의 신앙생활은 이미 무너져 있었습니다. 엘가나와 한나와 같은 경건한 소수만 빼놓고요. 더구나 블레셋과의 아벡 전투에서 실로의 성막이 파괴되어 버렸는데[152] 이것은 솔로몬이 성전을 지을 때까지 성막의 공백이 생겼다는 것을 의미합니다.

역대하 1장 3절에 보면 기브온 산당에 여호와의 장막, 즉 모세가 광야에서 지은 것이 거기 있었다고 말하고 있습니다. 아마도 아벡 전투에서 파괴된 실로 성막의 잔해를 옮겨서 다시 세웠을 것입니다. 하지만 그곳에 가장 중요한 언약궤는 없었습니다. 언약궤는 아벡전투에서 블레셋에게 빼앗겼다가 나중에 다시 돌려받게 되는데 성막으로 돌려 보내지지 않고 수십 년 동안 개인 집에 있다가 다윗이 왕이 된 후에 예루살렘으로 옮겨 왔기 때문입니다. 그래서 4절에 다윗이 언약궤를 위해서 장막을 쳐 두었다고 말하고 있는 것입니다. 여기서의 장막은 임시천막으로 성소의 역할을 할 수 있도록 만들었다는 말입니다. 그러니까 솔로몬 성전이 완공되기 전까지 성막은 기브온과 예루살렘 두 군데로 나누어져 있었다는 것입니다.

그런데 블레셋과의 아벡 전투(참조. 삼상 4-6장)를 위해서 언약궤를 실로 성막에서 가져온 것은 분명한데 돌려받은 다음에 당시에 사무엘이라는 존경받는 지도자가 있었음에도 실로의 성막으로 가지 못하고 개인 집에 이십 년 동안 머물러 있었다는 것은 언뜻 이해가 되질 않습니다. 또 하나는 다윗이 언약궤를 옮기기 위해서 무려 삼만 명을 동원할 정도로 열심을 내어서 예루살렘으로 옮겼는데 기브온에 있는 여호와의 성막은 왜 함께 옮기려 하지 않았을까 하는 점입니다. 신명기에서 말한 한 장소를 정해 놓고 제사를 드리라는 하나님의 명령에 비추어 볼 때 언약궤와 성막이 분리되는 것을 상상할 수 있나요? 더구나 언약궤가 없는 성막은 속된 말로 앙꼬 없는 찐빵과 같은데 말입니다. 이것은 기브온에 있는 것이 여호와의 성막으로 불리긴 했지만 놋 제단과 몇 몇 기구 외에는 아벡전투에서 성막이 파괴되어 버려서 모세가 지었던 원래의 성막의 형태를 100% 완벽하게 유지하지 못했기 때문으로 풀이 됩니다. 원래의 성막의 모습이 아니었기 때문에 성전을 지으려는 마음을 갖고 있었던 다윗은 가장 중요한 언약궤만 가져 온 것입니다. 만일 온전한 성막이 남아 있었다면 다윗이 성전을 지으려고 했을까요?

또한 열왕기상 3장에 나타난 솔로몬의 행동을 주목해 볼 필요가 있습니다. 솔로몬은 하나님을 사랑하므로 그 믿음의 표시로 기브온에서 일천 번제를 드렸는데 하나님으로부터 전무후무한 지혜와 부귀와 영화에 대한 약속까지 받게 됩니다. 그런데 3장 15절에 보면 솔로몬이 예루살렘에 돌아와서 언약궤 앞에서 다시 번제와 감사의 제물을 드렸다고 말씀하고 있습니다. 일단 기브온에는 놋 제단과 여호와의 성막이 있고 예루살렘에는 언약궤가 있는 것이 솔로몬 시대에도 그대로 이어지고 있음을 확인할 수 있습니다. 아마 솔로몬도 다윗으로부터 성전을 지으라는 유언을 받았기 때문에 성전을 지을 때까지 다윗 시대의 상태를 그대로 유지했던 것으로 보입니다.

그런데 솔로몬은 왜 예루살렘에 돌아와서 언약궤 앞에서 제사를 다시 드렸을까요? 그것은 솔로몬이 언약궤를 성막의 핵심으로 보고 있다는 것을 의미하든지 아니면 기브온 산당의 여호와의 성막에서의 제사와 예루살렘의 여호와의 언약궤를 둔 장막에서 드리는 제사의 가치를 구분하지 않고 동일하게 여기고 있다는 것을 반영하기 때문일 것입니다. 혹시 솔로몬이 일천 번제를 드린 곳이 기브온이기 때문에 여호와의 성막이 있는 기브온을 더 중요하게 여겨야 한다고 생각하는 분들에게는 역대상 28장 1절 이하의 말씀들을 소개해 드리고 싶습니다. 다윗이 이스라엘의 모든 고관들을 예루살렘으로 불러 모은 다음에 자신이 솔로몬에게 성전 건축을 일임하였음을 공포합니다. 그리고 고관들과 백성들이 즐거이 자원하는 마음으로 성전 건축을 위하여 헌금을 한 다음에 모든 것이 순조롭게 진행되는 것에 대한 감사의 기도를 다윗이 드립니다. 마지막으로 제사를 드리는데 그 규모가 엄청납니다. 역대상 29장 20절입니다. "이튿날 여호와께 제사를 드리고 또 여호와께 번제를 드리니 수송아지가 천 마리요 숫양이 천 마리요 어린 양이 천 마리요 또 그 전제라" 무려 삼천 마리의 제물입니다. 솔로몬의 일천 번제보다 세 배나 많은 양입니다. 이 제사를 기브온이 아니라 예루살렘에서 즉 언약궤가 있는 장막에서 드린 것입니다.

열왕기상 3장 2절을 보면 솔로몬이 기브온 산당에서 제사 드릴 때에 백성들도 산당에서 제사를 드렸다고 말씀하고 있습니다. 여기서 산당은 복수로서 산당들로 번역을 해야 하고 제사는 희생 제물로 번역하는 것이 원문에 맞는 번역입니다. 백성들이 이스라엘 곳곳에 산재해 있는 산당에서 희생제물을 드렸다는 말입니다. 백성들이 산당에서 제사를 드리는 행위를 2절에서 평가하기를 "그 때까지 여호와의 이름을 위하여 성전을 아직 건축하지 아니하였"기 때문이라고 말을 합니다.

만일 성막이 아벡전투에서 파괴되지 않고 모세가 지었던 원형 그대로 실로에 온전하게 남아 있었다면 과연 이 말을 할 수 있을까요? 이런 말을 할 수 있다는 것은 지금 성막의 처지가 온전치 못하다는 것을 증거하는 것입니다. 또한 이 말은 백성들이 산당(우상을 섬기기 위한 산당이라기보다는 하나님께 제사를 드릴 목적으로 세운 장소)들에서 희생 제사를 드리는 것을 하나님께서 용인하셨다는 것을 의미하는 것으로 보입니다. 열왕기상 3장 3절에서 여호와를 사랑하고 그의 아버지 다윗의 법도를 행하는 솔로몬도 산당에서 희생제물을 드렸다는 사실을 병행어구로 등장시키고 있기 때문입니다. 3절에서 솔로몬이 제사를 드렸다는 산당도 단수가 아니라 복수로 나타나고 있는데 이것은 솔로몬이 제사를 한 곳에서만 드린 것이 아님을 말해 주고 있습니다. 열왕기상의 문맥으로 보자면 솔로몬이 기브온 산당으로 간 것이 여호와의 성막이 있는 곳이기도 했지만 상대적으로 다른 산당들보다 일천 번제를 드리기에 더 컸던 것도 한 이유가 되었음을 말하고 있습니다.

이런 것들을 종합해 볼 때 당시에 산당 예배가 자연스럽게 이루어진 것을 알 수 있습니다. 더 나아가서 솔로몬이 기브온 산당에서 여호와께 일천 번제를 드리고 나서 하나님께서 그 제사를 받으셨다는 것과 그에 대한 선물로 지혜를 주신 것이 연이어 나타나고 있기 때문에 백성들의 산당에서의 제사가 우상숭배 하는 것을 지적하려는 것이 아니라 실로의 성막이 파괴되고 아직 고정건물로서의 성전이 완공이 되지 않았기 때문에 백성과 왕이 공히 산당에서 제사를 드리고 있는 현실에 대해서 말하고 있는 것으로 보입니다. 하지만 산당에서의 제사가 위험성을 내포하고 있다는 암시는 하고 있다고 보입니다. 왜냐하면 열왕기서 저자는 성전이 건축된 이후에는 백성들이 산당에서 드리는 제사를 부정적으로 보고 있기 때문입니다. 그리고 솔로몬이 성전을 지은 후에도 왕상 11장 이하에 보면 산당을 짓고 우상을 숭배하는 것을 보게 되는데 이것은 솔로몬이 성전 짓기 전부터 산당 제사에 자연스럽게 동화되어 있었기 때문에 더욱 쉽게 우상의 산당에 가서 제사를 드린 것으로 볼 수 있습니다.

솔로몬 성전은 주전 960년에 완공이 되는데 그렇다면 실로의 성막이 파괴된(파괴 연도 : 주전 1104-1050년경 사이) 이후 거의 100여 년 동안 이스라엘 백성들은 무의미한 신앙생활을 보냈을까요? 아닙니다. 이때도 하나님의 역사는 지속되었고 여전히 하나님의 사람들은 존재했습니다. 그리고 이스라엘이 남북으로 갈라진 다음에 북이스라엘(주전 931-722)에는 앗수르에 의해 망할 때까지 약 210년 동안 성전이 존재하지 않았습니다. 유일한 성전이 남유다의 예루살렘에 있었기 때문입니다. 하지만 북이스라엘에도 선지자들이 활동했었고 엘리야 시대에는 바알에게 무릎 꿇지 않은 칠천명이나 되는 하나님의 자녀들이 있었음을 기억해야 합니다. 그리고 주전 586년에 예루살렘 성전이 완전히 파괴되고 주전 516년에 돌아온 포로들에 의해서 성전이 다시 재건됩니다. 그렇다면 70년 동안 유다에 남아 있었던 사람들뿐만 아니라 포로지에 있었던 사람들은 어떻게 하나님을 섬겼을까요? 성전 중심의 신앙생활을 하지 못했기 때문에 그들의 신앙은 다 무효였을까요? 하나님은 바벨론에 포로로 잡혀 가 있는 사람들 중에 자신의 진정한 자녀들이 있음을 분명히 선포하셨습니다. 그곳에 다니엘이 있었고 그의 세 친구가 있었으며 에스겔이 있었고 스룹바벨이 있었고 70년이 한참 지난 후에도 에스라가 있었고 느헤미야가 있었으며 에스더와 모르드개와 같은 경건한 무리들이 있었습니다.

2차포로 귀환이 주전 458년에 3차포로 귀환이 주전 444년에 이루어집니다. 그러면 1차 포로가 주전 605년에 일어났으니까 3차 귀환이 이루어진 444년까지 그 긴 기간 동안에 성전도 없이 포로지에 남아 있었던 사람들은 도대체 어떻게 신앙생활을 했을까요? 분명히 말씀드리지만 구약이나 신약의 성도들은 모두 믿음으로 사는 것입니다. 하나님께 기도하며 그 분과 일대일의 관계를 누리며 그 관계 안에서 신앙의 생명이 유지되는 것입니다. 건물로서의 성전은 성전의 본질이신 예수님을 목표로 잠시 하나님께서 그들에게 시청각용 자료로 두셨을 뿐입니다. 예수님 안에서 성전의 모든 의미와 기능이 성취되기 때문입니다. 성전의 실체가 계시는데 하나님께서 건물에다 목숨을 거셨겠습니까? 그들에게 성전 제사의 규례를 주신 것은 그런 과정을 통해서 하나님을 알고 하나님께 붙어 있으라는 것이지 그것 자체가 목적은 아니었다는 사실을 분명히 깨달아야 합니다. 그러므로 그들이 죄악에 빠져서 하나님을 멀리할 때 성전은 아무런 의미가 없는 것이며 하나님의 영광이 떠나 버린 성전은 빈껍데기에 불과한 것입니다.

기독교는 결코 보이는 건물로서의 성전에 목숨을 걸어서는 안 됩니다. 의식과 형식이 필요한 것은 사실이지만 그것이 신령한 것은 아닙니다. 하나님께서 진정으로 신령하기를 원하시는 것은 우리의 영혼이며 마음입니다. 우리의 인격입니다. 하나님은 첫 창조 때부터 지금까지 사람을 가장 중요하게 생각하시고 자신의 모든 사역의 핵심으로 생각해 오셨습니다. 그런데 인간은 그 본질을 보지 못하고 우상 숭배하는 자들을 본받아 의식과 절차와 건물에 특별한 의미를 부여해 버리고 그것이 신앙생활의 전부라고 생각하는 웃지 못 할 상황에 빠져 버린 것입니다.

그래서 하나님이 온 우주에 무소부재하시는 그래서 성도가 어디라도 그곳이 하나님과 함께 하는 곳이면 성전이 될 수 있다는 이 사실을 망각한 채 구약으로 보자면 하나님을 성전 안에 가두어 버렸고 오늘날에는 교회당과 기도원이라고 하는 건물 안으로 제한시켜 버린 것입니다. 하나님이 거기서 나오시면 안 됩니다. 왜냐하면 우리가 가는 곳마다 따라오시면 귀찮기 때문입니다. 내 마음대로 살 수 없고 마음 내키는 대로 죄를 지을 수 없기 때문입니다. 언제나 하나님 앞에 자신이 존재하고 있다고 생각하는 것이 아니라 성전이나 교회당에 찾아가서 뵙는 분으로 전락을 시켜 버려야 마음이 안심이 되는 것입니다. 이 얼마나 우스운 일입니까? 하나님을 천지를 창조하신 창조주로 믿고 오직 유일하게 살아계신 하나님으로 믿으면서 어느 장소에 한정된 분으로 믿고 있으니 말입니다.

하나님은 에스겔을 통해서 어느 특정한 공간에 제한된 하나님이 아니심을 분명히 증거하십니다. 공간을 초월하여 그 분은 역사하시는 분이십니다. 애굽에서 역사하셨고 광야에서 역사하신 분이며 약속의 땅에서도 그 분은 역사하셨습니다. 이제는 바벨론에서 그의 백성들과 함께 하시며 그들에게 말씀하시는 하나님이십니다. 온 우주가 하나님의 것인데 하나님의 능력이 제한되는 곳이 어느 곳이며 하나님이 가시기에 장애가 되는 세상이 어느 곳입니까? 다니엘서에서 이미 보았듯이 하나님은 세계 최 강대국의 권력과 종교도 무력화시키시며 하나님 자신의 능력을 마음껏 행사하시는 분이십니다. 중요한 것은 성전은 놓아 버려도 하나님은 놓으면 안 되는 것입니다.

성전으로 다시 돌아오신 하나님의 영광(겔 43장)

장소로서의 성전은 하나님의 영광이 함께 하시지 않으면 아무런 쓸모가 없음이 드러났습니다. 따라서 하나님의 영광이 또 다시 장소적 개념으로 돌아온다는 것은 진정한 의미에서의 회복이 아닙니다. 하나님의 영광이 돌아오신다면 다시는 하나님의 영광이 옮겨가지 않으실 방법으로 오실 것입니다. 에스겔 40장 이하에 보면 에스겔이 새로운 성전에 대한 환상을 본 내용이 등장합니다. 그런데 우리가 이 성전을 생각할 때 유념해야 될 것이 있습니다. 먼저 모세의 성막이나 솔로몬의 성전은 하나님께서 정확한 치수와 성전의 기물들이 무엇이 될 것인지 내해서 직접 구체적으로 말씀해 주셨다는 것입니다. 그래서 이것들을 세울 때 가장 중요한 것은 보여주신 식양대로, 즉 보여주신 설계도대로 짓는 것이었습니다.

출애굽기 25장 8-9절입니다. "내가 그들 중에 거할 성소를 그들이 나를 위하여 짓되 무릇 내가 네게 보이는 모양대로 장막을 짓고 기구들도 그 모양을 따라 지을지니라" 그런 다음에 설계도나 치수에 대해서 10절부터 구체적으로 말씀해 주고 있습니다. 역대상 28장 19절입니다. "다윗이 이르러 여호와의 손이 내게 임하여 이 모든 일의 설계를 그려 나에게 알려 주셨느니라" 솔로몬의 성전 설계도를 다윗에게 주셨는데 하나부터 열까지 모든 것을 하나님이 주셨다고 말씀하고 있습니다. 모세의 성막과 솔로몬의 성전은 그림, 즉 환상으로 보여 주신 것이 아니라 직접 음성으로 들려 주셨습니다. 그러나 에스겔에게 보여주신 성전은 직접 주신 것이 아니라 환상으로만 보여주셨으며 그 성전을 건축하라는 말씀이 없다는 사실입니다. 그리고 이 성전 환상 중에서 하일라이트는 예전에 예루살렘 성전을 떠났던 하나님의 영광이 다시 돌아오신다는 것입니다. 겔 10~11장에서 하나님의 영광이 떠나셨던 방향 그대로 거슬러 오셔서 성전 가운데 임하시는 것입니다. 그리고 말씀하시기를 이스라엘 족속 가운데 영원히 거하실 것을 천명하십니다.

에스겔이 이 환상을 받은 때가 포로로 사로잡혀 간지 25년째인 주전 572년입니다. 예루살렘 성전이 잿더미가 된지도 15년이 지난 시점입니다. 그런데 보여 주신 이 성전의 치수와 도면은 이 환상 이후에 세워진 스룹바벨 성전(주전 516년)이나 헤롯 성전(주전 23년경)이나 그 어떤 성전과 일치하지 않는다는 것입니다. 그래서 팔머 로벗슨은 이렇게 말합니다. "에스겔이 이상으로 본 그 성전은 결코 건축될 것으로 의도되지 않았으며 더욱이 시온 산(예루살렘의 성전이 있던 산 - 필자 주) 위에 건축되지 않는다는 사실은 두말할 여지가 없다."[153]

그렇다면 에스겔에게 환상으로 성전을 보여주신 목적이 무엇인지 생각해 보아야 합니다. 이 말씀은 포로들에게 주신 말씀이므로 먼저 그들에게 반드시 어떤 영향을 미쳤을 것입니다. 이 환상에 대한 에스겔의 선포를 들었을 때 포로민들은 그들이 반드시 돌아갈 수 있다는 소망을 갖게 되었을 것입니다. 또한 그들이 예루살렘에 돌아가면 불타 버린 성전 대신에 새로운 성전을 다시 지을 수 있다는 꿈도 갖게 되었을 것입니다. 이들의 소망은 주전 516년에 제 2성전을 건축함으로 성취되었습니다. 하지만 이것은 에스겔 성전과는 너무도 많은 차이가 나는 부분적인 성취에 불과했습니다. 솔로몬의 성전의 영광을 보았던 노인세대들은 제 2성전의 기초가 놓일 때 그 초라함에 대성통곡하며 울었다고 말하는 에스라서 3장은 이것을 증명하고 있습니다.

하나님께서 허락하시는 회복은 결코 부분적이고 불완전한 회복을 의미하지는 않습니다. 물리적으로 그들에게 성전 건축에 대한 소망을 주신 것은 사실이지만 이것을 뛰어 넘어서 물리적인 성전이 아니라 이 성전의 의미를 완벽하게 성취하는 어떤 목적지를 향하고 있음이 정확하다 할 것입니다. 왜냐하면 에스겔의 "환상은 가운데 있는 성소 및 성을 중심으로 이스라엘 지파들이 완벽하게 균형을 이루어 정돈되고 땅이 균등하게 나누어지고 또한 무엇보다도 하나님 자신이 그 모든 것의 한 가운데 계시고 생명의 강이 그 분의 임재로부터 흘러나와 세상에 복을 주고 치유하고 비옥하게 하고 먹이고 생명을 주는 모습을 묘사"[154]하고 있기 때문입니다.

이필찬 교수는 에스겔 47장에서 모든 생물이 소성함을 얻게 되는 근원이 성전에서 흘러나온 물이라는 점을 주목하면서 이것은 에덴동산 꼭대기에서 발원한 네 갈래의 강물이 에덴동산의 모든 식물을 촉촉하게 적심으로 그 생명의 싱싱함을 유지할 수 있도록 한 것과 유사한 패턴을 가진다고 말합니다. 그러면서 에스겔 47장 7-9절이 에덴동산의 모습을 연상케 하는 것으로 본다면 에스겔의 본문은 성전에서 나온 물에 의해 에덴의 회복이 이

루어지고 있다는 것을 시사해 준다고 이야기합니다.[155)]

또한 에스겔 47장 12절은 요한계시록 22장 2절의 배경이 됩니다. 요한 계시록은 완전히 회복된 하나님의 나라의 모습을 그리고 있는데 이것은 에스겔의 성전환상이 일시적이거나 부분적인 회복이 아니라 완벽한 회복을 말하고 있음을 증거하는 것입니다. 그러므로 에스겔의 성전환상의 성취는 물리적으로 이루어지는 것이 아니라 첫 창조에서 새 창조에 이르는 인류역사의 처음과 나중을 포괄하며 완벽한 회복을 주실 수 있는 분, 즉 성전의 실체이신 예수 그리스도 안에서 성취될 것을 지향하고 있는 것을 알 수 있습니다. 예수 그리스도 안에서 성전이 어떻게 성취되는지에 대해서는 신약을 다룰 때 자세하게 설명할 예정입니다.

35. 포로 귀환 이후 시대

**바벨론에서 포로로 귀환하는 것이 이스라엘 (남 유다)의 회복의 본질이 아닙니다.
이스라엘 백성들은 여전히 실패하고 여전히 하나님을 거역하기 때문입니다.
하나님이 이스라엘의 물리적 회복을 주시는 이유는
메시야 안에서 온전히 성취될 그 나라를 바라보시고 그 성취를 위해 준비해 가시기 위함입니다.
말라기서가 예수님의 오심과 세례요한에 대한 예언으로 끝나는 이유가 바로 거기에 있습니다.**

주전 539년에 바벨론을 정복함으로서 명실상부한 고대 근동지역의 패권자가 된 페르시아는 지금의 터어키와 인도, 이집트에 이르기까지 광범위한 제국이 되는데 이들의 식민정책은 정복한 민족의 종교와 문화를 억누르지 않고 오히려 각자의 관습과 종교를 권장하기까지 했는데 이것은 유대인 포로들에게도 그대로 적용이 되었습니다. 그래서 고레스와 다리오는 유대인들의 본국으로의 송환을 적극적으로 지지하였던 것입니다. 물론 이스라엘을 가나안 땅으로 복귀시키려고 하는 것은 당시에 애굽의 반란을 견제하기 위해서 팔레스타인 지역을 잘 관리해야 한다는 정치적 판단도 작용한 것도 사실 입니다. 하지만 가장 중요한 것은 페르시아 왕들이 이스라엘 백성들의 송환을 결정한 것은 이미 이사야 시대에도 예언되어 있고 예레미야 시대에도 예언 되어 있었다는 사실입니다. 이사야 45장 1절은 하나님께서는 고레스를 이미 자신이 사용할 도구로 선택하였음을 보여줍니다. 하나님은 세속 역사의 정세도 자신의 구속 역사의 성취를 위해서 얼마든지 사용하십니다.

① 남유다의 물리적 회복

성전 재건 - 스룹바벨 성전 (제 2성전)

고레스는 주전 538년에 유대인 포로들에게 고국으로 돌아가도 좋다는 칙령을 발표하게 됩니다. 그 칙령이 에스라 1장 2-4절과 6장 3-5절에 기록되어 있는데 내용은 페르시아 국고 비용으로 성전을 다시 지을 것과 유대인들은 자신이 원하면 누구든지 본국으로 돌아갈 수 있으며 바벨론에 남아 있는 유대인들은 돌아갈 사람들을 경제적으로 도울 것이며 느부갓네살이 취한 예루살렘 성전의 금과 은그릇들을 돌려보내라는 것이었습니다. 그래서 주전 537/6년에 스룹바벨과 세스바살과 예수아가 주동이 되어 5만 명 정도의 사람들이 1차로 귀환하게 됩니다. 이 숫자는 바벨론의 모든 포로들이 돌아온 것을 의미하진 않습니다. 약 60여년 후 에스더 시대에 이틀 동안 유대인들이 대적들을 75,000명이나 죽일 정도였다면 남아 있었던 사람들이 상당히 많았음을 의미하기 때문입니다. 살기가 척박해진 유다와 예루살렘의 형편을 알고 있었고 이미 바벨론 생활에 익숙해 진 상태였으며 모든 사람들이 신앙이 좋은 것은 아니기 때문에 모두 돌아온다는 것은 거의 불가능한 일이었을 것입니다.

1차로 귀환한 사람들의 가장 중요한 임무는 성전을 건축하는 일이었습니다. 그래서 주전 536년에 성전 공사를 시작합니다. 그러나 공사를 시작하는 순간부터 문제가 발생하는데 북쪽의 사마리아 사람들이 자신들도 성전 건축에 동참하게 해 달라는 것입니다. 하지만 사마리아 사람들은 주전 722년에 멸망한 이래로 앗수르의 이주정책에 의해서 이방민족과 섞인 혼혈민족이 되어 버린 상태였고 더욱이 그들의 종교 또한 혼합주의의 영향으로 순수한 여호와의 종교를 간직하지 못하고 있었기 때문에 스룹바벨과 예수아와 족장들은 그들의 제안을 받아들이지 않았습니다. 그들의 제안이 거절되자 사마리아 사람들은 페르시아의 고위 공직자들에게 뇌물을 주고 그들의 직위를 이용해서 유다 사람들의 계획을 막도록 해 버렸습니다. 그래서 유다 사람들은 성전 건축에 대한 자신감을 상실해 버리고 이제는 자신들의 집과 농경지를 재건하는데 더 많은 시간을 보내게 되면서 16년 동안 성전 건축은 중단 되어 버립니다. 이때 중단된 성전 건축사역을 다시 진행하도록 독려한 선지자가 학개 선지자와 스가랴 선지자입니다. 이 두 선지자의 격려로 다시 성전공사가 시작이 되는데 이때가 주전 520년입니다.

성전 건축이 한 달 쯤 진행되고 있을 무렵에 학개 선지자에게 두 번째 하나님의 말씀이 임합니다. 그 내용이 학 2:1-9인데 하나님의 격려의 말씀이 주 내용입니다. 하나님은 먼저 지금 건축되고 있는 성전이 솔로몬 성전보다 보잘 것 없다는 것을 인정하십니다. 그래서 그들에게 흔들리지 말고 굳세게 일을 계속 진행시켜 나갈 것을 당부하시면서 하나님의 영이 그들과 함께 하시므로 두려워하지 말라고 말씀하십니다. 4절에서 굳세게 하라는 말씀이 세 번이나 반복되고 있는 것은 한 달 동안 건축이 진행되는 과정에서 그들이 또 다시 낙심한 상태에 이른 것으로 보입니다. 아마 경제적인 어려움도 있었던 것 같습니다. 그래서 하나님은 2:6-9절에서 그들에게 미래에 대한 약속을 주시는데 가장 핵심은 이 성전에 영광이 충만하게 임할 것인데 이 성전의 나중 영광이 이전 영광보다 더 크게 하실 것이며 이 성전에 영광이 충만하게 하리라고 약속을 하십니다.

그런데 이 성전은 외적인 규모부터 솔로몬 성전보다 훨씬 초라해서 솔로몬의 성전의 영광을 보았던 노인 세대들은 이 성전의 기초공사를 할 때 통곡을 할 정도였습니다. 또한 이 성전이 완공되었을 때 솔로몬의 성전을 봉헌할 때 임했던 하나님의 영광이 임했다는 기록이 없을 뿐 아니라 헤롯이 성전을 개축하면서 스룹바벨 성전도 허물어 버리고 맙니다. 그런데 헤롯 성전은 유대인의 신앙심에서 나온 성전이 아니라 헤롯이 에돔 출신이기 때문에 유대인들에게 환심을 사려는 목적으로 지은 성전이기 때문에 솔로몬의 성전의 정통을 계승한다고 볼 수도 없습니다. 더구나 이 성전은 주후 70년에 완전히 파괴될 것을 예수님이 예언하신 것으로 보아서 학개서 2장에서 말씀하시는 성전은 물리적인 성전이 아님을 알 수 있습니다. 학 2:6-9은 많은 사람들이 메시아 시대를 반영하고 있다는 것에 동의합니다. 따라서 이 성전은 성전의 실체로 오신 예수 그리스도 안에서 성취될 것을 말하고 있는 것입니다. 그러므로 물리적 성전이 재건되는 것은 온전한 회복이 아니라 성전의 본질이신 예수 그리스도를 향한 그림자 회복임을 알 수 있습니다.

성벽 재건 (예루살렘)

3차 포로를 이끌고 온 사람은 느헤미야였습니다. 그는 아닥사스다 1세의 왕궁에서 술 맡은 관원장으로서 고급 관리였는데 이 자리는 아닥사스다가 느헤미야를 얼마나 신뢰하였는가를 보여줍니다. 왕과 술 맡은 관원장 사이에는 신뢰가 생명인데 자주 뇌물을 받고 왕의 술잔에 독을 넣어 왕을 독살하는 일에 가담하였기 때문에 믿을 수 있는 사람을 세울 수밖에 없었습니다. 그런데 느헤미야가 그 위치에 있었다는 것은 느헤미야에 대한 왕의 신뢰가 그만큼 컸음을 의미합니다. 느헤미야는 그 자리에 안주할 수도 있었지만 유다 사람들이 주위의 민족들에게 능욕을 받으며 예루살렘 성은 허물어지고 성문들은 불탄 상태로 있다는 말을 듣고 유다로 돌아가기로 작정을 하고 4개월 동안 하나님께 기도하게 됩니다. 아닥사스다 1세는 느헤미야에게 성벽 재건 사업의 안전과 공사에 필요한 모든 물자 공급을 보장하는 왕의 조서를 주어서 예루살렘으로 돌아가도록 합니다.

느헤미야의 첫 번째 목표는 예루살렘의 성벽을 재건하는 것입니다. 하지만 성벽 재건에 대한 주위의 반대는 예상보다 심각하였습니다. 가장 대표적인 사람들이 사마리아 총독인 산발랏과 암몬의 통치자인 도비야와 아라비아의 부족장인 게셈이었습니다. 이들의 반대는 성벽을 건축하므로 그들의 강력한 라이벌이 될 것을 두려워했기 때문입니다. 하지만 느헤미야의 뒤에는 아닥사스다 1세가 버티고 있었기 때문에 노골적으로는 저항하지는 못하고 암암리에 도발을 감행하였습니다. 이들이 언제 칠지 모르기 때문에 느헤미야는 일하는 사람들을 둘로 나누어서 일부는 건축을 계속하고 남은 자들은 무기를 들고 경계를 서도록 했습니다. 느헤미야를 성 밖으로 유인해 내어 죽이려는 음모도 있었지만 느헤미야는 그것을 알아차리고 거절하기도 합니다.

이런 우여곡절 끝에 52일 만에 성벽은 재건되었습니다. 이때가 페르시아에서 귀환한 그 해 주전 444년 12월(현재 달력으로 7월 중순에서 9월 중순사이에 완공됨)입니다. 12:27이하에 성벽 봉헌식이 나오는데 그 날은 완전히 축제의 날이자 여호와 하나님을 향한 헌신을 다짐하는 자리가 되었습니다. 이제야 예루살렘은 도시로서의 위용을 되찾게 되었습니다. 그럼에도 불구하고 그들은 여전히 페르시아의 속국이라는 사실에는 변함이 없었습니다.

백성 재건

〈1〉 에스라와 느헤미야의 1차 개혁

주전 536년에 1차 포로귀환이 이루어진지 거의 80여년이 지난 주전 458년에 제 2차 포로 귀환이 에스라의 주도로 이루어집니다. 에스라 역시 페르시아 왕인 아닥사스다 1세로부터 특권을 허락받았는데 돌아가기를 원하는 모든 사람들을 데리고 갈 수 있다는 것이었습니다. 또한 왕과 자문관들이 주는 은금과 바벨론에 남아 있는 유대인들이 헌금한 은금을 가지고 가서 제사용 동물을 사는데 사용하도록 하였으며 부족하면 국고에서 도움을 받을 수 있도록 하였습니다. 유다 땅에 토라에 정통하고 토라를 잘 가르칠 수 있는 관리들을 임명할 수 있는 권한도 위임받았습니다. 3개월 반 정도의 여행 끝에 약 1,500명의 사람들이 예루살렘에 도착하였습니다. 이때는 성전이 완공된 지 58년이 지난 시점이었지만 늘 이스라엘 역사가 그렇듯이 영적으로나 도덕적으로 상당히 쇠퇴한 상태였습니다.

에스라가 도착해서 발견한 그들의 가장 큰 문제점은 이방인들과의 결혼이었습니다. 백성뿐만이 아니라 제사장과 레위사람들조차 가나안, 헷, 브리스, 암몬, 모압, 애굽, 아모리 사람들의 딸을 맞이하여 아내와 며느리를 삼았는데 이런 일이 방백들과 고관들의 주도로 이루어졌다는 것입니다. 바벨론 포로 생활이 그들의 죄 때문이었다는 사실을 누구보다 잘 아는 에스라는 또 다시 하나님의 말씀을 불순종하는 백성들을 보고서 회개하지 않을 수 없었습니다. 성전 앞에서 통곡하는 에스라의 모습을 본 많은 백성들도 자신들의 죄의 심각성을 깨닫고 회개하며 통곡하였습니다. 2차포로가 돌아온 지 4개월 정도 지난 9월에 에스라는 유다의 백성들을 예루살렘에 모이게 하고 이방여인과 결혼한 자들을 조사하여 그들을 내 보내게 하였습니다.

성경이 끊임없이 가나안 땅에서의 이방인들과의 섞임의 문제를 언급하는 것은 이방인들과의 결혼 자체를 문제 삼는 것보다 그들의 종교와 문화에 동화되어 하나님을 잊어버릴 것을 염려하기 때문이며 세상 문화에 압도당하지 않고 하나님을 섬기는 예배 문화가 그들의 주된 삶이 되기를 바라는 성경 전체 사상을 심어주기 위함입니다. 이방인들과 섞어질 때 그들은 결국 심판에 이르게 됨을 노아 홍수 사건이나 바벨탑 사건, 솔로몬의 배교, 남 북 왕조의 멸망에서 분명히 보여 줍니다. 하나님의 자녀들은 세상의 정신과 가치관을 따라 가는 것이 아니라 하나님 나라의 법을 따라서 살아야 하는 것이 너무도 중요한 문제이기 때문에 지속적으로 이 문제를 꺼내고 있는 것입니다.

그리고 제 3차포로가 느헤미야의 주도로 주전 444년에 이루어지는데 느헤미야는 성벽을 재건한 다음에 성문을 지키는 문지기와 노래하는 자들과 레위 사람들을 세우고 자신의 동생 하나냐와 영문의 관원인 하나냐를 예루살렘의 책임자로 세웁니다. 그리고 예루살렘 주민이 순번을 따라 며칠에 한 번씩 스스로 경비 임무를 담당하도록 하였습니다. 이것은 느헤미야가 돌아온 포로들 사이의 조직을 재건하므로 공동체의 틀을 갖추도록 했음을 알 수 있습니다. 에스라와 느헤미야 두 사람 모두 돌아온 사람들을 족보를 통해서 정리를 하는데 이것은 포로생활에서 돌아온 사람들이 포로기 이전의 유다의 역사와 동일한 역사적 기반에 서 있다는 말하자면 그들의 정체성이 다윗 왕조의 사람들이라는 것을 확실히 하기 위함이고 또한 행정적으로 백성들을 효과적으로 지도하기 위함이었을 것입니다.

3차포로가 돌아와서 성벽이 재건되고 어느 정도 생활이 안정이 되자 종교력으로 일곱째 달에 예루살렘 성문 중 하나인 수문광장에 백성들이 율법을 듣기 위해 모입니다. 종교력으로 칠월(태양력으로는 9~10월에 해당)은 유다 백성들에게는 새해에 해당되고 나팔절과 속죄일과 초막절이 시행되는 달입니다. 백성들은 새벽(6시경)부터 정오까지 에스라가 읽는 율법을 진지하게 들으며 아멘으로 화답하였습니다. 또한 레위 사람들은 백성들에게 에스라가 읽은 율법의 의미가 무엇인지를 가르쳐 깨닫게 하였는데 백성들이 그 의미를 이해함으로 자신들의 죄를 발견하고 회개하게 됩니다. 또한 그들이 율법에 기록된 대로 초막절을 기억하여 지켰는데 초막절 기간 내내(7일) 에스라는 백성들에게 율법을 낭독하였습니다. 이런 일련의 과정 속에서 영적 부흥이 일어났는데 그들이 7월 24일에 모여서 금식하며 굵은 베 옷을 입고 티끌을 무릎 쓰며 자기들의 죄와 조상들의 죄를 회개하기 시작했습니다.

그러자 레위 사람들이 백성들에게 하나님께서 아브라함을 갈대아 땅에서 부르신 때부터 지나온 과거 이스라엘 역사에 대해서 선포하면서 그들의 조상들이 하나님을 향해 거역함에도 불구하고 신실하게 은혜와 긍휼을 베푸셨음을 말하면서 언약을 세워 다시는 그런 일이 일어나지 않도록 하겠다는 다짐을 하게 됩니다. 율법에 기록된 대로 여호와의 모든 계명과 율례를 다 지켜 행하며 자신의 자녀들에게 이방 사람들과 결혼을 시키지 않을 것이며 안식일에 이방인들에게서 물품을 사는 것을 금하여 온전한 안식일을 지킬 것이며 하나님의 전을 위하여 세겔의 삼분의 일을 드려서 성전에서 쓰일 물품을 구입하도록 할 것이며 해마다 토지소산의 맏물과 각종 과목의 첫 열매를 하나님께 드리겠다고 서약을 합니다. 그리고 장자들과 가축의 처음 난 것을 율법에 기록된 대로 바치며 자신들의 산물의 십일조를 레위 사람들에게 줄 것이고 하나님의 성전을 결코 방치하지 않겠다는 서약을 합니다. 그들의 결연한 의지를 엿볼 수 있는 대목입니다. 또한 백성의 지도자들을 예루살렘에 거주하게 하였고 남은 백성들은 제비를 뽑아 10분의 1은 예루살렘에 거주하게 하고 10분의 9는 나머지 성읍에 거주함으로 인구를 재배치하였습니다.

〈2〉 느헤미야의 2차 개혁

느헤미야 13장 4절 이하는 느헤미야가 12년 동안(주전 444~432 : 에스라는 이 기간 중 죽은 것 같습니다.) 예루살렘에 거하다가 페르시아 왕과의 약속대로 페르시아 궁전으로 돌아가고 없을 때 일어난 일입니다. 느헤미야가 얼마나 오랫동안 페르시아에서 머물렀는지는 알 수 없지만 오랜 시간을 체류하진 않았을 것인데 그가 돌아왔을 때는 백성들의 삶이 예전의 죄악된 삶으로 다시 돌아가 있는 것을 발견하게 됩니다. 백성의 대표라고 할 수 있는 제사장 엘리아십은 한 때 이스라엘의 대적 자였던 암몬 사람 도비아에게 성전의 방을 내주어 거주하게 했는데 그곳은 성전의 물품들을 보관하는 장소였습니다. 그래서 느헤미야는 도비야의 모든 세간을 끌어내고 그 방을 정결하게 하여 원래의 용도로 환원하였습니다.

또한 백성들은 레위 사람들이 받을 몫을 주지 아니하였으므로 레위사람들이 각자 먹고 살기 위해서 흩어져 버렸는데 그들을 다시 제 자리에 세우고 그들에게 줄 십일조를 따로 구별하여 두었습니다. 안식일에 일을 하거나 이방인이 파는 물건을 사므로 안식일을 범하는 사람들이 많아져서 안식일에는 물건을 파는 이방인들이 아예 예루살렘 성으로 들어오지 못하도록 조치를 취하기도 했습니다. 더욱 가관인 것은 예전에 이방인들과의 혼합 결혼이 잘못되었음을 율법을 통해서 깨닫고 이방인 아내나 며느리를 되돌려 보냈음에도 불구하고 또 다시 아스돗과 암몬과 모압 여인을 맞아 아내로 삼은 것입니다. 느헤미야는 이들을 분리하고 제사장과 레위 사람들이 반차를 좇아 자신들의 사역을 감당할 수 있도록 재정비하는 것으로 2차 개혁을 마무리합니다.

불완전한 회복

이렇게 포로에서 돌아온 사람들에 의해서 성전이 재건되고 백성이 영적으로 회복이 되고 행정적으로 조직이 안정을 되찾으며 성벽이 완공됨으로써 유다와 예루살렘의 재건이 마무리 되었습니다. 그렇다면 이 재건이 하나님께서 선지자들을 통해서 말씀하신 회복의 본질이냐 하는 것입니다. 먼저 스룹바벨 성전의 재건에 관한 것입니다. 이 재건은 솔로몬 성전보다 열등한 회복이었습니다. 먼저 모세의 성막이나 솔로몬의 성전에 계속해서 존재했던 하나님의 통치와 임재를 상징했던 언약궤가 없다는 것입니다. "성막과 성전의 지성소에 있었던 언약궤 및 속죄소에 대한 마지막 기록은 역대하 35장 3절에 있습니다. 이후에 성경에서는 두 번 다시 언급되지 않습니다."[156]

그리고 모세의 성막과 솔로몬의 성전이 봉헌될 때 제사장들이 감히 접근할 수 없도록 불과 연기 가운데 가시적으로 임했던 하나님의 영광이 임하지 않았습니다. 또한 모세의 성막과 솔로몬 성전에서는 첫 번째 제사를 드릴 때 하늘에서 불이 내려와 제물을 태워버립니다. 이 불은 하나님이 주신 거룩한 불로서 꺼뜨리지 말 것을 요구하시는데 스룹바벨 성전에서는 이 거룩한 불이 하늘에서 임했다는 기록이 없습니다. 그리고 이 성전 또한 영구적이지 못하고 나중에 허물어진다는 것입니다. 이 모든 것을 종합해 볼 때 스룹바벨 성전은 환상으로 보여 주신 에스겔 성전이 목표하고 있는 성전이 아님을 알 수가 있고 학개 선지자가 영광이 충만한 성전이 될 것임을 예언한 그 성전도 아님을 알 수가 있습니다.

재건된 백성에 관해서도 그들은 유다와 베냐민과 레위 지파만 있었다는 것입니다. 그런데 에스겔서 37장을 보면 남북으로 갈라진 이스라엘이 한 민족으로 통일이 되어 회복이 될 것이며 그 회복된 민족을 다윗 왕이 통치할 것을 말씀하고 있기 때문에 온전한 열두 지파가 없는 회복은 완전한 회복이라고 볼 수 없습니다. 더욱이 느헤미야가 자리를 비운 사이에 그들의 영적 부흥이 순식간에 예전의 죄악의 삶으로 돌아가 버리고 포로기 이전과 이후의 삶이 다르지 않음을 보여주는 그들의 삶의 자세를 볼 때 이것도 선지자들이 예언했던 종말론적인 회복과는 거리가 있게 보입니다.

성벽을 재건했지만 그것도 반쪽자리에 불과했습니다. 성벽은 나라의 기틀을 마련했다는 의미가 되는데 그들은 여전히 페르시아의 속국으로 있으며 헬라와 로마의 속국으로 있을 것이기 때문입니다. 혈통적 이스라엘의 입장에서 본다면 그들의 주권은 이방 나라에 있는 것입니다. 이것을 완전한 회복이라고 볼 수는 없습니다. 물리적 회복을 넘어선 본질적인 회복이 기다리고 있음을 짐작하게 합니다. 이런 우리의 평가가 맞다는 것을 말라기를 보면 충분히 알 수 있습니다.

② 말라기 - 여전히 실패하는 유다 백성들

말라기의 연대와 관련하여 많은 사람들은 말라기 선지자가 느헤미야와 동시대의 인물로서 그의 예언의 시기를 느헤미야가 1차 개혁을 완료하고 페르시아로 돌아갔다가 다시 예루살렘으로 돌아오는 그 사이(느 13:4절 이하)에 활동하였다고 봅니다. 그런데 느헤미야의 연대를 자세히 살펴보면 이 주장은 타당성이 그리 높지 않습니다. 느헤미야가 3차포로를 이끌고 유다로 돌아온 연대가 주전 444년입니다. 이때부터 12년 동안 (느 5:14절 참조) 다시 말하면 주전 432년까지 예루살렘에 머물다가 페르시아 왕과의 약속 때문에 그 해에 페르시아로 돌아가게 됩니다.

그런데 느헤미야가 다시 예루살렘으로 돌아오게 된 때가 언제인지는 정확히 알 수는 없지만 느 13:6의 분위기로 볼 때 긴 시간은 아니었음이 분명합니다. 한글 성경에 며칠 후에란 말은 문자적으로는 '날들의 끝' 으로 번역할 수 있는데 이것을 NIV는 얼마 후 (some time later)라고 번역을 했습니다. 이 기간에 대해서 알리스터 맥그래스는 느헤미야가 "예루살렘을 떠난 지 1년도 안되어 다시 돌아온 것"[157]으로 봅니다. 이 주장이 타당성이 있다고 생각하는데 느헤미야가 예루살렘에 있었을 때 유다 백성들이 2차 개혁의 대상이 된 죄악들(백성재건 후반부에서 언급함)을 행하고 있었다고는 보기 어렵습니다. 아닥사스다를 설득해서 다시 예루살렘으로 돌아온 느헤미야의 성향으로 볼 때 만일 그들이 자신이 있는 상황에서 죄악을 저지르고 있었다면 페르시아에 가는 것을 미루었을 가능성이 아주 높기 때문입니다. 그러므로 느헤미야가 예루살렘에 거주한 12년 동안에는 말라기 선지자가 활동했을 가능성은 거의 없어 보입니다.

더구나 에스라가 2차로 포로들이 돌아온 해인 주전 458년부터 개혁을 주도하였고 3차로 포로들이 돌아온 해인 444년부터는 에스라와 느헤미야가 함께(느 8:9) 그 개혁을 계속해서 이어가고 있었습니다. 이 두 사람이 얼마나 함께 사역을 했는지는 모르지만 어느 시점에서 에스라는 죽었고 느헤미야가 총독으로서 유다를 홀로 다스리다가 페르시아로 돌아간 것으로 볼 때 말라기 선지자는 최소한 주전 458년~432년까지는 활동하지 않았다는 것을 알 수 있습니다.

한 가지 더 생각해 볼 것은 만일 이 기간 어느 시점에서 말라기가 선지자로서 활동을 했다면 에스라서와 느헤미야서에 에스라와 느헤미야가 함께 등장하는 것을 볼 때 에스라서와 느헤미야서 저자는 말라기 선지자의 활동도 언급했을 가능성이 크다는 것입니다. 따라서 느헤미야 2차 개혁 항목에 들어 있는 백성들의 죄악들은 느헤미야가 부재중 일 때 시작됐다고 볼 수 있는데 그렇다면 느헤미야가 떠나자마자 순식간에 이런 일들이 벌어졌을까요? 이방 여인과 결혼하는 것을 번갯불에 콩 볶아 먹듯 할 수는 없었을 것입니다. 처음에는 서로 눈치를 보았을지 모릅니다. 이것은 에스라가 귀환한 주전 458년부터 지적을 받은 사항이었고 실제로 결혼해서 살고 있음에도 이방인 출신 아내들을 돌려보낸 전력이 있었기 때문입니다. 그리고 개혁을 주도한 느헤미야가 엊그제까지 자기들과 함께 있었기 때문에 금방 실행에 옮기는 것이 쉽지는 않았을 것입니다.

그러다가 총대를 멘 사람들이 있었을 것이고 그 이후에 봇물 터지듯이 되었을 가능성이 많습니다. 또한 말라기서 1:10절에 보면 너희 중에 성전 문을 닫을 자가 있었으면 좋겠다는 말씀으로 유추해 볼 때 백성들의 죄악이 심각한 것임을 알 수 있는데 이것을 고려해 본다면 일 년도 안된 시점에서 이 정도로 사태가 악화되었다고 보기에는 무리가 있는 것처럼 보입니다. 느헤미야가 돌아와서 개혁을 한 것은 느헤미야가 주도적으로 시작하여 마무리를 했습니다. 만일 느헤미야가 2차 개혁을 말라기와 함께 했다면 분명히 언급했을 것입니다. 따라서 느헤미야의 2차 개혁 때까지는 말라기 선지자가 등장한 때가 아닌 것 같습니다. 하지만 느헤미야가 죽자 백성들의 죄는 더욱 기승을 부리며 나타나게 되었는데 아마도 여호수아가 죽자 백성들이 이방여인들을 아내로 삼고 우상숭배에 빠졌던 사사 시대와 비슷한 양상으로 전개되었을 것입니다.

느헤미야가 언제 죽었는지는 알 수 없지만 최소한 주전 407년 이후에는 그가 유다의 총독이 아니었다는 것을 알 수 있는 것이 엘레판틴 파피루스 사본에 이때의 총독이 바고아스라고 나와 있기 때문[158]에 적어도 주전 407년 이전에 죽었다는 것을 알 수 있습니다. 결론적으로 말라기 선지자의 사역은 느헤미야가 연로해서 영향력을 미치지 못할 때 혹은 그가 죽고 난 다음에 사역을 한 것으로 보입니다. 말라기의 죄를 책망하는 내용이 느헤미야서에 나타난 죄악의 내용과 비슷한 점이 있는 것은 느헤미야 시대의 죄가 계속해서 이어져 내려 왔음을 보여주는 것으로 볼 수 있습니다. 그렇다면 말라기의 연대는 대략 주전 430년 이후로 잡는 것이 타당할 것 같습니다.

조상들과 동일한 죄에 빠진 이스라엘

말라기는 구약의 마지막 선지자로서 사역을 감당합니다. 구약을 마무리 하는 선지자로서 그가 행한 선포가 무엇인지를 아는 것은 대단히 중요할 것입니다. 말라기 1장 1절에서 경고라고 말씀하시는 것을 볼 때 말라기 선지자의 사역 내용이 이스라엘 백성에 대한 책망이 될 것을 예고하고 있습니다. 1:6절 이하에 보면 하나님의 이름을 멸시하는 제사장들이 등장합니다. 이것은 일반 백성들은 제외가 된다는 말이 아닙니다. 제사장이 이 정도였으면 일반 백성은 보나마나 인 것입니다.

6절 이하를 자세히 읽어보면 제사장이나 백성이 일반인 것을 알 수 있습니다. 하나님께 제사를 드릴 때 그들은 눈먼 것, 저는 것, 병든 것을 드렸습니다. 그러면서도 하나님께 은혜를 구하며 불쌍히 여겨 달라고 기도합니다. 하나님은 이것을 악하다고 평가하시면서 그들이 드리는 제사를 받지 않으실 것이며 이스라엘 백성들이 제사를 드리지 못하도록 누가 성전 문을 닫아 버렸으면 좋겠다고 말씀하실 정도로 진노하십니다. 하나님이 흠있는 제물 때문에 분노하신 걸까요? 좋은 것을 가져 와야 되는데 자존심 상하게 세상의 총독도 받지 않는 것을 가져 왔다고 화를 내시는 걸까요? 하나님의 분노의 본질이 무엇일까요? 만일 하나님이 세상의 총독도 받지 않는 제물을 가져 온 것 때문에 화를 내신 것이라면 흠없는 제물을 드리면 모든 제사는 하나님이 기뻐하시는 제사라고 말할 수 있을까요?

이사야 1장 11절에 보면 당시의 이스라엘 백성들은 흠있는 제물이 아니라 최상의 제물로 하나님께 제사를 드린 것을 알 수 있습니다. 무수한 제물과 살진 짐승의 기름에 배부르다고 하신 것이 그것을 증명합니다. 말라기 시대와는 정반대입니다. 그런데도 하나님은 그들이 가져온 제물을 헛된 제물이라고 말씀하시면서 다시는 가져오지 말라고 하셨습니다. 무엇 때문에 하나님께서 이렇게 화를 내셨습니까? 이스라엘 백성들을 자식으로 양육하였는데 그들은 짐승이 주인을 대하는 것보다 못한 수준으로 하나님을 대우하면서 그들의 삶은 소돔과 고모라 백성들보다 더 심한 죄악 속에 살아가면서도 성전에 와서는 하나님께 손을 들고 우리는 구원받았습니다 라고 기도하며 하나님을 잘 믿는 사람처럼 포장을 했기 때문입니다. 말라기 선지자가 지적하는 내용도 이와 같은 것입니다.

이들의 죄악의 본질은 하나님과의 관계가 완전히 틀어져 있다는 것입니다. 이스라엘 백성들은 지난 역사 동안 그들의 조상들이 혼합주의에 빠져 하나님을 우상중의 한 분으로 여긴 것처럼 하나님을 자신들의 입맛대로 움직일 수 있는 우상쯤으로 여기고 있습니다. 하나님은 자신들에게 필요한 은혜만 베풀면 되는 것이지 하나님을 자신들을 간섭하는 아버지로 섬기기는 싫다는 것입니다. 그래서 하나님을 공경하지도 않고 하나님을 두려워하지도 않는 것입니다. 이것이야말로 하나님을 멸시하는 것입니다. 멸시한다는 것은 가볍게 여긴다는 말입니다. 공경하지도 않고 두려워하지도 않는다는 말과 딱 어울리는 말입니다.

그들은 하나님을 하나님답게 인정할 마음이 없습니다. 그래서 그들은 이렇게 말합니다. 우리가 언제 하나님을 멸시했다고 그러십니까? 이거라도(흠있는 제물) 드리는 것이 감지덕지 한 줄 아십시오 하면서 하나님을 조롱하는 것입니다. 말라기 1장 13절에서 흠있는 제물을 가져오면서 그것조차도 번거롭고 피곤하게 생각하며 코웃음을 친다는 말이 그런 의미입니다. 왜 그럴까요? 자신들이 섬길 신이 무궁무진해서 아쉬울 것이 없기 때문입니다. 2:11절에서 그들이 이방 신의 딸들과 결혼을 했다고 말씀하고 있는데 그들이 이방여인들과 결혼하는 이유가 무엇입니까? 종교 쇼핑을 하기 위해서입니다. 이방인들의 종교도 받아들여서 자신들이 필요할 때 여러 신을 돌아가면서 믿는 것을 좋게 여기기 때문입니다. 그들은 이 목적을 달성하기 위해서 어려서 맞이한 이스라엘의 부인들과 이혼까지 하며 이방여인들을 받아들입니다.

이런 심령을 가진 사람들이 하나님의 것인 십일조를 내겠습니까? 여호와의 종교가 유지되도록 레위 인들을 먹여 살리고 성전의 쓸 물건들을 살 수 있도록 헌금을 내겠느냐 말입니다. 단순히 십일조를 내지 않은 행동이 문제가 아니라 마음속에 하나님에 대한 믿음이 없다는 것이 근본적인 문제입니다. 에스라와 느헤미야가 주도한 부흥 모임에서 그들은 레위 인들과 성전의 쓸 물건들을 책임지겠다고 큰 소리 친 사람들입니다.

느헤미야 10장을 다시 가서 보십시오. 에스라와 느헤미야의 종교개혁을 높이 평가하는 것이 맞지만 그들의 개혁도 시간이 지나고 사람이 바뀌면 원래의 자리로 돌아가 버린다는 것을 깨달아야 합니다. 인간은 한 번의 부흥과 개혁으로 수십 년 수백 년을 이어갈 수 없고 그렇게 쉽게 변하지 않습니다. 이스라엘 역사가 이것을 증명하고 있습니다. 우리는 사사기에서만 죄악의 싸이클이 반복된다고 말하는데 이스라엘의 전 역사가 사사기의 역사와 방불하다는 것을 알아야 합니다.

언약의 사자를 준비하시는 하나님 - 예수 그리스도

그들의 죄악에 질려 버린 하나님께서 이스라엘 백성들을 향하여 이렇게 선포하십니다. "만군의 여호와가 이르노라 해 뜨는 곳에서부터 해 지는 곳까지의 이방 민족 중에서 내 이름이 크게 될 것이라 각처에서 내 이름을 위하여 분향하며 깨끗한 제물을 드리리니 이는 내 이름이 이방 민족 중에서 크게 될 것임이니라"(말 1:11). 하나님은 더 이상 이스라엘 민족에게 미련이 없습니다. 아브라함 때부터 1500년이 넘는 무수한 시간동안 그들을 가슴에 품으며 그들을 사랑하며 인도해 오셨는데 그들은 끝까지 하나님을 버렸습니다. 그래서 하나님은 한 민족만을 사랑하며 보살핀 것을 뛰어 넘어서 아브라함에게 약속하신대로 모든 민족으로 자신의 구원의 역사의 범위를 넓히실 것입니다.

말라기 3장 17절을 보면 이스라엘 사람들이 말하기를 하나님은 악을 행하는 자들을 선하게 여기며 기뻐하신다고 주장하며 공의의 하나님이 어디계시냐 하면서 하나님을 조롱합니다. 그러면서 하나님을 섬기는 것은 헛되니 그의 명령을 지키는 것은 유익이 없다고 하나님을 폄하합니다. 그래서 하나님께서 그들에게 이렇게 답변을 하십니다. "보라 내가 내 사자를 보내리니 그가 내 앞에서 길을 준비할 것이요 또 너희가 구하는 바 주가 갑자기 그의 성전에 임하시리니 곧 너희가 사모하는바 언약의 사자가 임하실 것이라"(말 3:1). 여기서 '너희가 구하는 바 주'와 '너희가 사모하는바 언약의 사자'는 동일인물로서 메시아로 오실 예수 그리스도를 의미합니다. 그런데 주와 언약의 사자 앞에 붙어 있는 문구가 반복되고 있는데 '너희가 구하는 바', 즉 '너희가 사모하는 바' 라는 말입니다.

포로 이후에 유다로 돌아온 포로들은 이렇게 기대를 했습니다. 선지자들이 약속한 번영된 회복은 언제 이루어지며 다윗 왕조는 언제 완전하게 회복이 될 것인지를 기대하면서 그것을 이루어 줄 위대한 인물, 즉 메시야를 기다리고 있었습니다. 왜냐하면 그들의 현실은 여전히 강대국에 의한 정치적, 경제적, 사회적 억압 속에 있었기 때문입니다. 그런데 그들이 고대하는 언약의 사자이신 예수 그리스도께서 홀연히 성전에 임하실 것임을 선포하십니다. 언약의 사자라고 하신 것은 예수님의 오심이 뜬금없음이 아니라 그들과의 언약 안에서 오시겠다고 약속한 분이기 때문입니다. 예수님이 성전에 오시는 것은 그들이 기대하는 대로 이스라엘에 물리적인 번영을 주려고 오시는 것이 아닙니다. 사실은 성전 문을 닫으러 오십니다. 그들이 하나님을 멸시하는 장소로 여기는 성전을 없애 버리실 것입니다. 그들이 우상의 종교와 별반 다를 게 없다라고 생각하는 그들이 만들어낸 여호와의 종교를 없애 버리고 하나님이 원하시는 영원한 여호와의 종교를 세우러 오시는 것입니다.

그래서 신약에서 예수님은 예루살렘의 건물로서의 성전이 반드시 멸망할 것을 예언하시면서 자신이 곧 영원한 성전이심을 선포하시는 것입니다. 예수님은 금을 연단하는 것같이 인간의 죄를 불사르실 것이며 정결케 하실 것입니다. 그 분이야말로 성전의 속죄의 기능을 완전히 성취하시는 죄 사함의 권세가 있기 때문입니다. 그러므로 점치는 자와 간음하는 자와 거짓 맹세하는 자와 과부와 고아를 억울하게 하는 자와 하나님을 경외하지 않는 자들은 자신들의 죄를 회개하며 돌이켜야 할 것입니다. 그들이 마음 내키는 대로 드리는 성전의 제사로는 하나님께 나아갈 수가 없고 오직 예수님을 인정하는 자들만이 하나님을 아바 아버지라 부를 수 있게 될 것이기 때문입니다.

언약의 사자보다 먼저 보냄을 받은 사람 - 세례요한

그렇다면 언약의 사자이신 예수님은 언제 오실 것인가? 하나님은 이 질문에 대한 징조로 그의 사자를 예수님보다 먼저 보내실 것을 말씀하고 있습니다. "보라 내가 내 사자를 보내리니 그가 내 앞에서 길을 준비할 것이요"(말 3:1). 우리는 이 사람이 세례요한임을 잘 알고 있습니다. 세례요한의 등장은 또한 이사야 40장 3-5절의 성취가 될 것입니다. "외치는 자의 소리여 이르되 너희는 광야에서 여호와의 길을 예비하라 사막에서 우리 하나님의 대로를 평탄하게 하라 골짜기마다 돋우어지며 산마다 언덕마다 낮아지며 고르지 아니한 곳이 평탄하게 되며 험한 곳이 평지가 될 것이요 여호와의 영광이 나타나고 모든 육체가 그것을 함께 보리라"

그런데 말라기 4장 5절은 세례요한을 엘리야로 표현하고 있습니다. 그 이유가 무엇일까요? 누가복음 1장 17절로 가보겠습니다. "그가 또 엘리야의 심령과 능력으로 주 앞에 먼저 와서 아버지의 마음을 자식에게 거스르는 자를 의인의 슬기에 돌아오게 하고 주를 위하여 세운 백성을 준비하리라" 누가가 세례요한이 그 사역을 감당할 때에 엘리야의 심령과 능력으로 할 것을 말하고 있습니다. 엘리야가 누구입니까? 아합과 이세벨의 바알숭배정책으로 말미암아 여호와의 종교가 완전히 진멸될 위기에 있을 때 갈멜산에서 불의 응답을 통해서 또한 3년 6개월 동안의 기근을 기도를 통해서 비가 오게 함으로써 이스라엘의 진정한 신이요 만물의 주관자는 바알이 아니라 여호와 하나님이심을 증거함으로 이스라엘 백성들의 마음을 하나님께 향할 수 있도록 사역한 선지자였습니다. 세례요한의 사역도 이와 같을 것입니다.

요한복음의 표현대로 영적 어두움에 쌓여 있어서 하나님의 구속의 역사가 어떻게 진행되고 있는지조차 알지 못하는 그들에게 참 빛과 진리로 오신 분이 누구시며 그들의 죄가 해결 받을 수 있는 유일한 권세를 가지신 분이 누구신지를 알려서 그들이 하나님께로 돌아 올 수 있도록 사전 정지 작업을 하게 될 것입니다. 말라기의 마지막을 세례요한이 올 것을 예언함으로 마감을 하는 것은 구약과 신약은 연속성이 있기 때문입니다. 구약과 신약 사이에 깊은 골짜기와 같은 차이가 있는 것이 아니라 한 권의 책으로서 통일성을 가지고 있다는 것을 보여주는 것입니다. 신약을 이해하려면 구약을 제대로 알아야 합니다. 구약을 제대로 알기 위해서는 신약이 구약에 대해서 어떻게 말하고 있는지를 알아야 합니다. 세례요한은 신구약의 연결고리인 셈입니다.

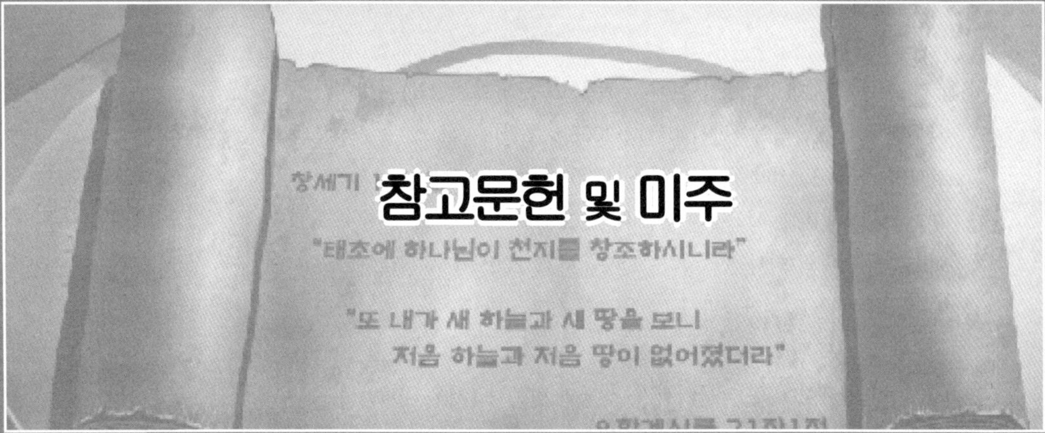

참고문헌 및 미주

[국내저자 – 무순]

김세윤 저, 요한복음 강해, 두란노 (서울, 2002)
    고린도전서 강해, 두란노 아카데미 (서울, 2007)
    데살로니가 전서 강해, 두란노 (서울, 2002)
    바울 신학과 새 관점, 두란노 (서울, 2002)
    예수와 바울, 도서출판 참말 (서울, 1993)
최갑종 저, 바울연구 Ⅰ - 수정증보판, CLC (서울, 1999)
    바울연구 Ⅱ, CLC (서울, 1997)
    나사렛 예수, CLC (서울, 1996)
    성령과 율법, CLC (서울, 1998)
    예수, 교회, 성령, CLC (서울, 1992)
    예수님의 비유, 이레서원 (서울, 2001)
장종현, 최갑종 공저, 사도 바울, 천안대학교 출판부 (천안, 1999)
최갑종, 이광복 저, 천년왕국 사실인가 상징인가, 신망애 출판사 (서울, 1996)
이필찬 저, 로마서, 이레서원, (서울, 2005)
    히브리서, 이레서원 (서울, 2004)
    내가 속히 오리라, 이레서원 (서울 2006)
    요한계시록 어떻게 읽을 것인가? 성서유니온 선교회 (서울, 2001)
홍인규 저, 로마서 어떻게 읽을 것인가?, 한국성서유니온선교회, (서울, 2001)
    바울의 율법과 복음, 생명의 말씀사, (서울, 1996)

김홍전 저, 사무엘 시대 Ⅰ, 성약출판사 (서울, 2007 : 초판 2쇄)
사무엘 시대 Ⅱ, 성약출판사 (서울, 2006 : 초판)
사사기 소고 Ⅲ, 성약출판사 (서울, 1999)
혼인, 가정과 교회, 성약출판사 (서울, 2005)
이스라엘 열왕의 역사 Ⅳ, 성약출판사 (서울, 2006)
예수님의 행적 1, 성약출판사 (서울, 2007)
예수님의 행적 4, 성약출판사 (2007)
김지찬 저, 요단강에서 바벨론 물가까지, 생명의 말씀사 (서울, 1999)
엔 샬롬 교향곡, 기독신문사 (서울, 2003)
거룩하신 여호와 앞에 누가 능히 서리요, 한국성서학연구소 (서울, 2003)
서철원 저, 창세기 Ⅰ, 도서출판 목양 (경기, 1999)
창세기 Ⅱ, 도서출판 목양 (경기, 1999)
하나님의 구속경륜, 총신대학출판부 (서울, 1996)
복음과 율법과의 관계, 엠마오 (서울, 1989)
목회와 신학 편집팀, 창세기, 두란노 (서울, 2003)
열왕기상, 두란노 아카데미 (서울, 2008)
사사기/룻기, 두란노 아카데미 (서울, 2009)
이사야 2, 두란노 아카데미 (서울, 2008)
다니엘, 두란노 (서울, 2003)
요엘/오바댜/나훔/스바냐, 두란노 아카데미 (서울, 2007)
아모스, 두란노 아카데미 (서울, 2009)
고린도전서, 두란노 아카데미 (서울, 2007)
데살로니가전후서, 두란노 아카데미 (서울, 2007)
장종길 저, 창세기 上, 그리심 (서울, 1999)
창세기 下, 그리심 (서울, 1998)
출애굽기, 그리심 (서울, 2005)
레위기, 그리심 (서울, 2001)
민수기, 그리심 (서울, 2005)
신명기, 그리심 (서울, 2004)
여호수아, 그리심 (서울, 2006)
사사기, 그리심 (서울, 1999)
룻기, 그리심 (서울, 2006)
사무엘상, 그리심 (서울, 2007)
사무엘하, 그리심 (서울, 2002)

열왕기상, 그리심 (서울, 2003)
열왕기하, 그리심 (서울, 2008)
에스라 느헤미야, 그리심 (서울, 2009)
김정우 저, 구약통전 상, 이레서원 (서울, 2002)
구약통전 하, 이레서원 (서울, 2003)
시편 강해 Ⅱ, 엠마오 (서울, 1995)
김의원, 민영진 공저, 사사기/룻기, 대한기독교서회 (서울, 2007)
김의원 저, 구약역사, 개혁주의신행협회, (서울 2006)
송병현 저, 에스겔서 강해, 천안대학교 기독신학대학원, (서울, 2003)
구약의 선지자들, 천안대학교 기독신학대학원 (서울, 2004)
에덴에서 가나안으로 - 창세기 1~25장, 천안대학교 기독신학대학원
가나안에서 이집트로 - 창세기 26~50장, 천안대학교 기독신학대학원
김영철 저, 주님의 주님 되심 (창세기 1~3장), 여수룬 (서울, 1992)
성경신학의 입장에서 본 노아 홍수, 여수룬 (서울, 1996)
박영선 저, 하나님의 열심, 새순출판사 (서울, 1996)
구원 그 즉각성과 점진성, 새순출판사 (서울, 1987)
성령론, 크리스챤 서적, (서울, 1995)
약속을 이룰 그 자손 예수, 세움 (서울, 2001)
입을 열어 가르쳐 가라사대, 세움 (서울, 2002)
구원 그 이후, 새순 출판사, (서울, 2000)
유태화 저, 삼위일체론적 구원론, 도서출판 대서 (서울, 2007)
삼위일체론적 성령론, 도서출판 대서 (서울, 2006)
기동연 저, 성전과 제사에서 그리스도를 만나다, 기독교연합신문사 (서울, 2006)
창조부터 바벨까지, 생명의 양식, (서울, 2009)
류모세 저, 열린다 성경 - 성전 이야기, 두란노 (서울, 2009)
열린다 성경 - 절기 이야기, 두란노 (서울, 2009)
김선기 저, 예수님은 때도 안된 무화과나무를 왜 저주하셨는가? 페트라 (서울, 2002)
페트라 헬라어, 페트라 (서울, 2000)
박형용 저, 사복음서 주해 (Ⅰ), 합동신학교 출판부 (수원, 1994)
사복음서 주해 (Ⅱ), 합동신학교 출판부 (수원, 1994)
유상섭 저, 설교를 돕는 분석 요한복음, 규장 (서울, 2002)
설교를 돕는 분석 누가복음, 규장 (서울, 1998)
양용의 저, 하나님 나라 어떻게 이해할 것인가, 성서유니온선교회 (서울, 2005)
마태복음 어떻게 읽을 것인가, 성서유니온선교회 (서울, 2008)

노재관 저, 신약배경, 기독교문서선교회 (서울, 2005)
바울 : 유대인, 로마인, 그리스도인, 아가페 (서울, 2004)
정훈택, 새로 번역한 공관복음 대조성경, 민영사, (서울, 2008)
천국은 어떻게 오는가?, 대장간, (서울, 1991)
류호준 저, 요한복음 강해, 무지개 성서학 연구소 (서울, 2002)
아모스, 크리스챤 다이제스트, (고양, 2007)
한국창조 과학회 엮음, 창조는 과학적 사실인가, 생명의 말씀사, (서울 1992)
진화는 과학적 사실인가, 생명의 말씀사, (서울, 1981)
창조와 과학, 두란노 (서울, 1995)
창세기의 과학적 이해, 생명의 말씀사 (서울, 2004)
손석태 저, 창세기 강의, 사) 기독대학인회 출판부-ESP (서울, 2002)
요엘서 강의, 사) 기독대학인회 출판부 - ESP (서울, 2001)
김명철 외 다수, 기원과학, 한국창조 과학회 편, 두란노 (서울, 2007)
임번삼 저, 우주와 만물은 어떻게 창조되었나 Ⅰ, (사) 한국창조과학회 (서울, 2007)
변순복 저, 성경연구의 중요성과 창조, 홍수, 바벨탑 이야기, 도서출판 정금 (서울, 2004)
김경래 저, 사본들을 통해 보는 성경, 전주대학교 출판부, (전주, 1996)
장동수 저, 신약성서 헬라어 문법 (어형론과 문장론), 요단출판사 (서울, 1999)
고재봉, 이환익 공저, 성경해석자를 위한 신약 헬라어 구문론, 침례신학대학교 출판부 (대전, 1996)
방석종 저, 호세아/요엘, 대한기독교서회, (서울, 2007)
심재승 저, 개혁교회의 종말론, 이레서원, (서울, 2001)
이희철 저, 지리로 본 성서의 세계, 생명의 말씀사, (서울, 1984)
홍창표 저, 신약과 문화, 합동신학교출판부 (경기, 1995)
이원희 저, 성서속의 도시 이야기, 주은미디어, 민영사 (서울, 2006)
이상규 저, 헬라로마적 상황에서의 기독교, 한들출판사 (서울, 2006)
문희석 편역, 구약성서 배경사, 대한기독교서회 (서울, 2002)
김종기 저, 지도로 본 이스라엘의 역사 (제1권 전 역사), 기독교연합신문사 (서울, 2002)
전정진 저, 레위기 어떻게 읽을 것인가?, 성서유니온선교회 (서울, 2005)
신현우 저, 사본학 이야기, 웨스트민스터 출판부 (서울, 2003)
정규남 저, 구약신학의 맥, 두란노 (서울, 1996)
이애실 저, 어 성경이 읽어지네, 두란노 (서울, 2003)
송제근 저, 오경과 구약의 언약신학, 두란노 (서울, 2003)
유재원, 모세오경 (원어성경연구시리즈 1), 솔로몬 (서울, 1998)
박철우 저, 아모스/오바댜, 대한기독교서회, (서울, 2001)

한정건 저, 이사야의 메시아 예언 Ⅰ, CLC (서울, 2006)
이학재 저, 에스겔 - 어떻게 읽을 것인가?, 성서유니온선교회 (서울, 2002)
김희보 저, 구약 요엘 주해, 총신대 출판부, (서울, 2001)
한규삼 저, 요한복음 다시보기, 아가페 출판사 (서울, 2002)
김병국 저, 설교자를 위한 요한복음 강해, 도서출판 대서 (서울, 2007)
장성길 저, 이스라엘의 구원과 회복의 드라마, 이레서원 (서울, 2007)
간하배 저, 정정숙, 최홍배 공역, 다니엘서의 메시야 예언, 개혁주의신행협회 (김포, 1988)
김득중 저, 요한의 신학, 컨콜디아사 (서울, 1999)
이순태 저, 요한계시록을 어떻게 해석할 것인가, CLC (서울, 2002)
정일오 저, 다니엘서와 7년 대환란, 도서출판 대서 (서울, 2008)
김경진 저, 복음서-행전 연구, 천안대학교 기독신학대학원
성종현 엮음, 공관복음서 대조연구, 장로회 신학대학교 출판부 (서울, 1999)
변종길 저, 성령과 구속사, 개혁주의 신행협회 (서울, 1997)
배용덕 편저, 공관복음서 신학, 아세아 신학사 (서울, 1991)
허성갑 번역, 히브리어 직역 구약성경, 말씀의 집 (서울, 2006)
김상훈 저, 숲의 해석 마태복음, 총신대학출판부, (서울, 2007)
이승구 저, 교회론 강설 - 교회란 무엇인가, 여수룬, (서울, 1996)
이병철 편저, 성서원어대전 (헬한 완벽사전 Ⅲ), 한국성서 연구원 브니엘출판사, 1993)
김인철 저, 성경핸드북, 엠마오, (서울, 2003)
성경인물 지리 대사전 편찬위원회 편저, 성경인물지리 대사전, 소망사 (서울, 1998)
나용화, 김의원 공역, 새 성경 사전, (서울, 2001)
김영진 저, 율법과 법전, 한들출판사, (서울, 2005)
이진희 저, 율법? 그건 알아서 뭐해?, 쿰란출판사, (서울, 2005)
노우호 저, 신구약 중간사, 도서출판 하나(서울, 2008)

[외국저자 – 무순]

그레엄 골즈워디 저, 김영철 역, 복음과 요한 계시록, 성서유니온 (서울, 1991)
    복음과 하나님의 나라, 성서유니온 (서울, 1990)
    복음과 하나님의 계획, 성서유니온 (서울, 1994)
팔머 로벗슨 저, 한정건 역, 선지자와 그리스도, 개혁주의 신학사 (서울, 2007)
    오광만 역, 하나님의 이스라엘, 그리심 (서울, 2002)
    김의원 역, 계약신학과 그리스도, CLC (서울, 1988)
에드워드 J. 영 저, 서세일 역, 창세기 1 · 2 · 3장 강의, 한국로고스연구원 (서울, 1989)

장도선, 정일오 공역, 이사야서 주석 Ⅰ, CLC (서울, 2007)
장도선, 정일오 공역, 이사야서 주석 (Ⅲ), CLC (서울, 2008)
정충하 역, 선지자 연구, CLC (서울 1991)
체스터 레만 저, 성경신학 Ⅰ, 크리스챤 다이제스트, (서울, 1997)
성경신학 Ⅱ, 크리스챤 다이제스트, (서울, 1996)
레온우드 저, 김의원 역, 이스라엘의 역사, CLC (서울, 1996)
이순태 역, 구약성경의 성령론, CLC (서울, 1999)
김동진 역, 이스라엘의 선지자, CLC (서울, 1990)
죤. H. 세일해머 저, 김동진 역, 서술로서의 모세오경 상권, 새순 (서울, 1997)
정충하 역, 서술로서의 모세오경 하권, 새순 (서울, 1997)
안토니 A. 후크마 저, 류호준 역, 개혁주의 인간론, CLC, (서울, 1999)
개혁주의 종말론, CLC, (서울, 2002)
월터 C. 카이저 저, 류근상 역, 구약에 나타난 메시아, 크리스챤 출판사 (경기, 2008)
류근상 역, 이스라엘의 역사, 크리스챤 출판사 (경기, 2003)
필립 E. 휴즈 저, 오광만 역, 성경과 하나님의 경륜, 여수룬 (서울, 1991)
요한계시록 주석, 여수룬 (서울, 1994)
에드먼드 클라우니 저, 구약에 나타난 그리스도, 네비게이토 출판사 (서울, 1993)
황영철 역, 교회, 한국기독학생회 출판부, (서울, 1998)
G. E. 래드 저, 신성종, 이한수 공역, 신약신학, 대한기독교출판사 (서울, 1990)
이태훈 역, 예수와 하나님의 나라, 엠마오 (서울, 1988)
W. A. 밴 게메렌 저, 안병호, 김의원 공역, 구원계시의 발전사 Ⅰ, 성경읽기사 (서울, 1996)
김의원, 이명철 공역, 예언서 연구, 도서출판 엠마오 (서울, 1999)
도널드 거스리 저, 김병국, 정광욱 공역, 신약서론 상하, 크리스챤 다이제스트 (서울, 1992)
정광욱 역, 메시아 예수, 아가페출판사, (서울, 1989)
고든 D. 피, 더글라스 스튜어트 공저, 오광만 역, 성경을 어떻게 읽을 것인가?, 성서유니온 선교회 (서울, 2001)
김진선 역, 책별로 성경을 어떻게 읽을 것인가, 성서유니온 선교회 (서울, 2003)
앨런 로스 저, 김창동 역, 창조와 축복, 디모데, (서울, 2007)
김창동 역, 거룩과 동행, 디모데, (서울, 2009)
글리슨 아처 저, 김정우 역, 구약총론, CLC (서울, 1989)
F. F. 브루스 저, 박문재 역, 바울, 크리스챤 다이제스트 (서울, 2000)
데오도르 플랜팅어 저, 김영철 역, 성경과 구원역사, 여수룬 (서울, 1991)
죤 징컨드 저, 김영철 역, 성경과 하나님의 언약, 여수룬 (서울, 1990)
K. S. 위스트 저, 김선기 역, 로마서 원문주석, 요단출판사, (서울, 1993)

켐벨 몰간 저, 이용복, 조계광 역, 사도행전 강해, 아가페 (서울, 2001)
헤르만 리델보스 저, 오광만 역, 마태복음 주석 (하), 여수룬 (서울, 1990)
이언 토마스 저, 김재권 역, 그리스도의 구원의 능력, 생명의 말씀사 (서울, 1999)
프랭크 굳윈 저, 이남종 역, 바울의 생애, 크리스챤 서적, (서울, 1992)
로버트 E. 피키릴리 저, 배용덕 역, 사도바울, 솔로몬, (서울, 1993)
캐런 좁스, 모세 실바 저, 김구원 역, 70인 역 성경으로의 초대, CLC (서울, 2007)
잭 스코트 저, 한재석 역, 구약에 나타난 하나님의 구원사역, 크리스챤 서적 (서울, 1992)
다니엘 후크스 저, 편집부 역, 성경의 절기와 성일들, 보이스사 (서울, 1991)
스트라우스 목사 외 저, 정동수 역, 하나님의 예언의 달력, 도서출판 예향 (인천, 1996)
J. A. 모티어, G.J. 웬함, D.A. 카슨, R.T. 프란스 공저, IVP 성경주석, 한국기독학생회 출판부 (서울, 2008)
레만 스트라우스, 하나님의 일정표, 미션 하우스 (서울, 1991)
로버트 L. 토마스 저, 홍성국 역, 챠트 예수 그리스도의 생애, CLC (서울, 2006)
로버트 E. 피키릴리 저, 배용덕 역, 사도바울, (서울, 1993)
존 월튼, 빅터 매튜스, 마크 샤발라스, 크레이그 키너, IVP 성경배경주석, 한국기독학생출판부 (서울, 2008)
윌리암 L. 할러데이, 손석태, 이병덕 공역, 구약성경의 간추린 히브리어, 아람어 사전 (서울, 1994)
존 윌슨 편집, 김귀탁 역, 구속사 (조나단 에드워즈 전집 제 3권), 부흥과 개혁사 (서울, 2007)
E. W. 헹스텐베르크 저, 원광연 역, 구약의 기독론, 크리스챤 다이제스트 (서울, 1998)
워렌 오스틴 게이지 저, 손석태 역, 창세기의 복음, 솔로몬 (서울, 1999)
오스왈드 알리스 저, 최종진 역, 모세오경약해, 생명의 말씀사 (서울, 1991)
부르스 M. 메츠거 저, 강유중 역, 사본학, CLC (서울, 1989)
빈센트 브래닉 저, 홍인규 역, 초대교회는 가정교회였다, 기독교연합신문사 (서울, 2005)
요아힘 예레미아스 저, 한국신학연구소 역, 예수시대의 예루살렘, 한국신학연구소 (서울, 1992)
앨버트 벨 저, 오광만 역, 신약시대의 사회와 문화, 생명의 말씀사 (서울, 2001)
웨인 A. ㅁ스 저, 황화자 역, 바울의 목회와 도시사회, 한국장로교출판사 (서울, 1993)
챨즈 F. 파이퍼 저, 조병수 역, 신구약 중간사, 한국기독교교육연구원 (서울, 1982)
레이몬드 설버그 저, 김의원 역, 신구약 중간사, CLC (서울, 1990)
W. 푀르스터 저, 문희석 역, 신구약 중간사, 컨콜디아사 (서울, 2000)
게라르드 반 그로닝겐 저, 유재원, 류호준 공역, 구약의 메시야 사상, CLC (서울, 1999)
G. 허버트 리빙스톤 저, 김의원 역, 모세오경의 문화적 배경, CLC (서울, 1990)
게르할더스 보스 저, 이승구 역, 성경신학, CLC (서울, 1985)
데이비드 E. 홀베르다 저, 류호영 역, 예수와 이스라엘, CLC (서울, 1995)
데이비드 칠톤 저, 안영복, 이동수 공역, 낙원의 구속사, 그리심 (서울, 2006)

알버트 월터스 저, 양성만 역, 창조 타락 구속, 한국기독학생회출판부 (서울, 1993)
유진 H. 메릴 저, 김인환 역, 역사적 구약개요, 총신대학출판부 (서울, 1994)
엘머 에이 말텐스 저, 김의원 역, 새로운 구약신학 하나님의 계획, 아가페 문화사 (서울, 1989)
코넬리스 반더발 저, 명종남 역, 성경신학적 관점에서 본 반더발 성경연구 - 모세오경에서 역사서 까지, 연합선교회 (서울, 1991)
S. G. DE. 그라아프 저, 박권섭 역, 약속 그리고 구원 제1권, 크리스챤 서적 (서울, 1986)
로버트 치즈홀름 저, 강성열 역, 예언서 개론, 크리스챤 다이제스트 (서울, 2006)
이안 두굿 저, 윤명훈, 임미영 공역, 에스겔 (NIV 적용주석), 성서유니온선교회 (서울, 2003)
비슬리-머리 저, 이덕신 역, 요한복음, 솔로몬 (서울, 2001)
레온 모리스 저, 홍찬혁 역, 요한신학, CLC (서울, 1995)
앤드류 카이벤호벤 저, 심재승 역, 쉽게 풀어 쓴 개혁교회의 종말론, 이레서원 (서울 2001)
피터 쿠즈믹 저, 명종남 역, 교회와 하나님의 왕국, 새순출판사 (서울, 1990)
윌리암 J. 덤브렐 저, 장세훈 역, 새언약과 새 창조, CLC (서울, 2003)
제임스 패커 저, 노광우 역, 성서시대의 일상생활, 성광문화사 (서울, 1992)
윌리암 L. 콜만 저, 서울서적 역, 성경시대의 상황과 풍습, 서울서적 (서울, 1988)
케롤라인 오시에크 저, 김경진 역, 신약의 사회적 상황, CLC (서울, 1999)
에두아르트 로제 저, 박창건 역, 신약성서 배경사, 대한기독교출판사 (서울, 2003)
그란트 제프리 저, 안준호 역, 하나님의 천지창조, (사) 한국창조과학회 (서울, 2007)
월프 힐데브란트 저, 김진섭 역, 구약의 성령신학 입문, 이레서원 (서울, 2005)
J. D. 킹스베리 저, 김근수 역, 마태복음서 연구, CLC (서울, 1993)
루이스 벌코프 저, 권수경, 이상원 역, 벌코프 조직신학 (상), 크리스챤 다이제스튼 (서울, 2000)
클린턴 E. 아놀드 저, 길성남 역, 바울이 분석한 사탄과 악한 영들, 이레서원, (서울, 2008)
알리스터 맥그래스 저, 박규태 역, 구속사로 본 핵심 주석, 국제제자훈련원 (서울, 2008)
토마스 넬슨 출판사 엮음, 김창환 역, 손에 잡히는 넬슨성경개관, 죠이선교회 (서울, 2003)
로레인 뵈트너 저, 김근수 역, 연대별로 본 요약복음서, CLC (서울, 1995)
크리스토퍼 라이트 저, 정옥배 역, 에스겔 강해, IVP 출판부, (서울, 2005)
리차드 S. 히스 저, 김구원 역, 이스라엘의 종교, CLC (서울, 2009)
미카엘 아비요나, 요하난 아하로니 공저, 문창수 역, 아가페 성서지도 (서울, 1988)
C. W. 슬레밍 저, 편집부 역, 대제사장 예복의 비밀, 도서출판 형상사 (서울 1989)
James M. Freeman 저, 김일우, 이세구 공역, 성경속의 생활풍속 따라잡기 (구약편) (서울, 2003)
남송현 역, 성경속의 생활풍속 따라잡기 (신약편) (서울, 2002)

[원서 – 무순]

William Barclay, *The Gospel of John* (volume 1 - Revised Edition), The Westminster Press, (1975, Philadelphia)

William Barclay, *The Gospel of John* (volume 2 - Revised Edition), The Westminster Press, (1975, Philadelphia)

Sir Lancelot C.L. Brenton, *The Septuagint with Apocrypha : Greek and English*, Hendrickson publishers, (USA, 1999)

Edited by Kurt Aland, Matthew Black, Carlo M. Martini, Bruce M. Metzger, and Allen Wikgren, Greek New Testament Third corrected edition, the United Bible Societies, (German, 1988)

Translated and revised and enlarged by Joseph Henry Thayer, D.D. T*he New Thayer's Greek-English Lexicon of The New Testament*, Hendrickson (USA, 1981)

Edited by Francis Brown, S. R. Driver, Charles A. Briggs, *Hebrew and English Lexicon of the Old Testament*, Clarendon Press (Oxford, 1951)

John Joseph Owens, *Analytical Key to The Old Testament* (vol 1. Genesis-Joshua), Baker,(Michigan, 1992)

R. C. Trench, *Trench's Synonyms of the New Testament*, Hendrickson (Massachusetts, 2000)

Jonathan Sarfati, *Refuting Compromise*, Master Books, (Green Forest : AR, USA, 2004)

미주

Ⅰ. 타락 이전의 인류공동체

1) 게르할더스 보스 저, 이승구 역, 성경신학, CLC, (서울, 1995) p. 38
2) 우주와 지구를 구분한 것은 창 1장에서 그렇게 보고 있기 때문이다. 1:1절에서 히브리어 천지 (핫솨마임과 베 하아레츠)를 우주를 나타내는 히브리적 표현으로 보고 그냥 우주라고 하는데 그것은 지구 중심의 천지 창조를 희석시키는 결과를 초래하게 된다. 6일 동안의 창조는 분명히 지구를 중심으로 배열이 되고 있다. 그래서 천지를 우주라고 뭉뚱그려서 말하기 보다는 천은 우주, 지는 지구라고 분명히 구별을 해서 말해야 2절 이하가 제대로 열린다. 그런데 여기서 우주라는 말은 시간과 공간의 지배를 받는 우주의 공간을 의미하는 것이지 아직까지는 넷째 날에 창조된 모든 행성과 별들을 포함하는 것은 아니다.
3) 만일 빛을 첫 번째 작품으로 본다면 여러 가지 의문이 생기지 않을 수 없다. 첫째 날의 시간은 무엇을 기준으로 세워지는가, 시간의 계산은 절대적으로 지구의 자전과 공전으로 계산된다는 것을 명심하라. 또한 2절의 물은 언제 생겨난 것인가? 6절에서 물은 이미 존재하는 2절의 물을 분리시키는 것이다.
4) 유재원, 모세오경 (원어성경연구시리즈 1), 솔로몬 (서울, 1998), p. 25
5) 유태화저, 삼위일체론적 성령론, 도서출판 대서, (서울, 2006)
6) 1절이 3절에서 빛을 창조하실 때처럼 명령형으로 된 것이 아니라 서술적 표현이기 때문에 하나님의 창조 작품으로 보지 않는 것은 타당하지 않다.
7) 유재원 역, 모세오경 (원어성경연구시리즈 1), 솔로몬, (서울, 1998) p. 25
8) Ibid, p. 25
9) 창 1:1절의 천, 즉 하늘과는 히브리어로 완전히 다른 단어다.
10) 창 1:2절의 땅과는 히브리어로 완전히 다른 단어로서 2절은 지구라는 천체를 가리키고 여기서는 바다와 구별되는 마른 땅을 의미한다.
11) 에드워드 J. 영 저, 장도선, 정일오 공역, 이사야서 주석 (Ⅲ), 기독교문서선교회 (서울, 2008)
12) 송영찬 저, 하나님의 언약, 도서출판 깔뱅 (서울, 2006) p. 29
13) "한국교회에서는 하나님을 한 분이라는 것이 숫자적으로 하나라는 개념으로 훨씬 많이 강조되어서 실제적으로 설명하려는 부분을 놓쳐 버렸습니다." - 박영선 저, 성령론, 크리스챤 서적, (서울, 1995) p. 13
14) 유태화 저, 삼위일체론적 성령론, 도서출판 대서, (서울, 2006) p. 225

15) 김영철 저, 주님의 주님 되심, 여수룬 (서울, 1992) p. 139
16) Ibid, p. 145
17) 유재원 역, 모세오경 (원어성경연구시리즈 1), 솔로몬 (서울, 1998) p. 30
18) 손석태 저, 창세기 강의, 기독대학인회 출판부, (서울, 2002) p. 45
19) 장종길 저, 창세기 상, 그리심, (서울, 2008) p. 87에서 재인용
20) 송제근 저, 오경과 구약의 언약신학, 두란노 (서울, 2003) pp. 65-66

Ⅱ. 단일 민족공동체

1) 유재원, 모세오경 (원어성경연구시리즈 1), 솔로몬 (서울, 1998) p. 31
2) 김영철 저, 주님의 주님되심, 여수룬 (서울, 1992)
3) 김영철 저, 주님의 주님 되심, 여수룬 (서울, 1992) p. 178
4) 앨런 로스 저, 김창동 역, 창조와 축복, 디모데 (서울, 2008) p. 211
5) 김영철 저, 주님의 주님되심, 여수룬 (서울, 1992) p. 179
6) 허성갑, 히브리어 직역 구약성경, 말씀의 집 (서울, 2006) p. 5
7) 유재원, 모세오경 (원어성경연구시리즈 1), 솔로몬 (서울, 1998) p. 32
8) 김영철 저, 주님의 주님되심, 여수룬 (서울, 1992) p. 204
9) Ibid, p. 204
10) Ibid, p. 206
11) 앨런 로스 저, 김창동 역, 창조와 축복, 디모데 (서울, 2007), p. 229
12) 김정우 저, 구약통전 상, 이레서원, (서울, 2002) p. 374
13) Ibid, p. 374
14) 장종길 저, 창세기 상, 그리심, (서울, 2008) p. 124
15) 김정우 저, 구약통전 상, 이레서원, (서울, 2002) pp. 374-375
16) 전정진, 레위기 어떻게 읽을 것인가?, 성서유니온 선교회 (서울, 2005), p. 49
17) 김정우 저, 구약통전 상, 이레서원 (서울, 2002) p. 376
18) 서철원 저, 창세기 Ⅰ, 목양 (용인, 1999) p. 203 (낯을 들지 못하겠느냐라고 하는 말 스엣트는 나싸 곧 들다, 들고 다니다 등의 뜻을 갖지만 제공하다, 받다의 뜻도 있으므로 열납 곧 받음으로 해석하고 번역해야 바르다. 이 해석과 이해가 정당함은 지금 가인이 자기 제사가 거부되어 얼굴이 변하고 발개졌는데 이것을 하나님이 책망하시고 제사가 수납되지 못한 이유를 설명하시므로 열납 혹은 그냥 받음이라고 해석하고 번역해야 바르다. 이 견해를 칼빈이 제시하고 따르고 있다. 가인의 제사가 열납되지 않은 것은 악을 행하고 선을 행하지 않았기 때문이다. - Ibid, p. 203)
19) 앨런 로스 저, 김창동 역, 창조와 축복, 디모데 (서울, 2007) p. 232

20) 죤. H. 세일해머 저, 김동진 역, 서술로서의 모세오경, 새순출판사 (서울, 1997) p. 226
21) 김선기 저, 예수님은 때도 안된 무화과 나무를 왜 저주 하셨는가, 페트라 (서울, 2002) p. 45
22) 김정우 저, 구약통전 상, 이레서원 (서울, 2002) p. 382
23) Jonathan Sarfati, Refuting Compromise, masterbooks, (Green Forest, USA, 2004) pp. 294-295
24) 김선기 저, 예수님은 때도 안된 무화과 나무를 왜 저주 하셨는가, 페트라 (서울, 2002) p. 44
25) 창조과학회 홈피 므두셀라 편에서 인용.
26) 므두셀라가 187세에 라멕을 낳고 라멕은 182세에 노아를 낳는다. 여기까지가 369년이다. 그런데 노아가 600세 되던 해에 홍수가 있었으므로 므두셀라가 태어난 때부터 노아의 홍수까지가 969년이 된다. 므두셀라의 나이와 정확히 일치한다.
27) 송영찬 저, 하나님의 언약, 도서출판 깔뱅, (서울, 2006) pp. 139-140
28) 한국창조과학회 편, 창조는 과학적 사실인가? (서울, 1992) p. 15
29) 한국창조과학회 편, 창조와 과학, 두란노 (서울, 1995) p. 103
30) 임번삼 저, 우주와 만물은 어떻게 창조되었나?, 한국창조과학회 (서울, 2007) p. 61
31) 한국창조과학회 편, 창조는 과학적 사실인가?, (서울, 1992) p. 111
32) Ibid, p. 125
33) 한국창조과학회 편, 기원과학, 두란노 (서울, 2007) pp. 125-129
34) 한국창조과학회 편, 창조는 과학적 사실인가?, 한국창조과학회 출판부 (서울, 1992) p. 118
35) 김정우 저, 구약통전 상, 이레서원 (서울, 2002) p. 405

Ⅲ. 한(one) 민족공동체

1) 허성갑, 히브리어 직역 구약성경, 말씀의 집 (서울, 2006) pp. 388-389
2) 박영선 저, 하나님의 열심, 새순 (서울, 1996) pp. 17-18
3) 장종길 저, 창세기 상, 그리심 (서울, 2008) p. 229
4) Ibid, p. 236
5) Ibid, p. 234
6) 박영선 저, 하나님의 열심, 새순 (서울, 1996) pp. 18-19
7) Ibid, p. 19
8) 박영선 저, 하나님의 열심, 새순, (서울, 1996) pp. 30-44에서 힌트와 많은 도움을 받았음.
9) 유재원 역, 모세오경 (원어성경연구시리즈 1), 솔로몬 (서울, 1998) p. 54 "제발 나를 떠

나라"로 번역함.

10) 엘런 로스 저, 김창동 역, 창조와 축복, 디모데 (서울, 2007) p. 491

11) 엘런 로스 저, 김창동 역, 디모데 (서울, 2007) p. 495 "브루그만은 이렇게 말한다. '아브라함은 이 약속을 전적으로 의심하며 비웃는 웃음을 웃었고, 이미 자신에게 주어진 아들(이스마엘 - 필자 주)에게 호소했다"

12) ① 의학적, 위생적인 이유로 행함 - 청결하게 보존하고 번식을 촉진시키며 질병을 막기 위함 ② 성년이 되고 결혼 적령기에 이른 자에게 할례를 행함으로 부족의 완전한 일원이 됨을 선언함 ③ 피를 흘리기 때문에 제사로 여겨지기도 하고 악마를 쫓는 방법으로 쓰이기도 함 : 손석태 저, 창세기 강의, 사)기독대학인회출판부 (서울, 2002) pp. 157-158

13) 밑줄 친 부분을 개역개정에서는 11절과 분리된 12절에 속한 문장으로 보고 있는데 원문은 이 부분이 분사구문으로서 11절에 속해야 함을 보여주고 있다.

14) Edited by Kurt Aland, Matthew Black, Carlo M. Martini, Bruce M. Metzger, and Allen Wikgren, Greek New Testament Third corrected edition, the United Bible Societies, (German, 1988) 이 성경을 참조함.

15) 엘런 로스 저, 김창동 역, 창조와 축복, 디모데 (서울, 2007) p. 590 (대하 3:1절도 참조)

16) 가스펠 서브 기획 편집, 성경 관용어 사전, 생명의 말씀사, (서울, 2008) p. 244

17) 장종길 저, 창세기 하, 그리심 (서울, 1999) p. 95

18) 가스펠 서브 기획. 편집, 성경 관용어 사전, 생명의 말씀사, (서울, 2008) p. 759

19) 유재원, 모세오경 (원어성경연구시리즈 1), 솔로몬 (서울, 1998) p. 130

20) 박영선 저, 하나님의 열심, 새순, (서울, 1996) p. 171 - 발췌 요약함

21) Ibid, pp.117-118

22) 김의원 저, 구약역사, 개혁주의 신행협회, (서울, 2006) p. 111

23) Ibid, pp. 100, 110, 133, 134, 135에서 발췌 요약한 것임

24) 장종길 저, 출애굽기, 그리심 (서울, 2005) p. 38

25) 김의원 저, 구약역사, 개혁주의 신행협회 (서울, 2006) p. 134

26) Ibid, pp. 134-135

27) 장종길 저, 출애굽기, 그리심 (서울, 2005) p. 47

28) 김의원 저, 구약역사, 개혁주의 신행협회 (서울, 2006) p. 135

29) 장종길 저, 출애굽기, 그리심 (서울, 2005) p. 33

30) 김의원 저, 구약역사, 개혁주의 신행협회, (서울, 2006) p. 138 참조

31) 김의원 / 민영진 공저, 성서주석 사사기 / 룻기, 대한기독교서회 (서울, 2007) p. 73

32) 죤. H. 세일해머 저, 정충하 역, 서술로서의 모세 오경 하, 새순 (서울, 1997) p. 48

33) Ibid, p. 44

34) Ibid, p. 45

35) 김정우 저, 구약통전, 이레서원. (서울, 2002) pp. 522-523

36) 레온 우드 저, 김의원 역, 이스라엘의 역사, CLC, (서울, 1996) p. 163
37) 장종길 저 출애굽기, 그리심 (서울, 2005) p. 94
38) Ibid, p. 95
39) 김의원 저, 구약역사, 개혁주의 신행협회, (서울, 2006) p. 143
40) Ibid, p. 59
41) 김정우 저, 구약통전, 이레서원, (서울, 2002) p. 524
42) 장종길 저 출애굽기, 그리심 (서울, 2005) p. 96
43) Ibid, p. 97
44) 김정우 저, 구약통전 상, 이레서원 (서울, 2002) p. 524
45) 장종길 저, 출애굽기, 그리심 (서울, 2005) p. 98
46) 김정우 저, 구약통전, 이레서원, (서울, 2002) p. 525
47) 아브라함이 가나안에 들어온 때가 BC 2091년경이고 출애굽이 있던 해를 BC 1446년으로 보면 이 기간이 나온다.
48) 허성갑 저, 히브리어직역 구약성경, 말씀의 집, (서울, 2006) p. 301
49) 홍인규 저, 바울의 율법과 복음, 생명의 말씀사 (서울, 1996) p. 162
50) 전정진, 레위기 어떻게 읽을 것인가?, 성서유니온 선교회 (서울, 2005), p. 64
51) Ibid, p. 33
52) 서철원 저, 복음과 율법과의 관계, 엠마오, (서울, 1989) pp. 37-38
53) 레온 우드 저, 김의원 역, 이스라엘의 역사, CLC (서울, 1996) p. 189
54) 이 의식에서는 하나님의 약속이 구체적으로 드러나진 않았지만 출애굽기의 문맥상 19장에 나타난 바와 같이 그들을 애굽에서 구원해 내신 하나님으로서 모든 민족을 향한 제사장 나라와 거룩한 백성이 되도록 하시는 것을 의미하는 것으로 보아야 하며 이 약속의 정신은 아브라함에게서부터 출발하는 것은 너무도 당연하다. 왜냐하면 아브라함과의 언약을 기억하시고 이스라엘을 애굽에서 끄집어 내셨기 때문이다.
55) 김정우 저, 구약통전 상, 이레서원 (서울, 2002) p. 564
56) 장종길 저, 민수기, 그리심, (서울, 2005) p. 157
57) 김의원 저, 구약 역사, 개혁주의 신행협회 (서울, 2006) p. 169
58) 이렇게 보는 이유 - 21장에서 아모리 왕 시혼과 바산 왕 옥과 맞서서 싸운 사람들이 누구인가? 출애굽 1세대는 아닐 것이다. 왜냐하면 이스라엘에서 전쟁에 투입이 되는 사람은 20-60세 사이이기 때문이다. 따라서 40년 첫 달에 미리암이 죽고 몇 개월 후에 아론이 죽은 것은 출애굽 1세대가 다 죽었다는 것을 리더였던 그들의 죽음을 통해서 상징하는 것으로 보이므로 민 20장의 므리바 사건은 출애굽 2세대가 주축이 되어서 일으킨 반역이라고 보는 것이 더 타당할 것이다.
59) Edited by Francis Brown, S. R. Driver, Charles A. Briggs, Hebrew and English Lexicon of the Old Testament, Clarendon Press (Oxford, 1951) p. 874 참조

60) 허성갑 역, 히브리어 직역 구약성경, 말씀의 집 (서울, 2006) p. 255
61) 허성갑 역, 히브리어직역 구약성경, 말씀의 집, (서울, 2006) p. 121
62) 에드먼드 클라우니 저, 네비게이토 출판사 역, 구약에 나타난 그리스도, 네비게이토, (서울, 1993) p. 137
63) 이언 토마스 저, 김재권 역, 그리스도의 구원의 능력, 생명의 말씀사, (서울, 1999) p. 116
64) 박영선 저, 구원 그 즉각성과 점진성, 새순출판사, (서울, 1987) p. 41
65) 김의원 저, 구약역사, 개혁주의 신행협회 (서울, 1990) p. 186 참조
66) Ibid, p. 187
67) 전정진 저, 레위기 어떻게 읽을 것인가?, 성서유니온선교회, (서울, 2005) p. 192 참조
68) Ibid, p. 192
69) 성경인물 지리 대사전 편찬위원회 편저, 성경인물지리 대사전, 소망사 (서울, 1998) pp. 1179-1180 참조
70) 존 월튼, 빅터 매튜스, 마크 샤발라스, 그레이그 키너 저, IVP 성경 배경 주석, IVP, (서울, 2008) p. 305
71) 이희철 저, 지리로 본 성서의 세계, 생명의 말씀사, (서울, 1984) p. 159
72) 김정우 저, 구약통전 하, 이레 서원, (서울, 2003) p. 91
73) 김정우 저, 구약통전 하, 이레서원, (서울, 2003) p. 109
74) 김정우 저, 구약통전 하, 이레서원, (서울, 2003) p. 111
75) John Joseph Owens, Analytical Key to The Old Testament (vol 1. Genesis-Joshua), Baker, (Michigan, 1992) p. 948 / 허성갑 역, 히브리어직역 구약성경, 말씀의 집, (서울, 2006) p. 364
76) Ibid, p. 364
77) 김정우 저, 구약통전 하, 이레서원, (서울, 2003) pp. 116-117
78) 장종길 저, 사사기, 그리심 (서울, 1999) p. 20
79) 김지찬 저, 요단강에서 바벨론 물가까지, 생명의 말씀사 (서울, 1999) p. 111
80) 김지찬 저, 엔 샬롬 교향곡, 기독신문사, (서울, 2003) p. 439
81) 장종길 저, 사사기, 그리심 (서울, 1999) p. 220
82) 김의원 민영진 저, 사사기/룻기, 대한기독교서회 (서울, 2007) p. 570
83) Ibid, p. 573
84) Ibid, p. 612
85) 박영선 저, 구원 그 이후, 크리스챤 서적, (서울, 2000) pp. 71-84 이 부분은 박영선 목사님의 구원 그 이후 가사 부분에서 많은 도움을 받았다.
86) 허성갑 역, 히브리어 직역 구약성경, 말씀의 집 (서울, 2006) p. 370 / 괄호 안의 내용은 필자가 덧붙임

87) 유재원, 모세오경 (원어성경 연구시리즈 1), 솔로몬 (서울, 1998) p. 160
88) 앨런 로스 저, 김창동 역, 창조와 축복, (서울, 2007) p. 1053
89) Ibid, p. 1054
90) 여기서 요셉 가문은 벧엘이 에브라임 지파에 소속되어 있으므로 에브라임 지파와 므낫세 지파가 연합 작전을 편 것으로 이해된다.
91) 존 월튼, 빅터 매튜스, 마크 샤발리스, 크레이그 키너 저, IVP 성경배경주석, IVP, (서울, 2008) p. 348
92) 김의원/민영진 저, 사사기/룻기, 대한기독교서회, (서울, 2007) p. 130
93) Ibid, p. 349
94) Ibid, p. 745
95) 김지찬 저, 거룩하신 여호와 앞에 누가 능히 서리요. 한국성서학 연구소, (서울, 2003), p. 26
96) Ibid, p. 41
97) Ibid. p. 64 "우선 뿔은 가치, 위엄, 능력, 권세, 복을 받게 됨을 가리킨다. 따라서 뿔이 높아졌다는 것은 상태와 지위의 변화를 가리킨다. 얼마 전까지는 불임이었던 여인이 아이를 낳고 부르는 승리의 노래이며 얼마 전까지는 박해받던 백성 이 억압을 벗어버리고 부르는 노래이다."
98) Ibid. p. 65
99) 허성갑 역, 히브리어 직역 구약성경, 말씀의 집 (서울, 2006) p. 446
100) 존 월튼, 빅터 매튜스, 마크 샤발리스, 크레이그 키너, IVP 성경배경주석, IVP (서울, 2008) p. 427
101) 존 월튼, 빅터 매튜스, 마크 샤발라스, 크레이그 키너, IVP 성경배경주석, 한국기독학생출판부, (서울, 2008), p. 361
102) 윌리암 L. 할러데이, 손석태, 이병덕 공역, 구약성경의 간추린 히브리어, 아람어 사전, (서울, 1994), p. 48
103) 김지찬 저, 요단강에서 바벨론 물가까지 (구약역사서의 문예적-신학적 서론), 생명의 말씀사, (서울, 1999) p. 330
104) Ibid, pp. 162-163
105) 김의원 저, 구약역사, 개혁주의 신행협회, (서울, 2006) p. 338
106) 김지찬 저, 거룩하신 여호와 앞에 누가 능히 서리요, 한국 성서학 연구소 (서울, 2003) p. 382
107) 김정우 저, 시편강해 Ⅱ, 엠마오 (서울, 1995) p. 335 참조
108) 장종길 저, 열왕기상, 그리심 (서울, 2003) p. 105
109) 존 월튼, 빅터 매튜스, 마크 샤발라스, 크레이그 키너 저, IVP 성경배경주석 - 신구약 합본, IVP, (서울, 2008) p. 513

110) 김의원 저, 구약역사, 개혁주의 신행협회, (서울, 2006) p. 357
111) 요시야 왕은 주전 640-609년까지 유다를 다스린 왕으로서 바알숭배를 배척하고 유다와 예루살렘에서 우상을 제거하였다. 개혁의 범위를 북 이스라엘까지 확장하여 벧엘에 있는 제단을 헐어버리고 산당 제사장들을 죽이고 그들을 불살라 버렸다.
112) 가스펠 서브 기획/편집, 성경 관용어 사전, 생명의 말씀사, (서울, 2008) p. 536
113) 폴 하우스 저, 장세훈 역, 주의 날 어떻게 이해할 것인가?, 그리심, (서울 2006), pp. 112-113
114) 김희보 저, 구약 요엘 주해, 총신대학교 출판부 (서울, 2001), p. 151
115) 김희보 저, 구약 요엘 주해, 총신대출판부 (서울, 2001) pp. 152-153)
116) E. W. 헹스텐베르크 저, 원광연 역, 구약의 기독론, 크리스챤 다이제스트, (서울, 1998) p. 745
117) 이필찬 저, 내가 속히 오리라, 이레서원, (서울, 2006), p. 527
118) Ibid, pp. 524-532
119) Ibid, p. 545
120) 팔머 로벗슨 저, 한정건 역, 선지자와 그리스도, 개혁주의 신학사 (서울, 2007), p. 259
121) Ibid. p. 259
122) 레온 우드 저, 김동진 역, 이스라엘의 선지자, CLC (서울, 1990) p. 417
123) 장종길, 열왕기하, 그리심 (서울, 2008) p. 183
124) Ibid, p. 199
125) 장종길 저, 열왕기 하, 그리심 (서울, 2008) p. 200
126) J.A. 모티어, G.I. 웬함, D.A. 카슨. R.T. 프란스 편집, IVP 성경주석, IVP, (서울, 2008). p. 879
127) 팔머 로벗슨 저, 한정건 역, 선지자와 그리스도, CLC (서울, 2007) p. 234
128) 이 예언을 당시의 상황과는 어떻게 적용해야 하는지는 한정건 교수의 이사야의 메시아 예언 Ⅰ을 참조하기 바랍니다.
129) 팔머 로벗슨 저, 한정건 역, 선지자와 그리스도, CLC (서울, 2007) p. 233
130) E. W. 헹스텐베르크 저, 원광연 역, 구약의 기독론, 크리스챤 다이제스트 (서울, 1998) p. 251
131) 한정건 저, 이사야의 메시아 예언 Ⅰ, CLC (서울, 2006) p. 172
132) Ibid, p. 173 참조
133) E. W. 헹스텐베르크 저, 원광연 역, 구약의 기독론, 크리스챤 다이제스트 (서울, 1998) p. 258
134) Ibid, p. 632
135) 한정건 저, 이사야의 메시아 예언 Ⅰ, CLC (서울, 2006) p. 174
136) Ibid, p. 175

137) 목회와 신학 편집 팀, 이사야 2, 두란노 아카데미, (서울, 2008) p. 264
138) 한정건 저, 이사야의 메시아 예언 Ⅰ, CLC (서울, 2006) p. 77
139) Ibid, p. 77 참조
140) 장종길 저, 사무엘 상, 그리심, (서울, 2007) p. 112 참조
141) 레온 우드 저, 김의원 역, 이스라엘의 역사, CLC (서울, 1996) p. 302
142) 바벨론식 왕의 연대는 즉위 원년, 1년, 2년, 3년으로 계산을 하기 때문에 1장은 바벨론 왕 느부갓네살의 즉위 원년에 일어났던 일이므로 2장은 재위 2년째로서 즉위 원년에서 횟수로 보면 3년째가 되는 것이다.
143) 에드워드 J. 영 저, 정일오 역, 다니엘서 주석, p. 97
144) Ibid, p. 100
145) 에드워드 J. 영 저, 정일오 역, 다니엘서 주석, pp. 204-213 참조
146) 목회와 신학 편집부 엮음, 다니엘, 두란노, (서울, 2003) p. 170
147) 찰즈 F. 파이퍼 저, 조병수 역, 신구약 중간사, pp. 13-14
148) 게라르드 반 그로닝겐 저, 유재원, 류호준 역, 구약의 메시야 사상, p. 946
149) 레이몬드 설버그 저, 김의원 역, 신구약 중간사, p. 38
150) 노우호 저, 신구약 중간사, p. 157
151) 찰즈 F. 파이퍼 저, 조병수 역, 신구약 중간사, p. 111
152) 월터카이저, 류근상 역, 이스라엘의 역사, 크리스챤 출판사 (경기, 2003) p. 306 / 김의원 저, 구약역사, 개혁주의신행협회 (서울, 2006) p. 256 / 장종길, 사무엘상, 그리심 (서울, 2007) p. 83 / 리차드 S. 히스 저, 김구원 역, 이스라엘의 종교, CLC (서울, 2009) p. 271
153) 팔머 로벗슨 저, 한정건 역, 선지자와 그리스도, 개혁주의 신학사, (서울 2007) p. 330

백투더바이블 시리즈

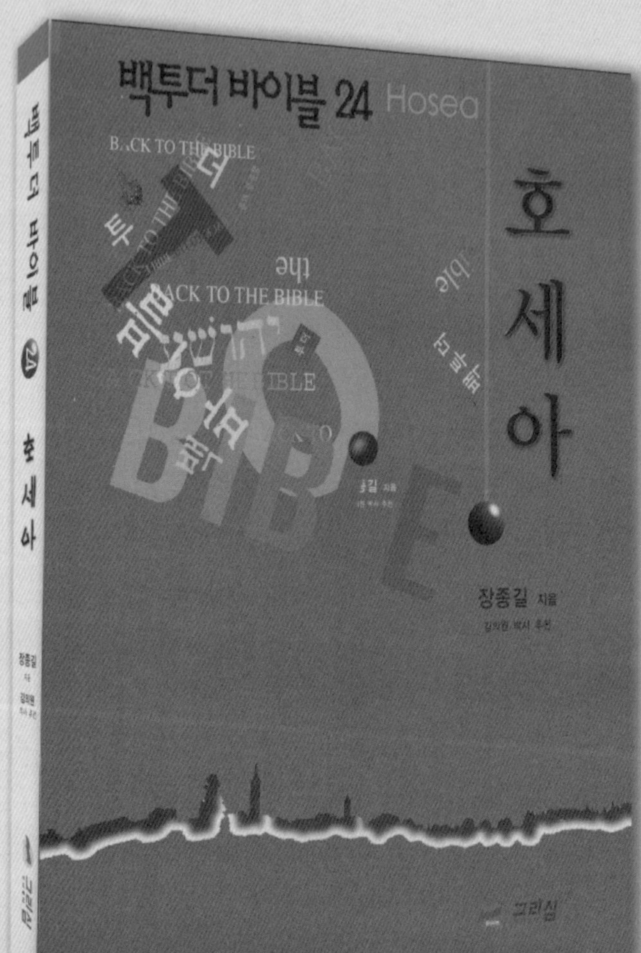

장종길 · 46배판 · 270면 · 그리심

"처음 이 성경공부 시리즈를 접했을 때 온 몸이 전율하는 듯한 느낌을 받았다. 마치 치밀하게 준비된 성경 세미나를 듣는 듯한 느낌을 받았다. 단순한 신학적 메시지만을 추스린 것이 아니라 배경, 성경의 신학적 메시지, 그리고 지도와 현장감이 어울어진 단어 설명 등은 이 책에 매료되기에 충분했다. 진작에 내가 원하고 바라던, 그리고 내가 한번 도전해 보고 싶었던 방식의 성경 공부 교재이다. 이 책을 모든 이들에게 추천한다. 신학을 전공한 나로서도 충분한 가치가 있고, 일반 신도라 할지라도 쉽게 접근이 가능하다는 점에서 이 책은 비범하다.…" <어느 목사님의 blog.yes24.com에서>

백투더바이블 출간 계획(구약)

1-1 창세기(상)
1-2 창세기(하)
2 출애굽기
3 레위기
4 민수기
5 신명기

6 여호수아
7 사사기
8 룻기
9 사무엘상
10 사무엘하
11 열왕기상
12 열왕기하
13 역대상 · 하
14 에스라 · 느헤미야

15 욥기
16-1 시편(상)
16-2 시편(중)
16-3 시편(하)
17 잠언
18 전도서
19 아가서 · 에스더

20-1 이사야(상)
20-2 이사야(하)
21-1 예레미야(상)
21-2 예레미야(하)
22-1 에스겔(상)
22-2 에스겔(하)
23 다니엘

24 호세아
25 요엘 · 아모스
26 오바댜~스바냐
27 스가랴
29 학개 · 말라기

▶ 09. 12월 현재 고딕은 출간 완료

▶ 출간 순서와 번호가 바뀔 수 있습니다.